Grèce continentale

Cofondateurs : Philippe GLOAGUEN et Michel DUVAL

Directeur de collection et auteur
Philippe GLOAGUEN

Rédacteurs en chef adjoints
Amanda KERAVEL
et Benoît LUCCHINI

Directrice de la coordination
Florence CHARMETANT

Directrice administrative
Bénédicte GLOAGUEN

Directeur du développement
Gavin's CLEMENTE-RUIZ

Direction éditoriale
Catherine JULHE

Rédaction
Isabelle AL SUBAIHI
Mathilde de BOISGROLLIER
Thierry BROUARD
Marie BURIN des ROZIERS
Véronique de CHARDON
Fiona DEBRABANDER
Anne-Caroline DUMAS
Géraldine LEMAUF-BEAUVOIS
Olivier PAGE
Alain PALLIER
Anne POINSOT
André PONCELET

Conseiller à la rédaction
Pierre JOSSE

Administration
Carole BORDES
Éléonore FRIESS

2017

hachette

TABLE DES MATIÈRES

Attention ! Les îles grecques et la Crète font l'objet de guides à part.

PRÉAMBULE

ARRIVER – QUITTER

Important : dernière minute

Sauf rares exceptions, le *Routard* bénéficie d'une parution annuelle à date fixe. Entre deux dates, des événements fortuits (formalités, taux de change, catastrophes naturelles, conditions d'accès aux sites, fermetures inopinées, etc.) peuvent modifier vos projets de voyage. Pour éviter les déconvenues, nous vous recommandons de consulter la rubrique « Guide » par pays de notre site • *routard.com* • et plus particulièrement les dernières ***Actus voyageurs.***

Recommandation à ceux qui souhaitent profiter des réductions et avantages proposés dans le *Routard* par les hôteliers et les restaurateurs.

À l'hôtel, pensez à les demander au moment de la réservation ou, si vous n'avez pas réservé, **à l'arrivée.** Ils ne sont valables que pour les réservations en direct et ne sont pas cumulables avec d'autres offres promotionnelles (notamment sur internet). Au restaurant, parlez-en **au moment** de la commande et surtout **avant** que l'addition soit établie. Poser votre *Routard* sur la table ne suffit pas : le personnel de salle n'est pas toujours au courant et une fois le ticket de caisse imprimé, il est souvent difficile de modifier le total. En cas de doute, montrez la notice relative à l'établissement dans le *Routard* de l'année et, bien sûr, ne manquez pas de nous faire part de toute difficulté rencontrée.

☎ **112 :** c'est le numéro d'urgence commun à la France et à tous les pays de l'UE, à composer en cas d'accident, agression ou détresse. Il permet de se faire localiser et aider en français, tout en améliorant les délais d'intervention des services de secours.

LA RÉDACTION DU ROUTARD

(sans oublier nos 50 enquêteurs, aussi sur le terrain)

Thierry, Anne-Caroline, Éléonore, Olivier, Pierre, Benoît, Alain, Fiona, Gavin's, André, Véronique, Bénédicte, Jean-Sébastien, Mathilde, Amanda, Isabelle, Géraldine, Marie, Carole, Philippe, Florence, Anne.

La saga du *Routard* : en 1971, deux étudiants, Philippe et Michel, avaient une furieuse envie de découvrir le monde. De retour du Népal germe l'idée d'un guide différent qui regrouperait tuyaux malins et itinéraires sympas, destiné aux jeunes fauchés en quête de liberté. 1973. Après 19 refus d'éditeurs et la faillite de leur première maison d'édition, l'aventure commence vraiment avec Hachette. Aujourd'hui, le *Routard*, c'est plus d'une cinquantaine d'enquêteurs impliqués et sincères. Ils parcourent le monde toute l'année dans l'anonymat et s'acharnent à restituer leurs coups de cœur avec passion.

Merci à tous les Routards qui partagent nos convictions : liberté et indépendance d'esprit ; découverte et partage ; sincérité, tolérance et respect des autres.

NOS SPÉCIALISTES DE LA GRÈCE CONTINENTALE

Alain Pallier : il a longtemps été lecteur du *Routard,* qui l'accompagnait toujours pendant ses vacances d'enseignant. Après un premier contact, à la suite d'un courrier de lecteur, la direction l'a sollicité pour quitter le chemin de l'enseignement. Il a alors trouvé son bonheur sur les routes buissonnières en devenant rédacteur, responsable de titres. Avec, comme terres de prédilection, le pourtour méditerranéen et l'Afrique.

Romain Meynier : il n'était pas si mal, dans son Sud, entre rivières et cigales. Pourtant, à 22 ans, après des études de journalisme, il s'est dit que l'herbe était plus verte ailleurs. Il est allé le vérifier, le long des pistes brûlantes en terre inconnue. L'herbe était jaune. Et c'est bien mieux comme ça, inattendu. Tout à découvrir, et autant à raconter.

François Chauvin : pour avoir, depuis tout môme, usé ses godasses au long des sentiers, de son massif du Jura natal à de lointains ailleurs, il se sent chez lui partout où la terre n'est pas plate. Mais se laisse également facilement emporter par les vibrations urbaines. D'ailleurs, ses études de journalisme, c'était d'abord pour écrire sur le rock.

UN GRAND MERCI À NOS AMI(E)S SUR PLACE ET EN FRANCE

Pour cette nouvelle édition, nous remercions particulièrement :

- **Françoise Deschamps, Lise Rapin, Peggy Balitsari, Valérie Esnard** et **Vassilis Vrohodis ;**
- **Yannis Papadakis,** à Égine, pour son enthousiasme et sa disponibilité.

Pictogrammes du Routard

Établissements

- Hôtel, auberge, chambre d'hôtes
- Camping
- Restaurant
- Boulangerie, sandwicherie
- Glacier
- Café, salon de thé
- Café, bar
- Bar musical
- Club, boîte de nuit
- Salle de spectacle
- Office de tourisme
- Poste
- Boutique, magasin, marché
- Accès Internet
- Hôpital, urgences

Sites

- Plage
- Site de plongée
- Piste cyclable, parcours à vélo

Transports

- Aéroport
- Gare ferroviaire
- Gare routière, arrêt de bus
- Station de métro
- Station de tramway
- Parking
- Taxi
- Taxi collectif
- Bateau
- Bateau fluvial

Attraits et équipements

- Présente un intérêt touristique
- Recommandé pour les enfants
- Adapté aux personnes handicapées
- Ordinateur à disposition
- Connexion wifi
- Inscrit au Patrimoine mondial de l'Unesco

Tout au long de ce guide, découvrez toutes les photos de la destination sur • *routard.com* • Attention au coût de connexion à l'étranger, assurez-vous d'être en wifi !

Le *Routard* est imprimé sur un papier issu de forêts gérées.

I.S.B.N. 978-2-01-279902-8

NORD
MACÉDOINE
ALBANIE
ITALIE
Lacs de Prespa
Sidirokastro
Drama
Evzoni
Kilkis
Serrès
Edessa
MACÉDOINE CENTRALE
Egnatia Odos
Florina
Amyndéo
Nymphéo
Veria
THESSALONIQUE
Kastoria
NORD p. 470
CHALCIDIQUE
Polygiros
VERGINA
MACÉDOINE OCCIDENTALE
Kozani
Katérini
N. Moudania
MONT ATHOS
Grévéna
Litohoro
Metsovo
MÉTÉORES
Corfou
Ioannina
Kalambaka
Larissa
CORFOU
Igouménitsa
Trikala
THESSALIE SPORADES p. 388
ÉPIRE p. 361
Volos
Pélion
Parga
Karditsa
Sporades
Paxos
Skiathos
Alonissos
Arta
Farsala
MER IONIENNE
Prévéza
Skopélos
Lamia
GRÈCE CENTRALE p. 441
Leucade
ÎLES IONIENNES p. 286
Agios Konstantinos
Eubée
Astakos
Agrinion
DELPHES
Kimi
Halkida
Ithaque
Naupacte
OSSIOS LOUKAS
Itéa
Livadia
Céphalonie
Thèbes
ATHÈNES ET L'ATTIQUE p. 87
Patras
(ACROPOLE)
Kalavryta
ATHÈNES
Kyllini
Corinthe
Rafina
Amaliada
Salamine
Zakinthos
TIRYNTHE
Le Pirée
Égine
MYCÈNES
Angistri
Zante
Pyrgos
OLYMPIE
ÉPIDAURE
Lavrio
Argos
BASSAE
Tripoli
Poros
Nauplie
Mégalopolis
PÉLOPONNÈSE p. 150
Hydra
Kyparissia
MYSTRA
Pylos
Sparte
Spetsès
Kalamata
Gythion
Koroni
Monemvassia
Néapoli
Cythère
MER MÉDITERRANÉE
Hania (La Canée)
Kastelli
Site inscrit au Patrimoine mondial de l'Unesco

LA GRÈCE CONTINENTALE

« En Grèce, on a envie de se baigner dans le ciel. »
Henry Miller

La Grèce n'est pas qu'un conservatoire de ruines antiques, si belles soient-elles, et ne se limite pas à son lointain passé prestigieux. Elle a beaucoup à proposer à qui sait sortir des sentiers battus. Autrement dit, il serait dommage de se limiter à un circuit on ne peut plus classique, celui des sites archéologiques, sans pousser la curiosité un peu plus loin. Les chemins de traverse sont faits pour être empruntés. Le dépaysement se trouve en fait là où, à priori, il n'y a rien à voir. C'est dans les endroits perdus que l'on a encore la chance d'être accueilli dans le respect de la *philoxénia,* l'« hospitalité » traditionnelle des Grecs, qui existe encore dans certains lieux oubliés. Alors, laissez-vous conduire au hasard des chemins, et fiez-vous à votre flair.

Ce petit pays est en fait immense : sur le continent, les territoires sont morcelés par les montagnes et les îles sont autant de pays miniatures, à l'identité propre, que l'on vous incite à découvrir (ce guide de la Grèce continentale en détaille une dizaine qui sont proches du continent).

Bien entendu, le pays n'en finit pas de subir une crise économique – et morale... Mais ne vous arrêtez pas à tout ce que la presse écrite ou télévisée a pu dire de ces « curieux » Grecs – curieux, du moins aux yeux de pas mal d'Européens du Nord qui les jugent plutôt sévèrement. Montrez-vous curieux également, dans l'autre sens du terme, pour aller au-delà des clichés et découvrir une population qui a la vocation de l'accueil et souhaitera échanger avec vous sur de nombreux sujets… Malgré toutes les difficultés, si l'on en juge par la fréquentation touristique de ces dernières années, le pays garde intact son pouvoir d'attraction, et c'est tant mieux !

Monastère de Mystra

NOS COUPS DE CŒUR

1 À Athènes, explorer l'Acropole sous toutes ses coutures, en couplant visite du site et du musée.

Monumental Parthénon, gracieux temple d'Athéna Niké, Érechthéion élégant et élancé… l'Acropole est un ensemble archéologique exceptionnel. Pourtant, de bombardements en pillages, l'Histoire s'est acharnée à la défigurer. Après la visite du site, celle du musée qui lui est consacré, alternant authentiques chefs-d'œuvre et fidèles reconstitutions, restitue avec brio la Colline sacrée dans toute sa splendeur antique. *p. 116*

Bon à savoir : *le site est évidemment très visité. Pour zapper la file d'attente à l'entrée principale, préférer celle côté théâtre de Dionysos.*

2 À Athènes toujours, de ruines en musée, poursuivre sa remontée dans le temps jusqu'à l'Antiquité.

L'Athènes antique, ce n'était pas que l'Acropole. Au pied de celle-ci s'étend un autre site majeur, l'Agora, qui, si elle est moins spectaculaire, en dit beaucoup sur ce qu'était la démocratie athénienne. Puis vient encore le cimetière du Céramique, l'Olympiéion, et on en passe, un vrai catalogue de ruines ! Pour couronner le tout, visite incontournable du Musée archéologique national. Avec près de 12 000 pièces exposées, c'est peu dire que ses collections sont exceptionnelles… *p. 120, 121, 123, 134*

Bon à savoir : *un billet groupé valable 5 jours couvre les principaux sites archéologiques (très cher, cela dit).*

3 **Du sommet d'une colline à une autre, prendre Athènes de haut pour admirer la ville embrasée par le coucher de soleil.**

Lovée dans une cuvette, Athènes est hérissée de collines offrant de superbes panoramas, sous un angle chaque fois différent. Il y a celle de l'Acropole, bien sûr, mais pour faire entrer le site antique dans son champ de vision, grimper sur le Lycabette. De là, un panorama merveilleux sur le Parthénon en laissant courir le regard jusqu'à la mer. Plus proche du rocher sacré, la colline du monument de Philoppapou regarde l'Acropole de haut. *p. 131*

Bon à savoir : *si le Lycabette peut se gravir en téléphérique, à pied ça ne prend que 15 mn, et c'est bien moins cher…*

4 **Humer l'atmosphère populaire d'Athènes en parcourant le matin les travées des halles.**

Situées en plein cœur de la ville, les halles d'Athènes offrent un étalage fellinien très pittoresque. Profusion de poissons d'un côté, de viandes de l'autre, et des marchands, des clients qui se haranguent. Le quartier tout autour vibre au diapason, avec ses magasins en gros sur odos Sokratous, ses odeurs mélangées et ses échoppes aux enseignes en chinois le long d'odos Évripidou. Et, comme on pouvait s'y attendre, pour prolonger le plaisir, on trouvera dans le coin quelques-unes des meilleures tavernes de la ville. *p. 126*

5 À Athènes encore, flâner dans les rues pittoresques du quartier de Plaka, comme un village en pleine ville.

Accroché à flanc de colline, enroulant ses ruelles au pied de l'Acropole, haché de volées d'escaliers accueillant parfois des terrasses de café, Plaka semble tiré d'une carte postale, tout comme un village des îles transplanté en pleine démesure urbaine. Bien sûr, le quartier est éminemment touristique, jusqu'à perdre par endroits tout son charme, quand badauds et boutiques de bibelots envahissent les rues. Mais, en grimpant au-dessus des derniers restos, il prend le soir des teintes extraordinaires, en particulier un « quartier dans le quartier », Anafiotika. *p. 127-128*

6 **Accoster dans le port majestueux d'Hydra, joyau des îles Saroniques.** De riches maisons blanches grimpant à l'assaut des collines, le long d'une échancrure ouverte sur le bleu de la mer. Des bouquets de bougainvillées éclatant d'un rose incandescent au hasard des ruelles dallées. Pas de véhicules, pas de bruit de moteur. Hydra respire une opulence ancienne avec laquelle peu d'autres îles grecques peuvent rivaliser. *p. 173*

Bon à savoir : *l'île est assez chère et très prisée. Réserver bien à l'avance.*

© AegeanPhoto/Alamy/Hemis

7 Barboter de criques en plages, le long des côtes sauvages de l'île de Spetsès.

Moins fastueuse que sa voisine Hydra, Spetsès dissimule cependant un autre trésor : ses plages, disséminées le long d'une côte inhabitée, ourlée de forêts de pins. Certaines sont sauvages, d'autres aménagées, et à côté des spots répertoriés se dissimulent aux regards des criques oubliées que sauront dénicher les plus aventuriers. *p. 185*

Bon à savoir : *l'été, des bus et des bateaux relient le port aux plages principales. Pour plus d'autonomie, on peut aussi louer un scooter à la journée.*

8 Tester (à l'instar de la Callas…) l'exceptionnelle acoustique du théâtre d'Épidaure avant d'apprécier la perfection architecturale de ses gradins, dans un parfait état de conservation.

Ensuite, visite obligatoire de l'ensemble du site qui abrite également, avec le sanctuaire d'Asklépios, rien de moins que le premier hôpital de l'Antiquité. Dans le petit musée, on découvre qu'on y soignait les malades de bien curieuse façon. Et, pour ne rien gâcher, les paysages alentour sont d'une grande sérénité. *p. 164*

Bon à savoir : *s'y rendre tôt le matin, avant l'arrivée des autocars.*

9 **Flâner dans les ruelles de la cité médiévale de Monemvassia et s'offrir un véritable voyage dans le passé.**

La visite de cette minuscule cité qui épouse de ses remparts une petite presqu'île rocheuse – avec un vague air de Mont-Saint-Michel grec donc ! – est un vrai enchantement. Fondée au VIe s, difficilement conquise par les Francs au XIIIe s, longtemps vénitienne par la suite, Monemvassia a su traverser les siècles, sans trop de dommages. Une chance ! *p. 209*

Bon à savoir : *pas d'adresses bon marché dans la cité historique même, mais beaucoup de choix dans le bourg moderne de Géfira juste en face.*

© Sean Burke/Alamy/Hemis

10 **S'embarquer pour Cythère, cette île dont les eaux ont, paraît-il, vu naître Aphrodite, et qui a enflammé l'imagination de peintres et de poètes.**

Cythère, une île restée en dehors des grands circuits touristiques, est encore très sauvage et authentique. On y découvre de superbes côtes (percées de multiples plages), de petites vallées verdoyantes et des villages aux maisons blanches qui font de cette île une sorte de Cyclade égarée au sud du Péloponnèse, à seulement 1h de ferry du continent. *p. 216*

Bon à savoir : *pas de transports en commun sur Cythère, traverser avec son véhicule ou louer sur place.*

11 **Sillonner les ruines de Mystra, merveilleuse ville-fantôme.**
Tout en haut, les vieilles murailles d'un château érigé par les Francs au XIIIe s. Puis en contrebas, au hasard des sentiers, les vestiges de la ville byzantine, avec une poignée de monastères (dont un est encore habité) et autant de merveilleuses églises riches de fresques remarquablement conservées. Des édifices qui, comme le palais joliment reconstitué, témoignent de la grandeur de l'Empire byzantin. Somptueux au printemps quand la nature en fleurs baigne la plaine de Sparte. *p. 226*
Bon à savoir : *il peut être épuisant de faire la visite de haut en bas, surtout en été. Si vous êtes motorisé, commencez par la ville haute.*

12 **S'imprégner de l'atmosphère toute particulière qui plane sur le Magne, la pointe de l'extrême sud du Péloponnèse.**
Le soleil écrasant de l'été grec en moins, le Magne pourrait évoquer le Connemara en Irlande : rocaille, montagnes pelées battues par les vents, murets de pierres sèches et petits ports de bout du monde. Mais le Magne abrite aussi des villages uniques en leur genre où les maisons, en forme de tour, se prennent pour des forteresses. Longtemps en clans familiaux, le Magne reste une terre de traditions qui n'ont pas vraiment été sacrifiées au tourisme. *p. 236*
Bon à savoir : *mieux vaut être motorisé pour visiter le Magne.*

13 **Dans le stade d'Olympie, s'imaginer comme un participant des Jeux olympiques de l'Antiquité ou, plus confortablement, comme un spectateur.**

Plaisir offert à tous et à toutes : certes, les femmes n'étaient pas admises aux J.O. antiques (eh oui !) mais rêver n'a jamais été interdit... Le site en lui-même n'est pas très spectaculaire, mais il a gardé un fort pouvoir d'évocation. D'ailleurs, il constitue un des grands temps forts du parcours de visites des sites antiques. Ne pas manquer le Musée archéologique, évidemment, et compléter la visite par le second musée, consacré, lui, à l'histoire des Jeux olympiques. *p. 272*

14 **Dans la ville de Corfou, déambuler, le nez en l'air, au fil des *kandounia*, les ruelles du centre historique, ou sur le *Liston*, sous les arcades, face à l'immense *Spianada*.**

La ville de Corfou a avant tout des airs d'Italie du Sud mais la présence anglaise, durant près de 60 ans au XIXe s, a aussi laissé quelques traces (par exemple, un terrain de cricket et des équipes qui y jouent !). La ville possède encore bien d'autres atouts : des musées éclectiques (même un musée d'art asiatique !) et deux forteresses vénitiennes en excellent état, sans parler des nombreuses églises... p. 297

© Jon Arnold Images/hemis.fr

15 **Se laisser aller à ne rien faire, dans un paysage de carte postale, sur l'une des magnifiques plages du sud-ouest de Leucade.**

Que ce soit à Porto Katsiki, à Egremni ou à Gialos, le décor est le même : des falaises crayeuses on ne peut plus photogéniques, de petits galets et des eaux très claires. Après la baignade, en profiter pour descendre un peu plus au sud jeter un œil au saut de Leucade, la spectaculaire pointe de l'île avec son phare planté sur la falaise. *p. 321*

***Bon à savoir :** sur cette côte ouest, la mer est souvent agitée, les vagues peuvent être fortes et on perd rapidement pied. Prudence avec les enfants.*

16 **Aux Météores, aller de monastère en monastère par la route ou les chemins qui les relient.**

Ces monastères perchés sur leur piton rocheux, ouverts au public, sont l'occasion d'approcher la culture orthodoxe et de mieux comprendre un des aspects du particularisme culturel grec. S'il ne faut pas trop en attendre du côté spiritualité, les visiteurs ont le plaisir de parcourir des siècles d'histoire religieuse dans un paysage spectaculaire unique. *p. 395*

***Bon à savoir :** visite possible même si l'on n'est pas motorisé, avec un bus au départ de Kalambaka passant par Kastraki.*

17 Découvrir le Pélion, entre mer et montagne, une région unique en Grèce, où l'on trouve toujours l'ombre généreuse de grands arbres pour se protéger des fortes chaleurs.

Avec plus de 60 villages et autant de plages, côté versant égéen ou dans l'intérieur du golfe, cette région restée à l'écart des circuits touristiques a de quoi séduire le plus grand nombre. Son habitat particulier (dès qu'on s'élève un peu, les *archontika,* ces maisons de maître à étage couvertes de lauzes dominent), ses traditions et le sens de l'hospitalité de ses habitants en font une des régions grecques conservant l'identité la plus forte. *p. 402*

© Rawdon Wyatt/Alamy/Hemis

18 À Delphes, remonter la Voie sacrée en direction du temple d'Apollon, où officiait la célèbre Pythie que les Grecs de l'Antiquité venaient consulter.

Delphes est le site antique le plus spectaculaire qui soit : sous les roches rouges dominant une mer d'oliviers qui s'étend jusqu'au rivage, le sanctuaire semble comme accroché à un lieu improbable, comme si le « nombril du monde » voulait se dissimuler de la vue. Ici se réunissaient des délégations venues de tous les coins de la Grèce antique. *p. 461*

© Alex Skelly/Getty Images

19 **À Vergina, se plonger dans les secrets de la famille royale de la cour de Macédoine, chez les parents d'Alexandre le Grand.**

Immergé dans l'obscurité du musée installé sous un immense tumulus, on découvre avec émerveillement le raffinement des anciens Macédoniens, ceux-là même qu'à Athènes, on n'hésitait pas à appeler des Barbares ! Philippe de Macédoine, père d'Alexandre, a été assassiné en ces lieux… Mais les bijoux en or, les nombreuses armes, les peintures murales, tous d'une grande finesse, issus des chambres funéraires royales, emportent l'admiration. *p. 478*

20 Parcourir Thessalonique, capitale de la Grèce du Nord, incomparable en Grèce pour ses monuments byzantins et ses très anciennes églises classés au Patrimoine mondial de l'humanité.

La ville n'est pourtant pas une ville-musée : en la parcourant en long et en large, on en découvre la vitalité toujours renouvelée, des quais bordant le golfe Thermaïque aux quartiers situés sur les hauteurs, derrière les murailles médiévales, en passant par l'emblématique place Aristote. Des cafés, tavernes ou pâtisseries à chaque coin de rue ou presque : Thessalonique est aussi une ville gourmande ! *p. 489-490*

© Boisvieux Christophe/hemis.fr

Lu sur routard.com

La Grèce, de l'intérieur : Delphes et le Pélion
(tiré du carnet de voyage d'Éric Milet)

La Grèce de l'intérieur est le pays du temps qui passe, le monde de Cronos et de Rhéa (les parents de Zeus), un pays de montagnes et de grottes habitées par des nymphes, de mers d'oliviers adossées aux pinèdes… Du « nombril du monde » (Delphes) au « pays des centaures » (le Pélion), c'est une Grèce loin du bleu et de l'ambre solaire qu'on vous propose de découvrir.

Non, ***Delphes*** n'est pas le trou paumé du monde mais son nombril. Enfin parfois, vu le nombre d'heures de bus pour y aller, on se demande si ce n'est pas les deux à la fois ! Mais ça vaut vraiment le coup. Classé au Patrimoine de l'humanité par l'Unesco, Delphes est un champ de ruines, mais quelles ruines ! Situé à 170 km au nord-ouest d'Athènes, c'est ici que, pendant plus de 1 000 ans, s'est manifesté l'oracle. Une formidable mise en scène censée prédire l'avenir. Les pèlerins y débarquaient des 4 coins du pays pour consulter la pythie, une pauvre femme branchée en prise directe avec le divin qui vociférait des trucs imbitables. À vrai dire, toute cette mascarade était intelligemment orchestrée par les prêtres d'Apollon. Une manière un peu particulière de faire de la politique quand même… Cela dit, on y croyait dur comme fer, tant et si bien que toutes les cités-États du monde grec y vinrent bâtir leur temple et le remplir de toutes les richesses amassées au fil de leurs batailles, histoire d'affirmer leur puissance. Delphes était le centre du monde. Aujourd'hui, si les temples et autres trésors ont depuis belle lurette rendu à la terre les pierres que le mont Parnasse leur avait prêtées, le site est toujours là. Magique. Le temple d'Apollon, le sanctuaire d'Athéna Pronaia et le théâtre, qui datent du IVe s av. J.-C., rivalisent de beauté. Tout autour, un paysage de failles, de monts pelés et de vallées profondes où moutonnent les oliviers. Et le ciel noir des étés sous l'orage…

Au sud-est de la Thessalie, le Pélion est une péninsule montagneuse qui plonge littéralement dans la mer Égée. Qualifiée de « Tyrol grec » par certains auteurs, cette terre de légende, pays des centaures (êtres mi-hommes mi-chevaux), défrayait déjà la chronique dans l'Antiquité. Héraclite l'appelait « le pays plein de médicaments ». Il faut dire qu'on y dénombre pas moins de 1 000 plantes aux vertus thérapeutiques. Une vraie pharmacie à ciel ouvert ! Montagne couverte d'épaisses forêts quadrillées par des sources dans sa partie nord, le Pélion perd progressivement de l'altitude à mesure qu'il s'allonge vers le sud et se resserre pour former le golfe Pagasétique. Au nord, il constitue un vrai paradis pour les randonneurs. De nombreux chemins relient les villages entre eux. Ils empruntent d'anciens sentiers muletiers utilisés jadis par les commerçants qui récoltaient la soie et la laine, piliers de l'activité économique de la région.

ITINÉRAIRES CONSEILLÉS

Itinéraire 1 : le tour classique des sites antiques

Jours 1-2 : on commence bien sûr par ***Athènes (1).*** Sites antiques (Acropole, Agora) et musées (Musée archéologique, musée de l'Acropole) remplissent aisément 2 journées avant un repas le soir dans une taverne de Plaka ou de Psiri.

Jour 3 : direction le Péloponnèse, étape à ***Archéa Épidavros (2),*** petite station balnéaire d'où l'on visite le site antique d'***Épidaure (3),*** avant ou après une baignade.

Jour 4 : Nauplie (4), l'une des plus jolies villes du Péloponnèse avec sa vieille ville encadrée par deux citadelles, est une excellente base pour visiter ***Mycènes (5).***

Jour 5 : cap vers le sud, pour ***Monemvassia (6),*** adorable ville médiévale blottie sous un énorme promontoire rocheux couronnée par les ruines d'un château.

Jour 6 : le tour du ***Magne (7),*** région étrange où ne semblent pousser que des pierres et des tours fortifiées, avec de magnifiques points de vue.

Jour 7 : nuit-étape à ***Sparte (8)*** avant (ou après) la visite des ruines de la cité médiévale de ***Mystra (9).***

Jour 8 : route vers ***Olympie (10),*** la ville des Jeux, et visite du site. Nuit à ***Olympie.***

Jour 9 : petite pause (dans tous les sens du terme : pas de ruines antiques ici !) à ***Naupacte (11),*** une fois franchi le détroit de Corinthe.

Jours 10-11 : Delphes (12), le site le plus spectaculaire qui soit, son musée d'une grande richesse et ses proches environs côté montagne ou côté mer. Nuits à ***Delphes.***

Jour 12 : retour sur ***Athènes (13).***

Itinéraire 2 : les îles Ioniennes et l'Épire au départ de Corfou

Jours 1-3 : Corfou (1). L'île est assez étendue, mais une journée passée à Corfou-ville et 2 journées dans l'île à la découverte des villages et des plages permettent d'en voir l'essentiel.

Jour 4 : bac pour le continent, traversée pour Igouménitsa et direction ***Ioannina (2),*** ville bordée par un grand lac, marquée par les traces de l'Empire ottoman.

Jour 5 : découverte des villages de l'Épire montagneuse, nuit dans l'un des villages des ***Zagorochoria (3).***

Jours 6-7 : retour sur Ioannina et route vers ***Leucade (4),*** île rattachée au continent. Tour de l'île et nuits dans l'un des villages côtiers.

Jours 8-10 : ferry pour ***Céphalonie,*** la plus grande des îles Ioniennes. Il est préférable de séjourner en deux endroits, par exemple une nuit à ***Fiskardo (5)*** dans le Nord et deux nuits dans la partie sud vers ***Katélios (6).***

Jour 11 : retour sur la côte d'Épire et début du voyage retour vers Corfou, avec une nuit-étape à ***Parga (7).***

Jour 12 : retour en ferry sur ***Corfou (8)*** via Igouménitsa.

Cap Drastis, île de Corfou

Itinéraire 3 : la Grèce centrale et du Nord

Jours 1-2 : Athènes (1). Voir itinéraire 1.

Jours 3-4 : Delphes (2). Voir itinéraire 1.

Jours 5-6 : traversée du centre de la Grèce direction ***les Météores (3).*** Cette demi-douzaine de monastères perchés donne l'occasion de découvrir la culture orthodoxe. Nuit à *Kastraki,* le village juste à côté.

Jours 7-8 : direction l'Est pour rejoindre la magnifique péninsule du ***Pélion,*** très verte, entre mer et montagne : une première nuit sur le versant égéen et ses plages vers ***Tsangarada (4)*** par exemple et une seconde nuit dans un village surplombant le golfe Pagasétique comme ***Lafkos (5).***

Jours 9-11 : de Volos, départ en bateau sur un ferry pour ***les Sporades*** : ***Skiathos (6)*** pour une nuit, île animée et ***Skopélos (7)*** pour 2 nuits, boisée et plus tranquille.

Jour 12 : retour sur ***Athènes (8)*** via le port d'***Agios Konstantinos*** qui permet de raccourcir la route du retour.

Variante de l'itinéraire 3 :

Jours 9-11 : de Volos, direction le Nord. Visite du site archéologique majeur de ***Vergina (6)*** et nuit dans l'agréable petite ville voisine de ***Veria (7).***

Jour 10 : visite de la grande ville du Nord, ***Thessalonique (8),*** particulièrement riche en monuments byzantins.

Jour 11 : excursion en Macédoine orientale en direction de ***Kavala (9),*** ville qui a conservé un cachet oriental. Nuit à Kavala.

Jour 12 : retour sur ***Thessalonique (10),*** remise de la voiture à l'aéroport de Thessalonique et vol retour sur Athènes.

SI VOUS ÊTES...

Plutôt archéologie : le Péloponnèse s'impose, avec les sites majeurs d'***Épidaure, de Mycènes, d'Olympie,*** sans oublier de nombreux autres « petits » sites ***(Tirynthe, Ithomi, Pylos, Bassae...)*** moins visités mais tout aussi intéressants. Le site de ***Delphes*** peut se combiner à un tour du Péloponnèse avant un retour sur ***Athènes,*** autre moment fort côté monuments.

Plutôt fan de Grèce byzantine et médiévale : là encore, le Péloponnèse est un bon choix, avec ***Monemvassia*** et ***Mystra.*** Bien entendu, les monastères des ***Météores,*** celui d'***Ossios Loukas,*** près de Delphes et l'ensemble monastique du ***mont Athos,*** en Grèce du Nord, sont également des sites importants, sans oublier ***Thessalonique.***

Plutôt montagne : vous apprécierez l'***Épire*** sauvage, le Péloponnèse encore ***(mont Parnonas, mont Taygète),*** le ***Pélion*** et sa fraîcheur ainsi que, bien entendu, le ***mont Olympe,*** en Grèce du Nord.

Plutôt plage : le choix est vaste. Sur la façade ouest, toutes les ***îles Ioniennes*** disposent de belles plages de sable clair, régulièrement désignées comme les plus belles plages de Grèce continentale ; le ***Péloponnèse*** compte d'innombrables plages et le ***Pélion*** de magnifiques criques.

Plutôt séjour en amoureux : nous recommandons l'île (chic) d'***Hydra,*** la ville de ***Nauplie*** au charme italien, la vieille ville de ***Monemvassia*** ou un ***petit village du Pélion*** dans un hôtel traditionnel de charme.

Monastère de Vlacherna, Corfou

Evzone ***relevant la garde, Athènes***

LES QUESTIONS QU'ON SE POSE AVANT LE DÉPART

• Infos détaillées dans le chapitre « Grèce continentale utile ».

➢ Quels sont les documents nécessaires ?

Passeport ou carte nationale d'identité (en cours de validité). Attention : l'autorisation de sortie du territoire pour mineurs, qui permettait à un enfant de circuler dans certains pays sans être accompagné de ses parents, supprimée en 2013, a été rétablie.

➢ Quelle est la meilleure saison ?

Les mois de mai et juin : il fait bon, mais la chaleur n'est pas écrasante, les paysages sont encore verts. Inconvénient : début mai, tout n'est pas encore forcément ouvert. Septembre est un bon choix également. En juillet-août, très bien aussi mais il fait très chaud et vous avez peu de chances d'être seul sur la plage.

➢ Quel budget prévoir ?

La Grèce reste moins chère que la France, malgré les récentes augmentations de TVA et autres taxes. Les campings pratiquent en gros des prix similaires à ceux pratiqués en France, les chambres sont un peu moins chères et, côté restaurants, la Grèce reste globalement assez bon marché.

➢ Comment se déplacer ?

Si vous n'avez pas de véhicule (le vôtre ou une voiture de location), vous pouvez vous déplacer sans grand problème car les bus sont nombreux. Mais il peut arriver que certaines régions soient mal desservies. Quant aux trains, ils ne couvrent qu'une partie du territoire.

➢ Y a-t-il des problèmes de sécurité ?

Non, aucun, la Grèce est un pays très sûr. Dans les grandes villes, comme partout, rester vigilant (dans le métro d'Athènes notamment).

➢ Quel est le décalage horaire ?

Une heure de plus toute l'année. Quand il est 12h en France, il est 13h en Grèce.

➢ Quel est le temps de vol ?

Athènes est à environ 3h15 de Paris.

➢ Côté santé, quelles précautions ?

Rien de particulier à signaler. Bien penser à se munir de sa carte européenne d'assurance maladie. En cas de pépin sérieux, ne pas hésiter à se rapprocher d'une grande ville, voire d'Athènes.

➢ Peut-on y aller avec des enfants ?

Oui, bien sûr. Pensez toujours à protéger vos enfants du soleil. Repérez nos meilleurs sites grâce au symbole 🚸.

➢ Comment payer sur place ?

Malheureusement, l'usage des cartes de paiement n'est pas suffisamment répandu en Grèce, même si les choses évoluent favorablement aujourd'hui. En fait, plus l'endroit est touristique, plus vous aurez de chances que les cartes soient acceptées, notamment dans les restaurants et tavernes. N'hésitez pas, dans les hôtels, à insister pour payer par carte.

➢ Quelle(s) langue(s) parle-t-on ?

Le plus souvent l'anglais, bien que pas mal de Grecs travaillant dans le tourisme se débrouillent en français. Mais pour se repérer en ville ou sur les routes, savoir déchiffrer l'alphabet grec est vraiment très utile.

➢ Doit-on redouter les fortes chaleurs ?

Si vous aimez la fraîcheur, l'Irlande vous tend les bras ! En Grèce, dès le printemps, l'été s'installe brutalement, plus ou moins vite selon les régions. À noter : il fait plus chaud en Grèce continentale que sur les îles, généralement ventées en été.

ARRIVER – QUITTER

EN AVION

De France

Les compagnies régulières

▲ AIR FRANCE

Rens et résas au ☎ 36-54 (0,34 €/mn – tlj 6h30-22h), sur • airfrance.fr •, dans les agences Air France et dans ttes les agences de voyages. Fermées dim.

➢ Air France dessert Athènes (Spata) avec 4 vols directs/j. en été et jusqu'à 2 vols/j. en hiver au départ de Paris Roissy-Charles-de-Gaulle, aérogare 2, hall F.

Air France propose des tarifs attractifs toute l'année. Pour consulter les meilleurs tarifs du moment sur Internet, allez directement sur la page « Nos meilleurs tarifs et promotions » sur • *airfrance.fr* •

Flying Blue, le programme de fidélité gratuit d'Air France, permet de gagner des *Miles* en voyageant sur les vols Air France, KLM, Hop et les compagnies membres de *Skyteam,* mais aussi auprès des nombreux partenaires non aériens *Flying Blue.* Les *Miles* peuvent ensuite être échangés contre des billets d'avion ou des services (surclassement, bagage supplémentaire, accès salon...) ainsi qu'auprès des partenaires. Pour en savoir plus, rendez-vous sur • *flyingblue.com* •

▲ AEGEAN AIRLINES

Rens et résas : ☎ 01-70-03-13-23. • fr.aegeanair.com •

➢ Dessert Athènes tte l'année, sf de mi-janv à mi-fév, 2 à 3 fois/j. au départ de Paris-Roissy-Charles-de-Gaulle, 2 à 3 vols/sem au départ de Lyon (sf de mi-nov à mi-mars), et 1 à 5 vols/sem au départ de Marseille (sf de mi-janv à début mars). D'avr à oct, vols directs pour Athènes au départ de Bordeaux (2 à 3 vols/sem), de Nantes (2 à 3 vols/sem), de Nice (2 à 4 vols/sem) et de Toulouse (2 à 3 vols/sem). De mai à fin sept ou début oct, Athènes est également desservie au départ de Lille (1 vol/sem), de Strasbourg (1 vol/sem) ainsi que de Luxembourg (2 vols/sem).

➢ Dessert aussi Thessalonique, au départ de Paris-Roissy-Charles-de-Gaulle, avec 2 vols/sem d'avr à oct et Kalamata avec 2 vols/sem de mai à sept. Également, de mai à sept, des vols pour Kalamata au départ de Lyon et de Nantes (1 vol/sem).

La compagnie grecque de référence, élue depuis 2011, meilleure compagnie aérienne régionale d'Europe, dessert également, en correspondance, via Athènes, 34 destinations domestiques en Grèce.

▲ KLM

Rens et résas : ☎ 0892-70-26-08 (0,35 €/mn, 7 j./7). • klm.fr • Résas par tél, Internet, dans les agences Air France ou les agences de voyages.

KLM dessert Athènes avec 2 vols directs/j. en été et 1 vol quotidien en hiver au départ de Paris-Roissy-Charles-de-Gaulle via Amsterdam-Schiphol. Des départs sont également possibles de Bordeaux, Clermont Ferrand, Lyon, Marseille, Nantes, Nice, Montpellier, Rennes, Strasbourg et Toulouse via Amsterdam.

Les compagnies low-cost

Plus vous réserverez vos billets à l'avance, plus vous aurez de chances d'avoir des tarifs avantageux. En outre, les pénalités en cas de changement d'horaires sont assez importantes. Il faut aussi rappeler que plusieurs compagnies facturent maintenant les bagages en soute ou limitent leur poids. En cabine également, le nombre de bagages est

strictement limité (attention, même le plus petit sac à main est compté comme un bagage à part entière).
À bord, tous les services sont payants (boissons, journaux...). Attention également au moment de la résa par Internet à décocher certaines options qui sont automatiquement sélectionnées (assurances, etc.). Au final, même si les prix de base restent très attractifs, il convient de prendre en compte les frais annexes pour calculer le plus justement son budget.

▲ **EASYJET**
• easyjet.fr •
➢ Dessert Athènes avec 1 vol/j. depuis Paris-Orly. Également des vols saisonniers Bâle-Thessalonique.

▲ **RYANAIR**
Rens et résas : ☎ 0892-562-150 (0,34 €/mn). • ryanair.com • Les meilleurs tarifs sont accessibles slt sur Internet (promos ponctuelles).
➢ Dessert Thessalonique au départ de Paris-Beauvais.

De Belgique

▲ **BRUSSELS AIRLINES**
Rens : ☎ 0902-51-600 (en Belgique ; 0,75 €/mn) ou 0892-640-030 (depuis la France ; 0,34 €/mn). • brusselsairlines.com •
➢ Propose 3 vols directs/j. Bruxelles-Athènes. Également des vols saisonniers pour Thessalonique.

▲ **AEGEAN AIRLINES**
Rens et résas : ☎ (02) 75-34-710. • fr.aegeanair.com •
➢ Propose 2 vols directs/j. Bruxelles-Athènes. Dessert également Corfou et Thessalonique en vols directs saisonniers.

▲ **RYANAIR**
Rens et résas : ☎ 0902-33-660 (1 €/mn). • ryanair.com • Les meilleurs tarifs sont accessibles slt sur Internet (promos ponctuelles).
➢ Dessert Thessalonique et Corfou au départ de Bruxelles-Charleroi.

De Suisse

▲ **SWISS**
Rens : ☎ 0848-700-700 (en Suisse) ou 0892-232-501 (depuis la France ; 0,34 €/mn). • swiss.com •
➢ Propose 1 ou 2 vols/j. Genève-Athènes et 2 à 3 vols/j. Zurich-Athènes, ainsi que 1 vol/j. Zurich-Thessalonique. Également des vols saisonniers Zurich-Corfou et Genève-Zante.

▲ **EASY JET**
• easyjet.fr •
➢ Propose des vols Genève-Athènes et Bâle-Mulhouse-Thessalonique.

▲ **AEGEAN AIRLINES**
Rens : ☎ 044-286-99-48. • fr.aegeanair.com •
➢ Propose 4-5 vols/sem Genève-Athènes et 1 vol/j. Zurich-Athènes.

LES ORGANISMES DE VOYAGES

En France

▲ **ALLIBERT TREKKING**
– Paris : 37, bd Beaumarchais, 75003. ☎ 01-44-59-35-35. • allibert-trekking.com • Ⓜ Chemin-Vert ou Bastille. Lun-ven 9h-19h, sam 10h-18h.
– Agences également à Chamonix, Chapareillan, Nice et Toulouse.
Né en 1975 d'une passion commune entre trois guides de montagne, Allibert propose aujourd'hui 1 100 voyages aux quatre coins du monde tout en restant une entreprise familiale. Découvrir de nouveaux itinéraires en respectant la nature et les cultures des régions traversées reste leur priorité. Pour chaque pays, différents niveaux de difficulté. Allibert est le premier tour-opérateur certifié Tourisme responsable par ATR.

▲ **COMPTOIR DES VOYAGES**
• comptoir.fr •
– Paris : 2-18, rue Saint-Victor, 75005.

AIRFRANCE
SKYTEAM
FRANCE IS IN THE AIR
L'EUROPE À VOS PIEDS
AU DÉPART DE PARIS
ATHÈNES
JUSQU'À
2 VOLS
PAR JOUR
AIRFRANCE KLM
AIRFRANCE.FR
France is in the air : La France est dans l'air.

☎ 01-53-10-30-15. Ⓜ Maubert-Mutualité. Lun-ven 9h30-18h30, sam 10h-18h30.
– Lyon : 10, quai Tilsitt, 69002. ☎ 04-72-44-13-40. Ⓜ Bellecour. Lun-sam 9h30-18h30.
– Marseille : 12, rue Breteuil, 13001. ☎ 04-84-25-21-80. Ⓜ Estrangin. Lun-sam 9h30-18h30.
– Toulouse : 43, rue Peyrolières, 31000. ☎ 05-62-30-15-00. Ⓜ Esquirol. Lun-sam 9h30-18h30.
– Bordeaux : 26, cours du Chapeau-Rouge, 33800.
– Lille : 76, rue Nationale, 59160. Ouverture prévue début 2017.

Comptoir des Voyages s'impose comme une référence incontournable dans le voyage sur mesure, avec 80 destinations couvrant les 5 continents. Ses voyages s'adressent à tous ceux qui souhaitent vivre un pays de façon simple en s'y sentant accueilli. Les conseillers privilégient des hébergements typiques, des moyens de transport locaux et des expériences authentiques pour favoriser l'immersion dans la vie locale. Comptoir vous offre aussi la possibilité de rencontrer des francophones habitant dans le monde entier, des *greeters,* qui vous donneront, le temps d'un café, les clés de leur ville ou de leur pays. Comptoir des Voyages propose aussi une large gamme de services : échanges par visioconférence, devis web et carnet de voyage personnalisés, assistance téléphonique tous les jours et 24h/24 pendant votre voyage...

▲ GRÈCE SUR MESURE

• grece-sur-mesure.com •

Grèce sur Mesure est une agence locale de confiance dont les conseillers locaux, fins connaisseurs du terrain, vous accompagnent dans la préparation de votre voyage sur mesure. Vous avez ainsi accès à un service personnalisé tout en bénéficiant d'un prix accessible. Pour vous proposer un maximum de garanties, Grèce sur Mesure a noué un partenariat avec Destinations en Direct, possédant un agrément français. Cette alliance vous permet notamment de régler votre voyage en ligne de façon sécurisée, et de bénéficier des garanties de la loi française en matière de protection du consommateur.

▲ HÉLIADES

– Paris : 9, rue de l'Échelle, 75001. Rens et résas : ☎ 0892-23-15-23 (0,34 €/mn + prix d'appel). • heliades.fr • Ⓜ Pyramides. Ou dans les agences de voyages, lun-ven 9h-19h, sam 9h-18h.

Depuis plus de 40 ans, Héliades propose à ses clients des formules de voyage d'une diversité inégalée, à destinations de la Grèce et de ses îles, Chypre, le Cap vert et l'Italie avec l'assurance d'un savoir-faire reconnu et d'un accueil sur place de première qualité. Au Portugal, Héliades propose un riche éventail de séjours, circuits, croisières et toutes autres formules au départ de Paris et de nombreuses villes de province... pour toutes les envies et tous les budgets. Héliades c'est aussi la Sicile, São Tomé, la République Dominicaine, Malte, et Madère.

▲ HUWANS – CLUB AVENTURE

☎ 04-96-15-10-20. • huwans-clubaventure.fr •
– Paris : 18, rue Séguier, 75006. ☎ 01-44-32-09-30. Ⓜ Saint-Michel ou Odéon. Lun-sam 9h-19h.
– Lyon : 38, quai Arloing, 69009. ☎ 04-96-15-10-52. Ⓜ Bellecour ou Ampère. Lun et sam 10h-13h et 14h-18h ; mar-ven 9h-19h.
– Marseille : 4, rue Henri-et-Antoine-Maurras, 13016. ☎ 04-88-66-48-93. Sur rdv slt.

Spécialiste du voyage d'aventure, ce tour-opérateur privilégie la randonnée en petits groupes, en famille ou entre amis pour parcourir le monde hors des sentiers battus. Leur site offre près de 1 000 voyages dans 90 pays différents, à pied, en pirogue ou à dos de chameau. Ces voyages sont encadrés par des guides locaux et professionnels.

▲ ÎLES DU MONDE

– Paris : 5 bis, rue de l'Asile-Popincourt, 75011 Paris. ☎ 01-55-42-74-10. • ilesdumonde.com •

Depuis plus de 20 ans, Îles du Monde vous fait découvrir sa collection de voyages singuliers et d'adresses rares dans les îles. Toutes différentes et toutes empreintes de magie, les îles sont des rencontres, et parfois des coups de foudre. Que vous rêviez d'une vie de Robinson sur une île grecque, d'une cachette secrète en Sicile ou d'une escapade à Madère, Îles du Monde personnalisera votre voyage à l'infini et au gré de vos envies.

▲ NOMADE AVENTURE

☎ 0825-701-702 (0,15 €/mn + prix d'appel). • nomade-aventure.com •
– Paris : 40, rue de la Montagne-Sainte-Geneviève, 75005. ☎ 01-46-33-71-71. Ⓜ Maubert-Mutualité. Lun-sam 9h30-18h30.
– Lyon : 10, quai Tilsitt, 69002. Lun-sam 9h30-18h30.
– Marseille : 12, rue Breteuil, 13001. Lun-sam 9h30-18h30.
– Toulouse : 43, rue Peyrolières, 31000. Lun-sam 9h30-18h30.
Nomade Aventure propose des circuits inédits partout dans le monde à réaliser en famille, entre amis, avec ou sans guide. Également hors de groupes constitués, ils organisent des séjours libres en toute autonomie et sur mesure. Spécialiste de l'aventure avec plus de 600 itinéraires (de niveau tranquille, dynamique, sportif ou sportif +) faits d'échanges et de rencontres avec des hébergements chez l'habitant, Nomade Aventure donne la priorité aux expériences authentiques à pied, à VTT, à cheval, à dos de chameau, en bateau ou en 4x4.

▲ PARTIRSEUL.COM

– Paris : 1, passage Saint-Michel, 75017. ☎ 01-71-56-99-14. • partirseul.com •
Partirseul.com est un concept de voyage original qui s'adresse à toute personne seule désirant voyager collectivement dans un cadre amical. Ces voyages, souvent thématiques, ne sont pas réservés qu'aux célibataires mais à tous ceux qui se retrouvent dans l'impossibilité d'être accompagnés. Des voyages en petits groupes, avec un guide depuis la France, à la découverte d'un pays de façon ludique, sportive ou plus traditionnelle. À noter, pas de supplément chambre individuelle. Catalogue sur Internet exclusivement.

▲ TERRES D'AVENTURE

☎ 0825-700-825 (0,15 €/mn + prix d'appel). • terdav.com •
– Paris : 30, rue Saint-Augustin, 75002. ☎ 01-70-82-90-00. Ⓜ Opéra ou Quatre-Septembre. Lun-sam 9h30-19h.
– Agences également à Bordeaux, Grenoble, Lille, Lyon, Marseille, Nantes, Rennes, Rouen, Strasbourg et Toulouse.
Depuis 1976, Terres d'Aventure, spécialiste du voyage à pied, propose aux voyageurs passionnés de marche et de rencontres des randonnées hors des sentiers battus à la découverte des grands espaces de notre planète. Voyages à pied, à cheval, en bateau, à raquettes... sur tous les continents, des aventures en petits groupes ou en individuel encadrées par des professionnels expérimentés sont proposées. Les hébergements dépendent des sites explorés : camps d'altitude, bivouac, refuges ou petits hôtels. Les voyages sont conçus par niveaux de difficulté : de la simple balade en plaine à l'expédition sportive en passant par la course en haute montagne. En province, certaines de leurs agences sont de véritables *Cités des Voyageurs* dédiées au voyage. Consultez le programme des manifestations sur leur site internet.

▲ TUI

Rens et résas au ☎ 0825-000-825 (0,20 €/mn + prix d'appel). • tui.fr • dans les agences de voyages TUI présentes dans tte la France.
TUI, numéro 1 mondial du voyage, propose tous les circuits Nouvelles Frontières, ainsi que les clubs Marmara et un choix infini de vacances pour une expérience unique. TUI propose des offres et services personnalisés tout au long de vos vacances, avant, pendant et après le voyage.
Un circuit accompagné dans une destination de rêve, un séjour détente au

soleil sur l'une des plus belles plages du monde, un voyage sur mesure façonné pour vous, ou encore des vacances dans un hôtel ou dans un club, les conseillers TUI peuvent créer avec vous le voyage idéal adapté à vos envies. Ambiance découverte, familiale, romantique, dynamique, zen, chic... TUI propose des voyages à deux, en famille, seul ou entre amis, parmi plus de 180 destinations à quelques heures de chez vous ou à l'autre bout du monde.

▲ VOYAGEURS DU MONDE

• voyageursdumonde.fr •

– Paris : La Cité des Voyageurs, 55, rue Sainte-Anne, 75002. ☎ 01-42-86-16-00. Voyageurs en Grèce et en Croatie (Athènes, Crète, Croatie, îles grecques, Péloponnèse) : ☎ 01-42-86-17-20. Ⓜ Opéra ou Pyramides. Lun-sam 9h30-19h. Avec une librairie spécialisée sur les voyages.

– Également des agences à Bordeaux, Grenoble, Lille, Lyon, Marseille, Montpellier, Nantes, Nice, Rennes, Rouen, Strasbourg et Toulouse, ainsi qu'à Bruxelles et Genève.

Parce que chaque voyageur est différent, que chacun a ses rêves et ses idées pour les réaliser, Voyageurs du Monde conçoit, depuis plus de 30 ans, des projets sur mesure. Les séjours proposés sur 120 destinations sont élaborés par leurs 180 conseillers voyageurs. Spécialistes par pays et même par région, ils vous aideront à personnaliser les voyages présentés à travers une trentaine de brochures d'un nouveau type et sur le site internet où vous pourrez également découvrir les hébergements exclusifs et consulter votre espace personnalisé. Au cours de votre séjour, vous bénéficiez des services personnalisés Voyageurs du Monde, dont la possibilité de modifier à tout moment votre voyage, l'assistance d'un concierge local, la mise en place de rencontres et de visites privées et l'accès à votre carnet de voyage via une application iPhone et Android.

Voyageurs du Monde est membre de l'association ATR (Agir pour un tourisme responsable) et a obtenu sa certification Tourisme responsable AFAQ AFNOR.

> Voir aussi au sein de chaque ville les agences locales que nous avons sélectionnées.

Comment aller à Roissy et à Orly ?

Toutes les infos sur notre site *• routard.com •* à l'adresse suivante : *• bit.ly/aeroports-routard •*

> Conservez dans votre bagage cabine vos médicaments, vos divers chargeurs et appareils ainsi que vos objets de valeur (clés et bijoux). Et on ne sait jamais, ajoutez-y de quoi vous changer si vos bagages n'arrivaient pas à bon port avec vous.

En Belgique

▲ CONNECTIONS

Rens et résas : ☎ 070-233-313. • connections.be • Lun-ven 9h-19h, sam 10h-17h.

Fort d'une expérience de plus de 20 ans dans le domaine du voyage, Connections dispose d'un réseau de 30 *travel shops,* dont un à Brussels Airport. Connections propose des vols dans le monde entier à des tarifs avantageux et des voyages destinés à des voyageurs désireux de découvrir la planète de façon autonome et de vivre des expériences uniques. Connections propose une gamme complète de produits : vols, hébergements, locations de voitures, autotours, vacances sportives, excursions...

▲ SERVICE VOYAGES ULB

• servicevoyages.be • 25 agences, dont 12 à Bruxelles.

– Bruxelles : campus ULB, av. Paul-Héger, 22, CP 166, 1000. ☎ 02-650-40-20.

– Bruxelles : pl. Saint-Lambert, 1200. ☎ 02-742-28-80.

– Bruxelles : chaussée d'Alsemberg, 815, 1180. ☎ 02-332-29-60.

Service Voyages ULB, c'est le voyage à l'université. Billets d'avion sur vols

charters et sur compagnies régulières à des prix compétitifs.

▲ **TERRES D'AVENTURE**
– Bruxelles : chaussée de Charleroi, 23, 1060. ☎ 02-543-95-60. • terdav.com • Lun-sam 10h-19h.
Voir texte dans la partie « En France ».

▲ **TUI**
• tui.be •
– Nombreuses agences dans le pays, dont Bruxelles, Charleroi, Liège, Mons, Namur, Waterloo, Wavre, et au Luxembourg.
Voir texte dans la partie « En France ».

▲ **VOYAGEURS DU MONDE**
– Bruxelles : chaussée de Charleroi, 23, 1060. ☎ 02-543-95-50. • voyageurs dumonde.com •
Voir texte dans la partie « En France ».

En Suisse

▲ **HUWANS – CLUB AVENTURE**
– Genève : rue Prévost-Martin, 51, 121. • huwans-clubaventure.fr •
Voir texte dans la partie « En France ».

▲ **STA TRAVEL**
☎ 058-450-49-49. • statravel.ch •
– Fribourg : rue de Lausanne, 24, 1701. ☎ 058-450-49-80.
– Genève : rue Pierre-Fatio, 19, 1204. ☎ 058-450-48-00.
– Genève : rue Vignier, 3, 1205. ☎ 058-450-48-30.
– Lausanne : bd de Grancy, 20, 1006. ☎ 058-450-48-50.
– Lausanne : à l'université, Anthropole, 1015. ☎ 058-450-49-20.
Agences spécialisées notamment dans les voyages pour jeunes et étudiants. 150 bureaux STA et plus de 700 agents du même groupe répartis dans le monde entier sont là pour donner un coup de main *(Travel Help)*.
STA propose des tarifs avantageux : vols secs *(Blue Ticket)*, hôtels, écoles de langue, *work & travel*, circuits d'aventure, voitures de location, etc. Délivre la carte internationale d'étudiant et la carte Jeune.

▲ **TERRES D'AVENTURE**
– Genève : 19, rue de la Rôtisserie, 1204. ☎ 022-518-05-13. • geneve@terdav.com • Lun-ven 10h-19h, sam 9h30-18h30.
Voir texte dans la partie « En France ».

▲ **TUI**
– Genève : rue Chantepoulet, 25, 1201. ☎ 022-716-15-70.
– Lausanne : av. du Théâtre, 4, 1005. ☎ 021-310-39-00.
Voir texte dans la partie « En France ».

▲ **VOYAGES ARTISANS AUX PIEDS NUS**
– Carouge : rue de Saint-Victor, 3, 1227. ☎ 022-301-01-50. • apnvoyages.ch • Lun-ven, sur rdv.
Voyages APN propose des destinations hors des sentiers battus, particulièrement en Europe (Grèce, Italie et pays du Nord), avec un contact direct avec les prestataires, notamment dans le cadre des agritourismes. Certains programmes sont particulièrement adaptés aux familles. L'accent est mis sur le tourisme responsable et durable. Dans ce cadre, une sélection de destinations telles que la Bolivie ou le Bénin est proposée.

Au Québec

▲ **EXOTIK TOURS**
Rens sur • exotiktours.com • ou auprès de votre agence de voyages.
Exotik Tours offre une importante programmation en été comme en hiver sur la Méditerranée et l'Europe. L'hiver, des séjours sont proposés dans le Bassin méditerranéen et en Asie (Thaïlande et Bali). Durant cette saison, on peut également opter pour des combinés plage + circuit. Dans la rubrique « Grands voyages », le voyagiste suggère des périples en petits groupes ou en individuel. Au choix : l'Amérique du Sud, le Pacifique sud, l'Afrique (Afrique du Sud, Kenya, Tanzanie), l'Inde et le Népal.

▲ **TOURS CHANTECLERC**
• tourschanteclerc.com •
Tours Chanteclerc est un tour-opérateur qui publie différentes brochures

de voyage : Europe, Amérique du Nord, Amérique du Sud, Asie et Pacifique sud, Afrique et le Bassin méditerranéen en circuits ou en séjours. Il s'adresse aux voyageurs indépendants qui réservent un billet d'avion, un hébergement (dans toute l'Europe), des excursions ou une voiture de location.

EN TRAIN

Au départ de Paris-gare de Lyon

➢ Un train de nuit pour Milan, puis direction Ancône, Bari ou Brindisi. Traversée en bateau entre Ancône, Bari ou Brindisi vers Patras, puis correspondance en bus de Patras à Athènes. Les compagnies maritimes assurant le transport des *InterRailers* entre l'Italie et la Grèce sont *Superfast Ferries* et *Blue Star Ferries,* au départ d'Ancône ou Bari. On peut également envisager un Paris-Venise suivi d'une traversée Venise-Patras. Dans tous les cas, c'est long...

Vous voyagez au-delà de la France ?

Avec les ***passes InterRail,*** les résidents européens peuvent voyager dans 30 pays d'Europe, dont la Grèce. Plusieurs formules et autant de tarifs en fonction de la destination et de l'âge. À noter que le *pass InterRail* n'est pas valable dans votre pays de résidence (cependant, l'*InterRail Global Pass* offre une réduction de 50 % de votre point de départ jusqu'au point frontière en France). • *interrail.eu* •

- Pour les grands voyageurs, l'***InterRail Global Pass,*** valable dans l'ensemble des 30 pays concernés, est intéressant si vous comptez parcourir plusieurs pays au cours du même périple.

Il se présente sous 5 formules au choix.

2 formules flexibles : utilisables 5 j. sur une période de validité de 10 j. ou 10 j. sur une période de validité de 22 j. (200-374 € selon âge et formule).

3 formules « continues » : *passes* 15 j., 22 j. et 1 mois (338-626 € selon âge et formule).

Ces formules existent aussi en version 1re classe !

Les voyageurs de plus de 60 ans bénéficient d'une réduction sur le tarif de l'*InterRail Global Pass* en 1re et 2de classes (tarif senior). Également des tarifs enfants 4-12 ans et 12-26 ans.

- Si vous ne parcourez que la Grèce, le ***One Country Pass*** vous suffira. D'une période de validité de 1 mois et utilisable, selon les formules, 3, 4, 6 ou 8 j. en discontinu : compter 78-148 € selon formule pour un adulte. Là encore, ces formules existent en version 1re classe (mais ce n'est pas le même prix, bien entendu). Ces tarifs ne comprennent pas la traversée en ferry entre l'Italie et la Grèce. Il existe une autre tarification traversée incluse.

InterRail vous offre également la possibilité d'obtenir des réductions ou avantages à travers toute l'Europe avec ses partenaires bonus (musées, chemins de fer privés, hôtels, etc.).

Pour plus de renseignements, adressez-vous à la gare ou à la boutique SNCF la plus proche.

Pour préparer votre voyage

- ***e-billet :*** réservez, achetez et imprimez votre e-billet sur Internet.
- ***m-billet :*** plus besoin de support papier, vous pouvez télécharger le code-barres de votre voyage correspondant à votre réservation directement dans votre smartphone, à l'aide de l'application *SNCF Direct.*
- ***Billet à domicile :*** commandez votre billet par Internet ou par téléphone au ☎ *36-35 (0,40 €/mn, hors surcoût éventuel de votre opérateur)* ;

la SNCF vous l'envoie gratuitement à domicile sous 48h, en France.

Pour voyager au meilleur prix

La SNCF propose des tarifs adaptés à chacun de vos voyages.
➢ ***Prem's :*** des petits prix disponibles toute l'année. Billets non échangeables et non remboursables (offres soumises à conditions). Impossible de poser des options de réservation sur ces billets : il faut les payer immédiatement.
➢ ***Les tarifs Loisirs***
Billets échangeables et remboursables. Pour bénéficier des meilleures réductions, pensez à réserver vos billets à l'avance (les réservations sont ouvertes jusqu'à 90 jours avant le départ) ou à voyager en période de faible affluence.
➢ ***Les cartes de réduction***
Pour ceux qui voyagent régulièrement, profitez de réductions garanties tout le temps avec les cartes *Enfant +, Jeune 12-17, Week-end* ou *Senior +* (valables 1 an).

Renseignements et réservations

- ***Internet :*** • *voyages-sncf.com* •
- ***Téléphone :*** ☎ *36-35 (0,40 € TTC/mn).*
- Également dans les gares, les boutiques SNCF et les agences de voyages agréées.

EN VOITURE

➢ ***Paris-Rome-Brindisi-Igouménitsa ou Patras :*** route intéressante mais longue. Total : 2 096 km (jusqu'à Brindisi). Variante possible par Milan, Bologne puis la côte Adriatique (1 805 km seulement). Partir de ***Bari*** ne fait gagner que 115 km par rapport au trajet Paris-Brindisi. On peut aussi s'arrêter prendre le ferry à ***Ancône*** (Paris-Ancône : 1 215 km), ce qui économise beaucoup de kilomètres et beaucoup de fatigue. Et si vraiment vous n'aimez que modérément la voiture, pourquoi ne pas gagner ***Venise*** ? Il est également possible de passer par la Serbie, mais on ne le conseille pas : c'est très long et les autorités serbes sont plutôt tatillonnes.

EN BATEAU

- *Remarque :* si vous partez en voiture, n'oubliez pas de réserver, si possible 2 mois à l'avance.

▲ **CAP MER**
Paris : 4, rue de Clichy, 75009. ☎ *01-42-80-94-87.* • *viamare.fr* • *ou* • *navifrance.net* • Ⓜ *Trinité-d'Estienne-d'Orves ou Saint-Lazare.*
Cette agence de voyages spécialisée dans les traversées maritimes propose un éventail complet de ferries opérant entre l'Italie et la Grèce, ainsi que vers les Cyclades et la Crète. Représentation générale de *Superfast Ferries, Anek Lines, Ventouris* et de *Blue Star Ferries.*

▲ **EURO-MER & CIEL**
Central de résas France (ligne directe la Grèce et ses îles) : ☎ *04-67-65-95-14. Résas online pour les traversées (Grèce/Italie) et pour l'hébergement (hôtels ttes catégories) :* • *euromer.com* •
Spécialiste des traversées maritimes (ferries rapides ou classiques), Euro-Mer est également le représentant d'Anek Lines, Blue Star Ferries, Minoan Lines, Superfast Ferries, Grimaldi Lines et Ventouris Ferries.
Un conseil : pour les îles comme pour la Grèce continentale, lors de la période estivale, s'y prendre dès janvier-février afin d'être certain

d'avoir de la place et des tarifs attractifs. Le plus *Euro-Mer* : remises pour les groupes, camping-caristes, familles, étudiants... Également un tarif « passage pont » pour les camping-cars et caravanes voyageant en camping à bord.

Au départ de Trieste

▲ **MINOAN LINES**
Représenté par *Cap Mer* et *Euro-Mer & Ciel* (voir coordonnées plus haut).
➢ Liaison Trieste-Patras via Ancône et Igouménitsa 3 fois/sem. Trajet : 33h30.

Au départ d'Ancône

▲ **ANEK LINES - SUPERFAST FERRIES**
Représenté par *Cap Mer* et *Euro-Mer & Ciel* (voir coordonnées plus haut).
➢ Assure des départs pour Igouménitsa ou Patras (ces 2 ports sont aux mêmes tarifs). Trajet : 24h. Correspondances en autocar de Patras à Athènes. Nombreuses réductions proposées.

▲ **MINOAN LINES**
Représenté par *Cap Mer* et *Euro-Mer & Ciel* (voir coordonnées plus haut).
➢ Départ quotidien d'Ancône à Patras, en luxueux ferries. Trajet : 22h.

Au départ de Bari

▲ **SUPERFAST FERRIES**
Représenté par *Cap Mer* et *Euro-Mer & Ciel* (voir coordonnées plus haut).
➢ Liaisons quotidiennes Bari-Igouménitsa-Patras (arrêt à Corfou certains j.). Trajet : 15h30.

▲ **VENTOURIS FERRIES**
Représenté par *Cap Mer* et *Euro-Mer & Ciel* (voir coordonnées plus haut).
➢ Nombreuses liaisons Bari-Corfou-Igouménitsa.

Au départ de Brindisi

▲ **GRIMALDI LINES**
Représenté par *Euro-Mer & Ciel* (voir coordonnées plus haut).
➢ Liaisons Brindisi-Corfou-Igouménitsa 4 fois/sem.

Au départ de Venise

▲ **ANEK LINES/SUPERFAST FERRIES**
Représenté par *Cap Mer* et *Euro-Mer & Ciel* (voir coordonnées plus haut).
➢ Liaison Venise-Corfou-Igouménitsa-Patras 4 fois/sem. Trajet : 32h.

QUITTER LA GRÈCE

On rentre de Grèce en général par le même chemin (aérien, terrestre ou maritime) qu'à l'aller. Mais, si l'on souhaite poursuivre le voyage en direction de la Turquie, voici quelques infos :

En bus

➢ Au départ de ***Thessalonique.*** Départs du 8 odos Anagnostaki, à l'angle d'odos Konstantinoupoléos (pas dans le centre, au nord-ouest de la gare ferroviaire, face à la gare routière de Macédoine). Le bus prend également des passagers à ***Kavala.*** Renseignements et billets chez *Crazy Holidays,* 10 platia Aristotelous, au 1er étage *(☎ 23-10-24-15-45 ; ● crazy-holidays.gr ●).* Cette agence, en coopération avec la compagnie turque *Kamil Koc,* propose 3 départs/j. en principe (compter 45 € l'aller, 80 € l'A/R). Env 10h de trajet. Possibilité de partir d'***Athènes*** également (1 bus/j., avec la compagnie *Kamil Koc,* 14h de trajet, compter 70 € l'aller et 130 € l'A/R), depuis le 222, léoforos Athinon (au pont de Kifissou). Le bus prend également

des passagers en chemin à ***Lamia, Larissa*** et ***Katérini.*** Prévoir d'acheter son visa. Infos : ● *mfa.gov.tr/visa-information-for-foreigners.en.mfa* ● Sinon, pas de train pour Istanbul mais un train pour ***Sofia*** (d'où il est possible de continuer sur Istanbul).

En bateau

➢ Au départ des ports de Rhodes, Kos, Chios, Samos et Lesbos, voir la rubrique « Quitter la Grèce » dans le *Routard Îles grecques et Athènes.*

Les plus belles chambres d'hôtes sont dans Le Routard
Nos meilleures chambres d'hôtes en France
+ de 950 adresses à moins de 70 € !
Le Routard
hachette
routard.com
Dont 950 adresses à moins de 70 € petit déjeuner compris
et plus de 300 adresses avec piscine
©alle12

GRÈCE CONTINENTALE UTILE

ABC de la Grèce

- ***Superficie :*** 131 944 km² (et 14 854 km de côtes).
- ***Population :*** 10 869 000 hab. (recensement 2014).
- ***Capitale :*** Athènes.
- ***Langue officielle :*** le grec moderne.
- ***Monnaie :*** l'euro (prononcé en grec *evro*), qui a succédé à la drachme millénaire.
- ***Régime politique :*** république parlementaire.
- ***Chef de l'État :*** Prokopis Pavlopoulos, depuis février 2015.
- ***Chef du gouvernement :*** Alexis Tsipras, depuis janvier 2015.
- ***Religion :*** orthodoxe à 98 %.

AVANT LE DÉPART

Adresses utiles

En France

- ***Office de tourisme :*** *3, av. de l'Opéra, 75001 Paris. ☎ 01-42-60-65-75. • info@ot-grece.fr • Ⓜ Palais-Royal-Musée-du-Louvre. Lun-jeu 10h-17h, ven 10h-16h.*
- ***Ambassade de Grèce :*** *17, rue Auguste-Vacquerie, 75016 Paris. ☎ 01-47-23-72-28. • amb-grece.fr • Ⓜ Kléber.*
- ***Institut d'études néohelléniques :*** *19 bis, rue Fontaine, 75009 Paris. ☎ 01-48-74-09-56. • ienh.org • Ⓜ Pigalle.* Propose, entre autres, des cours d'initiation au grec moderne.
- ***Librairie hellénique Desmos :*** *14, rue Vandamme, 75014 Paris. ☎ 01-43-20-84-04. • desmos-grece.com • Ⓜ Gaîté ou Edgar-Quinet. Mar-sam 12h-19h. Fermé en août.* Toute la littérature grecque, antique et moderne, à votre portée. Des cours de grec moderne sont également proposés.

En Belgique

- ***Ambassade de Grèce :*** *rue des Petits-Carmes, 10, Bruxelles 1000. ☎ 02-545-55-00. • mfa.gr/brussels/ •*
- ***Consulat de Grèce :*** *rue des Petits-Carmes, 6, Bruxelles 1000. ☎ 02-545-55-10.*

En Suisse

- ***Ambassade de Grèce :*** *Wellpoststrasse 4, Postfach 72, 3015 Berne. ☎ 031-356-14-14. • mfa.gr/switzerland/en •*
- ***Consulat général de Grèce :*** *rue Pedro-Meylan, 1, 1208 Genève. ☎ 022-735-73-90. • mfa.gr/geneva •*

Au Canada

- ***Ambassade de Grèce :*** *80 McLaren St, Ottawa (Ontario) K2P 0K6. ☎ (613) 238-6271. • mfa.gr/canada/en/ •*
- ***Consulat général de Grèce :*** *1002 Sherbrooke West, suite 2 620, Montréal*

(Québec) H3A 3L6. ☎ (514) 875-2119. • mfa.gr/montreal • Lun-ven 9h-13h (sur rdv). Également 2 autres consulats généraux, à Toronto et Vancouver.

Papiers nécessaires

– *Passeport* ou *carte nationale d'identité* (en cours de validité). Attention : l'autorisation de sortie du territoire pour mineurs, qui permettait à un enfant de circuler dans certains pays sans être accompagné de ses parents, supprimée le 1er janvier 2013, a été rétablie (octobre 2015).
– *Carte d'étudiant :* pour les ressortissants de l'Union européenne, elle donne droit à la gratuité dans de nombreux sites et musées.
– *Permis de conduire, carte verte.*
– *Chasse sous-marine :* les adeptes de ce sport doivent présenter un permis délivré par la police maritime locale.

Pensez à scanner passeport, visa, carte de paiement, billets d'avion et *vouchers* d'hôtel. Ensuite, adressez-les-vous par e-mail, en pièces jointes. En cas de perte ou de vol, rien de plus facile pour les récupérer dans un cybercafé. Les démarches administratives en seront bien plus rapides. Merci tonton *Routard* !

Vaccinations, santé

– Aucun vaccin n'est obligatoire.
– *La carte européenne d'assurance maladie :* pour un séjour temporaire en Grèce, pensez à vous procurer la carte européenne d'assurance maladie. Il vous suffit d'appeler votre centre de Sécurité sociale (ou de vous connecter au site internet de votre centre) qui vous l'enverra sous 15 jours. Cette carte fonctionne avec tous les pays membres de l'Union européenne, ainsi qu'en Islande, au Liechtenstein, en Norvège et en Suisse. C'est une carte plastifiée bleue du même format que la carte Vitale. Elle est valable 1 an, est gratuite et personnelle (chaque membre de la famille doit avoir la sienne, y compris les enfants). Attention, la carte n'est pas valable pour les soins délivrés dans les établissements privés.
En cas de pépin, rendez-vous dans les centres médicaux prévus à cet effet, où les premiers soins vous seront dispensés gratuitement. Votre hôtel vous indiquera l'adresse de celui dont il dépend. Cela dit, vous devrez supporter une certaine participation pour les médicaments, les prothèses et les traitements supplémentaires. De plus, sur certaines îles, il n'y a pas de centre IKA (équivalent de notre Sécurité sociale). En cas de problèmes graves, il est souhaitable de ne pas se faire soigner dans les îles (du moins les petites, dépourvues de moyens) et de rentrer illico presto à Athènes. Dans ce cas, il est souvent préférable de se rendre dans les hôpitaux privés (où le matériel est plus performant et l'hygiène mieux surveillée), voire de se faire rapatrier.

Assurances voyage

■ ***Routard Assurance*** *(c/o AVI International) : 40-44, rue Washington, 75008 Paris. ☎ 01-44-63-51-00. • avi-international.com • Ⓜ George-V.* Depuis 20 ans, *Routard Assurance,* en collaboration avec *AVI International,* spécialiste de l'assurance voyage, propose aux voyageurs un contrat d'assurance complet à la semaine qui inclut le rapatriement, l'hospitalisation, les frais médicaux, le retour anticipé et les bagages. Ce contrat se décline en

différentes formules : individuel, senior, famille, light et annulation. Pour les séjours longs (2 mois à 1 an), consultez le site. L'inscription se fait en ligne et vous recevrez dès la souscription tous vos documents d'assurance par e-mail.

■ ***AVA :*** *25, rue de Maubeuge, 75009 Paris.* ☎ *01-53-20-44-20.* ● *ava.fr* ● Ⓜ *Cadet.* Un autre courtier fiable pour ceux qui souhaitent s'assurer en cas de décès-invalidité-accident lors d'un voyage à l'étranger, mais surtout pour bénéficier d'une assistance rapatriement, perte de bagages et annulation. Attention, franchises pour leurs contrats d'assurance voyage.

■ ***Pixel Assur :*** *18, rue des Plantes, BP 35, 78600 Maisons-Laffitte.* ☎ *01-39-62-28-63.* ● *pixel-assur.com* ● *RER A : Maisons-Laffitte.* Assurance de matériel photo et vidéo tous risques (casse, vol, immersion) dans le monde entier. Devis basé sur le prix d'achat de votre matériel. Avantage : garantie à l'année.

Carte internationale d'étudiant (carte ISIC)

Elle prouve le statut d'étudiant dans le monde entier et permet de bénéficier de tous les avantages, services et réductions dans les domaines du transport, de l'hébergement, de la culture, des loisirs, du shopping...
La carte ISIC permet aussi d'accéder à des avantages exclusifs (billets d'avion spécial étudiants, hôtels et auberges de jeunesse, assurances, cartes SIM internationales, location de voitures...).

Renseignements et inscriptions

- ***En France :*** ● *isic.fr* ● *13 € pour 1 année scolaire.*
- ***En Belgique :*** ● *isic.be* ●
- ***En Suisse :*** ● *isic.ch* ●
- ***Au Canada :*** ● *isiccanada.com* ●

Carte d'adhésion internationale aux auberges de jeunesse (carte FUAJ)

Cette carte vous ouvre les portes des 4 000 auberges de jeunesse du réseau *HI-Hostelling International* en France et dans le monde. Vous pouvez ainsi parcourir 90 pays à des prix avantageux et bénéficier de tarifs préférentiels avec les partenaires des auberges de jeunesse *HI.* Enfin, vous intégrez une communauté mondiale de voyageurs partageant les mêmes valeurs : plaisir de la rencontre, respect des différences et échange dans un esprit convivial. Il n'y a pas de limite d'âge pour séjourner en auberge de jeunesse. Il faut simplement être adhérent.

Renseignements et inscriptions

- ***En France :*** ● *hifrance.org* ●
- ***En Belgique :*** ● *lesaubergesdejeunesse.be* ●
- ***En Suisse :*** ● *youthhostel.ch* ●
- ***Au Canada :*** ● *hihostels.ca* ●

Si vous prévoyez un séjour itinérant, vous pouvez réserver plusieurs auberges en une seule fois en France et dans le monde : ● *hihostels.com* ●

ARGENT, BANQUES, CHANGE

Monnaie

L'euro (en grec, *evro*), depuis janvier 2002.

Banques

Pour les ressortissants hors zone euro, les commissions pratiquées pour les chèques de voyage sont très variables.
ATTENTION, dans toute la Grèce, les banques ne sont généralement ouvertes que du lundi au vendredi de 8h à 13h30-14h. Elles sont fermées les week-ends et jours fériés.

Change

Pour nos lecteurs hors zone euro, évitez de changer de l'argent dans les *tourist offices.* Ils prennent une commission très élevée.
Bureaux de change dans les villes, ouverts pour la plupart tous les jours et assez tard le soir. Taux équivalent à celui des banques, mais commission plus élevée.

Cartes de paiement

Quand vous partez à l'étranger, pensez à téléphoner à votre banque pour relever le plafond de retrait aux distributeurs et pour les paiements par carte, quitte à le faire rebaisser à votre retour.
Avant de partir, notez donc bien le numéro d'opposition propre à votre banque (il figure sur votre contrat, au dos des tickets de retrait ou à côté des distributeurs de billets), ainsi que le numéro à 16 chiffres de votre carte. Bien entendu, conservez ces informations en lieu sûr, et séparément de votre carte.
Par ailleurs, l'assistance médicale se limite aux 90 premiers jours du voyage et l'assistance véhicule aux cartes haut de gamme, à condition d'avoir payé votre location avec ladite carte (renseignez-vous auprès de votre banque).
N'oubliez pas de **vérifier la date d'expiration de votre carte de paiement** avant votre départ !
En Grèce, le refus des cartes de paiement est presque un sport national... Combien de fois, dans des boutiques ou des hôtels affichant l'écusson *Visa, MasterCard* et/ou *American Express,* s'entend-on dire : « La machine est en panne » ? Dans les endroits les plus touristiques, c'est un peu moins difficile. Mais dans les villages et les pensions, c'est presque impossible... même si, petit à petit, les choses, globalement, progressent dans le bon sens. Et surtout, il est prévu qu'en 2017 tous les professionnels du tourisme devront être équipés et accepter les paiements par carte bancaire. Reste à savoir si tout le monde jouera le jeu... Alors, prévoyez d'avoir toujours sur vous de l'argent liquide (et, éventuellement, des chèques de voyage, même s'ils ne sont plus si simples à changer). En tout cas, les commerçants ne vous accorderont aucune réduction si vous payez par carte : bien souvent, les banques grecques prélèvent 3-4 % de commission sur les transactions.
Et, pour oublier certaines idées reçues, si les Grecs ne peuvent effectivement retirer que 420 € par semaine dans les distributeurs, aucune restriction n'existe pour les touristes.

Petite mesure de précaution : si vous retirez de l'argent dans un distributeur, utilisez de préférence les distributeurs attenants à une agence bancaire. En cas de pépin avec votre carte (carte avalée, erreur de code...), vous aurez un interlocuteur dans l'agence, pendant les heures ouvrables.

En zone euro, pas de frais bancaires sur les paiements par carte. Les retraits sont soumis aux mêmes conditions tarifaires que ceux effectués en France (gratuits pour la plupart des cartes).

Une carte perdue ou volée peut être rapidement remplacée. En appelant sa banque, un système d'opposition, d'avance d'argent et de remplacement de carte pourra être mis en place afin de poursuivre son séjour en toute quiétude. En cas de perte, de vol ou de fraude, quelle que soit la carte que vous possédez, chaque banque gère elle-même le processus d'opposition et le numéro de téléphone correspondant.
Retrouvez les numéros d'urgence bancaire dans la rubrique « Urgences ».

Western Union Money Transfer

En cas de besoin urgent d'argent liquide (perte ou vol de billets, chèques de voyage, carte de paiement), vous pouvez être dépanné en quelques minutes grâce au système *Western Union Money Transfer.* Pour cela, demandez à quelqu'un de vous déposer de l'argent en euros dans l'un des bureaux *Western Union* ; liste sur ● *westernunion.fr* ● L'argent vous est transféré en moins de 15 mn. La commission, assez élevée, est payée par l'expéditeur. Possibilité d'effectuer un transfert en ligne 24h/24 par carte de paiement (*Visa* ou *Master Card,* émise en France).
En Grèce, se présenter à une agence Western Union *(n° Vert : ☎ 800-100-20-20, tlj 8h-21h)* avec une pièce d'identité.

ACHATS

– ***Objets d'artisanat :*** tapis, sacs tissés à la main, poteries et céramiques, étoffes, bijoux en argent (spécialité de Ioannina).
– ***Huile d'olive :*** en bidon de 1 l, 2 l ou 4 l. Il y aurait 140 millions d'oliviers en Grèce... Chaque coin de Grèce se dispute l'honneur d'avoir la meilleure huile. On peut aussi rapporter du savon à l'huile d'olive fabriqué localement.
– ***Spécialités locales :*** un peu partout, on trouve à acheter des « douceurs », des loukoums et des petits fruits dans une sorte de sirop (en grec *glyka koutaliou*) que les Grecs servent avec le café. Se vendent en petits pots comme de la confiture. Parmi les musts : *vyssino* (griotte), *nérantzi* (orange amère), *kydoni* (coing) et *milo* (pomme, souvent parfumée d'un clou de girofle). Les boutiques spécialisées proposent toutes sortes de conserves : câpres, olives, confiture de tomate, aromates, etc. Et si vous n'avez pas peur de son fumet, rapportez du fromage...
– ***Komboloï :*** peut-être le plus vieux gadget au monde. Sorte de chapelet que l'on égrène pour occuper les doigts. On peut l'acheter dans certains kiosques à journaux et de nombreux magasins pour touristes. Les *komboloï* classiques sont en ambre, en bois d'olivier ou de caroubier.

PORTE-BONHEUR

Les Grecs sont superstitieux, surtout les commerçants. Pour beaucoup d'entre eux, le premier client du jour doit être traité avec soin et considération. Surtout s'il entre du pied droit dans l'échoppe. Sachez-le !

INDÉMODABLE CHAUSSURE

Bien que la spartiate tire son nom de Sparte, la célèbre sandale lacée était déjà portée par Néfertiti dans l'Égypte antique. Les Spartiates, eux, marchaient pieds nus ! Le mot « spartiate »fait donc référence au mode de vie austère de ce peuple guerrier. Elle devient à la mode dans les années 1920 à Saint-Tropez et connaît aujourd'hui un nouvel âge d'or.

– On trouve en Grèce les ***sandales*** de meilleure qualité. Rapport qualité-prix excellent, même dans les boutiques pour touristes. Veiller cependant à ce que les coutures soient soignées et la semelle bien en cuir.
– Et, bien entendu, le ***vin*** (le *retsina* notamment), l'***ouzo*** et le ***tsipouro.***
Attention toutefois, si vous n'avez pas enregistré de bagages en soute, rapporter ce type de souvenir (en bouteille, en bidon...) est tout simplement impossible, car il sera systématiquement prélevé lors du contrôle sécurité.

BUDGET

La Grèce reste relativement bon marché. Cependant, tout dépend de la manière dont vous l'abordez et de la période de votre voyage. Sac au dos, en bus et en stop, en dormant sur les plages (attention, on ne le conseille pas : le camping sauvage est interdit, il arrive que les contrevenants se fassent déloger lors d'opérations « coup de poing »), et en se contentant de *souvlakia* et de *gyros,* le voyage ne reviendra pas cher ! Vous pouvez aussi mixer votre mode de voyage : alterner le camping avec le confort des pensions, le stop (ou le bus pour les longs trajets) avec la location d'un scooter pour découvrir l'intérieur du pays. Cette solution d'alternance, entre le voyage routard pur et dur et un petit confort, nous semble être un bon compromis. En effet, dans certains coins, il est inutile de perdre 4h à attendre un bus pour aller voir un monastère ou une plage éloignés de 20 km ! La location d'un scooter ou d'une voiture pour quatre personnes pour une journée n'est pas si élevée. De plus, en pension comme chez l'habitant, de nombreuses chambres-studios sont équipées d'une petite cuisine, de quoi faire d'avantageuses économies en préparant soi-même son frichti. À vos calculettes !
Ces dernières années, les prix en Grèce tendaient petit à petit à rejoindre ceux pratiqués dans le reste de l'Europe, surtout depuis les augmentations successives de la TVA en 2010, 2015 et 2016. Mais avec la crise, les tarifs sont redevenus plus raisonnables. Pour l'alimentation, les prix au détail sont très variables ; les restos populaires restent encore abordables. En revanche, l'essence est devenue une des plus chères d'Europe, et les transports en commun (bus, train, bateau), en raison des tarifs élevés des carburants et de l'augmentation des taxes, grimpent chaque année un peu plus.

TRAPEZA

Ce mot signifie « table ». C'est aussi le comptoir des banques, ce qui tombe bien quand on constate les acrobaties périlleuses de bien des Grecs pour obtenir un découvert ou un crédit.

Dans le cadre du troisième « plan d'aide », la Grèce a dû supprimer le taux réduit de TVA qui s'appliquait dans les îles : fin 2015, six îles ont été touchées (parmi les plus touristiques, dont Skiathos, traitée dans ce guide), le reste des îles devant adopter les nouveaux taux en 2016 et en 2017.
Les prix indiqués dans ce guide pour l'hébergement, relevés ou déclarés en 2016, pourront donc avoir évolué d'ici l'été 2017. Et devraient bouger, encore, en 2018, avec l'instauration d'une « taxe de résidence » dans l'hôtellerie.
De même, le taux de la TVA dans la restauration est passé de 13 % à 23 % en 2015, puis à 24 % en 2016. Certains restaurateurs ont répercuté l'augmentation, d'autres pas.
Les augmentations ont aussi logiquement affecté le prix des billets de musée, parfois de manière spectaculaire.

Recommandation à ceux qui souhaitent profiter des réductions et avantages proposés dans le *Routard* par les hôteliers et les restaurateurs.

À l'hôtel, pensez à les demander au moment de la réservation ou, si vous n'avez pas réservé, **à l'arrivée.** Ils ne sont valables que pour les réservations en direct et ne sont pas cumulables avec d'autres offres promotionnelles (notamment sur Internet). Au restaurant, parlez-en **au moment** de la commande et surtout **avant** que l'addition ne soit établie. Poser votre *Routard* sur la table ne suffit pas : le personnel de salle n'est pas toujours au courant et une fois le ticket de caisse imprimé, il est souvent difficile de modifier le total. En cas de doute, montrez la notice relative à l'établissement dans le *Routard* de l'année, bien sûr, et ne manquez pas de nous faire part de toute difficulté rencontrée.

Hébergement

Les hôtels

En Grèce, tout fluctue... Les prix surtout, qui varient incroyablement d'une période de l'année à l'autre. En haute saison, les prix sont souvent le triple de la basse saison... Une chambre de pension bon marché à 20-30 € en mai (ça existe) peut ainsi atteindre 60-70 € au mois d'août ! Évitez autant que possible, de ce point de vue, la période de la Pâque grecque (c'est-à-dire les jours qui précèdent le dimanche de Pâques) et le cœur de l'été, entre la mi-juillet et la 3e semaine d'août. Dans les coins les plus touristiques, les prix restent élevés de juin à septembre. À Athènes, bien plus chère que le reste du pays, la haute saison commence même dès avril et s'achève fin octobre.
Nos indications tarifaires sont sur la base d'une chambre double, sans le petit déj (sauf indication contraire). Une chambre dans un village peu touristique et la même chambre dans une île hyper fréquentée auront un prix très différent, à qualité égale. Théoriquement, les prix doivent être affichés sur la porte de chaque chambre. Il s'agit des tarifs les plus élevés, rarement de ceux qui sont appliqués dans la réalité – sauf en haute saison. Au quotidien, tout se discute en fonction de l'offre et de la demande. La saison démarre mal ? Les prix baissent. Vous restez plus de 3 nuits ? Ils baissent encore. Vous payez en liquide ? C'est moins cher. Avec la crise, nombreux sont ceux qui proposent des offres très intéressantes en basse et demi-saison. Ce qui explique que vous puissiez avoir l'impression que les prix sont à la tête du client...
ATTENTION, cette échelle indicative de prix ne vaut pas pour Athènes, bien plus chère, avec une haute saison d'avril à octobre, ni pour certaines îles « chic » (comme Hydra).
– ***Bon marché :*** de 20 à 40 € la chambre double. Catégorie qui correspond généralement à une chambre spartiate avec salle de bains privée (parfois sans) chez des particuliers ou dans une « pension » (petit établissement familial). Parfois, la chambre sera même équipée d'un frigo et/ou d'une cuisine, voire de la clim.
– ***Prix moyens :*** de 40 à 65-70 € la chambre double. Catégorie qui correspond à une chambre avec salle de bains, quelquefois très simple mais souvent confortable. La plupart, désormais, sont très bien équipées : TV (parfois avec chaînes étrangères), air conditionné, frigo et/ou coin cuisine et, de plus en plus souvent, sèche-cheveux et coffre (même dans certaines pensions).
– ***Chic :*** de 65-70 à 100 € la chambre double. Dans cette catégorie, on gagne plus en décor qu'en confort proprement dit, avec généralement une meilleure localisation (belle vue) et des équipements collectifs (piscine, jacuzzi, etc.).

– ***Plus chic :*** au-delà de 100 € la chambre double. Ce sont des hôtels (en principe) tout confort.
Ces dernières années se sont multipliés dans certaines régions (pas les plus touristiques) les hôtels traditionnels (*xénonès,* pluriel de *xénonas,* ce qui les différencie en principe des simples hôtels, appelés en grec *xénodochia*), correspondant à nos hôtels de charme : vieilles demeures rénovées, avec un ameublement traditionnel. On les trouve principalement dans les régions qui ont un riche passé et un patrimoine architectural remarquable comme l'Épire, le Pélion et le Magne. Plutôt cher, mais beaucoup de ces établissements ont leur haute saison en hiver, montagne oblige, et pratiquent des tarifs plus doux en été.

Le logement chez l'habitant

Bien meilleur marché que l'hôtel. Toutes les chambres doivent en principe être déclarées à l'office de tourisme hellénique, et les prix doivent être affichés, derrière la porte de la chambre, comme dans les hôtels. Trois catégories : A, B et C. En principe toujours, une chambre de catégorie A ne devrait pas coûter beaucoup plus cher qu'une chambre d'hôtel de catégorie C. Mais là encore, les prix sont très variables, et il n'y a pas grand-chose de commun entre la petite chambre que la vieille grand-mère vous loue dans sa maison et l'immeuble flambant neuf loué en studios ou en appartements. Autour de 25 €, hors saison, on doit pouvoir commencer à trouver une chambre basique mais correcte pour deux, dans un endroit peu touristique. Les tarifs doublent (au moins) en saison. La formule devient souvent plus intéressante avec les petits appartements pour quatre ou cinq personnes, moins chers que deux chambres d'hôtel. L'intérêt est aussi de bénéficier d'une cuisine où l'on peut se faire à manger. En revanche, on ne vous accueillera pas à bras ouverts si vous annoncez à votre arrivée votre intention de ne rester qu'une seule nuit (il arrive même qu'on refuse de louer pour une si courte durée ; si on vous accepte, vous paierez le tarif maximal).

Le camping

Un rappel : le camping sauvage est interdit.
Les campings sont relativement chers pour les prestations offertes (et les tarifs, là encore, sont rarement affichés à l'extérieur...). Compter de 15 à 26 € pour deux avec une voiture et une tente, la moyenne s'établissant autour de 22 €. Ne pas hésiter à faire jouer les réductions que proposent les principales chaînes de camping, *Sunshine* et *Harmonie,* sur présentation du dépliant de la chaîne (disponible dans les campings ; voir plus loin, rubrique « Hébergement »). Leur programme de « fidélisation » inclut aussi des réductions sur certaines lignes de ferries entre l'Italie et la Grèce. La plupart des campings sont ouverts d'avril ou mai à octobre.

Nourriture

Là encore, votre budget ne sera pas le même si vous dégustez du poisson grillé tous les soirs sur le port ou si vous recherchez les tavernes populaires, où l'on mange les plats « à la casserole », nettement plus abordables.
– ***Bon marché :*** environ 10 €.
– ***Prix moyens :*** de 10 à 20 €.
– ***Chic :*** de 20 à 40 €.
– ***Très chic :*** plus de 40 €.
– Le poisson est vendu au kilo, et il est cher. Les meilleurs, à griller, sont vendus de 30 à 60-65 € le kilo. La friture est plus abordable : environ 15-20 € le kilo. En général, on va en cuisine choisir son poisson et le faire peser. Ainsi, pas de surprise.
– En Grèce, on compose son repas à la carte le plus souvent, mais quelques menus bon marché et basiques sont parfois proposés dans les sites les plus touristiques.

- Dans une taverne, compter 6-9 € pour un plat cuisiné typique et populaire (genre moussaka ou *pastitsio*) et de 7 à 11 € pour une grillade (grand *souvlaki*, par exemple).
- Compter entre 12 et 15 € pour un repas complet, genre salade grecque à partager, grillade ou plat cuisiné. Cela dit, les assiettes étant généralement très copieuses, on peut parfaitement se contenter d'un plat principal. Souvent, un petit dessert est offert : part de melon ou de pastèque, halva ou toute autre petite pâtisserie. Là encore, grosses variations selon les endroits. À Athènes, tout est facilement plus cher.
- Les restaurateurs facturent le pain (on vous demandera d'ailleurs sans doute si vous en voulez). Compter un supplément de 0,50 à 2 € par personne.
- Le service est compris, mais il est de coutume de laisser un petit quelque chose si vous êtes satisfait (du simple arrondi à 5 ou 10 %).

Le juste prix

En dehors des villes, il n'existe pas encore trop de supermarchés à l'occidentale. Dans les endroits touristiques, on trouve surtout des minimarkets qui n'écrasent pas particulièrement les prix.

Voici quelques exemples de prix moyens de produits courants, relevés en 2016 (les prix peuvent fortement varier d'une région non touristique à une région touristique) :
- un *koulouri* (sorte de petite couronne au sésame) : 0,50 à 0,60 € ;
- une *tyropitta* (chausson à la feta) : environ 1,80 à 2,50 € ;
- un petit *souvlaki* (à manger à la main) : 1,20-1,70 € ;
- un *gyros* avec *pita* : environ 2,50-3 € ;
- un soda (50 cl) dans une boutique : environ 1 € ;
- un soda (50 cl) dans un café : environ 2,50 € ;
- une bière grecque *Mythos* (50 cl) dans un café standard : 2 à 3 € ;
- un café frappé dans un café standard : en moyenne 2,50 € ; il peut monter facilement jusqu'à 4 € à Athènes (par exemple), voire un peu plus ;
- une grande bouteille (1,5 l) d'eau minérale : 0,50 à 1,50 € selon l'endroit où vous l'achetez ;
- un litre de lait : à partir de 1,30 € ;
- un yaourt (200 g) vendu à l'unité : 1 à 1,50 € ; comme tous les laitages en Grèce, c'est cher ;
- un litre de super sans plomb 95 : environ 1,50 € en moyenne ; encore un peu plus cher dans les îles ; le diesel coûte 30 à 35 centimes de moins que le super sans plomb 95 ;
- 100 km en bus *KTEL* (liaisons continentales) : environ 9 € ;
- 1h de trajet en ferry (classe pont) : environ 9-10 € ; compter le double, voire un peu plus, en *Flying Dolphin* ou en *Catamaran.*

CLIMAT

La Grèce jouit d'un climat méditerranéen qui varie en fonction de l'altitude, mais également de la latitude, avec des hivers doux et pluvieux et des étés chauds et très secs.

Le printemps est assez court. L'été arrive brusquement et brûle tout ; pendant les mois torrides, certaines régions supportent des températures de 36, 38, 40, voire 45 °C. En juillet et août, il arrive qu'aucune goutte de pluie de tombe, sauf en cas d'orage (et là, ça tombe !). Sur la terre surchauffée soufflent alors de puissants vents thermiques qui saupoudrent les arbres de poussière, rendant le pâle feuillage de l'olivier plus terne. En été, le puissant vent thermique des îles, le *meltémi*, peut rendre la mer dangereuse ou, sur les îles, donner une impression de fraîcheur, notamment en soirée. Ces vents de nord-est ou nord/nord-est, appelés vents

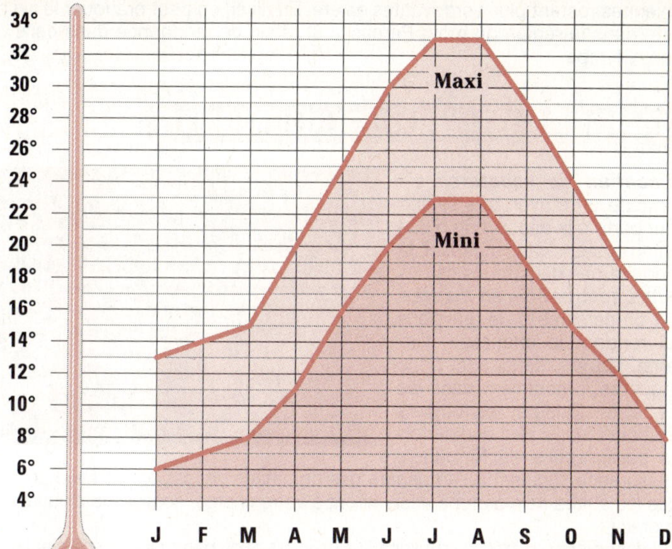

Moyenne des températures atmosphériques

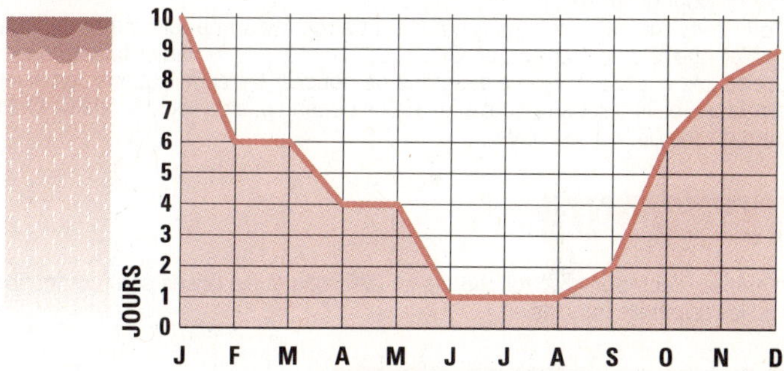

Nombre de jours de pluie

GRÈCE (Athènes)

étésiens, soufflent en deux temps. D'abord sur une courte période fin mai-début juin, puis de fin juillet à début octobre. Ils concernent surtout la mer Égée, donc les Cyclades, et ça décoiffe (jusqu'à 8-9 Beaufort, soit environ 90 à 120 km/h sur Andros ou Tinos, par exemple) ; en revanche, les îles Ioniennes sont épargnées.

Pour les amoureux de la Grèce antique, mieux vaut voyager en mai ou en septembre-octobre. Vous éviterez ainsi que la montée vers l'Acropole ne se transforme en véritable Golgotha. Question baignade, si l'eau est fraîche au printemps, elle conserve une température agréable longtemps après la fin de l'été, jusqu'à la fin du mois d'octobre.

Les précipitations maximales se situent en décembre, janvier et février : il pleut beaucoup plus sur le versant ouest du pays, ce qui explique que les îles

Ioniennes restent plus verdoyantes en été. En hiver, on peut pratiquer le ski de piste dans la région du mont Parnasse et le ski de randonnée dans celle du mont Olympe.

DANGERS ET ENQUIQUINEMENTS

– ***Location de scooters :*** s'il demeure un moyen très sympa pour partir à la découverte d'une région, mieux vaut maîtriser la conduite des deux-roues car les routes sont parfois en mauvais état ou parsemées de gravillons qui rendent la chaussée glissante. Les accidents sont donc fréquents, notamment dans les îles, et les loueurs pas toujours très honnêtes, si bien que parfois les paragraphes du formulaire d'assurance stipulant qu'en dehors des dommages occasionnés avec un tiers tous les autres frais de réparation seront à votre charge, sont écrits uniquement en grec !

KAMAKI

Il s'agit du harpon utilisé par Poséidon pour attraper les poissons. Par extension, on utilise ce terme pour évoquer la drague des Grecs vis-à-vis des femmes, et tout particulièrement des touristes. Les phrases flatteuses adressées aux femmes sont souvent humoristiques, soutenues, mais rarement blessantes.

– ***Plaisanciers :*** gare à la complicité des policiers et du pompiste ; ce dernier laisse parfois échapper quelques litres dans la marina, ce qui peut vous occasionner une amende pour pollution !

– ***Toilettes :*** même si cela peut paraître étrange dans une telle rubrique, il faut signaler que le plus souvent, en Grèce, on ne jette pas le papier toilette dans la cuvette des w-c, car le risque est grand de boucher les canalisations ; on le jette dans la poubelle disposée à cet effet. Ça ne dépend pas de la catégorie de l'hôtel, plutôt du lieu où l'on se trouve.

ÉLECTRICITÉ

Le réseau électrique grec fonctionne en 220 volts et les prises sont compatibles avec les appareils français.

FÊTES ET JOURS FÉRIÉS

Fêtes nationales

Les Grecs ont eu l'excellente idée de se programmer deux fêtes nationales :

– ***le 25 mars :*** en commémoration de la révolution de 1821, qui libéra la Grèce de l'occupant turc (en réalité, le début du soulèvement eut lieu un peu avant) ;

– ***le 28 octobre :*** pour célébrer le refus de l'ultimatum italien en 1940. Défilés religieux et militaires à peu près partout.

– À retenir également : le ***1er mai,*** fête du Travail.

HYMNE NATIONAL

Avec 158 strophes, c'est le plus long du monde. En fait, on ne joue que les deux premiers couplets. Au départ, ce poème fut écrit en 1823, lors de la guerre contre les Ottomans. Cet hymne est utilisé aussi à Chypre.

Fêtes religieuses

– L'***Épiphanie*** (le 6 janvier) est marquée par la bénédiction des eaux ; il n'est pas rare de voir de jeunes hommes plonger dans les eaux souvent frisquettes pour récupérer la croix que le pope a lancée.
– Première au hit-parade, en Grèce la Semaine sainte est traditionnellement plus importante que Noël. En 2017, la ***Pâque grecque*** *(to Paskha)* tombe le 16 avril dans le calendrier orthodoxe. Se renseigner si l'on veut visiter des musées ou autres sites touristiques, car soit ils sont fermés, soit ils fonctionnent au ralenti du jeudi de la Semaine sainte au lundi de Pâques inclus. Les hôtels sont alors bien souvent pris d'assaut et pratiquent des tarifs dignes du plein été, voire pire. Les temps forts de cette semaine sont la procession de l'*épitafios* (symbolisant le linceul du Christ) le vendredi soir, la messe du samedi soir qui se termine aux cris de « *Christos anesti* » (« Christ est ressuscité ») et qui est suivie d'un repas commençant par la *mayiritsa,* une soupe d'abats d'agneau et d'œufs battus, et, enfin, le repas dominical (agneau à la broche pour tout le monde).
– ***Le lundi de Pentecôte orthodoxe*** (50 jours après Pâques, donc le 5 juin 2017). Attention encore, ce jour-là, tout est fermé. Le ***jeudi de l'Ascension*** (25 mai en 2017) est aussi l'occasion d'un pont.
– Le ***15 août*** constitue l'autre grande célébration religieuse. En Grèce, on parle de la ***Dormition*** *(Kimissis)* de la Vierge, et non de l'Assomption.
– Certaines fêtes religieuses sont célébrées avec plus d'insistance dans divers endroits : la *Saint-Spyridon* en août à Corfou, le *carnaval de Patras* de mi-janvier jusqu'au carême, la *Saint-Dimitri* (26 octobre) à Thessalonique...

CHAUD DESSOUS !

À l'occasion des Anasténaria, les 21 et 22 mai, les habitants de Langadas, au nord de la Grèce, dansent pieds nus sur des charbons ardents en portant les icônes de saint Constantin et de sainte Hélène. La coutume remonterait aux temps païens et aux célébrations dionysiaques. Atmosphère chaleureuse !

Fêtes locales

En se baladant de village en village, l'été, on est à peu près sûr de tomber un soir ou l'autre sur un *panigyri* (fête locale, au singulier ; *panigyria* au pluriel), donné à date fixe en l'honneur du saint patron du patelin. Ceux qui sont friands de ces festivités, en général pas frelatées, peuvent s'amuser à repérer les noms des saints des églises et à chercher quand tombe la fête. On commence bien sagement par une cérémonie religieuse et on finit, en général, au petit matin de manière beaucoup moins pieuse. Quelques exemples (liste non exhaustive, loin de là) :
– ***le 24 juin :*** *Agios Ioannis* (la Saint-Jean) ;
– ***le 1er juillet :*** *Agii Anargyrii* (les saints Indigents) ;
– ***le 7 juillet :*** *Agia Kyriaki* (Sainte-Dominique) ;
– ***le 17 juillet :*** *Agia Marina* ;
– ***le 20 juillet :*** *Profitis Ilias* (le prophète Élie) ;
– ***le 26 juillet :*** *Agia Paraskévi* ;
– ***le 27 juillet :*** *Agios Pandéléimon* ;
– ***le 2 août :*** *Agios Stéfanos* ;
– ***le 12 août :*** *Agios Matthéos* (Saint-Matthieu) ;
– ***le 2 septembre :*** *Agios Mamas* ;
– ***le 15 septembre :*** *Agios Nikitas.*
Les étrangers sont toujours bien accueillis en pareille occasion. Couche-tôt s'abstenir (car vous ne pourriez apprécier l'extraordinaire endurance des Grecs) ! Les dates peuvent éventuellement être décalées d'un jour, pour profiter d'un week-end.

Festivals

Qui a dit qu'on venait bronzer idiot en Grèce ? Pas mal de grandes villes grecques proposent un festival théâtral en été (Athènes, Ioannina, Héraklion...), sans compter ceux qui ont lieu dans des sites antiques (Épidaure, Dodone). Concerts, ballets, opéras sont aussi au programme (le Festival international de danse de Kalamata, en juillet, est particulièrement réputé). À noter que le Festival de Thessalonique (les *Dimitria*) se déroule de septembre à novembre, et que le Festival international du cinéma dans la même ville se tient durant la 2de quinzaine de novembre.

HÉBERGEMENT

Les auberges de jeunesse

La Grèce ne compte qu'une dizaine d'auberges affiliées au réseau *HI-Hostelling International,* dont quatre à Athènes et une à Corfou. En outre, quelques auberges de jeunesse non affiliées au réseau sont regroupées dans la Fédération nationale grecque d'auberges de jeunesse *(Greek Youth Hostel Organization)* : une seule se trouve en Grèce continentale (à Athènes) ; liste sur • *athensyhostel.com* •

Les hôtels

Pas mal d'hôtels grecs, bâtis dans les années 1970 et 1980, époque du premier boom touristique, ont vieilli. Mais une nouvelle génération d'hôtels a vu le jour depuis et n'a pas à rougir de la comparaison avec les standards européens. Une constante cependant, quelle que soit la catégorie, les matelas sont plus souvent du genre béton que moelleux. Avec, bien sûr, des exceptions.

Le logement chez l'habitant

Souvent assez bon marché et intéressant pour les contacts humains. Cependant, il faut avoir l'œil : dans certains coins, les *rooms to rent* sont devenues une véritable industrie (on se fait construire un immeuble de quatre étages et on rentabilise de manière forcenée pendant la saison). Préférez donc les maisons à l'allure plus modeste, au moins pour l'accueil. Les prix sont loin d'être toujours affichés dans les chambres, comme ce devrait être le cas. N'hésitez pas à marchander ou à faire jouer la concurrence. Attention, on vous fera parfois la tête si vous annoncez que vous passez une seule nuit.

Les hébergements de charme

Une initiative intéressante a vu le jour en 2003 : le premier réseau d'hébergements de charme en Grèce, en milieu rural. Créé par une petite équipe franco-grecque, membre d'*Eurogites, Guest Inn* a pour but de faire connaître la Grèce profonde (les destinations considérées comme moins « touristiques » ont été privilégiées), avec un choix d'hébergements de petite capacité, sélectionnés pour leur caractère et la qualité de l'accueil. Fin 2016, le réseau est riche de quelque 250 adresses. *Guest Inn* propose les services d'un central de réservations, faisant alors office d'intermédiaire avec les propriétaires, qui ne parlent parfois que le grec et dont certains hébergements peuvent être réservés en ligne.

■ ***Guest Inn :*** *34, odos Kefallinias, 165 61 Glyfada (banlieue sud d'Athènes).* Le site est également de grande qualité et constitue une bonne source d'informations générales.

Le camping

La Grèce compte environ 200 terrains de camping. La majorité n'est pas extraordinaire : on s'y entasse beaucoup en été, l'intimité est rarement garantie et l'ombre

fluctuante. Certains disposent d'une piscine (bizarrement souvent ceux situés en bord de mer !). Les campings grecs acceptent les gens sans tente, ce qui n'est pas le cas en France. Certains en louent (déjà montées), ainsi que des sacs de couchage, ce qui permet de ne pas trop se charger, surtout si l'on envisage de ne camper que quelques nuits. On trouve aussi parfois des sortes d'abris sommaires, quelquefois avec lits en dur à l'intérieur, loués à peine plus cher que le prix du camping en tente pour deux. Sinon, prévoir des piquets solides : le sol grec est dur ! Et n'oubliez pas le sac de couchage dans les îles : les nuits y sont plus fraîches, notamment quand le *meltémi* souffle fort.
Deux chaînes se livrent une rude concurrence : *Sunshine Camping Club,* qui regroupe une petite trentaine de campings, propose 10 % de réduction en juillet et août et 20 % hors saison. Son concurrent, *Harmonie,* en regroupe presque autant et propose des réductions similaires. Pour en savoir plus, consultez leurs sites respectifs • *sunshinecampingclub.gr* • et • *greekcamping.gr* • ou encore • *camping.gr* • Prévoyez d'emporter deux pièces d'identité, car les campings en gardent parfois une jusqu'à votre départ. Attention, certaines îles n'ont pas de camping, comme Égine, Hydra, Spetsès. Pour consulter la liste officielle : • *greececamping.gr* •
– Le camping sauvage est interdit. ATTENTION, la police ne rigole pas !
Pour les réservations de chambres d'hôtel, de bungalows ou de résidences hôtelières, on peut demander des renseignements par écrit, longtemps à l'avance, à :

■ ***Hellenic Chamber of Hotels :*** *24, odos Stadiou, 105 64 Athènes.* ☎ *21-32-16-99-00.* • *grhotels.gr* •

HORAIRES

Il y a 1h de décalage horaire entre la France et la Grèce ; quand il est 12h à Paris, il est 13h à Athènes.
– Les ***horaires des magasins*** ne sont pas toujours faciles à suivre. Dans les îles, et les lieux fortement touristiques en général, on ferme peu, car il y a toujours de l'affluence. En ville, les commerces suivent une savante alternance : en gros, les lundi, mercredi et samedi de 8h30 à 14h30 et les mardi, jeudi et vendredi de 8h30 à 14h et de 17h à 20h30.
– ***Les horaires des administrations ou des banques :*** la Grèce est depuis longtemps passée à la journée continue, qui s'achève en réalité en début d'après-midi. Passé 14h, les guichets sont hermétiquement fermés, sauf à de rares exceptions (notamment les postes, dans les grandes villes, ouvertes jusqu'à 19h ou 20h).

LANGUE

En arrivant en Grèce, vous aurez certainement le sentiment d'être doublement à l'étranger. Tout d'abord, il est difficile d'y reconnaître grand-chose à l'oreille. Dans *L'Été grec,* Jacques Lacarrière, nourri de grec ancien, dit combien il s'est senti perdu à l'écoute des premiers mots de grec moderne. Seconde barrière : un alphabet bien différent de notre alphabet latin !
Cette langue, vieille de 3 000 ans et même un peu plus, est plus

MAIS QUI SONT CES « BARBARES » ?

Pour les Grecs de l'Antiquité, les peuples qui ne parlaient pas leur langue étaient nommés « barbares ». Par extension, on appela ainsi tous les peuples ennemis du monde grec. Bien plus tard, la signification évolua encore puisque les habitants d'Afrique du Nord furent nommés « Berbères ». Aujourd'hui, le terme désigne uniquement des populations du Maghreb qui ne sont pas d'origine arabe.

ancienne que la nôtre. Elle a survécu aux dominations étrangères, romaine et turque en particulier.
Bien entendu, le grec a évolué au cours des siècles. C'est ce que n'ont pas voulu comprendre les puristes qui ont imposé comme langue officielle, au moment de l'indépendance en 1830, la *katharévoussa,* autrement dit une langue « purifiée », en partie calquée sur le grec ancien et bien différente de la langue parlée par la population. Ce n'était sans doute pas sans arrière-pensées : les détenteurs du pouvoir économique et politique avaient tout intérêt à ce que cette langue de lettrés soit en vigueur, puisqu'elle excluait de la vie politique ceux qui ne la maîtrisaient pas, autrement dit le peuple.
Le mouvement en faveur de la langue démotique (du grec *dimotiki,* « populaire »), à la grammaire beaucoup plus facile, s'est développé tout au long du XIXe s. En 1903 et 1911, on s'est même battu entre partisans des deux langues, et le démotique a eu ses martyrs. Le débat s'est vite déplacé autour d'une ligne de partage gauche/droite, les partisans de la *dimotiki* étant évidemment tous des communistes... Il a fallu attendre la chute de la dictature des colonels pour que la *katharévoussa* soit rangée au magasin des antiquités (quoique... les textes officiels, une certaine presse et de manière générale l'écrit peuvent encore plus ou moins l'employer) et que soit enfin reconnue une évidence : les langues, même vieilles de plus de 3 000 ans, évoluent. Un exemple pour illustrer cette opposition *katharévoussa/dimotiki* : lorsque vous commandez du vin blanc en grec, vous demandez, en langue démotique, de l'*aspro krassi* (*aspros,* « blanc »), mais la bouteille portera la mention, en *katharévoussa, oinos leukos* (prononcer *inos lefkos*). Sacrément différent...

POLITIQUE RÉTROGRADE

En 2007, le gouvernement a décidé de remplacer dans les lycées 1h de seconde langue (français ou allemand) par 1h de grec ancien. Mauvais présage...

L'alphabet grec

Le grec actuel a conservé l'alphabet ancien, dont certains signes ou groupes de signes ont pris au cours des siècles des valeurs différentes :

Majuscules	***Minuscules***	***Prononciation***
Α	α	*a* (ouvert)
Β	β	(initial) *v*
Γ	γ	*g* aspiré devant les sons *a, o, u* et les consonnes (voir allemand *g* ou arabe *gh*), *y* devant les sons *i, e*
Δ	δ	*th* anglais doux *(they)*
Ε	ε	è (ouvert)
Ζ	ζ	*z*
Η	η	*i*
Θ	θ	*th* anglais dur *(think)*
Ι	ι	*i*
Κ	κ	*k*
Λ	λ	*l*
Μ	μ	*m*
Ν	ν	*n*
Ξ	ξ	*ks* (*gz* après *n*)
Ο	ο	*o* (ouvert)
Π	π	*p*
Ρ	ρ	*r* (roulé)
Σ	σ (ς)	*s* (*z* devant consonnes sonores)
Τ	τ	*t*

Υ	υ	*i*
Φ	φ	*f*
Χ	χ	*ch* allemand dur devant les consonnes et les sons *a, o, u, ch* allemand doux devant les sons *i, e*
Ψ	ψ	*ps* (*bz* après *n et m*)
Ω	ω	*o* (fermé)

De même que le Français a bien du mal à prononcer certains sons grecs (le *gamma, γ,* et le *ch,* en particulier), le Grec n'a pas la partie facile avec le son *j,* inexistant dans sa langue. Amusez-vous un jour à faire dire à un Grec le prénom Georges : ça donnera « Zorz ».

Le *d* dur n'ayant pas de lettre correspondante, on a recours au groupement de deux lettres : *NT (ντ)* ; exemple : *NTONAΛNT* (Donald en majuscules). Même procédé pour le *b,* rendu par *MΠ,* exemple : *MΠAP* (bar en majuscules). *ΓK* correspond enfin au son *g* dur. Enfin, il y a pas mal d'autres subtilités de prononciation ou de transcription qui demanderaient de longues explications.

C'est bien plus simple pour les voyelles : trois d'entre elles (*ι, η* et *υ*) se prononcent *i,* de même que les groupes de voyelles *ει* et *οι.* Pas de son *u.*

Petite complication supplémentaire, le grec est une langue à déclinaisons. Tous les noms (y compris les noms propres) et adjectifs se déclinent. Ne vous étonnez donc pas si vous constatez ce qui apparaît comme un certain « flottement » au niveau des terminaisons des mots. Ainsi, on dira : *I Delfi inè makria ?* (Delphes est loin ?) ; *Pame stous Delfous* (Nous allons à Delphes) ; *To Moussio ton Delfon inè klisto* (Le musée de Delphes est fermé).

La langue grecque dispose de quatre « cas » correspondant à différentes fonctions dans la phrase (cas nominatif, accusatif, génitif et, plus rare, le vocatif pour interpeller).

Tous les noms, même les noms propres, sont précédés d'un déterminant (article) : *O Nikolaos* (Nicolas), *I Katerina* (Catherine).

Enfin, même la ponctuation est en partie différente de la nôtre : le point d'interrogation se note par un point-virgule.

Malgré ces petites difficultés qui font du grec moderne une langue pas très facile, on recommande plus que vivement au touriste intelligent (vous vous reconnaissez ?) d'essayer de retenir un maximum du minimum de vocabulaire grec vital. Primo, parce que les Grecs sont toujours heureux de se trouver face à quelqu'un qui baragouine leur langue, ne serait-ce que quelques mots ; secundo, parce que c'est aussi une marque de respect pour une langue millénaire à laquelle on doit beaucoup. Et qu'est-ce que c'est, quelques minutes, voire quelques (petites) heures, à lire et relire le lexique plus haut, à côté de quelques millénaires ? Si vous n'êtes pas encore convaincu, un dernier argument : la double signalisation des panneaux routiers (caractères grecs et latins) n'est pas effective partout, et plus d'une fois, en pleine cambrousse ou au beau milieu d'une ville, il pourra vous être utile de savoir déchiffrer une indication et ainsi éviter de vous perdre.

Vocabulaire

Les Grecs, méditerranéens par excellence, peuvent se contenter de gestes pour dire « oui » et « non ». Dans le premier cas, ils inclinent légèrement la tête sur le côté ; dans le second, ils lèvent la tête en arrière en faisant une sorte de moue.

Pour vous aider à communiquer, n'oubliez pas notre ***Guide de conversation du routard en grec.***

Mots et phrases de base

oui	*né*
non	*ochi*
moi, je	*ego*

je suis	*imé*
tu, toi	*essi*
parlez-vous français ?	*militè ghaliká ?*
parlez-vous anglais ?	*militè angliká ?*
je ne comprends pas le grec	*then katalavéno ta ellinika*
je suis français/française	*imé ghalos/ghalida*

Politesse

bonjour	*kalimèra*
bonsoir	*kalispèra*
bonne nuit	*kalinikhta*
salut	*yássou, yássas* (si l'on s'adresse à plusieurs interlocuteurs), souvent abrégé en « *ya* »
au revoir	*adio, yássou, yássas*
s'il vous plaît, je vous en prie	*parakalo*
merci	*èfkharisto*
pardon	*signomi*
d'accord	*daxi*

Le temps

maintenant	*tora*
aujourd'hui	*siméra*
ce soir	*apopsé*
demain	*avrio*
hier	*rhtès*
lundi	*theftèra*
mardi	*triti*
mercredi	*tètarti*
jeudi	*pempti*
vendredi	*paraskévi*
samedi	*sávato*
dimanche	*kiriaki*
quelle heure est-il ?	*ti ora inè ?*

Questions de base

où ?	*pou ?*
où se trouve... ?	*pou inè ?*
pourquoi ?	*yiati ?*
comment allez-vous ?	*ti kanété ?*
avez-vous... ?	*échété... ?*
combien ?	*pósso ?*
combien ça coûte ?	*posso kani ?*

En ville

hôtel	*hotel* ou *xènodhokio*
chambre	*dhomatio*
bus	*léoforío*
bateau	*karavi, vapori, plio*
port	*limani*
plage	*paralía, amoudia,* ou même *plaz*
poste	*tachidromio*

À table

eau	*néro*
bouteille	*boukali*
carafe	*kanata*

vin	*krassi*
café	*café*
lait	*ghála*
pain	*psomi*
bière	*bira*
poisson	*psari*
viande	*kreas*

Adjectifs utiles (et quelques adverbes)

Les adjectifs se déclinent, nous les indiquons ici au neutre. Pour dire « C'est... », ajouter devant l'adjectif : « Iné... ».

bon	*kalo*
bien	*kala*
mauvais	*kako*
grand	*méghalo*
petit	*micro*
plus	*pío*
beaucoup/très	*poli*

Compter

Attention, certains nombres se déclinent.

1	*éna*	20	*ikosi*
2	*thio*	30	*trianda*
3	*tria*	40	*saranda*
4	*téssèra*	50	*pèninda*
5	*pendè*	60	*èksinda*
6	*èksi*	70	*èvthominda*
7	*èfta*	80	*oghthonda*
8	*okhto*	90	*ènèninda*
9	*ènia*	100	*èkato*
10	*thèka*	1 000	*chilia*

Quelques phrases utiles

Est-ce la route de Sparte ?	*Inè aftos o dhromos ya(ti) Sparti ?*
Quelle est la meilleure route pour... ?	*Pios inè o kalitéros dhromos ya... ?*
Où est la gare des bus interurbains ?	*Pou inè o stathmos ton iperastikon léoforion ?*
Quand part le bus pour Athènes ?	*Poté fevghi to léoforio ya tin Athina ?*
Je cherche un médecin	*Psachno éna yiatro*
J'ai mal à la tête (à l'estomac...)	*Me ponaï to kéfali (to stomachi...)*
J'ai (il/elle a) de la fièvre	*Écho (échi) piréto*
Avez-vous une chambre libre ?	*Mipos échété éna dhomatio éleftéro ?*
Nous avons réservé (nous voulons réserver) une chambre	*Échoumé klissi (théloumé na klissoumé) éna dhomatio*

LIVRES DE ROUTE

Littérature grecque

– ***Z,*** de Vassilis Vassilikos (Gallimard, coll. « Folio » nº 111, 1967). *Z* (pour *Zei,* « il vit ») est un roman-documentaire qui raconte l'assassinat, en mai 1963, de Grigorios Lambrakis, député de la gauche démocratique, et le travail obstiné d'un petit juge cherchant à trouver les commanditaires de l'assassinat. Adapté au cinéma, par Costa-Gavras, avec Yves Montand et Jean-Louis Trintignant. Du même auteur,

K (Le Seuil, 1994), qui plonge le lecteur dans le monde trouble de la finance et de la politique des années 1980 en Grèce, autour de la figure de K (comprendre Georges Koskotas, un escroc bien réel), employé de banque et devenu patron de celle-ci avant de connaître la chute.

– ***Récit des temps perdus,*** d'Aris Fakinos (Le Seuil, coll. « Points » n° 214, 1982). La vie extraordinaire d'un couple improbable, formé de Vanguélis, petit paysan, et de Sophia, fille de propriétaire terrien en Attique, de la fin du XIXe s jusqu'aux années 1960. Du même auteur, ***L'Aïeul*** (Le Seuil, coll. « Points » n° 496, 1985), « suite » du précédent, remontant dans le temps jusqu'au milieu du XIXe s.

– ***La Langue maternelle,*** de Vassilis Alexakis (Fayard ; « Folio » n° 4580, prix Médicis 1995). Un dessinateur humoristique grec vivant à Paris depuis plusieurs années revient à Athènes après la mort de sa mère. Il redécouvre la vie quotidienne et les Grecs actuels en même temps qu'il se réapproprie son passé, son héritage culturel, sa langue. Un roman subtil, largement autobiographique. Du même auteur, ***Le Cœur de Marguerite*** (Stock ; LGF, coll. « Le Livre de Poche » n° 15322, 1999), non moins subtil, ou encore ***Paris-Athènes*** (Stock, 2006 ; « Folio » n° 4581) et ***Ap. J.-C.*** (Stock, 2007 ; « Folio » n° 4921) consacré au mont Athos et récompensé en 2007 par le Grand Prix du roman de l'Académie française.

– ***Liquidations à la grecque*** (Seuil Policiers ; 2012), suivi du ***Justicier d'Athènes*** (2013) et de ***Pain, éducation, liberté*** (2014), de Petros Markaris. Cette « trilogie de la crise » suit les enquêtes du commissaire Charitos, confronté à une série de meurtres qui servent surtout de prétexte à raconter la descente aux enfers d'une société grecque matraquée par la crise, et d'en pointer les responsables. Requins de la finance, fraudeurs fiscaux, anciens révolutionnaires devenus hommes d'influence... Les victimes apparaissent souvent plus coupables que leurs assassins. Et comme la crise n'en finit plus, le commissaire Charitos a rempilé dans *Épilogue meutrier.*

– ***L'Odyssée,*** d'Homère (LGF, coll. « Le Livre de Poche » n° 602, VIIIe s av. J.-C.). Ce texte, fondateur d'un imaginaire grec qui a survécu jusqu'à nous, dessine un espace maritime profondément méditerranéen. À ce titre, il accompagne merveilleusement toute croisière dans les îles grecques.

– ***Le Banquet,*** de Platon (Flammarion, coll. « GF » n° 987, 2001). Tout ce que vous voulez peut-être savoir sur l'amour grec antique. Discours entre hommes uniquement, sur l'amour entre hommes uniquement, considéré par ces messieurs comme supérieur à celui entre homme et femme. Certains ont changé d'avis depuis lors. Chacun appréciera selon ses goûts.

Romans sur l'Antiquité écrits par des auteurs contemporains

– ***L'Œil de Cybèle,*** de Daniel Chavarria (1993 ; Rivages/Noir n° 378, 2001). L'auteur a imaginé, à partir d'une note trouvée dans un livre sur l'Antiquité, une intrigue se déroulant à Athènes, en plein siècle de Périclès. Parmi les personnages, Périclès, Alcibiade et Socrate, rien que ça ! Également Lysis, la courtisane « aux belles fesses », et tout cela autour d'une histoire d'améthyste volée sur une statue de déesse. Pas toujours facile à suivre, le récit a le mérite de vous plonger dans la vie quotidienne à Athènes il y a quelque 25 siècles.

– ***L'Homme sans dieux,*** de Paul Doherty (2001 ; 10/18 n° 3739, 2005). Télamon, médecin et ami d'enfance d'Alexandre le Grand, accompagne ce dernier dans son expédition contre la Perse. On meurt beaucoup, en effet, à Éphèse, cela menace l'autorité du stratège... Roman historique captivant qui parvient à restituer toute la complexité d'Alexandre.

Récits, essais, commentaires

– ***L'Été grec,*** de Jacques Lacarrière (Plon, coll. « Terre Humaine », 1975 ; l'édition Presses-Pocket n° 3018, 1984, inclut une postface : *Retours en Grèce,*

1976-1982). Du mont Athos à la Crète en passant par les plus reculées des Cyclades, c'est en vrai routard que Jacques Lacarrière, mort en septembre 2005, a arpenté la Grèce de 1947 à 1966. Nourri de culture classique, il était aussi un incomparable connaisseur de la Grèce contemporaine et de ses habitants. Une lecture indispensable.

- ***Dictionnaire amoureux de la Grèce,*** de Jacques Lacarrière (Plon, 2001). Les 500 pages de ce dictionnaire à la fois subjectif et quasi encyclopédique, englobant les principaux aspects de la Grèce, de l'Antiquité à la période contemporaine, sont un incomparable passeport pour partir à la connaissance du pays.
- ***Le Colosse de Maroussi,*** d'Henry Miller (LGF, coll. « Biblio-poche » n° 3029, 1941). Invité par le romancier Lawrence Durrell, Henry Miller débarque en Grèce en 1939 : c'est aussitôt le coup de foudre et quelques mois de bonheur au contact de la Grèce millénaire en compagnie d'un formidable conteur, Katsimbalis, alias le « colosse de Maroussi ».
- ***Mani,*** de Patrick Leigh Fermor (édition originale 1958 ; Payot, coll. « Voyageurs », 1999). Installé en Grèce, l'écrivain-voyageur britannique (1915-2011), grand ami de Bruce Chatwin, a arpenté dans les années 1950 les routes et les chemins du Magne (en grec *Mani*), cette région mystérieuse du sud du Péloponnèse. S'appuyant sur une connaissance sans faille de l'Hellade antique comme de la Grèce contemporaine, il nous livre, en témoin fasciné autant qu'en ethnologue érudit, un portrait du Magne profond et de quelques-uns de ses secrets.
- ***Géopolitique de la Grèce,*** de Georges Prévélakis (éd. Complexe, 2005). Un tour d'horizon complet, intelligent, pédagogique, peut-être un peu ardu mais pas indigeste, de la géopolitique du pays au fil des temps, qui débouche sur une analyse fine de la situation actuelle.
- ***La Grèce de A à Z,*** de Constantin Prévélakis (éd. André Versaille, 2011). Une radioscopie du pays sans tabous, abordant de nombreux sujets d'actualités brûlants, dans une Grèce plongée dans une crise profonde.

Histoire, mythologie, art grec

- ***La Grèce et les Balkans, du Ve siècle à nos jours,*** d'Olivier Delorme (Gallimard, coll. « Folio histoire », 2013 ; n° 220-222). Écrite par un historien, par ailleurs romancier, qui sait maintenir l'intérêt du lecteur, cette somme en trois volumes (2 300 pages !) livre les clés d'un pays parfois déconcertant, permettant de comprendre comment s'est faite la Grèce d'aujourd'hui. Le troisième volume, d'une brûlante actualité, s'achève sur la crise grecque et livre des analyses sans concession et d'une grande pertinence sur ce malaise que connaît le pays.
- ***La Grèce au siècle de Périclès,*** de Robert Flacelière (Hachette Littératures, coll. « La Vie quotidienne », 1959 ; réédition, coll. Pluriel, 2008). Le siècle de Périclès, c'est celui de l'Acropole, de Sophocle ou de Socrate, celui du plus grand rayonnement grec, lorsque les cités-États, jusqu'alors indépendantes, s'unirent à l'instigation d'Athènes pour repousser victorieusement l'envahisseur perse.
- ***L'Homme grec,*** sous la direction de Jean-Pierre Vernant (Le Seuil, coll. « Points-histoire » n° 267, 2000). Un recueil de courts articles ou essais, écrits par divers spécialistes européens qui donnent une vision assez complète de ce qu'a pu être, dans l'Antiquité, l'« homme grec » (au sens le plus large). Et justement, l'homme grec, paraît-il, était multiple et ne se réduisait pas à une simple étiquette...
- ***Pourquoi la Grèce ?*** de Jacqueline de Romilly (LGF, coll. « Le Livre de Poche » n° 13549, 1992). Cette grande helléniste de l'Académie française parle de notre héritage grec à partir de la mythologie, du théâtre, de la poésie, de l'histoire, etc. de la Grèce antique. Fouillé. Destiné de préférence à ceux qui sont déjà familiarisés à la littérature grecque de l'Antiquité. Du même auteur, ***Alcibiade*** (éd. De Fallois, 1995), une passionnante biographie très accessible du filleul de Périclès, prototype de l'homme politique dévoré par l'ambition.
- ***Regards sur la « crise » grecque :*** collectif (L'Harmattan, 2013). Autour de Joelle Dalègre, maître de conférence à l'Inalco (Institut des langues orientales),

une dizaine d'auteurs décryptent la crise grecque dans son contexte européen et livrent des éléments d'analyse particulièrement éclairants, ignorés par les « grands » médias. Sur la même thématique, lire aussi l'indispensable ***La Grèce fantôme, voyage au bout de la crise – 2010-2013*** (Fayard, 2013), de l'historien et ethnologue Panagiotis Grigoriou.

– ***La Grèce des 4 saisons,*** photographies de Laurent Fabre, textes de Maud Vidal-Naquet (Aubanel, 2007). La Grèce, ce n'est pas qu'une maison blanche face à la mer sous un soleil de plomb. Ce livre de photos vient opportunément rappeler qu'on peut – et qu'on doit – voir la Grèce 12 mois sur 12, et que le regard qu'on pose sur ce pays varie autant de fois qu'il y a de jours dans l'année.

Bandes dessinées

L'Antiquité grecque ne pouvait qu'inspirer scénaristes et dessinateurs de BD : les séries comme ***Atalante*** (Soleil) où ***L'Âge de Bronze*** (Akileos) se multiplient d'ailleurs depuis le début des années 2000. Et le phénomène n'est pas nouveau. Jacques Martin, par exemple, a promené plusieurs fois en Grèce son célèbre héros **Alix** : dans ***Le Dernier Spartiate, Le Dieu sauvage*** ou ***L'Enfant grec*** (Casterman). Avec toujours, ce souci maniaque dans la représentation des villes et paysages de l'époque (même si dans *L'Enfant grec,* dont l'intrigue se situe au Ier s, Jacques Martin a représenté le musée de l'Acropole construit au... XIXe s). Goscinny et Uderzo se préoccupent évidemment bien moins de réalité historique (quoique !) quand ils signent en 1968 leur ***Astérix aux Jeux olympiques*** (Hachette). Autres inoxydables héros de la BD franco-belge, ***Blake et Mortimer*** qui combattent Olrik, leur ennemi de toujours, dans le Magne des années 1950 (***La Malédiction des trente deniers,*** Dargaud). Citons enfin, pour une hilarante divagation (à 4 pattes) dans la mythologie grecque, la série ***Socrate le demi-chien*** (Dargaud) de Joann Sfar et Christophe Blain.

MUSÉES ET SITES ARCHÉOLOGIQUES

La plupart des sites et musées sont gratuits pour les étudiants de l'Union européenne, sur présentation de la carte internationale d'étudiant (à défaut, ça marche souvent avec la carte nationale), pour les jeunes de moins de 18 ans et pour les professeurs d'études classiques, d'archéologie et d'histoire de l'Union européenne, également sur justification de leur profession. Attention, les fonctionnaires du ministère de la Culture qui vendent les billets ne sont pas toujours bien disposés à vous accorder les réductions auxquelles vous avez en principe droit, surtout si la file d'attente aux guichets est importante. Il semblerait aussi que tous les sites n'appliquent pas ces réductions de manière uniforme.

> **MOSAÏQUES**
>
> *À l'origine, le terme signifiait « grotte des muses ». On ornait de céramiques multicolores ces endroits qui abritaient les statues vénérées par les Grecs et les Romains. Aujourd'hui, ce mot ne rappelle que l'assemblage décoratif. Le terme « musée » a la même origine étymologique.*

En 2016, le ministère de la Culture a décidé d'une augmentation radicale du prix des billets d'entrée, qui n'avaient pas bougé pendant des années : les tarifs ont le plus souvent doublé, voire triplé ! Selon l'importance du site, le billet (tarif plein) coûte de 4 à 20 €.

Hors saison, on peut bénéficier de la gratuité pour tous les musées et sites :

– le 1er dimanche des mois de novembre à mars inclus ;
– le 28 octobre (fête nationale) ;
– le 6 mars (en mémoire de Mélina Mercouri) ;

– le 18 avril (Journée internationale des monuments) ;
– le 18 mai (Journée internationale des musées) ;
– le dernier week-end de septembre (Journées européennes du patrimoine).

Les horaires sont susceptibles de varier assez souvent. Tout dépend des crédits de fonctionnement, et donc du nombre de personnel, que le ministère de la Culture affecte à la direction des musées. En principe, les grands sites et les musées devraient ouvrir jusqu'à 19h ou 20h en haute saison, mais ces dernières années, crise oblige, il a fallu attendre début juin pour que les horaires d'été soient officiellement annoncés – et encore, ils ne ressemblaient pas partout à des horaires d'été... Difficile donc d'être toujours bien précis, vous nous pardonnerez. **Les horaires indiqués dans ce guide, sur la base de ceux existant en 2016, ne sont donc qu'indicatifs.** Hors saison (de novembre à fin mars, voire avril ou mai...), l'horaire applicable s'étend généralement de 8h à 15h.

Méfiez-vous de la Pâque orthodoxe (en 2017, la Pâque grecque tombe le 16 avril) : le dimanche, tous les sites sont fermés. Autres jours de fermeture : le 1er janvier, le 25 mars, le 1er mai, les 25 et 26 décembre. Le vendredi de Pâques, les sites ne sont généralement ouverts que l'après-midi. Le 6 janvier (Épiphanie), le jour des Cendres, les samedi et lundi de Pâques, le lundi de Pentecôte, le 15 août et le 28 octobre, sites et musées devraient en principe être ouverts, mais moins longtemps qu'un jour ouvrable normal. Le plus prudent est de vérifier sur place, le ministère pouvant accorder à la dernière minute des journées ou des demi-journées de congé supplémentaires.

PORTES CLOSES

Les fonctionnaires grecs prennent souvent du rab question congés. Souvent, les administrations ferment à 12h la veille des jours fériés. Mieux vaut le savoir... et ceci explique cela.

PLAGES

À moins d'être un « archéomaniaque » qui dédaigne l'élément marin, on peut supposer que vous mettrez plus d'une fois les pieds sur les plages grecques. Normal, il n'y a pas si longtemps le slogan de l'office national de tourisme était : « La mer a un pays, la Grèce ». Difficile d'émettre un jugement général sur les plages tellement il en existe de différentes, de la plage de sable noir (volcanique) à la plage de sable fin en passant par les galets. Question propreté, il y a des progrès, mais à côté des plages équipées en poubelles, combien en manquent encore cruellement ? Il n'est parfois pas inutile, sur des criques peu fréquentées, d'arriver avec son sac-poubelle...

Officiellement, en 2016, la quasi-totalité des eaux de baignade étaient propres. Au total, 430 plages grecques se sont ainsi vu décerner le fameux pavillon bleu (*galazio siméo* en grec). Ces plages se répartissent de manière très inégale (il y en a assez peu dans les Cyclades, par exemple) et il semble que dans certains secteurs, on ne fasse pas les démarches (ou les efforts) nécessaires pour l'obtention de ce pavillon. Voir la liste complète sur • *eepf.gr* •

POLICE TOURISTIQUE

En arrivant à l'endroit de vos rêves, s'il n'y a pas d'office de tourisme ni d'association des propriétaires de chambres à louer pour vous renseigner, vous pouvez essayer de vous adresser à la police touristique locale. Elle siège souvent dans les bureaux de la police, tout simplement... Qualité de l'accueil (et des renseignements donnés) très variable...

Un numéro utile : ☎ *1571*. Ce numéro fonctionne de 7h30 à 22h sur l'ensemble du pays, pendant la saison touristique, et donne des infos touristiques, en cinq langues dont le français. Il est également possible de déposer des plaintes concernant hôtels, restos, taxis, etc.

POSTE

La plupart des bureaux de poste ont un horaire facile à retenir, de 7h30 à 14h du lundi au vendredi. Il n'y a que dans les grandes villes qu'on peut espérer trouver des guichets ouverts après 14h (jusqu'à 20h, en principe). Prix d'un timbre pour un pays de l'Union européenne : 0,80 € (tarif 2016). Quand les postes sont fermées, on peut facilement en acheter dans les kiosques ou les boutiques de souvenirs.

SE HÂTER LENTEMENT

Le logo de la poste arbore le dieu Hermès, le messager des dieux. Donc, le symbole de rapidité. La réalité est plus dure et le courrier prend parfois plus de temps que prévu pour être délivré. N'oublions pas qu'Hermès est aussi le dieu des Voleurs... et des Menteurs.

ROUTES

Les cartes grecques étaient en général assez peu fiables. Pour faire mentir cette réputation, plusieurs éditeurs ont décidé de publier de bonnes cartes : tout d'abord *Road Editions* puis *Anavassi* et, plus récemment, *Orama, Terrain* et *Skai.* Grèce continentale et îles sont couvertes. On trouve ces cartes dans de nombreux points de vente en Grèce.
Attention : la carte *IGN* au 1/750 000 (collection « Marco Polo ») est juste correcte, la transcription des noms grecs ayant de quoi surprendre les francophones (elle est faite pour des utilisateurs allemands).

La question de la sécurité

La Grèce est un pays caractérisé par l'insécurité routière. Le taux de mortalité sur les routes est l'un des plus élevés pour un pays de l'UE. Il y aurait pourtant une évolution dans le bon sens, mais il reste du chemin à parcourir... Le pourcentage de conducteurs de deux-roues portant un casque reste encore faible. Vous remarquerez aussi sur le bord des routes de très nombreuses chapelles miniatures ou petits oratoires avec la bougie allumée en mémoire des victimes des accidents. Les Grecs (enfin, surtout les Grecques) se signent en passant devant. Rassurez-vous, tous ces ex-voto n'ont pas forcément été construits à la suite d'un accident mortel : on peut même en faire édifier un pour remercier Dieu ou un saint d'avoir évité le pire.

L'état des routes

La qualité du réseau routier s'est améliorée ces dernières années, surtout sur le réseau secondaire, souvent bien asphalté désormais. Ne pas s'attendre tout de même à l'équivalent des routes « européennes ». Deux exceptions : l'autoroute *Égnatia Odos,* longue de 680 km, reliant Igouménitsa à la Turquie, et, pour traverser le Péloponnèse du nord au sud, l'autoroute *Moréas* (Corinthe-Tripoli-Kalamata). L'axe autoroutier Thessalonique-Athènes a bien progressé, notamment dans le secteur critique des 80 km autour de Lamia, passé en quatre-voies désormais. Athènes-Patras reste un axe très dangereux. À terme, les routes nationales à péage doivent toutes être des quatre-voies, avec séparateur central et droit de

péage à la hausse. Les conducteurs grecs qui ne roulent pas vite ont l'habitude de rouler à cheval sur la bande d'arrêt d'urgence et sur la voie normale, cela pour se faire doubler plus facilement (sinon, un grand coup de klaxon ou un appel de phares les rappellent à l'ordre). Évidemment, c'est plutôt gênant lorsqu'il y a un véhicule arrêté sur cette bande d'arrêt d'urgence...
En ce qui concerne les autoroutes, les tarifs des péages n'ont rien à voir avec ceux de chez nous, mais les autoroutes non plus ! Le plus souvent, pas ou peu d'aires d'arrêt et de services. On paie de petites sommes (2 à 4 € le plus souvent), forfaitairement. Mais, comme les péages reviennent assez fréquemment, du moins sur le trajet Athènes-Thessalonique, l'addition finit quand même par monter !
Les panneaux sont en caractères grecs et latins, sur les grands axes du moins. Il peut être plus difficile de s'y retrouver au fin fond de la campagne (raison de plus pour apprendre l'alphabet grec !). La signalisation dans les villes est rarement satisfaisante. Pas mal de pistes encore, surtout pour atteindre certaines plages moins fréquentées ou certains villages en bout de route. Attention à la conduite de nuit, en particulier.

En cas d'accident

Attention, le constat à l'amiable n'existe que depuis peu de temps (et la plupart des Grecs ignorent son existence), et un pourcentage important de véhicules n'étant pas assuré, nous vous conseillons de vous renseigner auprès de votre assurance. Théoriquement, il n'est pas nécessaire d'appeler la police *(☎ 100)* lorsqu'il n'y a pas de dommages corporels, mais c'est indispensable si l'autre conducteur n'est pas assuré ! Dans tous les cas, prenez le numéro d'immatriculation, le nom de l'assurance, de même que le numéro de contrat (en haut du pare-brise avant) et les coordonnées de l'automobiliste. En règle générale, en cas de litige, les témoins sont très coopératifs et offrent spontanément leurs coordonnées.
Pour les scooters (sachez d'ailleurs que le permis de conduire est nécessaire pour louer scooters et mobylettes), en cas d'accident sans tiers (on se prend un arbre, on se retrouve dans le fossé), le pilote paie la casse au loueur (conservez la facture des réparations pour vous faire rembourser en France si vous êtes assuré).

■ ***Assistance routière :*** ***ELPA,*** *☎ 10400 ;* ***Express Service,*** *☎ 1154 ;* ***Hellas Service,*** *☎ 1057.*

SANTÉ

Le système de santé publique grec pourrait être de meilleure qualité, c'est peu dire, et la crise a entraîné de terribles conséquences dans ce domaine pour les Grecs. On conseille assez généralement de consulter à Athènes si possible. En cas de problème sérieux, se diriger ou se faire conduire vers l'hôpital le plus proche. En dehors des villes, il existe dans les chefs-lieux de canton des centres de santé *(Kentro Hygheias/Health Center)* qui sont des petits dispensaires. Dans les gros villages, vous trouverez un *Agrotiko Iatrio,* c'est-à-dire un cabinet médical de campagne.
Les produits et matériels utiles aux voyageurs, assez difficiles à trouver, peuvent être achetés par correspondance sur le site de Santé Voyages • *sante-voyages.com* • Infos complètes toutes destinations, boutique web, paiement sécurisé, expéditions Colissimo Expert ou Chronopost *☎ 01-45-86-41-91 (lun-ven 14h-19h).*
– Important à savoir : le paludisme a fait sa réapparition (très limitée) en 2012, en particulier dans le delta de l'Evrotas, au sud de Sparte (Péloponnèse), ainsi qu'en Attique.

Numéros de téléphone utiles

■ ***SOS Médecins :*** *☎ 1016.*

■ ***Médecins hospitaliers de garde :*** ☎ *14944.*
■ ***Secours d'urgence (ambulances) :*** ☎ *166* (numéro valable sur tout le territoire – informe aussi sur les pharmacies ouvertes la nuit). En grec, SAMU se dit « EKAV ».

SITES INTERNET

• ***routard.com*** • Le site de voyage nº 1 avec 750 000 membres et des millions d'internautes chaque mois. Partagez vos expériences avec la communauté de voyageurs : forums de discussions, avis, bons plans et photos. Pour s'inspirer et s'organiser, plus de 250 fiches pays actualisées avec les infos pratiques, les incontournables et les dernières actualités, ainsi que des reportages terrains et des carnets de voyage. Enfin, vous trouverez tout pour vos vols, hébergements, activités et voitures pour réserver votre voyage au meilleur prix. Routard.com, votre voyage de A à Z !
Et puis voici quelques sites grecs, le plus souvent en anglais, pour préparer votre voyage :
• ***visitgreece.gr*** • Le site international (en anglais) de l'office national de tourisme hellénique. À compléter par • ***discovergreece.com*** • En cinq langues, dont le français.
• ***greece-is.com*** • La version en ligne d'un magazine papier qui a consacré plusieurs numéros spéciaux à Athènes ou Thessalonique.
• ***diaspora-grecque.com*** • Ce site permet de se tenir informé, entre autres, des activités des associations franco-grecques. Le site de l'Institut d'études néohelléniques propose un annuaire grec et de nombreux liens : • ***ienh.org*** •
• ***odysseus.culture.gr*** • Site du ministère de la Culture. Présentation très complète de chaque site et musée (en anglais).
• ***gtp.gr*** • Le site de *Greek Travel Pages,* utile pour toute personne qui voyage en Grèce. Donne toutes les liaisons maritimes intérieures. Également (avec en plus les tarifs) : • ***openseas.gr*** • *ou* • ***danae.gr*** •
• ***hellada.free.fr*** • *et* • ***peripatoi.chez.com*** • Vous n'avez qu'un lointain souvenir des cours d'histoire en 6e sur la Grèce antique ? Ces sites sont là pour vous rafraîchir la mémoire.
• ***grecomania.net*** • Site d'un Belge passionné par la Grèce.
• ***greekcrisis.fr*** • Le site de Panagiotis Grigoriou, historien et anthropologue, figure centrale du film *Khaos, les visages humains de la crise grecque,* aux analyses sans concession. En français. Le même propose, dans un autre registre (quoique... l'homme engagé n'est jamais loin), également des visites d'Athènes (voir le chapitre « Athènes ») ainsi que des croisières dans le golfe Saronique. Infos détaillées sur son autre site • ***greece-terra-incognita.com*** •
• ***greece.greekreporter.com*** • Site d'infos intéressant, avec pas mal d'aperçus sur l'économie du pays.

TÉLÉCOMMUNICATIONS

Téléphone

Les cabines téléphoniques – de moins en moins nombreuses – fonctionnent avec des télécartes, que l'on peut acheter dans les bureaux de l'OTE, à la poste et dans les kiosques ou les minimarkets.
– Il est possible de téléphoner des nombreux kiosques à journaux à Athènes et dans tout le pays, ainsi que des nombreuses boutiques qui ont des téléphones à compteur *(tiléfono me métriti).*
– Les téléphones portables : très bon réseau, et avec l'abonnement Europe, les portables français fonctionnent très bien, même dans les toutes petites îles. Trois Grecs sur quatre ont un portable.

- ***Grèce → France :*** 00 + 33 + numéro du correspondant, sans le 0 initial.
- ***France → Grèce :*** 00 + 30 + numéro du correspondant, avec le 2 initial. On compose donc 14 chiffres au total.
- ***Autres indicatifs :*** 32 (Belgique), 352 (Luxembourg), 41 (Suisse), 1 (Canada).

Le téléphone portable en voyage

Le routard peut utiliser son propre téléphone portable en Grèce avec l'option « Europe » ou « Monde ».

- ***Activer l'option « International » :*** pour les abonnés récents, elle est en général activée par défaut. En revanche, si vous avez souscrit à un contrat depuis plus de 3 ans, pensez à contacter votre opérateur pour souscrire à l'option (gratuite). Attention toutefois à le faire au moins 48h avant le départ. À partir de 2017, les opérateurs n'ont plus le droit de facturer un surcoût (les « frais d'itinérance ») à un voyageur de l'Union européenne pour l'utilisation temporaire de son portable dans un autre pays de l'Union européenne. Appels entrants et sortants, sms, navigation web, on paie donc la même chose qu'à la maison. Attention, cette réglementation ne s'applique pas à nos lecteurs suisses et canadiens qui devront eux subir un surcoût, variable selon l'opérateur.

Bons plans pour utiliser son téléphone à l'étranger

- ***Se brancher sur les réseaux wifi*** est le meilleur moyen de se connecter au web gratuitement. De plus en plus d'hôtels, restos et bars disposent d'un réseau, payant ou non. Une fois connecté grâce au wifi, à vous les joies de la ***téléphonie par Internet*** ! Le logiciel ***Skype,*** le plus répandu, vous permet d'appeler vos correspondants gratuitement s'ils sont eux aussi connectés, ou à coût très réduit si vous voulez les joindre sur leur téléphone. Autre application qui connaît un succès grandissant, ***Viber*** permet d'appeler et d'envoyer des sms, des photos et des vidéos aux quatre coins de la planète, sans frais. Il suffit de télécharger – gratuitement – l'appli sur votre smartphone, celle-ci se synchronise avec votre liste de contacts et détecte automatiquement ceux qui ont *Viber.* Même principe, ***Whats App Messenger*** est une messagerie pour smartphone qui permet de recevoir ou envoyer des messages photo, notes vocales et vidéos.

Cybercafés

On en trouve principalement dans les villes et les villages touristiques, même s'ils se raréfient. En revanche, certains lieux publics, dont de nombreux bars, et les hébergements offrent souvent une connexion wifi gratuite.

TRANSPORTS INTÉRIEURS

Le stop

Le stop est particulièrement difficile sur certaines routes, où les voitures sont rares. N'espérez pas non plus faire du stop de Thessalonique à la frontière turque, c'est du rêve ou du sport... En revanche, Thessalonique-Athènes ou l'inverse est parfaitement réalisable (ce qui ne signifie pas que c'est facile, loin de là, la difficulté étant de trouver un endroit à la sortie de ces villes où l'attente ne soit pas trop désagréable).

LA PAUME DE DISCORDE

Si l'on tend vers vous la paume de la main agressivement, les cinq doigts bien écartés, c'est que vous avez dû commettre quelque chose de suffisamment grave pour qu'on vous maudisse pendant quelques siècles. Ce geste (en grec mountza) est une des pires insultes qu'on puisse imaginer en Grèce. Alors, si vous faites du stop, tendez bien le pouce et refermez bien les autres doigts sur votre paume, on n'est jamais trop prudent...

Le train

La Grèce n'est pas le pays des trains et les possesseurs de la carte *InterRail* ne seront pas à la fête. L'ensemble du réseau ferroviaire compte un peu moins de 1 500 km. Le nord et le nord-est de la Grèce sont les mieux desservis. Le Péloponnèse ne l'est plus du tout, sauf Corinthe au départ d'Athènes.

Les trains sont plutôt bon marché, mais lents et peu confortables, à l'exception des *InterCity.* Il vaut mieux réserver. En théorie, les détenteurs de la carte *InterRail* peuvent réserver (gratuitement) des places assises, mais de la théorie à la pratique...

Comme il y a peu de trains en Grèce, on arrive à faire tenir tous les horaires sur de grandes affiches que l'on trouve dans les halls de gare. Pour préparer votre voyage, consultez • *trainose.gr* • Réductions intéressantes si l'on prend un billet aller-retour. À noter : le 1er mai (fête du Travail), peu de trains circulent.

Une privatisation des chemins de fer helléniques étant à l'ordre du jour, il faut s'attendre à de nombreux changements.

L'autocar

Le moyen de transport en commun le plus utilisé par les Grecs. Les compagnies d'autocars interurbains *KTEL,* gérées au niveau départemental, couvrent l'ensemble du territoire, îles incluses. Le bus est un des meilleurs moyens pour établir le contact avec la Grèce profonde : on n'est jamais seul (les bus, ponctuels, sont même souvent bondés). La fréquence des liaisons n'est pas liée à la fréquentation touristique. Dans le centre du Péloponnèse, par exemple, Tripoli (non traitée dans ce guide) est la plaque tournante des autocars... Attention, il existe parfois plusieurs gares routières, pas toujours proches les unes des autres (même si on les regroupe de plus en plus), à la périphérie des villes. Bien se faire préciser celle où vous débarquerez. Les tarifs ne sont pas très élevés, il faut compter en moyenne 9 € pour 100 km : par exemple, Athènes-Nauplie (150 km, 2h30 de trajet) coûtait, en 2016, 14,30 € l'aller et 23 € l'A/R. Attention : les fréquences et horaires que nous signalons en début ou en fin des textes consacrés aux villes sont donnés à titre indicatif, sur la base de ce que nous avons relevé en 2016.

La location de voitures

Les tarifs varient assez largement en fonction de la saison (en particulier sur les îles). En général, les tarifs des petites compagnies locales sont meilleur marché que ceux des grands loueurs – en tout cas, hors juillet-août, où tout est souvent réservé. Cependant, leurs véhicules sont (très) souvent en moins bon état et, en cas de souci (accident, panne, etc.), vos garanties ne sont pas les mêmes... On nous signale régulièrement des arnaques pour des dommages imaginaires. Alors, méfiez-vous et faites-vous bien expliquer ce que comprennent les différents tarifs, avec ou sans assurance tous risques. On vous proposera généralement le rachat de franchise en cas de collision (un supplément journalier appelé « CDW »), utile en cas de problème. À la journée, la fourchette de prix pour les plus petits modèles va de 30 à 50 € selon les loueurs, la période ou les endroits. Limite d'âge : 21 ans (parfois même 23). Le loueur doit avoir son permis depuis 1 an minimum. Carte de paiement exigée lors de la prise en charge du véhicule.

■ ***BSP Auto :*** ☎ *01-43-46-20-74 (tlj).* • *bsp-auto.com* • Les prix proposés sont attractifs et comprennent le kilométrage illimité et les assurances. *BSP Auto* vous propose exclusivement les grandes compagnies de location sur place, vous assurant un très bon niveau de services. Les plus : vous ne payez votre location que 5 jours avant le départ. Remise spéciale aux lecteurs de ce guide avec le code « ROUTARD17 ».

■ ***Hertz :*** *central de résas au* ☎ *801-11-100-100 (appels passés depuis la Grèce) ou 21-06-26-44-44.* • *hertz.gr* • Une centaine d'agences dans tout le pays.

Distances entre les villes (en km)	ATHÈNES	CORINTHE	DELPHES	IOANNINA	KALAMATA	MÉTÉORES	MYSTRA	NAUPLIE	OLYMPIE	PATRAS	THESSALONIQUE
ATHÈNES		85	170	475	285	350	260	150	325	215	510
CORINTHE	85		205	355	200	375	175	60	210	135	555
DELPHES	170	205		370	460	225	400	330	275	155	395
IOANNINA	475	355	370		455	130	470	405	375	235	355
KALAMATA	285	200	460	455		575	65	125	185	220	705
MÉTÉORES	350	375	225	130	575		555	440	435	320	235
MYSTRA	260	175	400	470	65	555		125	180	230	715
NAUPLIE	150	60	330	405	125	440	125		195	185	600
OLYMPIE	325	210	275	375	185	435	180	195		115	800
PATRAS	215	135	155	235	220	320	230	185	115		490
THESSALONIQUE	510	555	396	355	705	235	715	600	800	490	

- **Avis :** *central de résas au ☎ 801-500-55-55.* • *avis.gr* •
- **Budget :** *central de résas au ☎ 21-08-98-14-44.* • *budget-athens.gr* •

Voir également les loueurs proposés dans les « Adresses utiles » à Athènes.

La location de motos et de scooters

D'apparence idéal dans les îles, le scooter est, lui aussi, théoriquement interdit aux moins de 21 ans (quoique...). Si vous parvenez quand même à en louer un, l'assurance ne marchera pas en cas de sinistre. En tout cas, pensez à emporter votre permis de conduire, il vous sera demandé pour louer la moindre pétrolette ! Certains loueurs sérieux, qui ont vu trop de leurs clients se planter au coin de la rue, demandent aux touristes de montrer qu'ils savent piloter ces engins avant de les louer.

Avant de partir, vérifiez l'état des pneus et la jauge à essence : on vous loue souvent le véhicule avec un réservoir vide, juste de quoi rouler jusqu'à la prochaine station ; à vous de le rendre dans le même état. Pour les scooters, le port du casque est obligatoire, quand bien même les Grecs roulent sans. La conduite d'un deux-roues est particulièrement dangereuse pour qui ne maîtrise pas ce type de véhicule.

L'avion

- **Aegean Airlines :** *☎ 21-06-26-10-00.* • *aegeanair.com* • Considérée comme excellente, *Aegean* est membre du réseau *Star Alliance* et dessert de nombreuses destinations en Grèce et en Europe (dont Paris et Bruxelles). Parmi les destinations nationales : Corfou, Kalamata, Skyros et Thessalonique.
- **Olympic Air :** *☎ 21-03-55-05-00.* • *olympicair.com* • Assure une partie des liaisons aériennes à l'intérieur de la Grèce.
- **Sky Express :** *☎ 28-10-22-38-00.* • *skyexpress.gr* • Petite compagnie crétoise qui assure des liaisons intérieures, dont la desserte de certaines îles Ioniennes (de Corfou à Cythère, en passant par Prévéza, Céphalonie et Zante) ainsi que Thessalonique-Skiathos-Skyros.
- **Astra Airlines :** *☎ 23-10-48-93-90.* • *astra-airlines.gr* • Petite compagnie assurant des liaisons entre Thessalonique et quelques îles (dont Corfou et Cythère) ainsi que Thessalonique-Kalamata.

Le bateau

Nombreuses liaisons en ferry entre les îles. Pas trop cher pour les passagers sur le pont, mais ça monte dès qu'on fait passer un véhicule. Le site • *gtp.gr* • renseigne sur toutes les liaisons possibles, avec les horaires pour chaque période. Indispensable si l'on veut planifier son périple à l'avance. Malheureusement, on ne peut s'y fier totalement et, chaque année, les horaires d'été ne sont disponibles qu'assez tardivement. On peut aussi consulter • *openseas.gr* • et • *danae.gr* •

Les *Flying Dolphins, Fly Cats* et autres *High Speed* (catamarans récents et confortables) sont en gros deux fois plus rapides et deux fois plus chers que les ferries – d'autant que de fortes augmentations ont été enregistrées ces dernières années. Ils desservent de plus en plus de destinations, mais pas toutes. Les ferries peuvent prendre la mer même avec un vent de force 7 ou 8, ce qui n'est pas le cas de tous les bateaux rapides.

Les horaires varient largement selon les années et selon les saisons (des compagnies disparaissent ou sont rachetées, des lignes sont ouvertes ou supprimées). Les changements de dernière minute, les grèves et les pannes sont toujours

possibles. Pas toujours facile, donc, de préparer son itinéraire. Outre les sites mentionnés plus haut et les agences de voyages locales, toujours bien présentes sur les ports, on peut s'adresser aux commissariats maritimes pour obtenir les infos.
Les horaires et fréquences de haute saison s'appliquent grosso modo du 15 juin au 10 septembre. La date peut varier de quelques jours d'une année sur l'autre ou selon les compagnies. En dehors de cette période, il y a moins de bateaux, sauf à Pâques, qui voit de nombreux Grecs retourner dans leur île d'origine. Là, attention : il n'y a plus de place nulle part et presque aucun bateau au moment des célébrations religieuses proprement dites.
Quelques exemples de prix passagers (billets les moins chers – classe économique (pont) – en 2016) :
➢ *Le Pirée-Égine :* environ 10 € en ferry et 14 € en *Flying Dolphin.*
➢ *Le Pirée-Poros :* 24,50 € en *Flying Dolphin.*
➢ *Le Pirée-Hydra :* 28 € en *Flying Dolphin.*
➢ *Le Pirée-Spetsès :* 38,50 € en *Flying Dolphin.*
➢ *Kyllini-Poros (Céphalonie) :* environ 10 € en ferry.
➢ *Patras-Sami (Céphalonie) :* 25,50 €.
➢ *Patras-Ithaque :* 28 €.
➢ *Volos-Skopélos ou Alonissos :* 30 € en ferry et 52 € en bateau rapide.
➢ *Agios Konstantinos-Skopélos (ou Alonissos) :* 41,50 € en ferry et 54 € en bateau rapide.
➢ *Thessalonique-Skiathos (ou Skopélos et Alonissos) :* 59 € (en bateau rapide).
Pour un véhicule (voiture de moins de 4,25 m), multiplier le prix par 3 environ.
– *Attention :* les fréquences et horaires que nous signalons en début ou en fin des passages consacrés aux îles sont donnés à titre indicatif, sur la base de ce que nous avons relevé en 2016. Et chaque année, quand les nouveaux horaires sortent, il y a des surprises... Les prix peuvent également avoir (encore) évolué.

Le taxi

On n'en dénombrerait pas moins de 14 000 à Athènes. Il arrive qu'on le pratique collectivement : le chauffeur peut prendre un passager s'il reste de la place, c'est tout bénef pour lui.

URGENCES

Urgences médicales

– ***Urgences :*** ☎ *112.* C'est le numéro d'urgence commun à la France et à tous les pays de l'UE, à composer en cas d'accident, agression ou détresse. Il permet de se faire localiser et aider en français, tout en améliorant les délais d'intervention des services de secours.

Perte/vol carte de paiement

– ***Carte Visa :*** *numéro d'urgence (Europ Assistance), ☎ (00-33) 1-41-85-85-85 (24h/24). • visa.fr •*
– ***Carte MasterCard :*** *assistance médicale incluse ; numéro d'urgence : ☎ (00-33) 1-45-16-65-65. • mastercardfrance.com •*
– ***Carte American Express :*** *téléphonez en cas de pépin au ☎ (00-33) 1-47-77-72-00. • americanexpress.com •*

Perte/vol téléphone portable

Avant de partir, notez (ailleurs que dans votre téléphone portable !) votre numéro IMEI utile pour bloquer à distance l'accès à votre téléphone en cas de perte ou de vol. Comment avoir ce numéro ? Tapez *#06# sur votre clavier. Puis reportez-vous au site • *mobilevole-mobilebloque.fr* • Vous pouvez aussi suspendre aussitôt votre ligne pour éviter de douloureuses surprises au retour du voyage ! Voici les numéros des quatre opérateurs français, accessibles depuis la France et l'étranger.

- ***SFR :*** *depuis la France, ☎ 1023 ; depuis l'étranger, 📱 + 33-6-1000-1023.*
- ***Bouygues Télécom :*** *depuis la France comme depuis l'étranger : ☎ + 33-800-29-1000.*
- ***Orange :*** *depuis la France comme depuis l'étranger, 📱 + 33-6-07-62-64-64.*
- ***Free :*** *depuis la France : ☎ 3244 ; depuis l'étranger : ☎ + 33-1-78-56-95-60.*

ATHÈNES ET L'ATTIQUE

ATHÈNES (ΑΘΗΝΑ)

664 000 hab.

- Pour les plans d'Athènes, se reporter au plan détachable en fin de guide.
- Plan Athènes – Le Musée archéologique *p. 125*

Athènes, c'est, bien sûr, des monuments extraordinaires, des musées aux collections exceptionnelles, fruits d'une histoire qui saute les millénaires. C'est une atmosphère aussi, bouillonnante, populaire, tout à la fois méditerranéenne et européenne, aussi singulière que typique des capitales d'aujourd'hui. Une ville aux identités multiples, auxquelles chaque quartier apporte sa tonalité. Des pittoresques ruelles de Plaka enroulées au pied de l'Acropole à la profusion paillarde des halles, des rues tortueuses de Psiri truffées de néobistrots bariolés à celles d'Exarchia la libertaire ou de Gazi la branchée, la capitale grecque refuse de se laisser abattre sous les coups d'une crise qui n'en finit plus de s'aggraver. Alors oui, beaucoup de boutiques ont tiré le rideau, partout des bâtisses délabrées menacent de s'effondrer. Mais quand les rues sont trop grises, les Athéniens les recouvrent de graffitis, rageurs ou rêveurs. Et toujours, au coin d'une rue, surgit la silhouette du Parthénon. De quoi, malgré la chaleur écrasante l'été, mériter plus qu'une halte entre deux bateaux.

UN PEU D'HISTOIRE

Athènes est bien évidemment une ville à l'histoire tumultueuse. En fait, **une grosse cinquantaine d'années particulièrement glorieuses lui auront suffi pour s'assurer une renommée éternelle.** À l'origine, ce n'est qu'une cité comme les autres, ou presque, puisqu'elle bénéficie tout de même de la protection d'Athéna, fille de Zeus. La mythologie raconte qu'Athéna et Poséidon s'étaient disputé la ville, la déesse l'emportant après avoir fait jaillir sur l'Acropole un olivier, resté sacré, ce qui fait d'elle la divinité protectrice de la ville. Pendant la période mycénienne (1500-1200 av. J.-C.), on se souvient surtout du héros légendaire Thésée, vainqueur du Minotaure et parricide involontaire à son retour de Crète (il a, le malheureux, oublié de hisser la voile blanche qui devait signifier son succès, et son père, Égée, le croyant mort, se jeta dans la mer qui porte depuis son nom). C'est ce même Thésée qui passe pour être le fondateur d'une communauté d'une vingtaine de villages attiques s'étendant d'Éleusis, à l'ouest, à Marathon, à l'est. Athènes en constitue le centre économique et administratif. Comme dans la plupart des cités grecques, le régime évolue graduellement vers un pouvoir aristocratique, puis des réformes, instituées par Dracon, puis par Solon, et enfin par Clisthène, préparent, de 650 à 500 av. J.-C. environ, l'avènement de la démocratie athénienne. Là, des facteurs extérieurs viennent donner un coup de pouce. La victoire sur les Perses, repoussés en 490 à Marathon puis battus à Salamine en 480 à l'occasion d'une bataille navale mémorable, va auréoler Athènes d'un prestige considérable.

SÉVÈRE, LE DRACON !

Draconien vient de Dracon, ce législateur athénien du VIIe s av. J.-C. Ses lois étaient particulièrement rudes puisque la seule punition qu'il préconisait pour expier les fautes était... la mort. Une telle sévérité ne le rendit pas particulièrement populaire. On rapporte qu'il dut fuir devant la colère du peuple...

Débarrassés de toute menace extérieure, les Athéniens vont alors pouvoir se consacrer pleinement au rayonnement culturel de leur cité. C'est l'époque glorieuse que l'on connaît sous le nom de « siècle de Périclès », symbolisé par le Parthénon. Mais ce siècle ne dure en fait qu'une cinquantaine d'années, de 480 à 430 environ. Les Athéniens pèchent alors par orgueil : organisateurs d'une confédération basée à Délos (Cyclades), ils sont accusés de s'accaparer le trésor de guerre constitué pour se défendre contre l'Empire perse, et les autres cités grincent des dents devant cet « impérialisme ».

Sparte déclenche les hostilités en 431 et la guerre civile va enflammer le Péloponnèse et l'Attique pendant près de 30 ans, jusqu'à la reddition d'Athènes en 404, après des épreuves terribles (peste qui décime un tiers de la population, famine...). Jamais Athènes ne retrouvera son importance politique. Elle restera, en revanche, une capitale culturelle, notamment sous les empereurs romains Hadrien et Marc Aurèle.

LE SECRET DE LA PROSPÉRITÉ ATHÉNIENNE

Athènes était riche grâce à ses mines d'argent situées à Laurion, au nord du cap Sounion. Avec sa monnaie solide, la cité put financer ses armées contre les Perses. Idem contre Sparte. Elle construisit aussi 360 navires et remporta la victoire de Salamine.

Après la mémorable période antique, ils vont être nombreux à s'acharner sur Athènes. Les Francs s'en emparent après 1204, puis c'est au tour des Catalans et des Florentins de se la disputer, avant que les Ottomans, en 1456, n'en prennent le contrôle. Transformé en temple de la Vierge à l'époque byzantine, le Parthénon devient une mosquée. Les Vénitiens assiègent Athènes à la fin du XVIIe s et donnent le coup de grâce : la ville, ou plutôt ce qu'il en reste, ressemble à un champ de ruines.

Dans les années 1820-1830, le jeune État grec acquiert son indépendance sur une infime part du territoire national, mais c'est la petite cité de Nauplie, dans le Péloponnèse, qui est tout d'abord choisie comme capitale, et non Athènes. Celle-ci n'est alors peuplée que de 4 000 à 5 000 habitants... Pour accueillir Othon Ier, le

nouveau roi arrivé de Bavière, il faut construire une nouvelle Athènes. Des architectes européens débarquent, souvent allemands. Ils modèlent un centre néoclassique presque géométrique (Acropole-Syndagma-Omonia). La ville prend alors progressivement de l'embonpoint jusqu'à envahir presque toute la région environnante : l'Attique. Le développement est anarchique, subissant les afflux de population, notamment après 1922, quand les réfugiés d'Asie Mineure arrivent en masse : la ville, qui compte 450 000 habitants, en reçoit tout d'un coup 150 000 supplémentaires.
Aujourd'hui, près d'un tiers des Grecs vivent à Athènes et en Attique, soit 3 750 000 Grecs (ils ne sont « que » 664 000 dans les limites strictes de la municipalité d'Athènes). La moitié de l'industrie grecque étant concentrée au Pirée et dans la région d'Éleusis, une forte pollution s'ensuit. Athènes s'est en effet développée dans une cuvette, situation privilégiée (microclimat) à l'origine devenue handicap...

Arrivée à l'aéroport

✈ L'***aéroport Élefthérios Vénizélos*** est situé à ***Spata,*** à une vingtaine de kilomètres à l'est du centre d'Athènes *(plan Les environs d'Athènes).* En partent les vols intérieurs et les vols internationaux.
■ ***Service information :*** *☎ 21-03-53-00-00. • aia.gr •*
ℹ ***Bureau d'infos touristiques :*** *hall des arrivées, entre les portes 2 et 3.*
✉ ***Bureau de poste :*** *hall des arrivées (porte 3). Lun-sam 7h-19h30, dim 8h30-18h30.*
■ ***Consigne à bagages (Bagage Storage Pacific) :*** *hall des arrivées, tt au fond (porte 1). ☎ 21-03-53-03-52. Tlj, 24h/24. Compter 3,50-7,50 € pour 6h et près du double pour 24h selon taille du bagage. CB acceptées.*
■ ***Bureaux de change, banques et distributeurs :*** *hall des arrivées et hall des départs.*
■ ***Location de voitures :*** *au hall des arrivées,* ***Budget*** *(☎ 21-03-53-05-53 ; • budget.gr •),* ***Avis*** *(☎ 21-03-53-05-78/79 ; • avis.gr •),* ***Hertz*** *(☎ 21-03-53-49-00 ; • hertz.gr/fr •),* ***National/Alamo/Enterprise*** *(☎ 21-03-53-33-25 ; • enterprise.gr •) et* ***Sixt*** *(☎ 21-03-53-05-56 ; • sixt.gr •).*

Compagnies aériennes

■ ***Air France :*** *☎ 21-03-53-03-80.*
■ ***Swiss International Airlines :*** *☎ 21-03-53-03-82/84.*
■ ***Aegean Airlines :*** *☎ 21-03-53-01-01.*
■ ***Olympic Air :*** *☎ 21-03-53-01-01 ou 05-30.*
■ ***Alitalia :*** *☎ 21-03-53-42-84/85.*
■ ***Lufthansa :*** *☎ 21-06-17-52-00.*
■ ***EasyJet :*** *☎ 21-03-53-03-00.*
■ ***Brussels Airlines :*** *☎ 21-03-53-04-18.*
■ ***Air Canada :*** *☎ 21-03-53-04-18.*

Pour rejoindre le centre-ville

➢ ***Le métro :*** le moyen le plus simple de se rendre au centre-ville. Pour gagner la station, sortir porte 3 et monter les escaliers face au *Sofitel,* puis emprunter la passerelle. Prendre la ligne 3, qui arrive directement pl. Syndagma ou à Monastiraki. Env 40-45 mn de trajet. Départs ttes les 30 mn environ, 6h30-23h30 (5h38-23h04 de Monastiraki). Coût du billet (tarif 2016) : 10 €. Également des billets collectifs (18 € pour 2, 24 € pour 3) ainsi que la possibilité d'acheter un billet A/R pour 18 € (mais le retour doit se faire dans les 48h). On peut également opter pour le *3 days tourist ticket* (billet 72h valable sur tout le réseau urbain ; lire plus loin « Transports urbains à Athènes et en Attique »).
➢ ***Le bus :*** la *ligne X95* va de l'aéroport (sortie 5) au centre-ville (pl. Syndagma, tt près de la station de métro du même nom). Elle fonctionne 24h/24, avec un départ ttes les 15-20 mn selon tranche horaire. Le prix d'un aller simple est de 6 € ; réduc (tarif 2016). Si,

pour rejoindre votre hôtel, une fois descendu du bus, vous devez prendre le métro, il vous faudra acheter un ticket à 1,40 €. Compter 1h de trajet (si le trafic est normal).

➢ Également un ***train urbain*** (*suburban rail, proastiakos* en grec), qui rejoint la gare de Larissa après un changement à Ano Liossia. Pas très pratique, donc. Départ de la même gare que le métro.

➢ ***Le taxi :*** pour le centre-ville, forfait fixe de 38 € le jour (5h-minuit), 54 € la nuit (tarifs 2016). Les tarifs sont affichés à la sortie, porte 3.

Pour rejoindre les gares routières

➢ ***Le bus X93 :*** départ de la sortie 5. Ce bus conduit à la gare routière terminal A (100, odos Kifissou) via la seconde gare routière terminal B (odos Liossion) et évite de passer par le centre d'Athènes. Pratique si vous n'avez pas à séjourner dans la capitale. Départ ttes les 40 mn env 24h/24. Mêmes tarifs que pour la ligne X95. Prévoir 1h-1h30 de trajet selon densité du trafic. Pour les destinations desservies, voir plus loin la rubrique « Quitter Athènes ».

Pour rejoindre Le Pirée

➢ ***Le bus X96*** *(ligne Spata-Koropi-Vari-Voula-Glyfada-Le Pirée)* ***:*** fonctionne 24h/24, avec un départ ttes les 30-40 mn de la sortie 5. Mêmes tarifs que les précédents. Compter 1h-1h30 de trajet.

➢ On peut aussi faire ce trajet en métro (ligne 3 jusqu'à Monastiraki puis ligne 1 jusqu'au Pirée) ou en train urbain, qui relie l'aéroport et Le Pirée via la station Ano Liossa puis la gare centrale (voir plus haut). Compter 1h20 de trajet. Sinon, il reste le taxi : compter env 50 € (63,50-72 € en tarif de nuit selon itinéraire).

Pour rejoindre Rafina

➢ Une ligne express du *KTEL* de l'Attique (bus blanc et orange) dessert le port de Rafina, via Loutsa. 1 bus/h env 4h40-22h20. Départs en face du *Sofitel*. Prix du billet : 4 €. Prévoir 30 mn de trajet. En taxi, compter env 35 € (50 € en tarif de nuit).

Pour rejoindre Lavrio

➢ Départs en face du *Sofitel* (bus blanc et orange). Changement de bus à Markopoulos. 1 bus/h env, 6h30-22h. Prix du billet : 4,40 €. Prévoir 40 mn de trajet.

Quitter l'aéroport en voiture

➢ ***Pour le centre-ville :*** rejoindre la route à péage (Attiki Odos) et suivre la direction Élefsina. 16 km après le départ de l'aéroport, on conseille la sortie 16K qui conduit au périphérique de l'Hymette (Ìmittos Ring). C'est un peu plus long en km que le trajet direct, via l'av. Messogion, que l'on accomplit en prenant, juste après, la sortie 15. Le périphérique est relativement rapide et agréable. Le quitter direction « Athina Center », descendre l'av. Katéchaki au bas de laquelle on retrouve l'av. Messogion et continuer à gauche ; le centre n'est plus très loin. Au total, 33 km entre l'aéroport et le centre-ville.

➢ ***Pour Le Pirée :*** prendre la 4-voies, mais ne pas se diriger vers la section à péage, continuer tout droit.

➢ ***Pour le Péloponnèse :*** une fois sur Attiki Odos (péage), toujours suivre la direction Élefsina. On évite ainsi Athènes.

➢ ***Pour la Grèce du Nord :*** sur Attiki Odos, continuer en direction d'Élefsina jusqu'au panneau pour Lamia-Thessalonique et suivre cette direction vers le nord.

Transports urbains à Athènes et en Attique

Les lignes de métro et de tram figurent sur le plan d'Athènes distribué à l'office de tourisme.

Tarifs des transports en commun

Un billet à l'unité coûte 1,40 € (tarif 2016). Tarif réduit (0,60 €) pour les moins de 18 ans, les plus de 65 ans et les étudiants jusqu'à 25 ans sur présentation de leur carte d'étudiant. Les enfants de moins de 6 ans ne paient pas. Le billet s'achète au guichet ou aux distributeurs. Il est valable 1h30 sur tous les transports en commun d'Athènes (métro, bus, tram et trolley), SAUF sur les lignes pour (ou de) l'aéroport, dont la tarification est spéciale. Il existe un *3 days tourist ticket* à 22 € (qui inclut, lui, le ticket A/R de/vers l'aéroport). On peut aussi acheter un billet à la journée (4,50 €), utilisable dans tous les transports en commun sauf aéroport (valable 24h à partir du moment où il est émis) ou un billet valable 5 j. (9 €). Enfin, pour les longs séjours, carte mensuelle à 30 € (qui n'inclut pas le trajet aéroport).

Métro *(ilektrikos)*

Récent et très pratique, le réseau compte 3 lignes.
Les rames circulent de 5h (ligne 1) ou 5h30 (lignes 2 et 3) à 0h15 en sem, et jusqu'à 2h ven et sam (lignes 2 et 3). Rens au ☎ *11-185* (service d'info de l'OASA, l'Agence des transports publics à Athènes) et sur • *stasy.gr* •
Le métro relie les points les plus importants pour les voyageurs :

Ligne 1 (Le Pirée-Kifissia)

- Station *Piréas* : Le Pirée, à 200 m des bateaux qui desservent les îles.
- Station *Thissio* : à 10 mn de marche de l'Acropole, près de l'ancienne agora.
- Station *Monastiraki* : à 10 mn de marche de l'Acropole et Plaka. Correspondance avec la ligne 3 (Syndagma, aéroport).
- Station *Omonia* : pl. Omonia. Correspondance avec la ligne 2.
- Station *Victoria* : à 5 mn de la gare ferroviaire.
- Station *Kato Patissia* : à 10-15 mn de marche du terminal de bus B (gare routière liaisons interurbaines).

Ligne 2 (Anthoupoli-Elliniko)

- Station *Syndagma* : la plus centrale qui soit. Remarquez les vitrines permettant de voir quelques-unes des découvertes archéologiques faites pendant les travaux. Correspondance avec le tram et la ligne 3 (aéroport).

En allant vers le nord :
- Station de *Larissa* (en grec, *Stathmos Larissis*) : gare ferroviaire.
- Station d'*Attiki* : correspondance avec la ligne 1.

En allant vers le sud :
- Station *Akropoli* : proche de Plaka, de l'Acropole et du musée de l'Acropole.

La ligne continue vers le nord (stations de *Péristéri* et *Anthoupoli*) et vers le sud jusqu'à *Elliniko,* à proximité de la côte.

Ligne 3 (Agia Marina-Aéroport)

- Stations *Évangélismos* et *Ambélokipi* : desservent les principaux hôpitaux d'Athènes.
- Station *Doukissis Plakentias* (à Stavros). Le train urbain arrivant de la gare de Larissa y passe également.
- Station *Kéramikos* : pour se rendre dans le quartier branché de Gazi.

La ligne 3 est en cours de prolongement entre Agia Marina et Le Pirée (ouverture prévue d'ici 2020).
AVERTISSEMENT : attention aux bandes organisées de pickpockets qui sévissent dans le métro, en particulier à Omonia et Monastiraki ou sur le trajet vers Le Pirée. Nette recrudescence de ces vols depuis quelques années. Ne pas tenter le diable en exposant sacs ou bananes à portée de main.

Bus, trolleys et tramway

Les ***bus urbains*** (appelés « bus bleus ») et ***trolleybus*** (une vingtaine de lignes) fonctionnent 6h30 (7h30 ven-sam)-22h30 env.
Le ***tramway*** démarre pl. Syndagma puis descend vers le sud de la ville, via le jardin national, avant de se diviser en 2 branches. L'une poursuit via Glyfada jusqu'à Voula (sur la côte, au sud-est de la ville). L'autre rejoint Néo Faliro (quartier sud du Pirée). On peut aussi l'utiliser pour relier Voula à Néo Faliro, en suivant la côte. Fonctionne 5h-minuit env (jusqu'à 2h ven-sam).

Acheter son billet aux stations (pas de vente possible dans le tram). Un peu lent : compter autour de 45 mn pour Néo Faliro au départ de la pl. Syndagma, env 1h de Syndagma à Voula, et autour de 40 mn entre Néo Faliro et Voula. Intéressant, si l'on séjourne quelques jours à Athènes, pour aller prendre l'air de la mer sans être bloqué dans les embouteillages. Les lignes devraient être étendues : celle de Néo Faliro rejoindra Le Pirée.

Voiture

Circuler dans Athènes est un véritable sport (olympique ?). La plupart des rues sont à sens unique et, en dehors des grands axes, plutôt étroites, d'autant que les Grecs aiment se garer en double file. Attention aux taxis, qui s'approprient la file de droite et s'arrêtent sans prévenir. Les 2-roues casse-cou vous apporteront leur lot de sueurs froides. Bref, on n'arrive pas forcément où l'on veut une fois que l'on est embarqué dans le mouvement perpétuel de la circulation athénienne...

Pour le stationnement, en revanche, ce n'est pas trop difficile. Nombreux parkings, même dans d'étroites rues de Plaka (où l'on doit parfois laisser ses clés, car les véhicules étant serrés le plus possible, il faut pouvoir dégager l'accès à la sortie d'une voiture garée au fond...), dans des cours où l'on entasse les véhicules (forfait à la demi-journée ; tarifs 8-10 € selon « standing » du parking, voire davantage, ou moins, crise oblige) ou dans les parkings souterrains. Il en existe un, par exemple, pl. Klafthmonos *(zoom détachable, D3-4)* ou sous le marché, à côté des halles (entrée par odos Sokratous ; *zoom détachable, C3*). Cher. Également 2 parkings *Polis Park,* platia Kaningos *(plan d'ensemble détachable, D2)* et platia Égyptou (*plan d'ensemble détachable, D1* ; 5 € pour 1h, 16 € pour 24h). Attention au stationnement illégal, les contractuels sont nombreux ! Les plaques sont d'ailleurs enlevées pour être certain que les amendes sont bien payées. Récupération au commissariat... le lendemain. Avoir, par précaution, une photocopie de la carte grise. Si le stationnement est particulièrement gênant (angle d'une rue), la fourrière intervient très rapidement ! À bon entendeur, salut !

Vous pouvez aussi vous garer sur des places de parking payantes. Vous devez alors acheter, au kiosque ou dans le petit magasin de quartier qu'on vous indiquera, les cartes où vous précisez votre heure d'arrivée à placer bien en évidence. Compter 2 €/h.

Ne laissez rien d'apparent dans la voiture quand vous la quittez.

Le taxi

De couleur jaune, ils sont très nombreux à sillonner la ville. Tête de station, entre autres, pl. Monastiraki. Excepté de l'aéroport au centre-ville (forfait fixe ; lire plus haut), les taxis fonctionnent au compteur. Si le chauffeur ne l'enclenche pas (rare), le demander (« *put the meter, please* »). Compter env 1,30 € la prise en charge, puis env 0,75 €/km (1,30 € minuit-5h). Tarif min de la course : 3,50 €. Il existe également diverses surcharges (pour la desserte des terminaux de bus, gares et ports, pour les bagages de plus de 10 kg, etc.), dont les montants doivent en théorie être affichés, en grec et en anglais, sur le tableau de bord. Quelques exemples de prix : 50 € pour un trajet aéroport-Le Pirée, 10-12 € pour Le Pirée-Athènes centre. Pour une petite course en ville : env 3,50-5 €. Ajouter 3 € en cas d'appel passé à un taxi depuis votre hôtel.

Le chauffeur a le droit de prendre d'autres passagers allant dans la même direction. Cela ne signifie pas que le prix de la course sera divisé par le nombre de passagers : le chauffeur encaisse simplement davantage. Les Grecs excellent dans ce sport national qu'est l'interception de taxi : aux carrefours, ils crient le nom du quartier où ils souhaitent se rendre et le chauffeur s'arrête... ou pas.

***Radio-taxis :** **Énotita,** ☎ 21-06-45-90-00 ; **Ermis,** ☎ 21-04-11-52-00 ; **Express,** ☎ 21-09-94-30-00 ; **Piréas 1,** ☎ 21-04-18-23-33.*

Adresses utiles

Informations touristiques

Office de tourisme (bureau d'information ; zoom détachable, D5) : 18-20, Dionissiou Aréopagitou. ☎ 21-03-31-07-16 ou 05-29. Lun-ven 9h-20h, w-e et j. fériés 10h-16h.

Office de tourisme (siège ; hors plan d'ensemble détachable par G4) : 7, odos Tsokha. ☎ 21-08-70-70-00. • visitgreece.gr • Ⓜ Ambélokipi. Lun-ven 8h-15h.

Agences de voyages et compagnies maritimes

■ **Profil Voyages** (zoom détachable, D4, **23**) : 36, odos Mitropoléos. ☎ 21-03-23-94-82. • profilvoyages.gr • Agence de voyages dirigée par Françoise Deschamps, une Française installée depuis longtemps en Grèce, qui en connaît tous les recoins et organise des voyages sur mesure.

■ **Superfast** et **Blue Star Ferries** (hors plan d'ensemble détachable par C6, **5**) : 123-125, léoforos Syngrou. ☎ 21-08-91-98-00. • superfast.com • Lun-ven 8h30-20h, sam 8h30-16h.

■ **Minoan Lines** (zoom détachable, D3, **17**) : 59, E. Vénizélou (angle de E. Bénaki). ☎ 21-03-37-69-10. • athens@minoan.gr • Ⓜ Omonia. Lun-ven 9h-17h.

Internet, poste

Tous les hébergements, et de nombreux cafés, disposent du ***wifi.***

@ **Bit @ Bytes** (zoom détachable, E3, **20**) : 78, odos Akadimia, près d'Omonia. Ouv 24h/24. Sinon, sympathique café internet à l'***Institut français de Grèce*** (voir plus bas « Culture »). Bon à savoir aussi : la plupart des auberges de jeunesse ont un accès Internet.

✉ **Bureaux de poste :** en grec, la poste se prononce *tachidhromio*. Les bureaux (lun-ven 7h30-14h30) dans le centre d'Athènes sont relativement nombreux. Les bureaux ci-après ont des horaires élargis :

– Pl. Syndagma (zoom détachable, E4) : lun-ven 7h30-20h30, sam 7h30-14h30, dim 9h-13h30. On peut s'y faire adresser du courrier en poste restante : 103 00 Syndagma, Athens, Greece.

– 60, odos Mitropoléos (zoom détachable, D4) : lun-ven 7h30-20h30, sam 7h30-14h30.

– 100, odos Éolou (zoom détachable, D3) : près de la pl. Omonia ; lun-sam 7h30-20h.

– Petit bureau en face du guichet de vente des billets pour l'Acropole : lun-sam 8h30-15h30, dim 9h-13h30.

Représentations diplomatiques

■ **Ambassade de France** (zoom détachable, E4, **12**) : 7, odos Vassilissis Sofias. ☎ 21-03-39-10-00. Fax : 21-03-39-10-09. • ambafrance-gr.org •

■ **Section consulaire** (zoom détachable, E4, **13**) : 6, odos Akadimias (1er étage). ☎ 21-03-39-12-00. Fax : 21-03-39-12-09. • ambafrance-gr.org • Ⓜ Syndagma ou Évangélismos. Ouv au public lun-ven 8h30-13h30. Permanence lun-ven 15h-18h pour les Français en difficulté (pour les urgences slt, appeler le 📱 69-32-40-13-43 en dehors des heures d'ouverture ou de permanence). Si vous avez perdu vos papiers, munissez-vous d'une déclaration de perte ou de vol établie dans le bureau de police le plus proche du lieu où les faits se sont produits, et de 2 photos. Vous aurez un laissez-passer (en cas d'absence totale de papier d'identité), après vérification en France, qui vous permettra de quitter le territoire grec. Ces démarches (payantes) ne sont possibles qu'entre 8h et 13h.

■ **Consulat de Belgique** (plan d'ensemble détachable, F4) : 3, odos Sékéri. ☎ 21-03-61-78-87. • diplomatie.belgium.be/grece • Ⓜ Syndagma. Lun-ven 8h-14h.

■ **Consulat de Suisse** (plan d'ensemble détachable, G4) : 2, odos Iassiou. ☎ 21-07-23-03-64. 📱 69-44-91-19-19 (urgences slt). • eda.admin.ch/athens • Ⓜ Évangélismos. À côté de l'hôpital Évangélismos. Lun-ven 10h-12h.

■ **Ambassade et consulat du**

Canada : 48, odos Ethnikis Antistaséos, Chalandri. ☎ 21-07-27-34-00. • athns@international.gc.ca • Lun-ven 8h30-14h30.

Urgences, santé

■ ***Numéro d'urgence européen :*** ☎ 112.
■ ***Secours d'urgence (EKAV) :*** ☎ 166.
■ ***Police :*** ☎ 100.
■ ***Pompiers :*** ☎ 199.
■ ***Police touristique :*** ☎ 1571.
■ ***Pharmacies :*** les horaires estivaux des pharmacies sont en principe les suivants : lun et mer 8h-14h30 ; mar, jeu et ven 8h-14h, 17h-20h. Certaines pharmacies sont ouv sam (journée continue : 8h-23h). Fermé dim. En dehors de ces horaires, téléphoner au ☎ 1434 pour connaître les pharmacies de garde ou consulter la devanture des pharmacies.
■ ***SOS Médecins :*** ☎ 1016. Tlj, 24h/24.
■ ***Centre antipoison :*** ☎ 21-07-79-37-77.
■ ***Soins médicaux :*** pour consulter un médecin français ou francophone, s'adresser au consulat.
■ ***En cas d'urgence, pour avoir un hôpital :*** ☎ 1434. Liste complète des hôpitaux et cliniques sur le site de l'ambassade de France.
🞤 **Hôpital public Évangélismos** *(plan d'ensemble détachable, G4)* **:** 45-47, odos Ipsilantou. ☎ 21-32-04-10-00. Ⓜ Évangélismos. À Kolonaki.
🞤 **Hôpital public Ippocration** *(hors plan d'ensemble détachable par G4)* **:** 114, léoforos Vassilissis Sofias. ☎ 21-07-48-37-70. Dans le quartier d'Ambélokipi.
🞤 **Croix-Rouge** *(Érythros Stavros)* **:** 1, odos Érythrou Stavrou et 1, odos Athanassaki. ☎ 21-06-41-40-00. Quartier d'Ambélokipi.
🞤 **Hôpital privé Iatrico Kentro Athinon :** 5-7, odos Distomou, à **Maroussi** (banlieue chic du nord d'Athènes). ☎ 21-06-19-81-15. Établissement agréé *Intermutuelle Assistance.*

Culture

■ ***Institut français de Grèce*** *(zoom détachable, F3,* ***14****)* **:** 31, odos Sina. ☎ 21-03-39-86-00. • ifa.gr • L'institut est la vitrine culturelle de la France : programmation très intéressante de spectacles et de conférences (relâche en août). Riche médiathèque (lun-ven 10h-19h, sam 9h-14h ; en été, lun-ven 10h-16h) ; bistrot français, le *Paris-Athènes* ; accès Internet (lun-ven 9h-20h, sam 10h-14h).
■ ***Librairie électronique française*** *(zoom détachable, F3,* ***18****)* **:** 60, odos Sina (en face de l'Institut français). ☎ 21-10-12-05-47. • lea-books.gr • Lun et mer 9h30-17h ; mar, jeu, ven 9h30-20h ; sam 9h30-15h. Librairie francophone bien fournie.
■ ***Librairie Le Livre Ouvert*** *(zoom détachable, E3,* ***15****)* **:** 77, odos Solonos. ☎ 21-03-82-97-03. Lun et mer 9h-17h ; mar, jeu et ven 9h-20h ; sam 10h-16h. Excellente librairie francophone. Littérature, art, B.D., etc. On y trouve aussi des journaux et des périodiques français.
■ ***Anavassi*** *(zoom détachable, D4,* ***25****)* **:** 32, odos Voulis (à l'angle d'odos Apollonos). Lun et mer 9h30-17h30 ; mar, jeu et ven 9h30-20h30 ; sam 10h-16h30. La librairie de l'éditeur des cartes *Anavassi.* Également des livres sur la Grèce.
■ ***Presse internationale :*** dans de nombreux kiosques situés dans les quartiers touristiques.

Divers

■ ***Consignes à bagages*** *(zoom détachable, E4,* ***22****)* **:** 26, odos Nikis, dans l'agence de voyages ATI (près de Syndagma, dans le centre). Lun-ven 9h-20h, sam 9h-17h ; fermé dim. Tarif : 3 €/j. par bagage ; tarif dégressif pour 1 sem ou plus. Utile pour ceux qui veulent passer quelques jours dans les îles sans être trop chargés. Également des consignes à l'aéroport et au port du Pirée. La plupart des (petits) hôtels proposent aussi ce service. À *Athens Studio* (lire plus loin « Où dormir ? Au sud de l'Acropole »), les consignes sont accessibles aux non-résidents.

Location autos-motos

L'avenue Andrea Syngrou *(plan d'ensemble détachable, D6)* regorge d'agences de location de voitures : au moins une vingtaine. Comme celles-ci sont proches les unes des autres, il est facile d'en faire plusieurs pour comparer les tarifs proposés.

■ ***Capital Rent a Car*** *(plan d'ensemble détachable, D6,* ***4****)* ***:*** *14, av. Andrea Syngrou. ☎ 21-09-21-88-30. • capitalrent.gr • Tlj 8h-21h. Sur présentation de ce guide au début de la loc, 5 % de réduc (10 % hors saison).* Mise à disposition de la voiture à l'aéroport d'Athènes (avec un supplément), au port du Pirée, en ville à votre hôtel, à Thessalonique et en Crète. Cartes routières gratuites. Excellent accueil (en français) de Vassilis Vrochidis et de son équipe. Tarifs intéressants et grande qualité des services.

■ ***Hertz*** *(plan d'ensemble détachable, D6,* ***3****)* ***:*** *12, av. Andrea Syngrou. ☎ 21-02-22-02-01. Lun-ven 9h-20h, sam 9h-16h.*

■ ***Motorent*** *(plan d'ensemble détachable, C6,* ***6****)* ***:*** *4, odos Kavalloti. ☎ 21-09-23-49-39. • motorent.gr • À 200 m au sud de l'Acropole. Lun-ven 9h-18h, sam 9h30-16h.* Compagnie de location de scooters et de motos.

Banques, change

Les banques n'ouvrent que de 8h à 14h (13h30 le vendredi) et sont fermées le week-end. Les bureaux de change indépendants, pour nos lecteurs hors zone euro, sont nombreux ; on en trouve un peu partout, autour des places Syndagma et Omonia, ou même dans Plaka. À noter, sur la place Syndagma et dans tous les endroits où passent les touristes, un nombre incalculable de distributeurs.

■ ***American Express :*** *280, léoforos Kifissias, Halandri (banlieue d'Athènes). ☎ 21-06-87-91-00. • americanexpress.com/greece •* Pas d'agence dans le centre d'Athènes...

■ ***Eurochange*** *(zoom détachable, E4,* ***16****)* ***:*** *4, Karageorgi Servias. Tlj 9h30-20h45.* Change et chèques de voyage. Également un bureau place Monastiraki, sous la mosquée.

Commerces

2 principales chaînes de petites supérettes *(ouv lun-sam 8h-20h ou 21h)* se partagent le... marché ! Pratique pour l'alimentaire ou pour acheter les petites choses oubliées au pays et qui manquent parfois cruellement. Pour trouver des hypermarchés, il faut sortir du centre.

Marinopoulos : *au début d'odos Athinas (zoom détachable, D3), presque sur la pl. Omonia ; odos Kanari (zoom détachable, E-F3), pas loin de la pl. Syndagma, en montant vers Kolonaki.*

Véropoulos-Spar : *odos Iraklidon (plan d'ensemble détachable, B4 ; quartier Thissio) ; odos Falirou et odos Parthénonos (plan d'ensemble détachable, D6 ; quartier Makrygianni) ; odos Stournari (plan d'ensemble détachable, D2).*

Où dormir ?

Les années précédant la crise, les tarifs avaient énormément augmenté, et même si la qualité des prestations proposées avait, elle aussi, progressé, les prix s'alignaient petit à petit sur ceux pratiqués dans les autres capitales européennes. D'autant plus que la haute saison dure en général de début avril, voire du 15 mars, à fin octobre... La crise est passée par là et les prix ont baissé. Sachez cependant que les hôtels s'affirmant chic ne proposent pas toujours des prestations tellement supérieures à leurs congénères moins tape-à-l'œil, et bien moins chers.
La ville compte également une poignée d'AJ correctes et pas chères. Bien évidemment, tous les guides les recommandent et il faut parfois se battre pour trouver de la place. Quant aux petits hôtels pour routards ancien style, ils sont de moins en moins nombreux. On les trouve principalement dans le quartier de la gare ferroviaire, autour de la place Omonia. Vigilance enfin si vous avez réservé une chambre d'hôtel (et

c'est plus que conseillé) : des lecteurs se plaignent chaque année d'avoir été « sacrifiés » parce que, entre le moment où ils avaient réservé et le jour où ils se sont présentés à l'hôtel, un groupe a effectué une réservation. Il manque une chambre pour caser tout le monde ? Ce sont les touristes « individuels » qui trinquent... Téléphonez la veille ou le matin même de votre arrivée pour vous assurer que votre réservation tient toujours. Ça ne vous coûtera pas grand-chose et vous économisera peut-être pas mal de soucis... Et faites-vous envoyer un mail de confirmation de réservation avant votre départ si vous avez réservé de France en versant des arrhes. Ça peut toujours être utile en cas de litige.
Nous vous rappelons que les prix indiqués s'entendent pour une chambre double. Autre rappel : les prix, dans un certain nombre de cas, sont à géométrie variable... Il arrive qu'ils varient selon la personne interrogée, dans une même journée. Un couple de lecteurs a même fait un test amusant : quand c'était la femme qui appelait pour avoir un prix, celui-ci était moins élevé que quand c'était l'homme ! Prix officiels (« prix de la porte »), prix réellement pratiqués, remises spontanées selon l'inspiration du moment (et le taux de remplissage de l'établissement), tout n'est pas d'une transparence absolue. Raison de plus pour essayer de négocier, habilement bien sûr. Un certain nombre d'hôtels font des remises sur présentation de ce guide, prévenez-nous si ces remises ne sont pas respectées.

Dans les quartiers de Monastiraki et des halles

Bon marché

Zeus Hostel (*zoom détachable, D3,* **60**) *: 27, odos Sofokléous, 105 52. ☎ 21-03-21-15-51. • zeushostel.hostel.com • Ⓜ Omonia, mais il faut marcher un peu ensuite. Dortoirs 10-14 €/pers ; doubles 30-40 €. Pas de petit déj.* Une AJ privée très centrale, tenue par un Londonien. Simple, plutôt propre et assez calme. Chambres doubles basiques ou dortoirs de 4 lits avec lavabo (clim en option) sont répartis sur 5 étages (sans ascenseur). Salles de bains dans le couloir. Draps et serviettes fournis. Bar sur le toit. Correct pour dormir en centre-ville à prix riquiqui.

Prix moyens

Tempi Hotel (*zoom détachable, D4,* **67**) *: 29, odos Éolou, 105 51. ☎ 21-03-21-31-75. • tempihotel.gr • Ⓜ Monastiraki. Selon saison, doubles 36-59 € sans ou avec sdb. Pas de petit déj.* Dans une rue piétonne et commerçante, face à une jolie place, un modeste hôtel à l'atmosphère chaleureuse. Chambres simples, bien tenues, avec AC. Certaines disposent d'un balcon. Petite cuisine au 1er étage pour la préparation du petit déj ou d'un repas. Consigne gratuite pour les clients.

Hotel Évripidès (*zoom détachable, C3,* **63**) *: 79, odos Évripidou, 105 53. ☎ 21-03-21-23-01. • evripideshotel.gr • Ⓜ Monastiraki (ou Omonia). De la pl. Monastiraki, suivre odos Miaouli, puis odos Aristophanous. Doubles 50-65 € selon saison (tarif incluant 15 % de réduc sur présentation de ce guide), petit déj compris.* Moderne, sans charme particulier, mais assez bien tenu. Une soixantaine de chambres agréables, récemment rénovées, avec frigo et petit coffre. Petit déj servi sur la terrasse panoramique, au 7e étage, et superbe vue sur la ville depuis le toit-terrasse, un étage au-dessus. Petite salle de fitness. La patronne parle le français.

Cecil Hotel (*zoom détachable, C3-4,* **65**) *: 39, odos Athinas, 105 54. ☎ 21-03-21-96-06. • cecilhotel.gr • Ⓜ Monastiraki. Double env 50 €, petit déj inclus.* Honnête établissement à l'ancienne, installé dans un bâtiment néoclassique (classé). Il propose une quarantaine de chambres plus ou moins spacieuses, hautes de plafond, toutes simples, mais claires et impeccables. Salle de bains, AC et TV. Quelques grandes chambres pour 3 personnes. Le quartier étant très animé à toute heure, essayer d'avoir une chambre qui donne sur l'arrière.

Chic

Attalos Hotel (zoom détachable, C4, **64**) : *29, odos Athinas, 105 54. ☎ 21-03-21-28-01. • attaloshotel.com • Ⓜ Monastiraki. Doubles 73-109 € selon saison et confort (peut descendre jusqu'à 50 € l'hiver) ; petit déj-buffet env 9 €. 10 % de réduc sur présentation de ce guide (pour les résas en direct).* Un hôtel de 78 chambres (dont des triples et quadruples), rénovées récemment, propres, avec salle de bains, AC et TV. L'intérêt de l'établissement réside surtout dans son *roof garden* confortable, qui offre une vue panoramique sur l'Acropole et le Lycabette. Certaines chambres sur rue (double vitrage) donnent sur l'Acropole.

Plus chic

Athens Center Square Hotel (zoom détachable, C3, **61**) : *15, Aristogitonos, 105 52. ☎ 21-03-22-27-06 (résas) ou 21-03-21-17-70 (hôtel). • athenscentersquarehotel.gr • À égale distance de Ⓜ Omonia et Ⓜ Monastiraki. Doubles 60-140 € selon saison, petit déj-buffet compris.* À côté des halles, donnant sur un marché vivant et coloré, cet hôtel récent abrite une bonne cinquantaine de chambres design aux couleurs vives, d'un excellent niveau de confort malgré des salles de bains exiguës. Certaines, aux étages supérieurs, ont vue sur l'Acropole. Accueil courtois.

Fresh Hotel (zoom détachable, D3, **74**) : *26, odos Sofokléous (à l'angle d'odos Klisthénous), 105 52. ☎ 21-05-24-85-11. • freshhotel.gr • Ⓜ Omonia. Doubles standard 120-135 €, petit déj compris ; promos intéressantes sur Internet.* Au cœur de l'Athènes industrieuse du quartier des halles, voici un établissement des plus tendance, design des pieds à la tête. Chambres hyper confortables et claires (blanc zen, avec quelques touches de couleur), tout ce qu'il y a de plus branché, dans un style évoquant autant les années 1970 que le nouveau millénaire. Piscine sur la terrasse, au 9e étage, pas chauffée, et tant mieux, vraiment rafraîchissante ! Flanquée d'un bar vraiment agréable (et d'un resto chic), le tout offrant une vue sensationnelle sur la ville. Excellent petit déj.

Dans le quartier de Psiri

De bon marché à plus chic

City Circus (zoom détachable, C3, **56**) : *16, odos Sarri. ☎ 21-30-23-72-44. • citycircus.gr • Tte l'année. Dortoirs 4-8 lits 20-32 €/pers selon saison. Doubles 55-120 €, petit déj inclus.* En bordure de Psiri, très bien située, une belle adresse typique des nouvelles AJ tendance, qui a rapidement et justement rencontré le succès (elle a ouvert en 2012). Déco originale, mais jamais lourde, sur le thème du cirque, meubles de seconde main ou faits maison. Petits dortoirs ou chambres privées et une belle salle commune pour se rencontrer et partager. Terrasse avec vue sur l'Acropole. L'adresse s'est très récemment agrandie en faisant l'acquisition de la maison d'à côté, avec 9 nouvelles chambres s'ajoutant aux 11 initiales. Location de vélos. Pas de cuisine, mais réduc au resto de la maison, le *Zampanó*, servant une cuisine grecque modernisée à prix raisonnables.

AthenStyle (zoom détachable, C4, **55**) : *10, Agias Théklas, 105 54. ☎ 21-03-22-50-10. • athenstyle.com • Ⓜ Monastiraki. Juin-sept, dortoirs 18-26 €/pers (petit déj léger compris), doubles 76-96 €.* Hall d'entrée avec une balancelle et des tables et chaises dépareillées, un petit bar et quelques livres. Propose des dortoirs de 4 et 10 lits avec casiers et sanitaires, ainsi qu'une dizaine de chambres privées assez chères, les plus anciennes, un peu vieillottes, situées dans le bâtiment principal, les plus modernes (et plus chères), en face. Bar-resto très sympa sur le toit, avec vue sur l'Acropole. Billard, bornes Internet et projection de films en sous-sol, cuisine et machines à laver. Consigne à bagages. Juste à côté, le *Club Next Door*, pour qui veut prolonger la soirée... La gérante, Sophie, se débrouille bien en français.

De chic à plus chic

Live in Athens (zoom détachable, C4, **37**) **:** 5, odos Anargyron. ☎ 21-14-01-09-24. • liveinathens.net • Ⓜ Monastiraki. Studios et apparts 75-165 € pour 2 selon taille. Pas de petit déj. Une dizaine d'appartements, contemporains, immaculés et confortables, répartis entre les quartiers de Psiri et Thissio, la moitié logeant dans la bâtisse où se trouve l'accueil, dans la rue piétonne Anargyron, truffée de cafés-restos tendance. Le prix fluctue avec le standing, du studio au *penthouse* sur 2 niveaux, avec terrasse donnant sur l'Acropole. Entre ces deux extrêmes, des apparts avec coin salon, certains avec terrasse, pouvant parfois loger jusqu'à 4 personnes (canapés convertibles), voire plus. Cuisine dans tous. Intéressant pour qui veut s'attarder en ville.

Arion Hotel (zoom détachable, C3, **75**) **:** 18, odos Agiou Dimitriou, 105 54. ☎ 21-03-24-04-15 ou 21-03-21-67-77 (résas). • arionhotel.gr • Ⓜ Monastiraki. Doubles 90-170 €, petit déj compris (moins cher l'hiver). Fraîchement remis à neuf, chambres stylées à la déco moderne, genre *design hotel.* Rue plutôt calme dans ce quartier animé, très près de Monastiraki. Belle terrasse sur le toit, sans ombre mais avec vue dégagée sur l'Acropole.

Ochre and Brown Boutique Hotel (zoom détachable, C4, **77**) **:** 7, odos Leokoriou. ☎ 21-03-31-29-40. • oandbhotel.com • Tte l'année. Doubles standard à partir de 200 € ; surveiller les offres sur Internet. À l'arrivée, plus d'un client s'est probablement demandé si le chauffeur du taxi ne s'était pas trompé de rue... Eh bien non ! L'*O&B* (pour les intimes) se cache bien dans cette rue sans grâce (euphémisme) typique de Psiri, au milieu des boutiques ou ateliers plus ou moins fermés. Chambres de taille variable (leur taille augmente quand on monte les étages, les tarifs aussi !), à la déco impeccable. Confort comme attendu dans un boutique-hôtel qui n'usurpe pas son appellation. Et, comme il se doit aussi, service au top. Restaurant de qualité, étonnamment abordable.

Dans le quartier de Thissio

Bon marché

Chameleon Youth Hostel (plan d'ensemble détachable, B4, **38**) **:** 23, odos Nileos. ☎ 21-03-42-80-53. • chameleonyouthhostel.com • Ⓜ Thissio. Lit en dortoir 17 €. Double 20 €/pers. Pas de petit déj. *Hostel* propret et coloré, aussi convivial qu'étriqué, situé à 10 mn à pied de Monastiraki et Plaka, dans un quartier prisé de la jeunesse athénienne pour ses soirées arrosées. Rue assez calme, cela dit. Seulement 3 dortoirs de 6, avec salle de bains sur le palier, enchâssés le long d'étroits couloirs menant au sympathique toit-terrasse. 2 chambres privées également, une sur le toit, l'autre dans la courette du rez-de-chaussée, chacune avec salle de bains et frigo. Petite cuisine commune (supérette juste en face) et minuscule salon commun avec TV et quelques bouquins.

Dans les quartiers de Plaka et Syndagma

De bon marché à prix moyens

The Student's and Traveller's Inn (zoom détachable, D5, **66**) **:** 16, odos Kidathinéon, 105 58. ☎ 21-03-24-48-08 ou 88-02. • studenttravellersinn.com • Ⓜ Akropolis. Tte l'année, tlj, 24h/24. Même proprio que l'Hostel Victor Hugo (AJ également affiliée à la Fédération internationale, mais carte de membre non exigée). Compter 15-18 € en dortoir 4-8 lits, doubles 40-50 €. CB acceptées pour 2 nuits min. Dans une vieille demeure en plein cœur de Plaka, bien à l'abri du boucan du quartier grâce au double vitrage. L'endroit est connu, donc assez bondé, mais plutôt bien tenu. Pièces très petites. Lavabo et AC dans chaque chambre. Également des doubles et triples, avec salle de bains privée ou partagée. Certaines possèdent un grand balcon. Pas vraiment de cuisine, seulement des micro-ondes à dispo. Sympathique bar dans une courette ventilée. Salle de fitness. Vente d'excursions ou de tickets de ferry.

Hotel Phaédra *(zoom détachable, D5,* ***68****) : 16, odos Héréfondos (à l'angle d'Adrianou et Lyssikratous), 105 58. ☎ 21-03-23-84-61. • hotelphaedra.com • Ⓜ Akropolis. En hte saison, doubles 65-85 € selon confort (certaines chambres avec sdb privée de l'autre côté du couloir).* Dominant une délicieuse placette, une vingtaine de chambres à la superficie variable, récemment refaites, simples et proprettes, réparties sur 3 niveaux. Outre la situation très pratique, le plus de cet hôtel est sa terrasse, face à l'Acropole, où l'on peut prendre le petit déj (mais il faut aller chercher son plateau en bas).

Chic

Hotel Adonis *(zoom détachable, D-E5,* ***70****) : 3, odos Kodrou, 105 58. ☎ 21-03-24-97-37. • hotel-adonis.gr • Entre Ⓜ Syndagma et Ⓜ Akropolis. En hte saison, double 90 €, petit déj compris. CB refusées.* Très bien situé, dans une rue piétonne de Plaka. Chambres aux tonalités contemporaines, claires et impeccables, avec balcon ou terrasse. Petit déj servi dans une salle à moitié en terrasse avec vue superbe sur l'Acropole. Vraiment un bon plan dans cette catégorie.

Plus chic

Adrian Hotel *(zoom détachable, D4,* ***76****) : 74, odos Adrianou. ☎ 21-03-22-15-53. • douros-hotels.com • Tte l'année. Avr-oct, doubles standard 112-145 €, petit déj compris.* Le mérite principal de cet hôtel très classique est de se trouver au cœur de Plaka (et de son animation). Les chambres n'offrent pas plus de surprise que la façade avec ses petits balcons alignés. De mai à octobre, petit déjeuner pris sur la terrasse, avec vue sur l'Acropole, que certaines chambres (plus chères) zieutent aussi.

Hotel Plaka *(zoom détachable, D4,* ***72****) : 7, odos Kapnikaréas et Mitropoléos, 105 56. ☎ 21-03-22-20-96 ou 27-06 (résas). • plakahotel.gr • Ⓜ Monastiraki. En saison, doubles 125-145 €, petit déj compris.* Bien situé et d'un confort sans faille, un établissement de standing, avec service et prestations qui vont avec. Sur les 67 chambres, seules 8 sont avec vue, à réserver bien à l'avance. *Roof garden* avec superbe panorama sur Plaka et l'Acropole. Même direction et prestations à l'***Hermes Hotel*** *(19, odos Apollonos ; zoom détachable, D4,* ***78*** *; ☎ 21-03-23-55-14 ; • hermeshotel.gr • ; mêmes tarifs).* Pas de vue sur l'Acropole, ici, mais de grandes terrasses pour la plupart des chambres, modernes et impeccables.

Amazon Hotel *(zoom détachable, D4,* ***73****) : 19, odos Mitropoléos et 7, odos Pentelis, 105 57. ☎ 21-03-23-40-02 à 05. • amazonhotel.gr • Ⓜ Syndagma. Doubles 112-170 € selon saison, petit déj inclus.* Un hôtel tout beau, tout frais et idéalement placé (Syndagma est à deux pas). Une cinquantaine de chambres d'un excellent niveau de confort, refaites à neuf, aux lignes design et tons acidulés. Bon petit déj.

Entre Omonia et la gare ferroviaire

Quartier des gares ferroviaires et routières, autrefois assez craignos, ce n'est pas le coin le plus engageant de la ville, mais c'est assez central, bien desservi par le métro, et c'est là que l'on trouve les hôtels les moins chers d'Athènes. Une règle : toujours demander à voir les chambres pour éviter les mauvaises surprises.

Bon marché

Youth Hostel Victor Hugo *(plan d'ensemble détachable, C2,* ***30****) : 16, odos Victoros Ougo, 104 38. ☎ 21-05-23-25-40. 📱 69-77-42-79-53. • athens-international.com • Entre Ⓜ Omonia et Ⓜ Métaxourgio, un peu plus proche de ce dernier (ligne 2). En saison, prévoir 10-12 €/pers en dortoir ou en quadruple ; double 30 €, petit déj en sus.* Auberge de jeunesse

ATHÈNES ET L'ATTIQUE

affiliée à la Fédération internationale. Dispose d'environ 150 lits en doubles (une dizaine seulement) et en dortoirs basiques pour 4 ou 6 personnes, plutôt calmes (double vitrage), avec salle de bains privée, AC et petit balcon. Les draps sont fournis, mais pas les serviettes. Propreté parfois relative. Armoires cadenassées et coffre à l'accueil. Laverie. Consigne. Cuisine sommaire au rez-de-chaussée (juste un micro-ondes), attenante à une petite cour couverte. Correct pour le prix, malgré une atmosphère un peu triste que peinent à égayer les peintures flashy des couloirs.

Prix moyens

☗ ***Athens Choice Hotel*** *(plan d'ensemble détachable, C-D2,* ***35****) : 45, odos Veranzerou. ☎ 21-05-23-87-38. • athenschoice.com • Ⓜ Omonia. Double env 60 €, petit déj inclus.* Bon plan que cet hôtel fringant distribuant sur 9 étages (ascenseur) des chambres certes pas immenses mais vraiment nickel, claires, modernes, bien équipées. Lumineuse salle de petit déj et excellent accueil pour ne rien gâcher, le tout à 15 mn à pied du centre.

☗ ***Hotel Katerina*** *(plan d'ensemble détachable, C2,* ***36****) : 28, odos Karolou (angle Psaron). ☎ 21-05-22-61-15. • hotel-katerina.com • Ⓜ Metaxourgio. Doubles 60-70 €, bon petit déj-buffet inclus.* Esprit rétro, presque Art déco, dans cet hôtel de bon confort proposant des chambres impeccables et bien équipées (sèche-cheveux, clim, etc.), s'ouvrant pour la plupart sur un balcon. Accueil attentif.

Plus chic

☗ ***Novus City Hotel*** *(plan d'ensemble détachable, C2,* ***34****) : 23, odos Karolou (juste à côté de la pl. Karaïskaki). ☎ 21-11-05-30-00. • novushotel.gr • Ⓜ Métaxourgio. Doubles env 90-120 € selon saison, petit déj-buffet compris.* Si l'édifice est banal, l'atmosphère de l'établissement le place dans la catégorie des *design hotels*. De la couleur, de jolies chambres aux lignes épurées soigneusement équipées, et surtout, sur la terrasse supérieure, une petite piscine chic comme tout, entourée de transats et d'un bar, fort bienvenue en fin d'après-midi après les visites sous le cagnard. Service de qualité.

Dans le quartier d'Exarchia

Prix moyens

☗ ***Athens Quinta*** *(zoom détachable, F2,* ***57****) : 13, odos Methonis. ☎ 21-30-30-53-22. • quinta@athenshostel.gr • Tte l'année. Réception 8h-21h. Selon saison, env 18-25 €/pers en dortoir et 40-55 € la chambre double (sdb partagée), petit déj compris.* Dans une maison néoclassique joliment rénovée en lisière d'Exarchia, donnant sur une rue piétonne tranquille. Même s'il y a bien, à l'étage, 3 petits dortoirs, on y respire davantage l'atmosphère d'une pension de famille que celle d'une auberge de jeunesse, tant les hôtes sont entourés de l'attention d'Eva, Kathy et Stravroula, les trois jeunes femmes qui veillent sur eux. Salon rétro, cour intérieure où tout le monde se retrouve le soir dans une ambiance quasi familiale et où un excellent petit déjeuner est servi. Pas de cuisine, mais un frigo et un micro-ondes à dispo. Certains, paraît-il, venus pour une nuit, n'arrivaient plus à repartir... on les comprend !

☗ ***Orion*** et ***Dryadès Hotels*** *(plan d'ensemble détachable, E2,* ***43****) : 105, odos E. Bénaki, et 4, odos Dryadon, 114 73. ☎ 21-03-30-23-87/88. • orion-dryades.com • Juste à la hauteur du parc de Stréfi, dans le quartier étudiant. Ne pas y aller à pied avec ses bagages, ça grimpe sec. Bus nº 230 depuis Syndagma ou nº 813 depuis Omonia (arrêt Kallidromiou). En saison, doubles économiques et standard 50-65 €. Petit déj 7 €. Réduc de 5 % sur présentation de ce guide à partir de 2 nuits (pour des résas en direct sur le site de l'hôtel).* Dominant le quartier, appartenant au même proprio, ces deux hôtels voisins récemment rénovés, clairs, frais, modernes et fonctionnels, profitent d'une atmosphère jeune et vraiment sympa. Large gamme de prix, variant en fonction de la taille, et de la vue, les chambres plus chères s'ouvrant sur un balcon donnant sur l'Acropole (que certaines standard zieutent aussi, mais sans balcon). Les chambres 1er prix n'ont, elles, pas de fenêtre, et donnent sur une courette. Également des chambres familiales à prix intéressant. Excellente tenue et bon confort partout (AC, salle de bains). Beau *roof garden* où est installée la cuisine commune et où est servi le petit déj. Une super adresse.

Chic

Best Western Museum Hotel *(plan d'ensemble détachable, E2,* ***45****) : 16, odos Bouboulinas, 106 82. ☎ 21-03-80-56-11. • museum-hotel.gr • Derrière le Musée national. Doubles 65-80 €, avec petit déj (correspond au tarif réduit offert sur présentation de ce guide) ; familiales et suites à tarifs intéressants ; quadruples 100-125 €.* Dans un immeuble récemment remis à neuf, une soixantaine de chambres avec balcon, sans grand caractère mais d'un très bon niveau de confort (clim, literie douillette). Bien placé (pas trop loin d'Omonia et du métro, Musée national et Exarchia à deux pas). Terrasse sur le toit. À ces prix-là, cet établissement vaut bien mieux que certains hôtels médiocres et chers de Plaka.

Au sud de l'Acropole (quartier de Koukaki/ Makrygianni)

De bon marché à prix moyens

Athens Backpackers *(plan d'ensemble détachable, D6,* ***33****) : 12, odos Makri, 117 41. ☎ 21-09-22-40-44 ou 21-09-23-58-11. • backpackers.gr • Ⓜ Akropolis. Ouv tte l'année, 24h/24. Compter 16-28,50 €/pers en dortoir 6 lits et 18-31 € en chambre 3-4 lits, petit déj inclus.* Une AJ privée sur 5 niveaux (ascenseur), proposant des dortoirs climatisés et des dortoirs « de luxe » avec cuisine et salle de bains intérieure pour le même prix. Cuisine commune pour les autres. Hyper propre, très bien placé (Plaka est à deux pas) et pourtant au calme. Bar et terrasse sur le toit. Organise des tours guidés. Une adresse conviviale, très courue chez les Anglo-Saxons (le manager vient d'Australie), et d'un très bon rapport qualité-prix. Cette AJ gère également l'adresse suivante.

Marble House Pension *(plan d'ensemble détachable, C6,* ***47****) : à la hauteur du 35, odos Zinni, 117 41. ☎ 21-09-23-40-58. • marblehouse.gr • Ⓜ Syngrou-Fix. Fermé janv-fév. En hte saison, doubles 45-49 € (tarifs incluant la remise faite sur présentation de ce guide) ; petit déj en sus (5 €). L'hiver, on peut louer au mois ; tarifs à négocier.* Au fond d'une impasse bordée de clémentiniers, dans une maison particulière qui a gardé un certain cachet, 16 chambres à prix très raisonnables, simples et proprettes, régulièrement rénovées, toutes avec clim, certaines avec balcon, les moins chères avec salle de bains sur le palier à partager à 2 chambres. Également des triples ou quadruples à prix intéressants. Une bonne petite adresse, certes modeste, mais offrant un honnête rapport qualité-prix.

Chic

Art Gallery Hotel *(plan d'ensemble détachable, C6,* ***49****) : 5, odos Érechthiou, 117 42. ☎ 21-09-23-83-76. • artgalleryhotel.gr • Ⓜ Akropolis ou Syngrou-Fix. Selon saison et confort, doubles 45-95 €, petit déj en sus (7 €). Réduc de 5 % pour les paiement en cash sur présentation de ce guide.* Dans une maison de famille bourgeoise (l'adorable propriétaire y est née), décorée de nombreux tableaux, ce petit hôtel ancien d'une vingtaine de chambres baigne dans une ambiance familiale, presque bohème, qu'on n'a trouvée nulle part ailleurs à Athènes. Chambres plutôt spacieuses, avec AC et TV, certaines avec vue sur l'Acropole. Petit déj servi au 4e étage dans la *gallery,* ancien atelier où travaillait la tante de la proprio, peintre de son état. Le quartier lui-même, à la fois paisible et vivant, légèrement à l'écart du circuit touristique, est assez sympa.

Athens Studios *(plan d'ensemble détachable, D6,* ***31****) : 3A, odos Veikou. ☎ 21-09-23-58-11. • athensstudios.gr • Tte l'année. Selon standing et saison, apparts pour 2 pers 70-110 €, 4 pers 100-145 €.* Appartements récents, lumineux et climatisés pouvant loger jusqu'à 4 personnes. Salon avec TV, salle de bains, cuisine et balcon. Laverie automatique et consigne sur place *(3 €/j.). Fish & chips* et burgers bon marché au resto attenant, tenu par le même proprio également à la tête d'*Athens Studios.*

Plus chic

Acropolis Hill *(plan d'ensemble détachable, C6,* ***32****) : 7, odos Mousson, 117 42. ☎ 21-03-21-67-77 (central de résas) ou 21-09-23-51-51. • acropolishill.gr • Ⓜ Syngrou-Fix, puis remonter odos Drakou. Doubles 115-160 €, petit déj inclus.* Perché sur le flanc de la colline de Philopappou, au bord d'un paisible quartier résidentiel, cet hôtel moderne abrite d'élégantes chambres design et tout confort (clim, coffre...) malgré des salles de bains étroites. Toutes s'ouvrent sur un balcon donnant, pour certaines, sur l'Acropole. Grande piscine au rez-de-chaussée, et superbe terrasse panoramique, un œil sur la mer, l'autre sur le Parthénon et le Lycabette.

Philippos Hotel *(plan d'ensemble détachable, D6,* ***50****) : 3, odos Mitséon, 117 42. ☎ 21-09-22-36-11. • philipposhotel.gr • Ⓜ Akropolis. En saison, doubles à partir de 120 €, petit déj compris. Réduc de 10 % sur présentation de ce guide (pour les résas en direct).* Dans un quartier plutôt agréable, un hôtel moderne de 50 chambres à la décoration austère, mais de très bon confort cela dit (AC, bonne literie, frigo, etc.). La plupart des chambres s'ouvrent sur un balcon, certaines avec vue sur l'Acropole (6e et 7e étages). Petit patio où sont disposées quelques tables. Ceux qui trouveraient que l'hôtel n'est pas assez chic pourront aller à l'hôtel **Hérodion** *(4, odos R. Galli, en remontant la rue Mitséon ; ☎ 21-09-23-68-32 ; • herodion.gr •).* Même gestion, mais prestations et tarification supérieures (20 % plus cher). Terrasse sur le toit, et resto dans une agréable cour couverte.

Dans le quartier de Pangrati

Bon marché

Youth Hostel Pangrati *(plan d'ensemble détachable, G6,* ***51****) : 75, odos Damareos, 116 33. ☎ 21-07-51-95-30. • athensyhostel.com • À 1,6 km de Syndagma (20 mn à pied) ; trolleys nos 2 et 11, arrêt Filolaou. Au sud-est du stade olympique, entre les rues Pyrrou et Frinis. Pas d'enseigne (nom sur la sonnette). Compter 10-12 €/pers selon saison ; draps fournis, mais pas les serviettes.* Accueil très sympa de Yannis Triandafyllou, qui parle 6 langues (mais pas le français). Capacité de 80 personnes environ, en dortoirs de 5 à 9 lits. L'ensemble est du genre spartiate, on s'y entasse les uns sur les autres et la tenue générale n'a rien de rigoureux, mais ça reste un bon port d'attache pour les fauchés. Sanitaires propres (douche chaude payante). Salle TV. Pas de petit déj, mais cuisine à disposition. Machine à laver.

Dans le quartier de Kypséli

Prix moyens

Nicola Hotel *(hors plan d'ensemble détachable par G1,* ***52****) : 14, odos Olénou, 113 62. ☎ 21-08-83-79-11. • nicolahotel.gr • À proximité immédiate du parc d'Arès (Pédion Aréos) : de Syndagma, trolley no 15. Tte l'année. Double 52 €, petit déj compris. Parking gratuit. Réduc de 10 % sur présentation de ce guide (pour les résas en direct).* Petit hôtel d'une trentaine de chambres simples (TV, AC), toutes avec balcon. Bon petit déj. Le patron, Kostas Kallyvis, est sympathique et on ne peut plus serviable. Quartier très calme – et pour cause, le principal tribunal d'Athènes est en face et la police rôde dans les parages !

Où camper dans les environs ?

Pas de camping central à Athènes. En plus des 2 indiqués ci-après, il en existe quelques autres en Attique, plus éloignés : à Péristéri, sur la route de Corinthe (*Athens Camping,* 198, léoforos Athinon), à Rafina (voir le passage consacré à cette ville), après Marathon (*Ramnous Camping,* sans aucun doute le plus agréable) et vers le cap Sounion, le *Camping Bacchus* (voir plus loin « Dans les environs d'Athènes »).

⛺ ***Camping Néa Kifissia :*** *60, odos Aigiou Potamou et Dimitsanis, à Adamès, quartier de Néa Kifissia, 145 64. ☎ 21-08-07-55-79. • camping-neakifissia.gr • Ⓜ ligne 1, terminus nord ; ensuite, de la station, prendre le bus n° 522 (ou le n° 523) et demander l'arrêt au chauffeur. En voiture, compter 16 km du centre d'Athènes ; accès depuis la route nationale pour Lamia-Thessalonique ; sortir à Kifissia, faire demi-tour au rond-point pour repasser sous la nationale et c'est tt droit (fléché). Tte l'année. Env 26 € pour 2 avec tente et voiture. CB refusées.* Sans aucun doute le meilleur des campings dans les environs d'Athènes. Situé pas loin de Kifissia, le quartier résidentiel d'Athènes, dans un environnement verdoyant. Peu de monde (seulement 66 emplacements), propre et paisible. Bien équipé, avec piscine et jacuzzi. Il arrive qu'il soit fréquenté par des groupes (pas spécialement calmes quand il s'agit, par exemple, de jeunes dont c'est le dernier soir en Grèce), mais ces groupes sont alors installés dans un coin à part du camping. Accueil en français.

⛺ ***Camping Dionissotis :*** *Néa Kifissia (145 64), dans les environs de l'échangeur de Varibobi. ☎ 21-08-00-15-12. • campingdionissotis.gr • On peut s'y rendre en métro depuis le centre d'Athènes : à l'arrêt Kifissia, prendre le bus n° 560. En voiture, c'est à 18 km du centre ; sur la route nationale (Ethniki Odos), sortir au pont ou échangeur de Varibobi (c'est indiqué). Tte l'année. Env 21-24 € pour 2 avec tente et voiture. 📶 Sur présentation de ce guide, réduc de 10 % à partir de 2 nuits.* Bon équipement, sanitaires correctement entretenus. Ombre généreuse donnée par de grands pins. Taverne, piscine. Choisir les emplacements les plus éloignés de la route.

Où manger ?

En complément des *tavernès, psistariès* (restos spécialisés dans les grillades) ou *mézédopolia* (spécialisés, eux, dans les *mezze* dont on peut faire un repas complet) que l'on vous propose ci-après, il est évidemment possible de manger sur le pouce un *gyros* ou un kebab, vous en trouverez à peu près partout. Pour un casse-croûte sur le pouce, Athènes compte également d'excellentes ***boulangeries*** (voir plus bas nos adresses dans « Où manger une bonne pâtisserie ? »). Et pas mal des bars que l'on vous cite plus loin dans « Où boire un verre ? » servent aussi à manger.
Enfin, si vous préférez préparer votre repas, on trouve plusieurs supermarchés, pas dans l'hypercentre touristique mais à proximité (voir les « Adresses utiles » plus haut). Quelques commerces de détail également, mais plus chers.
– ***Bon à savoir :*** les cartes de paiement sont le plus souvent refusées.

Dans Plaka et près de Syndagma

Ça va du pire au meilleur. De l'usine à touristes, capable d'enfourner 5 groupes, jusqu'à la petite gargote, servant le populaire *souvlaki.* Entre les deux, tout établissement distillant du *bouzouki,* avec danseurs une table entre les dents, peut être considéré comme aussi typique que les restos de la place du Tertre à Montmartre. Votre choix s'effectuera donc selon vos propres critères et selon votre flair pour humer l'arnaque possible. Il reste cependant quelques tavernes qui conservent quelque chose de naturel, de sympa, et qui ne font pas systématiquement la guerre aux voisins pour se voler les clients. Comme on peut s'en douter, elles ne sont pas situées dans les rues les plus passantes ; elles auraient même tendance à chercher les coins à l'écart. Certains de ces restos sont fermés en août. Pour ceux qui préféreraient flâner un *gyros* à la main, détour par chez ***Kostas,*** une minuscule échoppe qui en débite depuis 1950 *(zoom détachable, D4, **90**)* : *odos Pentelis, juste à côté de l'Amazon Hotel ; lun-sam 9h-15h.* Autre option sur le pouce, pour changer du régime grec et enfourner bagels, tartes salées maison et autres petites choses sucrées, passer chez ***Amandine (Bagels & Gourmandise),*** une jeune Française installée depuis quelques années à Athènes, sympathique et pas avare en renseignements... : *13, odos Nikis, à deux pas de Syndagma (zoom détachable, E4, **94**). Lun-ven 10h-19h30, sam 8h30-18h.*

De bon marché à prix moyens

|●| ***To Kafenio*** *(zoom détachable, D5, **110**) : 1, odos Epicharmou. ☎ 21-03-24-69-16. Midi et soir, tlj. Compter 12-15 €.* En plein quartier touristique, une adresse dont la toute petite terrasse ombragée suit la pente, et qui dispose aussi d'une belle salle pour la mi-saison ou pour quand l'orage gronde. La *sfoliata* (feta au miel), les petits *keftédès* de veau, la *fava tou Nikola,* parmi plein d'autres *mezze,* tout est très bon et se mange sans effort, sans trop alourdir l'addition. Bon accueil.

|●| ***Scholarchio Ouzeri Kouklis*** *(zoom détachable, D5, **111**) : 14, odos Tripodon. ☎ 21-03-24-76-05. Tlj 11h-1h. Env 15 €/pers.* On vous apporte un grand plateau avec une quinzaine de plats (entrées froides et plats de résistance) et vous composez vous-même votre repas. Très touristique mais pas désagréable. Beaucoup d'animation sur la grande terrasse-véranda, les plateaux passent et repassent... Préférable d'arriver tard, à l'heure où se pointent les Grecs.

|●| ***O Tzitzikas kai o Mermygas*** *(zoom détachable, E4, **112**) : 12-14, odos Mitropoléos. ☎ 21-03-24-76-07. À deux pas de la pl. Syndagma. Tlj midi et soir. Plats à la carte max 14 €, un peu plus pour les suggestions.* L'adresse idéale pour un tour d'horizon de la nouvelle cuisine grecque ! Terrasse ou grande salle ouverte sur la rue avec, occupant tout un pan de mur, des étagères chargées de produits alimentaires. Essayez par exemple le *seafood kritharato,* un délicieux plat de petites pâtes, genre orzo, aux fruits de mer cuits à point, mais il y a bien d'autres choses, de la moussaka d'agneau aux *souvlakia* piquants en passant par le gruyère frit de Naxos et la salade de feta d'Alexandroupolis. Le tout très soigné, bien présenté et à des prix fort bien étudiés. Service efficace et bonne ambiance animée. Un resto dont on sort content !

|●| 🍷 ***Kiki de Grèce*** *(zoom détachable, D4, **93**) : 4, odos Ipitou. ☎ 21-03-21-12-79. Tlj midi et soir. Env 15 €/pers. Verres de vin 3,50-8 €.* Décor contemporain étudié, comme tiré d'un magazine, dans ce minuscule bistrot à vins ouvert sur une rue piétonne. Cuisine à l'avenant, raffinée et originale, de celles où le dressage compte presque autant que le goût, s'appuyant cela dit sur de bons produits régionaux. Comme souvent dans ce genre de lieu, les portions sont congrues. On ne vient pas faire bombance, il s'agit d'abord d'accompagner les crus, rigoureusement sélectionnés en Attique et dans le centre de la Grèce et qui, comme les mets, changent avec les saisons. Également des planches de charcuterie ou de fromage. De quoi varier du *souvlaki* !

À Monastiraki, Psiri et Kéramikos

Entre la place Monastiraki et la rue Mitropoléos *(zoom détachable, C-D4),* c'est le royaume des *souvlakia* et des kebabs. Un coin hyper touristique, où il est difficile de trouver une cantine agréable. En revanche, Psiri, un ancien quartier d'artisans à 5 mn de Monastiraki, est devenu en quelques années un des endroits les plus fréquentés d'Athènes pour ses bistrots à l'atmosphère relax, presque tous des *mézédopolia,* qui jouent la carte de l'originalité aussi bien dans l'assiette que dans le décor. On les compte par dizaines, en particulier dans les rues Karaiskaki et Anargyron. Pour manger sur le pouce, bons *souvlakia* chez ***Nikitas*** *(odos Agion Anargyron ; zoom détachable, C4 ; **102**).* Possibilité également d'y manger assis.

Prix moyens

|●| *Ivis* *(zoom détachable, C4, **95**) : 19, odos Apostoli, à l'angle d'odos Ivis (enseigne en grec gribouillée sur la devanture). ☎ 21-03-23-25-54. Tlj 11h-minuit. Env 10-15 €.* On aime bien ce minuscule troquet dissimulé derrière une treille, avec ses tables carrées et chaises en bois débordant sur le trottoir ou installées dans une petite salle décorée de bric et de broc. Pas de carte, seulement de bons *mezze* du jour griffonnés sur un bout de papier, genre calamars grillés, purée de fèves, anchois, pommes de terre au yaourt, ou encore la *lebaneziki,* une salade onctueuse de tomate et fromage mélangés, un petit délice ! Ambiance très relax.

|●| *Kalipatira* *(zoom détachable, C4, **115**) : 8, odos Astingos. ☎ 21-03-21-41-52. Tlj. Env 12-15 €/pers.* Grande variété de *mezze* et de plats typiques bien préparés. *Bifteki* servi avec une crème mélangeant plusieurs fromages, bon *bekri mezze.* Service très rapide. Parfois des musiciens en live. Terrasse sur une rue piétonne alignant les échoppes de bouquinistes et jouxtant des ruines, malheureusement mal mises en valeur.

|●| *Mama Roux* *(zoom détachable, D4, **106**) : 48-50, odos Éolou. ☎ 21-30-04-83-82. Lun-sam 9h30-0h30 (18h30 lun) ; dim 12h30-18h. Congés : août. Compter 10-12 €/pers. CB refusées.* Pour changer un peu de la cuisine grecque, quelques échappées vers des saveurs orientales ou mexicaines. Burgers également, le tout aussi savoureux que récréatif. Terrasse à l'écart du passage incessant de la rue piétonne Eolou (on est tout près du marché). Sert aussi le petit déj. Ambiance sympa, bonne musique et parfois des concerts.

|●| *Diodos* *(zoom détachable, C4, **114**) : 19, odos Adrianou. ☎ 21-03-21-22-56. Tlj 8h30-minuit. Env 12-15 €/pers.* Dans cette rue piétonne qui compte autant de restos que de pas de portes, une adresse recommandable pour sa terrasse façon guinguette qui ne quitte pas des yeux l'Acropole, et pour son vaste choix de *mezze* chauds et froids et de grillades (viandes et poissons). D'autant que ce lieu malgré l'emplacement stratégique – et éminemment touristique –, ne joue pas la qualité au rabais.

|●| *Evcharis* *(zoom détachable, C4, **117**) : 49A, odos Adrianou. ☎ 21-03-22-63-30. Env 12-15 €/pers.* Dans cette rue où les tavernes se succèdent, *Evcharis* est la dernière en allant vers l'Acropole et le quartier de Monastiraki. Service gentil et des portions très copieuses, notamment plusieurs *pikiliès* (grandes assiettes variées), dont la *pikilia* de poissons, impressionnante et d'une grande fraîcheur.

|●| *To Krassopoulio tou Kokkora* *(zoom détachable, C4, **119**) : 4, odos Ésopou. ☎ 21-03-21-15-65. Fermé en août. Formule 10 € ; sinon env 12-15 €/pers.* On mange en terrasse (rue piétonne) ou en salle. La déco mérite un coup d'œil (vieilles gravures de mode, appareils photo ou horloges en provenance des puces de Monastiraki). Côté assiette, quelques plats qui lorgnent vers l'Asie Mineure *(soutzoukakia, kebab yiaourtlou)* et de nombreux *mezze.* Bon accueil.

|●| *Dia Tafta* *(enseigne en grec : Δια Ταύτα ; zoom détachable, C4, **113**) : 37, odos Adrianou. ☎ 21-03-21-23-47. Face à l'Agora. Compter 15-20 €/pers.* Dans ce coin hyper touristique où se succèdent les terrasses, un *mézédopolio* honnête proposant des plats comme la *tigania* (poêlée de porc) ou les classiques *biftekia,* ainsi que quelques plats du jour. Grande salle pour se mettre à l'écart du passage incessant sur odos Adrianou. En saison, musique le soir *(jeu-sam).*

|●| *Seychelles* *(Σευχελλες ; zoom détachable, B-C3, **116**) : 49, odos Keramikou. ☎ 21-18-83-47-89. Tlj midi et soir.*

Compter 12-15 €/pers. Dans le quartier de Kéramikos, un peu au-delà de Psiri, ces *Seychelles*-là proposent une belle carte de *mezze.* Cuisine ouverte, ambiance rendez-vous d'amis, clientèle trentenaire. Quelques tables à l'extérieur mais le spectacle est plutôt à l'intérieur. Parts copieuses, bons fromages en provenance de différentes îles, et rapport qualité-prix remarquable. Musique le dimanche.

Plus chic

|●| ***Gastronomy Museum Restaurant*** *(zoom détachable, C4,* ***118****) : 13, odos Agiou Dimitriou. ☎ 21-03-21-13-11. • gastronomymuseum.gr • En principe, ts les soirs mer-dim 17h-minuit, mais mieux vaut appeler avt. Env 20 €/pers.* Occupant une belle bâtisse néoclassique, une drôle d'adresse concept, mélange de resto branché nouvelle cuisine et de galerie d'art contemporain, animée par quatre jeunes Grecs enthousiastes. Le menu, thématique, s'inspire librement de l'expo du moment, accrochée dans les pièces du rez-de-chaussée *(visite gratuite 12h-23h sf lun).* Une expérience culinaire forcément originale, à découvrir en salle ou dans une petite cour intérieure. Cours de cuisine également.

Dans les quartiers de Gazi et Thissio

Gazi, quartier de l'ancienne usine à gaz transformée en lieu de culture et rebaptisée *Technopolis,* est devenu un haut lieu de la branchitude athénienne. Bars tendance et boîtes pullulent sur la grande place. Chacun s'efforce d'être le plus design, le plus à la mode possible : du coup, ça finit par manquer cruellement d'originalité ! Beaucoup d'ambiance le soir (le midi, c'est quasi désert). Accès facile par le métro (station Kéramikos, ligne 3).

De bon marché à plus chic

|●| ***Kandavlos*** *(plan d'ensemble détachable, A4,* ***104****) : 49, odos Perséphonis, à* ***Gazi.*** *☎ 21-03-42-47-25. Tlj. Moins de 10 €.* Virevoltant de table en table sous les lampions pendus aux arbres, les serveurs en tablier distribuent à la chaîne *souvlakia, gyros* et salades ultra-copieux. Sympa pour caler un creux, entre deux cocktails sirotés dans un des nombreux bars de l'autre côté du square.

|●| ***Butcher & Sardellès*** *(plan d'ensemble détachable, A4,* ***101****) : 15, odos Perséphonis, à* ***Gazi.*** *☎ 21-03-47-80-50. Tlj midi et soir. Env 20-25 €/pers. Sardellès,* en grec, ce sont les sardines et le resto en propose bien sûr, comme de l'excellent calamar grillé *(thrapsalo).* Quant à *Butcher,* c'est de l'anglais, et le sens est suffisamment transparent pour attirer ceux qui préfèrent le sang à l'iode... Reste que la déco, blanc crème, penche franchement côté mer. Pour preuve, en guise de nappe, du papier à emballer le poisson !

|●| ***Kanella*** *(plan d'ensemble détachable, A3,* ***123****) : 70, odos Konstantinoupoléos, à l'angle d'odos Evmolpidon, à* ***Gazi.*** *☎ 21-03-47-63-20. Tlj 13h30-1h. Compter 15 €/pers.* Dans ce quartier où fourmillent les restaurants, *Kanella* se distingue par l'originalité et la variété de ses plats et *mezze,* relevés de menthe, d'origan, de miel, d'orange... Dans tous les cas, parts généreuses. Excellent accueil et cadre agréable, sobre et lumineux.

|●| ***To Stéki tou Ilia*** *(plan d'ensemble détachable, B4,* ***91****) : 5, odos Eptachalkou, à* ***Thissio.*** *☎ 21-03-45-80-52. Dans une rue tranquille en surplomb de la ligne de métro, près de la station Thissio. Le soir slt (sf dim), et le midi w-e. Env 12-15 €/pers.* Jouxtant une curieuse chapelle posée sur un rocher, cette sympathique terrasse-jardin à l'écart de la rue aimante une clientèle de fidèles venus les yeux fermés dévorer la spécialité de cette taverne-*psistaria* : des côtes d'agneau grillées *(païdakia)* servies au kilo. Si c'est fermé, continuez la rue sur 400 m jusqu'à ce qu'elle devienne odos Thessalonikis ; au n° 7, vous tomberez sur l'établissement jumeau, portant le même nom *(☎ 21-03-42-24-07 ; fermé lun).*

Autour des halles

Les halles d'Athènes vivent comme au temps de celles de Paris avant qu'elles n'émigrent à Rungis. Les artisans et commerçants du coin y travaillent, y habitent et... y mangent ! On y trouve quelques restos vraiment populaires, où les seuls étrangers qui s'y aventurent sont ceux qui ont les mêmes mauvaises lectures que vous.

De bon marché à prix moyens

🍴 ***I Ipiros*** *(zoom détachable, D3,* ***121****) : 4, odos Filopiménos ; à l'intérieur des halles.* ☎ *21-03-24-07-73. Sur odos Éolou, entrer à gauche dans les halles à hauteur du nº 81. En principe, tlj sf dim 5h-20h, parfois plus. Compter 12-15 €. CB refusées.* Situé juste à côté des étals de bouchers... au cœur de l'action ! Quelques plats vraiment goûteux, entre autres l'*arni* (agneau) en fricassée et, évidemment, la spécialité des halles, la *patsas* (soupe aux morceaux de viande).

🍴 ***Klimataria*** *(zoom détachable, C3,* ***120****) : 2, pl. Théatrou, à l'autre bout de la rue (odos Théatrou) qu'il faut continuer en venant du marché, car elle tourne à angle droit sur la gauche.* ☎ *21-03-21-66-29. Tlj midi et soir. Env 15 €/pers.* Une taverne véritablement traditionnelle, qui date de 1927 ! Lieu rare à Athènes... Difficile, en tout cas, de trouver accueil plus souriant et cadre plus chaleureux : plantes qui pendouillent au plafond, tonneaux sagement rangés contre les murs de pierre, couleurs vives, voilà pour le décor. La cuisine est de type familial, simple et pas chère. Le tout baigne dans une ambiance musicale de bon aloi, avec, de temps à autre, des groupes qui viennent jouer. Chouette endroit.

🍴 ***Karamanlidika*** *(Καραμανλιδικα ; zoom détachable, C3,* ***122****) : 1, odos Sokratous (angle 52, odos Évripidou).* ☎ *21-03-25-41-84. Lun-sam 12h-23h. Résa conseillée le soir. Env 12 €/pers.* Sympathique bistrot-charcuterie où l'on s'entasse sous le – faux – cochon pendu au plafond, entre les vitrines de – vraie – charcutaille et fromage à la coupe (qu'on peut acheter et emporter). Dans la cuisine ouverte sur la salle, on s'affaire à transformer tout ça en assortiments de grillades, *kefte*, omelettes au *sudjuk* (saucisse sèche épicée). Copieux, savoureux, à accompagner d'un bon vin et d'un grand choix de belles salades pour équilibrer le gras. Atmosphère conviviale, entre touristes et locaux réjouis d'être venus faire ripaille. Terrasse tout en longueur dans la cour à l'arrière, partagée avec le voisin, ***Ston Meïdani,*** petit resto ambiance sépia proposant d'honnêtes classiques de la cuisine populaire grecque *(tlj sf dim ;* ☎ *21-03-24-90-73).*

Près d'Omonia

Prix moyens

🍴 ***Athinaïkon*** *(zoom détachable, D3,* ***124****) : 2, odos Thémistokléous (et Panépistimiou).* ☎ *21-03-83-84-85. Service 11h30-minuit, tlj sf dim. Fermé en août. Repas 15-20 €. CB refusées.* Ancienne taverne populaire, qui n'a pas changé de cadre depuis 1932, sauf l'AC bien entendu ! Salle avec mezzanine. Réputé pour ses *mezze,* brochettes d'agneau, foies de veau, *souvlakia* d'espadon, calamars, cuisinés avec un savoir-faire indéniable. *2de adresse plus centrale, 34, odos Mitropoléos (zoom détachable, D4 ; tlj sf dim soir).*

Autour d'Exarchia

De bon marché à prix moyens

🍴 ***Kimatothrafstis*** *(zoom détachable, E2,* ***105****) : 49, odos Harilaou Trikoupi (à l'angle d'odos Valtetsiou).* ☎ *21-30-30-82-74. Tlj 13h-23h (20h dim). Compter 4 ou 7 €/pers selon appétit.* Un nom compliqué (« brise-lames »), mais un concept simplissime : 2 prix pour 2 tailles d'assiettes, que l'on fait garnir au choix (et à ras bord) parmi la ribambelle d'entrées froides, de plats cuisinés et de grillades du jour (poisson, dinde, cochon de lait)... Très bonne cuisine, inventive, et sympathique ambiance de cantine. Une vraie adresse pour routards, pratique pour goûter un peu de tout. Dommage, tout de même, pour l'exposition aux gaz d'échappement...

🍴 ***O Barba Yannis*** *(plan d'ensemble détachable, E2,* ***99****) : 94, odos*

E. Bénaki. ☎ 21-03-82-41-38. Tlj, midi et soir. Moins de 10 € le repas. CB refusées. Un resto familial tout simple et très bon marché, servant une bonne cuisine à la hauteur de ce que l'on attend dans ce genre d'adresse. On choisit un plat du jour dans la vitrine et on s'installe à l'intérieur ou en terrasse, dans une rue tranquille. Excellentes boulettes à la chypriote, *pastitsio,* etc.

|●| ***Psistaria Achilléas*** *(enseigne « Vergina » ; plan d'ensemble détachable, E2,* ***97****) : 62, odos Valtetsiou. ☎ 21-03-60-79-92. Tlj, midi et soir. Moins de 2 € pour une pita ; repas env 10-12 €/pers.* Une des adresses les plus recommandables pour la viande grillée, dans ce quartier bondé où l'on n'est pas toujours très honnête sur la qualité de la brochette... Très fréquenté pour ses *gyros* et *souvlakia,* mais aussi pour sa bonne cuisine de taverne et ses plats à emporter. Terrasse dans la rue piétonne (peu de tables). Clientèle principalement grecque.

|●| ***Taverna Rozalia*** *(plan d'ensemble détachable, E2,* ***97****) : 59, odos Valtetsiou. ☎ 21-03-30-29-33. Tlj, midi et soir. Repas 12-15 €.* Grande terrasse ombragée sous une tonnelle, si fréquentée qu'elle déborde largement sur la rue piétonne. Large choix d'entrées, présentées sur un plateau qui navigue de table en table. Plats copieux, avec comme spécialité les grillades, servies en gargantuesques assortiments pour les tablées de viandards. Simple, mais d'un bon rapport qualité-prix.

Plus chic

|●| ***Yiantès*** *(plan d'ensemble détachable, E2,* ***98****) : 44, odos Valtetsiou. ☎ 21-03-30-13-69. Tlj à partir de 12h. Repas 20-25 €.* Cadre contemporain atypique – une cour arborée aux murs peinturlurés de couleurs vives –, au service d'une cuisine plus élaborée que la moyenne du quartier, avec d'intéressants mélanges de saveurs. Choix appréciable de légumes (poêlés) et de salades.

|●| ***Kallisti Gefsis*** *(plan d'ensemble détachable, F2,* ***100****) : 137, odos Asklipiou. ☎ 21-06-45-31-79. Ouv oct-mai slt le soir ainsi que dim midi. Fermé lun. Repas env 22-30 €. Parking gratuit.* Pour ceux qui ont la chance de séjourner hors saison, voici une adresse hors pair. Dans une maison néoclassique, *Kallisti* propose une cuisine créative s'inspirant des différents types des recettes des Grecs vivant à l'étranger et dans les îles. Produits biologiques et vins de toute la Grèce, en particulier de petits producteurs. Préférer la salle du 1er étage. Accueil sympathique. Vraiment une très bonne adresse ! Propose aussi des soirées à thème et des séminaires de cuisine.

Au sud de l'Acropole

Bon marché

|●| ***Duo Dékarès ki Oka*** *(plan d'ensemble détachable, C6,* ***47****) : 29-31, odos Zinni (à l'angle d'odos Dimitrakopoulou). ☎ 21-09-22-05-83. Tlj midi et soir. Compter 10 €/pers.* Cantine de quartier, sans prétention mais sincère. Si on loge dans le coin et qu'on a la flemme de rejoindre les quartiers touristiques, c'est une bonne option : plats cuisinés copieux à choisir en vitrine, service rapide et sans chichis et un patron de bonne humeur et serviable. Quelques plats du Magne également (le patron vient de Gythion). Pas de terrasse.

Plus chic

|●| ***Mani Mani*** *(plan d'ensemble détachable, D6,* ***96****) : 10, odos Falirou. ☎ 21-09-21-81-80. Tlj 14h-minuit. Congés : août. Résa conseillée le soir. Compter 25-30 €/pers (lun-ven jusqu'à 18h, ½ portions à moitié prix).* Proche du musée de l'Acropole, ce restaurant discret (on peut rater l'enseigne en passant devant) propose une cuisine revisitée du Magne (*Mani* en grec), cette région à forte identité du sud du Péloponnèse, mais pas seulement. Pas de terrasse, on mange à l'étage, dans 2 salles à

la déco minimaliste. Plats de viande principalement, salades originales, excellents fromages. Bon choix de desserts (ce qui n'est pas si fréquent, même à Athènes) et de vins. Service attentif.

Strofi *(plan d'ensemble détachable, C5-6,* ***103****) : 25, odos R. Galli. ☎ 21-09-21-41-30. Tlj sf lun 12h-1h. Compter 25 €/pers. Terrasse au 2ᵉ étage (résa indispensable) avec magnifique vue sur l'Acropole.* La terrasse est l'atout majeur de l'établissement (elle peut être utilisée toute l'année). Cuisine classique, déclinant tout (ou presque) ce que la gastronomie grecque a de mieux à proposer, sans éclats ni grande originalité, mais de qualité régulière, avec un service attentif et un peu guindé.

Dans le quartier de Pangrati

Karavitis *(plan d'ensemble détachable, F5,* ***132****) : 4, odos Pafsaniou (et Arktinou). ☎ 21-07-21-51-55. Pas loin du stade. Tlj à partir de 20h. Fermé env 15 j. en août. Env 12-15 €/pers.* Une des plus anciennes tavernes de la ville, restée traditionnelle et très prisée des Athéniens. Elle a juste traversé la rue pour s'installer dans un jardin, du moins quand il fait beau (sinon, l'établissement « historique » existe toujours, juste en face, avec ses énormes tonneaux de *retsina*). Goûter aux réputés *keftédès* maison (parfumés au cumin), au *stamnaki* (veau à la tomate cuit en pot de terre) ou au *bekri mezze* (ragoût de viande au vin et à la cannelle).

Où manger dans les environs ?

Tout au long de la côte d'Apollon, qui s'étend du sud du Pirée au cap Sounion, d'innombrables tavernes et restos, généralement spécialisés dans le poisson.

Mouragio : *au niveau de la 4ᵉ marina de* ***Glyfada*** *(en grec, marina : Δ), à 15 km du centre d'Athènes. ☎ 21-08-94-24-37. Compter 15-20 €/pers.* Adresse sans prétention mais bien connue pour la qualité du poisson qui y est cuisiné et, plus globalement, pour tous les produits de la mer.

Aperanto Galazio : ***Varkiza,*** *à 25 km au sud d'Athènes sur la route du cap Sounion. ☎ 21-09-65-59-51. Sur la plage (repérer le* Yabanaki Club*, c'est juste après). Ts les soirs. Compter env 15 €.* Le resto appartient au cercle nautique local et, sans surprise, on y viendra pour les produits de la mer, frais et à tarifs raisonnables. On y mange les pieds dans l'eau, ou plus précisément dans le sable. Ambiance décontractée.

O Ilias : ***plage de Sounion,*** *à près de 70 km d'Athènes. ☎ 22-92-03-91-14. Au niveau du cap Sounion, prendre à droite la route qui descend à la plage. Env 15-20 €/pers.* Presque les pieds dans l'eau, une taverne de poisson avec vue imprenable sur le temple de Poséidon. Service efficace. Sa voisine, la taverne ***Akrogiali,*** est très correcte et on y est encore plus proche de l'eau. Prix comparables.

Où manger une bonne pâtisserie ?
Où déguster une glace ?

Pagoto Mania *(zoom détachable, C4,* ***192****) : à Psiri, à l'angle d'odos Taki et d'odos Ésopou.* Un grand choix de glaces (plus de 30 parfums) présentées sous forme de pyramides appétissantes. On peut s'asseoir. 2ᵈᵉ adresse de la même enseigne dans le bas de Monastiraki *(en léger retrait d'odos Adrianou ; zoom détachable, C4,* ***194****).*

Krinos *(zoom détachable, D3,* ***191****) : 87, odos Éolou. À deux pas du marché. Lun, mer et sam 8h-17h ; mar, jeu et ven 8h-21h.* Belles *bougatsès* (chaussons fourrés à la crème pâtissière et saupoudrés de cannelle) à prix raisonnables, glaces et divers snacks. On peut s'asseoir (commander au fond de la salle).

Ta Serbetia stou Psiri *(zoom détachable, C3-4,* ***190****) : 3, odos Aeschylou (face au resto Taverne de Psiri). Fermé en août.* Un café-pâtisserie avec des gâteaux orientaux, des sorbets et des yaourts. Cher, mais parts généreuses.

To Serbetospito tis Nansys *(Nancy's Sweet Home ; zoom détachable, C4,* ***193****) : angle pl. Iroon et odos Karaïskaki.* Une pâtisserie à la mode où déguster en terrasse *baklava, revani, kiounefe* (gâteau chypriote) et autres douceurs orientales. Également de bonnes *bougatsa* (chaussons fourrés) à la crème ou au fromage chez le voisin, ***I Thessaloniki stou Psiri,*** belle échoppe mêlant pierre, bois et fer forgé. Pas mal pour un petit déj qui cale bien comme en sortie de bar, puisque c'est ouvert 24h/24.

Amalthia *(zoom détachable, D5,* ***111****) : 16, odos Tripodon. Dans Plaka, à côté du resto Scholarchio Yérani. Tlj 10h-1h. Fermé en août.* Dans un décor de salon de thé rétro, bons yaourts et pâtisseries, ainsi que des crêpes salées ou sucrées. Patron francophone.

O Takis *(plan d'ensemble détachable, D6,* ***195****) : au sud de l'Acropole, à l'angle des rues Zitrou et Missaraliotou. Tlj 7h-21h (16h30 sam).* Grand choix de gâteaux (goûtez le cake cappuccino), de *pittès,* de petits sandwichs (excellents !), de pains fantaisie, etc. Pour accompagner, comptoir à café juste en face.

Meliartos *(zoom détachable, D4,* ***196****) : 65, odos Ermou (angle Éolou). Tlj 8h-22h.* À deux pas de Monastiraki, immense pâtisserie-snack où croquer aussi bien une pâtisserie locale (*baklava,* etc.) ou plus internationale (tiramisù, tartelettes) qu'un vaste choix d'en-cas salés. Comptoir au fond pour consommer sur place. Dans le même genre, le ***Veneti Food Hall,*** sur la place Monastiraki (*zoom détachable, C4,* ***198*** ; 2de adresse en remontant Athinas sur 200 m, au n° 33).

Ariston *(zoom détachable, D-E4,* ***197****) : 10, odos Voulis.* Dans le quartier de Syndagma, boulangerie-pâtisserie au charme rétro, proposant depuis 1910 un grand choix sucré comme salé.

Où boire un verre ?

À Plaka

Une foule de cafés squattent les délicieuses placettes et volées d'escaliers de ce quartier si pittoresque, offrant souvent une vue dominante sur la ville. Beaucoup de charme donc, et beaucoup de touristes, aussi. En général, on y sert aussi de quoi grignoter.

Klepsidra *(zoom détachable, D5,* ***169****) : 9, odos Thrassyvoulou. ☎ 21-03-21-24-93. Tlj 10h-2h.* Dans une rue relativement peu fréquentée sur les hauteurs de Plaka, une petite terrasse très sympa, débordant sur les marches des venelles voisines. Propose également des gâteaux et une courte carte d'entrées froides, salades et plats chauds.

Café Yiasemi *(zoom détachable, D5,* ***172****) : 23, odos Mnisikléous. ☎ 21-30-41-79-37.* Dans une mignonne – mais très fréquentée – ruelle en escalier qui croise odos Lissiou. On s'installe soit dehors autour des tables toutes simples disposées sur les marches, soit dans cette charmante petite maison plakiote laissée quasi en l'état. Pâtisseries maison, petits plats, petit déj. Service sympa.

I Dioskouri *(zoom détachable, C5,* ***166****) : dans les escaliers d'odos Dioskouron, en bordure de l'Agora, juste sous l'Acropole. Tlj jusqu'à minuit.* Tables dispersées sur les volées de marches, sous les frondaisons, contre le grillage qui donne sur l'Agora. Un joli coin, en particulier au coucher du soleil. Le soir, on y croise plus de Grecs que de touristes.

Diogénis *(zoom détachable, D5,* ***164****) : platia Lyssikratous. ☎ 21-03-22-48-45. Tt près de l'église Sainte-Catherine, au cœur de Plaka.* Sur cette place fleurie et ombragée, où se dresse le monument de Lysicrate, *Diogénis* offre une terrasse idéale pour boire un verre en fin d'après-midi. Très fréquenté par les Grecs toute l'année, mais beaucoup de touristes en été. Excellents cappuccinos et cafés frappés. Restauration assez chère.

O Glykys *(zoom détachable, D5, **171**)* : *2, odos A. Géronda.* Adorable terrasse enfouie sous la végétation pour ce petit café très fréquenté par les Grecs, dissimulé dans une rue pavée tranquille. Grand choix de *mezze* (possibilité de manger à toute heure ; prix moyens). Clientèle 20-30 ans, avec pas mal d'étudiants.

À Monastiraki

Kafenéion I Oraia Ellas *(zoom détachable, D4, **161**)* : *59, odos Mitropoléos ou 36, odos Pandrossou. Tlj 9h-minuit.* En plein cœur de Monastiraki, au 1er étage d'un centre d'artisanat traditionnel et d'expo-vente. Déco de vieilles affiches et cartes postales d'Athènes, avec quelques tables au balcon, dominant les frondaisons d'une placette. Pas trop touristique, étonnant vu le quartier. Musique en fin de semaine d'octobre à mai.

Six D.O.G.S. *(zoom détachable, C-D4, **153**)* : *6-8, odos Avramiotou. Ouv de 10h à tard dans la nuit. Concerts régulièrement (programmation sur Facebook).* Dissimulé dans une ruelle oubliée, un lieu hybride, étonnant, abritant dans une grande bâtisse sans grâce plusieurs salles animées d'expos, de concerts. Mais il faut se faufiler sous le bâtiment pour découvrir l'essentiel, le bar, génial, une immense cour en forme d'amphithéâtre, grimpant en gradins hérissés de figuiers entre les murs décatis des immeubles avoisinants. Selon l'heure et l'humeur, on y sirote un café ou un cocktail maison, dans une atmosphère tout à la fois relax et branchée.

Booze Cooperativa *(zoom détachable, D4, **165**)* : *57, odos Kolokotronis. ☎ 21-55-50-88-34. Tlj à partir de 11h.* Un des nombreux lieux alternatifs de l'Athènes branchée. Une véritable ruche avec une multitude d'espaces imbriqués. Ici on joue aux échecs, là on bosse sur son ordi, ailleurs on boit tout simplement un verre. C'est aussi un lieu de rencontre d'artistes, de performances. Beaucoup d'animation donc...

A for Athens *(zoom détachable, C4, **162**)* : *sur la pl. Monastiraki (entrée par odos Miaouli). Tlj 9h-2h.* Perché au sommet d'un hôtel chic, un *rooftop* branchouille offrant une vue spectaculaire sur Plaka et l'Acropole. Café en journée, cocktails le soir, à des prix qui, eux aussi, atteignent des sommets. Même concept chez le voisin, ***360°*** (entrée par odos Ifestou ; *zoom détachable, C4, **198***), avec une terrasse plus vaste et plus relax, mais une vue moins impressionnante (on chipote).

À Psiri

Un nombre incroyable de bars qui bougent jusque tard dans la nuit. Paradoxalement, l'été, c'est plus calme (beaucoup de Grecs sont partis ou vont s'amuser sur la côte, au sud du Pirée), mais en mai ou octobre, l'ambiance est très chaude, en particulier autour de la place Iroon, où s'agglutinent les bars à la fois tendance et décontract'.

Avli *(Αυλη ; zoom détachable, C3, **163**)* : *12, odos Agiou Dimitriou (l'enseigne, en grec, est minuscule). Tlj, le soir slt.* Drôle de troquet de quartier, convivial, typique et atypique. On s'entasse, tous âges confondus, dans une étroite cour tout en longueur, comme une ruelle qu'on aurait condamnée, avec ses murs chaulés de blanc et ses boiseries bleues. La musique traditionnelle à tue-tête rivalise avec le brouhaha des conversations, arrosées à l'ouzo et au vin blanc. Génial !

Dans le quartier de Thissio

Un des repaires de la jeunesse athénienne, en particulier la rue Iraklidon *(plan d'ensemble détachable, B4)*, alignant les terrasses où l'on piaille bruyamment, entre Grecs uniquement. Ambiance assurée en soirée ; le jour c'est assez mort. On ne vous indique pas un bar en particulier ; en fonction de vos goûts, faites votre choix.

À Gazi

Avec ses faux airs de friche industrielle, le quartier de l'ancienne usine à gaz s'est transformé en haut lieu de la branchitude athénienne, à l'occasion de la reconversion de l'usine en lieu culturel.

Faut dire que le site a de l'allure. Hautes cheminées et hangars de brique accueillent des expos, et la cour des spectacles. Derrière, concentrés autour de la station de métro Kéramikos et d'un square temple du skate, restos et bars presque mimétiques se répartissent le terrain de façon exemplaire. D'un côté, *odos Persephonis* et ses restos plus ou moins chic (lire plus haut « Où manger ? »). De l'autre, *odos Voutadon* et sa rangée de bars-clubs aux cheveux bien laqués, bercés d'électro-lounge-afro-beat-machin distillé par des DJs parfois juchés sur des toits-terrasses reconvertis en *dancefloors,* comme au ***Tramp.*** Bref, Gazi rythme les nuits de la jeunesse bien sapée. Le jour, c'est mort. Pour y aller, métro jusqu'à Kéramikos ou à pied, en descendant odos Ermou depuis Monastiraki. La dernière portion de la rue est piétonne.

🍷 ***Gazarte*** *(plan d'ensemble détachable, A4,* ***154****)* **:** *34, odos Voutadon.* • *gazarte.gr* • *Tlj jusqu'à 2h (3h30 ven-sam).* Immeuble rouge sang chic et tendance percé de larges baies vitrées, qui se la joue à la fois librairie, salle de spectacle et de concerts, programmant plusieurs fois par mois des têtes d'affiche internationales jazz, électro, latino, etc. Le reste du temps, c'est surtout un bar à cocktails (chers...), à siroter posté sur le toit, avec vue sur l'Acropole illuminée s'il vous plaît. On peut y grignoter quelque chose.

Place Exarchia

Une place en triangle derrière l'École polytechnique, barbouillée d'affiches, de tags. C'est le quartier libertaire d'Athènes, favori des étudiants et des marginaux de tout poil. Toujours très animé, avec souvent des concerts dans les bars le week-end. Historiquement, il s'agit d'un bastion anar ; c'est d'ici que sont parties les émeutes de décembre 2008, suite au meurtre d'un jeune par un policier. Ça a pas mal chauffé, les jeunes prenant la rue d'assaut et les vieux... jetant des pots de fleurs sur la police depuis leur balcon ! L'ambiance peut donc être électrique à l'occasion, mais d'ordinaire elle est plutôt bon enfant. Ce quartier a toutefois tendance à s'embourgeoiser : les bars-*lounge* et bistrots *fashion* remplacent peu à peu les lieux interlopes. Plus emblématique de l'esprit des lieux, le squat ***K*Vox*** (sur la place, angle Themistokleous et Arachovis), à la fois café et centre social autogéré, repaire militant du quartier depuis 2012.

Près de la place Syndagma

🍷 ***Café du Musée numismatique*** *(zoom détachable, E4,* ***167****)* **:** *12, odos Panépistimiou (accès par Vénizélos). Tlj 9h-23h (20h dim).* Une grande cour-jardin qu'on ne s'attendrait pas à trouver tant le trafic des grandes artères environnantes semble empêcher toute respiration. Et pourtant, une fois installé, on oublierait presque la ville tout autour. Quant à la grande maison *(Iliou Melathron)* où se situe le musée, ce fut celle d'Heinrich Schliemann, l'archéologue découvreur de Troie.

🍷 ***Kafenio O Kipos*** *(zoom détachable, F4,* ***168****)* **:** *dans le Jardin national, près de l'entrée sur odos Irodou Attikou. Ouv aux heures d'ouverture du parc (de 7h au coucher du soleil).* Plutôt cher, mais pas de concurrence dans les proches environs, sauf le *Café du Zappio,* au sud du jardin.

À Kolonaki

Nos lecteurs les plus snobs apprécieront les grandes terrasses de la ***place Filikis Étérias,*** point d'arrimage de la bourgeoisie de Kolonaki, où l'on vient voir et être vu. Le problème, c'est de réussir à trouver une chaise à « l'heure de pointe » : quasiment impossible et, à se retrouver à touche-touche comme des sardines, tout le plaisir est gâché. Dans un autre genre, bien plus calme et plus simple, la ***place Déxaméni,*** quelques dizaines de mètres plus haut. Cette place tire son nom de la citerne qui était, au siècle dernier, le réservoir d'eau de la ville d'Athènes (d'où l'on distribuait l'eau en voitures-citernes).

Quartier de Koukaki/Makrygianni

🍷 ***To Pagaki*** *(hors plan d'ensemble détachable par C6,* ***152****)* **:** *17-19,* *odos Olimbiou.* ☎ *21-30-00-99-27.* Ⓜ *Syngrou-Fix. De la station, continuer l'avenue en direction du Pirée, et après 200 m guetter à droite cette rue piétonne ombragée. Tlj 11h-2h.* Petit *kafeneio* ouvert à l'initiative d'un collectif de chômeuses décidées à travailler différemment, en coopérative, tout en créant un espace convivial. Le voisinage, à tendance étudiant-alternatif, y vient pour discuter autour d'un verre et de *mezze.* Carte typique (excellent *rakomélo*) et tarifs absolument minimaux, conformément à l'esprit du lieu...

Où danser ?

En été, la plupart des boîtes athéniennes se déplacent en bord de mer, vers Glyfada, entre Alimos et Voula, ou carrément dans les îles comme Mykonos. Tout en sachant que les modes changent rapidement, vous pouvez vous risquer aux adresses qui suivent. Le week-end, compter environ 15 € l'entrée (donnant droit à une boisson) ; moins cher en semaine, mais plus cher quand les *guest* DJs qui officient sont de grosses pointures. À noter que la plupart des discos font aussi resto. On peut se rendre du centre d'Athènes à Glyfada en tramway.

Sur la côte au sud du Pirée

♫ **Bebek Bar-club :** *3, av. Posidonos,* ***Kalamaki*** *(marina d'Alimos).* ☎ *21-09-81-39-50. Lun-sam.* Mainstream.

♫ **Akrotiri Lounge :** *5B, av. Vassiliou Georgiou,* ***Agios Kosmas*** *(face à l'ancien aéroport d'Elliniko).* ☎ *21-09-85-91-47.* Bar et disco avec piscine et vue panoramique. Chicos. Une valeur sûre de la nuit athénienne (DJs résidents). Bon resto également, catégorie chic (chef français).

♫ **Babae** (ex-Balux) **:** *88, av. Posidonos,* ***Glyfada,*** *plage d'Astéria.* ☎ *21-08-94-16-20. Mer-dim.* Bar-café avec piscine en journée *(10 €),* club le soir *(15 €).* Une des adresses les plus branchées depuis ces dernières années. *Mainstream,* dance.

Au sud de l'Acropole

Pour nos lecteurs homos, pas mal de clubs dans les quartiers de Makrygianni et surtout de Gazi (*hors plan d'ensemble détachable par A4* ; par exemple l'***Alexander Sauna*** : *134, odos Megalou Alexandrou,* • *alexandersauna.com* •).

Cinémas en plein air

Athènes et sa banlieue comptent au total une vingtaine de cinémas en plein air fonctionnant l'été. Les films sont toujours en v.o. La place se vend environ 8 €. Voici quelques adresses :

■ ***Cine Paris*** *(zoom détachable, D5) : 22, Kidathinéon.* ☎ *21-03-22-20-71.* Le grand ciné de Plaka.

■ ***Riviera*** *(plan d'ensemble détachable, E2) : 46, odos Valtetsiou ; à côté du resto Yiantès.* ☎ *21-03-83-77-16.* Programmation art et essai.

■ ***Thission*** *(plan d'ensemble détachable, B5) : 7, Apostolou Pavlou (sur la promenade piétonne face à l'Acropole).* ☎ *21-03-47-09-80.* Joli cadre.

■ ***Aigli :*** *à côté du Zappion (Jardin national ; plan d'ensemble détachable, B5).* ☎ *21-03-36-93-69.*

■ ***Ciné-Psirri*** *(zoom détachable, C3) : 40, odos Sarri ; à hauteur du n° 35.* ☎ *21-03-24-72-34.*

Où écouter du *rébétiko* ?

Pour une définition du rébétiko, lire dans le chapitre « Hommes, culture, environnement », en fin de guide, la rubrique « Musique, danse ». Les établissements cités ci-après ferment après la Pâque orthodoxe (avril ou mai selon l'année), pour ne rouvrir qu'en octobre.

Stoa Athanaton *(zoom détachable, D3)* **:** *19, odos Sofokléous ; dans les halles.* ☎ *21-03-21-43-62. Ven-sam 22h-3h. Concerts l'ap-m également ven-dim. Résa obligatoire.* Un des lieux les plus célèbres du *rébétiko*. Spectacle à 23h avec consommation ou dîner. Musiciens très réputés. Clientèle grecque.

Astrofengia *(hors plan d'ensemble détachable par E1)* **:** *294, odos Patission (et Kontou), Agios Loukas, quartier de Patissia (au nord du parc Aréos).* ☎ *21-02-01-01-60. Jeu-sam.* On y mange aussi.

Kavouras *(plan d'ensemble détachable, E2)* **:** *64, odos Thémistokléous.* ☎ *21-03-81-02-02. Près de la pl. d'Exarchia. Ven-sam à 22h30.*

Rébétiki Istoria *(plan d'ensemble détachable, G2)* **:** *181, odos Ippokratous, quartier d'Exarchia.* ☎ *21-06-42-49-37. Tlj sf dim.*

– En hiver, jusqu'à Pâques, on peut aussi en entendre à la taverne ***Di Porto*** *(à l'angle d'odos Théatrou et d'odos Sokratous),* derrière les halles. Taverne en sous-sol, sans enseigne. Le restaurant *Seychelles* accueille fréquemment des joueurs de *rébétiko* (voir « Où manger ? À Monastiraki, Psiri et Kéramikos »).

Où écouter du *bouzouki* actuel ?

Spectacle en plusieurs parties autour d'un chanteur vedette. En général, il débute par des chansons populaires connues de tous (du moins en Grèce), interprétées par les choristes de la vedette et entonnées par toute la salle. Puis, en seconde partie, apparaît la vedette, qui propose un type de chansons situées entre la pop et la musique orientale, entre les effets spéciaux et les instruments anciens comme le *bouzouki*. Ensuite, la star s'éclipse, abandonnant la scène à ses choristes et au public. Ambiance assurée ! Le spectacle commence à 23h, avec différents prix d'entrée, selon que l'on dîne, que l'on consomme assis boissons, fruits et cacahuètes, ou que l'on reste debout !

Les boîtes sont généralement fermées en juillet et août, ou bien émigrent sur la côte, au sud du Pirée (Kalamaki, Elliniko, Glyfada). Hors saison, les établissements réintègrent le centre : renseignez-vous dans les journaux ou en traînant vos guêtres derrière le cimetière du Céramique *(plan d'ensemble détachable, B3-4),* à l'angle de Iera Odos et de l'avenue Piréos.

Divers

Danses traditionnelles au théâtre Dora Stratou *(plan d'ensemble détachable, B6)* **:** *sur la colline de Philopappou.* ☎ *21-03-24-43-95 (bureaux, 8, odos Scholiou, Plaka, 9h-16h) ou 21-09-21-46-50 (au théâtre à partir de 19h30).* • *grdance.org* • Ⓜ *Acropolis ou Pétralona. Prendre le chemin du petit bois à l'angle de Dionissiou Aréopagitou et d'Apostolou Pavlou, puis tourner à gauche après l'église Agios Démétrios. 24 mai-24 sept, mer, jeu et ven, spectacle à 21h30 ; w-e, spectacle à 20h15. Durée : 1h30. Fermé 9-13 août. Entrée : 15 € ; réduc pour groupes, enfants et étudiants.* C'est un spectacle de qualité, où les danses grecques sont fidèlement exécutées par une troupe de 75 danseurs et musiciens. L'association a pour but, depuis 1953, de préserver le patrimoine chorégraphique de la Grèce : elle a patiemment reconstitué les costumes que portaient il y a encore une cinquantaine d'années les insulaires, lors des cérémonies de mariage ou des fêtes. Les parures avaient alors une signification à la fois sociale et culturelle. Chaque détail d'une broderie ou d'un corsage pouvait indiquer le lieu d'origine de la jeune femme, si elle était mariée, quel était le métier du mari, si elle avait des enfants... La compagnie possède ainsi 2 500 costumes et parures (visite guidée et gratuite du vestiaire le matin). Une institution unique en Europe, qui propose également des cours et ateliers de danse.

Achats

Nombreux marchands d'antiquités (plus ou moins récentes) et de souvenirs divers dans Plaka. Surtout, n'hésitez pas à marchander.

Merveilles de gueule : Matsouka, *3, odos K. Servias (près de Syndagma ; zoom détachable, E4, **200** ; tlj 8h-22h),* est excellent pour les « sucreries » genre loukoums, *pastelli* (barre au sésame) et autres *kourabiédès* (gâteaux aux amandes enrobés de sucre glace). Un rien chic, l'épicerie fine ***Pantopolio Messageiokis Diatrofis*** offre une large sélection de produits artisanaux de tout le pays : miels, huiles, biscuits, fromages, etc. *(1, odos Sofokléous ; zoom détachable, D3, **201** ; lun-sam de 9h – 10h sam – à 17h).* Également 2 boutiques spécialisées en produits insulaires, respectivement de Chios et Lesbos : ***Mastichashop,*** *à l'angle de Vénizélou et Kriézotou (près de Syndagma ; zoom détachable, E4, **202**),* et ***Pantopolio Peri Lesvou,*** *27, odos Athinas (près de Monastiraki ; zoom détachable, C4, **203**).*

Stavros Melissinos *(zoom détachable, C4, **204**) : 2, odos Agias Théklas (près de la station de métro Monastiraki, côté Psiri). ☎ 21-03-21-92-47. • melissinos-art.com • Tlj 10h-18h.* Stavros a confectionné des sandales pour la veuve d'Onassis, Georges Bush (père) et les Beatles ! Aujourd'hui, Pandélis, le fils, a repris la tradition. Prévoir un peu de temps (on vous prend vos mesures).

Musique : les passionnés d'instruments iront traîner chez ***Samouélian,*** qui vend notamment des *bouzouki* (sorte de luth) ; *36, odos Ifestou, en plein bazar de Monastiraki (zoom détachable, C4, **205** ; ☎ 22-03-21-24-33).* Pas mal de disquaires (et bouquinistes) du côté d'odos Astingos et d'odos Léokariou, son prolongement de l'autre côté d'Ermou *(zoom détachable, C4).*

À voir

– ***À savoir :*** en 2016, les principaux sites du pays, à commencer par ceux d'Athènes (dont l'Acropole), ont connu des augmentations de prix spectaculaires. Rappelons que l'État grec cherche désespérément à remplir ses caisses... Les tarifs indiqués ci-après sont ceux relevés en 2016. En espérant qu'ils ne connaîtront pas un nouveau bond en 2017...

– Pour s'assurer sur place des ***heures d'ouverture et tarifs des sites et musées,*** s'adresser à l'office de tourisme (qui publie une liste en principe à jour des sites à Athènes et en Attique). Les horaires ne sont pas toujours reconduits tels quels d'une année sur l'autre : les plaques indiquant ces horaires à l'extérieur des sites et des musées ne sont pas non plus forcément à jour et peuvent donc vous piéger. En 2016, la norme était de 8h à 15h (ou 9h à 16h) et, pour les grands sites et musées, de 8h à 20h d'avril à octobre. Attention, certaines années, en raison de contraintes budgétaires, les horaires d'été ne prennent effet que vers la fin mai, voire début juin ! Gratuité pour les étudiants de l'Union européenne (mais nos amis suisses ou canadiens paieront demi-tarif) et pour les moins de 18 ans. Quant à la gratuité pour tous des sites et musées le dimanche, elle n'est effective que de novembre à mars.

Pour les jours de fermeture, en général des jours fériés, reportez-vous à la rubrique « Musées et sites archéologiques » du chapitre « Grèce continentale utile », plus haut.

– Suivant les rues Apostolou Pavlou et Dionissiou Aréopagitou, une ***large voie piétonne*** relie les sites athéniens les plus importants, du cimetière du Céramique *(plan d'ensemble détachable, B4)* à l'Olympiéion *(zoom détachable, E5),* en passant par l'Agora, l'Acropole et le musée de l'Acropole. Un parcours très fréquentable (et très fréquenté, on y fait « volta » à la fraîche). Pour ceux qui ne souhaitent pas ou ne peuvent faire cette visite à pied, un ***petit train*** assure un tour du centre

historique *(tlj mai-fin oct ; ttes les 30 mn env, jusqu'à minuit ; tarif 2016 : 6 €, réduc ; • athenshappytrain.com •).* Départ de la place Syndagma ou de Monastiraki. Circuit (compter environ 1h) : palais présidentiel-stade olympique-porte d'Hadrien-Plaka-Monastiraki-Agora-ancien théâtre d'Hérode Atticus-musée de l'Acropole. On peut, bien entendu, s'arrêter en cours de route et reprendre le train suivant.
Enfin, Athènes a également ses ***bus à impériale*** qui font le tour de la ville à partir de la place Syndagma (départ devant la poste ou à côté du parlement). Avec *City Sight Seeing (☎ 21-09-22-06-04 ; • citysightseeing.gr •),* il en coûte 20 € par adulte pour un tour de 1h30. Départ 8h30-21h avr-oct, jusqu'à 18h30 le reste de l'année. Propose aussi des combinés Athènes-Le Pirée et Athènes-Plages, plus chers. *Sights of Athens (☎ 21-04-17-61-44 ; • sightsofathens.gr •)* est moins cher *(16 € en 2016, valable 2 j.),* mais compte moins d'arrêts. Départ ttes les 30 mn env 9h-19h. Combiné pour Le Pirée également. Pour les deux compagnies, système « Hop-on hop-off » permettant de monter et descendre à volonté. Réductions pour les réservations sur Internet. Enfin, on ne peut que recommander la visite « participative » proposée par Panagiotis Grigoriou qui privilégie les quartiers où l'histoire contemporaine d'Athènes s'est écrite, jusqu'aux tout récents événements liés à la crise depuis 2008. Durée : 6h avec pause repas. Pour les groupes de 2 à 10 personnes *(tarif fixe : 138 €),* en français. Départ à 9h30. 📱 *69-70-36-70-92. • athenesautrement.com •*

Le quartier de l'Acropole (zoom détachable, C-D5)

À tout seigneur, tout honneur : commençons par le site le plus visité, celui de l'Acropole. Le rocher domine l'Agora, dont la visite peut être faite dans la foulée.

L'Acropole *(zoom détachable, C-D5)* **:** Ⓜ *Akropoli.* Si possible, allez-y dès l'ouverture pour ne pas trop vous dessécher au soleil et éviter de vous payer 100 m de queue pour acheter le billet. Cela dit, assez vite, les cars débarquent. Une autre option peut être de venir en fin d'après-midi. Dans tous les cas, vous ne serez pas seul... Consigne à bagages un peu plus bas que le guichet principal (attention, vérifiez les horaires, elle ferme un peu plus tôt que le site).

Horaires et tarifs
☎ 21-03-21-02-19. En hte saison (avr-oct), en principe, tlj 8h-20h ; le reste de l'année, tlj 8h30-15h. Entrée : 20 € ; ½ tarif étudiants hors UE et plus de 65 ans de l'UE ; en principe, gratuit étudiants de l'UE et enfants ; gratuit pour ts les dim nov-mars et le 1er dim du mois avr-juin. Billet combiné avec l'Agora, le cimetière du Céramique, l'Olympiéion, le Lykeion, l'Agora romaine et la bibliothèque d'Hadrien : 30 € (valable 5 j.). Très, très cher, donc. Si vous comptez visiter plusieurs sites, optez pour le billet combiné, vite « rentabilisé ». Attention, celui-ci n'inclut pas le musée de l'Acropole.

Accès au site
Le site compte ***trois entrées.*** Beaucoup de monde (les groupes notamment) converge vers l'entrée principale, desservie par la voie piétonne décrite plus haut, au croisement de Dionissiou Aréopagitou et Apostolou Pavlou *(zoom détachable, C5).* Station de métro la plus proche : Thissio. Autre option, moins fréquentée, l'entrée côté théâtre de Dionysos, à 100 m de la station de métro Akropolis (et du musée de l'Acropole), face à l'office de tourisme *(zoom détachable, D5).* On visitera alors le théâtre en premier, avant de remonter vers l'accès principal, au niveau des Propylées. Troisième option, pour ceux qui arrivent de Plaka, l'entrée située sur le flanc nord du site *(zoom détachable, C5),* accessible par de petites ruelles (Dioskouron ou Mnissikléous, par exemple) et les escaliers du vieux Plaka. Un chemin rejoint ensuite l'accès principal.
♿ Pour les personnes à mobilité réduite, accès par le côté nord du site (un ascenseur, genre monte-charge, permet d'accéder au site, se renseigner aux guichets).

Un peu d'histoire

Initialement, l'Acropole (la ville haute, culminant à 156 m) n'était que la forteresse du seigneur local. Plus tard, le roi d'Athènes fut à la fois chef politique et religieux. On décida de consacrer l'Acropole, le rocher sacré, à la déesse Athéna. Puis le pouvoir passa entre les mains de propriétaires terriens appelés *aristoi* (« les meilleurs »). Ensuite, la démocratie athénienne prit la relève, mais elle fut durement battue par les Perses en 480 av. J.-C. Ceux-ci détruisirent tous les temples de l'Acropole, ceux de la première génération. Les statues et ex-voto restants furent cachés par les Grecs dans des cavités du rocher puis redécouverts au XIXe s.

Contre les Perses, les cités grecques s'unirent dans « l'Alliance ». Gardienne du trésor de guerre de cette Alliance, Athènes connut alors une puissance et un rayonnement sans précédent. Périclès profita de cette abondance financière pour reconstruire totalement les temples de l'Acropole. Le chantier, commencé en 447 av. J.-C., dura plus de 40 ans. Les travaux furent supervisés par Phidias, le plus grand sculpteur de l'Antiquité. Ce sont les vestiges de son architecture que l'on admire aujourd'hui. Ils ne donnent pas forcément une bonne idée de ce qu'était le site une fois terminé : si l'on avait sous les yeux cet ensemble de temples, polychrome (eh oui, les Grecs connaissaient la couleur), on le trouverait certainement surchargé, clinquant, parce que l'image que nous avons de ces ruines nues (« un squelette de pierre et de marbre, blanchi par les sables du temps comme les ossements du désert », a écrit Jacques Lacarrière) nous a habitués à une certaine idée de dépouillement.

En 86 av. J.-C., Rome envahit la Grèce. Les Romains ne toucheront pas à l'Acropole. Au Ve s, les chrétiens de Byzance emporteront la célèbre statue d'Athéna, dite « chryséléphantine » (recouverte de plaques d'ivoire et de feuilles d'or), qui, de ses 10 m de haut (12 m en comptant la base), siégeait au Parthénon. Elle disparaîtra à jamais, sans que l'on sache ce qu'elle est devenue. Il en reste juste une réplique de 95 cm au Musée national. Le temple fut transformé en église, orthodoxe tout d'abord, puis catholique !

En 1456, les Turcs transformèrent le sanctuaire en place forte. Ils installèrent une mosquée, un entrepôt de poudre et une résidence pour le gardien du harem.

Dernier préjudice subi, le pillage organisé à partir de 1801 par un Anglais, Lord Elgin, ambassadeur de Grande-Bretagne à Constantinople, qui pilla, avec l'accord écrit du sultan, les plus belles pièces du Parthénon pour les emporter au British Museum (voir plus loin le texte consacré au musée de l'Acropole). Les Anglais ne veulent pas les rendre à la Grèce, malgré les appels répétés, entre autres, de Mélina Mercouri puis de Nana Mouskouri. Les Grecs avaient (naïvement) espéré que tout serait réglé pour l'ouverture du nouveau musée de l'Acropole. Un des arguments des Britanniques était en effet que la Grèce ne disposait pas d'un musée digne de ce nom pour accueillir tant de pièces... Le nouveau musée a ouvert en 2009, mais les frises ne sont pas pour autant près de revenir au bercail.

ET QUE ÇA SAUTE !

Lors du siège d'Athènes mené par les Vénitiens, en 1687, le général Morosini n'hésita pas à bombarder l'Acropole : un obus fit exploser la poudrière et détruisit toit, murs, et un certain nombre de colonnes du Parthénon. Tout cela pour rien, puisque les Turcs gardèrent la ville et que Morosini rentra chez lui, tout penaud !

Quant aux échafaudages visibles sur l'Acropole, ils n'en finissent pas d'attendre d'être démontés, parfois pour être remontés ensuite. La restauration « intégrale » du site est annoncée pour... 2020 ! Le travail est immense, car il s'agit de défaire ce que les précédentes restaurations ont (mal) fait, et donc de remettre à la bonne place les éléments mal disposés. Consulter, pour une belle visite virtuelle du site, • *acropolis-virtualtour.gr* •

Les monuments les plus importants du site

– ***La porte Beulé :*** l'entrée actuelle du site porte le nom de l'archéologue français qui la restaura après l'avoir découverte en 1853 sous des fortifications turques. Construite par les Romains au IIIe s apr. J.-C., elle n'existait donc pas à l'époque classique.

– ***Les Propylées*** *(zoom détachable, C5)* **:** escalier monumental, inachevé, composé d'un porche à colonnes. Il combine les ordres dorique et ionique, qui donnaient accès au sanctuaire véritable. Les terrasses bordant la rampe d'accès étaient à l'époque peuplées d'une foule de statues (divinités, héros, hommes politiques), dont celle d'Athéna Promachos (9 m), en armes, une statue sculptée par Phidias, emmenée à l'hippodrome de Constantinople et détruite lors du siège de la ville par les croisés en 1203. Ce n'est qu'après l'inauguration du Parthénon, en 438 av. J.-C., que les travaux des Propylées commencèrent, définitivement interrompus par la guerre du Péloponnèse.

– ***Le temple d'Athéna Niké*** *(zoom détachable, C5)* **:** gracieux petit temple d'ordre ionique, sur la droite au-dessus d'une muraille. Édifié de 424 à 418 av. J.-C. Démonté en 2003 (pour être restauré) et intégralement remonté, bloc par bloc, depuis 2010, avec des ajouts d'éléments modernes (on parle alors d'*anastylose*). À l'intérieur du temple se dressait une statue d'Athéna Niké, la « victorieuse ». On voit de jolis reliefs provenant de ce temple au musée de l'Acropole. À l'opposé de ce temple, le monument d'Agrippa, une sorte de socle sur lequel on avait placé la statue du gouverneur romain du même nom.

– ***Le Parthénon*** *(zoom détachable, C-D5)* **:** chronologiquement, la première des constructions lancées par Périclès, sur la partie la plus élevée du rocher, entre 447 et 438 av. J.-C. Plus grand que la longueur du temple, son soubassement est en fait celui d'un temple précédent, qui avait été détruit par les Perses en 480.

Que n'a-t-on pas écrit sur cette merveille des merveilles ! Il a fallu, pour le construire, une dizaine d'années, et faire venir 20 000 blocs de marbre du mont Pentélique. Il est l'œuvre de l'architecte en chef Ictinos, sous la « surveillance » de Phidias. Astuce d'architecte, l'assise du Parthénon n'est pas horizontale mais légèrement bombée, et les axes verticaux des colonnes inclinés vers l'intérieur, afin de rendre l'ensemble à la fois plus élancé et plus robuste. Quant aux colonnes d'angle, puisqu'elles sont isolées, leur diamètre est légèrement renforcé pour éviter qu'elles ne paraissent plus menues que les autres.

Dans l'Antiquité, l'aspect de ce monument (qui a la forme d'un temple mais n'en est pas un) n'avait pas grand-chose de comparable à celui d'aujourd'hui : la partie intérieure, le *naos,* était fermée par un mur et abritait la fameuse statue d'Athéna. Ce « trésor » (terme donné à un bâtiment abritant une précieuse offrande), malgré sa splendeur, n'était pas, pour les Grecs de l'époque classique, le monument le plus important du site, contrairement à l'Érechthéion (voir ci-après).

La renommée du Parthénon vient aussi de la grande richesse sculpturale du monument, et pourtant, on n'a conservé qu'une petite partie de la magnifique frise de style ionique longue de 160 m qui le ceignait (et, on le sait, il faut aller au British Museum de Londres pour voir la plus grande partie de ce qui a été conservé). Idem pour les frontons, dont il ne reste quasiment rien. Jadis y était sculptée, côté ouest, la scène de l'homérique dispute entre Poséidon et Athéna, chacun voulant devenir protecteur de la cité. Côté est, il ne subsiste de l'illustration de la

LE NOMBRE D'OR

Cette proportion idéale à l'œil entre la hauteur et la largeur d'un monument est connue depuis la haute Antiquité. On la retrouve au Parthénon, à Épidaure (fraction des 34 gradins inférieurs par les 21 gradins supérieurs), en Égypte (pyramide de Khéops), dans les cathédrales. Ce rapport admirable d'esthétisme a été repris par des architectes comme Le Corbusier. On vous confie ce chiffre magique : $x^2 = x + 1$... (réponse : 1,61803).

naissance d'Athéna entourée du panthéon des dieux qu'une statue avachie de Dionysos (dans l'angle).
Là aussi, on se livre à de grands travaux, nécessitant des échafaudages, pour tenter de redonner au temple l'allure qu'il avait avant l'explosion de 1687. Il y en a encore pour quelques années... Pour plus d'éléments sur le Parthénon, lire aussi plus loin le paragraphe consacré au musée de l'Acropole.
– ***L'Érechthéion*** *(zoom détachable, C-D5)* **:** temple ionique élancé et élégant, sur la gauche en se dirigeant vers le Parthénon, le plus complexe des monuments du rocher sacré et le dernier à avoir été construit, entre 420 et 405 av. J.-C. sans doute. On aperçoit tout d'abord un petit sanctuaire avec les célèbres caryatides (colonnes en forme de femmes), correspondant au temple de Cécrops, une des divinités liées à la fondation d'Athènes. À cause de la pollution, elles ont été remplacées en 1979 par des moulages. Cinq des six originales sont visibles au nouveau musée de l'Acropole (la sixième se trouve au British Museum).
L'Érechthéion était, pour les Grecs, l'endroit le plus sacré de l'Acropole car, selon la légende, c'est là que Poséidon avait planté son trident lors de sa dispute avec Athéna et que cette dernière avait répliqué en faisant apparaître un olivier. Il avait à leurs yeux beaucoup plus d'importance que le Parthénon, qui n'était pas un lieu de culte. Il était destiné à Athéna Polias, la protectrice d'Athènes, et à Poséidon, le dieu de la Mer, auquel on avait fini par identifier Érechthée, un héros mythique de la ville. Les Athéniens y vénéraient particulièrement le *xoanon,* la petite statue d'Athéna Polias, sculptée dans du bois d'olivier et, toujours selon la légende, tombée du ciel. Juste à côté était situé un bâtiment, le *Pandroseion,* où l'on conservait l'olivier sacré d'Athéna.
On peut compléter la visite en allant jusqu'à l'extrémité du site, là où flotte le drapeau grec. Le 30 mai 1941, deux jeunes résistants grecs, Manolis Glézos et Apostolos Sandas, enlevèrent le drapeau nazi que l'occupant avait installé.
– Sous l'Acropole, versant sud, on peut voir le ***théâtre de Dionysos*** *(zoom détachable, D5),* malheureusement très mal conservé, où l'on donna les chefs-d'œuvre d'Eschyle, de Sophocle, d'Euripide et d'Aristophane (plus exactement, on les représenta sur un théâtre en bois qui s'effondra et fut remplacé par le théâtre en pierre que l'on connaît, construit au IVe s av. J.-C. et modifié plus tard par Néron). Il pouvait accueillir environ 17 000 spectateurs. De l'Acropole, on rejoint le théâtre en prenant un chemin, un peu plus bas que les Propylées, sur la gauche. On passe alors au-dessus de l'***odéon d'Hérode Atticus*** *(Irodion, en grec ; zoom détachable, C5),* d'époque romaine, qui est toujours utilisé pour les spectacles du Festival d'Athènes. Entre les deux l'***Asklipion,*** tout près du rocher, maigres vestiges d'un sanctuaire où les pèlerins venaient chercher la guérison. On peut ensuite sortir du site par l'entrée côté office de tourisme/musée de l'Acropole.

ATTENTION, FAUX AMI !

Le chemin qui fait le tour de l'Acropole est le péripatos, ce qui signifie « promenade » en grec. On imagine bien quelle activité pratiquaient les péripatéticiennes qui attendaient le client sur le parcours de cette promenade. À ne pas confondre en revanche avec les péripatétitiens, au masculin, qui étaient les disciples d'Aristote, ainsi dénommés parce qu'ils causaient philo en se promenant dans les jardins du Lycée, l'école d'Aristote.

– Sans sortir de l'Acropole, il est possible d'en faire tout le tour par le *péripatos.* Sur ce flanc nord de l'Acropole se cachent plusieurs grottes sacrées ; la source de Klepsydra, elle, se trouve à la jonction du Péripatos et du chemin des Panathénées, par où passaient les grandes processions. On rejoint alors l'entrée (ou la sortie) qui se trouve tout en haut de Plaka.

Le ***musée de l'Acropole,*** accessible par la voie piétonne Dionissiou Aréopagitou, est traité plus loin (voir « Au sud de l'Acropole »).

L'Agora *(zoom détachable, C4)* **:** *entrée principale 24, odos Adrianou (une entrée également côté Acropole ; la partie haute du site, sous l'Aréopage, qu'on atteint de ce côté, est gratuite). ☎ 21-03-21-01-85. Ⓜ Monastiraki ou Thissio. Tlj avr-oct 8h-20h ; nov-mars, tlj 8h-15h. Entrée : 8 € ; réduc. Fait partie du billet groupé à 30 € (voir plus haut le texte sur l'Acropole).*

Étendu au pied de l'Acropole, ce vaste parc semé de ruines était le centre de la vie publique de la cité antique. On venait à l'Agora pour faire des affaires commerciales, mais aussi pour échanger les nouvelles, commenter l'actualité politique. On y trouvait tout ou presque : services publics, sièges de l'administration de la cité antique, sanctuaires publics.

L'Agora était traversée par le chemin des Panathénées, qui conduit à l'Acropole. Une grande procession l'empruntait tous les 4 ans, lors de la fête de la cité en l'honneur d'Athéna. À l'ouest de ce chemin (sur la droite, donc) se dresse le *temple dorique d'Héphaïstos* (bien conservé et caisson visible), appelé aussi *Théséion (Thissio)* en raison des frises des métopes nord et sud représentant les exploits de Thésée. Celles de la façade illustrent les travaux d'Héraclès (Hercule). Du temple, jolie vue sur le reste du site. Sur le chemin menant à ce temple, voir les colossales statues du porche de l'odéon d'Agrippa (également appelé portique des Géants). Au pied du temple, les vestiges des fondations du *Bouleutérion* (ou *Boulê*), sorte de conseil législatif dont les 500 membres préparaient le travail de l'Assemblée de tous les citoyens, l'*ecclésia,* qui, elle, se tenait sur la colline de la *Pnyx.*

Dans le bâtiment circulaire voisin, appelé *tholos* (dont il ne subsiste que la base), siégeaient (et mangeaient) les 50 prytanes, le « conseil exécutif » en charge de l'administration. Choisis parmi les membres de la *Boulê* pour une période de 36 jours seulement, les prytanes désignaient chaque jour, pour 24h, un des leurs comme chef de l'État athénien. C'est également là que brûlait le foyer d'Athènes. Nombreux autres vestiges, très abîmés, notamment le *middle stoa,* la plus longue structure du site. Ce portique, bâtiment ouvert qui permettait de s'abriter des intempéries, courait sur 147 m. On devine encore l'alignement des colonnes. À gauche de l'entrée du site, le grand bâtiment, tout neuf ou presque, est la reconstitution, datant des années 1950, du *Stoa d'Attalos* (ou portique d'Attale) qui abrite un ***musée.*** Il présente des objets usuels ou liés à la démocratie athénienne, comme le *klirotério,* machine qui servait à tirer au sort les citoyens pour les jurys, ou ces *ostraka,* sortes de jetons sur lesquels on inscrivait le nom de l'homme politique qu'on voulait bannir. Superbes statuettes également, notamment celle ciselée dans l'ivoire d'Apollon Lykeios. À l'étage, grande galerie, avec notamment des maquettes du site et de nombreuses têtes sculptées (pour la plupart des copies romaines du style grec). Plusieurs exemples d'*hermès* également, ces stèles surmontées d'une tête d'Hermès avec les attributs virils. Elles étaient placées aux carrefours ou à des endroits significatifs, afin de conjurer le mauvais sort.

LA GUERRE DU SEXE

Il y a 2 600 ans, Athènes et Sparte étaient encore en guerre. Dans une comédie d'Aristophane, Lysistrata, une Athénienne aussi jolie que maligne, réussit à convaincre les femmes grecques de faire la grève du sexe tant que leurs maris ou leurs amants ne feraient pas la paix. Et elle obtint gain de cause !

Attention à ne pas confondre avec l'***Agora romaine*** – ou *Forum* –, largement postérieure *(entrée au niveau de la tour des Vents, dans Plaka ; zoom détachable, C-D4 ; tlj 8h-15h ; entrée : 6 € ; fait partie du billet groupé à 30 € – voir plus haut le texte sur l'Acropole).* À l'époque romaine, cette sorte d'extension de l'Agora grecque remplaça progressivement cette dernière. Le principal intérêt aujourd'hui en est l'horloge de Kyrristos, connue sous le nom de ***tour des Vents,*** qu'on voit assez bien de l'extérieur. C'était à la fois un cadran solaire et une horloge hydraulique.

Voir aussi la ***mosquée Fethiyé,*** construite en l'honneur de Mehmet le Conquérant (le sultan qui prit Constantinople aux Byzantins).

Le quartier de Thissio
(plan d'ensemble détachable, A-B4-5)

Dans une rue où se succèdent les bars branchés, un petit musée original :

Melina Cultural Center *(plan d'ensemble détachable, A4)* **:** *66, odos Iraklidon, à l'angle d'odos Thessalonikis. ☎ 21-03-45-21-50. Mar-sam 10h-20h, dim 10h-14h. GRATUIT.* À deux pas de Gazi, le rez-de-chaussée de cette ancienne usine de chapeaux est consacré à l'art du théâtre d'ombres grec, le *Karaghiozis,* à travers le matériel des Charidimos, une famille d'artistes qui, d'abord au Pirée puis à Athènes, a entretenu la flamme de cet art populaire pendant des années. À l'étage, reconstitution d'une rue de l'Athènes d'autrefois.

Le quartier du Kéramikos
(Céramique ; plan d'ensemble détachable, B3-4)

Ce petit quartier, pas loin de la station de métro Thissio, a gagné de l'intérêt depuis l'achèvement de l'unification des sites archéologiques.

Le cimetière du Céramique *(plan d'ensemble détachable, B4)* **:** *148, odos Ermou. ☎ 21-03-46-35-52. Ⓜ Thissio. Avr-oct, tlj 8h-20h ; musée : mêmes horaires ; 8h-15h hors saison. Entrée : 8 € ; gratuit étudiants de l'UE et enfants. Fait partie du billet groupé à 30 € (voir plus haut le texte sur l'Acropole).* Dans un site envahi par la végétation, que traversaient autrefois la Voie sacrée et la rivière Eridanos, on se balade parmi les pierres tombales de riches citoyens athéniens de l'Antiquité. Une manière pour les familles de l'époque de continuer à rivaliser par l'intermédiaire de leurs morts. Consacrez votre visite essentiellement aux stèles, c'est-à-dire à gauche en entrant. Ne manquez toutefois pas le musée, enrichi par de nouvelles découvertes (sphinx, kouros) faites à l'occasion des travaux du métro. Belles pièces (de l'époque géométrique notamment), poteries, lécythes (vases à fond blanc), ainsi qu'un beau *kouros* archaïque, dit « de la Porte-Sacrée », découvert en 2002. Voir aussi les découvertes faites dans une fosse commune dont on pense qu'elle a accueilli les corps des victimes de la peste qui a sévi vers 430 av. J.-C.

Le musée de la Poterie traditionnelle *(plan d'ensemble détachable, B4)* **:** *4-6, odos Mélidoni. ☎ 21-03-31-84-91. • potterymuseum.gr • Ⓜ Thissio. Près du cimetière du Céramique et face à la synagogue. Lun-ven 10h-15h. Fermé w-e. GRATUIT.* Installé dans une belle demeure bourgeoise du XIXᵉ s, ce modeste musée présente le travail des potiers dans la Grèce des XIXᵉ et XXᵉ s. Matériel, techniques, coutumes et usages relatifs aux cruches, aux amphores, aux vases plutôt bien expliqués (grec et anglais). Petite cafétéria, boutique.

TOUT UN SYMBOLE !

Chez les Grecs anciens, le sumbolon *était un fragment de poterie cassé en deux et donné à des personnes différentes. Pour conclure un accord, on faisait la preuve de son identité en présentant l'un des morceaux. D'où le mot symbole qui est aujourd'hui un dessin ou un objet qui possède un second sens caché.*

Le musée Bénaki d'Art islamique *(zoom détachable, B3-4)* **:** *22, odos Agion Assomaton et 12, odos Dipylou. ☎ 21-03-25-13-11. • benaki.gr • Ⓜ Thissio.*

Jeu-dim 11h-19h. Entrée : 9 € ; réduc. Les collections d'Antonis Bénakis ont été rendues au public en 2004, une fois achevée la réhabilitation de la belle demeure néoclassique qui les accueille désormais. Sur quatre niveaux, dans un ordre chronologique vous amenant du VIIe au XIXe s, un joli parcours permettant d'admirer de nombreuses pièces (remarquables céramiques d'Iran). À noter, au 2e étage, la reconstitution de la salle de réception d'une riche maison du Caire, faisant écho à celles présentées (Grèce du Nord) au musée Bénaki d'odos Koumbari (voir plus bas).

Le quartier de Gazi *(plan d'ensemble détachable, A4)*

Tirant son nom d'une usine à gaz réhabilitée (rebaptisée Technopolis), Gazi est un quartier à la mode où paradent artistes et intellos branchés, ainsi qu'une faune nocturne assez aisée envahissant une galaxie de bars, restos et boîtes chers et très tendance, répartis principalement sur odos Perséphonis et odos Voutadon. Chaque année, fin mai, s'y déroule le ***Festival de jazz d'Athènes,*** organisé par les ambassades européennes, suivi par le ***Festival international de danse.*** Le quartier est desservi par la station de métro Kéramikos. À pied, passer devant le cimetière du Céramique par le bas d'odos Ermou, piétonne à cet endroit.

Le musée Bénaki – Annexe *(centre culturel ; hors plan d'ensemble détachable par A4)* **:** *138, odos Piréos et Andronikou. ☎ 21-03-45-31-11. • benaki.gr • De Technopolis, continuer à descendre Piréos. Jeu et dim 10h-18h, ven et sam 10h-22h ; horaires et prix des billets variant selon expos. Fermé en août. Entrée : 3-10 €.* Le musée Bénaki a ouvert en 2004 cette annexe (dans ce qui était une immense concession automobile) où sont organisées des expositions, très diverses, d'artistes contemporains. Belle cafétéria (avec des ordinateurs à disposition, accès Internet).

➢ En remontant vers le centre par odos Ermou, on arrive à Psiri.

Le quartier de Psiri
(plan d'ensemble détachable, C3-4 et zoom, C3-4)

Centre de tous les artisanats et petits commerces, Psiri était un vieux quartier populaire, entortillant ses ruelles autour des rues Miaouli et Évripidou. Constellé de graffs, mité de maison abandonnées, il est, lui aussi, devenu à la mode depuis quelques années, voyant fleurir un grand nombre de bistrots relax, voire bobo, souvent des *mézédopolia* ou *ouzéria* qui donnent un tout autre cachet au quartier le soir, quand les artisans ont fermé boutique. Brocanteurs et antiquaires sont également installés ici.

KOULOURI

Ce petit pain en forme de roue et recouvert de sésame symbolise la Grèce. À l'origine, on sortait des églises pour grignoter quand les offices étaient trop longs. Demandez-le malako, si vous le souhaitez tendre et frais. On peut l'acheter de bon matin, dans le quartier de Psiri, à la sortie du four, après une nuit rude et arrosée.

Le quartier Omonia *(plan d'ensemble détachable, C-D-E2-3-4 et zoom, C-D-E2-3-4)*

Quartier de gares routières, gris et triste, Omonia ne mérite pas de visite en particulier. Mais on peut être amené à y dormir, on y passe assez souvent à pied ou en métro, notamment si l'on souhaite visiter l'incontournable Musée archéologique. Pour rejoindre celui-ci depuis Omonia, plutôt que de prendre odos 28-Oktovriou, passer par odos Thémistokléous qui mène au ***quartier d'Exarchia,*** avec sa place, haut lieu de contestation, ses bâtiments squattés, ses rues couvertes d'affiches, de banderoles.

ꝉꝉꝉ ***Le Musée archéologique national*** *(plan d'ensemble détachable, D-E2)* ***:*** *44, odos Patission. ☎ 21-32-14-48-00. • namuseum.gr • Ⓜ Omonia ou Victoria. Avr-oct, tlj 8h-20h ; le reste de l'année, lun 13h-20h, mar-dim 8h-15h. Entrée : 10 € ; réduc ; gratuit moins de 18 ans et étudiants de l'UE munis de leur carte ; gratuit pour ts le 1er dim du mois nov-mars. Billet groupé à 15 € avec le Musée byzantin et chrétien, le Musée numismatique et le Musée épigraphique. Photos avec flash interdites. Visite guidée possible (anglais et français) ; rens sur place.*
Impossible, évidemment, de donner une vision exhaustive des richesses de ce musée (près de 12 000 pièces exposées) : on vous conseille, si vous voulez le visiter dans une perspective chronologique, de commencer par les trois salles situées face à l'entrée, puis de revenir dans l'entrée et de faire le tour du musée dans le sens des aiguilles d'une montre quand on regarde le plan des salles, en suivant les numéros. Attention, pour des raisons budgétaires compréhensibles, certaines salles peuvent être fermées à la visite... Pas de personnel pour en assurer la surveillance !

Rez-de-chaussée
– ***Salle 4*** *(trésors mycéniens)* ***:*** face à l'entrée, les masques en or, dont le célèbre *masque d'Agamemnon* (le n° 1, en fait le masque mortuaire d'un roi mycénien), attirent immédiatement le regard. Cette découverte, faite à Mycènes par Schliemann, ne doit pas faire oublier la richesse des autres vitrines (bijoux, vases rituels comme ce cratère avec des soldats en armure partant en guerre, poteries, fragments de fresques, objets « exotiques » en ivoire ou même des œufs d'autruche, etc.). Par exemple cette tête de femme (n° 4575) dont les couleurs ont été conservées, provenant elle aussi de Mycènes : est-ce une déesse, un sphinx ? Belles stèles funéraires également. Voir aussi les tablettes recouvertes de linéaire B (écriture déchiffrée dans les années 1950), découvertes à Pylos (Péloponnèse). Au fond à gauche, petite ***salle 3,*** consacrée au développement de la poterie mycénienne et attique. On voit l'influence minoenne sur de belles amphores à poignées décorée de poulpes ou d'oiseaux.
– ***Salles 5 et 6 :*** respectivement consacrées aux périodes néolithiques (découvertes faites dans la région de Volos notamment) et à la civilisation cycladique (notamment avec les découvertes faites sur les îles de Milos et de Syros), elles encadrent la ***salle 4.*** Œuvres moins spectaculaires, mais les explications sur les différents types de statuettes cycladiques sont très intéressantes : voir la stylisation croissante. À noter, la plus grande statuette cycladique connue (1,52 m).
– ***Salles 7 à 13 :*** consacrées à la sculpture (monumentale) du VIIIe au VIe s av. J.-C., elles permettent de voir l'évolution de la représentation des jeunes hommes nus (*kouros, kouroi* au pluriel) et jeunes femmes habillées (*korê, korai* au pluriel), dont l'une (550 av. J.-C.) a été trouvée, imaginez sa tête (!), par un paysan dans son jardin, près de l'aéroport, en 1972. Dans la ***salle 8,*** magnifique *kouros* trouvé à Sounion (n° 2720), à comparer avec le n° 3851 de la ***salle 13,*** réalisé 70 ans plus tard. Air volontaire, pied gauche un peu avancé (pour rompre la symétrie et entamer un début de mouvement), ce dernier a connu une existence mouvementée : volé, il a séjourné en France avant d'être rendu à la Grèce en 1937. D'autres *kouroi* sont frêles, presque féminins. Si on regarde bien, ils ont tous un très léger sourire, les Grecs l'appellent « le sourire archaïque ». Dans la ***salle 11,*** magnifique *korê* (n° 4889) sur laquelle subsistent encore des traces de couleurs.
– ***Salle 14 :*** sculptures du temple d'Aphéa à Égine.
– ***Salle 15 :*** on aborde avec cette salle la période classique (style sévère). On ne voit que le *Poséidon* (?) de l'Artémision, magnifique statue de bronze (460 av. J.-C.) qui représente le dieu brandissant son trident (trouvé au large de

l'île d'Eubée). Certains pensent qu'il s'agit plutôt de Zeus. La majesté du corps montre toute sa puissance. Le visage serein évoque la confiance en soi et le sentiment de supériorité. Noter l'exactitude du mouvement : légèrement déséquilibrés par l'effort, les doigts du pied gauche se soulèvent tandis que les doigts du pied droit supportent le corps tout entier. À voir aussi : la stèle votive représentant Déméter, Perséphone et Triptolème, évocation des mystères d'Éleusis (vers 440-430 av. J.-C.).

– ***Salles 16 et 18 :*** monuments funéraires (nombreux *lécythes* de grande taille, dont le n° 4485 représentant Hermès qui conduit dans l'Hadès – les Enfers – une jeune morte ; stèles figurant le plus souvent deux personnages, l'un assis, l'autre debout, exprimant leur chagrin). La ***salle 17*** présente des pièces provenant de l'Héraion d'Argos, comme ce bel *amphiglyphon* (à vos souhaits !), stèle sculptée sur deux faces.

– ***Salle 21 :*** le cheval et le jockey de l'Artémision. Superbe œuvre en bronze. L'enfant semble petit sur le cheval gigantesque, impression renforcée dans cette immense salle. Sur son visage, on décèle la tension due à l'effort. La tête de l'animal est, elle aussi, particulièrement réaliste. Ne pas manquer non plus le *Diadumène* (copie romaine) trouvé à Délos : il s'agit d'un athlète qui ceint son front du bandeau de la victoire. L'original en bronze, sculpté par Polyclète, est perdu.

– ***Salle 22 :*** éléments en provenance de l'Asklépion d'Épidaure.

– ***Salle 28 :*** deux chefs-d'œuvre voisins. La statue en bronze, de petit format, d'un éphèbe, trouvée au large de Marathon et attribuée à Praxitèle (vers 340-330 av. J.-C.), et celle de Persée (ou Pâris), trouvée dans un bateau naufragé au large d'Anticythère. D'autres pièces provenant de ce même bateau sont visibles ***salle 29*** (voir en particulier la tête de philosophe, très expressive).

– ***Salle 30 :*** on arrive à la période hellénistique. Au fond, gigantesque tête de Zeus avec, à côté, un bras. Par la taille de ces fragments, on estime que la statue mesurait plus de 7 m.

– Les ***salles 31 à 33*** (période romaine) amènent tranquillement à la fin du monde antique.

– Accessibles par la salle 16, les ***salles 36 à 39*** présentent un très bel ensemble de bronzes (certains provenant de Dodone, en Épire), et le *mécanisme d'Anticythère,* trouvé au fond des eaux en 1901 (un mécanisme à engrenages, que certains n'hésitent pas à appeler le premier ordinateur de l'humanité), qui laisse penser que les Grecs en savaient plus qu'on ne le pense en matière d'astronomie.

– À côté, la ***salle 42*** : la collection Stathatos. Très intéressante là encore, avec toutes sortes d'objets délicats du IIIe millénaire av. J.-C. au XIXe s (œuf en terre cuite, colliers de perles tubulaires, icônes miniatures, etc.).

Rez-de-chaussée

1	Entrée principale
2	Hall d'entrée (billetterie, boutique, etc.)
3 et 4	Salles mycéniennes
5	Salle néolithique
6	Civilisation cycladique
7 à 13	Sculptures d'époque archaïque
14 et 15	Sculptures du début du Ve s av. J.-C.
16 à 20	Monuments funéraires
Jardin	Sarcophages, statues colossales, etc.
21	Hall du Diadumène (copies romaines d'œuvres classiques, le Jockey, etc.)
22	Salle d'Épidaure (sculptures du IVe s av. J.-C.)
25 à 26	Reliefs votifs du IVe s av. J.-C.
27	Derniers monuments funéraires attiques et sculpture du IVe s av. J.-C.
28 à 30	Sculptures hellénistiques
31 et 32	Sculptures de la période romaine
33	Pièces datant de l'Antiquité tardive
36 à 39	Bronzes
40 et 41	Collections égyptiennes
42	Collection Stathatos

1er étage

48	Akrotiri (Santorin)
49 à 59	Poteries, bronzes
60 et 61	Collection Vlastos-Serpieris
62	Orfèvrerie
63	Verres
64	Antiquités chypriotes

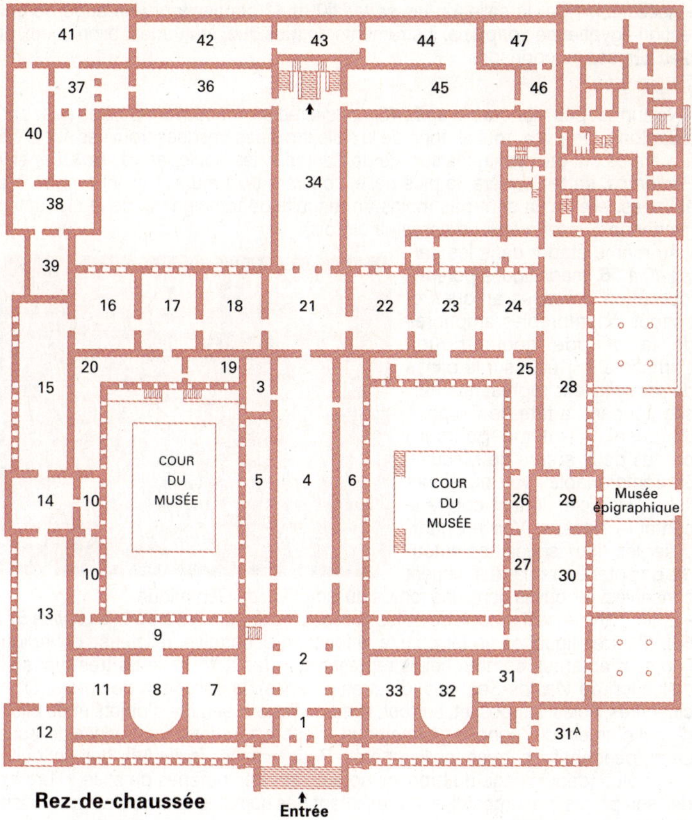

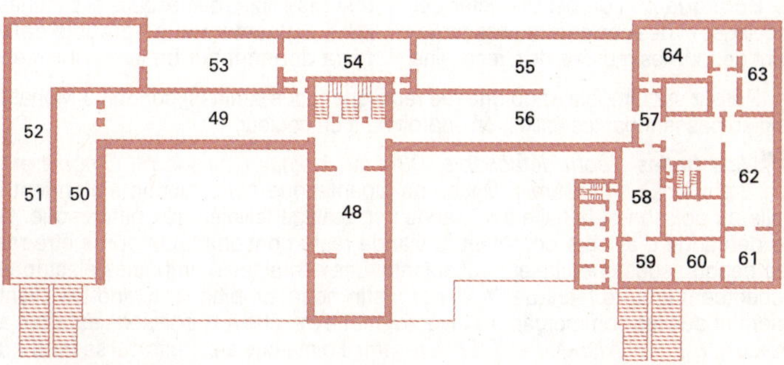

ATHÈNES – LE MUSÉE ARCHÉOLOGIQUE

– Accessibles par la salle 42, les ***salles 40 et 41*** contiennent une superbe collection égyptienne : papyrus, instruments de musique, statuettes, bijoux, jeux et, bien sûr, des sarcophages.

1er étage

– Ne surtout pas manquer la ***salle 48,*** consacrée aux découvertes faites à Akrotiri, à Santorin. On y voit, tout au fond de la salle, trois des fresques trouvées sur le site (les autres ont été rapatriées sur l'île de Santorin), les *Antilopes,* les *Boxeurs* et le *Printemps,* cette dernière, la plus belle, couvrant trois murs. Très incomplètes et abîmées, elles n'en sont pas moins un magnifique témoignage de la civilisation minoenne (Santorin était un comptoir crétois).

– Au même étage, dans les ***salles 49 à 56,*** magnifiques poteries (collection de vases attiques et surtout innombrables amphores de la période géométrique). L'amphore (n° 1002) sur la panse de laquelle est représenté Persée coupant la tête de Gorgone (Méduse), lui-même poursuivi par les deux sœurs de Méduse, est remarquable : voir aussi, sur le col, Héraclès luttant contre le centaure Nessos. Voir en particulier les deux squelettes entourés de poteries, remarquablement conservés, retrouvés dans une tombe du cimetière du Céramique.

TRÈS FORT, L'AMPHORE !

Ce vase qui transportait l'huile, le vin ou les grains fut à l'origine de la prospérité grecque dans l'Antiquité. Les deux anses permettaient de le porter facilement à deux. La céramique favorisait l'excellent état de conservation. La forme oblongue facilitait le rangement tête-bêche, sans espace perdu. La pointe permettait de les bloquer dans des râteliers à trous, pendant le transport. Enfin, c'était une unité de mesure.

– Enfin, dans le petit groupe de salles accessibles depuis la salle 56 (les ***salles 57 à 64***), d'autres figurines en terre cuite, à fonction décorative, religieuse ou ludique (jouets d'enfants), comme celles représentant des acteurs, tous très typés ; la collection de *Vlastos-Serpieris* (d'autres poteries), la collection de verres (urnes cinéraires, fioles, lampes) et, surtout, le magnifique ensemble d'objets et de bijoux d'or et d'argent de l'époque géométrique à l'époque romaine (couronnes de laurier en or, pendentifs, bagues, colliers, etc.). Pour terminer ***(salle 64),*** des antiquités chypriotes (depuis l'âge du bronze), notamment des poteries de style « libre » et des sculptures monumentales, représentant des humains au corps assez grossier mais au visage très fin.

Boutique où l'on peut acheter des moulages et des copies d'œuvres provenant de tous les musées de Grèce, ainsi que des copies de fresques et d'icônes. Également une agréable ***cafétéria*** donnant sur un jardin intérieur.

➢ Retour sur Omonia, d'où une rue rectiligne (odos Athinas) conduit à Monastiraki en passant par les halles, un endroit haut en couleur.

Les halles *(zoom détachable, D3)* **:** *av. Athinas (entre la pl. Omonia et la rue Ermou).* Ⓜ *Monastiraki.* Sous une gigantesque construction s'étendent la halle au poisson et la halle à la viande ; un étalage fellinien très pittoresque. On se demande d'ailleurs comment la viande reste consommable après être restée dehors, sous une chaleur accablante. Les centaines d'ampoules électriques accentuent le côté féerique. Y aller le matin pour l'ambiance, quand les clients crient et que les commerçants s'invectivent. Le marché aux poissons est situé au milieu *(ferme à 15h lun-jeu et à 18h ven-sam).* Le marché aux fruits qui se trouve de l'autre côté de l'avenue est le moins cher d'Athènes *(ts les mat sf dim).*

Le quartier autour des halles mérite aussi un peu d'attention. Pas tellement du côté odos Éolou, rue piétonne très animée où les magasins modernes gagnent du terrain (voir quand même ces incroyables kiosques religieux face à l'église Agiou Markou). Cependant, il faut descendre odos Évripidou *(zoom détachable, C-D3)* en milieu de matinée (la même rue n'a guère d'intérêt l'après-midi, on ne voit plus alors que les hôtels borgnes !) pour ses odeurs mélangées, ses populations de toutes origines (nombreuses enseignes en chinois, à certaines heures on se croirait en Asie), son animation intense... Plus bas sur Évripidou, de quoi casser la croûte pour pas bien cher dans le centre d'Athènes (*tyropittès, pittès* aux légumes) et, pour les narines encore, un magasin d'épices, *Élixirion,* au nº 41, et d'autres vendant plantes et herbes.

PERIPTERO

Partout à Athènes, on aperçoit ces kiosques qui vendent bien d'autres choses que des journaux. Ce sont parfois de petits supermarchés. Le terme periptero, *qui désigne à l'origine tout l'espace pris par les colonnades autour d'un temple, leur a été attribué tellement ils grignotent de place sur la rue. On comprend mieux.*

Côté odos Sokratous, perpendiculaire, les magasins en gros d'huile d'olive ou de fruits secs valent le coup d'œil et laissent dans les narines d'impérissables senteurs.

Monastiraki** (plan d'ensemble détachable, C-D4 et zoom détachable, C-D4) :* le long d'odos Ifestou, voilà le bazar d'Athènes, prolongement de celui de Plaka. Par définition, on y trouve tout et n'importe quoi. Attention, les pickpockets y sévissent... Sur la place, jeter un œil à la ***mosquée Tsizdaraki (1759).

***Les puces d'Athènes** (zoom détachable, C4) : pl. Avyssinias et autour de l'église Agios Philippos. Entre Ⓜ Thissio et Monastiraki, quand on descend odos Ermou sur la gauche. De l'aube jusqu'à 12h (grosse activité dim).*
À deux pas de Monastiraki, c'était le rendez-vous des revendeurs avec les « rabatteurs », ceux qui quadrillent chaque jour la ville, la banlieue et les provinces, dans leurs *métaforas* (triporteurs à moteur). Aujourd'hui, s'y s'entassent encore sur la place quelques échoppes de brocanteurs, il ne s'y passe plus grand-chose d'intéressant pour les vrais amateurs.
Le dimanche matin (et dans une moindre mesure le samedi matin), les trottoirs des rues environnant Monastiraki (Adrianou, Ifestou) et les abords de la station de métro Thissio sont envahis par les revendeurs de petites bricoles.

La bibliothèque d'Hadrien (zoom détachable, C4) : *juste à côté de la mosquée Tsizdaraki, en allant vers l'Agora romaine. Tlj 8h-15h. Entrée : 4 € ; fait partie du billet groupé à 30 € – voir plus haut le texte sur l'Acropole.* Il reste peu de choses de ce bâtiment érigé sous l'empereur romain Hadrien, puis saccagé lors des invasions barbares. La salle tout au fond contenait probablement 17 000 « livres » (faits de rouleaux de papyrus). Mais l'intérêt principal de ce site secondaire est sans doute la statue de Niké (la Victoire), portant un bouclier et touchant terre : elle n'a été découverte qu'en 1988. Elle est à l'abri dans une pièce, sur la gauche après l'entrée.

➢ Monastiraki n'est guère plus grand que la place du même nom et les rues alentour : si l'on remonte vers la place Syndagma, on est tout de suite dans Plaka.

Le quartier de Plaka *(zoom détachable, D4-5)*

Plaka est le quartier le plus pittoresque d'Athènes. Visite presque obligatoire, le soir de préférence ou alors tôt le matin, avant que les badauds n'envahissent les rues. Mais ne croyez pas que c'est le petit coin ultra-typique « où l'on voit vraiment vivre les Athéniens ». Il y a là certainement plus d'étrangers que de Grecs. Dans certaines tavernes, des danseurs appointés exécutent le *sirtaki,* cette danse qui n'a jamais appartenu au folklore traditionnel grec... Mais Plaka est encore, par endroits, ce petit village planté comme ci comme ça. Chaque époque a apporté ses fantaisies de pierre et de brique, sans trop se soucier de conformité. Chaque

provincial ou émigré a apporté ses goûts, son architecture. C'est un merveilleux creuset de styles ! Se balader dans Plaka en pensant que la ville est tout autour, ça donne envie de siffloter. En l'air, c'est le ciel bleu, et, de temps en temps, au hasard d'une ruelle, le Parthénon.
On peut arbitrairement diviser Plaka en deux. Le *bas,* en gros autour des rues Kydathinéon et Adrianou qui traversent tout le quartier, complètement défiguré par les « marchands du temple » et le tourisme agressif. Le *haut,* autour des rues Tripodon, Épiménidou ou Bacchou, au-dessus des derniers restos installés sur la pente, qui prend le soir des teintes extraordinaires et ne manque pas de charme, en particulier un quartier dans le quartier, celui d'***Anafiotika*** *(zoom détachable, D5),* construit au XIXe s par des maçons de l'île d'Anafi : murs passés à la chaux, géraniums, ruelles étroites, on se croirait presque dans les îles !
En flânant, à l'extrémité de Plaka côté sud, vous tomberez immanquablement sur le *monument de Lysicrate,* appelé aussi par les Grecs la *lanterne de Diogène* (*zoom détachable, D5* ; près de la rue du même nom). Lysicrate, un riche citoyen, fêta par cet édifice sa victoire aux concours théâtraux de 335 av. J.-C. Le monument a appartenu à la France (acquisition faite en 1669). À côté se trouvait un couvent de capucins où Lord Byron vint mettre un peu d'animation en 1810-1811. Plusieurs musées dans Plaka, qu'on aborde d'ouest en est, en remontant vers la place Syndagma.

Les bains d'Aéridon *(zoom détachable, D5)* **:** *8, odos Kyrristou, près de la tour des Vents. ☎ 21-03-24-43-40. Ⓜ Monastiraki. Tlj sf mar 8h-15h. Entrée : 2 €.* Ces anciens bains publics turcs sont les seuls à Athènes à avoir été sauvés et (joliment) restaurés. Rien de très extraordinaire, mais un lieu agréable (et frais) où est plutôt bien expliquée, en grec et en anglais, l'importance qu'avaient les bains autrefois, pendant la période d'occupation ottomane. Petite salle vidéo et audioguides en location.

Le musée des Instruments de musique populaire grecque *(zoom détachable, D4)* **:** *1-3, odos Diogénous, pl. Aéridès. ☎ 21-03-25-01-98. • instruments-museum.gr • Ⓜ Monastiraki. Près de la tour des Vents. Tlj sf lun 8h-15h. GRATUIT. Boutique.* Cet intéressant petit musée présente, sur trois niveaux, les quatre grandes familles d'instruments de la musique traditionnelle grecque. Il s'agit de la collection d'un chercheur, Fivos Anoyanakis. On peut écouter le son des instruments grâce à des casques disposés près des vitrines d'exposition. *Gaïdas* et *tsambounés* vous feront immanquablement penser aux biniou et cornemuses bretons, les *zournadès* sont d'intéressants représentants de la famille des hautbois, au son très aigu. À l'étage, belle collection de « cordophones », du *baglamas* au *bouzouki* en passant par la *lyra* crétoise (est exposée celle de Nikos Xylouris, grand chanteur et instrumentiste crétois) et leurs nombreuses déclinaisons, sans oublier leurs cousins orientaux *(oud, saz).*
– Le musée organise des concerts (et des cours d'instruments traditionnels).

Également dans Plaka, mais sur les hauteurs, au pied de l'Acropole :

Le musée Kanellopoulos *(zoom détachable, C5)* **:** *12, odos Théorias et Panos. ☎ 21-03-21-23-13. Tlj sf lun 8h-14h. Entrée : 4 € ; réduc.* Un petit musée privé, vite parcouru mais gratuit, et climatisé. Pas mal pour prendre le frais en descendant de l'Acropole... D'un côté, œuvres et objets usuels antiques couvrant les périodes classiques (riche collection de cratères, bijoux en or, statuettes, bronzes...), avec un coup d'œil au passage sur les modestes fondations d'une maison byzantine. Dans l'autre partie, nombreuses croix et icônes byzantines, dont une belle mise au tombeau de Tzanès. École crétoise bien représentée. Calices, triptyques.

La place Syndagma *(zoom détachable, E4)*

Étendue au pied du Parlement, bordée de larges avenues à la circulation dense, la place Syndagma (la constitution, en grec) est la grande place d'Athènes. En grec, s'écrit Syntagma mais se prononce plutôt « Syndagma ». Au passage, vous ne manquerez pas de voir le Vieux Palais, construit pour le premier roi de Grèce, Othon, dans les années 1830, et les *evzones* de la garde, ces soldats « à la belle ceinture » (traduction littérale), portant fièrement leur fustanelle. Ils sont en principe relevés toutes les heures, nuit incluse (dans une ambiance alors un peu irréelle). Dans le prolongement de la place s'étend de part et d'autre d'odos Ermou ce que l'on pourrait nommer le centre-ville, percé de larges avenues commerçantes sans grand attrait.

LE PAS DE L'OIE

Les evzones avancent les jambes bien raides. Ce pas de l'oie rappelle ces volatiles gardiens du Capitole, qui caquetaient dès que l'ennemi approchait. Dommage que cette marche militaire évoque aussi les nazis qui torturèrent tant de Grecs.

Le Jardin national *(zoom détachable, E-F4-5)* **:** *entrée principale léoforos Amalias, près de la pl. Syndagma. Tlj de 7h au coucher du soleil.* Une oasis de fraîcheur, une débauche de plantes luxuriantes sur 158 000 m². Dommage qu'on ne puisse rester allongé sur les gazons moquettes. Dans le parc, un petit jardin botanique et un minizoo, ainsi qu'un café, très discret, situé le long de la rue Irodou Attikou, où se trouve le bâtiment de la présidence grecque.

De l'autre côté de l'avenue Vassiléos Konstandinou en vous éloignant du Jardin national, impressionnant ***stade*** en forme de U *(plan d'ensemble détachable, F6)*, le *Panathenaic stadium*, construit pour les premiers Jeux olympiques modernes de 1896. L'arrivée du marathon des Jeux de 2004 s'y est déroulée. On peut l'admirer de l'extérieur *(pour y entrer, 8h-17h en hiver et 8h-19h en été, il en coûte 5 €, audioguide compris).*

– Plusieurs musées importants sont situés sur léoforos Vassilissis Sofias qui constitue la limite sud du quartier de Kolonaki :

Le musée Bénaki *(zoom détachable, F4)* **:** *1, odos Koumbari ; à l'angle de Vassilissis Sofias. ☎ 21-03-67-10-00. • benaki.gr • Ⓜ Syndagma. Mer et ven 9h-17h, jeu et sam 9h-minuit, dim 9h-15h. Fermé lun et mar. Entrée : 9 € ; réduc ; gratuit le jeu (collection permanente slt) ainsi que moins de 22 ans.*
Installé dans un ancien hôtel particulier ayant appartenu à Antonis Bénakis, un riche Cairote d'origine grecque qui passa une grande partie de sa vie à collectionner les œuvres d'art et qui fit don de sa collection à l'État grec. Il existe aujourd'hui trois principaux musées Bénaki : le premier, celui d'odos Koumbari, est aussi le plus important ; le deuxième est consacré à l'art islamique (voir plus haut « Le quartier du Kéramikos ») et le troisième accueille des expositions temporaires d'art contemporain (voir plus haut « Gazi »). Le bâtiment d'odos Koumbari, typique de l'architecture néoclassique athénienne, propose un vaste panorama de l'hellénisme depuis les origines jusqu'à la Grèce contemporaine.
– *Rez-de-chaussée :* armes en bronze, bijoux, poterie « géométrique », délicats petits bronzes, rares casques de la période archaïque (VIe s av. J.-C.), figurines de terre cuite, remarquables bijoux en or (IIIe s av. J.-C.), notamment les couronnes de laurier et ceintures, d'une grande finesse d'exécution. Admirables tissus coptes (du VIIe s av. J.-C. au VIIIe s apr. J.-C.) préservés grâce au climat sec de l'Égypte. Noter en particulier le geste gracieux de la femme se regardant dans un miroir. Peignes en ivoire, peintures funéraires du Fayoum, meubles sculptés, icônes, très belle porte sculptée de sanctuaire venant d'Épire et figurant l'Annonciation (prodigieux travail de ciselage).
– La *nouvelle aile* abrite les œuvres de la période chrétienne et byzantine, dont une mosaïque représentant la Vierge (seul fragment sauvé des décorations murales d'un monastère de Constantinople), datant du Xe s, de nombreuses icônes de l'École crétoise et deux œuvres de jeunesse du Greco (*Saint Luc peignant la Vierge* et *L'Adoration des Mages*).

– *1er étage :* essentiellement consacré à la Grèce sous l'occupation turque ou vénitienne. L'art religieux est encore fortement présent, mais également l'art profane, avec de nombreux vêtements (habits de mariée, broderies...), représentant toutes les régions de Grèce. Ne pas manquer le *sperveri,* tissu brodé en provenance de Rhodes, destiné à éviter que des regards indiscrets ne s'égarent vers le lit de la mariée... Deux somptueuses salles de réception provenant de maisons seigneuriales de Kozani (en Macédoine) et datant du XVIIIe s ont été reconstituées. Nombreuses aquarelles représentant des vues d'Athènes par des artistes étrangers.
– *2e et 3e étages :* consacrés à la Grèce soulevée contre les Turcs (portraits des généraux insurgés, fusils, sabres...), puis devenue indépendante. Nombreux objets ayant appartenu à des combattants (pour l'essentiel des armes, dont les pistolets de Byron !). Photo de Vénizélos avec un général français en 1918 et caricature du même Vénizélos, en fustanelle, terrassant le tigre bulgare ! Des documents concernant de grandes figures de la littérature grecque contemporaine (Séféris, Élytis) complètent le panorama en le prolongeant jusqu'au XXe s.

Museum Resto : *ouv aux horaires du musée (à noter, jeu un buffet copieux, 20h30-minuit).* Clientèle pas vraiment routarde, mais la terrasse est sympa et les prix pas excessifs pour la qualité.

Le musée d'Art cycladique *(Fondation Goulandris ; plan d'ensemble détachable, F4)* **:** *4, odos Néofitou Douka ; autre entrée sur Vassilissis Sofias. ☎ 21-07-22-83-21. • cycladic.gr • Ⓜ Syndagma. Lun, mer, ven et sam 10h-17h, jeu 10h-20h, dim 11h-17h. Fermé mar. Entrée : 7 € ; 3,50 € lun ; réduc.*
Remarquable musée né de la passion du richissime couple Goulandris. Indispensable complément au musée Bénaki. Demander le petit fascicule en français (à côté des vitrines, certaines explications sont également traduites en français).
– *Rez-de-chaussée :* introduction à l'art cycladique au IIIe millénaire av. J.-C., période particulièrement riche et féconde sur le plan artistique. En effet, les Cyclades représentaient à l'époque, de par leur situation géographique, un pont naturel pour les courants d'influences évoluant d'est en ouest.
– *1er étage :* l'étage phare du musée, avec la collection cycladique riche de 230 œuvres (on ne dénombre au total que 1 600 figurines connues). Dans une douce pénombre, objets superbement mis en valeur. Les sculptures des Cyclades (Syros, Amorgos et les Petites Cyclades), un peu abusivement appelées « idoles », présentent des formes modernes étonnantes. Ceux qui pensaient qu'il s'agissait toujours d'œuvres de dimensions réduites seront surpris de voir une pièce de 1,40 m de haut (un peu moins grande que celle du Musée national, haute de 1,52 m, elle) ! On pense à Brancusi... Les œuvres correspondent à trois périodes : les figures dites « schématiques » (corps humain au modelé très rudimentaire), les figurines féminines en forme de « violon », enfin celles dites « type de Plastiras ». Ces dernières restent pour beaucoup un mystère. Retrouvées en grande majorité dans des tombes (donc couchées), elles devaient avoir une fonction spécifiquement funéraire, selon les archéologues. Cependant, certains fragments ont aussi été découverts dans des habitations. De même, pas de réponse à la symbolique des « bras croisés » : méthode d'exécution simplificatrice ou signification religieuse ? Et pourquoi n'a-t-on pas représenté les oreilles sur la majorité des statues ? Quant aux statuettes elles-mêmes, étaient-elles des représentations d'ancêtres vénérés, des concubines destinées à satisfaire le trépassé pendant son voyage, des substituts de sacrifices humains ? Nombreuses poteries et lames en bronze. Plats et vaisselle là aussi étonnamment design ! Voir en particulier cette étonnante pièce en marbre, d'un seul bloc, comportant une rangée de pigeons.
– *2e étage :* un panorama en concentré de l'art grec ancien, de l'âge du bronze à la période romaine. Bas-reliefs figurant des banquets, verrerie phénicienne (IIIe s av. J.-C.), ravissants tanagras, vaisselle de table en bronze d'Askos (IIe s av. J.-C.), amphores et cratères décorés, objets en bronze du Luristan (où c'est, ça ?), etc. On vous laisse chercher le satyre ! Quelques vidéos pour expliquer certaines techniques (poterie, soufflage du verre...).

– *3e étage (salle Levendi) :* collection d'art chypriote.
– *4e étage :* autour d'objets anciens, reconstitution de scènes de la vie quotidienne dans l'Antiquité : on suit, dans les vitrines, un fil conducteur, un jeune Grec, Léon, dont les étapes de la vie sont restituées. Muséographie plutôt réussie et très pédagogique. Petits films également, reprenant le fil conducteur.
– Le *palais Stathatos,* un bel exemple d'architecture néoclassique (1895) relié au bâtiment principal par une galerie intérieure, accueille les expos temporaires.

Le Musée byzantin et chrétien *(plan d'ensemble détachable, F-G4) : 22, léoforos Vassilissis Sofias. ☎ 21-32-13-95-00. • byzantinemuseum.gr • Ⓜ Évangélismos. Tlj sf lun 9h-16h. Entrée : 8 € ; réduc ; gratuit moins de 18 ans. Billet groupé à 15 € avec le Musée archéologique national, le Musée numismatique et le Musée épigraphique.* Muséographie contemporaine remarquable, pour partir à la découverte du monde byzantin, de ses origines (il est issu de la culture gréco-romaine) à sa fin (chute de Constantinople en 1453), sans oublier ses marges (section sur les coptes d'Égypte). De magnifiques pièces comme ce chrysobulle (document garantissant des privilèges) de l'empereur Andronikos II, de nombreuses icônes anciennes (certaines à double face ou en relief), des bijoux. Superbes fresques murales *(Dormition de la Vierge),* bols en terre cuite vernissés, mosaïques, éléments architecturaux (stèles, chapiteaux, pilastres, etc.), petits bronzes, icônes en argent repoussé ou en vermeil. Même les mécréants seront sensibles à cette splendeur... Le parcours se termine par une collection d'art religieux de la Crète vénitienne et d'Asie Mineure, courant jusqu'au XVIIIe s. Une illustration de la persistance et de l'évolution de l'esthétique orthodoxe bien après la chute de l'empire. Également des expos temporaires, présentées dans l'élégante villa Ilisia, bâtie au milieu du XIXe s et récemment restaurée. Resto.

Lykeion *(plan d'ensemble détachable, F4) : odos Rigillis (à deux pas du Musée byzantin). Tlj 8h-15h. Entrée : 4 € ; fait partie du billet groupé à 30 € – voir plus haut le texte sur l'Acropole.* Site archéologique à l'emplacement du Lycée où enseignait Aristote.

➢ Il est possible de compléter la visite en montant dans le quartier chic de Kolonaki, au pied du Lycabette.

La colline du Lycabette
(Likavitos ; plan d'ensemble détachable, F-G2-3)

☎ 21-07-22-70-65. Bus nº 60 d'odos Akadimias ou de la pl. Kolonaki ; à l'arrêt « Likavitos », odos Kléoménous, monter les marches qui restent et prendre le funiculaire pour le sommet ; il fonctionne 9h-3h du mat en été, tlj (départ ttes les 30 mn) ; entrée odos Aristippou, en face du nº 18. Tarif A/R : 7,50 € (5 € l'aller simple). Très cher pour 200 m de montée dans un tunnel ; les courageux monteront à pied (env 15 mn) : départ 100 m à gauche du téléphérique. Point culminant de la ville (277 m), coiffé d'une chapelle. Hyper touristique, mais belle vue jusqu'à la mer depuis le parvis. Ne pas manquer d'y grimper, si possible le matin ou la nuit pour découvrir tout Athènes illuminé. Restaurant sur place, très cher. On peut redescendre à pied dans le quartier chic de ***Kolonaki*** *(plan d'ensemble détachable, F-G3-4),* et flâner devant ses belles maisons néoclassiques, ses boutiques de luxe et ses galeries d'art.

Au sud de l'Acropole

Au sud-ouest de l'Acropole *(plan d'ensemble détachable, B-C5-6),* on peut monter sur la ***colline de Philopappou*** culminant à 147 m, moins pour le monument funéraire de ce prince syrien que pour la vue panoramique sur l'Acropole et une bonne partie de l'Attique, jusqu'au Pirée. En redescendant par le côté ouest, vous apercevrez des vestiges d'habitations. Enfin, de l'autre côté de la rue pavée, après l'église *Agios Dimitrios Lombardiaris* qui rappelle les églises de montagne, se trouve la ***colline des Nymphes*** avec l'observatoire de la ***Pnyx*** (lieu de réunion de l'Assemblée des citoyens, l'*ecclésia,* du VIe au IVe s av. J.-C.). Vous pourrez finir par l'***Aréopage*** *(zoom détachable, C5),* juste en face de l'Acropole, où se réunissait le tribunal du même nom. Attention, ça glisse (l'accès est facilité par un escalier métallique, mais une fois en haut, se méfier). Accès libre à tous ces sites.

Le musée de l'Acropole *(plan d'ensemble détachable, D6)* **:** *2-4, Makrygianni.* ☎ *21-09-00-09-00.* • *theacropolismuseum.gr* • Ⓜ *Akropolis. Entrée par odos Dionissiou Aréopagitou (la rue piétonne qui contourne l'Acropole). 1er avr-31 oct, lun 8h-16h, mar-dim 8h-20h (ven 22h). 1er nov-31 mars, lun-jeu 9h-17h, ven 9h-22h, w-e 9h-20h. Dernière entrée 30 mn avt la fermeture. Entrée : 5 € ; réduc ; gratuit moins de 18 ans de l'UE et étudiants de l'UE. Flash interdit.*

Dessiné par l'architecte franco-suisse Bernard Tschumi et son collègue grec Michel Photiadis, c'est un trapèze de verre de 25 000 m^2, dont une salle de 3 200 m^2 consacrée au seul Parthénon. Peut-être surdimensionné (en tout cas tant que les fameuses frises du Parthénon réclamées au British Museum ne quittent pas l'Angleterre pour rentrer au bercail – et rien n'indique que ce soit demain la veille), ce musée a coûté 130 millions d'euros. Conçu pour résister à un tremblement de terre de 10 degrés sur l'échelle de Richter, il est en quelque sorte sur « pilotis » (94 colonnes hyper résistantes le relient au sol et permettent aux sites découverts pendant les travaux, entre 1997 et 2004, de rester visibles sous la masse énorme de la construction).

La visite débute par les ***pentes de l'Acropole*** *(The Slopes of Acropolis),* une galerie en forme de plan incliné grimpant vers le 1er niveau. Sorte de mise en bouche avant les chefs-d'œuvre qui vous attendent plus haut, cet espace est consacré aux découvertes faites dans différents sanctuaires, longtemps restées ignorées dans les réserves de différents musées. Belle section sur les mariages, avec explication des rituels, cratères, *loutrophoroi* (de grandes jarres utilisées pour le bain nuptial) et ce « trésor » du sanctuaire d'Aphrodite Ourania (IVe s), un gros bloc de marbre avec une cavité creusée dans lequel on déposait une drachme pour que le mariage soit heureux...

En haut des escaliers, à l'arrivée au ***1er étage,*** plongée dans la période archaïque. Des fragments de frontons monumentaux appartenant à un temple antérieur à l'Acropole classique (l'*Hékatompédon*) témoignent d'une imagination plus débridée – parmi les êtres monstrueux et serpents, on voit notamment Héraclès combattant Triton. En se retournant, magnifique disque en bronze avec une gorgone. Après cette transition, on est prêt à affronter, à la droite des escaliers, un nombre ahurissant de chefs-d'œuvre du VIe s av. J.-C. Une « forêt de statues », dit-on...

Impossible de mentionner toutes les pièces : citons juste le *Moschophoros* (570 av. J.-C.), jeune homme portant sur ses épaules un veau qu'il va, le sourire aux lèvres, sacrifier à Athéna, et les innombrables *korai* (jeunes femmes) en marbre de Paros, toutes plus belles les unes que les autres, certaines gardant des traces de polychromie : *korê d'Anténor,* monumentale, grave, presque austère, *korê de Chios,* comme en tenue de soirée, avec ses mèches et ses boucles d'oreilles, *korê* aux yeux en amande, etc. À admirer encore, de magnifiques chevaux, un chien de chasse qui ne l'est pas moins...

En se rapprochant du fond de la salle, voici un superbe relief : *Athéna pensive,* la tête appuyée contre sa lance, influencée par le style dit sévère. Est-elle accablée ? Prépare-t-elle un bon tour à jouer à son rival Poséidon ? La première hypothèse tient la corde (selon certains, elle lirait sur la stèle devant elle la liste des Athéniens morts au combat contre les Perses...).

Vers le fond de la salle, explications très complètes sur l'*Érechthéion,* les *Propylées* et le temple d'Athéna *Niké* (Athéna victorieuse), avec notamment le détail de sa frise où l'on voit les Niké, déesses ailées de la victoire, s'affairer, pendant qu'Athéna se repose après ses combats. Si quatre parties de la frise manquent – elles sont au British Museum –, ne pas manquer la magnifique *Niké à la sandale,* dont le mouvement que fait la déesse pour dénouer sa sandale amène le chiton et le manteau à s'orner de plis donnant vie à la statue.

Enfin, derrière l'escalier, les cinq *caryatides* (la sixième est au British Museum, *of course*), vêtues du *péplos* dorique et d'un *himation* – sans doute des *choéphores* (porteuses de libations) qui honoraient le roi mythique Kékrops. La position de leurs bras n'est connue que par des copies romaines. On peut tourner autour du groupe, les voir chacune de dos, ce qui permet de comparer leurs chevelures, toutes différentes.

LES CARYATIDES

On nommait ainsi les habitantes de la ville antique de Carya, près de Sparte. Au cours d'une guerre punitive, on enleva les femmes de la cité. Les sculpteurs évoquèrent leur souvenir en les représentant sur des colonnes. La tradition est restée. En revanche, l'origine a été oubliée.

Le ***3e niveau*** est entièrement consacré au Parthénon et à ses ornements. Intéressant complément à la visite du site, une vidéo (environ 15 mn ; grec/anglais en alternance) détaille les frises et sculptures qui décoraient le bâtiment puis l'histoire de leurs détériorations successives. Suit une reconstitution de ces ornements, un peu déroutante avec sa poignée d'originaux perdus parmi les moulages. Bien entendu, c'est aussi le but : faire toucher de l'esprit l'immense perte pour la Grèce qu'est l'absence de ces marbres uniques.

Petit rappel : Lord Elgin, ambassadeur de Grande-Bretagne auprès de l'Empire ottoman, avait obtenu des autorités turques l'autorisation de prélever des pièces sur l'Acropole. Le sultan était au plus mal avec la France de Bonaparte (qui avait lancé l'expédition d'Égypte quelque temps auparavant) et n'avait rien à refuser à son allié, l'Empire britannique. Il semble qu'il y ait eu deux firmans (décrets émanant du sultan), le second, dont il ne subsiste qu'une traduction en italien, l'autorisant à prendre « quelques morceaux de pierre ». On connaît le résultat : 12 statues de frontons, 156 éléments de la frise du Parthénon, 15 métopes, une caryatide et la frise du temple d'Athéna Niké atterrirent dans 200 caisses qui prirent, non sans mal, la direction de l'Angleterre. Le Parthénon étant déjà en partie ruiné, cet acte de vandalisme fut le coup de grâce...

BIEN MAL ACQUIS...

Thomas Bruce, 7e Lord Elgin, ne l'emporta pas au paradis : son vol ne lui apporta pas la richesse escomptée, et les ennuis se succédèrent. Son bateau, chargé de 14 caisses de pièces pillées, fit naufrage à Cythère. Sa femme, rentrée plus tôt que lui en Angleterre, le trompa avec un proche, ce qui causa leur divorce. Arrivé en France, il fut empêché de rentrer dans son pays, et libéré à condition de faire allégeance à Napoléon. Un comble pour un Anglais ! À son retour, sa carrière diplomatique était terminée... Quasi en faillite, il mit longtemps à vendre ces pièces, que le British Museum lui acheta en 1816, pour à peine 35 000 £.

Pour bien comprendre ce qui a été perdu, il faut se souvenir que Périclès voulait que le Parthénon fût sans égal dans le monde connu de l'époque : il mit donc à la disposition de Phidias de gros moyens pour lui permettre de décorer les 92 métopes de reliefs (des panneaux rectangulaires entre lesquels s'intercalent des triglyphes ; aucun autre temple de l'époque n'avait l'ensemble des métopes ainsi décoré). Les sujets en sont divers, le plus souvent des thèmes mythologiques ou légendes attiques (par exemple une *gigantomachie,* ou combat des dieux

contre les géants, ou la lutte de Thésée contre les Amazones). Mais il y a encore plus fort : au-dessus, une frise continue de style ionique, longue de 160 m et haute d'un peu plus de 1 m, va faire le tour du Parthénon. À travers cette œuvre à part entière, Phidias peut donner libre cours à la fois à son imagination et à son souci du réalisme. Cette frise est donc l'innovation du Parthénon ; autre nouveauté, elle traite sans doute d'un sujet contemporain (et non mythologique), les Grandes Panathénées, procession sacrée qui se déroulait tous les 4 ans avec ce cortège en mouvement rendant compte de l'atmosphère de fête.
Malheureusement, cette frise est très abîmée, les éléments restés en Grèce sont peu nombreux, et il faut faire un certain effort d'imagination pour se représenter l'ensemble. Voir, en particulier, la plaque avec les jeunes gens menant les bœufs au sacrifice (côté nord de la frise), les porteurs d'amphores (trois jeunes gens tenant une amphore sur l'épaule, suivis par un quatrième qui se penche pour soulever la sienne) ou les trois dieux, Poséidon, Apollon et Artémis, assis.
Abîmés également et très incomplets, les frontons est et ouest.

On a ensuite bien mérité de descendre au ***café-resto*** et sa grande terrasse, au 2e étage, flanqué de la boutique : les tarifs des consommations et des plats sont démocratiques et on ne s'en plaindra pas *(ouv jusqu'à minuit ven).*

Le musée des Bijoux Ilias-Lalaounis (zoom détachable, D5) : *4A, odos Karyatidon. ☎ 21-09-22-10-44. • lalaounis-jewelrymuseum.gr • Ⓜ Akropolis. Mar-sam 9h-15h, dim 11h-16h. Entrée : 5 € ; réduc ; gratuit sam.*
Musée original exposant des créations d'un orfèvre contemporain qui s'est inspiré de l'art grec ancien et de 12 autres civilisations, depuis la Préhistoire. Il comprend, sur trois niveaux, 3 000 bijoux et microsculptures regroupés en 45 collections.
Ne manquez pas, au 1er étage, le « trésor de Priam », inspiré par la découverte de Schliemann sur le site de Troie. Le vrai trésor avait disparu du musée de Berlin durant la Seconde Guerre mondiale. Dix ans avant qu'on ne le retrouve au musée Pouchkine de Moscou, Lalaounis s'inspira des croquis de Schliemann pour créer cette collection ! Mais les autres collections ne sont pas moins intéressantes (art pariétal, art cycladique, etc.). Lalaounis a puisé son inspiration un peu partout, en Grèce avant tout, mais aussi chez les Celtes ou les Amérindiens, et également dans la nature (collection Mikrokosmos, et surprenante collection ADN, la plus récente, qu'il a réalisée à l'âge de 80 ans).
Dans le hall, possibilité de voir travailler un orfèvre. Au 1er étage, salle de vidéo en français (à demander par interphone). Petite cafétéria dans un patio et boutique, évidemment !

La porte d'Hadrien et l'Olympiéion (zoom détachable, E5) : *en bas d'Amalias, à l'angle d'Olgas. ☎ 21-09-22-63-30. Ⓜ Akropoli. Tlj 8h-20h. Entrée : 6 €. Fait partie du billet groupé à 30 € (voir plus haut le texte sur l'Acropole).* La porte date du IIe s ; elle séparait la ville grecque de la ville romaine. L'Olympiéion était un temple monumental (diamètre des colonnes : 2,38 m !), dédié à Zeus, dont il ne subsiste qu'un alignement impeccable de 15 colonnes sur les 104 que comptait le temple complet, chacune atteignant la hauteur respectable de 17,25 m. Commencés en 515 av. J.-C., les travaux s'achevèrent en 131 apr. J.-C. sous la direction d'Hadrien. Comme beaucoup de monuments de ce type, l'Olympiéion servit de carrière au Moyen Âge.

Festivals

– **Festival d'Athènes à l'odéon d'Hérode Atticus** (zoom détachable, C5) : *au pied de l'Acropole ; entrée sur Dionissiou Aréopagitou, à droite du chemin qui mène à l'Acropole. ☎ 21-03-27-20-00. • greekfestival.gr • Juin-août. Vente sur place le j. même 9h-14h et 18h-21h. Ou à la billetterie centrale de l'*Athens Festival, *39,* *odos Panepistimiou, passage Pesmazoglou (lun-ven 9h-17h, sam 9h-15h). Achat possible en ligne. Billets à tarifs variables selon spectacle : env 15-50 €.* Tragédies grecques, concerts classiques, jazz, ballets, opéras, avec des artistes internationaux. L'odéon n'accueille en fait qu'une partie des spectacles qui sont représentés en différents lieux à Athènes (et aussi à Épidaure).

– ***Festival de jazz :*** *début juin, à Technopolis (plan d'ensemble détachable, A4), quartier de Gazi, 100, odos Piréos. Rens sur le site de la mairie d'Athènes (• cityofathens.gr •) ou à l'IFA.* Ambassades européennes et instituts culturels s'associent à l'organisation. Le même lieu accueille aussi (la 1re quinzaine de juillet) le ***Festival international de danse.***

DANS LES ENVIRONS D'ATHÈNES

• Carte *p. 137*

Le musée Spathario du théâtre d'ombres : *odos Vassilissis Sofias et Dimitriou Ralli, pl. Kastalias, en plein centre de* ***Maroussi.*** *☎ 21-06-12-72-45. • karagiozismuseum.gr • Lun-ven 9h-14h. Préférable de téléphoner avt, les horaires peuvent varier. GRATUIT. Donation bienvenue.* Evgénios Spatharis (1924-2009) a été l'un des plus grands animateurs du théâtre d'ombres, le *Karaghiozis,* du nom de son principal héros, sorte de guignol grec qui, durant tout le XXe s, a fait rire des générations d'enfants (et d'adultes). C'est sa fille qui s'occupe de ce musée où sont exposés les figurines (incroyable, le nombre de personnages créés – même Hitler et Mussolini ont été passés à la moulinette *Karaghiozis*) et tout le matériel utilisé par Spatharis durant sa longue carrière. Si vous passez en même temps que des scolaires, vous pourrez mesurer à quel point Karaghiozis et ses compères sont populaires auprès des jeunes enfants grecs.

Les sites archéologiques

Attention : les horaires sont toujours susceptibles de modifications...

Élefsina *(Ελευσινα ; Éleusis en grec ancien)* **:** *1, Iéra Odos. ☎ 21-05-54-60-19. C'est à 23 km à l'ouest d'Athènes si l'on prend la route de Corinthe depuis le centre d'Athènes (on peut aussi s'y rendre par le nouveau périphérique contournant la capitale et rejoignant la côte à Éleusis). Bus no A16 depuis la pl. Élefthérias (appelée aussi Koumoundourou ; zoom détachable, C3). Tlj 8h-20h. Entrée (site et musée) : 6 € ; réduc.*

Au cœur de la ville subsistent les vastes vestiges du *sanctuaire des mystères d'Éleusis.* Haut lieu religieux de l'Antiquité, du VIIIe s av. J.-C. au IIe s apr. J.-C. L'origine de ce culte remonte à l'histoire de Déméter partie chercher sa fille Coré (Perséphone), enlevée par Hadès, le dieu des Enfers. À travers cette légende évoquant les cycles de la végétation était symboliquement abordée la problématique de la mort et de la renaissance. L'initiation, ouverte à tous (esclaves et femmes compris), consistait à mettre en action cette légende, afin de provoquer un sentiment de terreur, suivi par l'apaisement procuré par le salut et la renaissance. Ces mystères sont toutefois restés assez... mystérieux, les historiens manquant de textes suffisamment précis. On sait qu'ils se déroulaient sur 9 jours à l'automne, la procession partant du quartier du Céramique à Athènes et arrivant à Éleusis après 19 km de marche sur la Voie sacrée (Iéra Odos).

On conseille la visite du musée en premier, histoire de se familiariser avec la géographie des lieux, notamment grâce aux maquettes. À voir : les vestiges de la ville qui était entourée d'un mur d'enceinte, les grands et petits propylées, les ruines d'un arc de triomphe, du grand *télestérion* (salle d'initiation, en fait une sorte de temple au milieu duquel, dans l'*anaktoron,* trônait le *hiérophante,* prêtre des mystères : les initiés se tenaient autour et assistaient aux mystères).

Vravrona *(Βραυρωνα ; Brauron en grec ancien) : à 35 km à l'est d'Athènes. ☎ 22-99-02-70-20. Bus nº 304 depuis la station de métro Nomismatokopio (ligne de l'aéroport), mais il faudra marcher pour accéder à l'entrée. Prendre la route de Rafina et descendre au sud de Loutsa. Situé à l'ouest de Néo Vravrona, à 1 km des habitations. Tlj sf lun 8h-14h45. Entrée : 6 € ; réduc.* Petit site sympathique, perdu au milieu des collines couvertes de vignes. Il faut dire qu'il est plutôt mal indiqué. C'est un des plus vénérables lieux de culte d'Artémis en Attique, datant de l'époque archaïque, et où, selon la légende, Iphigénie – au lieu d'être sacrifiée – aurait fini ses jours comme prêtresse ! Deux animaux sacrés étaient associés à Artémis : la biche et l'ours. C'est ce dernier animal qui était célébré dans ce sanctuaire où les jeunes filles athéniennes, avant leur mariage, venaient suivre une initiation. À voir : portique, fondations d'un temple (en rénovation) et d'un sanctuaire, chapelle du XVe s. Petit musée intéressant à 1,5 km.

Le tumulus de Marathon *(Μαραθωνας) : à 42 km au nord-est d'Athènes (évidemment), un lieu historique présentant assez peu d'intérêt (on ne voit guère qu'un monticule). ☎ 22-94-05-51-55. Accès en bus depuis le parc Aréos (bus orange du KTEL de l'Attique). Tlj sf lun 8h-15h. Entrée : 6 € ; réduc.* En 490 av. J.-C., 10 000 Athéniens l'emportèrent sur 30 000 Perses, ne laissant sur le champ de bataille (dans les marais d'alors, derrière la plage de Schinias) que 192 morts enterrés sous le tumulus. Pour annoncer la victoire, un soldat courut à Athènes si vite qu'il en mourut (c'est du moins ce que rapporte la légende). La ligne bleue visible sur l'asphalte représente le parcours de l'épreuve du marathon moderne. Bref, si vous êtes perdu et que vous regagnez Athènes, respirez et... courez ! Toutefois, le peu à voir est visible de l'extérieur ! Le billet donne accès au musée situé, pour simplifier, à quelques kilomètres, au lieu-dit Vranas (bien indiqué). Mêmes horaires. Là aussi très peu à voir.

SOYONS PRÉCIS

Si le marathon se court sur 42,195 km très exactement, c'est pour une raison qui n'a rien à voir avec la Grèce : en 1908, aux Jeux de Londres, cette distance correspondait au trajet parcouru entre le château de Windsor et la loge royale, au stade de White City. Elle fut par la suite officialisée au cours des années 1920.

Amphiaraio *(Αμφιαραιο) : à 42 km au nord d'Athènes. ☎ 22-95-06-21-44. Prendre la route nationale (Ethniki Odos) en direction de Lamia, puis sortir à Markopoulo. Pas vraiment bien indiqué. On peut aussi y aller depuis Marathon en remontant vers le nord via Grammatiko et Kalamos. Accès en bus depuis le parc Aréos (ligne d'Oropos). Tlj 8h-15h. Entrée : 2 € ; réduc.* Joli petit site au fond d'un vallon boisé, « comme un Épidaure en réduction », a écrit Jacques Lacarrière. C'est le sanctuaire d'Amphiaraios, un des sept chefs qui assiégèrent Thèbes. Au IVe s av. J.-C., le culte de ce héros aux pouvoirs divinatoires s'installa ici, auprès d'une source réputée pour ses vertus curatives, lui octroyant la fonction de dieu guérisseur. À voir : vestiges de temple dorique, autel, installations pour la cure (portique à incubation où les « consultants » passaient la nuit afin d'être visités pendant leur sommeil par les rêves qui leur apporteraient des révélations sur leurs maladies), théâtre avec fauteuils d'orchestre étonnamment bien conservés, thermes.

Le cap Sounion *(Σουνιο) : ☎ 22-92-03-93-63. À env 65 km au sud-est d'Athènes. Les bus orange du KTEL de l'Attique partent de la pl. Égyptou, parc Aréos (Pédios Aréos en grec), près du Musée national (plan d'ensemble détachable, D-E1-2). Env 10-12 bus/j., 6h30-17h30. Retour 8h-20h ttes les heures env, soit par la côte ouest, soit par l'intérieur. Site ouv tlj de 9h30 au coucher du soleil. Entrée : 8 € ; réduc.*

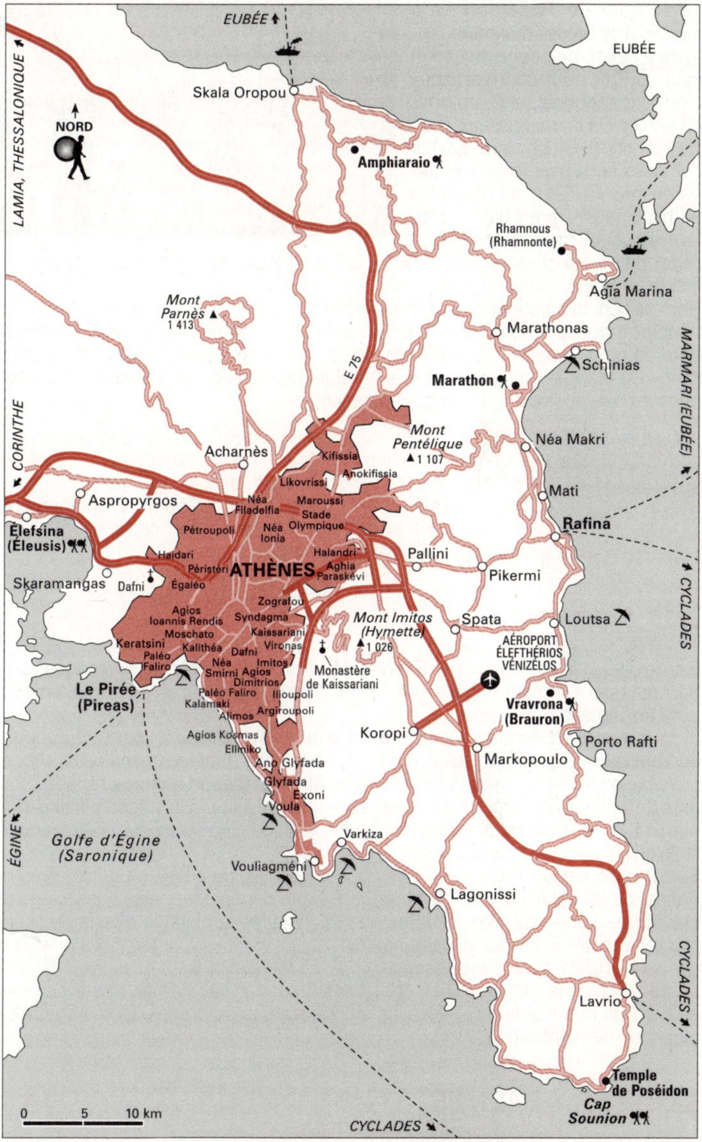

LES ENVIRONS D'ATHÈNES

> ### UN TAGUEUR NOMMÉ BYRON
> *Le pilastre d'angle (celui de droite) du temple de Poséidon au cap Sounion est couvert de graffitis, dont celui de Lord Byron, qui passa dans le coin en 1810 et voulut laisser sa trace. Comme quoi, on peut être poète et vandale à la fois ! Il n'était ni le premier ni le dernier...*

Le ***temple de Poséidon*** (Ve s av. J.-C.) se dresse majestueusement à l'extrême pointe du cap. Il vaut surtout pour son emplacement exceptionnel, en surplomb de la mer. De là, merveilleux coucher de soleil. On observe que les colonnes sont plus fines en haut qu'en bas (0,79 m de diamètre en haut pour 1 m en bas). Cette technique permet d'accentuer l'effet de perspective et de les voir plus hautes qu'elles ne sont (en fait, elles ne mesurent que 6,10 m de haut).

Hors saison, la cafétéria près du site est l'endroit le plus agréable pour admirer le temple : terrasse ombragée, vue imprenable et prix élevés. Mieux vaut manger en bord de plage, en contrebas du site : il y a deux restos abordables et bien situés (voir « Où manger dans les environs ? » plus haut). Si l'on veut absolument rester dans le coin, possibilité d'aller planter la tente :

⛺ ***Camping Bacchus :*** *à 5 km au sud-est du site archéologique, dans la direction de Lavrio. ☎ 22-92-03-95-72. • campingbacchus.gr • Tte l'année. Compter 20-26 € pour 2 avec tente et voiture. Réduc de 10-20 % selon saison sur présentation du dépliant de la chaîne* Sunshine, *dont le camping fait partie.* Ambiance conviviale. Plage à 250 m. Emplacements ombragés, confort correct. Snack-bar sur place.

Les plages

Est-ce bien utile de vouloir aller à la plage en Attique ? Les plages aménagées sont payantes pour la plupart (prévoir 4-5 € minimum), bondées et, en prime, embouteillages à prévoir...

Si vous êtes tenté, rendez-vous ***sur la côte au sud du Pirée,*** à *Voula, Vouliagméni* ou *Varkiza* (quelques criques sympas après la ville, appelées *Limanakia*). Accès possible en tramway jusqu'à Voula depuis Athènes (départ léoforos Amalias, tout près de la place Syndagma). Pour les autres, métro jusqu'à la station Elliniko, puis bus no 122. Moins loin du centre, et gratuite, la plage d'*Edem* à *Paléo Faliro* (accessible en tramway, station Edem).

Sur la côte est de l'Attique, vous pouvez essayer du côté de *Loutsa,* près de Rafina, ou de *Schinias,* près de Marathon. Cette dernière, appelée aussi plage de Marathon, bordée de pins, vaut le coup si l'on aime la planche à voile ou si l'on plante la tente au *camping Ramnous (☎ 22-94-05-58-55 ; • ramnous.gr • ; avr-oct ; env 20,50 € pour 2 avec tente et voiture ; réduc de 10-20 % sur présentation du dépliant de la chaîne* Sunshine, *dont le camping fait partie).* Vaste camping en bord de mer (sable fin), avec des emplacements ombragés. Dommage, il est moyennement entretenu.

QUITTER ATHÈNES

En voiture

➢ ***Vers le nord :*** du centre (pl. Omonia), pour gagner la route nationale de Lamia-Thessalonique, remonter sur plusieurs km l'odos Acharnon. De l'aéroport, beaucoup plus simple puisqu'il suffit de suivre l'Attiki Odos, la 4-voies qui contourne Athènes, et de prendre la direction Lamia-Thessalonique.

➢ ***Vers le sud :*** du centre, pour rejoindre la nationale vers Corinthe, prendre l'odos Athinon, également depuis

Au départ d'Athènes	Terminal	Fréquence journalière	Durée	Prix 2016
CÉPHALONIE	A	2 à 3	7 h	42,50 €
CORFOU	A	3	9 h 30	59,40 €
CORINTHE	A	20	1 h 30	9,30 €
DELPHES	B	4/5	2 h 30	16,40 €
ÉPIDAURE	A	2 à 3	2 h 30	11,90 €
GYTHION	A	5	4 h 30	25,90 €
IGOUMÉNITSA	A	4	7 h 30	48 €
IOANNINA	A	6 à 7	7 h	42,50 €
KALAMATA	A	11 à 12	3 h 30-4 h	24,20 €
KIMI (Eubée)	B	7	3 h 30	16,70 €
MONEMVASSIA	A	3 à 4	6 h	32,20 €
MYCÈNES (Mikinai)	A	15	2 h 30	11,80 €
NAUPLIE	A	15	2 h 30	14,30 €
OLYMPIE	A	2	5 h 30	32,50 €
PATRAS	A	30	3 h	20,60 €
PRÉVÉZA	A	5	6 h	40 €
MÉTHONI	A	2	5 h 30	30,90 €
SPARTE	A	9	4 h	21,30 €
THESSALONIQUE	A	11	6 h 30	43 €
TRIKALA	B	7 à 8	4 h 30	30,50 €
TRIPOLI	A	14	2 h 15	16,50 €
PYRGOS	A	10	5 h	30,10 €
VOLOS	B	10	4 h 30	29,80 €
ZANTE	A	2/3	7 h	28,40 €

Omonia. De l'aéroport, prendre Attiki Odos (à péage), c'est tout simple. Continuer vers le Péloponnèse, via Élefsina.

Transports en commun pour l'aéroport

Pour les détails, voir au début du chapitre « Athènes » la rubrique « Arrivée à l'aéroport ».

➢ ***Bus X95 de la place Syndagma :*** départ sur l'av. Othonos *(plan d'ensemble détachable, E4-5)*. Prix du billet : 6 €. Fonctionne 24h/24 ; départs ttes les 15-20 mn selon heure. Compter 50 mn de trajet s'il n'y a pas d'embouteillages (rare !), et jusqu'au double en cas de gros trafic.

➢ ***En métro :*** de n'importe quelle station. Il suffit de rejoindre la ligne 3, par exemple à Monastiraki, et de prendre le métro jusqu'au terminus. Attention : une rame ttes les 30 mn slt pour l'aéroport (les autres s'arrêtent avt). Prix du billet : 10 € (billets groupés moins chers). Compter env 45 mn depuis la station Monastiraki.

En bus interurbain

On peut se procurer à l'office de tourisme d'Athènes les listes avec les horaires détaillés de bus pour toutes les destinations.

Entre les gares routières A et B, de nombreux taxis proposent le trajet pour un prix raisonnable.

Terminal A *(hors plan d'ensemble détachable par A2,* ***1****)* **:** *100, odos Kifissou. ☎ 21-05-12-49-10 à 14. Pour atteindre cette gare routière, prendre le bus n° 051 à l'angle des rues Ménandrou et Zinonos, près de la pl. Omonia (ttes les 15 mn 5h-minuit) ; descendre au terminus. Les tickets peuvent s'acheter au 59, odos Sokratous (Omonia). ☎ 21-05-23-78-89. Lun-ven 7h-17h, sam 7h30-15h30.* La plus agréable des 2 gares routières (salle climatisée, cafétérias), bien que située dans un quartier peu engageant.

➢ Départs pour le ***Péloponnèse*** (Corinthe, Patras, Pyrgos, Olympie Nauplie, Épidaure, Kalamata, Tripoli, Sparte), les ***îles Ioniennes*** (Céphalonie,

Zakinthos, Corfou, Lefkada), l'***Épire*** (Igouménitsa, Ioannina, Parga), la **Grèce du Nord** (Thessalonique, Kavala).

Terminal B *(plan d'ensemble détachable C1,* ***2****)* ***:*** *260, odos Liossion (en face ; la station est dans une rue qui prend à hauteur du 260, odos Liossion).* ☎ *21-08-31-71-86. Pour rejoindre cette gare routière, métro jusqu'à la station Attiki, puis bus n° 024 jusqu'à l'arrêt « Praktoria » (possible aussi à pied : 15 mn de marche).*

➢ Départs pour la **Grèce centrale** (Delphes, Galaxidi, Trikala – les Météores –, Thèbes, Livadia, Agios Konstandinos, Larissa), ***Eubée*** (Halkida et Kimi), ***Volos*** et la région du ***mont Olympe*** (Katérini).

Bus du KTEL de l'Attique *(bus orange)* ***:*** *28, odos Mavromatéon ; près de Pédios Aréos (ou parc Aréos ; plan d'ensemble couleur détachable, E-F1).* ☎ *21-08-80-80-80. • ktelattikis.gr • Du centre d'Athènes, ligne 1 du métro direction Kifissia, arrêt Victoria, ou trolleybus jaunes nos 2 ou 4.*

➢ Nombreux bus pour le ***cap Sounion*** (2h, soit par la côte, soit par les terres), ***Marathon, Rafina*** (le port qui dessert Andros et Tinos ; compter plus de 1h de trajet), ***Skala Oropou, Lavrio,*** ainsi que pour ***Thessalonique*** *(pour cette dernière destination, bureau odos Mavromatéon et Loulianou,* ☎ *21-08-22-63-45 ; une dizaine de bus/j.).*

Fréquence des bus (voir page suivante)

En train

– Rens : ☎ *1110 ou 21-05-29-77-77. • trainose.gr • Les horaires sont disponibles au bureau d'OSE (les chemins de fer helléniques), 6, odos Sina (plan d'ensemble détachable, E3).* ☎ *21-03-62-44-06. Lun-ven 8h-15h30. On peut y faire les résas.*

Athens Central Railway Station *(plan d'ensemble détachable, C1)* ***:*** ☎ *21-08-21-75-34. Trolley n° 1, sur odos Panépistimiou, ttes les 10 mn env, 5h-minuit. Également bus n° B5 de léoforos Alexandras ou métro ligne 2 (descendre à la station Stathmos Larissis).*

➢ ***De/vers Halkida (Eubée) :*** 20 trains/j., 4h-23h env. Trajet : 1h30.

➢ ***De/vers Volos :*** 1 train direct/j. Env 4h30 de trajet. Sinon, changer à Larissa (nombreuses correspondances pour Volos).

➢ ***De/vers Thessalonique :*** env 15 trains/j., 7h-minuit env. Trajet : env 4h en *InterCity Express,* 5h en *InterCity,* 6-7h en train classique.

➢ ***De/vers Kalambaka et les Météores :*** 1 train direct/j. Trajet : 4h30. Sinon, prendre le train pour Thessalonique et changer à Paléofarsalos.

➢ Plus de trains en direction du Péloponnèse, sauf pour ***Corinthe.*** Attention : pour Corinthe, le trajet se fait en *proastiakos,* dont le départ se fait de l'aéroport (une quinzaine d'A/R par j.). Pour rejoindre cette ligne depuis le centre-ville d'Athènes, prendre le métro en direction de l'aéroport (ligne 3) jusqu'à la station Doukissis Plakentias et récupérer le *proastiakos* venant de l'aéroport. Trajet : un peu plus de 1h.

En bateau

➢ ***Depuis Le Pirée :*** voir plus loin la rubrique « Quitter Le Pirée ».

➢ ***Depuis Rafina :*** voir le texte consacré à Rafina.

LE PIRÉE (PIRÉAS ; ΠΕΙΡΑΙΑΣ)

190 000 hab.

• Pour le plan du Pirée, se reporter au plan détachable en fin de guide.

Port d'Athènes d'où partent la majorité des bateaux qui desservent les îles. Le Pirée se divise en deux parties d'importance inégale : le premier port (proche du terminus de métro, accès facilité par une passerelle) se subdivise en

plusieurs quais (*akti* en grec). En sortant du métro, on a devant soi, légèrement sur la droite, l'akti Kondyli ; en prenant à gauche, c'est l'akti Possidonos ; et, en continuant, on arrive sur l'akti Miaouli. On peut avoir à marcher un peu (ou, pire, à courir si le bateau est sur le point de partir) pour rejoindre son bateau, donc ne pas arriver au dernier moment. Un nouveau quai, extension du port principal, a été aménagé (akti Vassiliadi), tout au bout sur la droite, à un bon kilomètre du métro. Un bus gratuit fait la navette. Le second port – la marina Zéa –, d'où ne part aucun bateau pour les îles, semble à l'opposé du premier : bordé de cafés et de restos, très animés le soir, où la jeunesse grecque se retrouve. Dans la marina sont amarrés les yachts des fameux armateurs grecs. Pour aller à la marina Zéa, bus nº 904 (en face de la station de métro) ou trolleybus jaune nº 20 (près de la station de métro). À pied, compter 20-25 mn. Citons également Microlimano, une minimarina située à l'est du Pirée et bordée de restos chic.

Comment y aller ?

➢ Métro (ligne 1) de la pl. Omonia, de Monastiraki, de Victoria ou de Thissio, ttes les 10 mn 5h-minuit. C'est le plus simple. Prévoir 20 mn depuis Omonia.
➢ De Syndagma, bus nº 040, 5h-minuit également, et d'Omonia bus nº 049.
➢ De l'aéroport, bus X96. Arrêt « Harbour ». Trajet : 1h-1h30 selon circulation.

Adresses utiles

✉ ***Bureau de poste :*** *à l'angle des rues Filonos et Tsamadou. Lun-ven 7h30-20h, sam 7h30-14h.*

■ Nombreuses ***banques*** avec distributeurs, regroupées, pour la plupart, sur l'akti Miaouli *(lun-jeu 8h-14h, ven 8h-13h30).*

Où dormir ?

La plupart des ferries et catamarans partent entre 7h et 8h, ou l'après-midi après 16h. Faute d'adresses bon marché ou à prix moyens correctes, il n'est pas absolument nécessaire de dormir au Pirée, puisque le métro fonctionne le matin dès 5h30 (sur le port, on est à 30 mn du centre d'Athènes). Et même quand le métro est fermé (après minuit), le taxi pour le centre d'Athènes ne coûte pas bien cher. Les bateaux pour les îles Saroniques partent, quant à eux, régulièrement tout au long de la journée.

Piraeus Dream City Hotel *(plan détachable Le Pirée, **11**) : 79-81, odos Filonos, 185 35. ☎ 21-04-11-05-55. • piraeusdream.gr • Selon saison, doubles standard 50-100 €, familiales 80-160 €, petit déj compris. Réduc de 10 % sur présentation de ce guide.* Rien à redire sur ce petit hôtel tout neuf, frais et impeccable. Chambres au design étudié, dotées de tout le confort et d'une terrasse en prime. Bien situé, et en plus, on y est chaleureusement accueilli. Notre meilleure adresse au Pirée. Agréable restaurant sur le *roof garden,* ouvert midi et soir.

Lilia Hotel *(plan détachable Le Pirée, **12**) : 131, odos Zéas, 185 34. ☎ 21-04-17-91-08. • liliahotel.gr • Selon saison, doubles 40-65 €, petit déj compris. Réduc de 5 % sur présentation de ce guide (si paiement en espèces ou résa en direct).* Dans un quartier discret du Pirée, à 50 m de la marina Zéa (c'est la rue qui monte depuis la platia Kanari) mais à 1 km du quai d'embarquement des ferries. Petit et familial, l'hôtel comprend 20 chambres joliment décorées, avec TV et salle de bains ancienne mais tout à fait correcte et propre. Terrasse pour chacune. Belle vue depuis les derniers étages.

Hotel Anemoni *(plan détachable*

Le Pirée, ***13****) : 65-67, odos Évripidou, 185 32. ☎ 21-04-11-17-68. • anemoni.gr • Dans une rue perpendiculaire à Dimokratias. Tte l'année. Double env 65 €, petit déj compris (prix tenant compte d'une réduc de 30 % sur présentation de ce guide). Parking souterrain.* Assez proche du port, mais sans les nuisances. Un hôtel pas tout récent mais plutôt bien entretenu. Une cinquantaine de chambres confortables, avec AC et TV. Bon rapport qualité-prix et accueil agréable.

Où manger ?

Quelques gargotes autour du port, ça va de soi. Sinon, les tavernes de la marina Zéa. Choisir suivant son intuition. Les restos de Microlimano, situés au bord de l'eau, sont assez snob et vous facturent de nombreux suppléments : l'ambiance petit port de plaisance se paie comptant !

Café-restaurant + Ousia *(plan détachable Le Pirée,* ***22****) : 5, odos Paléologlou (pl. Terpsithéas). ☎ 21-04-22-20-05. Remonter la rue Mérarchias qui part du port en face de la porte E. Fermé dim et lun soir. Env 15 €.* Sous ce nom mystérieux se cache un petit restaurant crétois qui propose nombre de spécialités de la grande île. C'est la cantine de pas mal d'employés du coin. Terrasse sur estrade. Service rapide.

Restos de poisson de la marina Microlimano *(hors plan détachable Le Pirée,* ***23****) : on peut s'y rendre par le bus n° 20. À pied, pas évident : il faut suivre Dimokratias jusqu'au bout (ça grimpe dur !), redescendre, puis longer la marina vers la gauche. Prévoir au moins 30 € le repas complet sans les boissons.* Toute une brochette de restos chic le long de la mer, sur des terrasses couvertes. Rien de génial à notre goût, et en plus, les serveurs racolent sans vergogne dans la rue. Cela dit, le cadre est extrêmement appréciable, il faut bien l'avouer.

À voir

Le Musée archéologique *(plan détachable Le Pirée) : 31, Har. Trikoupi. ☎ 21-04-52-15-98. Tlj sf lun 8h-15h. Entrée : 4 € ; réduc.* Quelques très belles pièces de statuaire. Le clou du musée, ces quatre grandes statues de bronze découvertes au beau milieu du Pirée en 1959. Deux d'entre elles, représentant Apollon et Artémis, frôlent les 2 m de hauteur, et celle d'Athéna, la plus majestueuse de toutes, atteint les 2,35 m. Au rez-de-chaussée, colossal mausolée du IVe s av. J.-C. Au 1er étage, poteries d'une grande finesse artistique et jolis bas-reliefs. Dans la cour, un petit amphithéâtre entouré de nombreuses stèles funéraires, sarcophages et urnes.

QUITTER LE PIRÉE

En bateau

En principe, cela devrait être la seule raison ou presque de venir au Pirée... Si possible, en été, éviter les vendredi et samedi soir, et en particulier les week-ends de fin juillet ou début août : c'est de la pure folie, on a l'impression que tout Athènes embarque pour les îles. Pour les îles Argo-Saroniques, les départs se font depuis la Gate E8, proche de la pl. Karaïskaki.

Le ***port principal*** *(plan détachable Le Pirée)* est gigantesque, et ses différents quais se trouvent autour de la platia Karaïskaki (à 200 m à gauche en sortant de la station de métro). N'y arrivez pas à la dernière minute, en particulier si vous êtes à pied. Trouver le bon bateau et y accéder peut prendre un peu de temps. Heureusement, il existe une navette gratuite pour les quais les plus éloignés. Munissez-vous du plan d'Athènes et du Pirée offert par l'office de tourisme ; il permet de mieux visualiser cette multitude de quais d'embarquement. Le port du Pirée a également édité un plan bien fait (on le trouve sur place). Les agences qui vendent les billets sont toutes à proximité de la station de métro ; des guérites sont également disposées sur les quais d'embarquement.

➢ ***Pour se rendre en voiture au port principal :*** depuis le centre d'Athènes, rejoignez l'av. Syngrou, continuez tout droit, direction « Central port, station » ; arrivé au port, repérez-vous en fonction de votre île de destination (les départs sont regroupés par portes d'embarquement). Il existe un parking couvert proche des quais, pour ceux qui souhaitent laisser leur voiture au Pirée : le ***parking Acropole,*** ouv 24h/24, accessible par les rues Aristidou et Gounari *(plan détachable Le Pirée).* Attention, il est particulièrement difficile de circuler et de se garer en ville.

Renseignements

– ***Port du Pirée :*** ☎ *14-541 (0,89 €/appel) ou 21-04-55-00-00.*
– Tous les départs du jour et du lendemain sont indiqués dans le supplément *(Kathimérini)* du *Herald Tribune.* Infos également à l'office de tourisme d'Athènes et là, c'est gratuit.
– Agences et compagnies maritimes : inutile de se fatiguer, toutes les agences pratiquent les mêmes prix pour les ferries. Mieux vaut tout de même passer par les agences centrales.

En bus

➢ ***Pour l'aéroport de Spata :*** bus X96 qui part du port pl. Karaïskaki (entre les portes E7 et E8).
➢ ***Pour rejoindre les gares routières à Athènes :*** prendre le bus n° 420 près de l'agence *Hellenic Seaways* (acheter son ticket dans un kiosque).

RAFINA (ΡΑΦΗΝΑ) (190 90) 13 000 hab.

Petite ville à 28 km à l'est d'Athènes, très fréquentée l'été (résidences secondaires des Athéniens). Rafina est un petit port à taille humaine (rien à voir avec Le Pirée) mais, depuis l'ouverture de l'aéroport à Spata, Rafina est devenue stratégiquement intéressante, du moins pour atteindre certaines Cyclades ou pour passer en Eubée.

Arriver – Quitter

➢ ***En bus*** depuis Athènes, sur odos Mavromatéon en face du n° 29 *(plan d'ensemble détachable, D-E1),* près de la pl. Égyptou (bus blanc et orange du *KTEL* de l'Attique). De et vers l'aéroport également, bus réguliers jusqu'à env 21h.

➢ ***En voiture*** d'Athènes, compter au moins 1h à cause des embouteillages.
➢ ***Bateaux*** pour certaines îles des Cyclades ainsi que pour l'île d'Eubée (port de Marmari).

Adresses utiles

Capitainerie du port : ☎ *22-94-28-88-88.* Une bonne dizaine de liaisons journalières vers les Cyclades (pour les détails, se reporter au *Routard Îles grecques)* et 3 à 4 vers l'île d'Eubée (Évia), ce qui économise de la route si l'on souhaite aller dans le sud d'Eubée.
■ ***Billets de bateau :*** nombreuses agences autour de l'embarcadère.

Où dormir ?

On ne dort à Rafina que si l'on a un bateau pour les Cyclades à 7h30 du matin. Les hôtels de Rafina sont donc traités dans le *Routard Îles grecques.* Voici néanmoins un camping :

⛺ ***Camping Kokkino Limanaki :*** *à 1,5 km du centre-ville de Rafina, sur la route côtière entre Rafina et Mati, au-dessus d'une jolie plage aux falaises ocre. ☎ 22-94-03-16-04. • athens campings.com • Tte l'année. Prévoir 26 € pour 2 avec petite tente et voiture. Réduc de 10 % sur présentation de ce guide.* Environ 65 emplacements. Ombragé et surplombant la mer. Propreté correcte. Un point noir : le camping est très fréquenté et bruyant (le resto, *Balkoni,* est ouvert aux clients venant de l'extérieur, et ce jusqu'à 2h du mat...) sans parler des avions. Location de « huts » (sommaires) également. Le patron, accueillant et disponible, parle le français. Plage agréable et ventée, ce qui rend les grosses chaleurs plus supportables.

ÉGINE (ΑΙΓΙΝΑ) (180 10) 14 000 hab.

• Carte L'île d'Égine *p. 145*

Île la plus proche d'Athènes, plus peuplée que la moyenne, Égine n'est pas la plus dépaysante des îles grecques mais peut faire l'objet d'une escapade à la journée (ou plus si affinités) pour s'extraire de la capitale. C'est ce que font les Athéniens, investissant les lieux en nombre le week-end, l'été en particulier. L'occasion d'associer baignade et découverte de l'élégant temple d'Aphéa, juché sur une colline dominant la mer, avant d'aller manger dans une taverne sur les quais. Et de grignoter quelques pistaches, spécialité de l'île (nombreuses boutiques sur le port).

EN ATTENDANT L'APÉRO

Après avoir été récoltées à la main en fin d'été, les pistaches d'Égine sont dépiautées de l'enveloppe de « velours » qui les protège puis passées dans une machine qui les presse légèrement pour en ouvrir la coque. Saupoudrées de sel et de jus de citron, elles sèchent enfin 2 jours au soleil (ou au four). Ne reste plus qu'à sortir l'ouzo.

UN PEU D'HISTOIRE

Dans l'Antiquité, Égine fut la grande rivale d'Athènes. On y frappa les premières monnaies grecques. Sa flotte était puissante, elle s'allia aux Perses et vainquit Athènes. Plus tard, elle s'unit avec Sparte, mais Athènes sortit cette fois victorieuse. Les habitants de l'île furent alors déportés et remplacés par des colons athéniens.

Arriver – Quitter

➢ ***Du/vers Le Pirée :*** départs (fréquents) de la *Gate E8,* à côté du débarcadère des ferries pour les Cyclades (E7) et de l'arrêt du bus X96 qui relie Le Pirée à l'aéroport. Retour au même endroit.

– *En ferry :* le trajet dure env 1h30 pour le port d'Égine (1h10 pour Souvala). En été, compter 8-10 rotations/j. (2-4 pour Souvala et Agia Marina), avec *Saronic Ferries* par exemple *(• saro nicferries.gr •).*

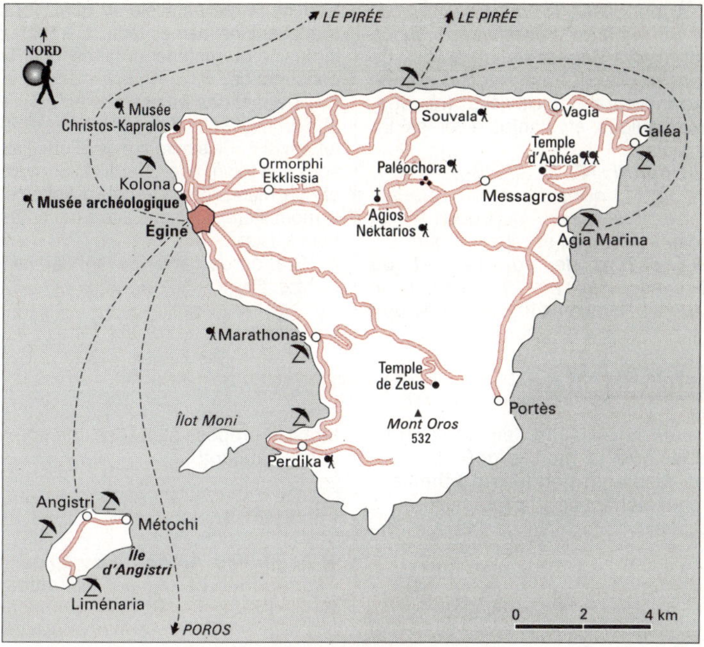

L'ÎLE D'ÉGINE

– *En bateau rapide :* un peu plus chers mais plus rapides, les *Flying Dolphins* d'*Hellenic Seaways* (● hellenic seaways.gr ●) naviguent tlj, tte l'année, sf grosses intempéries. Juin-sept, env 1 départ ttes les 2h, 7h-19h. Trajet : 40 mn.

LE PORT D'ÉGINE

Ville principale de l'île, Égine en est aussi l'un des endroits les plus agréables, avec ses barques de pêche sagement alignées le long de la promenade du front de mer, et ses ruelles qui s'entortillent à l'arrière. Très photogénique, l'adorable chapelle d'un blanc immaculé construite au bout du quai.
Évitez de vous baigner sur la petite plage près du port. À 500 m au nord en longeant la côte, après le Musée archéologique, s'étend en contrebas de la route la bien plus jolie baie de ***Kolona,*** ombragée de pins.

Adresses utiles

✉ ***Poste :*** *à gauche du débarcadère, sur la pl. Ethnégersias (arrêt des bus). Lun-ven 7h30-14h30.* Distributeur également.

■ ***Banques :*** *sur le port. Lun-ven 8h-14h.* Change et distributeur automatique de billets dans chacune d'elles.

■ ***Agence PTA Tours :*** *☎ 22-97-02-40-63. • ptatours@otenet.gr •* Tenue par Yannis Papadakis, amoureux de son île d'adoption. Résa d'hôtels, organisation d'activités (randos, tours guidés, etc.), infos diverses. En anglais.

Hôpital : *☎ 22-97-02-22-09/51. Remonter odos Sokratou (rue avt l'église sur le port), puis odos Mitropoléos ; l'hôpital est sur la droite.*

■ ***Location de voitures et de 2-roues :*** *prévoir env 15-20 €/j. pour un scooter.* Nombreux loueurs sur le port et dans la rue parallèle au quai. Tous pratiquent les mêmes tarifs. Comparez la qualité du matériel et faites jouer la concurrence.

Départ des bus : *sur la pl. Ethnégersias (à gauche du débarcadère). Billet env 2 €.* Plusieurs lignes : l'été, liaisons 7-8 fois/j. avec Perdika, Souvala et Agia Marina (via le temple d'Aphéa et le monastère). Liaisons 2 fois moindres hors saison.

Station de taxis : *devant l'embarcadère. ☎ 22-97-02-20-10.*

Où dormir ?

Éviter, si possible, les week-ends, ainsi que le mois d'août lorsque les rues sont bondées d'Athéniens venus échapper à la fournaise de la capitale.

Prix moyens

Pension Électra : *25, odos Léonardos Lada. ☎ 22-97-02-67-15 ou 44-74. 69-38-72-64-41. • aegina-electra.gr • En retrait, dans une ruelle perpendiculaire au port. Avr-oct. Compter env 45 € la double. CB refusées. Pas de petit déj.* Chambres pimpantes à l'allure marine, avec balconnet, AC et frigo. Vue sur la mer depuis la n° 5. Propreté irréprochable.

Hotel Plaza : *4, odos Kazantzaki. ☎ 22-97-02-56-00. • aeginahotelplaza@gmail.com • Sur le port, au nord (à gauche) de l'embarcadère. Doubles 35-45 €, jusqu'à 60 € le w-e en juil-août ; petit déj inclus.* Dressé sur le port, cet établissement coquet et familial offre des chambres modernes et confortables (clim), les plus sympas avec balcon ouvrant sur la mer – et les terrasses des restos en contrebas, possiblement bruyantes l'été. Salles d'eau très étroites en revanche, on se douche sur les toilettes... Accueil chaleureux d'Erik, qui gère également l'hôtel *Ulrika* voisin (chambres plus vastes mais sans vue ; mêmes tarifs) et propose aussi des chambres chez l'habitant.

Plus chic

Aeginitiko Archontiko : *1, odos Thomaïdou et Agiou Nikolaou. ☎ 22-97-02-49-68. • aeginitikoarchontiko.gr • En retrait du port, près de la tour de Marcellus (du quai, remonter l'odos Aiakou), c'est la maison rouge foncé. Tte l'année. En hte saison, doubles env 60-70 € avec petit déj.* Le bâtiment date du début du XIXe s et s'enorgueillit d'avoir abrité dans ses murs quelques grands noms de l'histoire grecque. Les peintures dans le salon ont été réalisées par des artistes vénitiens. Une douzaine de chambres claires et propres, avec salle de bains, parfois un balcon. Terrasse pour profiter du soleil et courette intimiste pour prendre le petit déj, à moins que vous ne préfériez le *roof garden.* Une adresse dotée d'une vraie personnalité, doublée d'un accueil extrêmement chaleureux.

Hotel Brown : *sur le port. ☎ 22-97-02-22-71. • hotelbrown.gr • De l'embarcadère, aller vers la droite, env 150 m après l'église. Fin mai-fin sept. Doubles 55-65 €, triples 65-75 €. Petit déj-buffet 5 €.* Installé dans une ancienne usine d'éponges du port, un bel hôtel (chaux blanche, pierres apparentes et huisseries bleues) reconnaissable par son blason sculpté sur la façade, un hippocampe. Une petite trentaine de chambres, confortables et bien équipées. Une douzaine sont situées dans des bungalows donnant sur le jardin charmant et calme à l'arrière de l'hôtel, d'où l'on oublie rapidement que l'on est en plein centre. Bon accueil.

Où dormir ailleurs sur l'île ?

Vagia Hotel : *dans le village de* ***Vagia,*** *sur la côte nord de l'île, à env 14 km d'Égine-ville (et 5 km de Souvala).* ☎ *22-97-07-11-79.* • *vagiahotel.gr* • *3 bus/j. Double env 45 €, petit déj inclus.* À l'écart du circuit touristique, dans un petit village de maisons secondaires, un établissement familial, simple et chaleureux, pour qui recherche tranquillité et isolement. Moins d'une vingtaine de chambres, toutes avec balcon, conçues dans le style traditionnel avec murs crépis à la chaux, un peu vieillottes pour celles situées dans le bâtiment le plus ancien. Délicieuse terrasse sous une tonnelle ourlée d'arbres et de fleurs, pour le bon petit déj maison. Courte plage (assez banale) et minuscule port à 200 m, avec une paire de tavernes faisant face à Athènes, illuminée le soir.

Où manger ?

Pour un en-cas sur le pouce, guirlande de cafés et snacks le long de la promenade du front de mer, ainsi que des épiceries dans les rues à l'arrière et un supermarché, *Kritikos,* sur la route d'Agia Marina, après l'église et le stade. Plus pittoresque, un petit marché flottant, où l'on vend sur des bateaux fruits et légumes tout frais débarqués du Péloponnèse. Cher, cela dit.

De bon marché à prix moyens

Yiladakis : *juste derrière le marché aux poissons.* ☎ *22-97-02-73-08. Tlj. Repas env 10-15 €.* Gargote du marché, populaire et familiale où se mêlent autochtones et touristes. Poulpes et crevettes grillés, sardines... Que du frais, accompagné de délicieux légumes à déguster sur la terrasse dans la ruelle ou dans la petite salle. Très bon rapport qualité-prix et service sympa, bien que l'endroit soit devenu assez touristique.

Restos de poisson en bord de mer : *au nord (à gauche) de l'embarcadère. Repas env 15 €.* Une demi-douzaine d'adorables terrasses alignées côte à côte sur le quai, presque à fleur d'eau. Tous pratiquent à peu près les mêmes tarifs, pour une qualité en gros similaire.

Kappos-Etsi : *9, odos Ireioti (la ruelle parallèle au front de mer, à env 150 m au sud du débarcadère).* ☎ *22-97-02-72-19. Tlj le soir slt. Repas env 15 €.* Patio ou grande salle tout en sobriété, au service d'une néocuisine grecque qui a fait ses classes dans les grandes maisons. Si la carte référence quelques classiques, laissez aller votre fourchette à plus d'inventivité : *feta fest* (feta panée au miel et pistaches), porc caramélisé sur un *coleslaw* épicé, etc. La créativité du chef aiguise les papilles sans forcer sur les prix ni sur le décorum. Une jolie découverte.

Maridaki : *sur le port, avt l'église. Repas env 15 € ; plus cher si l'on prend du poisson.* Bonne cuisine traditionnelle proposant, entre autres, un grand choix de poisson (rouget, mulet, petite friture), comme partout un peu cher. Mais également nombreux *mezze* délicieux, légumes frits pas gras, tarama, *tzatziki...* Salle printanière, ou sympathique terrasse l'œil sur les barques de pêche.

Le tour de l'île

Louer un vélo ou un scooter pour visiter l'île. Location à l'heure ou, plus avantageux, à la journée. Il faut généralement rendre l'engin à 18h. La route ne fait pas le tour complet de l'île. Au nord, elle s'arrête peu après Agia Marina, au sud peu après Perdika. Pour rejoindre ces deux extrémités, il faut repasser par Égine-ville. Bus fréquents en saison. Pour les marcheurs, l'île compte 90 km de sentiers balisés en plusieurs circuits, de 10 à 22 km. Possibilité, enfin, de rejoindre en 15 mn de ferry l'île d'en face, *Angistri,* gros rocher couvert d'une forêt de pins. Seulement 800 habitants, quelques tavernes, la plage, des sentiers. De quoi se laisser vivre...

Vers le nord

Le circuit ci-après part du port vers le nord, longe la mer jusqu'à Souvala, remonte vers le temple d'Aphéa, puis redescend jusqu'à Agia Marina. De là, emprunter la route qui s'enfonce dans les terres pour rejoindre le port d'Égine.

Le Musée archéologique : *à la sortie nord d'Égine-ville, lieu-dit Kolona. ☎ 22-97-02-22-48. Tlj sf lun 10h-17h. Entrée : 4 €.* Y sont exposées les trouvailles découvertes lors des fouilles archéologiques autour du temple d'Aphéa. À voir aussi, sur la colline derrière le musée, les vestiges des anciens murs de l'acropole. Dominant le site, une colonne, unique survivante d'un temple dorique dédié à Apollon. En contrebas s'étend la jolie baie de *Kolona,* propice à la baignade.

Le musée Christos-Kapralos : *à env 2 km d'Égine, en suivant la route côtière en direction de Souvala, à la hauteur de la grande statue de femme, devant la mer. ☎ 22-97-02-20-01 ou 22-97-05-36-67. En principe, mer-ven 8h-16h, w-e 9h-17h. GRATUIT.* Exposition de céramiques et de sculptures sur marbre et bois (certaines très belles) réalisées par l'artiste Christos Kapralos (1909-1993) durant ses étés passés à Égine entre 1963 et 1993.

– En longeant la mer, on atteint ensuite, à 9 km d'Égine-ville, le modeste port de **Souvala.** Quelques tavernes le nez dans l'eau et un hôtel simple et propre, l'*Ephi Hotel (☎ 22-97-02-99-10 ; • hotelephi.gr • ; doubles 35-45 €).* Quelques chambres avec vue.

Le monastère Agios Nektarios : *au bord de la route, entre Égine (ou Souvala) et le temple d'Aphéa.* Construit au début du XXe s, il a été joliment restauré, presque trop. Il est dédié à saint Nectaire (!), mort en 1922 et canonisé seulement 40 ans plus tard. Important pèlerinage en novembre, qui voit affluer les fidèles de tous les Balkans. De quoi lancer la construction, dans les années 1970, de la deuxième plus grande église de Grèce, en contrebas du monastère (elle est presque terminée). Beaucoup plus discrètes, les ruines de ***Paléochora*** s'agrippent à flanc de colline, derrière le monastère (direction Souvala). Ce fut la capitale de l'île du IXe au XIXe s, période durant laquelle les habitants se réfugièrent dans les terres pour échapper aux attaques de pirates. Il n'en subsiste aujourd'hui qu'une vingtaine d'églises et de chapelles ruinées qui se confondent avec la roche, sur un total de, paraît-il, plus de 100. Dans certaines sont encore visibles des fresques byzantines. De la route, un chemin mène aux ruines. À faire tôt le matin, quand le versant de la colline est encore à l'ombre.

Le temple d'Aphéa *(Αφαια ; prononcer « Aféa ») :* *au nord-est de l'île, à 13 km d'Égine et 1,5 km avt d'arriver à Agia Marina ; le bus Égine-Agia Marina s'y arrête. ☎ 22-97-03-23-98. En principe, tlj 8h-20h en été, 10h-17h30 hors saison. Entrée : 6 € ; réduc.* Bâti en 448 av. J.-C. sur les ruines d'un temple en bois détruit par un incendie, ce temple de style dorique est dédié à Aphéa, fille de Zeus dont le roi Minos était tombé amoureux. Pour lui échapper, elle sauta du bateau qui l'amenait en Crète et se cacha dans une grotte d'Égine. Isolé sur une colline, le temple offre un joli panorama sur la mer en contrebas. Les frises de son fronton, relatant la guerre de Troie, sont conservées au musée de... Munich. Avec le Parthénon et le cap Sounion, il formait un « triangle sacré » de monuments proches de la perfection architecturale, ensemble particulièrement vénéré dans l'Antiquité. Avec

24 colonnes sur 34 encore debout, le temple est plutôt bien conservé. Musée archéologique sur le site même : maquette, éléments architecturaux *(ouv 9h-16h).* Possibilité de rejoindre la plage d'Agia Marina en descendant à travers la pinède (2 km).

Agia Marina : *sur la côte est. Des bateaux partent directement du Pirée ou du port d'Égine. Également un bus Égine-Agia Marina.* Usine à baigneurs, lieu de prédilection des agences de voyages scandinaves. La rue principale regorge de bars, de restos et magasins en tout genre, quand les boutiques ne sont pas à l'abandon. Hors saison, tout est fermé. À flanc de colline, la gigantesque structure de béton du chantier abandonné d'un hôtel achève de défigurer le paysage. Dommage, car la plage, sans son alignement de transats et de chair à rôtir, a dû être plutôt jolie... Inutile de perdre du temps ici, si vous passez rapidement dans l'île ! Au cas où, un resto recommandable, *Kiriakakis.*

Vers le sud

Perdika : *à 11 km d'Égine-ville. Bus en saison.* Au bout de la route, minuscule port aux façades blanches, paisible et isolé, bâti le long d'une étroite crique. Rangée de tavernes en surplomb du quai, offrant toutes la même vue et le même genre de carte. Pour qui voudrait prolonger le séjour, studios tout équipés à l'entrée du village, *Venetia,* dans un environnement sans grand charme *(40-50 € pour 2).* Accès à la piscine de l'hôtel du même nom, plus cher *(55-60 €),* impeccable mais assez impersonnel *(☎ 22-97-06-12-19 ou 13-41 ; ● venetia.gr ●).* Avant d'arriver à Perdika, à 5 km d'Égine, halte baignade possible à ***Marathonas,*** succession de plages de sable bordées *de* tavernes sous les tamaris, les pieds dans l'eau.

LE PÉLOPONNÈSE (Η ΠΕΛΟΠΟΝΗΣΟΣ)

• Carte *p. 152-153*

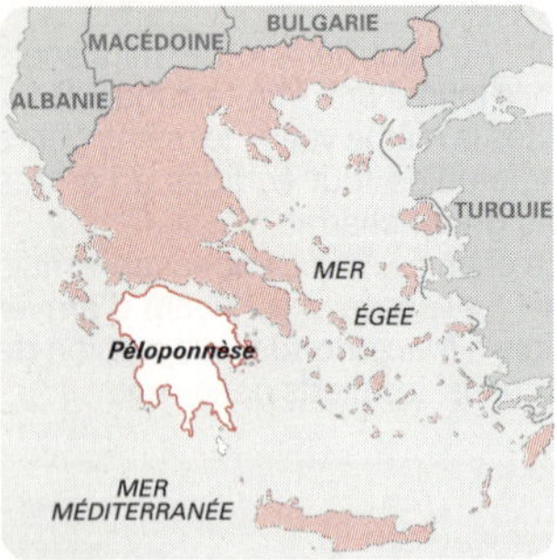

Presqu'île ainsi nommée en l'honneur de Pélops, un roi légendaire, elle devient « île » (à moins de 25 m du continent !) en 1893, une fois le canal de Corinthe achevé. Le Péloponnèse se caractérise par un relief tourmenté, des golfes profonds, de rares plaines et des massifs montagneux qui furent témoins d'une grande partie de l'histoire grecque. La plupart des sites antiques majeurs s'y concentrent. C'est aussi du Péloponnèse que les Francs s'emparèrent au Moyen Âge, prenant ainsi le titre de princes de Morée (ancien nom de la région). Évidemment, les Turcs et les Vénitiens ne furent pas en reste. Mais pour les Grecs, le Péloponnèse demeure la région qui se souleva la première contre l'occupant turc en 1821.

On s'est amusé (enfin, pas nous) à y dénombrer 40 millions d'oliviers et 9 millions d'orangers : à comparer avec le 1,2 million de Grecs qui y vivent !

Le Péloponnèse n'est guère plus étendu que trois gros départements français. Mais le relief étant extrêmement montagneux, les moyennes kilométriques n'atteignent pas des sommets... Au programme, dans le sens des aiguilles d'une montre, sept départements (ou *nomes* en grec) : la *Corinthie* tout d'abord, ensuite l'*Argolide* (des quatre « pis » qui figurent une sorte de mamelle de vache, c'est le plus oriental) avec Mycènes et Épidaure. Au sud de Nauplie, la côte jusqu'à Léonidion fait partie de l'*Arcadie,* puis on passe en *Laconie* avec ses deux « pis » plutôt sauvages (Monemvassia et le Magne). On poursuit vers l'ouest et la *Messénie,* quatrième et dernier « pis », avant de remonter, soit par la côte, soit par un crochet dans l'ouest de l'Arcadie montagneuse, sur l'*Élide,* autour d'Olympie, et enfin l'*Achaïe* (Patras).

Si les paysages et les villages sont généralement superbes, les grandes villes comme Patras, Kalamata et Tripoli ne présentent que peu d'intérêt.

Plusieurs îles sont facilement accessibles depuis le Péloponnèse (donc traitées dans ce chapitre) : les *îles Saroniques,* soit *Poros, Hydra* et *Spetsès* (Égine étant rattachée au chapitre « Athènes », plus haut). Plein sud, la toute petite *Élafonissos* et, plus éloignée, *Cythère,* pour laquelle on embarque du port de Néapoli. Tout à l'ouest enfin, les îles de *Zante* et *Céphalonie,* accessibles depuis Kyllini ou Patras.

CORINTHE (ΚΟΡΙΝΘΟΣ) (201 00) 38 200 hab.

En arrivant d'Athènes, après 80 km d'autoroute, votre première étape, pas la plus transcendante... On peut se laisser impressionner quelques minutes par le canal, au moment de franchir l'isthme, essuyer quelques larmes sur ce qui reste de l'antique Corinthe (notamment la fontaine Pirène, la mieux conservée du monde grec), dominée par la spectaculaire montagne de l'Acrocorinthe... Tous ces points d'intérêt se trouvent néanmoins à l'écart de la ville moderne, qui, elle, n'a vraiment aucun charme.

Arriver – Quitter

En voiture

➢ ***De/vers Athènes :*** env 80 km par l'autoroute E94 (à 6 voies) via Mégara.

➢ Si vous filez de Corinthe à ***Patras,*** évitez la fastidieuse petite route qui longe le littoral pour emprunter la route nationale, en retrait de la côte, appelée « autoroute A 5 » (gratuite). Mais attention, cette route, en partie en travaux, parallèle aux voies d'autoroute en construction (pour encore de longues années), est l'une des plus dangereuses de Grèce. Beaucoup de camions et de bus, peu de stations-service et aucun refuge pour faire une pause. Compter 2h pour env 140 km. Bon courage !

➢ Pour gagner l'***Argolide*** depuis Corinthe, reprendre tout d'abord la direction Athènes, puis, à Isthmia, la direction Épidavros (Épidaure).

En bus

Corinthe compte 2 gares routières, au centre-ville et à Isthmos, près du canal. Si l'on vient d'Athènes, Nauplie, Kalamata ou Gythion et si l'on ne veut pas faire étape à Corinthe, on transitera par cette dernière. Idéal aussi pour jeter un œil sur ledit canal au passage et reprendre ensuite ses pérégrinations.

🚌 ***Gare routière Isthmos :*** *à 500 m du canal et à 8 km au nord-est du centre-ville. ☎ 27-41-08-30-00. Horaires et infos sur • ktelkorinthias.gr •*

➢ ***De/vers Athènes :*** bus ttes les heures env (6h10-22h10 depuis Athènes ; 4h50-21h30 depuis Corinthe). Trajet : 1h env.

➢ ***De/vers Archéa Épidavros :*** 2 bus/j. 10h30-17h20.

➢ ***De/vers Nauplie :*** bus ttes les heures 7h (8h30 dim)-20h30.

➢ ***De/vers Kalamata :*** 8 bus/j. 7h15-22h20.

➢ ***De/vers Sparte et Gythion :*** 7 bus/j. 8h-19h15.

➢ ***De/vers l'ancienne Corinthe :*** prendre un bus pour le centre-ville (ligne Corinthe-Loutraki, ttes les 30 mn, 5h30-21h30 ; ttes les heures le w-e), puis un autre pour l'ancienne Corinthe (voir ci-après).

🚌 ***Gare routière du centre-ville :*** *4, odos Dimokratias. ☎ 27-41-07-54-10. Face à l'ancienne gare ferroviaire, dans un coin du port, à droite au bout de l'axe central Ethnikis Antistassis.*

➢ ***De/vers la gare routière Isthmos :*** ttes les 30 mn 5h30-21h30, ttes les heures le w-e. Le bus continue sa route jusqu'à Loutraki.

➢ ***De/vers Athènes :*** bus ttes les heures. Ts passent par la gare routière Isthmos (voir plus haut).

➢ ***De/vers Némée :*** 6 bus/j. 7h-21h20 (3 slt le w-e).

➢ ***De/vers l'ancienne Corinthe :*** de Corinthe, bus ttes les heures, 7h05-21h05 (8h05-14h05 sam, aucun dim) ; de l'ancienne Corinthe, 7h30-19h30 (8h30-14h30 sam, aucun dim). Pour éviter d'aller jusqu'à cette gare routière, en centre-ville mais un brin excentrée, prendre le bus à l'arrêt de la rue principale au pied de l'hôtel *Éphira (38, odos Ethnikis Antistassis, tickets dans le café-pâtisserie à l'angle des rues Ethnikis Antistassis et Apatou).*

Prévéza
Vonitsa
Frangista
Platystomon
Stylida
Amfilochia
Karpenissi
Makrakomi
Lamia
Hypati
Molos
Leucade
Stratos
Vardousia
Thermopyles
Mitikas
Agrinion
Gravia
Giona
Polydrosos
Astakos
Thermon
Terpsithéa
Amfissa
Delphes
Ithaque
Katochi
Aitolikon
Missolonghi
Naupacte
Efpalion
Agios Nikolaos
Arachova
Itéa
Andikira
Galaxidi
Andirhion
Rion
Eratini
Patras
Golfe de Corinthe
Céphalonie
Eghion
Diakopto
Kalogria
Kato Achaïa
Akrata
Xylokastron
Kalavryta
Méga Spiléon
Kiato
Agia Lavra
Kastria
Trikala
Sicyone
Kyllini
Kastro
Léchaina
Andravida
Tripotama
Loutra Kyllinis
Zante (Zakinthos)
Lac de Stymphale
Némée
Amaliada
Mycènes
Orchomène
Pyrgos
Vytina
Levidi
Katakolon
Olympie
Langadia
Argos
Mantinée
Dimitsana
Stemnitsa
Lerne
Tripoli
Lac de Kaïafas
Andritséna
Zaharo
Phigalie
Karyténa
Mégalopolis
Tholo
Bassae
Paralios Astros
Platania
Agios Pétros
Kalo Néro
Kyparissia
Zevgolatio
MER
IONIENNE
Filiatra
Christianou
Ithomi
Kosmas
Marathopoli
Chora
Messini
Sparte
Mystra
Palais de Nestor
Kalamata
Lagune de Yalova
Géraki
Pétalidi
Pylos (Navarin)
Kardamyli
Krokées
Stoupa
Méthoni
Koroni
Skala
Finikounda
Agios Nikolaos
Gythion
Vassilitsi
Nomitsis
Cap Akritas
Skoutari
Aréopolis
Grottes de Dirou
Magne
Kotronas
Géroliménas
Sites inscrits au Patrimoine mondial de l'Unesco

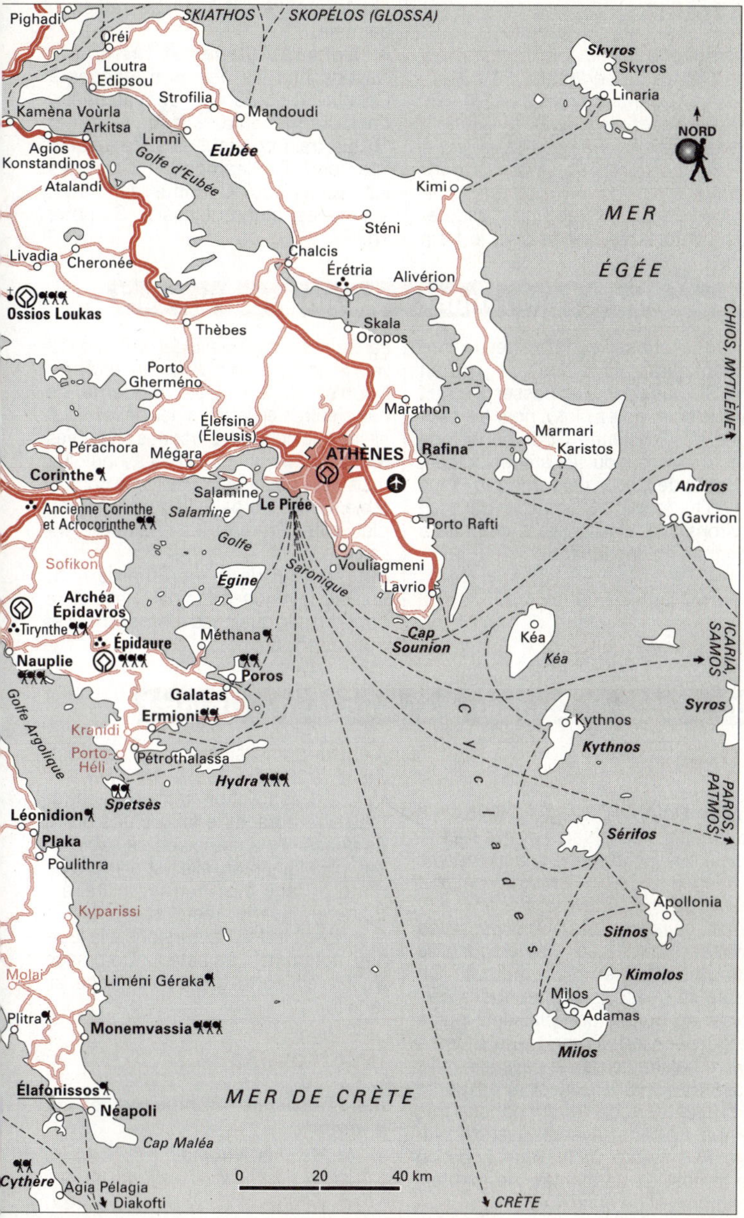

LE PÉLOPONNÈSE

En train

Nouvelle gare : *à l'extérieur de la ville, à 2 km du centre. ☎ 21-05-27-20-00. Du centre, remonter Ethnikis Antistassis et continuer tt droit, la gare est à droite. Pas de bus, prendre un taxi (compter 10 € pour la gare routière d'Isthmos et 4,50 € pour le centre-ville ; tarif fixe).* Plus rapide et plus confortable que le bus, le train est le meilleur moyen de rallier la capitale.

➢ ***De/vers Athènes et l'aéroport :*** liaisons ttes les heures d'Athènes à Corinthe 7h05-23h05 ; idem au départ de Corinthe 5h40-21h40. Compter 1h. Le train continue ensuite jusqu'à l'aéroport. De l'aéroport, 1 direct ttes les heures pour Corinthe (avec arrêt à Athènes, station Liossia). Compter 1h30.

Où dormir ? Où manger ? Où boire un verre ?

On vous conseille de visiter le site archéologique sans poser le pied en ville. Si vous souhaitez passer une nuit dans le coin, optez plutôt pour les pensions de l'ancienne Corinthe (village construit autour du site archéologique, à l'ouest de la ville moderne ; voir plus bas « Où dormir ? Où manger dans les environs ? »). Une adresse centrale à Corinthe, en dépannage :

Hotel Éphira : *52, odos Ethnikis Antistassis. ☎ 27-41-02-40-21 ou 24-34. • ephirahotel.gr • Avt la pl. centrale, sur l'axe principal qui descend vers le port, pas loin de la gare routière. Doubles 50-60 €.* Hôtel moderne. Le hall d'entrée en jette un peu, le reste est assez quelconque. Certaines chambres ressemblent un peu à des couloirs, mais elles possèdent une literie confortable. Salles de bains rénovées, écran plat, clim. Préférer les chambres sur l'arrière.

Autour de la rue Ethnikis Antistassis (avenue principale) et sur le front de mer, quelques ***restos, cafés*** et ***pubs*** assez animés.

Où dormir ? Où manger dans les environs ?

Campings

Blue Dolphin : *☎ 27-41-02-57-66. • camping-blue-dolphin.gr • À 6 km à l'ouest de Corinthe ; bien fléché depuis l'ancienne route de Patras. Sinon, bus ttes les 30 mn en sem et ttes les 1h30 le w-e. Avr-oct. Env 17 € pour 2 avec tente et voiture.* Camping à taille humaine (100 emplacements). On plante sa guitoune à l'ombre des pergolas, au bord d'une plaisante plage de gravier. Certes, une usine située à 500 m balafre un peu le paysage, mais rassurez-vous, elle n'est ni polluante ni bruyante. Accueil francophone très sympa. Épicerie, taverne, laverie et cuisine. Aire de jeux sur la plage. Location de tentes, de caravanes, de (petites) chambres et de bungalows.

Isthmia Beach : *☎ 27-41-03-74-47 ou 77-20. • campingisthmia.gr • À 15 km au sud-est de Corinthe ; sur la route d'Épidaure, fléché à gauche 3 km env après Isthmia. D'avr à mi-oct. Compter 21,50 € pour 2 avec tente et voiture.* Pas folichon, mais bien entretenu et ombragé, le long d'une grève de galets. Il y a une plage de sable un peu plus loin, mais elle est en bord de route et face à un terrain militaire... Épicerie, laverie, resto et tennis. En été, possibilités d'excursions à la journée, notamment en bateau. Dommage qu'il y ait cette grosse raffinerie en face !

Prix moyens

Dans l'ancienne Corinthe (Archéa Korinthos)

Jo Marinis Rooms : *à l'entrée du village, à droite, face à l'arrêt de bus (bien fléché). ☎ 27-41-03-14-81. • jorooms.com.gr • Doubles avec sdb 50-60 €, petit déj compris. CB refusées.* Cette grande bâtisse recèle 8 chambres de bon confort (clim, TV, frigo), simples mais impeccables, avec joli mobilier et de gentilles attentions comme ces serviettes au pliage bien pensé, agrémentées de bonbons. La plupart donnent sur un balcon commun (avec vue sur l'Acrocorinthe) et un calme jardin, bordé d'une oliveraie. Bon petit déj (produits maison) et accueil dévoué de la dynamique Joanna (alias Jo) et du reste de la famille.

Taverna Tassos : *dans le village. ☎ 27-41-03-12-25. • tassos-rooms.com • Doubles 35-40 €. Plats 6-10 €.* On ne peut pas rater cette taverne à l'ancienne, posée à droite de la route en entrant dans le centre du village. Cuisine familiale. Le vin vient, d'ailleurs, comme l'huile d'olive, du domaine... familial. Dans un bâtiment récent, une poignée de petites chambres à la déco très basique (meubles en pin) mais correctement équipées (clim, TV) et avec vue depuis leur petit balcon. Accueil gentil.

Marinos Rooms : *à l'entrée du village, fléchage discret à gauche, vers une rue qui monte. ☎ 27-41-03-10-04 ou 19-94. • marinosrooms@gmail.com • Double avec sdb env 50 €, petit déj inclus. Menu complet env 17 €. CB refusées.* Grosse bâtisse, style chalet de montagne au milieu des pins, comptant une vingtaine de chambres correctes, et un petit salon convivial à l'étage. Généreux petit déj et bon resto traditionnel proposant un menu complet, vin inclus, à avaler dans la cour sous les arbres. Accueil qu'on qualifiera de... discret.

LE PÉLOPONNÈSE

À voir dans les proches environs

Le canal : *à 6 km à l'est de la ville neuve. Quand on arrive d'Athènes, quitter l'autoroute à Loutraki après Aghi Théodori (et non juste avt le canal, sinon on ne peut pas s'arrêter).* Le canal est long de plus de 6 km et large de 24,6 m. La colline semble avoir été taillée au rasoir sur une hauteur de 80 m. Dans l'Antiquité, on transportait les bateaux sur des chariots du golfe de Corinthe au golfe Saronique. On aperçoit encore des traces du *diolkos,* ce chemin pavé sur lequel on hissait les bateaux, à l'embouchure ouest du canal. Comme ce n'était pas pratique, Néron, après beaucoup d'autres, pensa qu'il fallait creuser un canal. Il fit même donner le premier coup de pioche, en 67, avec une pelle en or (dont le manche était peut-être en os de chrétien !), et 6 000 esclaves juifs furent envoyés pour y travailler. Stoppé par la mort de Néron, le projet fit long feu. Il fallut attendre 1893 pour que le canal soit inauguré.

UNE ENTREPRISE FRANÇAISE

En 1882, la Société internationale du canal maritime de Corinthe commença le creusement, 18 siècles après la décision prise par Néron. Elle fit faillite suite au scandale du canal de Panamá (argent détourné). C'est donc une société grecque qui termina le travail en 1893.

L'ancienne Corinthe (Archéa Korinthos) **:** *à 7 km au sud-ouest de la ville moderne. ☎ 27-41-03-12-07. Pour y aller en bus, voir la rubrique « Arriver – Quitter » plus haut. Site en principe ouv tlj 8h-20h (15h hors saison). Entrée : 8 € ; réduc ; gratuit moins de 18 ans et étudiants de l'UE.*

Le village croule un peu sous les boutiques de souvenirs, mais les vestiges de la ville romaine valent le détour. Dommage simplement que l'ensemble manque cruellement d'explications.

Corinthe est, au Ve s av. J.-C., une des plus grandes villes de Grèce, une des plus riches aussi grâce au contrôle de l'isthme. Corinthe fait d'ailleurs à l'époque de l'ombre à Athènes. Les tensions entre les deux villes débouchent sur la guerre du Péloponnèse dont les Corinthiens sortent vainqueurs. Mais en 146 av. J.-C., ils plient devant les Romains qui exécutent tous les hommes, vendent femmes et enfants comme esclaves et incendient la ville... Quand saint Paul y débarque vers

l'an 52, c'est une ville à nouveau prospère et aux mœurs quelque peu dissolues (fustigées par l'apôtre dans la première de ses célèbres épîtres aux Corinthiens). Le séisme de 1859 oblige à reconstruire une ville à l'écart du site historique... On est donc presque surpris de découvrir quelques bâtiments aussi bien préservés. La grande agora est le centre névralgique du site. Autour sont disséminés les vestiges de petits temples romains, de longs portiques, la rue commerçante et ses très nombreuses boutiques, les toilettes publiques, et la superbe *fontaine Pirène,* très joliment conservée. D'origine grecque comme les ruines les plus imposantes : le *temple d'Apollon,* de style dorique archaïque (milieu du VIe s av. J.-C.) et l'impressionnante fontaine Glauké, taillée à même la roche. Présentation très contemporaine pour le petit musée (situé sur le site) : belles mosaïques romaines, statues d'Asklépios, le dieu guérisseur (IIIe-IVe s av. J.-C.) ou de captifs phrygiens (IIe-IIIe s av. J.-C. et colossales !).
En sortant, on jettera un œil, derrière leurs grilles (ils ne se visitent plus...), au théâtre et à l'odéon.

L'Acrocorinthe : *avr-oct, tlj 8h30-15h. GRATUIT.* La route de 3 km y conduisant débute au site de l'ancienne Corinthe (c'est bien fléché). Ça grimpe pas mal puisque l'Acrocorinthe se trouve à 575 m d'altitude. Prévoir de bonnes chaussures pour la raide visite de la citadelle (on gravit un sol pavé qu'on redescend plus vite qu'on ne l'a monté !). Le site surplombe le village de l'ancienne Corinthe : magnifique panorama sur l'isthme et le golfe. Ces vestiges d'une forteresse sont pour la plupart à moitié recouverts sous les coquelicots et les graminées. On voit des fortifications, trois portes de styles ottoman, franc et byzantin, la chapelle d'Agios Dimitrios avec des linteaux sculptés (à gauche, passé la troisième porte). Tout en haut se dressait à l'origine un temple voué au culte d'Aphrodite : là, jusqu'à mille prêtresses entourées de danseuses se livraient à la prostitution sacrée. En 1210, nos amis les Francs assiégèrent la citadelle. Et quand la partie fut perdue pour les Grecs, leur chef, Léon Sgouros, se donna la mort en se jetant dans le vide à cheval !

DANS LES ENVIRONS DE CORINTHE

Au nord

L'Héraion de Pérachora : *juste avt l'entrée de Pérachora, un village à une quinzaine de km au nord de Corinthe. Prendre la nouvelle route sur la gauche (le site n'est pas indiqué à cet endroit), puis continuer vers les ruines d'un sanctuaire consacré à Héra, l'Héraion, une dizaine de km plus loin.* Site au bout du monde, avec une minuscule crique, autrefois port antique, dominé par une petite église qui a brûlé. Le lac de Vouliagméni *(limni Vouliagménis),* sur le chemin, est original : en fait, il s'agit d'eau de mer, le lac n'étant pas complètement fermé. Amusant de se baigner dans le chenal. Petites plages. Quelques tavernes, les pieds dans l'eau.

➢ Possibilité de rentrer sur Athènes en suivant la côte nord, par Schinos, Psatha et Porto Germéno, puis, dans les terres, Vilia, d'où l'on peut continuer sur Thèbes (Thiva) ou Élefsina (Éleusis). Paysages superbes (forêts de pins), en particulier à Porto Germéno (où se trouve le site antique d'Égosthène). Grande plage tranquille à Psatha.

Au sud-ouest

Le lac de Stymphale (Στυμφαλια) **:** *de Corinthe, continuer la nationale en direction de Kiato et la quitter à hauteur du panneau pour Souli.* Stymphale, environ 25 km plus loin, est un lac entouré de montagnes boisées, recouvert de grands roseaux qui bruissent au moindre souffle d'air. Site Natura 2000. Le lieu était réputé dans la Grèce antique : Héraclès y a accompli un de ses 12 travaux, en effrayant, au moyen de castagnettes de bronze, des oiseaux carnivores. Aujourd'hui, au printemps, des oiseaux (pas carnivores !) se font entendre par centaines et le lieu est magique. Quelques ruines (accès pédestre par des sentiers balisés). La meilleure vue sur le lac s'obtient de la route qui longe la rive ouest (remonter tout au nord du lac pour prendre cet axe). Belle présentation de l'écosystème local au *musée de l'Environnement de Stymphale* (☎ 27-47-02-22-96 ; tlj sf mar 10h-17h ou 18h selon saison ; entrée : 3 €, réduc).

L'ARGOLIDE ET LES ÎLES SARONIQUES

• Carte *p. 159*

ARCHÉA ÉPIDAVROS (ΑΡΧΑΙΑ ΕΠΙΔΑΥΡΟΣ)

(210 59) 1 730 hab.

• Plan *p. 161*

La région d'Épidaure constitue la première étape importante dans le Péloponnèse. La bonne odeur des pinèdes remplace celle des raffineries. Du nord au sud, on trouve sur la côte la ville nouvelle, *Néa Épidavros* ; puis, 6 km plus au sud son ancêtre, *Archéa Épidavros* (« l'ancienne Épidaure »), dont l'architecture n'a rien d'ancien, d'ailleurs (ah, la Grèce et ses paradoxes !) ; enfin, 12 km dans les terres, le fameux théâtre (vous êtes là pour ça, non ?) sur le territoire du village de Ligourio.
La modeste station balnéaire de Néa Épidavros est peu emballante et colonisée en fin de semaine par les Athéniens. Le village de Néa Épidavros, à 2 km de la route, sur les hauteurs, n'a guère d'intérêt non plus même si c'est ici que se tint la première assemblée des chefs de l'insurrection contre les Turcs, fin 1821.
Archéa Épidavros, en revanche, est un mignon petit port avec de bonnes infrastructures touristiques et une demi-douzaine de plages : c'est une excellente base pour explorer les environs, notamment le fameux théâtre, bien sûr, mais aussi le reste de l'Argolide.

Arriver – Quitter

– Pour circuler en bus à travers tout le département, ***KTEL Argolis*** : *8, odos Sigrou, à* ***Nauplie.*** ☎ 27-52-02-74-23. • *ktel-argolidas.gr* •

En bus

Arrêt de bus (plan A2) **:** *sur la pl. de la mairie, face à la poste, à 100 m du port.* Les tickets s'achètent dans le bus.

➢ ***De/vers Corinthe (station Isthmos) et Athènes :*** 3 bus/j. 6h30-18h30. 2 bus slt le w-e, 12h-18h30 (le dernier départ se fait du *Café Stork*, petit kiosque au bout du port). Compter 1h15 pour Corinthe et 2h15 pour Athènes. D'Athènes, 2 départs tlj 9h30-16h20.

➢ ***Pour le théâtre d'Épidaure et Nauplie :*** 2 bus/j. (en principe 1 slt le w-e) desservant le théâtre (ou Ligourio hors saison). Le 1er bus, à 7h20, est le seul moyen en saison de visiter le site à peu près tranquillement. Le suivant (s'il est maintenu !) n'est qu'à 11h15. En été, bus spéciaux ven et sam pour le spectacle au *théâtre d'Épidaure* (départ à 20h). On peut aussi visiter le site en taxi (compter env 15 € le trajet ou 40-45 € A/R avec 1h d'attente sur place).

➢ ***De/vers Galatas-Poros :*** 1-2 bus/j. en sem (via le théâtre et Ligourio). L'arrêt se trouve sous le pont à 2 km au sud.

Adresses utiles

✉ **Poste** (plan A2) **:** *rue principale. Lun-ven 7h30-14h.*

■ **Distributeurs :** *sur le port, kiosque près des taxis.*

Où dormir ?

Sur le port d'Archéa Épidavros

De bon marché à prix moyens

Christina Hotel (plan B2, **13**) **:** *sur le port. ☎ 27-53-04-14-51. • christinahotel.gr • info@christinahotel.gr • Fermé nov-mars. Doubles 40-50 € selon saison. Petit déj 8 €.* Tenu par deux frères, dont l'un parle le français. Des chambres simples et sans fioritures mais d'un honorable confort (clim), entretenues avec sérieux et toutes avec balcon ; 4 d'entre elles donnent directement sur la mer. Snack-bar avec terrasse sur le port. Accueil vraiment super.

Maik Hotel (plan B2, **14**) **:** *sur le port. ☎ 27-53-04-12-13. • mike-epidavros.com • Tte l'année. Selon saison, doubles 45-50 €, familiales (3-4 pers) 60-90 €, petit déj inclus.* Grand bâtiment blanc et bleu indiqué *Mike Hotel*. Chambres sans prétention, mais propres et correctement équipées, dont certaines ont une vue plongeante sur le port et la baie. Un peu genre pension de famille à l'accueil un peu froid au premier contact. Le resto du rez-de-chaussée n'est pas mal non plus (voir « Où manger ? »).

Posidon Hotel (plan B2, **15**) **:** *sur le port. ☎ 27-53-04-12-11. • pitsaaff@otenet.gr • Fermé début nov-fév. Doubles 35-50 € selon saison. Petit déj 5 €. Repas env 15-20 €.* Une douzaine de chambres impersonnelles et pas immenses mais claires, propres et bien équipées. Clim, TV, frigo et petits balcons avec vue sur mer ou donnant sur la place. Parfois bruyant au gros de l'été. Fait aussi resto (terrasse sur le quai). Accueil (parfois !) souriant.

Aktis Hotel (plan B2, **16**) **:** *sur le port. ☎ 27-53-04-14-07. • info@hotelaktis.gr • Fermé nov-mars. Doubles 45-60 € selon saison. Petit déj 5 €.* Chambres (et quelques appartements) à la déco plutôt contemporaine, salles de bains en pierre et ambiance lumineuse soft. Petit balcon, clim. Également 2 suites communicantes et une poignée d'appartements. Fait glacier et restauration rapide en terrasse. Dommage que l'accueil y soit si variable.

De prix moyens à chic

Hotel Saronis (plan B2, **12**) **:** *dans une ruelle perpendiculaire au port. ☎ 27-53-04-15-14. • saronis-hotel.*

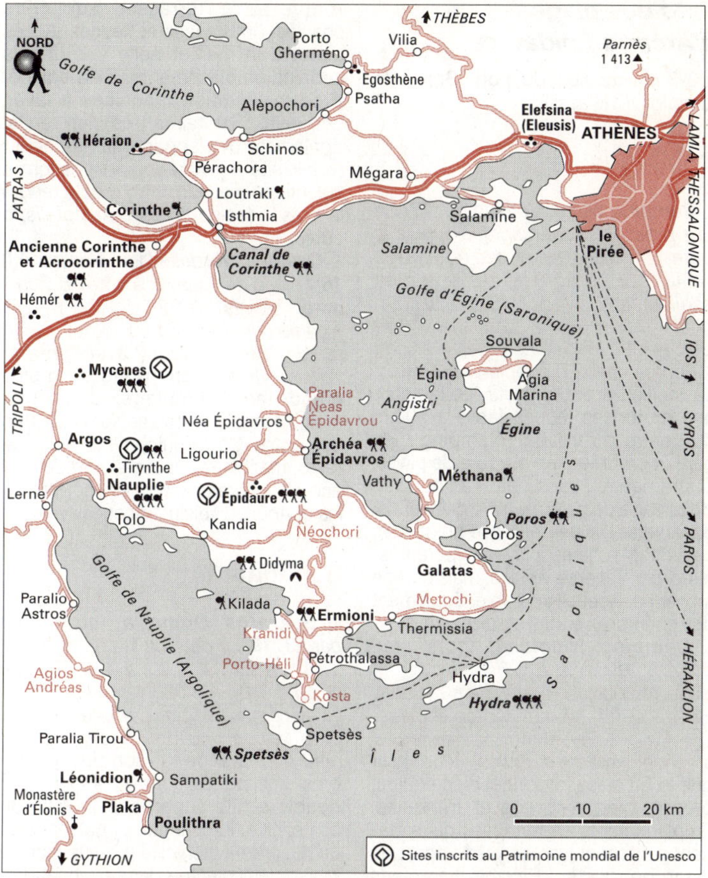

L'ARGOLIDE ET LE GOLFE ARGO-SARONIQUE

com • Fermé de mi-oct à mars. Doubles 60-85 € selon saison et jour, petit déj inclus. Ce petit hôtel moderne, malgré son absence de vue directe sur la mer, est notre adresse préférée dans ce coin. Chambres de bon confort, à la déco toute simple mais plaisante, chacune avec un balcon à l'ombre d'un store. Petit déj vraiment exceptionnel. Et on peut en écrire autant de l'accueil féminin d'Eléni et de ses trois filles, dont la serviabilité est une règle d'or.

Hotel-appartements Marialena *(plan B1, **11**) : en entrant dans le village par le nord. ☎ 27-53-04-10-90. 69-36-95-52-32 (Éléna). • hotel-marialena.gr • Fermé nov-fév. Selon saison, 58-79 € pour 2, 68-89 € pour 3, 89-145 € pour 4-6 pers. Petit déj 8,50 €. CB refusées.* La formidable Éléna propose 8 appartements de 55 m² et 2 de 75 m², tous très confortables, au calme, avec chambre(s), salon-cuisine (équipement sommaire), salle de bains, clim et 2 terrasses donnant, à l'arrière, sur une orangeraie et la mer ; à l'avant, sur la route. Petit déj simple ou très copieux sur demande, avec jus d'orange frais et gâteaux maison. Accueil vraiment chaleureux.

Près des plages d'Archéa Épidavros

À 2-3 km au sud du port. Suivre la direction « Yialassi ».

Campings

⛺ ***Camping Nicolas I*** *(plan B3, **17**) : le plus proche du port (indiqué depuis la route de Nauplie), au niveau de la plage Spilia.* ☎ *27-53-04-12-97. • nicolasgikas.gr • Avr-oct. Selon saison, 19,50-22,50 € pour 2 avec tente et voiture. Réduc de 10-20 % selon saison sur présentation du dépliant* Sunshine. La meilleure option pour les lecteurs non motorisés (accès facile à 700 m du centre du village). Camping bien géré et ombragé, en bordure de plage. Cadre naturel, sans béton à l'horizon. Beau carré de pelouse avec palmiers et bananiers. Un peu entassé en saison, cela dit. Machines à laver, supérette et resto-bar. Taverne voisine, mais cuisine moyenne. Accueil agréable. Également des chambres et des studios.

⛺ ***Camping Nicolas II*** *(hors plan par A3, **18**) : situé plus loin sur la plage de Yialassi, à env 3 km du port.* ☎ *27-53-04-14-45. • nicolasgikas.gr • Avr-oct. Prix et réduc similaires au précédent (même direction).* Plus vaste que le *Nicolas I,* ordonné, bien équipé, propre, bien ombragé et tranquille. Emplacements en terrasses qui s'étagent gentiment jusqu'à la très agréable plage de galets... Piscine. Les pieds dans l'eau pour les emplacements de devant.

⛺ ***Camping Békas*** *(hors plan par A3, **18**) : plage de Yialassi.* ☎ *27-53-09-99-30. • bekas.gr • Avr-oct. Selon saison, 18-21 € pour 2 avec tente et voiture.* 💻 📶 Terrasses aux murs chaulés, ombragées et fleuries. Accès direct à la mer et belle vue depuis certains emplacements. Bien équipé, avec minimarket, machines à laver, gril, resto. Sanitaires très bien tenus. Également des appartements à louer (voir le site • *yialasi.com* •). Oranges à volonté en mai-juin, il n'y a qu'à tendre le bras ! Piscine au café *Aristotélis,* à côté.

⛺ ***Camping Verdelis*** *(hors plan par A3, **18**) : plage de Yialassi, à côté du Camping Békas.* ☎ *27-53-04-14-25. • campingverdelis.gr • Avr-oct. Selon saison, 17-20 € pour 2 avec tente et voiture.* Pas notre préféré : moins grand, moins ombragé, en un mot moins sympa, et les sanitaires sont un peu justes. Côté équipement : épicerie, resto, machines à laver, et aire de jeux accessible gratuitement aux hôtels *Hellas* et *Apollon* voisins. Accueil avenant.

Bon marché

🏠 ***Sokratès Domatia*** *(hors plan par A3, **19**) : à côté du Camping Nicolas II, au-dessus de la plage de Yialassi.* ☎ *27-53-04-17-06. • terienergize@gmail.com • Avr-oct. Compter 35-40 € pour 2-4 pers selon saison ; pas de petit déj.* Grande maison de 9 chambres aménagées pour 4 personnes (lit double et lits superposés). Salle de bains, clim, kitchenette et balcon avec un panorama merveilleux sur la mer. La maison est plantée dans un beau jardin qui donne directement sur la plage (transats gratuits à dispo). Une adresse modeste, vraiment familiale, où l'on est accueilli chaleureusement. Possibilité de sortie pêche avec le papa, qui parle un peu le français.

Où manger ?

|●| Pour manger sur le pouce et pas cher, bonnes portions de *gyros* au ***Marine Gyros*** *(plan B2, **31**),* dans le centre, juste avant l'entrée du port. *Ouv midi et soir.*

|●| ***To Périvoli*** *(plan A2, **32**) : sur la rue principale du centre.* ☎ *27-53-04-15-00. Tlj soir slt, plus dim midi juil-août. Fermé nov-Pâques. Repas 15-25 €.* Cadre très agréable avec un jardin d'orangers, et un fond de musique locale pour couvrir les quelques voitures. Dans le resto, vieilles photos familiales. Le fils de la patronne est francophone. Large choix de poisson frais (mulet, daurade) et de viande, vendus

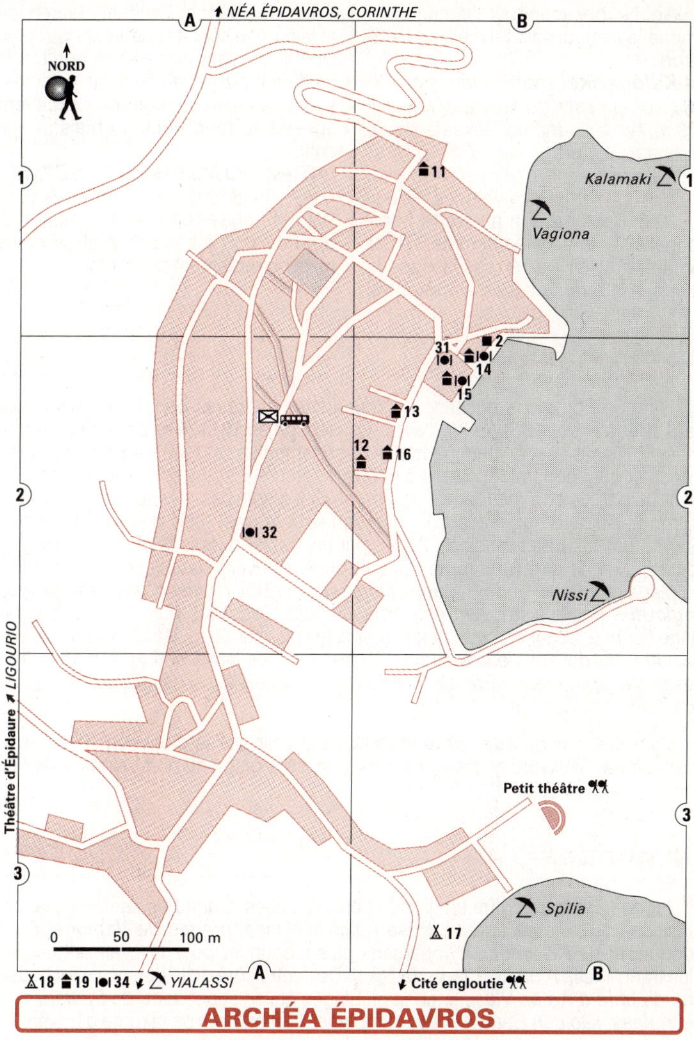

ARCHÉA ÉPIDAVROS

Adresse utile

2 Epidive Center (club de plongée)

Où dormir ?

11 Hotel-appartements Marialena
12 Hotel Saronis
13 Christina Hotel
14 Maik Hotel
15 Posidon Hotel
16 Aktis Hotel
17 Camping Nicolas I
18 Campings Nicolas II, Békas et Verdelis
19 Sokratès Domatia

Où manger ?

14 Resto du Maik Hotel
31 Marine Gyros
32 To Périvoli
34 Kalogeriko

au kilo. Ne pas manquer l'agneau à la broche le samedi soir. Le meilleur resto du coin !

Kalogeriko *(hors plan par A3, **34**) : sur la route de la plage Yialassi, 500 m avt le Camping Békas à droite (panneau en grec). ☎ 27-53-04-20-90. Tlj soir slt, plus le midi le w-e en hte saison. Fermé nov-Pâques. Repas 20-30 €.* Belle maison en pierre traditionnelle sur le bord de la route. Cadre romantique fait de terrasses dans le même matériau et jolie végétation. Coup de chance, l'accueil, le service et la cuisine sont à la hauteur des lieux. Quelques plats recherchés comme la dinde à l'ouzo et à l'anis, les calamars sauce au vin ou encore l'excellent agneau au four. Petit vin maison pas cher.

Resto du Maik Hotel *(plan B2, **14**) : voir « Où dormir ? ». Repas 13-15 €.* Pour un repas copieux et pas cher au bord du port à base de plats simples mais correctement préparés.

À voir. À faire

Archéa Épidavros possède quelques sites antiques, parmi lesquels un joli **petit théâtre** *(plan B3)* du IVe s av. J.-C., dégagé en 1971 (6 m de terre le recouvraient). Rien à voir, évidemment, avec son fameux grand frère à Épidaure, mais il pouvait quand même accueillir 5 000 spectateurs. Et puis son côté maritime ne manque pas de charme (depuis une partie des gradins, la mer se déroule en toile de fond). Aujourd'hui, il accueille des concerts le week-end en été (notamment lors du festival Juillet musical). Accès par un sentier depuis la plage de Nissi (en voiture, indiqué depuis la route qui sort du village vers Nauplie). Plus loin, entre les plages de Spilia et de Platanos *(hors plan par B3)*, ***ruines d'une cité antique engloutie.*** Facile à trouver : passer le *Camping Nicolas I,* puis se rendre sur la plage fléchée « Sunken city » et nager vers le large sur 30 m. Belle expérience que de flotter au-dessus de ces murets de pierre et ces jarres antiques, immergés à très faible profondeur... Prévoir masque et tuba, mais aussi des sandales à cause des nombreux oursins.

➢ Pour une jolie ***balade sur le littoral,*** un chemin balisé d'environ 10 km, avec passage par plusieurs criques désertes, part de la plage du port jusqu'à *Néa Épidavros (compter 3h A/R).*

Baignades

Archéa Épidavros offre un grand choix de plages. Quand on est face à la mer, à gauche de la jetée après l'église Agios Nikolaos, ***plages de Vagiona,*** quelconque, et de ***Kalamaki,*** sympa sans plus (continuer pour trouver des criques plus tranquilles). À droite, ***plage de Nissi.*** De l'autre côté de la péninsule rocheuse, grande ***baie d'Agios Vlassis,*** riche en plages qui se succèdent, de ***Spilia*** à celle de ***Yialassi*** *(Golden Beach)* et ses campings. Tout au bout de la route à travers les plantations d'orangers finissant par un chemin cabossé, la crique de ***Panaghista*** et sa petite église. D'une manière générale, la propreté laisse à désirer en saison, dommage !

Plongée

■ ***Epidive Center*** *(plan B1-2, **2**) : au rdc de l'hôtel Maik, sur le port. ☎ 27-53-04-12-36. 📱 69-76-50-95-63 (Yves). • diving-greece.club • Pour un baptême, compter env 80 € et 60 € pour une plongée.* Seul centre de plongée en Grèce agréé « École de plongée française à l'étranger ». *Snorkelling* (notamment à la découverte de la cité engloutie) et plongées dans les environs d'Épidaure (de - 5 à - 120 m) accompagnées par Yves et son équipe, dans une eau vraiment limpide ! Partenariat avec 5 hôtels du village pour des séjours plongée. Également des excursions en bateau vers les îles du golfe Saronique, des cours de ski nautique et de *wakeboard.*

LE SITE ARCHÉOLOGIQUE D'ÉPIDAURE (ΕΠΙΔΑΥΡΟΣ)

C'est un lieu grandiose et magique, mais aussi l'un des sites les plus visités de Grèce (en témoigne le parking géant devant le site). Malgré la foule, le théâtre vaut vraiment le détour, tout comme l'exceptionnelle douceur des paysages environnants. Est-ce un hasard si Asklipios, dieu de la Médecine, y ouvrit son premier cabinet de consultation ? Quelque chose nous dit que non...

Arriver – Quitter

En bus

● *ktel-argolidas.gr* ●

➢ ***De/vers Ligourio, Nauplie, Corinthe (station d'Isthmos) et Athènes :*** juin-sept, 3 bus/j. à 6h25, 15h40 et 18h10, 2 le sam, 12h-18h10, 1 slt le dim à 18h10. Reste de l'année, 4 bus/j. 6h25-18h10 ; 3 le sam 7h05-18h10, 2 le dim 12h-18h10. A/R donc possible dans la journée. Mais attention, à cette période, les bus ne s'arrêtent pas sur le site mais à la station-service *Elin,* à 1,5 km sur l'embranchement pour Porto-Héli, presqu'en face de l'*Hotel Avaton.*

➢ ***De/vers Archéa Épidavros :*** en principe 2 bus/j. Le 1er bus en sem est à 7h20 (se renseigner pour le w-e) d'Archéa Épidavros. Pour le retour, 2 bus/j. en sem 13h-15h15 (slt à 13h sam, aucun dim). Pour visiter le site en taxi depuis Archéa Épidavros, compter env 40-45 € A/R avec 1h d'attente sur place.

➢ ***En été, bus spéciaux ven et sam pour le spectacle :*** départ à 20h d'Archéa Épidavros, 19h30 de Nauplie, 19h de Tolo, 19h d'Argos et 17h d'Athènes (gare des bus de Kifissou). Retour après le spectacle.

Où dormir ? Où manger autour du site ?

Les adresses se concentrent entre Épidaure et le bourg (sans âme) de ***Ligourio,*** à 5 km. Pour les hôtels, résa conseillée et longtemps à l'avance les soirs de spectacle.

Hotel Avaton : *à mi-chemin entre le site (à 2 km) et le bourg de Ligourio, à la bifurcation pour Porto-Héli. ☎ 27-53-02-21-78 ou 20-59. ● avaton.com.gr ● Tte l'année. Doubles 40-55 € selon saison, petit déj compris.* C'est le plus proche du site (mais mieux vaut être motorisé pour le dîner...). Son nom fait référence au « dortoir sacré » *(Avaton)* du sanctuaire d'Asklipios. On en est assez loin avec ce récent bâtiment en U autour d'une grande pelouse. Une quinzaine de chambres, plus ou moins modernes, bien insonorisées et équipées (clim, frigo et TV). Ambiance familiale et accueil très serviable. Minibus gratuit pour aller sur les sites environnants.

Hotel Athena : *à env 3 km du site ; prendre à gauche (c'est fléché) depuis la route qui accède à Ligourio. ☎ 27-53-02-30-81. ● hotelathena.gr ● Tte l'année. Doubles 40-60 € selon saison, petit déj compris.* Charmant hôtel moderne à la façade ocre et jaune, au calme, pratiquement à la campagne, avec jolie vue sur le bourg de Ligourio. Chambres récentes et très confortables avec TV, clim et balcon donnant sur le jardin. Salle de petit déj à la déco colorée de style contemporain, avec cheminée. Gentil accueil familial.

O Moustakias : *dans la rue principale de Ligourio, à gauche après la poste quand on arrive du site. ☎ 27-53-02-28-94. Midi et soir. Repas 10-15 €.* La bonne auberge de village, sans chichis, avec le tournebroche à l'entrée, la petite terrasse sans fioritures et la cuisine où l'on choisit les plats : agneau à la broche, poulet grillé, moussaka, aubergines farcies, *bamiès,* etc. Nourriture roborative, abondante et vraiment maison, même si elle est un peu grasse. Accueil sympa et authentique.

Taverna Léonidas : *dans la rue principale de Ligourio, à droite après la poste, en venant du site. ☎ 27-53-02-21-15. Fermé le midi hors saison. Env 15-20 € le repas.* Derrière une façade où l'enseigne en grec se noie dans la végétation, belle salle rustique remplie de vieilles photos du théâtre, avec cheminée et jolies poutres. Quelques personnalités sont passées par ici. Plats classiques mais de bonne qualité. Accueil aimable.

À voir. À faire

Le site : *☎ 27-53-02-20-09. Site et musée tlj (sf certains j. fériés) 8h-20h avr-oct, 8h-15h nov-déc et 8h-17h janv-mars. Entrée : 12 € ; réduc ; gratuit moins de 18 ans et étudiants ressortissants de l'UE.* Un conseil valable pour tous les sites archéologiques : pointez-vous tôt pour éviter le rush (enfin presque, car vous n'êtes pas seul à voyager avec le *Routard* sous le bras...). Impression grandiose que de se balader tranquille dans un site exceptionnel, au milieu d'une nature qui s'éveille. Privilège éphémère, brisé par l'arrivée des premiers cars de tourisme.

Le théâtre : magnifique. Rien d'autre à dire (superbe, grandiose, fantastique, colossal, iraient bien aussi !). Pratiquement intact, il s'ouvre sur un paysage superbe. En 1829, les membres français de l'expédition scientifique de Morée, chargés d'inventorier le patrimoine archéologique grec, ont retrouvé ce théâtre qui avait presque totalement disparu sous une couverture de pins et d'oliviers ! C'est sans aucun doute cette protection naturelle qui lui a permis de se conserver aussi bien. Considéré comme le plus parfait de l'Antiquité, il présente une harmonie architecturale sans pareille. Il a pourtant été construit en deux temps, à deux siècles d'intervalle. Premier acte, par Polyclète le Jeune au IVe s av. J.-C. Second acte, les 21 rangées supérieures ont été ajoutées à la période hellénistique, doublant ainsi la capacité pour atteindre 12 000 places. Acoustique extraordinaire : les guides demandent généralement à leurs ouailles de se disperser sur les gradins et font leur blabla d'un point situé au centre même de la scène. À n'importe quel endroit, jusqu'en haut du théâtre, la voix parvient avec une clarté stupéfiante. Mais ne vous essayez pas à tester cette acoustique en haussant la voix ou en poussant la chansonnette, sous peine d'immédiat coup de sifflet de rappel de la part des gardiens !

Comme tous les théâtres grecs, celui d'Épidaure se divise en trois parties : d'abord les gradins *(cavea)* ; ensuite, une surface circulaire *(orchestra)* où se tenait le chœur ;

FRANCHIR LE MURMURE DU SON

Phénoménale acoustique que celle des théâtres grecs, et pourtant si simple ! Les gradins laissent le son se propager en droite ligne de la scène vers chaque spectateur, sans source de réverbération (d'où la limpidité des voix) et en atténuant les basses fréquences audibles (le bruissement des arbres ou le brouhaha des spectateurs). Des cavités (amphores vides) placées sous les sièges réamplifient un son forcément atténué par la démesure du lieu. Le seul écho est une sorte de « retour son », renvoyé par les gradins vers la scène.

enfin, une troisième partie dont on n'aperçoit que les fondations : le *proskénion,* bâtiment rectangulaire derrière l'aire circulaire et face aux gradins. C'est sur celui-ci que jouaient les acteurs. Les représentations antiques étaient bien différentes du théâtre actuel : le chœur avait une place prépondérante par rapport aux acteurs (un ou deux seulement). Au cours des siècles, l'importance du chœur diminua peu à peu. Les artistes étaient tous masculins. Le spectacle était payant, mais une indemnité spéciale était versée aux plus pauvres pour qu'ils puissent venir. Et ledit spectacle n'était pas du vol : on enchaînait allègrement trois tragédies et un drame satyrique, le tout ne durant pas moins de 6h ! Depuis 1954, la scène vibre de nouveau aux accents de représentations lyriques. La Callas y brilla comme une étoile inégalée.

LES CHORÈGES

Dans l'Antiquité, ces citoyens riches étaient choisis pour financer les représentations théâtrales. Cette distraction était tellement importante que ces dons permettaient aux gens modestes d'en profiter gratuitement. Les plus pauvres recevaient même de l'argent en compensation de leurs journées non travaillées.

Le sanctuaire d'Asklépios : *à 500 m du théâtre.* On se précipite sur le théâtre, et on risque de passer à côté de ces ruines. Très étendus et de toute première importance (rien moins que le premier « hôpital » de l'Antiquité !), ces vestiges ne sont pas très parlants, car le site est vraiment dévasté (tout le monde s'est servi en blocs de marbre pendant des siècles...). Mais des panneaux très didactiques (en anglais) permettent de reconstituer cet immense jeu de Lego.

Selon la légende, Asklépios (Esculape), fils d'Apollon et de Coronis, né sur les hauteurs du mont Kynortion, fut élevé par le centaure Chiron, qui lui laissa en héritage la connaissance des plantes médicinales. Asklépios acquit même le pouvoir de ressusciter les humains ! Pas très satisfait de voir un homme concurrencer les dieux, Hadès, le dieu des Enfers, souffla à Zeus l'idée d'éliminer Asklépios, ce qui fut fait en un éclair. Mais, même mort foudroyé, Asklépios n'en continua pas moins d'attirer du monde. Les disciples d'Asklépios soignaient ici d'une façon bien particulière. D'abord, on égorgeait des animaux en sacrifice aux dieux. Les malades s'assoupissaient dans le dortoir sacré *(avaton)* peuplé de serpents inoffensifs, en s'enroulant dans la peau de l'animal sacrifié. Là, Asklépios leur apparaissait en songe sous les traits du serpent sacré (personnification du dieu), et leur indiquait, sous forme cryptée, le traitement à suivre, ce que les prêtres traduisaient ensuite en une sorte de prescription. Les plus chanceux étaient, paraît-il, guéris dès leur réveil (on n'a donc rien inventé à Lourdes !). Malgré les efforts de Théodose Ier au IVe s apr. J.-C. pour mettre un terme à ces pratiques, le culte d'Asklépios s'est répandu dans tout le Bassin méditerranéen où il a perduré jusqu'au Ve s. Trois bâtiments du sanctuaire font l'objet d'anastyloses (reconstitutions partielles), l'*avaton,* la *tholos,* bâtiment circulaire, et un complexe appelé *hestiatorion,* où l'on a retrouvé des résidus de repas et qui incluait aussi un *odéon.* À voir aussi : le stade, en contrebas.

LE CADUCÉE FAIT DES PETITS

Le bâton entrelacé de deux serpents était le sceptre d'Asklépios, dieu de la Médecine. Ce caducée, adopté par les médecins, inspira leur symbole aux pharmaciens : un serpent entourant la coupe d'Hygie, fille d'Asklépios, déesse de la Santé (et de l'Hygiène, of course). Quant aux sages-femmes, elles ont accouché d'un ovoïde (symbole utérin) percé d'un serpent (symbole phallique ?).

Le musée : *attention, fermé lun jusqu'à 12h nov-mars.* Petit, mais il abrite quelques pièces dignes d'intérêt. À l'entrée, des pierres gravées décrivent les cures et les remèdes miraculeux d'Asklépios. Une vitrine renferme quelques instruments chirurgicaux. Dans les pièces suivantes, sur les étagères en hauteur, des palmettes, acrotères et autres pièces destinées à la décoration des toitures des temples, qui ont la particularité d'avoir conservé leur peinture d'origine et donnent une petite idée de ce à quoi pouvait ressembler un temple à l'époque. Les élévations des propylées (entrée monumentale), de styles corinthien et ionique, et d'un temple de style dorique au fond du musée, ainsi que les intéressantes reconstitutions de dallage et d'un plafond à caissons compléteront ce tour de l'architecture grecque. Plusieurs statues d'Asklépios (des copies pour la plupart), avec son célèbre « caducée » (voir encadré).

Le Festival de théâtre : *slt en juil-août, ven et sam à 21h. Des bus partent ces soirs-là de différentes villes (voir la rubrique « Arriver – Quitter » plus haut) ; retour après le spectacle. Résas à Athènes : Athens Festival Box Office, 39, odos Panépistimiou, lun-ven 9h-17h, sam 9h-15h (☎ 21-03-27-20-00 ; ● greekfestival.gr ●). Résas à l'entrée du site slt de mi-juin à fin août, lun-jeu 9h-19h et ven-sam 9h-21h30. Selon place et spectacle, 20-45 € ; ½ tarif étudiants.* Représentations de pièces antiques (une dizaine au total) vraiment étonnantes, pas toujours faciles à comprendre. Surtitrage en anglais.

LA PRESQU'ÎLE DE MÉTHANA (ΜΕΘΑΝΑ)

Entre Épidaure et l'île de Poros, détour conseillé jusqu'à cette petite presqu'île montagneuse, encore sauvage (et un peu oubliée des touristes). Pour nos lecteurs motorisés seulement : bateaux et bus ne conduisent qu'à Méthana, un port qui n'a d'autre intérêt que ses eaux d'un bleu laiteux et à l'odeur très soufrée (bains thermaux, d'ailleurs, depuis 1930). Cette presqu'île d'origine volcanique est hérissée d'une bonne trentaine d'anciens cratères. On peut, pour la vue, gagner à pied le plus connu, au-dessus du joli petit village de *Kameni Chora* (et sa très sympathique taverne) : compter 20 mn depuis le parking, accès fléché « volcano » depuis toutes les petites routes de la presqu'île. En redescendant, passage obligé par le charmant petit port de pêche de *Vathy*.

Où manger ?

Tzimis Psarotaverna : *sur le petit port de **Vathy** (dernier resto sur la droite quand on fait face aux flots). ☎ 22-98-09-30-40. Repas 15-30 €.* Adorable taverne familiale prolongée de 2 terrasses dont l'une carrément sur un ponton de béton, au milieu du port. Le patron est pêcheur (sous-marin, même !), donc pas de souci pour la fraîcheur des poissons et autres fruits de mer, simplement mais très joliment préparés par son épouse. Service aux petits soins.

GALATAS (ΓΑΛΑΤΑΣ) (180 20) 2 200 hab.

Sur la route en corniche venant d'Épidaure, quelques superbes points de vue sur les îles du golfe Saronique. La route, sinueuse, dévale ensuite vers la mer et la rejoint à Galatas. Ce petit village sans charme particulier fait face à l'île de Poros, accessible grâce à de nombreux caïques.

Arriver – Quitter

En bus

Station de bus : *entre une taverne et un café en face de l'embarcadère pour Poros. ☎ 22-98-04-24-80.*

➢ ***De/vers Athènes, via Corinthe (gare routière d'Isthmos) :*** 3 bus/j., lun-ven ; 1 bus/j. le w-e.

➢ ***De/vers Nauplie, via Épidaure*** *(théâtre)* **:** 2 bus/j. (aucun le w-e).

➢ ***De/vers Méthana :*** 2 bus/j. (aucun le w-e).

En bateau

Navettes pour Poros : ttes les 30 mn, 7h-21h30 (6h30-22h30 en été ; ttes les 10 mn en cas de forte affluence) ; dim, ttes les heures 7h-9h, puis ttes les 30 mn. Prévoir env 7 €/voiture avec le chauffeur, env 1 €/passager.

Où dormir ? Où manger ?

Kyrielle de chambres à louer, restos et cafés sur le port. Mais rien de bien transcendant (Galatas n'est vraiment qu'un port d'embarquement pour Poros).

POROS (ΠΟΡΟΣ) (180 20) 4 000 hab.

Poros, une des îles Saroniques située à une centaine de mètres du continent, peut aisément se programmer en extra quand on fait le tour du Péloponnèse. Elle se compose de deux îles (une toute petite, *Sphèria,* presque entièrement occupée par Poros-ville, et *Kalavria,* plus grande, au nord) reliées entre elles par un minuscule pont. Le village est étagé au-dessus du port, avec ses maisons blanches entre mer et ciel.

En définitive, l'île de Poros, très touristique, n'offre au visiteur que son charme insulaire et de jolies balades dans l'amalgame des architectures cycladique et néoclassique de sa petite ville. Mais elle est agréablement verte et boisée, et sa petite taille permet presque de ne s'y déplacer qu'à pied. Quant à ses plages, sympas mais étroites et peu nombreuses, elles sont prises d'assaut en été.

Arriver – Quitter

En bateau

➢ ***Du/vers Le Pirée :*** selon saison, 1 à plusieurs ferries/j., via Égine et Méthana (compagnies *Saronic Ferries* et *Ionis Ferries*). Durée : 2h30. Les *Flying Dolphins* ou *Flying Cats,* beaucoup plus rapides et directs, effectuent également en été 4-5 traversées dans la journée. Trajet : 1h. Ils continuent sur ***Hydra*** et ***Spetsès.***

➢ ***De/vers Galatas :*** le bac qui relie Galatas à Poros part ttes les 30 mn env, 6h30-22h30 env en été (tarif passager : env 1 € l'aller ; compter env 7 € pour une petite voiture). Embarcadère sur le port, face à l'hôtel *Dionysos.* Des sortes de bateaux-taxis, situés sur le port juste à côté de l'embarcadère des *Flying Dolphins,* font également la navette ttes les 10 mn env en été pour le même prix (min 4 pers).

Comment se déplacer sur l'île ?

Départ des 2 lignes de ***bus*** de l'île, sur le port, face au *Porto Café.* L'une dessert les plages entre Poros-ville et Russian Bay ; l'autre circule entre Poros-ville et le monastère avec arrêt à Askéli. Départ ttes les 30 mn, env 8h-23h.

Taxis : *sur les quais, face à l'hôtel Saron. ☎ 22-98-02-30-03. Prix fixes, affichés.*

Adresses utiles

✉ **Poste :** *derrière l'*Alpha Bank, *à côté de l'*Hotel 7 Brothers. *Lun-ven 7h30-14h.*

■ **Agence de voyages et infos touristiques : *Marinos Tours,*** *sur le port, à côté du* Porto Cafe. ☎ *22-98-02-34-23 ou 29-77. • mfdpop@ath.forthnet.gr • Ouv 7h-21h en été, 7h-18h l'hiver.* Efficace. Représente les *Flying Dolphins,* entre autres. Infos en anglais.

■ **Banques :** *plusieurs distributeurs sur le port.*

■ **Laverie : *Suzi's Laundrette,*** *juste avt la* National Bank, *petite impasse sur la droite.* ☎ *22-98-02-54-35. Tlj.*

■ **Location de vélos et de scooters : *Chez Kostas,*** ☎ *22-98-02-35-65 ; en allant vers Néorio, traverser le pont et prendre à gauche juste après, c'est à droite un peu après l'*Hotel Theano. Un peu loin, mais le moins cher et le plus honnête. Sans oublier la gentillesse de Kostas qui prend le temps de vous expliquer le fonctionnement de ses machines. Matériel en bon état et entretenu.

Où dormir à Poros-ville ?

Pour ceux qui ne trouveraient aucun logement disponible, un petit guichet d'info et de réservation (chambres et appartements) sur le port, face à l'hôtel *Saron.* Pas toujours grand monde dedans, cela dit, même quand le téléphone sonne...

🏠 ***Georgia Mellou Rooms :*** *10, odos Kolokotronis.* ☎ *22-98-02-23-09.* 📱 *69-37-85-07-05. • g.mellou@gmail.com • Sur les hauteurs, suivre la ruelle commerçante qui passe devant la poste puis grimper à gauche (suivre le fléchage* The Garden, *la maison se trouve juste à côté de cette taverne). En principe ouv avr-oct, mais les proprios vivent là tte l'année. Selon saison, doubles env 30-45 €, triples env 40-55 € ; tarif dégressif hors saison pour plusieurs nuits. CB refusées.* Bon rapport qualité-prix au cœur du village. 4 chambres seulement, dont une suite familiale pour 3 personnes et 2 doubles dont une toute petite ! Toutes avec douche/w-c, clim, TV, et balcon donnant soit sur la ruelle, soit sur le port (très chouette vue). Dans le couloir, frigo à disposition. Propriétaires adorables qui se débrouillent avec quelques mots d'anglais.

🏠 ***Hotel 7 Brothers :*** *dans une rue parallèle au port, derrière l'*Alpha Bank, *à côté de la poste.* ☎ *22-98-02-34-12. • 7brothers.gr • Tte l'année. Doubles 40-75 € selon saison.* 📶 La maman du propriétaire a eu 7 fils, d'où le nom de ce petit hôtel entièrement rénové. Chambres mignonettes et tout confort (TV, clim, bouilloire...). Certaines ont un balcon avec, au 2e étage, une gentille vue sur le port et Galatas. Excellent accueil d'une jeune femme qui parle bien l'anglais. Pas de petit déj, mais il y a tout ce qu'il faut à proximité sur le port.

🏠 ***Hotel Dionysos :*** *78, odos Papadopoulou.* ☎ *22-98-02-25-30 ou 35-11. • hoteldionysos.eu • Pratiquement face au grand parking de l'embarcadère pour Galatas. Tte l'année (en principe). Selon vue, doubles 50-80 €, petit déj compris.* Cette grande maison néoclassique bien restaurée est une bonne alternative, si l'on ne veut pas être directement dans le centre. Un certain cachet (murs de pierre ou cheminée) pour la douzaine de chambres, plutôt spacieuses, tout confort et bien meublées (il y a même des lits à baldaquin !), la plupart avec balcon ou accès à une terrasse commune. Le petit déj (basique) est servi dans le bar-taverne bien populaire du rez-de-chaussée.

Où dormir sur l'île de Kalavria ?

Si vous êtes chargé, la solution du taxi pour rejoindre votre hébergement peut s'avérer très pratique et pas chère.

🏠 ***Villa Mimosa :*** *7, odos Monastiriou.* ☎ *22-98-02-46-59. Hors saison, à Athènes :* ☎ *21-06-72-43-64.*

• villaporos@yahoo.com • Peu après le pont, le cimetière et le magasin de réparation de vélos, scooters et motos, c'est la maison n° 7 sur la droite (dont on n'aperçoit que le toit un peu étrange). Mai-fin sept. Env 50 € pour 2 et 80 € pour 4 pers. Pas de petit déj. CB refusées. Notre adresse préférée : une très belle villa typique de l'architecture des Cyclades (forme carrée toute blanche), avec un beau jardin superbement fleuri et un accès direct à la plage de Kanali. Les propriétaires y résident en été et louent 3 spacieux studios et 3 appartements (2 chambres) avec AC. Simples mais très agréables. Priorité donnée aux séjours un peu prolongés. Très bon accueil de la famille Lykiardopoulos. La proprio parle le français. Une adresse vraiment originale et à l'accueil excellent.

Où manger à Poros-ville ?

Taverna Apagio : *tt au bout du front de mer, au sud-est de Poros-ville. ☎ 22-98-02-62-19. Tte l'année. Repas 12-15 €. CB refusées.* La taverne est tenue par Liz (une Franco-Anglaise à qui sa mère normande a appris la cuisine) et Spiros, son Grec de mari, pêcheur (et guitariste et peintre à ses heures), qui assure le service. Les poissons et fruits de mer (daurade, poulpe, calamar...) ne sont pas trop, trop chers et bien cuisinés. Également de succulentes entrées à base de légumes, des plats délicieux comme l'agneau rôti au citron et à l'ail, et du vin local bon marché. Accueil vraiment chaleureux.

Taverna Karavolos : *dans une charmante ruelle perpendiculaire au port (prendre au niveau du cinéma-petit centre commercial et monter, c'est bien fléché). ☎ 22-98-02-61-58. Le soir slt. Repas env 12-16 €.* Petite terrasse tranquille dans une charmante ruelle qui précède une salle aux murs de pierre. Spécialité de la maison : les escargots (*karavolos* en grec) si ça vous tente. Sinon, on retrouve les classiques (*tzatziki*, aubergines, moussaka et quelques grillades accompagnées de frites maison), tout à fait délicieux. Accueil sympathique d'un couple supporter du club de foot de l'Olympiakos. D'ailleurs, le resto est fermé les soirs de match !

Taverna Spiros : *sur Kalavria, après le pont, prendre à gauche, c'est la 2e taverne (env 300 m), juste avt Kostas, le loueur de scooters. ☎ 22-98-02-45-08. Repas 12-16 €.* Service gentil et cadre presque bucolique avec cette petite terrasse sur l'eau, les petites barques de pêcheurs devant et la vue imprenable sur Poros-port, les pieds quasiment dans l'eau ! Cuisine simple, carte classique des tavernes grecques, mais c'est bon et pas bien cher.

Kanali : *sur Kalavria ; après le pont, prendre la 2e ruelle sur la droite (c'est fléché). ☎ 22-98-02-47-71. Tlj 8h30-1h en saison. Repas 20-35 €.* Côté face : un bar-resto de plage à la jolie déco toute de blanc vêtue, à la clientèle très internationale qui dodeline de la tête sur les tubes du moment. Côté pile : une cuisine largement méditerranéenne, lorgnant franchement vers l'Italie, avec quelques vrais plats de grand-mère grecque. Pas franchement authentique, on vous l'accorde, mais vraiment bon. Accueil et service impeccables.

À voir. À faire

Balade sur les hauteurs de la ville : que ce soit autour du clocher-horloge, au-dessus du port, ou depuis le petit chemin qui serpente dans la pinède jusqu'au bout de l'îlot, vers la petite église, superbe vue sur l'une des attractions locales, « la belle endormie de Poros ». En effet, si l'on regarde vers l'ouest, un

LE PÉLOPONNÈSE

enchaînement de monts et de plateaux divers forme la silhouette d'une femme allongée sur le dos !

Le monastère de Zoodochos Pigis : *sur l'île de Kalavria, à env 4 km du port de Poros-ville, via la plage d'Askéli (c'est bien fléché). Accès en bus, à pied pour les plus courageux (à une petite heure de Poros-ville), à vélo ou à moto. Ouv du lever au coucher du soleil ; fermé 13h-17h en été. Tte tenue qui laisse apparaître un soupçon de peau (short, chemisette) est interdite (et les pantalons pour les femmes). Mais paréos disponibles à l'entrée. GRATUIT.* Dans un joli site au milieu des pins, un monastère du XVIIIe s perché au-dessus de la mer. Tout petit cloître et minuscule église dans laquelle sont inhumés quelques héros de la guerre d'Indépendance. Intéressantes icones évidemment.

Plage de galets accessible au pied du monastère, avec transats, parasols et petite taverne. Idéale pour se baigner le matin, quand il n'y a personne.

Le temple de Poséidon : *sur l'île de Kalavria, dans la montagne, à env 5 km du port de Poros-ville. GRATUIT.* Il n'est plus que ruines. Comme souvent, on est venu, pendant des siècles et des siècles, se servir en marbre... C'est ici que Démosthène, l'orateur athénien, fuyant les Macédoniens qu'il combattait depuis des années par ses discours véhéments, se réfugia. Rattrapé, il s'empoisonna. Pas grand-chose (sinon rien !) à voir donc mais... jolie vue de là-haut. Les amateurs iront voir le résultat des fouilles au tout petit ***Musée archéologique de Poros*** *(sur le port ; tlj sf lun 8h-15h ; entrée : 2 €).*

Néorio et ses environs : *sur l'île de Kalavria, 1re à gauche après le petit pont.* Après le hameau de Néorio (à 3 km de Poros-ville), tout d'abord, la plage de *Mégalo Néorio* ; pas trop de monde (ni matelas ni musique), grande mais pas très belle. Ensuite, la plage de *Love Bay* en contrebas de la route, ombragée, jolie, mais envahie par les transats, les parasols et la musique à fond ! En poursuivant, une autre anse, jolie aussi (pas mal bruyante dans son genre également), baptisée *Russian Bay,* parce que bordée par les imposantes ruines d'une base navale installée par les Russes pendant la guerre gréco-turque. Plus loin encore, pour les plus courageux ou ceux qui sont motorisés, une succession de cinq ou six criques adorables, lovées dans les rochers et où l'on accède par de petits sentiers. Là, plus trop de monde. Prévoir eau et provisions. Après, la route continue ; il n'y a plus de plages mais des élevages de poissons. La route fait le tour de l'île par le nord-ouest au milieu des pins et rejoint Poros-ville.

Vagionia Bay : *sur Kalavria, à env 7 km de Poros-ville, par une très jolie route qui traverse l'île dans tte sa largeur.* Plage agréable, mais presque entièrement occupée par les matelas et autres parasols de la petite taverne... En revanche, c'est un bon endroit pour la plongée avec masque et tuba !

DE GALATAS À ERMIONI

Après Galatas, une jolie petite route, belle et sauvage, sans doute tracée en suivant le pas d'un âne ivre, s'éloigne de la mer pour finalement la retrouver rapidement sur la côte sud qu'elle suit ensuite au plus près des flots. Discrètes petites plages de graviers en contrebas de la route avant Métochi. À *Thermissia,* un camping :

Camping Hydra's Wave : *☎ 27-54-04-10-95. • hydraswave.gr • Sur le front de mer, à 7 km d'Ermioni (bien signalé). De mi-avr à mi-oct. Compter 17 € pour 2 avec tente et voiture. Pas de loc.* Très calme, entre la mer et un vaste étang (un peu de moustiques à prévoir !). Emplacements ombragés par des canisses. Plage avec un *beach-bar.* Machines à laver, épicerie et petit bar-resto.

ERMIONI (ΕΡΜΙΟΝΗ) (210 51) 3 050 hab.

Adorable port de pêche qui occupe un promontoire terminé par une pinède. Les grands hôtels sont situés à une distance respectable et Ermioni a su rester elle-même. Beaucoup de charme au soleil couchant, en se baladant parmi les maisons pastel. Jamais trop de monde par ici, même l'été. Pas vraiment de plage près du port, mais baignade extra depuis les rochers sur la presqu'île au sud du village. Belles plages au sud-ouest *(Kouverta, Pétrothalassa).* Le village possède deux ports, de chaque côté de la presqu'île : Limani et Mandrakia, le premier plus populaire, le second un poil plus huppé. Ermioni est aussi le berceau familial de Mélina Mercouri.

Arriver – Quitter

En bus

Les bus s'arrêtent sur la place du monument aux morts de Limani. Aucun bus direct ni pour Athènes ni pour Nauplie ; il faut changer à Kranidi (prévoir 1-2h d'attente, sf pour le 1er bus du mat au départ d'Ermioni).

➢ ***De/vers Kranidi :*** 4 bus/j. en sem 5h-13h40 d'Ermioni, 1 slt à 6h sam, aucun dim.

➢ ***De/vers Athènes, via Kranidi :*** 3 bus/j. en sem dont 1 via Nauplie (1 bus slt le sam à 5h via Nauplie). Sinon, d'Ermioni, se rendre en taxi à Kranidi (7 km) pour prendre le bus quotidien de 17h30. Trajet : 4h. Passe par Corinthe (station d'Isthmos), Néa Épidavros et Ligourio.

➢ ***De/vers Nauplie, via Kranidi :*** 3 bus/j. en sem, 1 le sam. Sinon, se rendre en taxi à Kranidi pour prendre le bus quotidien de 17h30.

En bateau

Hellenic Seaways : *tickets pour les Flying Dolphins (hydroglisseurs) vendus par l'agence* Fun in the Sun. *☎ 27-54-03-24-08.*

➢ ***Du/vers Le Pirée :*** de mi-mai à début sept, 3-4 liaisons tlj. Env 2h-2h30 de traversée.

➢ ***De/vers Hydra, Spetsès et Poros :*** en été, 3-4 liaisons tlj. Durée : 20 mn pour Hydra et Spetsès. Jusqu'à Poros, 1h.

Adresses et info utiles

✉ ***Poste :*** *rue principale, sur la droite en venant d'Épidaure. Lun-ven 8h-14h30.*

■ ***Banques avec distributeur : Trapéza Piréos,*** *après le monument aux morts, sur le quai ;* ***National Bank of Greece,*** *face au débarcadère.*

■ ***Agence Fun in the Sun :*** *sur le port, face au monument aux morts. ☎ 27-54-03-15-14 ou 18-80. • ermionifuninthesun.gr • L'été, 8h30-22h ; l'hiver, 8h30-13h30, 17h-20h.* Location de voitures, vente de billets de bateau, horaires de bus et plein d'informations touristiques (en français si vous êtes sage !).

– ***Marché :*** *sur le port, jeu 7h30-13h env.* Pittoresque !

Où dormir ?

Hotel Akti : *au sud du port (Limani), donnant sur le quai. ☎ 27-54-03-12-41. • hotelakti.com • Doubles 35-45 €. Sur présentation de ce guide, réduc sur les prix affichés dans les chambres.* Bâtisse typiquement grecque, toute blanche et avec balcons. Très calme et à proximité de jolis lieux de

LE PÉLOPONNÈSE

baignade que le patron, Kostas, vous indiquera sans problème (il connaît le coin comme sa poche). Toujours aussi aimable et dynamique, Kostas a fait de l'accueil des touristes une véritable religion. Un plus : il parle vraiment bien le français ! Chambres d'un honorable confort (clim) et pleines d'un charme un peu désuet avec leurs meubles anciens. Les fauchés pourront dormir sur la terrasse à meilleur prix, comme au bon vieux temps. Derrière, Kostas possède une petite maison avec quelques chambres meublées de bric et de broc (ça donne, une fois encore, un côté chaleureux) et une cuisine ; on mange dans un petit jardin sous la treille. Le matin, on prend le petit déj sur la terrasse face aux bateaux qui quittent le port. Évitez d'y arriver entre 15h et 17h : cela dérange la sieste de Kostas, qui a ensuite du mal à se rendormir !

Pension Zoe : *dans une ruelle parallèle au port (Limani), prendre l'escalier avt l'*Hotel Akti *puis la ruelle à droite.* ☎ *27-54-02-95-65.* • *zoepension.gr* • *Doubles 45-55 € selon saison, petit déj inclus.* Noyée dans le paisible entrelacs de ruelles d'Ermioni (on se gare à 50 m, sur le quai), une petite pension de famille tenue par un jeune couple (et ses enfants !). Les chambres, simples et pas immenses, ne sont pas de première jeunesse mais entretenues *con brio.* Le petit déj se prend en terrasse dans la ruelle, mais rien ne vous empêche de monter sur celle du toit qui offre une vue sur l'anse d'Ermioni. Une adresse résolument souriante.

Où manger ?

Bisti : *à 100 m au-delà de l'*Hotel Akti, *après le virage.* ☎ *27-54-03-18-08. Fermé fin sept-mai. Repas 10-15 €.* Idéal le midi, car proche de la plage. On mange dehors en lisière de pinède. Un peu isolé, donc très calme. Tenu par une mère de famille. Choix limité, mais cuisine honorable à prix très doux. On peut voir les plats en salle et choisir directement.

Kavos : *après le* Bisti, *sur la corniche vers le port de Mandrakia.* ☎ *27-54-03-21-52. Repas 15-35 €.* Posée sur un piton rocheux surplombant la mer, une jolie taverne à la déco néorustique prolongée d'une terrasse (avec vue) au-dessus des flots. Chouette cadre donc pour d'excellents *mezze* et des produits d'une fraîcheur exemplaire, notamment les poissons (demandez au chef, qui se débrouille en français, de vous présenter ceux du jour). Bonne cuisine, service sympathique et prix raisonnables, que peut-on rêver de mieux ? Ah si, un petit escalier descend sous le resto pour faire trempette...

O Michalis : *sur le port de Mandrakia.* ☎ *27-54-03-15-51. Repas 15-25 €.* Une « taverne du pêcheur » (c'est écrit sur l'enseigne !) qui sert des plats classiques plutôt réussis : moussaka, poulpe, boulettes, steak, fromage frit, etc. Une bonne adresse tenue par un patron attentionné (qui parle quelques mots de français). Terrasse sur le quai, pratiquement les pieds dans l'eau.

Paradosiako : *sur le port (Limani), devant les bateaux.* ☎ *27-54-03-22-77. Repas 10-15 €.* Populaire pour ses *souvlakia* et viandes grillées à la braise. En revanche, la moussaka est un peu quelconque. Jolie salle et terrasse sur le quai pour cette adresse très touristique.

Où boire un verre ?

Mylos : *depuis le port (Limani), c'est le moulin qui chapeaute la colline, de l'autre côté de la baie.* Pour la vue, du café du matin à l'ouzo au coucher du soleil : la terrasse domine tout Ermioni, les collines et la mer.

Sinon, pour les djeun's qui veulent boire des coups jusqu'à pas d'heure et se mettre du boum-boum plein les oreilles, quelques bars-clubs avec DJs en saison sur le port de Mandrakia comme ***Casa Dei*** (très belle terrasse) ou le ***Madraki Club.***

À voir. À faire

Le Musée ethnographique : *tt en haut du village, à côté de l'église principale. Accès par les ruelles qui grimpent depuis l'un ou l'autre des ports ; c'est (discrètement) fléché. Ouv 19h-21h en été, irrégulièrement le reste de l'année (rens : ☎ 27-54-03-22-09). GRATUIT.* Une modeste collection de vieux objets du quotidien, costumes folkloriques et broderies. Ça ne coûte rien d'y jeter un œil et ça permet de découvrir la partie ancienne du village. De plus, la bâtisse qui abrite le musée est jolie et historique : elle servit de lieu de réunion à la troisième Assemblée nationale en 1827, sous l'impulsion de Kolokotronis. À proximité, à côté de l'église Panagia, un ***musée du Jouet ancien*** *(tlj 19h-21h en été ; GRATUIT),* avis aux nostalgiques...

■ ***Kallianos Diving Center :*** *installé sur l'îlot en face d'Ermioni, pas de bureau au port, téléphoner pour rens et résas. 69-36-80-50-54 ou 69-74-80-59-01. • kallianosdivingcenter.com • De juin à mi-sept. Compter env 55 € pour un baptême, 30-45 € pour les initiés (sans ou avec équipement).* 2 instructeurs PADI francophones encadrent des plongées près de l'îlot Kapari, à 20 mn en bateau du port.

DANS LES ENVIRONS D'ERMIONI

Plusieurs agréables plages de sable et de cailloux dans les baies qui entaillent la côte au sud-ouest d'Ermioni, dont ***Pétrothalassa,*** à environ 10 km d'Ermioni. Depuis Mandrakia, longer la mer puis suivre le fléchage « *Villaggio Club Ermioni* » ; ensuite, à la première patte-d'oie, tourner à droite puis, juste avant l'ancienne station-service (devenue taverne !), tourner à gauche et continuer sur 1 km.

➢ Le tour complet de la presqu'île par Porto-Héli n'est pas indispensable. Jolie côte, mais pas mal bétonnée, beaucoup de monde (nombreux plaisanciers qui débarquent le soir) et de grands hôtels. Les infrastructures plutôt bonnes peuvent cependant intéresser les amateurs de sports nautiques. L'embarcadère pour Spetsès se trouve à Kosta, à 3 km de Porto-Héli et à 30 mn de route d'Ermioni (voir plus loin « Spetsès »).

HYDRA (ΥΔΡΑ) (180 40) 1 970 hab.

• Carte L'île d'Hydra *p. 175*

Un des plus beaux ports de toutes les îles grecques, mais aussi un des plus fréquentés, inondé de touristes et escale obligée de bateaux de croisière l'été. Les hôtels sont souvent pleins, même en basse saison, et l'accueil est plutôt mercantile... Aucune voiture sur l'île, aucun scooter (à part le camion de poubelles, seules les charrettes à bras sont autorisées). De quoi faire du ravitaillement du matin un étonnant spectacle. Les tonnes de vivres (et d'eau, malgré son nom, Hydra n'en a pas) sont déchargées des bateaux puis réparties sur des mulets, avant d'être acheminées, entre autres, vers les hôtels et restaurants.

LE PÉLOPONNÈSE

Mélange de Saint-Trop' et de Portofino, le port, lové dans une échancrure coincée entre les falaises rocailleuses, possède tout de même un charme typiquement méditerranéen, avec ses ruelles dallées bordées de maisons chaulées de blanc, que vient trancher le rose incandescent des buissons de bougainvillées. Ses maisons sont souvent plus hautes et plus belles qu'ailleurs, Hydra ayant été une île très riche. Quant au reste de l'île, il est quasi désertique, mais dissimule quelques minuscules criques accessibles aux marcheurs ou en bateau-taxi.
Évidemment, Hydra compte parmi les destinations les plus chères pour l'hébergement.

UN PEU D'HISTOIRE

Hydra est, avec Spetsès, indissociable de l'histoire contemporaine grecque. Durant l'occupation turque, les Hydriotes développèrent une flotte marchande importante qui enrichit quelques familles d'armateurs, d'origine albanaise (l'île s'était dépeuplée au Moyen Âge et des Albanais orthodoxes, fuyant la conquête ottomane, étaient venus s'y installer). Quand l'heure de la guerre d'Indépendance sonna, ces mêmes armateurs se lancèrent dans la bataille, armant de nombreux vaisseaux sur leurs fonds propres. Leurs buts n'étaient pas uniquement patriotiques, ils espéraient bien en retirer quelques miettes de pouvoir... Miaoulis, Koundouriotis... les noms de ces armateurs sont encore très connus en Grèce aujourd'hui. À cette époque glorieuse, Hydra comptait plus de 20 000 habitants.

Arriver – Quitter

Pas de ferry, trajet en *Flying Dolphins* et *Flying Cats.* Rens sur ● *hellenicseaways.gr* ●

➢ ***Du/vers Le Pirée :*** en bateau rapide, 4-6 départs/j., 8h-19h30 l'été. En moyenne 1h30 de trajet.

➢ ***De/vers Poros et Spetsès :*** env 4 départs/j. en saison. Trajet : 30 et 40 mn.

➢ ***De/vers Ermioni** (Péloponnèse)* **:** env 2-3 départs/j. en saison. Env 20 mn de trajet.

➢ ***De/vers Métochi** (Péloponnèse ; à env 12 km à l'est d'Ermioni)* **:** en saison, une dizaine de liaisons/j. sur un petit bateau *(env 6,50 € pour 12 mn de traversée slt ; 69-47-32-52-63 ; ● hydralines.gr ●).* Ou en *taxi-boat,* mais bien plus cher.

Adresses et info utiles

✉ **Poste :** *pl. du marché, en retrait du port (3e ruelle après l'Alpha Bank, en allant vers l'horloge). Lun-ven 7h30-14h.*

■ **Banques :** *sur le quai, plusieurs avec distributeurs automatiques.*

■ **Billets de bateaux :** *au début de la ruelle à droite de l'Alpha Bank, une agence* (Hydreoniki Travel) *vend les tickets* Hellenic Seaways. *☎ 22-98-05-40-07. 6h30-20h30. CB refusées.*

– **Se déplacer sur l'île :** si on loge assez loin du port, 2 solutions : le mulet ou le *taxi-boat,* qui patientent tous deux sur le quai, face à l'*Alpha Bank.* Les tarifs des bateaux sont élevés : course à environ 10 € pour Kaminia, par exemple, et 15 € pour Vlychos, que l'on soit seul ou 8 (nombre de passagers maximum). Bien moins rapide que le bateau, le mulet vous coûtera aussi cher mais plaira peut-être beaucoup aux enfants...

Où dormir ?

Pas de camping sur l'île (et camping sauvage interdit). Les pensions abondent mais sont souvent complètes : en saison, mieux vaut réserver.

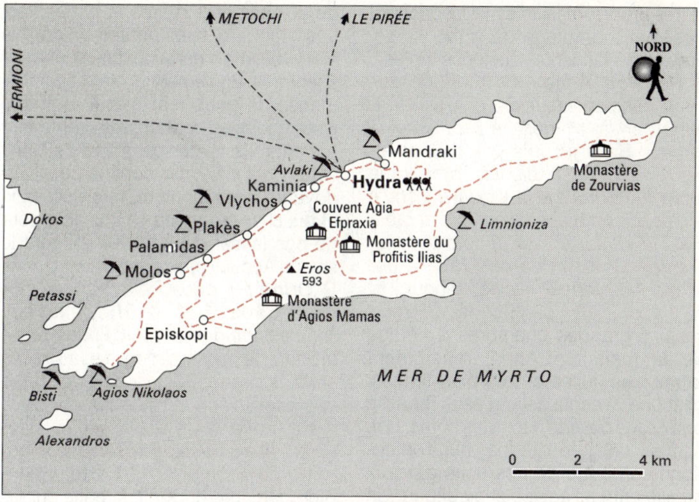

L'ÎLE D'HYDRA

Consulter le site ● *hydradirect.com* ● Attention, Hydra se paie cher, plus cher en tout cas que les autres îles Saroniques.

De prix moyens à chic

La plupart des adresses ci-après se trouvent un peu à l'écart du port mais assez peu éloignées du débarcadère.

Alkionidès Pension : *☎ 22-98-05-40-55. 69-77-41-04-60. ● alkionidespension.com ● Du port, remonter la 1re ruelle à droite de la* Piraeus Bank, *jusqu'à ce qu'une maison avec volets blancs vous bloque (la vilaine !) ; la pension est dans l'impasse juste à gauche. Tte l'année sf Noël. Doubles 60-80 €, studios 70-100 €. CB refusées.* Belles chambres aux lignes contemporaines, d'un excellent niveau de confort (AC, literie moelleuse), certaines assez petites cela dit. Également un studio avec kitchenette, plus cher, et des triples. Vaste et délicieuse courette fleurie. Accueil plutôt impersonnel.

Pension Achilléas : *☎ 22-98-05-20-50. ● achilleaspension.gr ● Du port, remonter la ruelle à gauche de l'*Alpha Bank *; prendre à droite à la fourche et encore à droite à l'*Hotel Amarillis, *puis continuer jusqu'à la place ombragée du resto* I Xéri Ilia *et prendre la rue à droite ; c'est un peu plus loin. Mars-oct. Double env 65 € en été, petit déj en sus ; appart env 110 €.* Pension familiale d'une dizaine de chambres sobres, de bonne taille, confortables (AC, frigo) et bien tenues. De la terrasse tout en haut, vue sur le port. Agréable cour intérieure où paresser. Très bon accueil d'Achilléas et de Konstantinada, sa femme. Également un appartement pour 4 personnes, avec grande terrasse, grande salle de bains et cuisine.

Pension Érofili : *☎ 22-98-05-40-49. 69-77-68-84-87. ● pensionerofili.gr ● Du port, remonter la rue à gauche de l'*Alpha Bank *; à la fourche, prendre à droite, puis à gauche à l'hôtel* Amarillis, *continuer tt droit jusqu'à la placette avec le buste ; c'est là. Tte l'année. Double 60 € et studio 90 € ; petit déj en plus. CB refusées. Réduc de 15 % sur présentation de ce guide sf w-e et à Pâques (pour les résas faites en direct avec la pension).* Une douzaine de chambres, plutôt grandes, dont quelques triples, avec AC, frigo et salle de bains, ainsi qu'un studio. Agréable et très propre, mais très mal insonorisé ! Petit patio ombragé de vigne vierge, propice au farniente. Quelques triples.

Pension Anna : ☎ *22-98-05-30-66. • pensionannahydra.gr • Du port, remonter la 1re ruelle à droite de la* Piraeus Bank *jusqu'à une maison en pierre avec volets blancs ; prendre la ruelle sur la droite et la remonter jusqu'à la placette ombragée, continuer tt droit, c'est la 2e maison sur le côté gauche, sonner chez m'dame Kavaliérou. 15 mars-30 sept. Prévoir 50 € pour 2 et 55 € pour 3. Pas de petit déj. CB refusées.* 5 grandes chambres à l'étage de la maison d'Anna, récemment rafraîchies, jolies et très bien tenues, chacune avec sa salle d'eau. Terrasse ombragée ouverte à tous les hôtes. Bon accueil en grec d'Anna, qui confectionne en outre de très bons gâteaux qu'elle offre à l'arrivée et au départ. Un bon rapport qualité-prix pour Hydra.

Botsis Guesthouse : ☎ *22-98-05-23-95. • botsis.com • Dans la rue juste avt l'horloge. Fin avr-oct. Doubles 55-60 € l'été. Pas de petit déj.* Pour qui veut loger près de l'animation du port, ce petit établissement balnéaire propose des chambres impeccables et bien équipées (clim, frigo, sèche-cheveux) aux couleurs marines. Balcon pour celles à l'avant, terrasses sur l'arrière (plus calme). Serviettes de plage fournies.

Plus chic

Hotel Mistral : ☎ *22-98-05-25-09. • hotelmistral.gr • Au calme, à 500 m en retrait du port par la rue qui part de l'*Alpha Bank *; à la fourche prendre à droite, puis à gauche à l'*Hotel Amarillis*, ensuite tt droit passer la placette avec le buste, puis à droite, à gauche devant* I Xeri Ilia *et, enfin, à nouveau à gauche et à droite ! Mars-oct. En été, compter 100-120 € pour 2, petit déj inclus. Familiales également.* Près de 20 chambres claires et pimpantes. Les standard sont petites et parfois sans vue, mais certaines peuvent avoir 2 fenêtres. Également un studio familial mansardé sous les toits (il manque juste quelques centimètres de hauteur par endroits...), design et tout de blanc vêtu. Petit déjeuner dans la cour verdoyante aussi copieux que délicieux, et qui change un peu chaque jour pour ne pas lasser ceux qui prolongent le séjour. Accueil pro.

Orloff : *9, odos Rafalia.* ☎ *22-98-05-25-64 ou 21-05-22-61-52 (hors saison). • orloff.gr • En haut d'odos Votsi ; prendre la rue à droite de la grosse horloge jusqu'à la pharmacie après la grande place, c'est au début de la rue à droite. Mars-oct. Doubles standard 144-189 € selon saison et confort, petit déj compris.* Cette splendide demeure du XVIIIe s, bâtie sur les ruines d'un ancien monastère, propose une dizaine de chambres meublées à l'ancienne, tout confort évidemment. Chacune a son caractère. On aime bien celle au rez-de-jardin, avec son accès indépendant par une petite terrasse. Patio intérieur et jardin clos tout à fait charmant, que l'on rejoint par l'adorable salle de petit déj. Une adresse de charme, cela va sans dire, bénéficiant d'un accueil pro et soigné.

Léto Hotel : ☎ *22-98-05-33-85 ou 21-07-25-85-46 (en hiver). • letohydra.gr • Du port, remonter la rue à droite de la* Piraeus Bank *jusqu'à la maison en pierre avec volets blancs, prendre la ruelle à droite jusqu'à la placette ombragée, puis tourner à droite. Fin mars-fin oct. En saison, doubles standard 150-200 € selon période, petit déj compris.* Caché dans une ruelle, un boutique-hôtel 4 étoiles d'une élégante sobriété, avec ses murs blancs, ses parquets. Chambres au goût d'aujourd'hui, très confortables évidemment, certaines avec balcon. Patio. Sauna, hydromassage. Accueil pro.

Où dormir dans les environs ?

Pensions et chambres à louer dans le tranquille village de ***Kaminia,*** à 15 mn à pied du port, en longeant la côte à gauche quand on regarde la mer. On peut aussi s'y rendre en bateau-taxi (5 mn). En continuant le chemin, on arrive à ***Vlychos*** où l'on peut aussi trouver à louer.

Où manger ?

Plusieurs supérettes primeurs dans les ruelles qui partent du port, notamment de part et d'autre de l'église.

Bon marché

Café Hydra : *face à la poste (en retrait du port, par la 3e ruelle après l'*Alpha Bank*). ☎ 22-98-30-08-38. Midi et soir. Plats 4-8 €.* Tenue par un couple âgé, une minuscule gargote installée dans les anciennes halles, avec seulement une demi-douzaine de tables, en terrasse. Courte carte griffonnée à la main d'une cuisine très simple, comme à la maison, préparée à la demande.

To Krifo Limani *(The Secret Port)* **:** *☎ 22-98-05-25-85. Remonter la rue à gauche de l'*Alpha Bank*, puis à droite à la fourche. C'est un peu plus loin sur la droite. Tlj midi et soir. Repas 10-12 €.* Dissimulée aux regards, une terrasse-patio noyée sous les citronniers et les bougainvillées. Dans l'assiette, une cuisine traditionnelle maison, sans esbroufe ni envolées, qui compte ses habitués parmi les habitants. Simple et honnête.

Boulangerie O Fournos : *sur le port, à côté du bar* The Pirate*, en haut des quelques marches à droite. Tyropitès, spanakopitès* (feuilleté aux épinards) et autres *bougatsès* (gâteaux à la crème) à des prix compétitifs.

Prix moyens

Mieux vaut s'éloigner du port, les prix sont moins élevés et c'est plus authentique. Éviter les menus tout compris, on peut tout à fait se contenter d'un seul plat.

Taverne Gitoniko *(chez Christina)* **:** *presque en face de la pension* Achilleus*. ☎ 22-98-05-36-15. Du port, remonter la ruelle à gauche de l'*Alpha Bank*, prendre à droite à la fourche, puis encore à droite à l'*Hotel Amarillis *et continuer jusqu'au resto* I Xéri Ilia*; prendre la rue à droite de la place, resto sur la gauche. Mars-nov, midi et soir. Repas 10-15 € ; plus cher si vous optez pour du poisson.* Bonne cuisine familiale et parts copieuses. L'été, on mange sur le toit-terrasse ombragé, l'hiver dans la salle au rez-de-chaussée. Pas de mauvaise surprise : on choisit son plat en vitrine, à moins de se rabattre sur la carte qui déroule les classiques grecs à des prix vraiment démocratiques pour l'île. Christina, qui parle un peu français, concocte aussi des desserts de sa composition, comme le halva aux raisins et pignons de pin. Une très bonne petite adresse, doublée d'un accueil chaleureux.

I Xéri Ilia Douskos : *prendre la rue à gauche de l'*Alpha Bank *qui fait l'angle sur le port et c'est (presque) tt droit. ☎ 22-98-05-28-86. Mars-oct, tlj ; le reste de l'année, slt le w-e. Repas 15-20 €.* La cuisine n'a rien de renversant, mais la terrasse, étendue sur une place isolée et très ombragée, est vraiment agréable. Bien plus sympa que de manger sur le port. Choix assez large de plats classiques, à sélectionner en vitrine.

Chic

Véranda : *odos Antoniou Lignou. ☎ 22-98-05-22-59. Prendre la rue à droite de l'horloge, puis 1re à droite (escalier), c'est un peu plus haut par la gauche. Mars-oct, le soir slt. Compter 20-30 €.* La vue plongeante depuis la terrasse, dominant les toits de la ville et le port, vaut bien la grimpette le long du raide escalier de bois. La cuisine, elle, lorgne plutôt vers l'Italie. Les plats étant copieux, les budgets serrés pourront en partager un pour deux, tout en profitant du cadre.

LE PÉLOPONNÈSE

Où manger une glace ? Où boire un verre ?

The Cool Mule : *sur le port, au niveau du débarcadère. En saison, tlj 8h-minuit env.* Petite échoppe préparant d'onctueuses crèmes glacées maison aussi riches en sucre qu'en goût. Une quinzaine de parfums au choix, plutôt originaux (yaourt-miel-noix, figues-mascarpone... et, bien sûr, du chocolat !).

The Pirate : *sur les quais, après l'horloge.* Immense terrasse ouverte sur le port, où siroter une orgie de cocktails explosifs. Nombreux cocktails de fruits, aussi. En continuant sur le quai 50 m de plus, excellents cocktails également au ***Papagalos Café Bar,*** dont la petite terrasse s'amarre au plus près des barques de pêche.

Où manger ? Où boire un verre dans les environs ?

Kodylenia's Taverna : *à **Kaminia.** ☎ 22-98-05-35-20. Pâques-oct, midi et soir. Compter 20-25 €.* Taverne au cadre plutôt romantique, dominant la mer et le port de Kaminia. Sympa pour boire un verre en fin d'après-midi ou en soirée, sur la grande terrasse ombragée. Possibilité d'enchaîner sur un repas, puisque l'endroit est avant tout un bon resto. Mieux vaut alors passer réserver avant, l'endroit est prisé.

Castello : *en allant de Kaminia à Vlychos. L'été slt.* Cette ancienne forteresse restaurée abrite un restaurant chic, une plage aménagée et un *beach-bar* avec un superbe point de vue. Sympa pour boire un verre au coucher du soleil, dans un cadre magnifique. En revanche, le resto est un peu cher, et la plage petite et surpeuplée !

LE PÉLOPONNÈSE

À voir

Au cours de vos flâneries sur le port, détour par l'élégant cloître de l'***église*** (passer sous l'horloge), avec ses grandes dalles de marbre et ses fines arcades d'un blanc immaculé. En grimpant vers les ***hauteurs,*** les cafés-restos apprêtés disparaissent peu à peu, et le village quitte ses airs BCBG pour une atmosphère plus populaire, celle qui devait régner avant que l'île ne se convertisse au tourisme de masse. Beaux points de vue sur les toits de la ville et le port pour qui est prêt à forcer sur les mollets.

Le musée d'Hydra : *sur la partie gauche du port, du côté de l'embarcadère des ferries. ☎ 22-98-05-41-42. Tlj 9h-16h ; l'été, également 19h30-21h30. Entrée : 5 €.* Ce musée fait revivre le glorieux passé militaire d'Hydra au moment de la guerre d'Indépendance. Peintures et maquettes de bateaux, cartes maritimes, armes et uniformes... Peu vivant.

Les plages

Les plages près d'Hydra sont le plus souvent des criques de galets, peu pratiques pour les enfants en bas âge.

À droite, ***Mandraki Beach*** est loin (30 mn à pied en suivant la côte après le musée) mais agréable. Resto sur place.

En quittant le port par la gauche quand on regarde la mer, première petite crique extra juste après le virage, en contrebas du chemin, à peu près à la hauteur du bar *Sunset.* Un peu plus loin (10 mn à pied du port), juste avant d'arriver à Kaminia, adorable crique d'***Avlaki,*** au niveau du bar *Téchnè.* Pas de plage, mais des plates-formes aménagées. À Kaminia même, pas de crique mais, 15 mn plus loin, le hameau de ***Vlychos*** déroule une plage squattée de transats (et d'une ou deux tavernes). En poursuivant encore, on atteint la plage de ***Plakès,*** privatisée par un hôtel de luxe. Pas d'ombre sur le chemin de ces plages, mais un superbe panorama sur la mer, semée d'îlots rocheux coiffés chacun d'une chapelle. Kaminia, Vlychos et Plakès sont également accessibles en bateau-taxi. Pour les plages plus éloignées (comme celle de ***Bisti,*** bordée d'une pinède), bateau-taxi ou, en pleine saison, bateau collectif *(12-15 € A/R selon plage).*

Randonnées pédestres

➢ ***Le monastère du Profitis Elias*** *(Μονη Προφητη Ηλια)* **:** *théoriquement ouv du lever au coucher du soleil, mais fermé 12h-16h.* Ce monastère, situé dans une pinède à 500 m d'altitude, fut fondé au début du XIXe s ; la vue y est fort belle. Comme d'hab, que les filles prévoient une robe, pas trop décolletée, et que les garçons mettent un pantalon et non un short... L'itinéraire que nous indiquons n'est peut-être pas le plus court, mais il est le plus simple à suivre. Du port, remontez la rue à gauche de la grosse horloge jusqu'en haut du village ; suivez toujours cette large route cimentée qui va grimper jusqu'au monastère ; une fois hors du village, bifurcation : prenez à gauche et poursuivez l'ascension. Les motivés pourront poursuivre la grimpette jusqu'au point culminant de l'île, le pic d'Eros (593 m). Au retour, les Indiana Jones du pavé pourront prendre la route qui part tout droit à la bifurcation pour déboucher sur une église dominant la ville. De là, aventurez-vous dans le labyrinthe de ruelles et d'escaliers qui vous ramènera au port. Compter 1h30 de montée (2h30 jusqu'au pic). Partez très tôt le matin à cause de la chaleur (une bonne partie du trajet est sinon ombragée en fin d'après-midi) et pensez à emporter suffisamment d'eau.

➢ Une ***excursion dans la partie occidentale*** de l'île vous amènera, en sortant d'Hydra par le faubourg de Kaminia, dans les parages du hameau d'*Épiskopi.* Attention, l'aller-retour prend au moins 4h, ce n'est pas un circuit en boucle, donc demi-tour obligé, il y a très peu d'ombre, souvent pas un poil de vent au centre de l'île (partie la plus longue et qui grimpe le plus)... Bref, partez tôt, avec eau, collation, chapeau et crème solaire. La première étape, après 15 mn, est le pittoresque port de *Kaminia* (pour y arriver, toujours longer la côte). Un quart d'heure plus tard voilà *Vlychos* et son pont de pierre en dos d'âne, très étroit. De Vlychos, vous traverserez un hameau (à 10 mn) puis, 20 mn après, l'anse de *Palamidas,* où sont réparés les bateaux. Là, passez le pont et pénétrez dans les terres. Compter ensuite une bonne grosse demi-heure de montée vers l'intérieur de l'île pour atteindre enfin le hameau d'*Épiskopi.* Cette rando permet d'avoir un aperçu varié de l'île et de ses différents paysages. On vous déconseille, en revanche, de continuer jusque de l'autre côté de l'île : vue décevante, et le chemin de grosses pierres devient mortel pour les chevilles. De toute façon, les randos sur l'île, faute de bonne carte, sont difficiles et vite fatigantes en raison du manque d'ombre.

SPETSÈS (ΣΠΕΤΣΕΣ) (180 50) 4 000 hab.

• Carte L'île de Spetsès *p. 181*

On surnomme Spetsès « l'île aux Jasmins », et il est vrai que leur parfum embaume l'air, tout particulièrement le soir, quand les habitants arrosent leur jardin.
Plus étalé, son port a moins de caractère que celui d'Hydra, mais gagne en simplicité. On y trouve tout de même de belles maisons d'armateurs, et les rues étonnent par leurs galets noir et blanc formant des motifs marins (poissons, algues, ancres, etc.).

Sur Spetsès, il n'y a pas d'eau, elle est apportée par bateau. Résultat, les maisons s'agglutinent autour du port. Le reste de l'île est très peu habité, et c'est ce qui fait tout son attrait. Sauvage, couverte de pinèdes, Spetsès est ourlée d'une guirlande de merveilleuses petites criques sans jamais grand monde. Revers de la médaille, elle est assez chère.

– Grande fête le 1er samedi qui suit le 8 septembre, pour commémorer le combat naval qui s'est déroulé devant Spetsès durant la guerre d'Indépendance, le 8 septembre 1822.

CHAPEAU !

Septembre 1822 : en pleine guerre d'Indépendance, les Ottomans menaçaient d'envahir l'île. Les hommes étaient partis combattre sur des bateaux, loin de leur base. Une femme eut alors l'idée de rassembler tous les fez rouges qui coiffaient traditionnellement les hommes grecs à l'époque et de les disposer en haut des rochers, face aux bateaux ennemis. Les Ottomans crurent que les défenseurs étaient revenus sur l'île et passèrent leur chemin...

Arriver – Quitter

➢ ***Du/vers Le Pirée :*** compter 2h-2h30 en bateau rapide *(Flying Dolphins)* selon nombre d'escales. En tout, 4-6 départs/j. selon jour. Correspondance facile de/vers Hydra, Poros et Ermioni. Pas de ferry sur cette ligne. Rens :
– *Au Pirée :* ***Hellenic Seaways,*** *☎ 21-04-19-90-00 (bureau principal du port) ; ☎ 21-04-19-02-00 ou 21-04-12-18-30 (aux guichets du port). • hellenicseaways.gr •*
– *À Spetsès :* ***Hellenic Seaways,*** *au rdc de l'Alpha Bank, face aux taxi-boats. ☎ 22-98-07-31-41. 9h-21h. CB refusées.*

➢ ***De/vers Kosta*** *(petit port à côté de Porto-Héli)* ***:*** *☎ 22-98-07-22-45.* La traversée la plus courte mais on ne passe pas sa voiture (sf résidents et véhicules de livraisons). Parking payant et surveillé à Kosta. En été, 6 rotations/j. en sem, 6h45-17h, 3 le w-e, 10h-17h. Très bon marché. Également des bateaux pour piétons (env 2 €/pers) ; départs fréquents. En *taxi-boat,* compter 20 €, soit 10 fois plus cher !

Adresses utiles

✉ ***Poste :*** *odos S. Niarchou, une rue parallèle à la mer, à gauche du débarcadère. Lun-ven 7h30-14h.*

■ ***Banques :*** Alpha Bank *en face du débarcadère. Sinon, plusieurs distributeurs automatiques de billets dans le centre.*

■ ***Location de scooters :*** *loueurs un peu partout. Compter 20-25 € les 24h. Une adresse fiable : chez* ***Kostas Delaportas,*** *en plein centre, odos Botassi, dans le prolongement de la rue perpendiculaire à la mer qui longe l'Alpha Bank par la gauche ; c'est le dernier sur la gauche. ☎ 22-98-07-20-88. CB refusées. Recommandable également,* ***Bratapoulos,*** *au bout de la promenade du port, par la gauche quand on a la mer dans le dos. 📱 69-32-33-01-14.*

■ ***Location de vélos Bike Center :*** *dans la ruelle de la poste, sur le côté droit. ☎ 22-98-07-22-09 (domicile). 📱 69-77-64-07-77.* Matériel en bon état. Fournit une carte de l'île avec kilométrage.

■ ***Taxi-boat :*** *départ du port. Tarifs des courses affichés sur un panneau.* Que vous soyez 2 ou que le bateau soit complet (8 personnes max), c'est le même prix, cher.

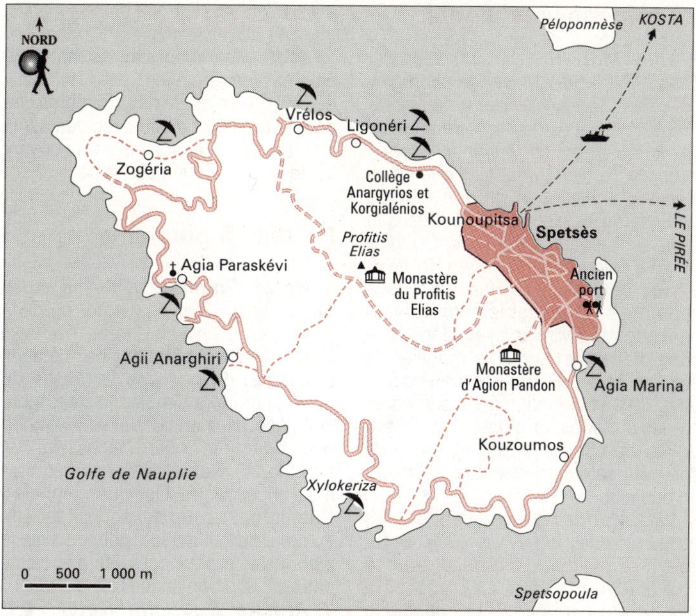

L'ÎLE DE SPETSÈS

Comment se déplacer sur l'île ?

Une route fait le tour de l'île. Pas de voitures sur Spetsès ou très peu, donc pas de location de voitures. Le plus simple est de louer un ***scooter*** *(20-25 €/j.).* Sachant que le tour de l'île se fait en env 2h (28 km), vous aurez largement le temps de multiplier les pauses baignade. Avant de partir, vérifiez l'état du véhicule. Les sportifs pourront préférer louer un vélo *(7-10 €/j.),* mais on prévient les mollets peu habitués à pédaler : l'île n'est pas plate du tout (sans compter la chaleur et le vent).

Autre option, l'été slt, des bus (env 4/j.) relient le port par le nord à la plage de Vrélos (via Ligonéri), et par le sud à la plage d'Agia Paraskévi, via Agia Marina et Agii Anarghiri. Arrêts après l'hôtel *Poséidonion* pour aller vers Vrélos, et à l'autre bout en allant vers le vieux port pour aller vers Agia Paraskévi. Enfin, l'été toujours, des bateaux collectifs desservent depuis le port ttes les plages de l'île. Départ ttes les heures 11h-14h ; retour 16h-19h. Env 10 € A/R.

Où dormir ?

Pas de pension vraiment bon marché. De plus, les pancartes « *Rooms to let* » sont bien rares. En fait, les 3 *tourist offices* (en réalité des agences de voyages) situés sur le port ont le quasi-monopole des chambres chez l'habitant. Évidemment, ils prennent leur commission au passage. Avant le voyage, consulter ● *spetsesdirect.com* ●

De prix moyens à chic

Villa Moriati : *dans le centre. ☎ 22-98-07-38-21. • villamoriati.gr • Du débarcadère, prendre à gauche la 1re rue commerçante parallèle au front de mer qui débouche sur une placette ; remonter la rue à gauche de la pharmacie ; la villa, une grande bâtisse aux volets vert olive, se trouve dans la ruelle ombragée face à vous. Doubles 35-45 € selon période, triples 45-65 €. Pas de petit déj. CB refusées.* Des chambres impeccablement tenues par l'adorable Mimika avec, dans chacune d'elles, un agréable mobilier de pin, une salle de bains très bien pour le pays, l'AC et un petit frigo. 4 chambres sur les 8 disposent d'un balcon. Celle du rez-de-chaussée, pour 4, possède son petit salon indépendant. Vraiment un bon plan.

Villa Marina : *dans le centre, près de la mer. ☎ 22-98-07-26-46. 69-45-95-57-75. • villamarinaspetses.com • Env 200 m à gauche en longeant la mer depuis le débarcadère, dans une ruelle presque en face de l'entrée sur la plage de Spetsès. Mars-oct. Doubles 45-65 € en été, supplément de 10 € si paiement par CB. Pas de petit déj.* 16 chambres très propres et agréables, même s'il reste peu de place pour bouger une fois les valises posées. Matelas tout neufs, frigo, AC et salle de douche dans toutes, vue sur la mer pour certaines. Seules celles du rez-de-chaussée (moins chères) n'ont pas été rénovées. Au dernier étage, 2 chambres (plus chères) partagent une belle terrasse (plus de bruit). Agréable cour débordante de fleurs pour se prélasser. Accueil vraiment très gentil.

Villa Orizontès : *en haut de la ville. ☎ 22-98-07-25-09. 69-74-46-98-93. • villaorizontes.gr • Du débarcadère, prendre à gauche la 1re rue commerçante parallèle au front de mer qui débouche sur une placette ; remonter la rue à gauche de la pharmacie et la ruelle ombragée face à vous (odos Ilia Thermisiotou) ; en haut de celle-ci, monter les marches et continuer l'ascension dans la rue en prolongement sur env 300 m ; au bout de celle-ci (face à une sorte de jardin entouré d'un mur), prendre l'impasse à droite ; la villa est une grande maison blanche aux volets bleus. Double env 55 € l'été.* Chambres simples mais propres et bien équipées : salle de bains, AC, frigo. Une partie des chambres dispose d'un petit balcon avec vue sur la mer. Le patron et son fils sont souvent sur le port à l'arrivée des ferries.

De chic à plus chic

Hotel Roumani : *sur le port. ☎ 22-98-07-22-44. • hotelroumani.gr • Double env 85 € l'été, petit déj inclus.* Gros bâtiment de 4 étages dressé au-dessus des terrasses du port. Chambres simples, petites pour certaines, sans artifices inutiles et équipées de tout le confort nécessaire (TV, AC, frigo...). Salles de douche étroites mais impeccables. Quelques familiales. L'atout, pour ceux qui souhaitent être au cœur de l'animation, peut devenir un inconvénient pour qui préfère le calme absolu ! Très bon accueil.

Armata Boutique Hotel : *très central ; à droite en débarquant du bateau, passer devant la police touristique et c'est au bout de la petite rue sur la droite, fléché. ☎ 22-98-07-26-83. • armatahotel.gr • Pâques-oct. Doubles à partir de 100-110 €, petit déj compris.* Bel hôtel à taille humaine, lové dans son petit coin autour de sa belle piscine. Chambres petites mais élégamment décorées, la plupart avec balcon (et aussi frigo et AC, évidemment). Ensemble bien conçu et bien entretenu.

Kastro Hotel : *☎ 22-98-07-51-52. • kastrohotel-spetses.gr • Du débarcadère, longer le port sur la droite (mer dans le dos) sur env 200 m. C'est dans une ruelle à gauche après l'esplanade de l'hôtel* Poséidonion. *Env 120 € pour 2 en saison, petit déj inclus.* Vague allure de château pour cet établissement proposant des studios et apparts pour 2 à 5 personnes, vastes, confortables et impeccablement tenus, à défaut d'avoir du charme. Balcons pour certains. Grande piscine adossée à une cour commune. Les mêmes proprios tiennent aussi l'hôtel *Villa Margarita* (chambres en *B & B*), de l'autre côté du port.

Spetsès Hotel : à env 1 km sur la droite en débarquant du bateau. ☎ 22-98-07-26-02. • spetses-hotel.gr • Pâques-fin sept. Doubles 120-205 € en été selon vue, petit déj compris. Offre des chambres de grand confort et une plage privée (plutôt une plate-forme en réalité). Le prix varie avec la vue : mer de face, de côté, ou rue. Pour ceux qui disposent d'un budget confortable et souhaitent se rapprocher de la plage.

Où manger ?

Sur le port, rares sont les adresses qui se détachent du lot. Rien à dire, si ce n'est que tout est moyen pour un prix à peine honnête. Dommage, car l'île est réputée pour sa spécialité, le poisson à la spetsiote, préparé avec de la tomate, de l'oignon et de l'ail (un atout fraîcheur pour jouer le joli cœur en fin de soirée !), mais vendu bien cher !

Bon marché

Souvlaky : *sur le port, à 100 m à gauche du débarcadère. Tlj 12h-minuit.* Échoppe toute bête, débitant pour de bons *gyros* enroulés dans du pain pita. Salades et assiettes plus complètes également.

Prix moyens

Akrogialia : *en allant vers Kounoupitsa, après l'hôtel* Poséidonion, *à env 500 m du port (longer la côte par la droite, mer dans le dos). Le 2e sur la droite, installé sur la plage de galets. ☎ 22-98-07-47-49. Env 15 €/pers. CB refusées.* Modeste et plein de charme avec ses tables disposées au bord de l'eau, sur la plagette de galets. Dans l'assiette, des spécialités grecques (belles salades, grillades, poisson), fraîches, préparées maison. Simplement bon. De quoi passer une douce soirée. Même cadre chez le voisin, ***Prima,*** recommandable également.

Taverne Patralis : *à* ***Kounoupitsa,*** *à 1 km du port, en direction de Ligonéri (à droite du port donc, quand on regarde la ville de face). ☎ 22-98-07-21-34. Fermé nov-déc. Repas 20-25 €.* Resto de poisson réputé, dont la salle-terrasse s'ouvre sur la mer, offrant un superbe panorama sur la côte et le Péloponnèse. En cuisine, pas d'envolées, mais un très large choix de plats de la mer avec, entre autres, le poisson à la spetsiote. Comme d'hab, les prix grimpent si on opte pour du poisson frais, vendu au poids. Service impeccable.

Taverne Exedra : *sur l'ancien port (lire plus bas « À voir »), de l'autre côté de la baie quand on est devant* Orloff, *c'est la 1re d'une série de tavernes. ☎ 22-98-07-34-97. Mars-oct, midi et soir. Repas env 20-25 €.* Poisson frais et, là aussi, la spécialité locale (poisson à la spetsiote). Terrasse ombragée, sur pilotis au bord de l'eau. Hormis quelques plats pour touristes, on y trouve les classiques à prix démocratiques pour Spetsès. Excellent accueil pour cette taverne plutôt authentique.

NTA (Nero tis Agapis) Restaurant : *à* ***Kounoupitsa,*** *à 1 km du port, en direction de Ligonéri (à droite du port donc, mer dans le dos), juste avt la* Taverne Patralis. *☎ 22-98-07-40-09. 69-45-10-38-64. Mai-oct, tlj midi et soir ; nov-avr, slt le w-e (fermé en déc). Compter 30 € pour un repas complet.* Restaurant aux tons très actuels, avec grande salle-terrasse ouverte sur la mer. Cuisine grecque revisitée, excellente. Délicieux carpaccios de poissons, tarama extra, légumes grillés parfaits... entre autres. Très bon accueil.

Orloff : *1er resto en arrivant sur l'ancien port (lire plus bas « À voir »), dans un genre de fortin blanchi à la chaux. ☎ 22-98-07-52-55. Juin-sept, slt le soir (et slt le w-e avr-mai). Compter min 30 € le repas.* Spécialité de poisson grillé (goûtez aussi le poulpe) et plats d'influence crétoise (la mère du proprio est d'origine crétoise). L'endroit, avec sa cascade de terrasses donnant sur le vieux port, est très agréable, mais c'est un peu l'usine, la qualité et l'accueil s'en ressentent !

Où manger une pâtisserie ou une glace ?

Pâtisserie Polithis : *sur le port. Jusqu'à 1h du mat.* La meilleure pâtisserie de l'île, qui propose, entre autres nombreuses spécialités, la pâte d'amandes de l'île, délicieuse. Glaces également, et une grande terrasse pour s'empiffrer assis. Nombreux autres glaciers de part et d'autre du port, sinon.

Où boire un verre ?

Dapia Porto Cafe : *sur le port, au bout du quai où arrivent les bateaux, c'est le 1er café.* Idéalement placé pour attendre le bateau, il se donne un genre BCBG avec sa boutique *Ralph Lauren,* sans être pour autant plus cher que ses voisins !

Socratès Bar : *dans une ruelle parallèle au port, à gauche du débarcadère. Happy hours après 20h.* L'*Union Jack* y flotte, les sujets de Sa Majesté viennent y siroter des cocktails à prix très raisonnables en matant des matchs à la télé, jusqu'à terminer tôt le matin, bien imbibés.

À voir

Le musée Bouboulina : *odos Kiriakou, en plein centre de Spetsès-ville, derrière le port, dans un manoir vieux de 3 siècles. ☎ 22-98-07-24-16. • bouboulinamuseum-spetses.gr • 25 mars-fin oct. Visite guidée en anglais (de 30 mn env) ttes les 45 mn en juil-août, 9h30-20h30 – horaires des visites affichés à l'extérieur (fréquences réduites hors saison). Entrée : 6 € ; réduc. Brochure en français.* Presque un personnage de roman que cette Laskarina Bouboulina (1771-1825), femme amiral dans une société d'hommes, figure locale et héroïne de la guerre d'Indépendance grecque. Née en prison à Constantinople (son père, déjà, s'était mêlé à une tentative d'insurrection, la « révolution d'Orloff »), mère de sept enfants, deux fois veuve de marin à la tête d'une belle fortune personnelle, elle se lança à plus de 50 ans dans la guerre contre les Ottomans, assiégeant la ville fortifiée de Nauplie au commandement d'une flotte de huit bateaux, dont son navire amiral, l'*Agamemnon.* Victime d'une vendetta familiale, elle ne connut pas la Grèce indépendante. Le musée loge dans son ancienne maison, toujours habitée au rez-de-chaussée par ses descendants, qui assurent eux-mêmes la visite. À voir, des documents d'époque (dont cette autorisation, signée du sultan, de bâtir l'*Agamemnon*) ou encore son sabre personnel, offert par le tsar de Russie, dont l'étui était gorgé de poison. Quelques très beaux meubles florentins aussi, et, dans le salon, un impressionnant coffre-fort en fonte à trois serrures et un superbe plafond du XVIIe s en boiseries sculptées. De fin juillet à fin août, Festival de musique classique et contemporaine dans l'enceinte du musée, tous les soirs à 21h.

DIGNE HÉRITIÈRE

Lela Karayanni, arrière-petite-fille de Laskarina Bouboulina, prit la tête, durant la Seconde Guerre mondiale, d'un important réseau de résistance à l'occupant nazi, baptisé « Bouboulina ». Trahie, Lela fut torturée par la Gestapo avant d'être exécutée à Athènes, un mois seulement avant la libération de la ville.

L'ancien port (*palio limani*) **:** *situé à droite de Spetsès quand on regarde la mer. Compter 15 mn de marche.* Le quartier est encore actif et beaucoup plus populaire que le centre de Spetsès-ville. On l'atteint par la promenade du bord de mer, longeant les sévères murs-digues des hautes demeures bourgeoises. Un petit chantier de construction navale très artisanal, une double baie pittoresque où s'entassent les bateaux de pêche... Un joli coin plein d'âme qui donne très envie de s'y attarder. Nombreux restos et bars aussi, pas donnés, fréquentés l'été par la jeunesse en goguette. Du vieux port, un chemin mène vers le phare, dressé au milieu des pins sur un promontoire de l'autre côté de la baie.

Les plages

En plus des plages citées ci-après, l'île compte de nombreuses criquettes sauvages dissimulées aux regards. Guettez les chemins de terre descendant vers la mer.
– Pour les différents moyens de transport permettant de rejoindre les plages, lire plus haut « Comment se déplacer sur l'île ? ».

Spetsès-ville : plage familiale à gauche du débarcadère. En poursuivant un peu vers le vieux port, vous en découvrirez une autre, plus petite, mais moins fréquentée.

Agia Marina *(Αγια Μαρινα)* **:** *en dehors de Spetsès-ville, au sud, après le vieux port (15 mn à pied de celui-ci).* Jolie plage de galets, un peu plus sympa que ses copines du centre-ville. Malheureusement envahie de transats et parasols avec musique de fond, ou à fond, selon les jours !

En quittant Spetsès-ville par le nord, on tombe d'abord, à environ 2 km du port, sur une longue plage publique plutôt agréable, celle de l'***Anargyrios Skholi,*** en partie réservée aux transats, évidemment. Deux kilomètres plus loin, un court chemin carrossable descend vers la jolie petite crique sauvage de ***Ligonéri,*** surtout fréquentée par les locaux. En continuant encore, on atteint, après 1 km, ***Vrélos,*** plagette en croissant certes charmante mais colonisée par les transats et assommée de musique l'été.

Zogéria *(Ζωγερια)* **:** *à 6 km au nord-ouest de Spetsès-ville. Accès par la route, puis par une piste (1 km). Pas de bus.* Sans doute le coin le plus charmant de l'île. D'abord, bordée de pins, une longue baie de rochers rouges, qui tranchent avec le bleu cristallin de la mer. Ici et là, deux chapelles toutes blanches, et quelques barques qui dodelinent. Pas vraiment de plages mais plein de spots pour se mettre à l'eau (gaffe aux oursins). Au bout du chemin, de l'autre côté du promontoire, voilà la plage elle-même, enroulée dans une crique. Sable ocre, hérissé d'oliviers, et une taverne, fréquentée naguère par Mélina Mercouri et son Jules (Dassin).

Agii Anarghiri *(Αγιοι Αναργυροι)* **:** *sur la côte ouest, à 12 km de Spetsès-ville (en arrivant par le sud).* Située de l'autre côté de l'île, sur une face beaucoup plus sauvage, cette belle plage de galets s'étend longuement. Les transats et parasols ont largement envahi le lieu. Essayez donc de vous réfugier dans les criques aux alentours ou sur les rochers. Au bout à droite de la plage (quand on regarde la mer), un escalier puis un sentier mènent à la *grotte marine,* étroite cavité dans laquelle on peut se glisser par un trou (une personne un peu charpentée ou simplement claustrophobe aura du mal à y pénétrer). Jadis, femmes et enfants venaient se réfugier ici pour échapper aux pillages. Possibilité de revenir à la nage. Deux kilomètres plus loin, plage d'***Agia Paraskévi,*** plus petite mais aussi très jolie.

Sur la même côte, environ 3 km avant Agii Anarghiri (soit à 9 km de Spetsès-ville en arrivant par le sud), délicieuse plage de ***Xilokeriza,*** lovée dans une étroite baie ourlée de pins. Transats, bien sûr, mais on peut aussi étaler sa serviette gratos. Pas de panneau, repérez en haut d'une côte le chemin d'accès en ciment (on aperçoit la plage en contrebas).

LA ROUTE ERMIONI-NAUPLIE

Première étape, *Kilada,* petit port de pêche encore bien authentique à 15 km au nord-ouest d'Ermioni. Plusieurs grottes et autres curiosités géologiques dans le coin, notamment autour du village de *Didyma.* De *Didyma,* une récente et superbe route grimpe dans la montagne pour redescendre ensuite sur la mer. Paysages vraiment sauvages. Jusqu'à *Tolo,* on peut se baigner, notamment à *Iria,* une plaine un peu isolée envahie de plantations d'artichauts, ayant peu à offrir d'autre que sa longue plage et son petit port. À *Kandia,* plage avec douche et cabines.

Kilada *(Κοιλαδα)* **:** ce village de pêcheurs compte logiquement quelques tavernes de poisson. Très sympa vers la mi-août (fête du Poisson). En arrivant, sur la gauche, l'un des derniers chantiers navals artisanaux de Grèce. Quelques plages en direction du cap Thyni, à l'ouest. Sur l'autre rive de la baie, en face de Kilada, s'ouvre dans la falaise la *grotte de Franchthi,* où l'on a exhumé parmi les plus vieilles traces d'activité humaine en Grèce. À environ 5 km de Kilada (c'est fléché), du parking de la plage, un sentier y mène en 20 mn. Les fouilles ont fait apparaître des morceaux d'obsidienne taillée, venant de l'île de Milos notamment. Ce site a servi d'habitation pendant près de 30 000 ans quasiment sans discontinuer. Il est aujourd'hui bien aménagé, avec panneaux explicatifs.

***Les grottes de Didyma* :** *sur la gauche quand on arrive vers le village ; bien fléché (« cave »). GRATUIT.* On aperçoit de loin, au pied des falaises, ce gigantesque effondrement circulaire, formé par soutirage de l'eau dans les couches géologiques, appelé « *megali spilia* » (la grande grotte...). Un autre, plus petit (logiquement baptisé « la petite grotte », mais finalement le plus impressionnant), se situe à droite du chemin carrossable menant à la falaise, complètement dissimulé par la végétation. On y descend via un raide escalier et un petit tunnel creusé dans la pierre. Au pied de cet amphithéâtre de roches ocres, deux minuscules chapelles byzantines, dont une troglodytique, construites par un ermite au XIIe s. Étonnant site ! Mais attention, fréquentes chutes de pierres...

Où dormir ? Où manger en chemin ?

***Iria Beach Camping* :** *plage d'**Iria** (210 60). ☎ 27-52-09-42-53. • iriabeach.com • Tte l'année. Selon saison, 14,50-20 € pour 2 avec tente et voiture ; réduc de 5 % à partir de 5 j. Loc de tentes et de caravanes à la sem.* Vaste camping ombragé et très bien équipé : sanitaires avec douches bébé, lave-linge et sèche-linge, cuisine commune, snack-bar (en saison), épicerie, aire de jeux et belle piscine. Pour la plage, il suffit de traverser la route. Patron sympa.

***Camping Lefka Beach* :** *à **Vivari** (210 60). ☎ 27-52-09-23-34. • camping-lefka.gr • Entre Kandia et Vivari. Avr-oct. Selon saison, 17,50-22 € pour 2 avec tente et voiture.* Camping en terrasses ombragées, en bord de mer, avec une petite crique privée. Le soir, la vue sur le golfe et sur le rocher de Vivari depuis la terrasse de la taverne est vraiment splendide. Sanitaires neufs. Machines à laver, frigos à disposition, épicerie. Patron sympa et cadre idyllique. Un très bon camping.

***Camping Triton II* :** *à **Plaka Drépanou** (210 60), entre Vivari et Tolo (fléché à gauche). ☎ 27-52-09-22-28. • tritonii.gr • Depuis le village, suivre les panneaux sur 2 km. Mai-sept. En saison, réserver. Selon saison, 20-23 € pour 2 avec tente et voiture ; 40 € en cabane sur pilotis ; chambre à l'hôtel 50 € pour 2-3 pers, avec petit déj.* Dans le *souvlaki* de campings embrochés sur cette plage très fréquentée, *Triton II* propose de propres et grands emplacements bien ombragés. Bien équipé : cuisine commune, machines à laver, épicerie, bar-resto agréable, aire de jeux. Également des cabanes sur pilotis face à la mer et des chambres impeccables dans un joli petit hôtel récent à 300 m de la plage. Accueil francophone sympathique et très pro.

Nereids Family House *(chez Tassia Bouzala)* **:** *à* ***Vivari*** *(210 60). ☎ 27-52-09-23-59. • nereids-vivari.gr • Dans la rue principale. Studios tt équipés 35-45 € pour 2 selon saison, apparts 45-70 € pour 4.* Grande bâtisse moderne avec une belle annexe sur l'arrière. Studios et appartements absolument irréprochables, avec petite déco colorée à défaut d'avoir vue sur mer. Bon accueil, mais seulement en grec.

O Kostas : *à* ***Kandia.*** *☎ 27-52-09-44-83. Quitter la nationale en direction de Kandia, c'est dans le village (fléché). De juin à mi-sept, tlj midi et soir. Compter env 15 € pour un repas.* Dans un village un peu amoché par la fringale immobilière, une bonne taverne pour caler la sienne (de fringale). Agréable terrasse en bord de plage et ambiance familiale. On choisit ses plats en cuisine. La maman a une spécialité : la tarte au fromage *(tiropitari).* Le poisson, rapporté par le patron, Kostas, est excellent. Accueil et service super gentils.

O Nakos : *à* ***Dréprano.*** *☎ 27-52-09-23-65. En plein centre du village, au pied de l'église. Juin-sept, tlj midi slt ; w-e slt hors saison. Repas 10-15 €.* Tenue en famille, une taverne bien traditionnelle avec photos d'antan sur les murs de pierre, vieux juke-box dans un coin et... collection de boîtes de tomates ! On peut se glisser jusqu'aux fourneaux pour choisir son plat : cuisine traditionnelle, très familiale elle aussi, au jour le jour (produits d'une belle fraîcheur, donc). Accueil jovial. Terrasse un peu en bord de route (mais avec ventilateurs !).

LE PÉLOPONNÈSE

TOLO *(ΤΟΛΟ ; 210 56)*

Ce joli site entouré de reliefs et bien situé au fond de la baie d'Argolide avait tout pour plaire. Malheureusement... Les structures hôtelières s'y sont démultipliées pour en faire une station balnéaire très dense et surpeuplée en été. On finit par difficilement voir la mer, masquée par les immeubles. Mais il faut croire que ça plaît, puisqu'on a dénombré une bonne cinquantaine d'hôtels, sans compter une pléiade de chambres à louer et des tavernes à profusion, le tout pour... 1 400 habitants permanents ! Très fréquenté par les groupes, notamment britanniques et russes. C'est plus calme hors saison, tout de même. Pour les campeurs non motorisés, c'est ce qu'il y a de plus proche de Nauplie (1 bus/h env, ttes les 2h le w-e ; 7h-22h).

Où dormir ? Où manger ?

Camping Lido : *à la sortie de Tolo direction Nauplie, sur la droite. ☎ 27-52-05-93-96. • lido.gr • Avr-oct. Compter 22-24 € pour 2 avec tente et voiture ; réduc de 5 % à partir de la 2e nuit. Loc de bungalows également (2-4 pers : 35-55 €).* Emplacements en paliers bien ombragés par des oliviers, et de bons équipements, notamment cuisine commune équipée, lave-linge, sanitaires nickel, snack et minimarket, ainsi que des jeux pour les enfants. Son grand atout est son accès à la plage par la 2e entrée (il n'y a que la route à traverser). En revanche, malgré sa position en retrait de la ville, on déplore les bruits de circulation. Bon accueil.

Katerina Hotel : *5, odos Kolokotroni. ☎ 27-52-05-91-49. • tolokaterina.gr • Presque au bout de la rue principale, monter la ruelle juste après l'Épidavria Hotel, c'est 50 m plus haut à gauche. Doubles 29-35 € selon saison, petit déj inclus. CB refusées. Parking.* Chambres avec balcon, clim et frigo dans un coin plutôt tranquille de la station. Déco kitsch avec mobilier rétro, canevas accrochés au mur et ambiance joyeusement bordélique tenant beaucoup à l'humour et à l'humeur du patron, Dimitris, mais, au final, bonne atmosphère et prix très adaptés au niveau de confort si l'on ne demande pas la lune.

|●| ***Taverne Chez Gilles :*** *43, odos Bouboulinas (presque à la sortie est de la ville, à gauche sur l'avenue qui longe le front de mer). ☎ 27-52-05-80-08. En été, midi et soir ; hors saison, ts les soirs plus le midi le w-e. Fermé nov-mars. Repas 20-25 €.* Agréable taverne avec terrasse ombragée face à la plage. Un bon resto tenu par un Français marié à une Grecque, tous deux fort accueillants. Plats franco-grecs, donc, allant des classiques *souvlakia* et poissons au steak au roquefort, canard à l'orange et à la fondue bourguignonne. Beaux plateaux de fruits de mer également.

À voir

Le site archéologique d'Assini (Asinè) **:** *à env 3 km à l'est du centre par la route du front de mer. Mar-dim 8h-15h. En principe, GRATUIT.* Ce bel éperon rocheux, peu fréquenté, n'offre en fait que quelques discrètes ruines de l'ancienne Assini : tombes mycéniennes, bains romains, fragments de murailles élevées par les Ottomans... Mais la vue sur le sud du golfe d'Argolide est superbe (si l'on oublie Tolo...). En contrebas du parking, *Taverna Kastraki,* avec une bien agréable terrasse au-dessus d'une petite plage.

NAUPLIE (ΝΑΥΠΛΙΟ) (211 00) 14 200 hab.

• Plan *p. 189*

À 30 km du site archéologique d'Épidaure et à 56 km de Corinthe. Nauplie (« Nafplio » en grec) fut la première ville libérée de l'occupation turque en 1822, et la première vraie capitale de l'État grec, en 1829, avant Athènes (qui n'était alors qu'un gros bourg de 5 000 habitants !). En 1834, Athènes retrouva son statut de capitale et Nauplie redevint une petite sous-préfecture tranquille...

Dans ce port niché au fond du golfe Argolique baigne indéniablement la plus jolie cité du Péloponnèse. La vieille ville (très touristique) a bien du charme avec son air italien et son harmonieuse unité de style et de ton. Il faut partir le soir à la découverte de ses ruelles chaudement colorées par le soleil couchant : ancienne mosquée, fontaines ornées d'arabesques, portails monumentaux, balcons ouvragés... Plutôt romantique, donc. Et ce n'est pas un hasard si, pour les Grecs, Nauplie est la ville de l'amour (qu'on visite donc, en amoureux !).

Perchées sur leurs éperons respectifs, les deux citadelles semblent rivaliser pour garantir la paix à la ville basse. Enfin, le vieux fort vénitien trône sur son îlot à l'entrée du port, avec en toile de fond le superbe golfe et l'horizon dentelé par les reliefs de Mycènes. C'est l'une des cartes postales les plus célèbres de Grèce : à vos appareils photo !

Arriver – Quitter

En bus

Gare routière *(plan B1)* **:** *8, odos Singrou. ☎ 27-52-02-73-23 ou 74-23. • ktel-argolidas.gr • On peut y laisser son sac à dos. Un guichet également 37, odos Bouboulinas.*

➢ ***De/vers Athènes, via Corinthe***

NAUPLIE

■ **Adresses utiles**

- **1** Prêt de vélos (mairie)
- **4** National Bank of Greece
- **6** Alpha Bank
- **7** Rent a car
- **8** Rent a car Bounos

Où dormir ?

- **11** Pension Rigas
- **12** Chambres Dimitris Békas
- **13** Léto Nuevo Hotel
- **14** Byron Hotel
- **15** Pension Marianna
- **16** Pension Omorfi Poli
- **17** Hotel Nafsimédon
- **18** Pension Asimoni
- **19** Pension Filyra
- **20** Hotel Aetoma

Où manger ?

- **30** To Palio Archontiko
- **31** Aiolos
- **32** Kastro Karima
- **33** O Noulis
- **34** Alaloum
- **35** Agnanti

Où manger une glace ? Où boire un verre ? Où sortir ?

- **41** Antica Gelateria di Roma
- **42** Terrasses du front de mer
- **43** Dodoni
- **44** Circulo
- **45** Es Aei
- **46** Sokaki et Rosso

(Isthmos) : 1 bus/h 5h30-20h ; 6h30-20h30 le w-e. Trajet : 2h15.

➢ ***Vers Patras :*** prendre le bus d'Athènes et changer au canal de Corinthe (Isthmos). D'Isthmos, 1 bus/h vers Patras.

➢ ***De/vers Argos :*** bus ttes les 30 mn, 7h-19h30, plus 21h et 22h. Trajet : env 20 mn.

➢ ***De/vers Tolo et Drépano :*** bus ttes les heures (1h30 le w-e), 7h-22h. Trajet : env 15 mn.

➢ ***De/vers Archéa Épidavros :*** 1 bus direct slt à 12h, lun-ven.

➢ ***De/vers Ligourio :*** 6 bus/j. en sem 5h30-20h (3 le sam, 1 slt le dim), desservant le site antique d'Épidaure au passage. Bus spécial les soirs de spectacle (ven-sam), à 19h30.
➢ ***De/vers Mycènes :*** 3 bus/j. 10h-14h (2 le sam, aucun le dim). Les bus vont jusqu'au site en saison. Sinon, changer à Argos et descendre à Fichtia sur la ligne d'Athènes (bus tlj, ttes les heures), puis prendre un taxi.
➢ ***De/vers Galatas (et Poros) :*** 2 bus/j. 5h30-14h30, en sem slt.
➢ ***De/vers Ermioni – Porto-Héli :*** pas de bus direct, changement à Kranidi. Vers Kranidi, 4 bus/j. (3 le sam, 1 le dim).
➢ ***Vers Tripoli :*** 2 bus/j. 8h30-16h30 (18h30 le dim). De Tripoli, nombreuses correspondances pour tout le Péloponnèse.

Adresses et info utiles

✉ ***Poste*** *(plan B1) : à l'angle des rues Singrou et Sidiras Mérarchias. Lun-ven 7h30-20h30, sam 7h30-14h.*
■ ***National Bank of Greece*** *(plan A1, **4**) : 16, pl. Syndagma. Lun-ven 8h-14h30 (14h ven).* Distributeur automatique.
■ ***Alpha Bank*** *(plan B1, **6**) : au bout de l'av. Amalias, côté pl. Syndagma, distributeur.*
■ ***Agence consulaire de France*** *(plan B2) : Mme Catherine Tzannetoulakou, 39, odos Argous. ☎ 27-52-02-33-25.*
■ ***Location de voitures : Rent a car*** *(hors plan par B1, **7**), 8, odos Polyzoïdou. ☎ 27-52-02-14-07. Tlj 8h-21h.* Loue voitures, motos, scooters, vélos... Négociable à partir de 3 jours. ***Rent a car Bounos*** *(plan B2, **8**), 12, odos Singrou. ☎ 27-52-09-64-50. Tlj 8h30-14h, 17h-19h30.* Voitures seulement, pas toutes neuves mais à prix très raisonnables.
■ ***Prêt de vélos*** *(plan B1, **1**) : à la mairie. ☎ 27-52-02-44-44.* Quelques vélos disponibles gratuitement pour la journée en laissant une pièce d'identité en caution pour obtenir la *cyclocard*.

LE PÉLOPONNÈSE

Où dormir ?

Pas de camping à Nauplie même (se reporter à Tolo ou à Drépano).
Attention, si vous êtes motorisé, privilégiez les grands parkings gratuits du port ; la plupart des adresses ci-après sont situées en bordure ou dans la vieille ville (majoritairement piétonne), où il est donc particulièrement difficile sinon impossible de circuler (donc encore moins de stationner !). Et si vous êtes chargé, ça grimpe (avec parfois quelques escaliers) pour gagner certaines de ces adresses. Enfin, penser à réserver en saison, Nauplie est l'une des villes les plus visitées de Grèce.

Bon marché

⌂ ***Chambres Dimitris Békas*** *(plan B2, **12**) : 26, odos Efthimiopoulou. ☎ 27-52-02-45-94. Au-dessus de l'église des Francs. Doubles 20-60 € selon confort et saison ; maison familiale avec 3 chambres 70 €. Pas de petit déj. CB refusées.* Sur les hauteurs, au pied des remparts, avec une très belle vue sur la ville depuis les chambres les plus chères, avec balcon et salle de bains (grande terrasse commune sur le toit sinon). C'est le principal atout de cette adresse. Parce qu'évidemment, vu les prix (parmi les plus petits de la ville), ce n'est pas le grand luxe : chambres très simples, à l'ancienne, avec ventilateur. Salle de bains commune pour les moins chères. Accueil qui ne demande qu'à se dérider.

De prix moyens à chic

⌂ ***Pension Marianna*** *(plan B2, **15**) : 9, odos Potamianou. ☎ 27-52-02-42-56. • hotelmarianna.gr • En haut de la ville ; bien fléché (à pied) depuis odos Papanikolaou. Double jusqu'à 85 € en hte saison, quadruple 100 €. Petit déj 5 €.* Wi-fi. Notre adresse préférée à Nauplie pour l'excellent accueil des trois frères qui tiennent cette belle petite affaire, autant que pour le charme et le confort des chambres. Au pied de la forteresse, celles de la maison principale, très contemporaines, ont une vue époustouflante sur la ville et la baie. En contrebas, nichée autour d'une cour intérieure, une poignée d'autres, romantiques en diable, avec lit sous une voûte en pierre, douche ultramoderne, clim, minibar et TV. Bon petit déj servi sur la terrasse, où l'on se régale les yeux avec le panorama et les papilles avec les confitures et gâteaux préparés par Marianna. Un gros coup de cœur, c'est dit !

Pension Asimoni (plan B2, **18**) : *14, odos Fotomara. ☎ 27-52-02-60-88. • asimoni.gr • Doubles 40-60 € selon confort et vue. Pas de petit déj. Parking possible vers l'hôtel de ville.* Dans un immeuble tout rose, fraîchement rénové de fond en comble. Chambres à la déco contemporaine, bien confortables (clim, douche à jets) et à prix très sages. Vue sur le fort Palamède depuis certains balcons. Accueil des plus chaleureux.

Pension Omorfi Poli (plan B1, **16**) : *5, odos Sofroni. ☎ 27-52-02-15-65. • omorfipoli-pension.com • Doubles 60-75 €, familiales 3-5 pers 110-130 €. Petit déj 6 €. Parking gratuit sur le port. Sur présentation de ce guide, 5 % de réduc.* Dans une jolie maison rose de style néoclassique, bien tenue. Chambres restaurées, claires, mignonnes, colorées et spacieuses, avec salle de bains, TV, clim et frigo. Les familiales offrent, en particulier, un bon rapport qualité-prix. Plus calme sur l'arrière (on est en plein centre). Accueil enjoué et francophone d'Ute, la patronne, venue d'Allemagne. Sur place, on peut se restaurer au ***Bistrot Grec*** (fermé entre 15h et 19h).

Byron Hotel (plan B2, **14**) : *2, odos Platonos. ☎ 27-52-02-23-51. • byronhotel.gr • Entre les 2 églises ; accès par un petit escalier à gauche au début de Kapodistriou. Doubles 50-70 € selon étage (et vue, donc), familiale 4 pers 100 €. Petit déj 5 €.* 2 maisons : l'une, grande et rose aux volets bleus, offre des chambres classiques et assez chic, certaines avec balcon et une vue d'autant plus belle sur les toits de tuiles et la baie que l'on grimpe dans les étages ; l'autre, plus petite et jaune, en contrebas, cache 4 belles chambres douillettes, plus grandes, au mobilier élégant et aux poutres apparentes mais sans vue. Et pas moins de 3 terrasses pour le petit déj.

Pension Filyra (plan B1, **19**) : *29, Aggelou Terzaki. ☎ 27-52-09-60-96. 📱 69-34-98-84-34. • pensionfilyra.gr • Doubles 50-60 € selon saison, familiales 70-90 € pour 4. 2 nuits min en juil-août. Pas de petit déj, mais tt à dispo pour se le faire dans la chambre. Parking gratuit à l'entrée de la vieille ville.* Cosy, féminine, attentionnée, souriante sont les épithètes qui conviennent à cette adresse paisiblement nichée dans le lacis des ruelles piétonnes. Les chambres, plutôt spacieuses et toutes personnalisées, sont décorées avec goût. Et elles bénéficient d'un confort quasi exceptionnel pour une « simple » pension. L'accueil rivalise de sourires et de gentillesse. Bonne pioche !

Léto Nuevo Hotel (plan A1, **13**) : *28, odos Zygomala. ☎ 27-52-02-95-88. • letohotelnafplio.gr • En haut des marches de Farmakopoulou. En voiture, contourner le port par Miaouli puis monter jusqu'au parking d'une petite place en cul-de-sac (quelques rares places de parking devant l'hôtel également). Tte l'année. Doubles avec sdb 50-70 € selon confort et saison, familiales 70-90 €. Petit déj-buffet 6 €.* Grande demeure complètement modernisée (d'où le « nuevo » de l'enseigne) surplombant la ville. Vue superbe (pour les chambres avec...) et calme quasiment garanti. Chambres résolument contemporaines (presque design même) et tout confort (clim, TV et frigo). Les plus agréables (les plus chères aussi, logique !) sont au 2e étage, avec balcon.

Pension Rigas (plan B1, **11**) : *8, odos Kapodistriou. ☎ 27-52-02-36-11. • pension-rigas.gr • Même accès que pour le* Léto Nuevo Hotel. *Compter 35-55 € selon confort et saison, petit déj compris. CB refusées.* Dans une maison ancienne du XIXe s joliment restaurée, 7 chambres petites et un peu sombres, avec mur en pierre, mobilier ancien, clim et TV satellite. Certaines ont un balcon (avec vue sur les toits de la ville). Agréable jardinet attenant. Il reste souvent des chambres quand les autres sont complets. Bon accueil de Léna, la propriétaire d'origine australienne.

LE PÉLOPONNÈSE

De chic à plus chic

Hotel Nafsimédon *(hors plan par B1,* ***17****) : 9, Sidiras Mérarchias. ☎ 27-52-02-50-60. • nafsimedon.gr • Doubles 85-110 € selon confort et taille, petit déj inclus.* Dans une maison de style néoclassique, un petit hôtel de charme doté de tout le confort. Mobilier ancien et élégant, vieux tableaux et tapis le long des couloirs. C'est chic et sans faute de goût. Les chambres à l'étage bénéficient d'ouvertures plus larges, celles du bas pouvant paraître oppressantes (fenêtres en vasistas). Accueil pro et agréable. On peut prendre le petit déj dans la cour, face au jardin public de la place Kapodistria (un brin bruyante).

Hotel Aetoma *(plan B1,* ***20****) : 2, sq. San Spiridon. ☎ 27-52-02-73-73. • aetoma.gr • Doubles 75-125 € selon confort et taille, petit déj inclus.* Sur une placette plutôt tranquille de la vieille ville. Une maison du XVIIIe s dont la jolie façade ouvragée invite à entrer. Les chambres, de bonne taille (avec balcon ou miniterrasse), d'un rustique un peu cossu et d'un évident confort, incitent ensuite à se poser quelques jours. Tout autant que l'accueil attentionné (avec 5 chambres seulement, ambiance très maison d'hôtes) ou le petit déj, pantagruélique.

Où manger ?

De nombreux restos avec terrasse sur la piétonne odos Staïkopoulou qui longe la place Syndagma, mais attention, c'est très touristique et souvent cher pour des plats moyens.

Prix moyens

Kastro Karima *(plan B2,* ***32****) : 32, odos Papanikolaou. ☎ 27-52-02-60-55. Tlj. Repas 12-20 €.* Quelques coups de pinceau sur la façade et voilà cette bonne adresse prête à accueillir la nouvelle génération, en cuisine comme en salle. Sinon rien n'a vraiment changé dans cette taverne encore bien authentique : nappes à carreaux et chaises bistrot entre des arcades de pierre pour une généreuse cuisine grecque sans esbroufe et à prix d'amis. Petite terrasse sur la rue (ouverte aux voitures...).

O Noulis *(plan B2,* ***33****) : 22, odos Moutzouridou. ☎ 27-52-02-55-41. Tlj sf dim (midi slt oct-avr). Repas 15-20 €.* Le lieu ne paie guère de mine. Le service semble se noyer, mais s'en sort finalement bien. Quant aux *mezze,* ils sont du meilleur aloi. Essayer l'impressionnant *saganaki* flambé. Et pour se repaître d'un plat complet, l'agneau aux artichauts ou le veau aux champignons sont délicieux. Pour ne rien gâcher, le vin se sert au pichet pour pas cher. Une bonne adresse, au final.

Aiolos *(plan B1,* ***31****) : 30, odos Olgas. ☎ 27-52-02-68-28. Tlj midi et soir en saison. Repas 12-19 €.* Une adresse connue et reconnue, donc éminemment touristique (on fait même souvent, en haute saison, la queue devant la terrasse). Mais à juste titre : service (souvent francophone) fort aimable, cuisine traditionnelle généreuse mais bien amenée et à des prix sages. Et si vous avez des enfants, leurs dessins (le kit est fourni !) termineront sûrement aux murs de la petite salle.

To Palio Archontiko *(plan B1,* ***30****) : 7, odos Siokou, angle Ipsilladou. 69-81-86-89-14. Tlj. Repas 10-15 €.* Taverne toute simple, avec terrasse sous les bougainvillées dans une ruelle calme, à l'écart du flot touristique. Cuisine sans chichis avec un bon choix de *mezze* classiques et de plats copieux (lapin, agneau...), mais notre attention se porte avant tout sur le plat du jour, pas cher du tout. Accueil en français et musique en soirée.

Chic

Alaloum *(plan A1,* ***34****) : 3, odos Ipsilladou, sur la pl. Filellinon. ☎ 27-52-02-98-83. Tlj sf mar. Fermé en juin. Résa conseillée pour la terrasse. Repas 20-25 €.* Un vrai coup de cœur pour ce resto traditionnel de solide réputation qui propose une cuisine grecque savoureuse et copieusement servie, avec quelques plats méditerranéens rudement bien faits, notamment l'osso buco. Salle agréable avec mezzanine et terrasse très prisée. Certainement la meilleure table de la ville, qui plus est à prix encore abordables.

Agnanti *(plan A2,* ***35****)* **:** *akti Miaouli. ☎ 27-52-02-93-32. Sur la promenade du front de mer. Tlj midi et soir (quand il fait beau !). Repas 25-30 €.* C'est le seul et unique resto de la ville avec une terrasse les pieds dans l'eau. Pas de salle, d'ailleurs, juste cette plus qu'agréable et tranquille terrasse, cachée derrière un mur de pierre pas très engageant. Et comme la terrasse (et la déco des tables), la cuisine est tout entière tournée vers la mer, avec poissons et autres fruits de mer, travaillés simplement mais avec doigté. Évidemment, l'ensemble se paie un peu...

Où manger une glace ? Où boire un verre ? Où sortir ?

Antica Gelateria di Roma *(plan A1,* ***41****)* **:** *3, odos Farmakopoulou. ☎ 27-52-02-35-20. Tlj 8h-3h. Fermé en sem en nov.* L'inénarrable Marcello, prolixe Italien, propose, avec sa sœur Claudia, d'excellentes glaces à base de lait et fruits frais, des tiramisùs et une gamme de produits italiens (vin, pâtes...). Bien aussi pour boire un expresso, un vrai, mais debout au comptoir comme en Italie.

Dodoni *(plan B1,* ***43****)* **:** *pl. Syndagma. Tlj 10h-minuit, voire plus tard le w-e. Dodoni* est une marque dont vous trouverez les glaces dans tout le pays. Pas franchement artisanales, donc, mais pas mauvaises pour autant. Même si l'adresse vaut surtout pour le plaisir de regarder le passage des uns et des autres sur la place centrale de Nauplie depuis sa grande et agréable terrasse.

Es Aei *(plan A1,* ***45****)* **:** *8, odos Staikopoulou. ☎ 27-52-02-28-84. De 14h jusqu'à ce que personne n'ait plus soif.* On aime beaucoup ce petit bar avec ses tables en palette de récup et ses chaises dépareillées. Le sympathique patron, Christos, propose une bonne gamme de vins au verre ou de cocktails, à accompagner de tapas pour l'apéro. Bonne musique, pas trop abrutissante, mélange de jazz, rock et de grec-afro.

Circulo *(plan B1,* ***44****)* **:** *6, odos Konstantinou. ☎ 27-52-04-70-90. Tlj 9h-3h.* Un bar coopératif qui fait un peu branché comme ça, avec son décor design-vintage, mais qui s'affiche clairement militant (à gauche, toute !). DJs et concerts assez souvent. Clientèle essentiellement grecque.

Sokaki *(plan A1,* ***46****)* **:** *8, Ethnikis Antistasis. ☎ 27-52-02-60-32. Sur une placette, derrière la pl. Syndagma. Tlj 10h-3h.* Grand bar sympa à la déco hétéroclite et aux murs recouverts d'azulejos. Agréable terrasse à la déco tout aussi hétéroclite...

Rosso *(plan A1,* ***46****)* **:** *3, odos Komninou. ☎ 27-52-02-92-14. Sur une placette, en face de l'église Panagia. Tlj 9h-4h (5h ven-sam).* Pour sa plus qu'étonnante terrasse entièrement meublée de matériel de récup : valises, vieilles machines à coudre... même une ancienne Coccinelle coupée en deux en guise de banquette ! Salle plus dans l'esprit d'un loft new-yorkais, avec immenses portraits de Lennon. Vins au verre, cocktails et clientèle plutôt bien comme il faut. DJs en fin de semaine.

Nombreuses ***terrasses*** *(plan A1,* ***42****)* le long de la mer, face à l'îlot fortifié de Bourtzi. Idéal pour le petit déj ou pour un café frappé mais pas donné.

À voir. À faire

Akronauplie *(plan A2)* **:** *accès en voiture (c'est bien fléché) ou à pied. Pour couper au plus court, suivre la direction de la* Pension Marianna. *GRATUIT.* De cette forteresse à laquelle s'adosse la vieille ville ne restent que quelques fortifications des époques franque, vénitienne et turque, une tour d'horloge... On y grimpe donc surtout pour le merveilleux panorama sur la ville, la baie et l'îlot Bourtzi depuis la promenade dallée qui longe le promontoire. En chemin, petit monument en hommage aux prisonniers politiques enfermés, sous la dictature des Colonels, dans l'ancienne prison (transformée en... hôtel de luxe, aujourd'hui complètement à l'abandon).

Le fort Palamède *(Palamidi ; hors plan par B1-2)* **:** *☎ 27-52-02-80-36. Tlj en principe 8h-19h45 (16h30 hors saison). Entrée : 8 € ; réduc ; gratuit moins de 18 ans, étudiants de l'UE et pour ts le 1er dim du mois nov-mars, les w-e de sept et certains j. fériés.* Les courageux peuvent y accéder à pied, de la place Arvanitia, par un escalier de 857 marches, ou 999 ? Régulièrement, des lecteurs nous proposent un nombre différent ! Vérifiez, si le cœur vous en dit ! Accès également par la route, en voiture ou taxi (3 km environ ; départ au sud de la place Kapodistria, par l'avenue 25 Martiou). Palamède est, selon la mythologie, l'inventeur d'une forme archaïque des échecs. Il a laissé son nom à cette citadelle, qui, à 216 m, domine de façon très spectaculaire la baie de Nauplie. Elle a été construite en grande partie par les Vénitiens, de 1690 à 1714, sous la conduite de deux architectes militaires, dont un Français, La Salle. Les amateurs d'architecture militaire se régaleront avec, entre autres, pas moins de huit bastions joliment conservés. Les autres tiqueront sur le prix actuel de l'entrée de cet ensemble de bâtiments magnifiquement vides ! Reste la vue, superbe de partout, ou presque...

AVOIR UN BON PLAN !

Présenté comme la forteresse la mieux défendue du monde et réputé imprenable, le fort Palamède tomba pourtant dans les mains des Turcs dès 1715. L'explication est simple : son architecte, La Salle, était entre-temps passé à l'ennemi et lui avait tout bonnement livré les plans ! En 1822, rebelote, mais dans le sens contraire : ce sont les Grecs qui s'en emparèrent.

L'église Panagia *(plan A1)* **:** *7, odos Farmakopoulou.* Attention, mettez vos lunettes de soleil avant d'entrer, c'est un festival de dorure, des icônes au retable et jusqu'au plafond ! Superbe.

Le Musée archéologique *(plan A1)* **:** *pl. Syndagma. ☎ 27-52-02-75-02. En principe, tlj sf lun 8h-15h. Entrée : 6 € (audioguide en français compris) ; réduc ; gratuit moins de 18 ans et étudiants de l'UE.* Dans l'impressionnant bâtiment d'un arsenal vénitien du XVIIIe s. Intéressant musée à la présentation contemporaine. Pièce maîtresse (au 1er étage) : la plus ancienne cuirasse de Grèce (XVe s av. J.-C.), découverte dans une nécropole mycénienne, à Dendron, près d'Argos. De la même époque, une incroyable pince à épiler et, au hasard des vitrines, d'étonnants masques de cérémonie retrouvés à Épidaure, une belle collection de céramiques (dont des dînettes qui existaient déjà au VIIe s av. J.-C. !).

La mosquée Vouleftiko *(plan A1)* **:** *à l'angle de la pl. Syndagma avec odos Staïkopoulou. Ne se visite pas.* On peut grimper jusqu'à la plate-forme de l'entrée qui donne sur une belle cour à arcades (ancien caravansérail). C'était le siège, en 1825-1826, du premier parlement grec (*vouli* en grec, d'où son nom).

L'église Agiou Spiridonos *(plan B1)* **:** une église comme une autre, sauf que Capodistria, le premier chef d'État de la Grèce indépendante, y fut assassiné en octobre 1831. Un mur de l'église porte encore la cicatrice de la balle.

L'église des Francs *(dite « église catholique » ; plan B2)* **:** *accès par un escalier donnant sur odos Papanikolaou. Visite en principe tlj 8h30-11h ; GRATUIT (donation appréciée !). Sinon ouv pour les messes en saison (lun-mar et mer-ven à 9h, jeu à 18h, sam à 19h et dim à 10h).* Joli porche d'entrée à arches sur colonnes.

Ancienne mosquée au bel appareillage de pierre, ponctué d'un minaret tronqué sur le côté. Dans l'intérieur immaculé aux élégantes proportions, on voit encore le mihrab (niche orientée vers La Mecque) et un mémorial consacré aux 280 philhellènes morts pour la Grèce entre 1821 et 1827. Petite crypte.

Le musée du Komboloï (plan B1) **:** *25, odos Staïkopoulou. ☎ 27-52-02-16-18. • komboloi.gr • Tlj 9h30-20h30 (18h mar). Fermé mar hors saison. Entrée : 2 €.* Vous pensiez que tous les *komboloï* étaient identiques. Que non ! Il existe beaucoup de types de chapelets. La preuve dans ce magasin-musée qui vend aussi des *komboloï* modernes. Très bon accueil de Rallou, créatrice de bijoux. Pour les passionnés.

Le musée folklorique (plan B1) **:** *1, odos Sofroni. ☎ 27-52-02-83-79. Tlj 9h-14h30 (9h30-15h dim). Entrée : 2 €.* Intéressant pour sa section consacrée aux costumes traditionnels (belle collection), avec explication des techniques de fabrication (du métier à tisser à la machine à coudre).

Baignades

– Pas de belles plages à Nauplie même. Mais quelques endroits sympathiques où se baigner dans la baie qui, de surcroît, offre l'occasion d'une tranquille balade au long de la promenade du front de mer. On démarre au bout du port *(plan A2)* pour tomber d'abord sur une espèce de piscine aménagée dans la mer, fréquentée par les locaux (retraités tôt le matin, ados en fin de journée...). On continue ensuite (compter 15 mn) au pied des falaises en passant par une petite chapelle (chère à Gérard Philippe) jusqu'à la plage de galets d'*Arvanitia,* bien aménagée, voire bétonnée, très fréquentée et bruyante. Café et resto sur place. En continuant la balade sur le front de mer, on arrive en une bonne heure à Karathona (lire ci-après). En chemin, plusieurs criques encore sauvages, accessibles par de petits sentiers.

***Karathona Beach* :** *depuis le terminus, 1 bus/h jusqu'à 19h30.* Belle plage à 6 km par la route au sud de Nauplie. Retour possible (voir plus haut) à pied par un large sentier qui longe la mer.

DANS LES ENVIRONS DE NAUPLIE

Le site archéologique de Tirynthe *(Τιρυνθα)* **:** *à 3 km au nord de Nauplie, au bord de la route d'Argos. ☎ 27-52-02-26-57. Le bus d'Argos y passe (ttes les 30 mn) ; demander – il faut parfois insister un peu... – l'arrêt au chauffeur (on descend à 300 m de l'entrée). Tlj sf lun 8h-15h. Entrée : 4 € ; réduc ; gratuit moins de 18 ans, étudiants de l'UE et pour ts le dim nov-mars, le dernier w-e de sept et certains j. fériés.*
Ne vous attendez pas à un site très spectaculaire. Mais cet ouvrage impressionne avec ses murs que la légende attribue aux Cyclopes (d'où le terme architectural de « murs cyclopéens »). Certains blocs de pierre pèsent parfois plus de 10 t, ajustés collés-serrés les uns aux autres ! Pas étonnant que tout soit encore en place...
C'est en fait aux Mycéniens (environ 1600-1100 av. J.-C.) que l'on doit ces édifices militaires énormes. L'archéologue en herbe qui sommeille en vous remarquera d'ailleurs aisément la similitude frappante avec le site de Mycènes : murs cyclopéens sur un promontoire rocheux, rampe d'accès, porte monumentale, fondations du palais *(mégaron)* avec sa grande cour et sa salle du trône, poternes, citernes souterraines et galeries construites avec voûtes à encorbellement d'où jaillissaient des sources (en cas de siège) ; ça tient du prodige ! Et ici, par rapport à Mycènes, il y a bien moins de monde...

ARGOS (ΑΡΓΟΣ) (212 00) 22 200 hab.

Située entre Nauplie et Mycènes, cette ville fut fondée par Danaos, le père des Danaïdes, condamnées à remplir un tonneau percé pour avoir poignardé leurs maris et cousins. C'était une très belle cité, la plus ancienne du monde grec, paraît-il... Ça a bien changé.

Arriver – Quitter

En bus

Gare routière KTEL : *odos Kapodistriou, au centre de la ville. ☎ 27-51-06-93-23.*

➢ ***De/vers Nauplie :*** bus ttes les 30 mn 7h-19h30, plus à 21h et 22h. Env ttes les heures le dim.

➢ ***De/vers Mycènes :*** sur la ligne d'Isthmos et Athènes. Bus ttes les heures 5h15-20h15. Descendre à Fichtia et prendre un taxi pour le site (env 4 km).

À voir

Le Musée archéologique : *odos Vassilissas Olgas. ☎ 27-51-06-88-19. Dans la rue piétonne qui part à droite derrière l'église, sur la pl. centrale. Tlj sf lun 8h-15h. Entrée : 2 € ; réduc ; gratuit moins de 18 ans et étudiants de l'UE.* ***Fermé depuis juin 2014 pour travaux.*** Il faudra donc, à priori, encore un peu de temps pour redécouvrir le plus beau casque « homérique » jamais retrouvé. Et quelques vases à figures géométriques intéressants, une amphore de 1 m représentant Ulysse et Ajax luttant l'un contre l'autre, ainsi que des mosaïques romaines représentant les mois et les saisons.

À la sortie de la ville, direction Tripoli, des fouilles menées par l'École française d'archéologie ont révélé des ruines de ***thermes romains*** et, juste en face, un ***théâtre*** plus grand que celui d'Épidaure. On estime qu'il pouvait accueillir jusqu'à 20 000 spectateurs, ce qui en fait l'un des plus grands de la Grèce antique *(tlj 8h-15h ; GRATUIT).*

Le kastro d'Argos *(Larissa)* ***:*** *accès fléché depuis la route de Corinthe.* ***Le site est, en principe, toujours fermé (fouilles et restaurations).*** Ancien château fort franc dominant fièrement la ville et la plaine alentour (pas grand-chose à voir en fait, sinon le superbe panorama depuis là-haut). Au passage, ancien couvent ***Panagia tou Vrahou*** où fonctionnait une « école secrète » pendant l'occupation turque.

MYCÈNES (ΜΥΚΗΝΕΣ) (212 00) 350 hab.

Le village de Mycènes n'a rien à offrir en lui-même à part quelques hôtels et tavernes plutôt touristiques.
Le site, comme ceux de Tirynthe et de Pylos, date principalement du XVIIe au XIIe s av. J.-C. ; plus de sept siècles le séparent de l'Acropole d'Athènes et des autres grands sites de l'Antiquité classique que sont Delphes, Olympie ou Épidaure.
Mycènes évoque guerres et rapines, en un mot, le sang versé. Mais c'est aussi, pour la Grèce continentale, la ville de la première ouverture au

LE PÉLOPONNÈSE

commerce méditerranéen, de la première véritable civilisation organisée, avec l'apparition de l'écriture, la maîtrise de la métallurgie, etc. C'est là que commencent bien des tragédies grecques... Atrée y fait servir à table des morceaux de ses neveux, entraînant toute sa descendance dans une malédiction ! Oreste, influencé par sa sœur Électre, tue leur mère, estimant que le sacrifice de leur sœur, Iphigénie, tuée par leur père, Agamemnon, n'était pas une raison suffisante pour que sa femme Clytemnestre (leur mère) le fasse assassiner par Égisthe, son amant (à Clytemnestre, pas à Agamemnon !). Vous suivez ? En tout cas, on frémit encore à l'évocation de tous les crimes et scandales entrelacés qui agitèrent la famille des Atrides.
Mais réduire les Mycéniens à des monstres sanglants serait oublier qu'ils furent des peintres, des orfèvres hors pair, ainsi que de remarquables architectes, tant dans le domaine militaire, palatial que funéraire. Et Mycènes possède parmi les plus beaux exemples de chacun de ces arts.
En haute saison, pas d'illusions, les cohortes de visiteurs gâchent un peu le plaisir. Alors, faites l'ouverture...

L'HISTOIRE ÉDIFIANTE DE HEINRICH SCHLIEMANN (1822-1890)

Incroyable épopée que celle de Heinrich Schliemann, né en Allemagne d'un père pasteur. Ses premières amours sont Minna, sa petite voisine, et un livre illustré sur la mythologie grecque. Successivement commis dans une épicerie, matelot, employé chez un riche négociant, à Amsterdam, à Saint-Pétersbourg... il profite de ses nuits pour apprendre sept langues et de ses jours pour se bâtir une belle fortune. Il revient au pays, puis on le voit en Orient et bientôt à Paris, où il suit des cours à la Sorbonne.
Il vend alors ses juteux commerces et se lance dans l'archéologie. À Athènes, il épouse une jeune Grecque, Sophia, et part vers Troie (*Hissarlik,* en Turquie) en 1871, sur les traces de l'*Iliade* : une trop belle histoire pour ne pas être vraie. Il suivra pas à pas les textes des anciens. Sept séries de fouilles étalées sur 20 ans lui permettront d'exhumer le site de Troie et le fameux « trésor de Priam ».

UN TRÉSOR SOUS LES JUPES

Schliemann, pour récupérer des objets antiques, n'hésitait pas à utiliser des méthodes peu orthodoxes. Il fit ainsi sortir du territoire les pièces exhumées, une par une, en les dissimulant sous les jupes de sa femme.

En 1874, il s'attaque à Mycènes et découvre ce qu'il dit être les masques d'or d'Agamemnon et d'autres personnages de la tragédie des Atrides. Il se trompe, comme il s'était trompé sur les datations à Troie. Les archéologues sont d'ailleurs réservés face à cet autodidacte volontiers mythomane, mais il passe très bien auprès du grand public. Son corps est inhumé dans un mausolée au cimetière d'Athènes.

Arriver – Quitter

En voiture

➢ À 13 km au nord d'Argos. Depuis Corinthe, prendre la route passant par Solomos et Chiliomodi plutôt que la nouvelle autoroute pour Tripoli. Depuis Argos, suivre la direction de Corinthe (c'est plutôt mal indiqué) et tourner à droite à Fichtia (panneau très discret).

En bus

➢ ***De/vers Athènes, via Corinthe :*** 1 bus/h, 6h-20h30 (moins le dim). S'arrêtent à Fichtia, au carrefour des routes de Mycènes et Corinthe (tickets au café en face). De là, on peut attraper l'un des 3 bus reliant Nauplie à Mycènes.

➢ ***De/vers Nauplie, via Argos et Fichtia :*** 3 bus/j. poussent jusqu'au site archéologique lui-même en saison. Sinon, entre Fichtia et Argos, compter 1 bus ttes les heures env (moins le dim ap-m). De Fichtia, prendre un taxi.

Adresses utiles

✉ ***Poste :*** *sur le site, dans un camion. Tlj sf dim 9h-16h en saison.*

■ ***Distributeur automatique :*** *à l'**Alpha Bank,** au milieu du village.*

Où dormir ?

Camping

⛺ 🍽 ***Atréus :*** *à l'entrée du village sur la gauche. ☎ 27-51-07-62-21 ou 67-35 (hors saison). • atreus@otenet.gr • Avr-fin oct. Compter 20-24 € selon saison pour 2 avec tente et voiture.* Toute la famille s'y met pour vous accueillir au mieux. Bloc sanitaire propre mais un poil usagé, machines à laver et belle piscine. Bonne cuisine (c'est la maman qui est aux fourneaux). Pandelis s'occupe du reste avec madame. Nos lecteurs sont bien accueillis, on ne va pas s'en plaindre. Éviter seulement les emplacements en bord de route. Une adresse chaleureuse, et donc souvent complète.

Bon marché

🏠 🍽 ***Hotel Klitemnistra :*** *dans la rue principale. ☎ 27-51-07-64-51. • gcg6944@yahoo.com.au • Tte l'année. Double 35 €, petit déj compris.* Un bon hôtel aux tarifs plus qu'abordables, entièrement rénové, avec des chambres simples mais impeccables et climatisées, de bon volume, au calme sur l'arrière. Petit déj et repas (pour résidents seulement) à prendre dans le grand hall lumineux, à la déco moderne. Coin *lounge* avec canapés, TV grand écran et riche bibliothèque. Une salle attenante est réservée aux archéologues de passage, on pourra jeter un coup d'œil sur les photos d'études. Une belle affaire de famille, gérée avec dynamisme par George, le fils, qui a longtemps vécu en Australie.

🏠 ***Pandelis Rooms :*** *à l'entrée du village, à gauche. ☎ 27-51-07-63-60. Fax : 27-51-07-68-70. Tte l'année. Double 40 €, petit déj compris.* Bâtiment moderne au bord de la route, avec 7 chambres toutes simples mais grandes et impeccables, équipées de salle de bains, frigo, clim, et balcon pour certaines. Celles donnant sur l'orangeraie à l'arrière sont plus calmes. Petit salon avec pas mal de bouquins intéressants et TV satellite. Accueil chaleureux de Pandelis, ancien ingénieur sur des tankers.

🏠 🍽 ***La Belle Hélène :*** *dans la rue principale. ☎ 27-51-07-62-25. • bellhel@otenet.gr • Tte l'année. Double 40 €, petit déj compris. CB refusées.* Défiguré par un auvent bétonné, c'est l'hôtel où résidait Schliemann. Les peintures décaties doivent dater de son époque, mais la déco surannée conserve un certain charme au lieu. Photos jaunies, gravures, lettres de personnalités (Agatha Christie, Virginia Woolf, Sartre... et, dans un autre registre, Himmler et Goebbels !). De quoi ouvrir un petit musée, ce qu'a fait le patron Agamemnon (!) : gratuit pour les clients, sinon 3 €. Seulement 5 chambres à l'étage, assez monacales (mais avec la clim), qui se partagent, sur le palier, douches (vieillottes) et w-c. Accueil variable. Fait aussi resto pour les résidents (menu limité).

Prix moyens

🏠 🍽 ***Hotel Petite Planète :*** *à la sortie du village en direction du site. ☎ 27-51-07-62-40. • petite-planet.gr • Fermé début nov-fin mars. Résa conseillée en été (nombreux groupes). Doubles 50-55 € selon saison, petit déj* *compris. Menus 15-20 € (vin compris). CB refusées.* Construction récente jouissant d'un panorama merveilleux sur la vallée. Pour une fois, on dira « chambres avec vue sur terre »... Elles sont confortables, avec terrasse, clim et belle salle de bains. Repas possibles pour les résidents (sur résa), concoctés par la maman et servis dans une grande salle climatisée ou en terrasse dominant aussi la vallée. Agréable piscine (de mi-mai à mi-octobre) bordée d'oliviers et de lauriers-roses. Accueil féminin très pro et en français. Un bon hôtel !

Où manger ?

Dans la rue principale et jusqu'au site se succèdent des restos peu emballants (et les rabatteurs qui s'agitent sur le bord de la route n'incitent pas non plus à s'y arrêter...).

Electra : *rue principale, face à l'Hotel Klitemnistra. ☎ 27-51-07-64-47. Mars-oct. Repas env 10 €.* Grande salle ouverte qui s'est mise au goût du jour sous l'impulsion de la nouvelle génération. Cuisine grecque classique et peu onéreuse, mais sans surprise. Reçoit des groupes, comme partout. Bon accueil.

À voir

Le site : *à 2 km du village. ☎ 27-51-07-65-85. Tlj sf certains j. fériés, 8h-20h (15h oct-mars). Musée fermé lun jusqu'à 12h hors saison. Entrée : 12 € pour les 2 sites (à 300 m l'un de l'autre, garder le ticket) et le musée ; réduc ; gratuit moins de 18 ans, étudiants de l'UE et pour ts le 1er dim du mois nov-mars, le dernier w-e de sept et certains j. fériés.* Le bus de/vers Nauplie s'arrête au site (voir plus haut dans « Arriver – Quitter »). Prévoir 2h de visite et un bon chapeau : en l'absence totale d'ombre, le soleil est traître.

Le trésor d'Atrée : *1er site à gauche de la route.* Très spectaculaire, c'est un chef-d'œuvre d'architecture. Il s'agit en fait d'un tombeau royal datant de l'apogée de la civilisation, vers 1300 av. J.-C. On y accède par une allée et une porte monumentale dont le linteau inférieur pèse environ... 120 t, ce qui explique le triangle vide au-dessus (à l'origine caché par une dalle d'une roche plus légère et sculptée) pour soulager le linteau. La salle intérieure, bâtie en forme de ruche de 14,50 m de diamètre sur 13,20 m de hauteur, stupéfie par ses proportions et l'audace de sa construction. Les pierres de la voûte sont admirablement assemblées en 33 rangées superposées, formant des cercles concentriques qui convergent jusqu'à la clé de voûte. Jolie résonance acoustique. Certainement la construction la plus intéressante du site, et peut-être de toute la Grèce préclassique. Sur la droite, une petite pièce sombre, dont l'entrée possède également le triangle de décharge, qui pouvait être une salle funéraire ou renfermer le trésor. Malheureusement, vous ne pourrez pas y pénétrer pour le chercher !

Le tombeau de Clytemnestre : *dans le 2e site (l'Acropolis), dans la ville basse, sur la droite tt de suite après le guichet.* Fort bel appareillage de blocs de pierre datant de 1300 av. J.-C., en forme de ruche (ou *tholos* comme le trésor d'Atrée), un style réservé aux sépultures royales. À 50 m, le **tombeau d'Égisthe,** dont la coupole s'est effondrée. Appareillage de pierres sèches beaucoup plus rudimentaire. Entrée surmontée de trois énormes linteaux.

La porte des Lionnes : *dans le 2e site toujours.* Cette porte commandait l'entrée de la ville (on voit encore les traces du pivot et du système de fermeture de la porte, creusés dans le linteau). Elle est surmontée du même triangle de décharge que l'édifice précédent, celui-ci ayant conservé sa sculpture, l'une des plus connues au monde. On se demande d'ailleurs, vu toutes les guerres qui ont ravagé le site, comment ces lionnes ont réussi à s'arracher aux griffes du temps. En fait, elles n'avaient pas de valeur intrinsèque : mais leurs têtes, qui étaient en bronze, ont, elles, bien disparu ! Cette porte est ceinte de remparts dont les blocs de pierre sont énormes. Certains guides les comparent aux murs incas. Rappelons que Mycènes fut construit durant le IIe millénaire av. J.-C., alors que l'Empire inca date du XVe s de notre ère...

Le cercle royal et ses tombes : *une vingtaine de mètres après la porte des Lionnes, sur la droite.* Les six fosses tombales sont entourées d'un double dallage vertical qui constituait une galerie couverte. Ces tombes royales sont antérieures à celles du trésor d'Atrée et datent du tout début de la civilisation mycénienne (XVIIe s av. J.-C.). Le trésor funéraire, découvert dans ces sépultures et que Schliemann s'était empressé d'attribuer, en partie, à Agamemnon, est remarquablement riche. Il est exposé au Musée archéologique d'Athènes (masques funéraires en or, épées ouvragées, poignards de bronze incrustés d'or et d'argent, etc.). Derrière le cercle se trouvaient les maisons d'un quartier d'habitation.

Le palais : *en haut de la colline en grimpant la rampe pavée, dite « voie royale ».* Construit entre 1500 et 1400 av. J.-C. mais détruit en 1180 av. J.-C. par un tremblement de terre. Il n'en reste que des vestiges peu spectaculaires : on peut distinguer d'abord la grande cour pavée. Suit une petite cour carrée, puis le vestibule du bâtiment principal, le *mégaron,* où était dressé le trône, face au foyer circulaire, au centre, toujours visible. Il était entouré de pièces de réception et d'ateliers. De cette vaste plate-forme, très beau panorama sur la vallée escarpée et le premier mur d'enceinte en contrebas.

La citerne : *en continuant vers l'est, à l'extrémité de la citadelle.* Insérée dans le rempart, l'entrée d'un escalier souterrain qui menait à une citerne secrète alimentée par une source à 12 m de profondeur, et qui servait en cas de siège. La voûte en encorbellement est étonnante. Près de là, également percée dans la muraille, se trouve une poterne. On peut descendre ces quelques marches éclairées seulement par un œil de cyclope : prévoyez une lampe de poche !

Le Musée archéologique : *situé en contrebas, à gauche après le guichet.* Organisé en trois salles, le musée propose une visite aussi instructive (pas moins de 2 500 pièces) qu'agréable, grâce à des échappées panoramiques sur la campagne alentour. L'exposition est le produit des fouilles menées à partir de la fin du XIXe s, et complète très bien la visite du site. Certaines pièces importantes sont des copies, les originaux demeurant au Musée archéologique d'Athènes.
– *1re salle :* la cité de Mycènes et les phases de sa construction. Des restes de fresques du *mégaron* semble-t-il, et des objets trouvés dans le temple attenant au *mégaron,* comme d'étonnantes statuettes (XIIe-XIIIe s av. J.-C.) et de surprenants serpents en argile.
– *2e salle :* une mise en lumière du culte funéraire, grâce aux offrandes qui accompagnaient les défunts dans leur dernier voyage. On y trouve donc le *trésor d'Atrée.* Notez particulièrement la copie du masque en or d'Agamemnon (original au Musée national d'Athènes), les bijoux et épées et, plus loin, la belle série de bijoux fabriqués à base d'ambre.
– *3e salle :* un témoignage de la vie à Mycènes à travers le temps, depuis la période préhistorique jusqu'à sa période hellénique. S'y ajoutent des traces du *temple d'Arès,* construit au VIIe s av. J.-C., à 1,5 km de l'acropole.

DANS LES ENVIRONS DE MYCÈNES

Némée (Néméa) **:** *à env 15 km au nord de Mycènes. ☎ 27-46-02-27-39. En remontant sur Corinthe par la vieille route, passer par-dessus l'autoroute ; Némée se trouve quelques km plus loin. Tlj 8h-15h. Entrée : 6 € (site, musée et stade) ;*

LE PÉLOPONNÈSE

gratuit moins de 18 ans, plus de 65 ans et étudiants membres de l'UE. Site archéologique (au milieu des vignes) et musée superbes, peu fréquentés. On vient y voir le temple de Zeus et le stade. Les jeux, organisés à Némée (Néméades) en alternance avec ceux de Delphes et d'Olympie, étaient renommés. Depuis 1996, on les fait revivre tous les 4 ans (*• nemeangames.org •*). C'est à Némée aussi que ce brave Héraclès (Hercule) a réalisé le premier de ses 12 travaux : tuer à mains nues un lion qui terrorisait la région et dont la peau était à l'épreuve des flèches.

LE SUD-EST DU PÉLOPONNÈSE ET CYTHÈRE

• Carte *p. 203*

LA ROUTE DE MYCÈNES À LÉONIDION

• Carte L'Argolide et le golfe Argo-Saronique *p. 159*

On retraverse Argos vite fait ; 10 km après, on aborde *Lerne.* Ah ! mais c'est bien sûr ! Lerne, l'hydre de Lerne ! Encore un des travaux de ce Stakhanov d'Hercule. L'hydre était un dragon à corps de serpent avec neuf têtes, qui habitait dans un marais et dont les têtes repoussaient chaque fois que quelqu'un les coupait.

COMMENT NAÎT UN MYTHE

Les archéologues pensent que l'hydre de Lerne découle du long combat mené par les paysans qui creusaient de multiples canaux pour que les eaux ne détruisent pas leurs travaux d'endiguement. Les terres risquaient sans cesse d'être inondées, et cela expliquerait l'image des têtes qui repoussaient après avoir été coupées.

Les *ruines de Lerne* (attention, accès très discret à la sortie, à gauche, du village de Myli ; ouvert tous les jours de 8h30 à 15h, environ 2 € l'entrée) ont peu d'intérêt pour le grand public, car elles se réduisent aux fondations. Il s'agit, cependant, d'un site très important de la Préhistoire grecque, qui éclaire les chercheurs sur des périodes méconnues, avec notamment un palais et des fortifications du IIIe millénaire av. J.-C., et, au fond de la première tranchée, sans doute les fondations d'une des premières habitations du pays.

Laissons maintenant la route de Tripoli et prenons à gauche pour Léonidion. La route suit une côte rocheuse très découpée, à 100 m au-dessus du niveau

de la mer. Grande beauté du paysage, en particulier entre Agios Andréas et Léonidion. Quelques criques mignonnes et isolées.

PARALIO ASTROS (*ΠΑΡΑΛΙΟ ΑΣΤΡΟΣ ; 220 19*)

Petite station balnéaire familiale (un peu bétonnée quand même), bordée d'une longue plage de sable (avec quelques graviers !). Port de pêche sympathique récemment rénové pour accueillir les plaisanciers, terrasses de café alignées le long du quai et quelques hôtels et chambres à louer. Pas mal d'animation le soir. Tout en haut de la colline sur laquelle s'étage le village originel, château médiéval avec un beau panorama sur la baie.

Où dormir ? Où manger ?

Camping Astros : *sur la plage. ☎ 27-55-51-15-00. • astroscamping.com • À gauche (quand on vient d'Argos) avt d'arriver dans le village. Mai-sept. Env 22 € pour 2 avec tente et voiture.* Familial et calme, sauf au cœur de l'été. De l'ombre en pagaille et la plage à deux pas. Certes, les tentes risquent de se sentir un peu seules au milieu de toutes ces caravanes ! Machines à laver, épicerie, resto-bar et sanitaires corrects. Accueil tout simple.

Camping Thirea : *Meligou. ☎ 27-55-05-10-02. • campingthirea.com • En bord de plage, à env 1 km au sud-ouest du village. Mai-sept. Env 18-21 € pour 2 avec tente et voiture.* Agréable camping avec accès direct à la plage (gros spot de windsurf !). Bar-resto.

Nombreuses ***chambres chez l'habitant.*** À l'entrée, quelques petits ***hôtels*** (mais plus agréable de loger dans la ville haute ou sur le port).

Plusieurs sympathiques tavernes, le long d'*odos Zafiropoulon,* la rue principale (piétonne) de la station, comme ***Rebetiko,*** petite adresse à la cool tenue par un pêcheur, ***Batis*** avec sa cuisine familiale et son agréable patio ou ***Avra,*** plus conventionnelle (le poisson au poids peut vite faire grimper l'addition) mais avec une belle véranda ouverte sur la mer.

PARALIA TIROU (*ΠΑΡΑΛΙΑ ΤΥΡΟΥ ; 223 00*)

Paralia Tirosapounakaïka de son vrai nom ! Port tranquille avec quelques hôtels et beaucoup de chambres à louer, le tout sans prétention et les pieds dans l'eau. Tourisme familial. Longue et étroite plage de galets, entourée de chaque côté par des collines.

Adresse et info utiles

■ ***Distributeur automatique de billets :*** *près de l'église, avt d'arriver sur le front de mer.*

– **Fête :** *17 juil (Agia Marina).*

Où dormir ? Où manger ? Où boire un verre dans les parages ?

Camping Zaritsi : *juste après **Zaristi,** à 3 km au nord de Paralia Tirou. ☎ 27-57-04-14-29 ou 10-74. • campingzaritsi.gr • À 700 m de la route principale (fléché). De mai à mi-oct. Compter env 20 € pour 2 avec tente et voiture. Bonne taverne (juin-sept).* Tout confort, bar, minimarché

LA PARTIE ORIENTALE DU PÉLOPONNÈSE

(pain frais en été), sanitaires impeccables, machines à laver. Terrain de basket et de volley. Les pieds dans l'eau (belle plage de galets) dans un site superbe et préservé. Bien ombragé mais caillouteux (prévoyez les tapis de sol).

Hotel Apollon : *sur le quai, à l'entrée du port. ☎ 27-57-04-13-93. 69-73-68-44-20. Doubles 35-50 € selon saison ; pas de petit déj.* Le petit hôtel balnéaire, familial et sans prétention (mais bien entretenu), tel qu'on se l'imagine. Chambres agréables, avec salle de bains, TV et clim. Grands balcons avec vue sur la mer ou les collines au loin. Le patron est un bon Méditerranéen jovial et dynamique. Pas mal de papis viennent taper le carton dans la journée. Sympa.

To Akrogiali : *à l'extrême gauche du quai quand on fait face à la mer. ☎ 27-57-04-18-60. Repas 10-15 €.* Vaste terrasse surélevée donnant directement sur la belle bleue. Les classiques plats de taverne à prix doux mais préparés avec soin. Service très sympa. Une bonne adresse.

Café O Elatos : *sur le front de mer.* Du petit déj à tard le soir, musique en prime, on y mange des pâtisseries orientales, crêpes et autres sucreries. C'est aussi l'arrêt de bus et le guichet pour les billets.

Sur le front de mer toujours, quelques bars un peu branchés comme le ***Karnagio Club,*** tout en bois avec une déco de cale de bateau ouverte sur la mer ou le ***Club Petra,*** plus *lounge*-design.

Plage

Belle ***plage de Ligéria,*** à 15 mn à pied, de l'autre côté de la colline aux trois moulins à vent.

SAMPATIKI (*ΣΑΜΠΑΤΙΚΗ ; 223 00*)

Petit port-plage tranquille en contrebas d'une falaise, quelques kilomètres au nord de Léonidion. Si vous êtes motorisé, parking en descendant (circulation quasi impossible autour du port). Et une excellente adresse pour séjourner dans ce petit paradis de tranquillité.

Où dormir ? Où manger ?

Porto Sabatiki : *☎ 27-57-06-13-16. • portosabatiki@gmail.com • En été, apparts 25-45 € pour 2-4 pers ; petit déj en sus. Tarifs dégressifs et réduc hors saison. Repas 10-15 €.* Posée pile sur la plage de galets, cette bâtisse orange propose des appartements impeccables pour 2 à 4 personnes. Bon confort (clim, cuisine) et balcon avec vue sur mer si l'on réside à l'étage. En bas, une bonne taverne traditionnelle, avec une terrasse ombragée par un arbre à l'impressionnante ramure, face à la plage : le cadre est merveilleusement reposant, nettement situé hors des sentiers battus ! Et en prime, la famille est très prévenante avec ses hôtes.

LÉONIDION (ΛΕΩΝΙΔΙΟ) (223 00) 3 760 hab.

Gros bourg de caractère, surplombé par de vertigineuses falaises de roches roses. La petite cité semble sommeiller ainsi depuis des siècles, en se protégeant de l'invasion touristique. La partie haute est la plus charmante avec ses ruelles étroites et biscornues, ses vieilles boutiques et ses cafés hors d'âge où les anciens semblent tuer le temps depuis longtemps déjà...
Apiculture et agriculture sont les deux mamelles de la plaine alentour, dont chaque pouce est cultivé. En outre, Léonidion reçoit de l'argent de ses ouailles émigrées à l'étranger qui voudraient préserver le caractère de leur cité. Autre particularité du coin, on y a longtemps parlé un dialecte qui nous ramène très, très loin en arrière, à des origines doriennes...
Les fêtes de Pâques ont ici un éclat particulier : à ne pas manquer si vous passez par là à cette époque, notamment le lâcher de montgolfières illuminées.

Arriver – Quitter

Station de bus : *sur le quai du canal asséché, parallèle à la rue principale.* Demander les horaires au café de la station.

➢ ***De/vers Plaka :*** env 10 bus/j.

➢ ***De/vers Athènes (via Argos, Corinthe) :*** 4 bus/j. (3 le dim). Compter env 4h.

➢ ***De/vers Poulithra :*** les mêmes que pour Athènes. Compter 15 mn de trajet entre Poulithra et Léonidion ; 2 de ces bus continuent jusqu'à *Pighadi* et *Peleta,* sf le w-e.

➢ ***De/vers Monemvassia :*** à éviter en bus (multiples changements et dessertes irrégulières).

Adresses utiles

✉ ***Bureau de poste :*** *pl. du 25-Martiou.*

■ ***Distributeurs automatiques :*** *dans la rue principale.*

Où dormir ? Où manger ? Où boire un verre ?

Archontiko Hatzipanayioti : *en plein centre, dans la rue principale. ☎ 27-57-02-24-76. • hatzipanayiotis.gr • Doubles 65-95 € selon saison et confort, petit déj compris.* Une belle demeure du XIXe s, superbement restaurée dans le style architectural d'origine, tout en pierre. Organisées autour d'une calme cour, les chambres, aux murs à colombage, de confort moderne, sont toutes différentes et personnalisées. Les plus chères offrent un jacuzzi. De vrais petits cocons, romantiques à souhait ! Agréable terrasse pour le petit déj, l'apéro (bonne cave à vins) ou un repas simple (salades, charcuterie, gâteaux...). Accueil adorable.

Panjika : *dans une ruelle qui grimpe depuis la rue principale (c'est bien fléché). ☎ 27-57-02-31-15. Tlj 9h30-minuit. Fermé en juin. Repas 10-15 €.* Le genre d'endroit qu'on ne s'attendait pas vraiment à trouver ici : à la fois bar (concerts, DJs et expos), resto et boutique avec produits du commerce équitable et matos d'escalade (cette coopérative a été fondée par des jeunes du coin qui souhaitent développer la grimpe sur les falaises juste au-dessus). Déco récup-design jusque sur la petite terrasse et bonne (et bio) cuisine locale.

Kafé Aigli : *devant la mairie, terrasse sous un auvent entourée d'orangers. Pas d'enseigne.* Le vrai café de village comme on les aime. Les employés vont et viennent autour de la terrasse, le pope montre le bout de son nez avant d'aller poser son auguste postérieur sur une chaise bistrot de la salle rétro du café où sont attablés les anciens autour des tables de jeu... Atmosphère, atmosphère... Petits déj, en-cas (sandwichs et salades) et boissons en tout genre. Le tout vraiment bon marché.

LE PÉLOPONNÈSE

PLAKA (ΠΛΑΚΑ) (223 00)

Tout petit port de charme (même s'il a été un peu bétonné ces dernières années), à 4 km au sud de Léonidion. À gauche du port, longue et belle plage de petits galets et de sable gris, très fréquentée l'été.

Arriver – Quitter

Arrêt des bus sur le port.

➢ ***De/vers Léonidion :*** slt juil-sept ; une dizaine de bus/j. Correspondance pour Athènes (3-4 bus/j. ; voir plus haut). Le reste de l'année, prendre un taxi.

Où dormir ? Où manger ?

Camping Semeli : *à 200 m au nord du port. ☎ 27-57-02-29-95. • camping-semeli.gr • Avr-nov. Selon période, 13,50-18 € pour 2 avec tente et voiture.* Récent camping idéalement situé en bord de mer, avec sanitaires neufs dans des maisonnettes colorées. Emplacements bien ombragés, à l'écart des caravanes, bien délimités par des haies. Pas moins de 6 cuisines équipées autour d'un espace repas, minimarket et agréable taverne face à la plage de galets (ouverte en saison). Jeune patron très sympa.

Hotel Dionysos : *sur le port. ☎ 27-57-02-34-55. Doubles 35-40 € selon saison, pas de petit déj mais resto en face. CB refusées.* Ce petit hôtel tout bleu (comme la mer) est le seul du port, joliment situé avec accès direct à la plage. La plupart des chambres (toutes avec balcon) regardent les flots. Dommage simplement que l'accueil soit quasi inexistant et les chambres franchement vieillissantes. À ce prix-là, on a quand même le confort de base (clim, douche et w-c).

Taverna tou Psara *(La Taverne du Pêcheur)* **:** *tt au bout du port. ☎ 27-57-02-28-15. Mai-sept. Repas 10-15 € (mais poisson au kilo 25-40 €/kg...).* Une minuscule taverne tenue par une famille de pêcheurs. On vous montre la pêche du jour et on pèse la bête devant vous. Également des plats moins chers à base de poulpe et de calamars. Terrasse sur le quai. Simple et accueil sans fioritures, pas de racolage et les prix sont honnêtes.

Taverna Michel-Margaret : *sur le port. ☎ 27-57-02-23-79. Tlj midi et soir. Repas 15-20 €.* Belle taverne bleu roi tenue par la même famille depuis 1970, avec une grande terrasse face au port. À l'accueil, la dynamique Margaret, qui parle un français impeccable et se montre aux petits soins avec ses clients. Cuisine typique, fraîche et savoureuse. L'endroit idéal pour goûter des plats à base de légumes, car le mari de Margaret est agriculteur bio (ils ont d'ailleurs ouvert une petite épicerie primeurs, juste à côté).

POULITHRA (ΠΟΥΛΙΘΡΑ) (223 00) 415 hab.

À 5 km au sud de Plaka, village qui s'étend en bord de mer et à flanc de montagne. Pas mal de nouvelles constructions, mais quelques belles maisons anciennes habitent encore le haut du village. Sinon, longue plage de sable et de galets agréable, avec vue sur l'île de Spetsès. Tourisme familial, essentiellement grec. Mois d'août particulièrement chargé. Un minimarché, mais ni banque ni pharmacie (les plus proches sont à Léonidion).

Où dormir ?

Nombreuses ***chambres chez l'habitant*** et ***studios*** en front de mer ou sur la colline. On peut vous conseiller les chambres de ***To Kyma*** *(☎ 27-57-05-12-50)* et de ***Kymata*** *(☎ 27-57-05-12-17, ou s'adresser au bar Poséidonio),* modernes et situées dans des immeubles de bord de mer. Prestations comparables : doubles (salle de bains, AC, TV) pour environ 30-40 €.

Alexandraki : *derrière le front de mer, à côté du croisement vers Peleta (pas de panneau). ☎ 27-57-05-14-84. • alexandraki.gr • Doubles 45-50 € selon saison, petit déj compris. CB refusées.* Tenu par un jeune couple charmant qui loue 3 chambres (dont une triple) très bien équipées, avec de larges terrasses donnant sur les collines, ou côté mer. Jolis meubles, kitchenette, clim, TV et radiateurs pour l'hiver. Il y a même une petite touche de déco, pour une fois. Le mari est pêcheur et plongeur : il peut vous rancarder sur la plongée en apnée dans le secteur. La maman, en face, loue également 3 chambres (dont 2 avec salle de bains commune), tout aussi impeccables. Accueil très chaleureux.

Hotel Byzantinon : *un peu sur les hauteurs (prendre tt de suite à droite en entrant dans Poulithra). ☎ 27-57-05-12-20. • byzantinonhotel.gr •*

Avr-oct. Doubles 65-90 € avec petit déj. Également des apparts pour 4 pers 80-140 €. Bâtiment de style local, tout en pierre, avec des balcons de fer forgé et de beaux escaliers de marbre. Abouti jusque dans les moindres détails : cuisine suréquipée (on y prépare le petit déj soi-même, les produits sont fournis), élégant salon, literie haut de gamme et salles de bains comme dans les magazines de déco. Vue sur mer depuis la terrasse de la chambre. Le patron a du savoir-faire, il a travaillé pour de grandes chaînes hôtelières internationales. Les prix sont raisonnables, eu égard aux prestations.

Où manger ? Où boire un verre ?

Mirton : *sur le front de mer. ☎ 27-57-05-13-39. Repas 10-15 €.* Large choix d'une cuisine grecque de qualité, servie dans une salle avec véranda ouvrant sur la mer. Le patron parle un peu le français.

Romanza, chez Kostas : *tlj janv-oct ; sieste 14h-17h.* Super en journée pour un café, et profiter de la terrasse sur la plage. Location d'appartements au-dessus du café.

Baignades

Si l'on veut s'aventurer plus au sud, pousser jusqu'à *Pighadi* en prenant la route au nord du village, puis, après une douzaine de kilomètres (dont 1 km de piste à la fin), on rejoint la côte avec la ***plage de Fokianos*** et ses galets blancs, l'une des plus belles plages du Péloponnèse. Quelques tentes et voiliers, mais on a de la place ! Depuis Léonidion, compter quand même 33 km.

➢ Ceux qui aiment vraiment les petites routes tortueuses peuvent rejoindre ***Monemvassia*** par un itinéraire bis agréable et peu fréquenté. En direction de Pélétas, on grimpe d'abord la montagne en lacet, avec quelques superbes panoramas maritimes, suivi d'un décor de vert maquis. À Pélétas, soit on rejoint la route de Sparte via Mari, soit on pique à gauche vers Krémasti (attention, quelques kilomètres non goudronnés...). On s'élève alors vers les paysages plus sauvages d'un plateau herbeux, parsemé de bouquets de genévriers et conifères. Au carrefour en T, prendre à gauche en laissant Krémasti à droite. À 2 km, virer à gauche à la fourche en direction de Lambokambos. Les paysages se font plus vastes avec des cyprès qui pointent la tête. On rejoint la côte à ***Liméni Géraka,*** au nord-est de Monemvassia, charmant petit port au fond d'un fjord (voir « Dans les environs de Monemvassia » plus loin).

LA ROUTE DE LÉONIDION À KOSMAS

Compter une trentaine de kilomètres. La route suit d'abord une gorge et soudain, après 10 km passés à serpenter, le *monastère d'Élonis* apparaît magnifiquement dans les airs, comme enchâssé dans la falaise. On y accède 5 km plus loin, par une courte route à gauche. Il mérite vraiment une visite, notamment pour son bel escalier enduit à la chaux, son panorama et son icône de la Vierge attribuée à saint Luc. Un lieu agrippé à la roche, suspendu hors du temps, apaisant, sauf certains dimanches quand des cars entiers envahissent le site ! Tenue correcte exigée néanmoins. Discrétion requise à l'heure du service religieux. Quelques sinueux kilomètres plus loin, la route débouche sur un plateau longé par de sombres forêts de résineux : on pourrait presque s'y croire dans les Alpes ou le Jura ! À l'extrémité de ce plateau, Kosmas, village un peu perché, à 1 150 m d'altitude.

KOSMAS (ΚΟΣΜΑΣ) (220 20) 360 hab.

Petit village de montagne dont les maisons de pierre blonde dominent l'horizon. Un lieu un peu hors du temps avec sa place ombragée par l'église et quelques platanes plus que centenaires, vraiment très agréable par grande chaleur, bordée de cafés et tavernes et de quelques petites boutiques où des producteurs vendent miel (excellent ! Celui de thym est un must) ou huile d'olive. Au chevet de l'église, une jolie fontaine de marbre ornée de gueules de lion.

Où dormir ? Où manger ? Où boire un verre ?

O Maléatis Apollon : *sur la place. ☎ 27-57-03-14-94. • en.maleatis.gr • Doubles 45-60 € sans petit déj. Repas 10-15 €.* Une dizaine de chambres ou appartements avec terrasse, cuisine, radiateurs et TV. C'est monacal et propre. Quant à la terrasse du resto, c'est un étroit couloir de tables à la queue leu leu, coincées entre les terrasses des 2 cafés voisins qui ne lui font pas de cadeau... La salle est, elle, envahie de bondieuseries totalement kitsch ! Cuisine de montagne pas compliquée et un peu grasse (agneau, veau, boulettes, etc.). Goûter le *mélomakarona* pour le dessert. Accueil sympa, en grec seulement.

Sur la place, côté vallée, le resto ***O Navarchos*** sert une cuisine de montagne correcte *(repas 10-15 €).* Terrasse sous les platanes. Également quelques ***vieux cafés*** pour un grignotage sans éclat ou un ouzo peinard...

LE PÉLOPONNÈSE

GÉRAKI (ΓΕΡΑΚΙ) (230 58) 1 350 hab.

À 18 km au sud de Kosmas, Géraki (dire « Yéraki ») est un village vraiment tranquille, un peu perché sur un promontoire. Sur les routes alentour, chouettes panoramas sur des plaines d'oliviers et le mont Taygète au-dessus de Sparte. Un conseil : évitez absolument de rentrer en voiture dans le village (ruelles très, très étroites).

À voir

L'église Évangélistria : *tlj 8h-15h.* Minuscule, datant du XIe s, avec des fresques (aussi belles qu'à Mystra) des XIIe et XIIIe s.

DANS LES ENVIRONS DE GÉRAKI

À 4 km, une colline est coiffée d'un ***château franc*** en ruine. La grille est généralement ouverte *(GRATUIT).* Le château était le fief d'un proche des Villehardouin, nobles originaires de Champagne, promus princes de Morée (nom donné au Péloponnèse après la conquête de la Grèce par les Francs en 1204). De Géraki, on communiquait par feux avec Monemvassia et Mystra. Très vite, la place forte fut conquise par les Byzantins. Plusieurs vestiges intéressants, notamment une kyrielle de petites églises byzantines à flanc de colline. Sur le chemin du château, ne pas manquer l'*église Agia Paraskévi* du XIIe s et, à l'intérieur de l'enceinte, *Agios Géorgios,* la mieux conservée, qui possède encore quelques belles fresques.

LA ROUTE DE GÉRAKI À MONEMVASSIA

Possibilité de continuer (en rallongeant un peu, mais joli paysage et villages très authentiques) vers Agios Dimitrios, puis Niata et Apidia (stations-service), et de rejoindre la route de Monemvassia, entre Vlachiotis et Molai. De Niata, une route sinueuse continue vers la côte en direction de Kyparissi et Liméni Géraka.

MONEMVASSIA (ΜΟΝΕΜΒΑΣΙΑ) (230 70) 1 400 hab.

L'une des belles étapes du voyage. Le nom du village signifie « la seule entrée », et vous saisirez vite pourquoi on la surnomme aussi « le petit Gibraltar du Péloponnèse ». La cité a deux visages : une petite ville moderne pas bien jolie au bord de la mer *(Géfira)*, où se trouve l'essentiel des hôtels et des tavernes, et en face, un village médiéval *(kastro)*, caché derrière un promontoire rocheux, enserré dans des remparts vénitiens plongeant dans la mer, et relié à la terre ferme par une digue. Une sorte de Mont-Saint-Michel grec... Quelle chance que le *kastro*, classé, ait pu rester absolument intact, sans bâtiments modernes ni publicités criardes ! Les travaux de restauration ne cessent pratiquement jamais : il y a encore du boulot ! Pour ne rien gâcher, les ruelles de la vieille ville sont trop étroites pour laisser passer les voitures. Quelques échoppes de souvenirs, tout de même, mais concentrées dans la rue principale. Un endroit qui semble vraiment béni et protégé par les dieux grecs.

UN PEU D'HISTOIRE

Guillaume de Villehardouin, en 1249, dut assiéger pendant 3 ans cette place forte byzantine pour la conquérir. Monemvassia passa ensuite entre les mains du pape, des Vénitiens et des Turcs qui y restèrent jusqu'en 1821.

Arriver – Quitter

En bus

Arrêt de bus : *au centre de Géfira, vers le rond-point.*

➢ ***De/vers Molai-Skala-Sparte-Tripoli-Isthmos et Athènes :*** 3-5 bus/j. 7h30-19h30. Correspondance pour Gythion et Aréopolis à Skala. Le bus de 5h15, tlj sf dim, est un express pour Athènes.

Adresses utiles

✉ ***Poste :*** *dans la rue principale menant au port. Lun-ven 7h30-14h30.*

■ ***National Bank of Greece :*** *dans la rue principale. Lun-ven 9h-13h30.* Distributeur automatique. 2 autres distributeurs automatiques de billets en ville.

Où dormir ?

Pas mal de choix et une concurrence qui maintient les prix à des niveaux raisonnables. Pas de camping tout proche.

Dans la ville moderne (Géfira)

De bon marché à prix moyens

Kritikos Rooms : *au nord du bourg, sur la gauche. ☎ 27-32-06-14-39. 📱 69-78-88-10-57. • nikolaoskritikos.gr • Selon saison, 30-50 € pour 2, 50-70 € pour 4, petit déj inclus.* La route passe devant, mais les chambres (avec cuisine commune pour se faire thé ou café) et appartements avec cuisine équipée sont propres et de bon confort (clim, frigo et TV satellite). Les 2 plus récentes, mansardées mais avec terrasse, sur le toit, sont particulièrement plaisantes. Eléni, la jeune et dynamique propriétaire, est très accueillante. D'ailleurs, parfois, elle offre le goûter à base de gâteaux maison. Quant à son papa, il produit son huile d'olive, son vin et ses oranges...

Rooms Anastasios Sofos : *au centre, à côté de la* National Bank of Greece. *☎ 27-32-06-12-02. • sofosrooms.gr • Doubles 30-50 € selon saison ; pas de petit déj. CB refusées.* À l'étage d'un immeuble moderne tout blanc, 7 chambres propres et nettes (carrelage ou parquet et meubles de bois blond) sans aucun charme mais plutôt confort (clim, petite salle de bains, TV et frigo). Préférer celles sur l'arrière, plus calmes. Un peu en dépannage toutefois, à ce prix.

De prix moyens à chic

To Petrino : *presque au bout du quai, à droite du port en direction de Nomia. ☎ 27-32-06-11-36. • petrinoguesthouse.com • Doubles 35-60 € selon saison, petit déj en sus (6 €).* Derrière un tout petit bout de jardin très fleuri, une belle maison en pierre avec des balcons offrant une vue très agréable sur le port et le rocher. L'arrière donne sur les collines. Dans l'esprit petit hôtel familial de bon confort (clim, frigo) même si la déco fait dans le minimum syndical. Mais ça reste une adresse au très joli rapport qualité-prix et à l'accueil (en anglais) super chaleureux et plein de bons conseils.

Villa Diamanti : *au nord du bourg, sur la gauche. ☎ 27-32-06-11-96 ou 15-34. • villadiamanti.gr • Fermé nov-mars. Doubles 40-70 € selon saison, sans petit déj. CB refusées.* Grande maison en léger retrait de la route et agréablement proche de la mer côté jardin. Chambres confortables (clim, frigo et TV) à la déco un brin passée de mode mais avec balcon d'où l'on voit à la fois la mer et le rocher. Cuisine à disposition pour préparer son petit déj (café à volonté). Loue aussi des bungalows avec cuisine, rassemblés à 400 m à l'arrière du village autour d'une piscine dans un jardin très agréable *(Monemvassia Village)*. Accueil gentil.

Hotel Fragias : *à 3 km au sud de Monemvassia, sur la route de Nomia, à gauche après la taverne* Pipinellis. *☎ 27-32-06-30-11. • monemvasiaseafront.com • Doubles 35-75 € selon saison, confort et vue. Petit déj 5 €.* Tranquille petit hôtel blanc aux volets bleus avec grande piscine en bord de mer. Les chambres sont impeccables et fraîches, toutes avec TV, clim, balcon et vue sur mer pour les plus chères. Cuisine pour certaines et barbecue à dispo dans le jardin. Une adresse à l'écart de la ville, idéale pour se reposer.

Angela's House : *à la sortie nord du bourg, sur la gauche (c'est fléché). ☎ 27-32-06-14-18. • angelashouse.gr • Doubles 35-55 € selon saison, confort et vue, petit déj compris.* Petit immeuble moderne dans un quartier résidentiel un chouia excentré mais tranquille. Pas un charme fou mais un vrai confort (salle de bains, clim, TV ; il y a même un ascenseur). Une vingtaine de chambres, toutes avec balcon et avec petite vue sur la mer et le rocher pour certaines. Accueil très sympa d'Angela et produits bio de son fils au petit déj.

Dans le kastro

Rien de bon marché, mais si vous êtes quelque peu en fonds, voici 2 adresses dans un cadre exceptionnel (en été, il faut absolument réserver). Et c'est un vrai bonheur que de profiter du site quand il a été abandonné par les foules.

De prix moyens à plus chic

☗ ***Malvasia Hotels :*** *réception env 100 m après l'entrée de la cité, sur la gauche. ☎ 27-32-06-11-60. • malvasiahotel-traditional.gr • Fermé nov-mars. Doubles sans ou avec vue 50-95 €, petit déj inclus ; suites 100-125 €.* De vieilles bâtisses médiévales restaurées avec goût et localisées en maints endroits de la vieille cité. Si vous êtes dans la « maison mère », demandez la chambre n° 8 avec terrasse. Pour 4, demandez la n° 12 qui a 2 chambres, avec frigo, TV et un petit coin salon. L'entité plus chic du même tonneau s'appelle *New Malvasia (☎ 27-32-06-30-07 ; • malvasia-hotel.gr • ; doubles 75-150 €).*

☗ ***Hotel Byzantino :*** *réception peu après l'entrée du rempart, sur la gauche. ☎ 27-32-06-13-51. • hotelbyzantino.com • Tte l'année. Doubles 65-130 € selon confort, vue et saison, petit déj inclus.* Dans des maisons médiévales disséminées dans la vieille ville, une trentaine de chambres climatisées et rénovées avec goût. Attention, les moins chères ressemblent à des caves voûtées, claustrophobes s'abstenir. D'aucunes disposent d'une mezzanine (avec 2 grands lits), d'une cuisine, voire d'un jacuzzi, d'une cheminée ou de la TV. Certaines donnent sur les remparts, avec vue sur la mer et petite terrasse. Accueil très gentil d'Anna.

Où manger ? Où boire un verre ?

Dans la ville moderne (Géfira)

Prix moyens

🍽 ***Taverna Scorpios :*** *presque au bout du quai, à droite du port en direction de Nomia, juste avt l'hôtel* To Petrino. *☎ 27-32-06-20-90. Repas 10-20 €.* Pile dans l'axe du rocher pour la photo idéale, une petite taverne tenue par un couple gréco-canadien (accueil francophone) où l'on se rassasie des grands classiques de la cuisine grecque, gentiment préparés à base de produits frais. Bonnes grosses salades à prix modiques et calamars savoureux. En revanche, le service est un peu longuet.

Dans le kastro

Chic

Attention, le dîner intra-muros n'est pas donné pour de maigres prouesses culinaires... Bien sûr, on paie le cadre !

🍽 🍷 ***Ta Matoula :*** *dans la rue principale sur la droite. ☎ 27-32-06-16-60. Repas 20-25 € (poisson au poids 42-65 €/kg !).* Sauf si le temps est à l'orage, on a le droit d'oublier la salle pour la première terrasse sous sa treille. Ou pour la deuxième, en contrebas dans la ruelle, sous un superbe figuier. Cuisine pas spécialement savoureuse, mais le service aimable et la jolie vue sur les toits et la mer feront passer la pilule. On peut aussi y boire un verre.

🍽 🍷 ***Chrisovoulo :*** *dans la rue principale, à gauche quand on arrive. ☎ 27-32-06-20-22. Repas 20-25 €.* Agréable bar à vins et resto à l'étage, au cadre élégant, avec une petite terrasse donnant sur les toits du village. Quelques plats grecs de bonne facture, mais surtout des plats italiens goûteux (*pennette,* tortellinis, spaghettis...). Ça change un peu ! Un brin plus cher que ses concurrents pour un repas complet, mais la qualité des produits et le cadre se paient. Service un brin guindé.

🍷 Dans la rue principale, on peut également passer la porte d'***Enetiko,*** un bar (à cocktails, entre autres) qui possède une terrasse à l'arrière joliment tournée vers les toits et les flots.

Vers les plages

Prix moyens

Taverne Pipinellis : *à* ***Agia Paraskévi,*** *à 2 km au sud de Monemvassia, sur la route de Nomia.* ☎ *27-32-06-10-44. Tlj midi et soir mars-oct, slt le w-e en hiver. Repas 15-20 €.* Jolie terrasse ombragée à deux pas de la mer et au calme, à l'écart de l'agitation touristique. Les succulents petits plats sont préparés par la mère du patron. Le fiston, Anastasios, décontracté et plein d'humour, vous accueille comme si vous étiez des amis.

Où dormir ? Où manger dans les environs ?

To Liotrivi : *à* ***Véliès,*** *à 10 km par la route de Sparte puis à gauche sur 3,5 km (panneaux). S'adresser d'abord à l'hôtel* The Flower of Monemvassia, *à Géfira.* ☎ *27-32-05-30-60. • liotrivi.info • Ouv slt en saison et certains w-e : se renseigner avt ! Doubles 60-107 €, petit déj compris. Repas 15-20 €.* Perdues en pleine nature, une rangée de maisons contemporaines, de béton et de pierre, qui abritent des chambres élégantes et très confortables (salle de bains, clim et TV). Juste à côté, plus historique, l'auberge, ancienne maison de villégiature du poète Yannis Ritsos, transformée en pressoir par son père. Tous les mécanismes en ont été conservés (on peut d'ailleurs visiter, c'est gratuit). Cuisine rustico-chic de bon aloi dans de jolies salles avec bois et pierres apparentes, ou sur la terrasse. Bien pour une soirée en amoureux ou pour s'isoler un peu de la foule.

LE PÉLOPONNÈSE

À voir

➢ Bus-navette entre la ville nouvelle (Géfira) et la ville médiévale *(kastro).* Départ juste avt la digue, ttes les 30 mn, 8h-minuit en été, 8h-14h hors saison. Compter 1 € pour env 1 km de trajet, mais le parcours se fait très bien à pied. En voiture, possibilité de se garer le long de la digue, si vous trouvez une place.

La découverte du village est merveilleuse tôt le matin. On pénètre dans la ***ville fortifiée*** (*kato poli,* la ville basse) par l'unique entrée (*moni emvassia* en grec), en chicane et voûtée. Dès cette porte passée, faites un aller-retour dans la venelle de gauche qui grimpe vers la maison du poète Yannis Ritsos et un joli panorama sur les toits et la baie. Retour dans l'étroite rue centrale qui débouche sur une placette bordée par l'*église Christos Elkoménos* du XIIe s, avec son campanile isolé comme on en trouve en Vénétie. Portail de 1697 (deuxième occupation vénitienne) et belle icône de la crucifixion dans le chœur. Sur cette même place, l'*ancienne mosquée* abrite depuis 1999 une toute petite collection archéologique sans prétention *(mar-sam 8h30-15h ; 2 €, réduc).* Si l'on prend tout droit, la ruelle conduit jusqu'à l'*église Panagia Chrysafitissa* et sa façade vénitienne. On vous conseille ensuite de vous perdre (enfin, on retrouve vite son chemin...) dans les ruelles tortueuses et parfois voûtées qui descendent vers la mer surplombée par le chemin de ronde des anciennes murailles. Les plus courageux emprunteront le raidillon qui mène à la ***ville haute*** *(ano poli ; accès 7h30-14h30),* surmontée par l'*église byzantine Agia Sofia* et les ruines du château. Vue magnifique évidemment, de là-haut.

Baignades

– En bas de la citadelle, à l'endroit appelé *Portello,* un escalier conduit des remparts vers la mer. Une plate-forme de béton sert de plage. Et on a même pensé à la douche. Un cadre unique pour se baigner !

– Sinon, il y a la plage de galets de Géfira, un peu urbaine mais propre.

Pori Beach : *à env 3 km au nord, sur la route de Gythion.* Longue plage de sable. Quelques traîtres oursins (se baigner plutôt vers la taverne que vous ne devriez pas rater avec sa sono des plus bruyante).

La plage de Xiphias : *à 6 km au sud de Monemvassia, direction Néapoli.* Du sable, de petites falaises ocre et, à proximité, tavernes et chambres à louer.

Fête

Chaque année, le 23 juillet, on célèbre la libération de la ville en 1821, après un terrible siège de 4 mois. Monemvassia fut la première place forte du Péloponnèse à s'émanciper des Turcs. Danses et repas champêtre devant l'église Panagia Chrysafitissa.

DANS LES ENVIRONS DE MONEMVASSIA

Liméni Géraka *(Λιμενι Γερακα)* **:** *à 23 km au nord-est de Monemvassia.* Charmant petit port de pêche, avec son lot de tavernes, au bord d'une étroite baie aux eaux limpides que se partagent locaux et yachts de passage. Très tranquille. C'est aussi une réserve ornithologique où l'on a de bonnes chances d'apercevoir des aigrettes.
Quelques tavernes de poissons et autres fruits de mer le long du quai, comme ***Avra,*** avec sa terrasse surélevée, ou encore ***Remetzo.***

LE PÉLOPONNÈSE

LA ROUTE DE MONEMVASSIA À NÉAPOLI VIA NOMIA

Cette route vaut le détour, car les points de vue sont superbes. Peu après Nomia, dans un virage, de l'eau fraîche coule du rocher : on peut presque se doucher. Attention, route étroite à partir de Kryovrissi.

NÉAPOLI (ΝΕΑΠΟΛΗ)

(230 53) 3 100 hab.

On va plus à Néapoli pour s'embarquer pour Cythère que pour Néapoli même... Tout se passe le long d'une seule et même rue bordée d'une longue plage de sable gris, avec douches. Le soir, en été, tout le monde fait la « *volta* ».

Arriver – Quitter

En bus

Gare routière : *2e rue sur la gauche après l'embarcadère. ☎ 27-34-02-32-22.*

➢ ***De/vers Pounda (Vinglafia) :*** port d'embarquement pour Élafonissos. 4 bus/j., lun-ven ; 7h-16h en hte saison, 7h-14h en basse saison.

➢ ***De/vers Sparte :*** 3 bus/j., tlj, 8h-17h.

En bateau

➢ ***De/vers Cythère :*** rens à la capitainerie *(☎ 27-34-02-22-28).* Il faut réserver à l'agence *Vatika Bay (☎ 27-34-02-40-04, sur le front de mer, sur la gauche quand on entre dans Néapoli).* Compétents, serviables, et souvent anglophones.

Adresses utiles

✉ **Poste :** *sur la rue principale du front de mer.*

■ **Banques :** *2 distributeurs automatiques sur le front de mer.*

Où dormir ?

Hotel Aïvali : *sur le front de mer, presque en face de l'embarcadère pour Cythère. ☎ 27-34-02-22-87, 25-61 ou 27-77. • aivali-neapoli.gr • Selon saison, 35-50 € sans petit déj. CB refusées.* Chambres impeccables, pas immenses mais récentes et de bon confort (salle de bains, clim), toutes avec balcon (et vue sur mer pour une bonne partie). Accueil sympa et arrangeant.

Hotel Limira Mare : *sur le front de mer. ☎ 27-34-02-22-36. • limiramare.gr • Avr-oct. Selon saison, doubles 60-80 €, petit déj inclus.* Grand hôtel d'une centaine de chambres. Tout de béton vêtu, il est peu sexy au premier abord. Les chambres sont toutefois spacieuses et claires, avec clim, balcon et service de chambre efficace. Bon accueil.

Où manger ?

Psistiri : *sur le front de mer, à 50 m du petit pont (enseigne en grec). ☎ 27-34-02-26-54. Tlj. Repas 10-15 €.* On y vient pour manger des *souvlakia* petits ou grands, des *gyros,* du poulet à la broche... Beaucoup de Grecs. Service diligent. Possibilité de vente à emporter. Sympathique terrasse côté mer.

Beaucoup de ***cafés-ouzéria*** sur le front de mer. Le poulpe pend sur des portants presque toute la journée en attendant de passer sur le gril.

DANS LES ENVIRONS DE NÉAPOLI

Vinglafia Pounda *(Βιγγλαφια Πουντα)* **:** *à 13 km au nord-ouest de Néapoli.* Belle plage de sable blanc, immense et fréquentée, notamment par les camping-cars. Eau très claire, peu de fond. Beaucoup de vent en septembre. C'est de là que part le bac pour Élafonissos.

Plitra *(Πλυτρα)* **:** *à 25 km au nord-ouest de Néapoli en allant vers Gythion.* À l'écart de la route de Sparte, petit village agricole traditionnel, doté d'une plage de sable fin. Un peu de monde cependant, et la bourgade qui s'est développée au-dessus de la plage gâche un peu le paysage... On peut aussi s'arrêter à ***Archangélos,*** sur la côte, un peu avant Plitra. Petit port assoupi au fond d'une baie. Quelques belles petites plages entre Archangélos et Plitra, mais juste en contrebas de la route.

Agios Nikolaos *(Αγιος Νικολαος)* **:** *à 5 km au sud-est.* Village que l'on atteint par une bonne route et d'où l'on a, notamment au coucher du soleil, une belle vue sur Cythère. Pas de possibilité de logement mais un bon resto traditionnel, *Neraida.* Pour ceux qui cherchent à tout prix à faire les extrémités des « pis » du Péloponnèse, suivre la direction *Profitis Ilias,* un tout petit port sympa. La piste continue encore jusqu'à *Agia Marina.* Ensuite, c'est par un sentier qu'on atteint le *cap Maléas.*

Vélanidia *(Βελανιδια)* **:** *à 6 km au sud-est.* Chouette bourgade avec ses maisons blanches et leurs toits de tuiles, le tout dans une grande unité. Pour y aller, 12 km d'une route très sinueuse. Accès à la mer (belle plage de sable pas toujours propre) par 2 km d'une route parfois abrupte. Là, taverne pas désagréable et bon marché. En contrebas du village, jolie crique de sable, tranquille et propre. Eau très claire.

ÉLAFONISSOS (ΕΛΑΦΟΝΗΣΟΣ) (230 53) 1 050 hab.

Une petite île facile d'accès depuis *Pounda,* le port de Vinglafia, à 13 km au nord-ouest de Néapoli (10 mn de traversée). Cette île de 20 km², distante de 300 m du continent, ne compte que 700 habitants permanents. Le comité du tourisme de Laconie a décidé, il y a quelques années, de faire connaître Élafonissos en proclamant haut et fort qu'on y trouve la plus belle plage de la Méditerranée ! Rien que ça ! Plage que le gouvernement a, en 2013, décidé de mettre en vente pour renflouer ses caisses ! Projet évidemment largement contesté par les habitants de l'île et bloqué (pour l'instant...).

Arriver – Quitter

➢ ***De/vers Pounda-Vinglafia :*** 2 petits bacs font la navette *(☎ 27-34-06-11-77 ou 10-44).* Juin-sept, 1 traversée ttes les heures tôt le mat et le soir et ttes les 30 mn en journée, env 7h30-1h ; moins l'hiver. Pour une voiture : env 11 € ; piéton : env 1 €.

Où dormir ?

Camping Simos : *à 4 km du port (minibus gratuit pour les clients), à deux pas de la plage de Simos. ☎ 27-34-02-26-72. • simoscamping.gr • Fin avr-fin oct. Env 21-25 € pour 2 avec tente et voiture. Bungalows (jusqu'à 4 pers) 40-80 €.* Camping récent avec 2 blocs sanitaires tout neufs. Les arbres sont encore jeunes mais il y a des canisses pour l'ombre. Bar (on y sert le petit déj), resto, minimarché (à partir de juin). Et la sublime plage est à 50 m.

Pension Pallas : *en plein centre. ☎ 27-34-06-11-42. 📱 69-36-69-05-29. • pallaspension.gr • Fermé fin sept-mai. Doubles 55-85 € selon saison, petit déj inclus.* Dans une jolie maison traditionnelle avec balcons de bois. Agréable salon-terrasse dès l'entrée. Et un petit effort de déco (avec moult coquillages) jusque dans les chambres, confortables. Clim pour certaines et balcons avec vue sur le port. Accueil très sympa de Kristi, la jeune proprio.

Où manger ?

Élafonissos est une des dernières îles vraiment poissonneuses de Grèce. Profitez-en dans une des *psarotavernès* (tavernes de poisson) qui se succèdent au long du port. On a bien aimé, pour la fraîcheur des produits, la douceur des prix et l'ambiance encore authentique, ***Ourania*** et la ***Taverna Konstantinos & Evanghelia.***

Baignades

Les plages, surtout celle de ***Simos,*** constituent la seule vraie raison de se rendre sur cette île sans relief. D'Élafonissos, le seul village de l'île, assez animé le soir, prendre la première route qui part à gauche du parking du débarcadère. Au bout de 4 km, on arrive sur une presqu'île reliée au reste de l'île par une mince langue de sable très fin. De chaque côté, une longue plage aux eaux limpides (côté naturiste sur la droite en arrivant). Paradisiaque hors saison. Dommage que la musique du petit bar de plage soit un peu forte... L'autre plage, ***Panagia,*** à l'ouest de l'île, est nettement moins belle mais a l'avantage d'être moins fréquentée.

CYTHÈRE (KYTHIRA ; ΚΥΘΗΡΑ) 4 000 hab.

• Carte L'île de Cythère *p. 217*

Ah, Cythère ! Cette île, dont la mythologie fait le lieu de naissance d'Aphrodite, a enflammé l'imagination des poètes. De Watteau aussi, qui ne connaît rien de l'île quand il peint en 1717 son célèbre *Embarquement pour Cythère.* Mais Cythère est restée dans l'inconscient collectif. Pourtant, celle île est aujourd'hui peu fréquentée par les touristes européens. Qui ne savent pas ce qu'ils ratent : avec ses villages de maisons blanches, on croirait une des Cyclades égarée au sud du Péloponnèse. Et avec une nature préservée qui alterne portions de côtes encore sauvages (et quelques plages qui le sont tout autant !) et petites vallées verdoyantes, cette île est vraiment jolie et d'une taille idéale (50 km du nord au sud) pour y passer quelques jours en variant les plaisirs. Mais, attention, elle est loin d'être déserte : au contraire, difficile d'y trouver une chambre l'été quand la population y est multipliée par quatre.

Beaucoup de natifs de Cythère ont, dans les années 1950, émigré, en Australie notamment, d'où son surnom d'« île des kangourous ». L'âge venant, ils reviennent au pays, soit en vacances, soit définitivement (vous y entendrez donc beaucoup parler anglais). L'île, d'une superficie de 278 km², est parsemée de très nombreux villages et hameaux qui peuvent donner l'impression qu'elle est très peuplée : pourtant, seuls 4 000 habitants y demeurent en permanence (mais en Australie, leurs compatriotes seraient 100 000 !).

EMBARQUEMENT IMMÉDIAT !

Dans l'Antiquité, Cythère était considérée comme le lieu de naissance d'Aphrodite, déesse de l'Amour née de l'écume. Mais c'est bien plus tard, d'après un tableau de Watteau, que fut forgée l'expression « s'embarquer pour Cythère », qui signifie tomber amoureux.

Arriver – Quitter

En bateau

En saison, penser à réserver, dès l'arrivée sur l'île, une place retour pour Néapoli auprès de *Kithira Travel* à Chora, dans la rue principale qui descend vers le bourg, sur la gauche (☎ 27-36-03-13-90 ; • kythira.info • ; tlj sf dim 9h-14h, 18h-20h).

➢ ***De/vers Néapoli :*** liaison

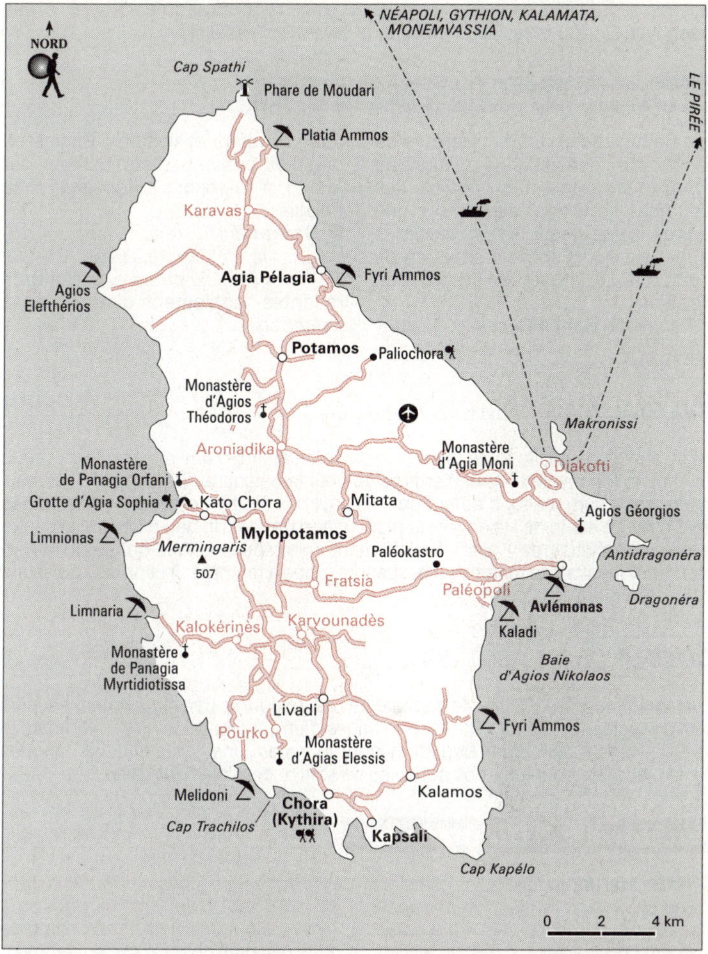

L'ÎLE DE CYTHÈRE

Néapoli-Diakofti (ferry *Porfyroussa*). En saison, en principe 2-3 liaisons/j., le mat et l'ap-m ; 1 seule hors saison. Env 1h de trajet.

➢ ***Du/vers Le Pirée :*** liaison en ferry *(compagnie LANE, bureau sur le port,* ☎ *21-04-19-74-20),* 1-2 fois/sem en saison (les jours changent chaque année, se renseigner). Env 7h de trajet. Le ferry continue sur Kastelli Kissamou (Crète).

➢ ***De/vers la Crète (Kastelli Kissamou et Réthymnon) :*** 1-2 liaisons/sem en saison (compagnie *LANE*).

➢ ***De/vers Gythion ou Kalamata :*** 1 liaison/sem (compagnie *LANE*).

En avion

✈ ***Aéroport :*** *dans le nord-est de l'île.* ☎ *27-36-03-32-97/92 (Olympic Air).*

➢ ***De/vers Athènes :*** 1 liaison/j. (vol

Olympic Air). Quelques liaisons également avec Corfou et les îles Ioniennes avec la compagnie *Sky Express* (*● skyexpress.gr ●*).

Comment se déplacer sur l'île ?

Pas de bus. Il est donc préférable de passer avec son véhicule ou alors de tenter le stop, toujours possible (les distances sont courtes). Sinon, une petite dizaine de taxis dont les tarifs rappellent qu'ils sont en situation de monopole... Et quelques agences de location.

■ ***Panayotis Rent a Car :*** *● panayoti@otenet.gr ● panayotis-rent-a-car.gr ●* Loue scooters et voitures. Engins en bon état, pas trop chers. Bureaux sur le port, à l'aéroport, à Kapsali et Agia Pelagia.

■ ***Drakakis :*** *bureaux dans la rue principale de **Livadi.** ☎ 27-36-03-11-60. ● drakakistours.gr ●* Voitures récentes, également disponibles à l'aéroport.

AVLÉMONAS (*ΑΒΛΕΜΟΝΑΣ ; 801 00*)

Petite station balnéaire toute blanche, construite autour d'une minuscule calanque aménagée (de manière un peu artificielle) pour la baignade. Très touristique, mais mérite une courte halte, d'autant que les environs abritent quelques jolies plages dont celle de sable de Paléopoli, la plus grande de l'île. Un peu plus loin se cache la crique rocheuse de Kaladi, franchement spectaculaire mais qui se mérite un peu : quelques raides marches à descendre (donc à remonter !) et prévoir boissons et pique-nique.

CHORA (*ΧΩΡΑ ; 801 00*)

Également appelée Kythira, la capitale de l'île, endormie dans la journée, est plus active le soir. Blancheur cycladique, vestiges d'un château vénitien surplombant la baie de Kapsali. Quelques boutiques pour touristes. Une poste et deux banques sur la place. Et, pour info, nos adresses ne sont accessibles qu'à pied...

Où dormir ? Où manger ?

🏠 ***Hotel Margarita :*** *dans une ruelle qui descend sur la droite de la rue principale (fléché). ☎ 27-36-03-17-11. ● hotel-margarita.com ● Doubles 35-90 € selon saison. Petit déj 10 €.* 💻 📶 Petit hôtel (12 chambres) de charme dans une demeure patricienne du XIXᵉ s. Belles grandes chambres à l'ancienne, mais équipées de tout le confort (TV, clim et minibar). Agréable terrasse avec vue sur mer pour le petit déj (avec gâteaux maison). L'établissement est tenu par un Français qui se fera un plaisir de vous conseiller pour la découverte de l'île.

🏠 ***Pension Nostos :*** *presque tt en bas de la rue principale, un peu avt l'entrée du kastro vénitien. ☎ 27-36-03-10-56. Hors saison, à Athènes : ☎ 21-03-41-39-60. ● nostos-kythera.gr ● Fermé oct-mars. Selon saison, doubles standard 60-90 €, doubles supérieures 75-110 €, petit déj inclus.* 6 chambres dans une maison du XIXᵉ s entièrement remise à neuf. Bon niveau de confort (clim, sèche-cheveux...). Très bien tenu et joliment décoré (dès la réception-salle à manger), avec du mobilier particulièrement bien choisi.

🍽 ***Taverna Zorbas :*** *au milieu de la rue principale, sur la gauche en descendant (nº 34). Tlj sf lun, le soir slt. Repas 10-15 €.* Une table traditionnelle, à la déco sans façons avec terrasses sur la rue (ou mieux, sur le toit !). Spécialités de grillades ; profitez-en pour tester la saucisse de pays. Accueil sympa du patron, par ailleurs directeur du lycée !

Où manger dans les environs ?

Pierros : *à **Livadi,** à 4 km au nord de Chora. ☎ 27-36-03-10-14. Tlj midi et soir. Repas 12-15 €.* Rien de très enthousiasmant vu de l'extérieur, c'est pourtant une des institutions de l'île (ouverte depuis 1922 !). Cuisine de qualité, bien fraîche, peu de choix, donc (plats « à la casserole »). Manolis, le proprio, est particulièrement sympathique.

Filio : *à **Kalamos,** à 4 km à l'est de Chora (suivre le fléchage, c'est un peu au milieu de nulle part !). ☎ 27-36-03-15-49. Juin-sept, tlj midi et soir. Repas 12-15 €.* Joli cadre, pour cette adresse un peu perdue dans la campagne avec une grande terrasse au-dessus de petits jardins étagés (et de champs d'oliviers). Carte de plats traditionnels originaires de différentes régions de Grèce. Les proprios louent aussi des chambres avec cuisine, à des prix très modérés.

À voir

L'église du Christ crucifié (*Estavroménou*) **:** *dans le bas de la rue principale, sur la droite. En principe, tlj en juil-août ; fermé au déj jusqu'en milieu d'ap-m.* Discrète petite église – même si elle est élevée au rang de cathédrale de l'île – qui vaut le coup d'œil. Très belle iconostase dont les bas-reliefs en bois et un entrelacs de motifs végétaux illustrent les paroles du Christ : « Je suis la vigne, vous êtes les sarments », et des représentations des apôtres ; l'ensemble a été restauré. À l'opposé, en mezzanine, ravissante balustrade en bois du gynécée (espace autrefois réservé aux femmes), couverte de motifs floraux.

Baignades

Quelques jolies plages dans les environs comme, à une dizaine de kilomètres, celle, encaissée, de ***Fyri Ammos*** (bien fléchée depuis Kalamos ; piste un petit peu vertigineuse dans les derniers kilomètres). Taverne.

KAPSALI (ΚΑΨΑΛΙ ; 802 00)

Très joli site, juste au pied de Chora : deux anses bien fermées dont l'une abrite un petit port de pêche, l'autre, la plus grande, une belle plage aux eaux chaudes. Très calme dans la journée, mais beaucoup plus animé le soir.

Où dormir ? Où manger ?

Nombreuses ***chambres à louer*** le long de la plage. Un petit ***camping municipal*** dans la pinède au-dessus de la plage, ouvre en saison – ou n'ouvre pas... selon les années *(infos au ☎ 27-36-03-15-80 ; compter env 17 € pour 2 avec tente).*

Appartements Afrodite : *un peu en hauteur, sur la gauche, juste avt d'arriver à Kapsali en descendant de Chora. ☎ 27-36-03-13-28. • hotel-afrodite.gr • Tte l'année. Selon saison, 35-60 € pour 2 pers et 45-80 € pour 4.* Quelques chambres et de petits appartements très conventionnels mais de bon confort (clim, TV) avec kitchenette et vue imprenable sur la baie de Kapsali. Agréable accueil familial.

Crêperie Vanilia : *☎ 27-36-03-18-81. Tlj mai-sept ; le reste de l'année, slt le w-e. Repas env 10 €.* Pour changer des classiques de la cuisine grecque, d'excellentes crêpes dans un joli décor moderne (avec terrasse au-dessus de la plage). L'adresse est tenue par une famille française.

Kalokairino : *☎ 27-36-03-10-22. Avr-oct. Repas env 10 €.* Un petit snack tenu par une Grecque et une Française. Bons petits déj et salades sortant de l'ordinaire grec.

MYLOPOTAMOS (*ΜΥΛΟΠΟΤΑΜΟΣ* ; 801 00)

Au creux d'une petite vallée verdoyante, et dominé par le clocher à étages de son église, un charmant village traversé par une rivière qui forme (à 10 mn à pied, c'est fléché) une petite cascade *(Neraida)* mignonne comme tout. Les plus courageux marcheront encore 10 mn jusqu'à un ancien moulin où l'on peut boire un verre.

Où dormir ? Où manger ? Où boire un verre ?

Hotel Porfyrousa : *sur la 1re place, à l'entrée du village. ☎ 27-36-03-82-82. • porfyrousa.gr • Fermé nov-mars. Selon saison, 70-100 € pour 2. Réduc à partir de 4 nuits. Repas env 15 €.* Une adresse de charme dans un *archondiko* (maison de maître) de l'époque vénitienne : 2 studios avec mezzanine et une suite-appartement pour 4 personnes, avec cheminée, ameublement traditionnel, mais aussi le confort moderne (clim, kitchenette, TV...). La propriétaire, Éléni Mayirou, agronome de son état, vous proposera de goûter ses productions biologiques (huile d'olive, vin). Son établissement a obtenu un label « *bio-eco agrotouristic hotel* ». Au rez-de-chaussée, **Ampélos,** un petit bar à vins (bio, naturellement) avec terrasse sous les platanes pour des plats largement méditerranéens (couscous, parfois, par exemple...).

O Platanos : *en plein centre, sur la place aux grands platanes (évidemment !). Juin-sept, tlj midi et soir. Repas 12-15 €.* Le midi, plats traditionnels joliment préparés, le soir également des grillades ou des viandes à la broche. Bons desserts maison. Agréable terrasse ombragée.

Où manger dans les environs ?

Familia : *en plein centre du village de* ***Fratsia,*** *à 6 km au sud-est de Mylopotamos. ☎ 27-36-03-39-08. Tlj midi et soir en saison. Repas 15-20 €.* Discrète maison rose et vert avec terrasse, posée au bord d'une place presque trop grande pour un aussi petit village. La déco date d'hier (sinon d'avant-hier !) comme la vaisselle, dépareillée. Mais il y a ici un chef, un vrai qui sait (très moderne cuisson des viandes, par exemple) sublimer toutes les saveurs d'excellents produits locaux. Très bonne cuisine donc, sans épate inutile, souvent sous influence crétoise. Service tranquille. Résa plus que conseillée, le soir en été.

À voir dans les environs

Kato Chora : *à env 1 km au nord-ouest.* Ce hameau abrite les ruines d'un ancien château vénitien : quelques fortifications, deux petites églises (fermées) et un portail avec le lion de saint Marc. La route descend ensuite vers une côte rocheuse, d'une sauvage beauté, où se planque la grotte d'Agia Sophia.

La grotte d'Agia Sophia : *à 3 km à l'ouest du village, se garer en bord de route, à hauteur de la pancarte ; 5 mn de descente à pied ensuite. En été, mar, jeu et w-e 11h-15h ; mer et ven 16h-20h. Hors saison, prendre rdv (☎ 27-36-03-33-97). Entrée : 5 € (un peu cher).* Une petite église dans la grotte avec quelques fresques et, bien entendu, des stalactites et des stalagmites.

Un peu loin de tout (il n'y a pas l'électricité...), le minuscule village de pêcheurs de ***Limnionas*** *(à 7 km à l'ouest par une route superbe mais un peu difficile)* abrite une tranquille plage de sable. Petit (et plutôt bon) snack-bar.

POTAMOS (ΠΟΤΑΜΟΣ ; 801 00)

Le plus gros village de l'île (350 habitants !). Belle place avec des pins. Très animé le dimanche matin, jour du petit marché *(Pazari)*.
– ***Fête :*** 15 août.

Où manger dans le coin ? Où boire un verre ? Où écouter de la musique ?

Panarétos : *sur la pl. centrale de Potamos. ☎ 27-36-03-42-90. Tte l'année ; hors saison, fermé dim soir. Résa conseillée ven soir (concerts sur la place) et dim midi (jour du marché). Repas env 15 €.* En terrasse sous les pins, excellente cuisine grecque, riche en saveurs et en variété. Plats traditionnels, légèrement revisités par le jeune chef.

Michalis : *à* ***Mitata,*** *à env 10 km au sud-est de Potamos. ☎ 27-36-03-36-26. Tlj.* Sur la petite place du village (très peu de circulation), cette taverne propose des plats de terroir réussis comme le chevreau au vin rouge. Ambiance familiale sympa et cuisine ouverte sur la salle. Mais bon, vous êtes plutôt venu pour vous installer en terrasse, le long du parapet, d'où l'on a une très belle vue sur la vallée au soleil couchant, sur l'église du village, et sur les anciens absorbés dans leur partie de *tavli.*

Astikon : *dans la rue qui descend sur la gauche de la pl. centrale de Potamos ; pas d'enseigne mais difficile à rater. ☎ 27-36-03-31-41. Tlj en saison 7h30-3h.* Un grand café à l'ancienne (ouvert depuis 1908) avec belle hauteur sous plafond, boiseries vert bouteille et larges miroirs. Quelques fauteuils *seventies,* un grand-bi lumineux accroché au mur et une jeune équipe pour en faire un lieu un peu branché. Tranquille pour le café du matin, chaude ambiance le soir avec souvent des concerts (jazz, blues, rock...) sur la petite scène du fond.

À voir dans les environs

Paliochora *(Παλιοχωρα)* **:** *à env 8 km de Potamos. Prendre la route vers Chora et la quitter, 2,5 km plus loin, sur la gauche pour Kampos ; suivre ensuite le fléchage, la dernière partie n'est pas goudronnée.* Ruines de l'ancienne capitale de l'île construite au XIIe s. Détruite en 1537 par Barberousse, elle n'a plus jamais été habitée par la suite. Petites églises byzantines à visiter.

AGIA PELAGIA (ΑΓΙΑ ΠΕΛΑΓΙΑ ; 801 00)

C'est la plus grosse station balnéaire de l'île, ce qui reste tout relatif à Cythère : pas un charme fou mais rien de franchement agressif sur le plan architectural. Belle plage de sable (et quelques-unes franchement superbes dans les environs).

Où dormir ? Où manger ?

Appartements Filoxénia : *1re route qui monte à gauche, juste après l'église en arrivant au niveau de la plage. ☎ 27-36-03-38-00.*

• filoxenia-apartments.gr • Compter 110 € pour 2 en hte saison. Vraiment à deux coups de tongs de la plage. Si l'ensemble n'est pas plus attirant que ça vu de l'extérieur, la vingtaine d'appartements (du petit studio aux « maisonnettes » familiales), tous avec kitchenette et petit balcon (vue sur mer pour certains), ont été joliment rénovés : déco sobre et contemporaine, dans les tons blanc, beige et gris. Très bonne literie, rideaux de lin, linge fin, TV écran plat, petit coffre, sèche-cheveux... Quelques chambres doubles également. Salle des petits déjeuners baignée de lumière qui surplombe la chouette petite piscine.

|●| ***Kaleris :*** *sur le front de mer. ☎ 27-36-03-34-61. Tlj midi et soir. Fermé oct-Pâques. Repas env 15 €.* Parmi tous les bars-restos alignés sur la plage, on a vraiment bien aimé celui-là. Une affaire familiale (depuis le début des années 1950) à laquelle la nouvelle génération a offert un nouveau souffle. Bons produits locaux pour une cuisine dans la tradition mais avec des plats qui sortent de l'ordinaire, travaillés avec un soupçon d'idée et de modernité. Agréable terrasse avec quelques tables carrément les pieds dans le sable. Service toutefois parfois un peu amateur...

Baignades

Au-delà de la plage d'Agia Pelagia, en contrebas de la piste qui quitte la station vers le nord-est (après l'hôtel *Aphrodite*), se cache une poignée de plages de sable rouge. La plus grande (la plus fréquentée aussi) s'appelle ***Fyri Ammos.*** Logiquement, de moins en moins de monde plus on s'éloigne d'Agia Pelagia. Tout au nord de l'île, plage familiale au long du village de ***Platia Ammos*** niché dans une jolie baie.

LA ROUTE DE MONEMVASSIA À SPARTE

La route principale (par Skala et Krokées) est assez banale. Itinéraire bis possible : à 40 km de Monemvassia, quitter la route principale au niveau d'Apidéa pour rejoindre Géraki plus au nord. De là se déroule une route dans le moutonnement d'une mer d'oliviers, avec le mont Taygète en toile de fond. On tutoie ensuite un joli petit canyon rouge.
Si l'on remonte de Néapoli, second itinéraire bis possible : quitter la route principale à Démonia (7 km après Élika) comme si l'on allait à Plitra, mais continuer vers le nord, jusqu'à Asopos et Éléa. Là, on longe la mer : nombreuses petites criques sous des falaises ocre.

SPARTE (ΣΠΑΡΤΗ) (231 00) 19 850 hab.

Autant l'écrire, n'imaginez pas trouver des temples à chaque coin de rue ni vous asseoir dans les cafés sur des chapiteaux doriques servi par quelque vestale en spartiates. Sparte est une ville moderne qui s'organise autour de deux avenues principales dont l'intersection marque la place centrale de la mairie, très vivante le soir. Sans être désagréable, la cité a peu d'atours. Mais ce qui vous amène à Sparte, c'est avant tout Mystra...

UN PEU D'HISTOIRE

Sparte restera dans l'histoire comme l'anti-Athènes. La ville, fondée vers le IXe s av. J.-C., a connu ce qu'on appellerait aujourd'hui un régime de « démocratie militaire » au fonctionnement complexe : il y avait tout d'abord deux rois – l'un, en temps de guerre (c'est-à-dire presque tout le temps !), conduisant l'armée, l'autre restant à la maison –, cinq *éphores,* représentant le peuple, contrôlaient les rois qui n'avaient pas grand pouvoir ; enfin, pour couronner le tout, siégeait la *gérousie,* sorte de sénat de 28 membres, réservé aux plus de 60 ans.

MÊME PAS PEUR ! MÊME PAS MAL !

Dans l'Antiquité, on a rapporté l'histoire d'un enfant qui, ayant dissimulé un renard volé sous sa tunique, eut la malchance de tomber sur le propriétaire de l'animal : il préféra se laisser dévorer le ventre par l'animal et mourir plutôt que d'avouer le vol... L'histoire semble avoir eu pour but d'illustrer combien ces Spartiates étaient courageux et donc dangereux pour la démocratie athénienne.

La société était divisée en trois classes : les vrais Spartiates – s'appelant entre eux les *Égaux* – dont le nombre n'aurait jamais dépassé 9 000 et qui ne se consacraient qu'au métier des armes, suivant une éducation militaire et un mode de vie extrêmement rigoureux. Dès le plus jeune âge, la discipline était rude. On les obligeait à voler pour manger, sans toutefois se faire prendre. Chaque soir, les jeunes Spartiates prenaient le repas en commun avec le même menu : un brouet de porc noirâtre assaisonné de sang, de sel et de vinaigre. Ils ne cultivaient pas la terre, mais possédaient des esclaves pour le faire : les *hilotes.* Ceux-ci ne jouissaient évidemment d'aucun droit, vivaient dans la terreur et servaient de temps en temps pour les « crypties », véritables chasses à l'homme organisées pour entraîner et aguerrir ces chers petits Spartiates en herbe, comme un rite d'initiation. Entre ces deux classes se situait une classe moyenne, les *périèques,* qui s'adonnaient au commerce et à l'artisanat. Citoyens libres, ils pouvaient parfois entrer dans l'armée, mais n'avaient pas accès au pouvoir.

Avec un tel régime, on ne sera pas étonné que Sparte ait dominé si longtemps le Péloponnèse. En 404 av. J.-C., Athènes, vaincue après 27 ans de conflit, acceptait de conclure un armistice qui consacrait l'hégémonie de Sparte sur le monde grec ; mais c'est seulement en mars 1996, 24 siècles plus tard (!), que prit fin officiellement et symboliquement la guerre du Péloponnèse avec la signature d'un traité de paix par les maires d'Athènes et de Sparte ; l'« oubli » est donc réparé.

UNE COURSE DE FADA

En 490 av. J.-C., lors de la bataille de Marathon, les Athéniens mandatèrent leur meilleur messager, Phidippidès, pour... accomplir un exploit. Deux versions divergent, engendrant deux épreuves sportives phares : Phidippidès aurait parcouru une quarantaine de kilomètres jusqu'à Athènes, pour annoncer la victoire avant de mourir d'épuisement (version à l'origine du marathon en 1896) ; plus fort, il aurait parcouru 250 km en 36h pour aller quérir l'aide des Spartiates (version reprise depuis 1983 pour le Spartathlon). Conclusion : à la télé, c'est moins fatigant...

Sa défaite devant Thèbes à Leuctres, en 371 av. J.-C., après que toute la Grèce se fut coalisée contre elle, précipita la chute de Sparte. Il faut dire que, très sûrs d'eux, les Spartiates ne construisirent jamais de remparts pour protéger leur ville. Fermés aux échanges avec l'extérieur, refusant la monnaie en argent et en bronze (étaient en usage à Sparte des brochettes en fer nécessitant des chariots pour les transporter !), ils ne surent pas s'adapter à un monde en changement. Aujourd'hui, Sparte et son département sont, politiquement parlant, parmi les plus conservateurs de Grèce...

Arriver – Quitter

En voiture

Bon à savoir : dans le centre-ville, dans le périmètre autour de la pl. centrale, le stationnement est payant *(tlj sf dim 8h-15h, 1 €/h).* Le ticket est en vente dans les kiosques. Mais personne ne paie...

En bus

Gare routière : *23, odos Lykourgou. ☎ 27-31-02-64-41. À 1 km de la pl. centrale (au bout de l'axe central, à l'opposé de la direction de Mystra).*
➢ ***De/vers Athènes, via Argos et Corinthe (Isthmos) :*** 9 bus/j., 6h-20h. Env 3h30 de trajet.
➢ ***De/vers Gythion :*** 6 bus/j., 9h-21h15.
➢ ***De/vers Monemvassia :*** 3 bus/j. (2 le dim), 11h45-20h30.
➢ ***De/vers Mystra :*** 8-10 bus/j. (3 slt le dim), 7h20-20h20. La plupart des bus pour le site font un arrêt au carrefour principal en plein centre-ville, au pied du *Maniatis Hotel* (kiosque d'info et de vente sur place). Les bus vont jusqu'au resto *Xenia* (proche de l'entrée basse du site), certains (lun-mer) montent à l'entrée haute du château. Tous repartent vers Sparte 15 mn après leur arrivée à Mystra.
➢ ***De/vers Nauplie :*** 9 bus/j. (bus d'Athènes). Avec changement à Tripoli ou Corinthe.
➢ ***Vers Kalamata :*** 2 bus/j. (1 slt le dim), 9h-14h30. Changement en pleine montagne. Assez long.
➢ ***Vers Aréopolis :*** 2 bus/j., 9h-17h.
➢ ***Vers Géroliménas :*** 3 bus/j. (2 le dim), 10h30-17h30.
➢ ***Vers Néapoli :*** 5 bus/j. (3 le dim), 7h-19h30.
➢ ***Vers Pyrgos :*** 2 bus/j., 9h-11h25.

Adresses utiles

✉ ***Poste :*** *84, odos Archidamou ; la 4e rue à droite après le musée.*
■ ***Banques :*** *dans le centre-ville.* Distributeurs à foison.
■ ***Photo Shop V. Georgiadis :*** *136, odos Lykourgou. Tlj sf dim 8h-14h, 18h-21h.* Ce magasin de photo à l'ancienne vend des topoguides et cartes de randonnées à faire dans la région, notamment aux alentours du mont Taygète.

Où dormir ?

On aimerait bien vous dire que l'hôtellerie spartiate est géniale et douillette, histoire d'illustrer le paradoxe grec... Manque de chance : très peu de choix et aucune adresse charmante à l'horizon.

Camping

Paléologio Mystras : *à 2 km de Sparte sur la route de Mystra. ☎ 27-31-02-27-24. • campingpaleologio.com • Entrée par la station-service, sur la gauche. Selon saison, 20-22 € pour 2 avec tente et voiture.* On plante sa tente sous de petits orangers dans l'un des 2 espaces herbeux, derrière une station-service-bar-snack un peu triste. Sanitaires corrects, machines à laver, coin cuisine et épicerie. Piscine à l'entrée du camping, entre quatre murs. Service de minibus privé (en saison) pour Sparte et Mystra. L'accueil chaleureux et en français est le meilleur atout de ce camping.

De prix moyens à chic

Cecil Hotel : *125, odos Paléologou (à l'angle de Thermopylon).*

☎ *27-31-02-49-80.* • *hotelcecilsparta@gmail.com* • *À 200 m du carrefour central, direction Tripoli. Double 45 €, petit déj compris.* Petit hôtel de centre-ville assez soigné. Les 12 chambres climatisées sont bien entretenues, quoique sans éclat particulier. Vue sur le mont Taygète pour celles à l'arrière. Bon accueil de Katérina et de Yiannis (qui parle le français). Une option correcte pour une étape spartiate.

Maniatis Hotel : *72-76, odos Paléologou (fait l'angle avec odos Lykourgou).* ☎ *27-31-02-26-65.* • *maniatishotel.gr* • *Doubles 70-100 € selon saison, avec petit déj ; réduc selon taux de remplissage.* En plein centre, on entre par un lobby très moderne (style design) et chic. Les chambres sont plus banales, mais restent confortables. Cafétéria sans éclat au rez-de-chaussée.

Où manger ?

Bon marché

Des phalanges de fast-foods locaux ont colonisé le centre avec leurs *souvlakia, gyros* et pizzas. Par exemple :

Boulas : *90, odos Thermopylon.* ☎ *27-31-08-92-51. À 200 m au nord du carrefour central (rue partant du Cecil Hotel). Tlj. Compter moins de 10 €.* Quelques tables sur le trottoir ou dans une jolie salle en pierre pour *gyros, souvlakia,* etc.

Prix moyens

Kapari : *77, odos Gortsologou.* ☎ *27-31-30-05-20. Sur la pl. de la mairie, juste derrière l'hôtel de ville. Tlj midi et soir. Repas 12-16 €.* Petite salle façon bistrot d'aujourd'hui, lumineuse et plaisante, accompagnée de quelques tables en terrasse sur la rue (piétonne mais plutôt animée !). Simple et bonne cuisine grecque et quelques plats de pâtes à l'italienne. Accueil adorable.

En Hatipi : *27, odos Chrysikou.* ☎ *27-31-02-66-77. À 1 km au sud du croisement central, par la route de Gythion, tourner à droite avt la station Shell (c'est fléché). Tlj. Repas 12-16 €.* Petite table dans une ruelle un peu excentrée mais justement à l'écart du brouhaha du centre. Parfait pour faire le plein de *mezze,* frais et plutôt originaux. Et puis, pour une fois, les légumes semblent plus à l'honneur que les viandes ! Terrasse ombragée et excellent accueil.

Tsipouradiko to 50 : *50, odos Evaggelistrias.* ☎ *27-31-08-35-85. Dans la rue (parallèle à Likourgou) qui monte depuis odos Paléologou, à 5 mn de la pl. centrale. Tlj. Repas 10-15 €.* Discrète adresse, surtout fréquentée par de joviaux locaux. Jolie salle à l'ancienne (mais c'est un décor, récent !) et terrasse dans une cour-jardin cachée sur l'arrière. Bonne cuisine de tradition, accueil franchement chaleureux (et francophone). Et *tsipouro* de rigueur en fin de repas.

Diethnès : *105, odos Paléologou.* ☎ *27-31-02-86-36. À 50 m du carrefour central, sur la gauche. Tlj. Repas 12-16 €.* Petit resto classique qui présente l'avantage d'avoir un agréable petit jardin d'oliviers et d'orangers sur l'arrière, pour un repas au calme. Moussaka, porc aux aubergines, bœuf en ragoût... servis avec le sourire (et en français, souvent).

Où boire un verre ? Où sortir ?

Plein de cafés et boîtes branchés à la déco sophistiquée et à forts décibels sur la place de l'hôtel de ville, comme le ***Retro Music Bar*** *(34-38, odos Evaggelistrias)* et sur odos Paléologou (notamment ***Antique,*** au n° 51).

Café-club Ministry : *84, odos Paléologou ; à l'angle de Kléomvrotou.* Jolie salle reconstituant une sorte de théâtre à l'italienne. Mais c'est en terrasse que la partition se joue, sur fond de musique électro.

Clientèle jeune et agréablement vivante.

La ruelle Kléomvrotou (à l'angle du Ministry) aligne également son lot de bars qui rivalisent de décibels.

À voir

Le Musée archéologique : *odos Évrotas, dans le parc à l'angle des rues Gémistou et Lykourgou, en plein centre.* ☎ *27-31-02-85-75. Tlj sf lun 8h-15h. Entrée : 2 € ; réduc.* Sur un des côtés d'un agréable jardin public, il mérite une visite. Belles mosaïques provenant de villas romaines ou hellénistiques. Remarquez la scène où Persée décapite Méduse, un buste de guerrier spartiate (490 av. J.-C.), de petits bas-reliefs en terre cuite, des masques de théâtre en argile, une amusante collection de minifigurines en métal (chevaux, guerriers, musiciens, etc.). À gauche, dans une vitrine, petits bronzes de très grande qualité, bijoux. Dans la mezzanine : poteries de la période mycénienne (autour de 1500 av. J.-C.), grandes amphores royales, animaux votifs, stèles funéraires, qui proviennent, pour beaucoup, du site de Pellana.

Le musée de l'Huile et de l'Olive : *129, odos Othonos & Amalias ; très bien signalisé.* ☎ *27-31-08-93-15. • piop.gr • Tlj sf mar 10h-18h (17h de mi-oct à fin fév). Entrée : 3 € ; réduc.* Aménagé dans l'ancien bâtiment de la compagnie d'électricité de Sparte. L'histoire de l'olive et de son huile à travers les âges, bien sûr, ses différentes utilisations, et l'évolution de son exploitation industrielle en Grèce. Au rez-de-chaussée et dans la cour, belle exposition de presses allant de la période postbyzantine jusqu'au milieu du XXe s. Un musée qui plaira aux enfants pour ses nombreuses maquettes motorisées permettant de comprendre le cycle de fabrication de l'olive et de ses produits dérivés, notamment le savon.

DANS LES ENVIRONS DE SPARTE

Le mont Taygète *(Ταυγετος Ορος)* **:** le point culminant du Péloponnèse (2 407 m). On peut grimper à pied jusqu'au sommet (compter 3h, depuis le refuge *Varvara*) et le coin offre pas mal d'autres possibilités de randos. Balisages, mais munissez-vous quand même d'une bonne carte (de l'éditeur *Anavassi* par exemple) couvrant tout le massif montagneux ! Le pèlerinage annuel à son sommet pour la fête du prophète Ilias, le 20 juillet, montre son importance symbolique.

MYSTRA (ΜΥΣΤΡΑ) (231 00) 830 hab.

• Plan Le site de Mystra *p. 228-229*

Oh ! la merveilleuse ville fantôme, située dans un superbe cadre naturel. Avouons que les Francs avaient du goût pour choisir leurs sites. C'est, comme à Monemvassia, Guillaume de Villehardouin qui, en 1249, a élu ce site pour y construire un nouveau château chargé de contrôler la région.
S'il est une période bénie des dieux, c'est avril-mai, quand la nature en fleurs baigne l'immense plaine de Sparte de la palette des tons mauves des arbres de Judée épanouis. Un spectacle enchanteur. En été, l'herbe est bien brûlée et la visite aux heures les plus chaudes de la journée peut s'avérer pénible. Choisissez d'y aller tôt, pour profiter d'une relative fraîcheur et parcourir les

ruelles, entre les fantômes de maisons qui bruissent encore des lointains bruits de la vie médiévale.

UN PEU D'HISTOIRE

Après les avoir fait bâtir, Guillaume de Villehardouin, seigneur franc de l'Achaïe, dut céder Monemvassia et Mystra, en guise de rançon. Son vainqueur, Michel VIII Paléologue, empereur de Byzance, s'empressa d'enrichir la ville de magnifiques églises byzantines.
Elle garda son nom de Mystra (dérivé de « maîtresse » en patois français, ou bien du fromage grec *myzithra,* ce qui est tout de suite moins glamour...) et devint une véritable capitale régionale. Ce « despotat de Morée » compta jusqu'à 20 000 âmes et fut un haut lieu des arts, des lettres et de la philosophie, avant de tomber dans les mains des Turcs en 1460, suivis des Vénitiens, puis re-Turcs, avant d'être incendié par les Russes, puis par les Albanais (vous suivez ?). Alors la cité déclina vite. Seules les églises toujours quasi intactes témoignent de cette période fastueuse, contrastant avec les vestiges des maisons seigneuriales pourtant construites au même moment. La ferveur et la foi des fidèles auront sauvé ces chefs-d'œuvre de la ruine.

Arriver – Quitter

En bus

Mystra est à 5 km de Sparte.
➢ ***De/vers Sparte :*** 8-10 bus/j., 7h20-20h20 (3 slt le dim, le 1er à 9h de Sparte). Les bus vont jusqu'au resto *Xenia* (500 m de l'entrée basse du site), certains (lun-mer) montent à l'entrée haute du château. Tous repartent vers Sparte 15 mn après leur arrivée à Mystra. Billets à bord.
➢ ***De/vers Kalamata :*** 2 bus/j. (1 slt le dim). La ligne reliant Sparte à Kalamata passe par Mystra. Changement en pleine montagne. Assez long.

Où dormir ? Où manger autour du site ?

2 options : le « nouveau » village de ***Mystra,*** à environ 2 km en contrebas du site ou le hameau de ***Pikoulianika,*** également à 2 km (de l'entrée haute du château).

Camping

⛺ |●| ***Castle View :*** *à la sortie de* ***Mystra,*** *sur la route de Sparte.* ☎ *27-31-08-33-03.* • *castleview.gr* • *D'avr à mi-oct. Env 21 € pour 2 avec tente et voiture. Bungalow pour 2 pers 40 €.* Wi-Fi Agréable et bien tenu. On campe sur de l'herbe (certes un peu cramée en été) et l'ombre est relativement limitée, mais la belle piscine compense tout cela. Propose aussi 3 bungalows en dur et un appartement (cher). Bonne taverne avec vue sur le château franc *(plats copieux, compter 15-20 € pour un repas).* Minimarché. Bus réguliers pour Sparte ou le site, arrêt devant le camping. L'accueil, en revanche, est un peu sec.

De prix moyens à chic

🏠 |●| ***Mystras Inn :*** *sur la pl. centrale de* ***Mystra.*** ☎ *27-31-08-26-66.* • *mystrasinn.gr* • *Doubles 35-50 €, familiale 70 €, petit déj inclus. Au resto, compter 12-16 €.* Wi-Fi L'auberge de campagne modernisée comme on l'aime, avec ses petites chambres soignées bâties en matériaux traditionnels (pierre et bois) et une touche de déco contemporaine qui donne une jolie atmosphère : charme à l'ancienne et confort moderne main dans la main ! Bon resto avec sa terrasse en plein cœur du village. Cuisine traditionnelle avec mention bien pour les viandes

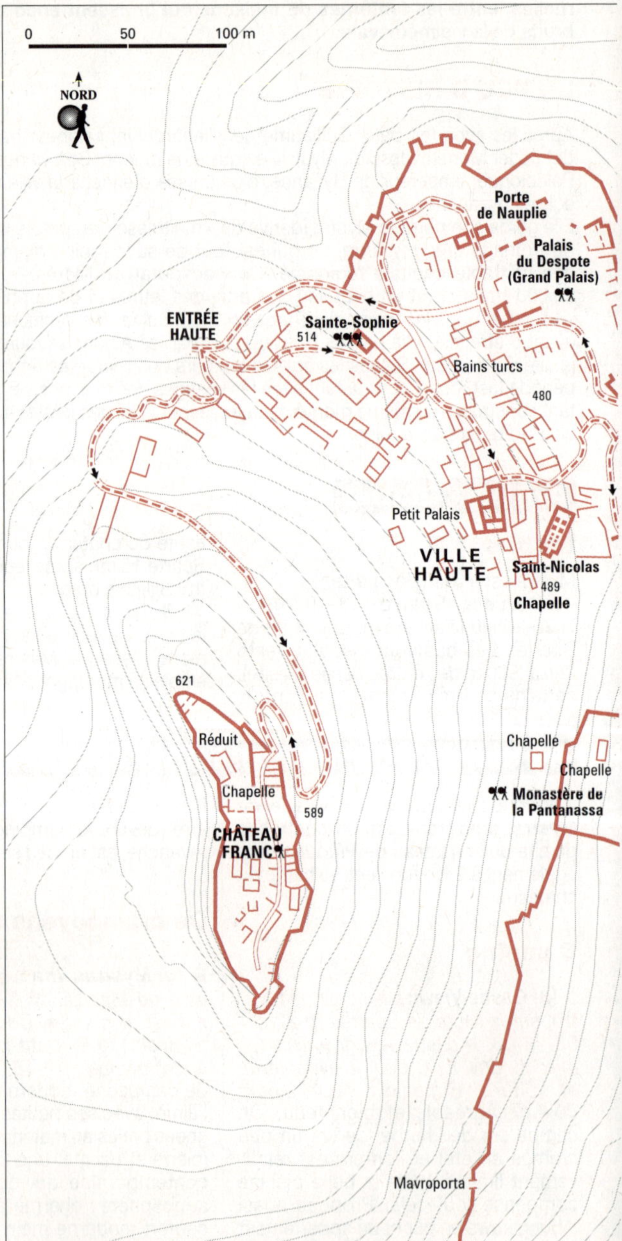
0
50
100 m
NORD
Porte de Nauplie
Palais du Despote (Grand Palais)
ENTRÉE HAUTE
Sainte-Sophie
514
Bains turcs
480
Petit Palais
VILLE HAUTE
Saint-Nicolas
489
Chapelle
621
Réduit
Chapelle
589
CHÂTEAU FRANC
Chapelle
Chapelle
Monastère de la Pantanassa
Mavroporta

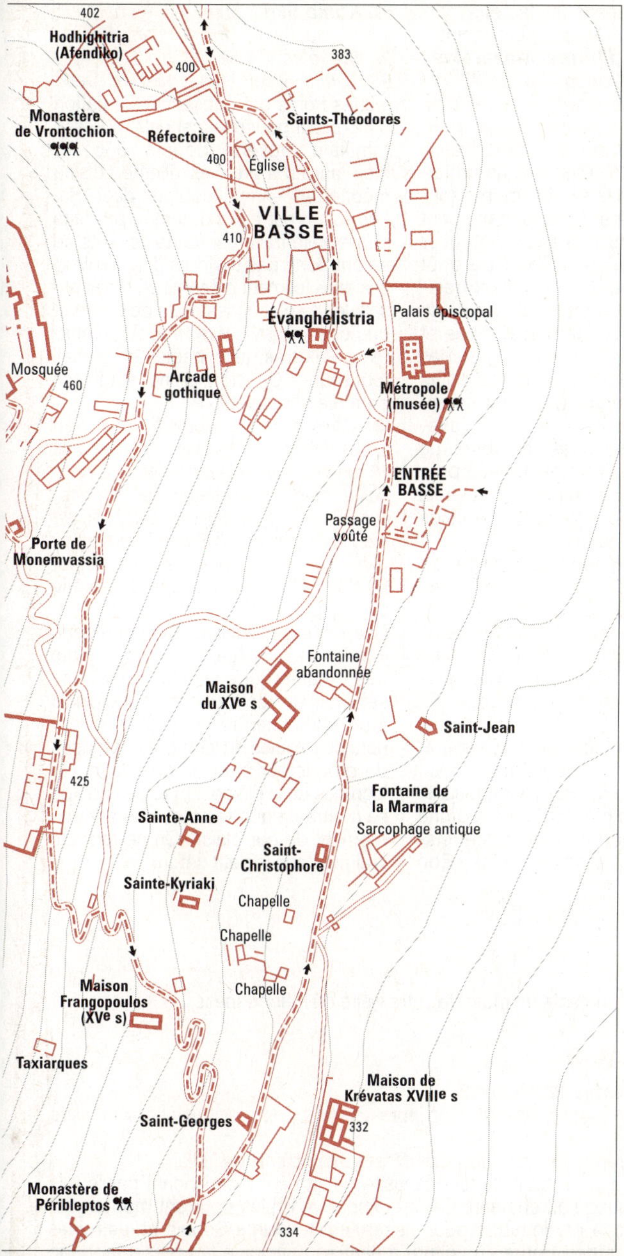

LE SITE DE MYSTRA

grillées, notamment un fameux porcelet. Accueil familial aux petits soins.

Chambres d'hôtes Mazarakis : *au centre de* ***Pikoulianika.*** *☎ 27-31-02-04-14. • xenonasmazaraki.gr • Doubles 85-95 € selon saison, petit déj inclus ; suites 110-150 € selon taille et saison.* Planté dans un jardin en pente, un ensemble de maisonnettes en pierre et bois, parfaitement dans le style du hameau. L'intérieur est décoré avec beaucoup de goût et marie très bien les matériaux traditionnels à un confort moderne et un style décomplexé. Terrasse privée et coin cuisine (très bien équipé pour les studios). Il y en a pour tous les goûts côté taille, orientation, équipement intérieur... les prix grimpant à l'avenant. clim, TV dans les chambres. Le site est incomparablement placé pour embrasser d'un œil le panorama sur la plaine de Laconie et de l'autre le site de Mystra. Accueil gentil.

Byzantion Hotel : *au centre de* ***Mystra.*** *☎ 27-31-08-33-09. • byzantionhotel.gr • Fermé nov-mars. Réserver en mi-saison, car l'hôtel accueille des groupes. Double 50 €, familiale 70 €, petit déj inclus.* Hôtel plutôt impersonnel de l'extérieur. En revanche, chambres de style moderne, spacieuses, confortables (TV, clim) et impeccables, avec pour toutes (sauf les familiales) un balcon donnant sur le site. Super jardin à l'arrière avec une piscine, le grand avantage de cet établissement. Location de vélos. Bon accueil.

Ktima Skreka : *un peu en hauteur, sur la gauche, en arrivant dans* ***Pikoulianika*** *(c'est fléché). ☎ 27-31-02-82-98. Tlj midi et soir. Repas 15-20 €.* Deux jeunes frères ont oublié leur formation d'ingénieur pour relancer cette adresse familiale, ouverte depuis 1935. Et bien leur en a pris : excellente cuisine méditerranéenne (jusqu'aux desserts, une fois n'est pas coutume), produits d'une belle fraîcheur (certains plats ne seront donc pas toujours disponibles), assiettes joliment présentées. Plaisante salle entre de solides murs de pierre et grandes terrasses avec vue sur le château. Prix très raisonnables et accueil tout sourire. On arrête là : notre adresse préférée dans le coin !

Chromata : *à* ***Pikoulianika*** *; en arrivant dans le hameau, prendre la 1re ruelle à gauche (au niveau de la chapelle) ; ça grimpe sérieusement en lacet sur 200 m. ☎ 27-31-02-39-95. Tlj en été ; hors saison, slt le soir mer-sam et le midi le w-e. Résa conseillée. Repas 20-25 €.* Une vue à couper le souffle sur la plaine de Sparte et Mystra. Une carte à classer dans la catégorie « tradition revisitée », avec des plats très créatifs qui évoluent au gré des saisons. Un resto gastro, donc, mais à prix plutôt serrés. Les œufs proviennent des poules du jardin, les fromages du producteur à moins de 100 m, les légumes de la plaine... Et toute l'équipe se mettra en quatre pour vous offrir un moment de pur plaisir. On ne regrette vraiment pas le petit détour !

Le site

Sans conteste un must de votre visite du Péloponnèse.

Infos pratiques

- **Renseignements :** *☎ 27-31-08-33-77.*
- **Horaires :** *avr-sept, tlj 8h-20h (15h hors saison). Compter 3-4h pour la visite complète.*
- **Tarifs :** *12 € ; réduc ; gratuit moins de 18 ans et étudiants de l'UE.*
- **Un tuyau :** il est épuisant de faire la visite du site en commençant par le bas et en montant jusqu'au château. Ceux qui sont véhiculés pourront monter jusqu'à l'entrée de la partie haute pour visiter l'église Sainte-Sophie et les ruines du château, puis descendre en voiture à l'entrée principale (en présentant son ticket portant le tampon avec la date) pour visiter la partie basse. Sinon, certains bus *(lun-mer)* montent jusqu'à l'entrée haute, pratique pour faire la visite dans le

sens de la descente et repartir de l'arrêt du café-resto *Xenia,* proche de l'entrée basse. Enfin, on pourra prendre un taxi de l'arrêt de bus du village de Mystra *(☎ 27-31-08-34-50).*

– Quelques ***fontaines*** sur le site, notamment à l'église Métropole et au monastère de la Pantanassa.

Visite

La ville basse

👓👓 ***La Métropole** (cathédrale Agios Dimitrios)* ***et son petit musée :*** construite au XIIIe s, elle abrite de superbes fresques. Sur le sol de la nef, une jolie dalle sculptée, avec l'aigle byzantin couronné à deux têtes, indique le lieu exact où Constantin Paléologue fut sacré dernier empereur de Byzance en 1448, 5 ans avant la chute de Constantinople. Dans le tout petit musée à la présentation contemporaine du 1er étage, quelques pierres sculptées, de très beaux manuscrits du XIVe s, des fresques, des poteries, bijoux, fragments vêtements. Panneaux explicatifs en anglais.

👓👓 Juste au-dessus (mais souvent fermée), l'***église de l'Évanghélistria*** *(Vierge-de-l'Annonciation).* Quelques vestiges de fresques également, datant vraisemblablement du XVe s, difficiles à distinguer. Citons pour exemple la peinture ornant la voûte qui représente le *Christ pantocrator* entouré d'anges.

👓👓👓 ***Le monastère de Vrontochion :*** dans son enceinte, ne manquez pas la superbe *église de l'Hodhighitria (Afendiko).* Architecture intérieure fort intéressante : au rez-de-chaussée, construction à trois nefs comme dans les églises gothiques ; la partie supérieure étant bâtie selon un plan cruciforme respectant les canons de la tradition byzantine. Jolies fresques murales (début du XIVe s), réalisées par des peintres de Constantinople, qui rappellent les miracles du Christ.

👓👓 ***Le monastère de la Pantanassa :*** encore habité par d'aimables religieuses. Tenue correcte exigée (paréos à disposition). Fondé en 1428. Selon des inscriptions à l'intérieur de l'église, son fondateur l'aurait érigé en l'honneur de la très Sainte Mère de Dieu *(Pantanassa),* qui lui aurait été de quelque protection. L'église et son clocher combinent des styles byzantin et gothique. À l'intérieur, beau portrait de *Manuel Chatzikis,* datant du XVe s. Remarquez ces petites plaques de métal repoussé, des ex-voto sur lesquels figurent les motifs de la requête : fiancé(e), guérison d'une jambe...

👓👓 ***Le monastère de Péribleptos :*** *fermé certains j. en hiver lorsque le site est en manque de gardiens.* Situé au pied de la montagne, aux confins du site, près du rempart. En chemin, sur la droite, jeter un coup d'œil à la *maison Frangopoulos* (XVe s) à encorbellement de pierre. Le monastère, quant à lui, date du XIVe s. Cadre exceptionnel, accroché à une paroi rocheuse au milieu d'une dense végétation. Grosse tour crénelée dominant le rempart de ville. Lignes architecturales harmonieuses. Décor exquis des ouvertures et frises en brique. Église en forme de croix grecque classique (mais sans narthex). À l'intérieur, les plus belles fresques de Mystra (1348-1380). Couleurs superbement préservées. Elles font défiler la destinée de la Vierge et la passion du Christ que l'on découvre à toutes les périodes de sa vie. Entre autres fresques intéressantes : sur la voûte de la nef, la *Cène* et *L'Entrée à Jérusalem.* Dans le chœur, la Vierge dominée par le Christ en majesté avec les quatre évangélistes. À gauche du chœur, la *Dormition.* À droite, admirable *Descente de croix* sur la voûte (anges particulièrement... angéliques). Sur le chemin du retour vers l'entrée basse, on croise sur la gauche l'élégante chapelle Saint-Georges puis une jolie fontaine abandonnée.

La ville haute

👓👓 ***Le palais du Despote :*** *les travaux devraient être achevés en 2017...* Une fois franchie la porte de Monemvassia, percée dans une double enceinte du XIIIe s, on aperçoit ce gigantesque palais qui fait l'objet d'une rénovation impressionnante. Difficile d'imaginer que ce superbe bâtiment n'était qu'une ruine avant sa reconstruction lancée grâce aux fonds internationaux de l'Unesco ! En musardant sur la gauche, vous parviendrez à la ***porte de Nauplie,*** flanquée de deux tours, bel échantillon d'architecture militaire. Malheureusement, elle aussi est encore en travaux pour une durée indéterminée.

L'église Sainte-Sophie *(Agia Sophia)* **:** édifiée au XIVe s, en forme de croix grecque simple. Bel appareillage de pierre et brique. Grand narthex avec coupole (les trois arcades de l'ancienne entrée sont désormais murées). Nef à deux colonnes de marbre et transept à coupole. Quelques vestiges significatifs de fresques. Christ en majesté dans l'abside du chœur. Dans la chapelle de droite, une *Nativité de la Vierge* très embourgeoisée (grand lit blanc brodé). Dans une tombe du portique nord ont été retrouvés des restes de vêtements et de la chevelure d'une princesse de Mystra, exposés au musée de la Métropole.

Le château franc : l'occasion d'une belle grimpette à partir de la ville haute (eau et chapeau conseillés), récompensée par un splendide panorama sur la plaine de Sparte. Uniquement pour ça, d'ailleurs, car il ne reste rien à l'intérieur !

Fête

– ***Grande fête :*** *fin août.* Marché, musique, danses et orchestre populaire.

GYTHION (ΓΥΘΕΙΟ) (232 00) 4 300 hab.

Porte d'entrée est du Magne, Gythion est situé à 43 km au sud de Sparte, dont il fut le port. La petite ville n'a pas un charme fou mais cache quelque maisons pittoresques, notamment dans la rue sur les hauteurs, parallèle au port où subsistent encore de rares vieilles bâtisses de pêcheurs aux balcons de bois vermoulus (enfin, de moins en moins, rénovations obligent). Toute la vie est concentrée sur le quai et sur la place centrale, très vivants et animés le soir.

Arriver – Quitter

En bus

Station de bus KTEL : *billetterie et infos dans le snack juste à côté de l'Alpha Bank. ☎ 27-33-02-22-28. Tlj 5h30-20h30.*

➢ ***De/vers Sparte puis Athènes :*** 5 liaisons/j., 7h30-19h.

➢ ***De/vers Aréopolis :*** 4 bus/j., 10h15-18h30 ; le 1er poursuit vers ***Pyrgos*** (et les *grottes de Dirou*), les 3 suivants descendent jusqu'à ***Géroliménas.***

➢ ***De/vers Kalamata, via Sparte ou Aréopolis :*** 2 bus/j., moyennant un 2e changement à Itilo pour celui passant par Aréopolis. Plus rapide par Sparte.

➢ ***Vers Skala et Monemvassia :*** possible via Sparte, mais le mieux, si vous le pouvez, est de prendre un taxi jusqu'à Skala.

En bateau

Un ***ferry*** fait 1 fois/sem la traversée vers la Crête (Kissamos) via Cythère. Mais le jour du passage change chaque année. Se renseigner soit auprès des autorités du port *(☎ 27-33-02-22-62),* soit à l'agence *Rozakis Travel,* sur le quai

(☎ 27-33-02-26-50 ou 22-07 ; ● roza kigy@otenet.gr ● ; 9h-13h30, 17h-20h ; dim selon horaires des bateaux). Très serviable. Loue également des voitures.

Adresses utiles

✉ **Poste :** *odos Ermou, la rue par laquelle on arrive de Sparte, 50 m avt le front de mer. Lun-ven 7h30-14h30.*

■ **Banques :** *distributeurs à côté de l'arrêt de bus à l'entrée du port, ou juste en face.*

■ **Prêt de vélos municipaux :** *rens au kiosque sur le quai.* Gratuit pour une durée de 5h max (pour les plus de 18 ans seulement, pièce d'identité conservée comme caution).

Où dormir ?

Pour les campings, se reporter plus loin à la plage de Mavrovouni.

Bon marché

Xenia Karlaftis : *sur le quai, pas loin de l'îlot Kranaï (au nº 938). ☎ 27-33-02-27-19 ou 29-91. Double 30 €.* Modeste pension tenue par Voula. Accueil adorable. Les chambres sont correctes, malgré le mobilier désuet. Vu les prix, on ne va pas trop se plaindre ! Cuisine commune à la disposition des hôtes, avec frigo. Depuis les chambres du front de mer, très belle vue sur l'îlot Kranaï.

Prix moyens

Saga Pension : *sur le quai, en direction d'Aréopolis. ☎ 27-33-02-32-20. ● sagapension.gr ● Tte l'année. Doubles avec sdb 35-50 € selon saison et vue. Petite réduc de 5 € pour celle sur l'arrière. Petit déj 5 €. Resto (voir « Où manger ? »).* Un petit hôtel familial tenu par une Finistérienne, Odile, installée en Grèce depuis une trentaine d'années. Elle saura vous tuyauter sur les jolis coins. Le prix de la gentillesse lui a été décerné par plus d'un lecteur ! Ses chambres sont joliment décorées, avec vue sur la mer (et double vitrage, la rue est bruyante). Tout confort (jugez) : balconnet, clim et ventilo de plafond, TV, frigo et sèche-cheveux. Notre hôtel préféré à Gythion.

Gythion Hotel : *33, odos Vassiléos Pavlou ; en bord de mer. ☎ 27-33-02-34-52. ● gythionhotel.gr ● Fermé fin oct-Pâques. Selon saison, doubles 50-70 €, petit déj inclus.* C'est l'ancien (1864) bâtiment de la chambre de commerce où, paraît-il, a été disputée la première partie de poker de Grèce. La réception a des airs troglodytiques, un des murs laissant apparaître un rocher... Une poignée de chambres seulement, très conventionnelles, pas de première jeunesse mais spacieuses et plutôt confortables (clim) et avec une vue agréable sur le port (4 ont un balcon). Également 2 petits appartements avec cuisine. Bon accueil.

Où manger ?

Bon marché

La TriplGette (Η ΤΡΙΠΛΕΤΑ) **:** *298, odos Archaiou Theatrou. ☎ 27-33-02-51-47. Sur la droite, dans la petite rue (entre la banque Piraeus et le café Corner) qui conduit à l'ancien théâtre, pas vraiment d'enseigne... Tlj sf dim jusqu'à 15h. Plat unique 3 € !* Sympathique bistrot populaire décoré de vieilles photos et de maquettes de bateaux où les autochtones, toutes classes confondues, viennent se remplir la panse d'une brochette de porc, accompagnée d'une pita frite à l'huile et de fromage local. Un lieu plein d'authenticité !

Pour un repas de *gyros* sur le pouce, terrasse au long du quai et produits souvent bios au ***Souvlaki Mou*** (entre l'*Aktaion Hotel* et le *Panthéon*).

Prix moyens

|●| ***Resto de Saga Pension :*** *voir plus haut « Où dormir ? ». ☎ 27-33-02-13-58. Tlj. Repas 15-20 €, poisson 44-50 €/kg.* Indépendant de l'hôtel du même nom, le resto s'est construit une bonne réputation (méritée) : délicieux filets de sardines grillés, bonne soupe de poisson, mais aussi poulpe, poisson grillé, brochettes... À accompagner de légumes frais, cuits à la vapeur, et à déguster dans la jolie salle restaurée ou en terrasse sur le quai. Peut-être la meilleure table du coin. Service vraiment agréable.

|●| ***Barba Sideris :*** *à l'extrémité du quai, vers la gauche quand on regarde la mer. ☎ 27-33-02-24-76. Repas 12-20 € (plus cher pour du poisson).* Un resto à vocation touristique qui a tout misé sur le cadre : avec une salle emplie d'un invraisemblable bric-à-brac d'objets agricoles, roues de chariot et vieux instruments de musique. De l'autre côté de la rue, en bord de mer, une vaste terrasse couverte dans le même esprit. Mais s'il y a un perroquet (bruyant !), la cuisine ne casse pas trois pattes à un canard.

LE PÉLOPONNÈSE

À voir. À faire

Le théâtre antique : *tt au bout d'odos Archaiou Theatrou, rue qui démarre de la pl. centrale, entre la banque* Piraeus *et le café* Corner. La caserne casse un peu le romantisme, d'autant que l'accès à ce petit théâtre est quelquefois refusé.

Le Centre culturel du Magne oriental : *sur la pl. centrale. ☎ 27-33-02-38-88. Tlj 10h-13h, 18h-20h. GRATUIT.* Au rez-de-chaussée de cette ancienne école (de jeunes filles), bâtiment néoclassique du XIXe s, un petit espace muséographique très contemporain autour des activités traditionnelles du Magne (de la récolte du sel à la chasse aux cailles). Succinct mais instructif.

Le musée de Karaghiozis (théâtre d'ombres) **:** *à l'extrémité du quai, vers la gauche quand on regarde la mer, dans la rue face au stade (fléché). Visite sur rdv slt, à prendre auprès de la femme de Giorgios Hassanakos qui tient la boutique de souvenirs sur le quai, au pied de l'*Aktaion Hotel. *☎ 27-33-02-20-64. GRATUIT.* Monsieur Hassanakos est un personnage étonnant ! Passionné de *karaghiozis*, le théâtre d'ombres grec, il a monté dans son atelier un petit musée retraçant toute l'histoire de ce spectacle populaire. À travers environ 200 documents photographiques, illustrations, personnages en papier, en peau de chameau, de vache ou en plastique peint, on saura tout sur ces drôles de marionnettes. Sa visite commentée (en anglais), agrémentée de ses anecdotes humoristiques et de quelques démonstrations visuelles et sonores, vaut le coup ! Au passage, on pourra apprécier ses propres créations et ses caricatures (en vente à la boutique).

L'îlot Kranaï : c'est sur ce petit bout de terre (relié au continent par une digue) que Pâris et Hélène passèrent leur première nuit illégitime ! Courte balade où l'on remarquera sur la gauche, la tour Tzanétaki, datant de 1829, et à la pointe, le phare de 23 m, construit par un ingénieur français en 1873. Mais rien ne se visite...

■ ***Ocean Surf Center :*** *sur la plage de **Mavrovrouni** (voir plus loin), avt le camping* Meltémi. *☎ 27-33-02-43-92. • oceancafe.gr • Mai-sept. Compter 30 € pour 1h de cours particulier, 12-20 € pour une loc de matériel.* Théo et Sotiris donnent des cours de windsurf et de kitesurf, en anglais. Ambiance détendue au pub du club : après l'effort, le réconfort...

Fête

– ***Festival des Marathonissia :*** *15 juil-15 août.* Concerts, représentations théâtrales à Gythion et dans les communes des environs (Aréopolis, Itilo...).

DANS LES ENVIRONS DE GYTHION

Mavrovouni (*Μαυροβουνι*) ***:*** *à 4 km, ce village prolonge Gythion au sud.* Les falaises, plutôt jolies, sont surmontées d'hôtels et d'appartements à louer peu gracieux. Un peu plus loin vers le sud, une grande et belle plage où une association travaille à la sauvegarde des tortues marines. Assez ventée, elle fera le régal des amateurs de windsurf et de kitesurf. Le front de mer est bordé d'hôtels et de tavernes, mais l'endroit reste fort agréable. Les prix flambent en août ; le reste du temps, c'est raisonnable.

Camping Meltémi : *☎ 27-33-02-32-60. • campingmeltemi.gr • Le plus proche de la ville. Avr-oct. Env 21 € pour 2 avec tente et voiture. Chalet pour 2, 30 € et bungalows pour 4-5 pers 50-60 € selon saison.* Immense mais loin d'être étouffant. Ombragé par 3 000 oliviers, paraît-il. Piscine. Épicerie bien approvisionnée (où on pourra acheter l'huile d'olive produite sur place !). Bar-resto et grand espace cuisine avec frigo. Terrains de basket, tennis et beach-volley. Accès direct à la plage. Sanitaires nombreux et propres. Laverie. Bon accueil en français.

Camping Gythion Bay : *☎ 27-33-02-25-22. • gythiocamping.gr • De mi-mars à nov. Selon saison, 21-23 € pour 2 avec tente et voiture.* Grand camping en partie ombragé par des oliviers et quelques arbres fruitiers. Accès direct à la plage. Bien équipé : machines à laver, épicerie, resto-bar (juin-septembre), frigos, ping-pong, volley... et une superbe et récente piscine bordée de palmiers. Au total, 3 blocs sanitaires, neufs également. Excellent accueil francophone.

Camping Mani Beach : *juste après le Gythion Bay. ☎ 27-33-02-34-50/51. • manibeach.gr • Tte l'année. En saison, env 21 € pour 2 avec tente et voiture. Réduc de 10-20 % sur présentation du dépliant de la chaîne Sunshine.* Agréable, entretenu avec soin et bien ombragé par des canisses et de la vigne vierge. Épicerie, self, bar-resto (en saison), douche et transats sur la plage, aire de jeux et location de windsurf. Super accueil.

Studios et appartements Resbithas : *sur la plage, par l'entrée 1, à gauche. ☎ 27-33-02-34-40 ou 30-54. • mavrovouni.gr • Tte l'année. Env 40-55 € le studio pour 2 pers, 50-80 € l'appart pour 4 pers. CB refusées.* Situé au milieu d'un joli jardin fleuri planté d'oliviers, de citronniers et palmiers (avec pots en céramique, des meules et un ancien puits) donnant directement sur la plage, de beaux appartements et studios tout confort, dont 6 face à la plage. Le dynamique patron est toujours en train de bricoler pour améliorer ses apparts. Barbecue en commun (clients invités pour la Pâque grecque). Vraiment sympa et d'un rapport qualité-prix remarquable.

Alkion Apartments : *entrée 2 de la plage, à droite. ☎ 27-33-02-31-12. 📱 69-77-64-13-17. • alkion-apartments.gr • Fermé nov-Pâques. Résa conseillée en été. Selon saison, 35-50 € pour 2 et 30-60 € pour 4 ; 50-80 € pour 6 pers dans une maisonnette dans le jardin.* Dans de petits bâtiments modernes, des appartements très propres, récents et tout confort (clim, kitchenette, TV satellite), donnant directement sur la plage, avec transats à dispo. Jeux pour enfants et café-snack (où prendre le petit déj) dans un grand jardin. Accueil très gentil.

Kalypso Studios : *à 1 km de Gythion, une des premières maisons à gauche en entrant dans le village de Mavrovouni. ☎ 27-33-02-44-49. • kalypsomani.gr • Tte l'année. Selon saison, 35-55 € pour 2 et 45-65 € pour 4.* Tenu par la très sympathique Petra, une Allemande qui vit là depuis plus de 20 ans. Appartements et studios récents et impeccables, répartis sur 2 bâtiments, avec clim, cuisine parfaitement équipée, grands balcons et vue magnifique sur la mer. On a une préférence pour ceux en contrebas du jardin, très au calme. Accès à une petite crique pour la baignade. Un bon rapport qualité-prix.

Taverna I Kyra Matila : *sur la pl. principale, dans le haut du village. ☎ 27-33-02-52-50. Le soir slt, plus dim midi. Repas 10-15 €.* Sympathique taverne de village avec une grande terrasse. Copieuses spécialités de grillades, notamment le porc et les côtelettes d'agneau, servies avec de bonnes patates.

Demestichas Sotirios : *sur la plage (au fond, à droite quand on accède par l'entrée 2). ☎ 27-33-02-42-91. Tlj. Repas 12-20 €, poisson plus cher.* On retient le lieu pour son emplacement à même la plage. Parfait pour caler un creux le midi, ou une petite collation du soir si l'on a élu domicile à Mavrovrouni. Ronde de *mezze,* poulpe frais, salades et autres classiques plats de taverne. Petit service sympa et sans chichis. Transats sur la plage pour la digestion.

Skoutari (Σκουταρι) **:** *à 20 km de Gythion. Sur la route d'Aréopolis, fléché à gauche.* Ici, on n'est pas loin du paradis. Plusieurs petites plages de sable ou de galets encore sauvages (oui, vous avez bien lu !) et une tranquillité presque totale. Sur la plage principale, jetez un œil dans la mignonne chapelle byzantine (belles fresques et icônes).

Skoutari Beach Resort : *en descendant vers la plage. ☎ 27-33-09-36-84 ou 32-96. • skoutaribeach.gr • Fermé oct-mai. Selon saison, doubles env 45-55 € pour 2, triples et quadruples 55-80 €. Petit déj (sur résa) 5 €.* Appartements tout équipés (clim, TV, cuisine), spacieux et confortables. Jolies terrasses avec vue lointaine sur la mer et plage en contrebas après par un champ d'oliviers. Accueil attentionné et dévoué de Georgia.

Kavoulakos Studios : *en bord de mer, 200 m après le Skoutari Beach Resort. ☎ 27-33-09-32-72. 69-76-69-71-38. • kavoulakos-studios.gr • Fermé nov-avr. Selon saison, 50-75 € pour 2-3 pers, sans petit déj.* Une grosse demi-douzaine de petits appartements simples et fonctionnels, avec cuisine et terrasse qui donne sur la grande bleue. Le site est extra, au milieu d'un vaste jardin planté d'oliviers qui descend en pente douce jusqu'à la plage. Accueil très gentil de la famille Kavoulakos.

Une petite ***épicerie*** (dans le centre du village), et une bonne ***taverne*** sur la plage, *Kalamaka* et sa jolie terrasse. On vous conseille également de fréquenter le petit café-jardin de *Dimitri et Georgia,* au centre du village, avant la route de la plage à gauche.

Taverna Drosopigi : *dans le village de* ***Drosopigi,*** *à 4 km dans les terres. ☎ 27-33-09-32-83. Repas 15-20 €.* Une taverne tout en pierre et pleine d'authenticité, avec une vue extra sur la baie de sa terrasse. On y vient pour ses savoureuses viandes grillées, notamment d'excellentes côtelettes d'agneau.

➢ De Skoutari, on vous propose de descendre directement sur le Magne, par une route magnifique à flanc de montagne qui surplombe la mer et rejoint Kotronas puis la côte est du Magne.

LE MAGNE (Η ΜΑΝΗ)

• Carte *p. 239*

C'est l'une des plus belles régions du Péloponnèse. Notre coup de cœur dans cette partie de la Grèce. Des paysages désolés, sauvages et magn... ifiques ! En beaucoup plus sec, un air de Connemara (en Irlande) : rocaille, grandes montagnes pelées battues par des vents violents, murets de pierres sèches et villages abandonnés (certains sont en partie retapés). La partie la plus jolie se situe entre Kokkala (côte est) et Géroliménas (côte ouest). L'été, l'eau manque souvent dans les villages, dont chaque maison, construite en forme de tour carrée massive, prend des airs de forteresse. Partout vous apercevrez ces tours refuges (il y en aurait 800). Plus nombreuses encore sont les chapelles et les églises. Les habitants du Magne (Maniotes) descendent des Laconiens qui fuirent l'invasion slave. Ils se sont toujours caractérisés par leur esprit d'indépendance, que les maîtres de la Morée aient été francs, byzantins, turcs, slaves ou vénitiens et même grecs puisque, en 1834, Athènes provoqua une révolte lorsque la construction de nouvelles tours fortifiées fut interdite. Il est vrai que 3 ans plus tôt, le premier gouverneur du jeune État grec avait été assassiné à Nauplie par deux Maniotes (vendetta...). Jusqu'à peu, la population était organisée en clans, sous la direction de chefs de village. Cette structure a quasiment disparu sous l'effet de l'émigration qui a contraint la jeunesse à quitter ces villages.

Transports

La région est difficile à visiter en bus ou en stop. L'idéal est de ***louer un scooter ou une voiture*** à Gythion ou à Aréopolis. **Attention,** en 2-roues, virages, cailloux et vent parfois violent sur la route handicapent dangereusement la balade...

LA CÔTE EST DU MAGNE

Parcours beaucoup moins couru que la côte ouest, aussi beau pourtant : petites routes où l'on ne croise presque que des troupeaux de chèvres en liberté, paysages d'une certaine austérité (on est ici dans la zone la plus aride de tout le Péloponnèse) mais sublimes ici et là. Depuis Skoutari, superbe route qui, sur une dizaine de kilomètres, suit la côte, à flanc de montagne. Peu d'accès à la mer sur cette côte rocheuse et quasiment sans plages. Mais, en cherchant bien, en contrebas d'un village, on peut apercevoir de petites criques le plus souvent désertes, comme celle de Marathos juste après Kokkala...

Kotronas *(Κοτρωνας)* **:** pas un charme fou, ce petit port, mais retiré, paisible, bordé d'une plage de sable. Le restaurant *To Akroyiali* domine le port. Portions généreuses, prix modiques.

Flomochori *(Φλομοχωρι)* **:** village plein d'atours avec, probablement, les tours les plus hautes du Magne et des ruelles pavées datant d'un autre âge, arpentées par de vieilles femmes, bâton en main, tout de noir vêtues, l'œil mi-souriant mi-méfiant. Belle plage de galets à 2 km en contrebas du village : suivre le panneau « Paralia Beach ». On peut s'y restaurer à la taverne ***Ta 7 Adelphia,*** qui propose également une poignée de chambres correctes *(☎ 27-33-02-18-00 ; mai-oct ; compter 35-45 € la double selon saison).*

Lagia *(Λαγια)* **:** un village tout à fait typique et bien conservé dans son jus. Unité architecturale agréable à l'œil. L'ensemble est assez ruiné, mais encore habité avec son café-resto sur la place.

➢ Après Lagia, la route redescend vers la côte et offre, après ses derniers lacets, l'un des plus beaux panoramas du Péloponnèse : sur la pointe sud du Magne, une superbe presqu'île de bout du monde, quasiment sans végétation, échancrée à sa base par les anses opposées et symétriques de Porto Kagio et de Marmari. Certainement votre plus belle photo du voyage !

Porto Kagio *(Πορτο Καγιο ; en v.f.,* le *« port aux Cailles »)* **:** minuscule et véritablement charmant village de pêcheurs niché dans ce port naturel du golfe de Lakonia, ainsi nommé car ces oiseaux y font escale avant de migrer en Afrique (mais la chasse aux cailles est une tradition dans le Magne...). Si la mer de cette jolie baie fermée est remarquablement limpide, la miniplage de galets n'est pas toujours nickel en saison.
Point de départ de nombreux circuits pour les amateurs de marche vers les petits hameaux isolés que l'on aperçoit du port, notamment *Paliros.* Itinéraires possibles en voiture aussi par des pistes assez correctes. Une bonne route en direction de la pointe sud permet de se rapprocher du cap Ténaro, une des entrées des Enfers dans la mythologie antique ! D'ailleurs, au large, plonge le *gouffre d'Inoussès,* l'abysse le plus profond de la Méditerranée (4 850 m).

LE PÉLOPONNÈSE

Akrotiri : *dans le village. ☎ 27-33-05-20-13. 📱 69-78-80-98-24. • porto-kagio.gr • Fermé nov-fév. Doubles 45-55 € selon saison et 70-80 € pour 4 pers ou avec lit à baldaquin, petit déj inclus. Repas 12-19 €, poisson env 45 €/kg.* Chambres basiques mais confortables (clim, TV et petit frigo), avec meubles très rustiques et surtout, pour certaines, une vue exceptionnelle sur la crique (penser à les réserver car elles sont au même prix que celles sans vue ou dans l'annexe sur l'arrière). Tenu par une Grecque née en Allemagne. Au resto, joli décor en bois pour une cuisine dans la tradition, évidemment tournée vers la mer. Parasols et chaises longues devant pour boire un bon café frappé. Accueil chaleureux.

Psamathous : *dans le village. ☎ 27-33-05-20-33. 📱 69-81-53-04-84. • portokagio@gmail.com • Fermé nov-mars. Doubles 40-60 € selon saison, 80 € pour 4 pers, petit déj inclus. Repas 15-20 €.* Une belle adresse de charme avec une dizaine de chambres romantiques, toutes en pierre, dans le style traditionnel du pays. Bon confort moderne et déco soignée avec le sens du détail, en duplex pour les familiales. L'hôtel est situé en retrait de l'auberge qui propose des plats corrects. Si c'est complet, la même famille gère un autre nouvel hôtel (le ***Porto Kale Hotel***), juste après ce dernier, confort, prix et style équivalents, mais les chambres ont un peu moins de caractère.

LA CÔTE OUEST DU MAGNE

Largement plus fréquentée que la côte est mais, hormis les mois d'été, on y reste loin des foules. Quelques superbes points de vue encore depuis l'agréable route entre Marmari et Vathia.

Marmari *(Μαρμαρι)* **:** dans l'anse opposée à celle de Porto Kagio, Marmari offre trois belles plages de sable, qui ont l'avantage d'être propres et ventées. Malheureusement, le site est squatté par un *resort,* grosse résidence de vacances pour groupes.

Vathia *(Βαθεια)* **:** l'un des plus beaux villages du Magne, qui s'étire sur un éperon dominant toute la (superbe !) côte ouest. Le village, riche en tours fortifiées,

LE PÉLOPONNÈSE

LE MAGNE

n'a été que peu touché par l'incendie de 2000, et le paysage alentour, longtemps désolé, a doucement repris du poil de la bête. Promenez-vous un peu à pied, tranquillement. Les pierres semblent encore vouloir parler de l'époque où Vathia était partagé entre quatre clans qui ne s'aimaient guère. On raconte même que les voisins se tiraient dessus d'une tour à l'autre ! Deux kilomètres plus loin, sur la gauche, en contrebas du village de Kapi, on trouve une petite crique avec plage de galets.

Géroliménas *(Γερολιμένας)* **:** uniquement accessible par bateau jusque dans les années 1970, un petit port de pêche qui a connu une grande activité à la fin du XIXe s, avant de s'endormir. Il se réveille, chaque été, à l'arrivée des premiers touristes. On retrouve ici l'architecture caractéristique du Magne. Belles pierres agencées avec précision en formes carrées, massives mais harmonieuses. Géroliménas, dans son anse protégée par une sévère falaise, a du charme et invite, au-delà de sa petite église rustique, à une agréable balade sur le sentier qui longe la côte découpée. Une petite plage de galets pas super propre dans le village même, et des rochers. Dommage que les adresses du village soient dans l'ensemble extrêmement mercantiles et l'accueil possiblement déplorable...

Hôtel-restaurant Akrotainaritis : *sur le port. ☎ 27-33-05-42-05. • akrotainaritis.gr • Selon saison, doubles 50-65 €, familiales 90-120 €, petit déj inclus.* Une adresse familiale aux ramifications multiples dans le village ! Une vingtaine de chambres réparties en 3 endroits différents : l'ancienne bâtisse du port avec des chambres aux pierres apparentes, couchage en mezzanine, balcon, clim et TV ; une dizaine de chambres dans une autre maison voisine ; et enfin 6 chambres à l'arrière du village, plus loin de la mer. L'ensemble a pas mal vieilli... comme les propriétaires, un frère et une sœur rarement accommodants...

Hôtel-restaurant Akroyiali : *sur le port. ☎ 27-33-05-42-04. • gerolimenas-hotels.com • Doubles env 40-50 € en chambre d'hôtes, 60-80 € à l'hôtel ; apparts 4 pers 60-100 € selon confort et saison. Petit déj 6 €. Repas 15-25 €, poisson 35-45 €/kg.* Cette vieille affaire familiale (cousine de la précédente) s'est développée jusqu'à proposer aujourd'hui une cinquantaine de chambres et appartements répartis dans une nouvelle tour fortifiée (architecture maniote), dans une annexe plus moderne composée de bâtiments anciens rénovés, et au-dessus du resto pour les moins chères. Une jolie usine à sommeil. Quant à l'accueil, c'est variable.

Les grottes de Dirou *(Σπηλαια Διρου)* **:** *à 5 km du village de Pyrgos Dirou (c'est très bien fléché). ☎ 27-33-05-22-22. Un bus part de Gythion à 10h15, dessert Aréopolis à 11h et arrive aux grottes vers 11h15 ; retour vers 12h45. Juin-sept, tlj 8h30-17h30 ; oct-mai, tlj 8h30-15h. Entrée (chère !) : env 12 € ; et tt de même 7 € étudiants, enfants 3-13 ans et plus de 65 ans. Gardez bien votre ticket (souvent contrôlé à l'entrée et à la sortie). Durée : env 40 mn. C'est hyper touristique, et l'été il y a min 1h d'attente (à moins que vous n'arriviez très tôt).*
En fait de grottes, une seule se visite, celle de *Vlychada*. Les avis sont partagés sur cette visite, en grande partie en barque. D'ailleurs, vu le prix exorbitant, les spéléo amateurs en herbe auront peut-être l'impression de se faire mener en bateau... Reste l'agréable température et les éclairages bien réalisés de cette forêt de stalactites et de stalagmites, valorisant bien les couleurs. Les salles, aux noms imagés (appartements rose, blanc, rouge, caverne du dragon, cathédrale...), se succèdent sur 1 200 m et forment un véritable labyrinthe.
– À l'entrée de la deuxième grotte, Alepotrypa (fermée), un petit musée, si les grottes sont votre passion *(tlj sf lun 8h30-15h ; 2 € l'entrée, il faut encore payer...).*

Tout à côté, une grande ***plage*** pour un bain bien mérité et un resto en self-service.

ARÉOPOLIS (ΑΡΕΟΠΟΛΙΣ) (230 62) 1 000 hab.

Porte d'entrée ouest du Magne, l'ancienne *Tsimova* fut rebaptisée Aréopolis (ville d'Arès, dieu de la Guerre) pour claironner le caractère guerrier de ses habitants (!). Cette petite ville vaut le détour. Passé la place principale, franchement ratée, les vieux quartiers anciens, entièrement piétons, comptent des maisons dont la belle architecture en pierre est mise en valeur par une restauration plutôt réussie. Notamment la place « historique » du 17-Mars-1821, où se trouve l'église des Taxiarques aux surprenants signes du zodiaque sculptés sur le mur extérieur de l'abside. Un chapelet d'autres chouettes églises s'égrène dans le village.

Arriver – Quitter

Station de bus : *à droite de la route principale, à la sortie nord du village. ☎ 27-33-05-12-29.*

➢ ***De/vers Géroliménas :*** 3 bus/j. Tlj, 12h-19h.

➢ ***De/vers Gythion et Sparte :*** 4 bus/j., 8h-18h.

➢ ***De/vers Kalamata :*** 2 bus/j. en sem slt, 6h30-13h45, avec changement à Itilo (prévoir un peu d'attente).

Adresses utiles

✉ ***Poste :*** *en face de l'*Hotel Mani. *Lun-ven 7h30-14h.*

■ ***Distributeur automatique :*** *dans un kiosque de la* ***National Bank of Greece,*** *sur la place moderne.*

Où dormir ?

Voir aussi, plus loin, les adresses de Liméni sur « La route d'Aréopolis à Kardamili ».

Hotel Kouris : *sur la place moderne. ☎ 27-33-05-13-40. • hotel_kouris@yahoo.gr • Doubles 50-60 €, triples 60-70 €, petit déj inclus.* Banal petit immeuble moderne. L'intérieur, rénové, est un peu plus accueillant, notamment la salle du petit déj avec cheminée et murs de pierre dans l'esprit du pays. Déco très basique, en revanche, dans des chambres simplement confortables, de bonne taille et plutôt lumineuses. Celles (avec balcons) donnant sur la place peuvent être bruyantes en saison. Proprio sympa.

Hôtel Areos Polis : *sur la place moderne. ☎ 27-33-05-10-28. • areospolis.gr • Doubles 60-70 €, suites 100-120 € selon saison, petit déj inclus.* Si l'extérieur de ce bâtiment récent reste dans le ton du bâti traditionnel, l'intérieur décoiffe par sa modernité. Confort à tous les coins de couloirs et de chambres : clim, TV, douches à jets... Déco pleine de bon goût, et chaque chambre a sa propre miniterrasse. Quant aux suites... vous verrez... notamment celle située au sommet du bâtiment ! Terrasse (avec canons !) sur le toit.

Rooms Tsimova : *dans le centre historique, derrière l'église des Taxiarques. ☎ 27-33-05-13-01. Doubles 30-50 € selon saison. Pas de petit déj.* Constellée d'objets liés à la guerre (dont un canon dans la rue et une impressionnante collection d'armes datant de la révolution en vitrines dans les parties communes), cette ancienne tour typique du Magne, vieille de 300 ans, ressemble à un musée (la proprio fait d'ailleurs payer l'entrée si vous n'y séjournez pas !). Et la pendule du salon de cette vieille dame (et de sa gentille fille) semble avoir arrêté sa course tant les chambres paraissent d'une autre époque (l'une a même ses sanitaires sur un balconnet, en haut de la tour). Déco définitivement kitsch. Une expérience...

Hotel Mani : *à l'orée du centre, un peu en retrait de la route principale, vers la station de bus. ☎ 27-33-05-11-90. • hotelmani.gr • Selon saison, doubles 55-60 €, familiales 80-90 €, petit déj compris.* Bâtiment moderne en pierre du Magne. Grandes chambres à la déco banale mais bien tenues et correctement équipées : clim, TV, dont certaines avec un coffre ou un frigo. Accueil discret.

Ktima Karageorgou : *depuis la route principale, prendre sur 400 m l'étroite rue qui part à droite de la station de bus. ☎ 27-33-05-13-68. • mani.ktimakarageorgou.gr • Tte l'année. Doubles standard 70-120 € selon saison ; également des familiales (95-180 €) et des suites (160-250 €).* Hôtel de charme et de construction récente, tout en pierre du Magne et en bois. Chaque chambre est un bijou de romantisme, avec une ambiance à mi-chemin entre la Belle Époque (banquettes fleuries, dentelles, robinets en laiton) et l'ère moderne (écrans plats, clim, minibar...). Les familiales accueillent jusqu'à 4 ou 5 personnes, avec mezzanine, cheminée, et même un jacuzzi *(15-30 € de supplément si utilisé).* Si l'on a tant aimé cette adresse, c'est aussi grâce à l'hospitalité de toute la famille et au petit déj-buffet absolument extra. Piscine au milieu d'un jardin fleuri, dans un environnement très paisible.

LE PÉLOPONNÈSE

Où manger ? Où boire un verre ?

Psistaria O Alepis : *au début (sur la gauche) de la ruelle qui descend de la pl. centrale vers le centre historique. ☎ 27-33-05-12-76. Repas 12-16 €.* Entre *souvlakia* et snack, une petite adresse populaire auprès des Maniotes, particulièrement pour ses viandes grillées. Copieux et pas cher, mais préférer se poser en terrasse dans la ruelle pavée plutôt qu'en salle aux odeurs tenaces. Service très aimable.

Barba Pétros : *dans la ruelle (sur la gauche) qui descend vers le centre historique. ☎ 27-33-05-12-05. Repas 15-20 €. CB refusées.* Accueil réservé mais gentil. Si la salle est des plus classique, il y a une charmante petite terrasse dans la courette. On choisit son plat en cuisine parmi les 5-6 mijotés du jour, et c'est plutôt bon.

La Roca : *dans la ruelle (sur la droite) qui descend vers le centre historique. Tlj jusque tard (aux beaux jours du moins).* Bar à choix multiples, avec ses jolies salles voûtées, ses terrasses sur cour ou sur rue... Imprégné de musique *lounge*, on sirote une belle sélection de frappés, bières, cocktails et autres boissons locales ou pas. Dans la même veine et finalement tout aussi sympa, on peut opter pour le bar **Aula,** juste en face, et sa belle courette à l'arrière.

À voir

Le Musée byzantin : *dans la tour Pikoulaki. ☎ 27-33-02-95-31. Depuis la place moderne, prendre la rue la plus à gauche sur 200 m, c'est juste après la 1re petite église. Tlj sf lun 8h30-15h. GRATUIT.* Ici sont conservés certaines des plus belles icônes de l'église des Taxiarques, ainsi que des fragments de fresques (dont une du XIIIe s), des croix sculptées et des bas-reliefs provenant des églises du Magne. Une petite collection, mais qui vaut le coup d'y consacrer quelques minutes.

LA ROUTE D'ARÉOPOLIS À KARDAMYLI

On est encore dans le Magne historique (mais plus dans le Magne administratif), qui ne s'achève qu'après Kardamyli. Les demeures dans le style

maniote se raréfient. 45 km à ne pourtant louper sous aucun prétexte ! C'est l'une des plus belles routes côtières du Péloponnèse. Donc forcément un peu touristique...

Liméni *(Λιμενι ; 230 62)* **:** à trois bons kilomètres d'Aréopolis, dans une baie aux eaux chaudes et claires, pas du tout bétonnée, avec quelques coins aménagés pour le bain (mais gare aux oursins) le long de la petite route après le port. Liméni, malgré ses airs de village d'autrefois, est une destination plutôt chic (prix des adresses en conséquence...).

Liméni Village : *à 800 m avt Liméni ; indiqué depuis la route. ☎ 27-33-05-11-11/12. • limenivillage.gr • Tte l'année. Selon saison, doubles standard 80-130 € avec excellent petit déj-buffet. Suites beaucoup plus chères. Repas env 15 € (mai-sept slt).* Une très belle adresse pour ceux qui peuvent se l'offrir. Haut perché, l'hôtel est la réplique d'un village maniote de 16 petites tours comportant chacune 2 ou 3 jolis bungalows avec entrées indépendantes. L'ensemble domine toute la baie et Liméni, blotti dans sa crique. Chambres tout confort et charmantes avec sol en pierre et plafond en bois (les chambres standard sont toutefois petites). Terrasses communes bénéficiant de la vue exceptionnelle, tout comme la piscine et le resto. Magnifiques couchers de soleil. Une adresse de luxe bien romantique.

Telonio : *sur le front de mer. ☎ 27-33-05-27-02. Repas min 25 €.* Un resto dont la cuisine se démarque clairement des plats des tavernes... Avec un chef jamais en panne d'inventivité qui, par exemple, travaille les poissons d'ici avec des techniques venues d'ailleurs : sushi ou *ceviche*. Excellents desserts, riche carte des vins, assiettes présentées de jolie manière, cadre idyllique, service polyglotte, efficace mais décontracté, produits locaux offerts en fin de repas... Évidemment, tout cela se paie !

Néo Itilo *(Νεο Οιτυλο ; 230 62)* **:** 1 km après Liméni, grande plage de galets mêlés de sable, hameau fade et peu animé hors saison. Le village ancien, ***Itilo,*** perché sur les hauteurs, vaut le coup d'œil pour son architecture typique. C'est de là que partirent les émigrants maniotes qui, à la fin du XVIIe s, fondèrent Cargèse en Corse. À proximité, le château turc de *Keléfa.*

Porto Vitilo : *à* ***Karavostasi,*** *à la sortie nord de Néo Itilo. ☎ 27-33-05-92-10/20. • portovitilo.gr • Fermé nov-fév. Selon saison, doubles standard 70-110 € sans ou avec vue sur mer, petit déj-buffet inclus ; suites bien plus chères.* Adresse de charme et de luxe dans une grande construction (récente) de style maniote, en pierre grise de la région. Chambres avec murs en pierre, poutres apparentes, clim, TV et balcon à porche, certaines avec lit à baldaquin. Entrée et salons cosy et accueil sympathique. Belle piscine surplombant les flots. Fait resto en juillet-août.

Taverna O Mavros Piratis : *au centre de Néo Itilo, sur le bord de mer. ☎ 27-33-05-93-63. Tte l'année. Repas 15-25 €, poisson 45 €/kg.* Du beau poisson frais à prix encore raisonnable. Terrasse tout en longueur entre la route et la mer. La soupe de poisson « avec morceaux » *(kakavia)* est extra.

Le monastère de Dékoulon : *prendre à droite 1 km avt Itilo, puis encore à droite (panneau bleu en grec).* C'est par une petite route étroite et escarpée (prudence !) que l'on accède à cette église aux fresques colorées incroyablement bien conservées. Si elle est là et si vous lui demandez gentiment, la propriétaire de la maison attenante vous en ouvrira volontiers la porte.

➢ Ensuite, la route ne cesse de grimper, traversant de paisibles villages. Chacun d'eux possède nombre de chapelles très anciennes. Certaines sont ouvertes et abritent encore des fragments de fresques sublimes.

À ***Thalamès*** *(Θαλαμες)*, s'arrêter sur la place ombragée par un immense platane. La *taverne Platanos* propose de bonnes salades et d'honorables grillades. Pratiquement en face, *Morea (☎ 27-21-07-41-38 ; avr-oct, tlj 10h-16h)* propose une dégustation-vente d'une excellente huile d'olive extra-vierge (parfumée pour certaines au citron, à l'orange ou au gingembre). Possibilité de visiter l'atelier, juste à côté. À la sortie nord du village, belle église *(Métamorphosis)* avec ses motifs extérieurs de brique et de pierre.

Nomitsis *(Νομιτσης)* **:** à l'entrée du village, sur la droite, deux très vieilles chapelles (*Agios Anargyros* et l'*église Métamorphosis*) avec des fresques pas trop dégradées (parfois fermées à clé).

Platsa *(Πλατσα)* **:** *peu après Nomitsis.* Plusieurs églises au hasard des ruelles de ce gros village encore bien authentique : *Agia Paraskévi* (XIIIe s), *Agios Dimitrios* (XIIIe s) et *Agios Ioannis* (XVe s).

Agios Nikolaos *(Αγιος Νικολαος)* **:** minuscule et charmant port de pêche, très apprécié par les touristes anglais. Touristique donc, mais pas trop.

Restaurant & Rooms O Faros : *après l'église, au bord de l'eau. ☎ 27-21-07-70-17. • faros-mani.gr • Fermé oct-Pâques. Double 35 €, sans petit déj. Repas 12-20 €.* Construction moderne avec une grande terrasse. Chambres simplissimes, mais pas chères, très propres et climatisées, certaines avec douche commune dans le couloir. On y mange une cuisine de qualité (en particulier la moussaka !) à prix modérés. Petite terrasse en contrebas, sur les rochers, avec accès à la mer par une échelle. Accueil sympa de toute la famille.

Appartements Skafidakia : *à gauche depuis la rue qui quitte le port (fléché). ☎ 27-21-07-76-98. • skafidakia.gr • Selon saison, apparts 37-45 € pour 2, 55-80 € pour 4 (négociable). CB refusées.* Un édifice bâti avec de jolies pierres locales, des terrasses ombragées et de jolies fleurs. Une dizaine d'appartements le long de 2 coursives donnant sur le jardin, assez grands et tout confort, avec douche et w-c, cuisine équipée, TV. Accueil très gentil en anglais.

Hidden Garden : *sur le port. ☎ 27-21-07-72-32. Avr-oct. Slt le soir en mi-saison, et slt le midi en juil ! Repas 12-19 €. Souvlakia* et poisson excellents. On peut manger dehors sous la treille.

➢ D'Agios Nikolaos, on peut, en suivant la route côtière par le sud, descendre vers *Agios Dimitrios,* dominé par une tour vénitienne, avec un port encore plus petit. De là, continuer jusqu'à un autre petit port, *Trachila,* 5 km plus au sud. Pas beaucoup de touristes. La route entre Agios Dimitrios et Trachila, sous la falaise, longe la mer. Possibilités de baignade. Véhicules encombrants, s'abstenir.

Stoupa *(Στουπα)* **:** plage très (très !) fréquentée ; le week-end, une file ininterrompue de voitures et de bus est garée le long de la route qui y mène. Innombrables chambres à louer, pléthore d'hôtels et des tavernes à vocation touristique. Et ce n'est pourtant pas la plus jolie du coin....

Camping Kalogria : *dans Stoupa, au-dessus de la plage de Kalogria (2e route à gauche). ☎ 27-21-07-73-19. Mai-oct. Env 16,50-21,50 € selon saison pour 2 avec petite tente et voiture.* Camping moyennement ombragé par des eucalyptus. Machines à laver, épicerie. Sanitaires corrects. Assez moyen dans l'ensemble, mais les plages sont à 5 mn et l'accueil est excellent.

KARDAMYLI (ΚΑΡΔΑΜΥΛΗ) (240 22) 420 hab.

Village en bord de mer, assez touristique mais pas du tout massacré. Voir surtout, dans l'ancienne enceinte médiévale du vieux Kardamyli, un peu à l'écart

dans les terres (10 mn de marche), l'*église Agios Spyridon,* surmontée d'un curieux clocher agrémenté de reliefs.
Avis aux amoureux de l'errance : les cendres de l'écrivain-voyageur britannique Bruce Chatwin (1940-1989) ont été dispersées ici. Converti à l'orthodoxie, Chatwin voulait reposer dans ce village qu'il aimait pour y avoir vécu chez son ami l'écrivain Patrick Leigh Fermor (1915-2011), fin connaisseur du Magne (voir la rubrique « Livres de route » dans « Grèce continentale utile » en début de guide).

Adresse et infos utiles

✉ ***Poste :*** *dans la rue principale. Lun-ven 7h30-14h.*
➢ Plusieurs bus/j. pour Athènes, Kalamata et Itilo.

■ ***Location de vélos et VTT :*** *dans rue principale, à la sortie du village.*

Où dormir ? Où manger ?

De bon marché à prix moyens

🏠 ***Chez Olympia Koumanakou :*** *dans la principale ruelle qui descend vers la mer. ☎ 27-21-07-36-23. Doubles 30-40 €, pas de petit déj.* Dans une belle maison blanche entourée d'un jardin et qui donne sur une petite ruelle pavée, 5 petites chambres très propres, avec clim, TV et salle de bains, dont une avec vue sur mer. Une cuisine commune pour le petit déj et un charmant jardin ombragé. Excellent accueil de la très gentille Olympia.

🏠 |●| ***Lela's Taverna :*** *sur le front de mer, sur la droite quand on descend depuis la rue principale (c'est fléché). ☎ 27-21-07-35-41. • lelas taverna.com • Resto ouv slt le soir de mi-avr à nov. Doubles 45-50 €. Repas 15-20 €.* On vient y manger un excellent poisson grillé ou des plats savoureux, notamment un moelleux agneau à l'origan, sur les adorables terrasses ombragées par les lauriers-roses qui dominent la mer. Doux sourire de la gentille Lela, aujourd'hui très âgée, qui a laissé la gestion de sa maison à son fils. Ce dernier loue une poignée de chambres gentiment rénovées, à l'étage, toutes avec balcon et vue sur mer. Son autre fils tient le *Notos Hotel,* à 1 km au nord du village *(studios et appartements confortables en bord de mer ; 80-120 € pour 2-4 pers).*

|●| ***Harilaos :*** *sur le front de mer, sur la gauche quand on arrive de la rue principale. ☎ 27-21-07-33-73. Repas 12-19 €.* Une salle plutôt élégante prolongée d'un grand balcon avec vue sur mer (et sur une esplanade de béton, pas des plus esthétique). Produits frais pour une cuisine dans la grande tradition, simple et bonne. Service aussi aimable qu'efficace.

De chic à plus chic

🏠 |●| ***Kalamitsi Hotel-bungalows :*** *à 2 km du village en direction d'Aréopolis. ☎ 27-21-07-31-31. • kalamitsi-hotel.gr • Tte l'année. Doubles 90-110 €, bungalows 100-120 €. Petit déj 10 €.* 💻 📶 Des chambres impersonnelles et surévaluées dans le corps principal de bâtiment (Bruce Chatwin y occupa la chambre n° 1), mais un ensemble de jolis bungalows (pour 4 à 6 personnes), en pierre de Magne, disséminés dans une oliveraie au bord de la falaise, avec cuisine équipée. Ces derniers sont de très bon rapport qualité-prix, surtout pour une famille. Le coin est sympa, à proximité de jolies criques ourlées de cyprès et d'oliviers (plage de galets). Petit déj pas donné mais de qualité. Fait resto le soir. Bon accueil.

LA MESSÉNIE (ΜΕΣΣΗΝΙΑ)

Administrativement, le département de la Messénie commence plus au sud, du côté de Thalamès, mais historiquement, on a coutume de placer la frontière entre le Magne et la Messénie du côté de Kardamyli. Département essentiellement tourné vers l'agriculture (grâce à la grande douceur de son climat), la Messénie possède pas mal d'autres atouts, notamment du côté touristique.

LE PÉLOPONNÈSE

KALAMATA (ΚΑΛΑΜΑΤΑ)

(241 00) 74 100 hab.

Cette grande ville étendue, coincée au fond d'un golfe et d'une cuvette, fait le grand écart entre son front de mer et un centre historique intéressant mais en retrait de la côte. Au final, Kalamata est une ville de passage au carrefour du Magne et des premiers sites de Messénie. Pendant la 2de quinzaine de juillet, la ville accueille un important Festival international de danse.

Arriver – Quitter

En bus

Gare routière : *à la sortie nord de la ville (route de Sparte), au niveau du château franc, peu après le marché. ☎ 27-21-02-85-81. Horaires sur • ktelmessinias.gr •*

➢ ***De/vers Athènes :*** 11 bus/j., 4h45-22h. Trajet : 2h45-3h15.

➢ ***De/vers Sparte :*** 2 bus/j., 9h15-14h30 (slt à 14h30 le w-e). Changement en pleine montagne à Artémisia. Connexion possible avec Mystra et Gythion.

➢ ***De/vers Kardamyli-Stoupa-Aréopolis :*** 4 bus/j., 4h45-18h, avec changement à Itilo. 3 bus/j. le dim.

➢ ***De/vers Pylos, Méthoni et Finikounda :*** 5-7 bus/j., 5h-19h30 (3-4 le w-e).

➢ ***De/vers Kyparissia :*** 4 bus/j. (2-3 le w-e), 8h10-20h30.

➢ ***De/vers Patras (via Zacharo-Pyrgos) :*** 2 bus/j., 8h30-16h.

➢ ***De/vers Koroni :*** 6 bus/j., 5h-19h. 4-5 bus/j. le w-e.

➢ ***De/vers Ithomi (Mavromati ; site d'Archéa Messini) :*** lun et jeu slt, à 5h30 et 14h. Dans le sens Ithomi-Kalamata, 1 seul bus en début d'ap-m ; il faut donc prendre le bus de 5h30 pour faire l'A/R dans la journée.

En avion

✈ **Aéroport de Kalamata :** *situé à 9 km à l'ouest de Kalamata, sur la route de Messini. ☎ 27-21-06-38-05.* Accueille des vols réguliers intérieurs et de plus en plus de vols internationaux (compagnies régulières ou *low-cost* ; en principe, vols *Aegean* depuis Paris, Lyon et Nantes en saison). Bus pour le centre-ville (ttes les 30 mn). Loueurs de voitures.

Adresses utiles

Office de tourisme : *12, odos Agiou Ioannou. ☎ 27-21-09-04-13. Derrière l'église Agii Apostoli et à côté du Musée archéologique. Tlj 9h-22h (21h le w-e).* Plan détaillé de Kalamata et plein d'infos sur toute la Messénie. Vend également de nombreux guides touristiques. Personnel efficace et dynamique.

■ **Distributeurs :** *un peu partout en centre-ville et sur le front de mer.*

✉ **Poste :** *un peu plus bas que la pl. centrale Aristoménous, sur odos Olgas. Lun-ven 7h30-14h30.*

■ **Location de voitures :** *agence de voyages* ***Maniatis Dimitris,*** *1, odos Iatropoulou (remonter la rue dos à l'ancienne gare ferroviaire, c'est la 2e à gauche). ☎ 27-21-02-24-92 ou 53-00. • maniatistravel.com • Voir également, près de la marina et du port, l'agence* ***Hertz,*** *13, odos Lykourgou. ☎ 27-21-06-34-98. Tlj sf dim hors saison ; 8h30-14h, 17h-21h.*

■ **Agence consulaire de France :** *Aristide Mountzouris, 1, odos Georgouli, au 4e étage. ☎ et fax : 27-21-09-24-55. Mar, jeu et ven 10h-13h, ou sur rdv.*

Où dormir ?

Les hôtels du bord de mer sont loin de la station de bus. Prendre un taxi si vous êtes chargé.

De prix moyens à plus chic

Byzantio Hotel : *7, odos Stathmou. ☎ 27-21-08-68-24/25. • byzantiokalamata.gr • Dans la rue face à l'ancienne gare ferroviaire, à 50 m. Doubles 45-60 € selon saison, petit déj inclus.* Situé dans un quartier vivant et pas trop loin de la gare routière, un hôtel à la façade triste et râpée qui cache un hall refait dans un style contemporain agréable. Les chambres sont correctes, avec salle de bains et clim. Plutôt une bonne surprise pour le prix ! Bars bruyants côté ruelle piétonne.

Comfy Hotel : *à l'angle des axes Kritis et Vyronos. ☎ 27-21-09-01-28. • comfyhotel.gr • À 100 m en retrait du front de mer. Doubles 65-110 €, petit déj inclus.* Il se qualifie de « boutique-hôtel », et ce n'est pas du bidon. Bon accueil, très pro, serviable, et des chambres décorées de façon très moderne, personnalisées jusqu'au bout des angles. Confort de belle facture à force de clim, TV, balcon et une très agréable piscine sur le toit.

Hotel Akti Taygetos : *à env 8 km du centre-ville, dans le village de* ***Mikra Mantinia.*** *☎ 27-21-04-20-00. • aktitaygetos.gr • En venant d'Aréopolis, une fois terminée la route en épingle à cheveux à l'entrée de la ville, prendre à gauche (direction Kitriès) ; du centre-ville, prendre le front de mer vers le sud, puis à droite à la fourche pour Aréopolis. Tte l'année. Selon saison et confort, doubles 70-110 €, petit déj inclus.* Un grand *resort* confortable pour touristes internationaux et groupes de passage. Bien si l'on est véhiculé et que l'on veut échapper à cette ville peu enthousiasmante. Chambres et bungalows impeccables, superbe piscine avec bar et resto-buffet attenant. Petit déj copieux avec que des produits frais. Accès direct à la plage par un souterrain. Accueil dévoué et en français.

Où manger ?

Kantoina *(prononcer « Kantina ») :* *au cœur du marché couvert, sous le château, à deux pas de la gare routière. ☎ 27-21-08-60-00. Tlj midi et soir, sf dim (sam, fermeture à 17h). Compter 9-12 €/pers.* Belle réussite que ce bar à vins « gourmand » caché dans une double échoppe des halles,

LE PÉLOPONNÈSE

aux antipodes du front de mer. Perry, le jeune patron, a su l'intégrer parfaitement au lieu : étal de vins les jours de marché, cuisine ouverte, service à même le bar ou sous la verrière, carte renouvelée quotidiennement selon les produits de la saison (tous achetés au marché). Les plats sont inspirés, copieux, et l'endroit toujours vivant. Belle carte de vins de toute la Grèce.

|●| ***Kardamo :*** *21, pl. Stathmou. ☎ 27-21-09-80-91. Face à l'ancienne gare ferroviaire. Repas env 20 €.* Dans un cadre agréable mêlant boiserie et objets d'art contemporain, ou en terrasse, voici un resto apprécié par les gastronomes locaux ! Bonne cuisine grecque, avec des touches de modernité, à base de produits frais. Service jeune et efficace.

|●| ***Psistaria Thraka :*** *176, odos Faron. À env 500 m du front de mer sur l'axe qui remonte vers le centre-ville, à côté du magasin* Continental. *☎ 27-21-02-93-56. Lun-sam, le soir slt. Plats 7-11 €.* Un petit resto de qualité, propre et pas bien cher. Décor soigné avec tables recouvertes de nappes blanches. De bonnes *kolokythokeftédès* (boulettes aux courgettes) et des viandes de choix (spécialités : le poulet grillé et le porc farci, de taille impressionnante). Patron impayable.

|●| ***Kannas :*** *sur la marina, à droite du port de commerce. ☎ 27-21-09-15-96. Plats 8-19 €.* Un joli décor tout en bois avec une terrasse sur le quai pour dévorer une carte de plats d'inspiration italienne, pour ceux à qui la *pasta* manquerait trop au pays de la moussaka. Prix un iota plus élevés qu'ailleurs.

Où boire un verre ? Où manger une glace ?

Au nord de la ville, de nombreux bars plutôt populaires cerclent la place 23-Martiou. Au milieu d'Aristoménous, entre Vassiléos Georgiou et l'odos Kaisari, l'ambiance se fait plus chic. Au sud, enfin, sur le front de mer (odos Navarinou), faites votre marché selon vos envies de déco et fréquentation du soir. Et pour guincher autour d'un verre, on vous signale le ***Kastraki,*** sur les hauteurs de la ville *(à env 3 km du centre en venant d'Aréopolis ; prendre direction Verga ; ouv tte l'année).* Panorama à couper le souffle.

Athanassiou : *odos Navarinou, sur le quai, ou rue Faron, à l'angle de Pindarou. ☎ 27-21-09-74-31.* Pour une boule de yaourt au miel ou de crème aux cheveux d'ange (façon *kadaifi*), une gaufre ou une part de gâteau. Chocolatier réputé, institution locale, terrasses confortables.

À voir

L'église Agii Apostoli : *Agiou Ioannou, en limite du bazar, dans le prolongement de la pl. 23-Martiou.* Elle date de 1626, et une ancienne église byzantine lui sert de chœur. Elle est fameuse pour avoir été le point de départ de la révolution le 23 mars 1821, 2 jours avant la date retenue dans les livres d'histoire officiels.

Le Musée archéologique de Messénie : *odos Agiou Ioannou, derrière l'église Agii Apostoli, au nord de la pl. 23-Martiou. ☎ 27-21-08-34-85. Lun 13h30-20h, mar-dim 8h-20h. Entrée 3 € ; réduc ; gratuit moins de 18 ans.* Dans une muséographie moderne, sous une verrière lumineuse, riche collection d'objets archéologiques de l'Antiquité à la période byzantine, provenant de toute la région de Messénie, classés par sous-régions (Pylia, Kalamata, Trifylia...). Enrichie de panneaux explicatifs érudits en anglais, la visite s'avère tout à fait passionnante.

Le château : *tt en haut. Mar-dim 8h-20h (8h-15h en hiver). Entrée : 2 € ; réduc.* Construit après 1205 par le chevalier franc Geoffroi Ier de Villehardouin sur l'emplacement d'une ancienne acropole. Ce fut le fief des Villehardouin durant deux siècles, puis Mystra en prit le contrôle. Un théâtre en plein air, juste à côté, accueille chaque été, fin juillet, le Festival international de danse de Kalamata.

Le marché : *près de la gare routière. Mer et sam mat.* Grosse affluence et belle ambiance. Très bien pour préparer un pique-nique ou acheter quelques produits locaux (compter aussi sur les boutiques du bazar, autour de l'église Agii Apostoli). Grosses olives noires, figues séchées et *pasto* (viande de porc fumée) sont incontournables.

DANS LES ENVIRONS DE KALAMATA

Après Verga, plusieurs localités se succèdent, la plus importante étant ***Avia,*** petite station balnéaire très fréquentée l'été, avec de nombreuses tavernes les pieds dans l'eau. On peut pousser jusqu'à ***Kitriès*** *(à 15 km du centre-ville de Kalamata ; 6 bus/j. en sem ; 2 slt le sam),* puis rejoindre l'axe principal Kalamata-Aréopolis. Entre Avia et Kitriès, plages superbes de galets aux eaux cristallines et pas trop surpeuplées. Seule celle de *Santova* possède du sable fin. À son extrémité nord (galets à nouveau), le *beach-bar Hobo,* discret et très agréable au demeurant, plaît beaucoup à la jeunesse locale. Amusantes cavités à aller explorer au masque, juste derrière la pointe.

ITHOMI (ΙΘΩΜΗ)

À environ 30 km de Kalamata. Voilà un petit détour que vous ne regretterez pas. Ithomi, l'ancienne Messène *(Archéa Messini),* construite par le général thébain Épaminondas après la défaite de Sparte à Leuctres (371 av. J.-C.). Elle faisait partie, avec Mégalopolis, de la défense stratégique destinée à surveiller Sparte.
C'est l'une des plus belles vallées du Péloponnèse, fertile, au pied d'une montagne sauvage, un mariage réussi de ruines antiques avec la nature.

Arriver – Quitter

En voiture

Bien fléché (« Archeological site – Ancient Messini ») depuis Messini (Néa Messini), à une dizaine de km à l'ouest de Kalamata.

En bus

➢ ***De Kalamata vers Ithomi :*** très mal desservi. Bus slt lun et jeu, à 5h30 et 14h. Dans le sens Ithomi-Kalamata, 1 seul bus en début d'ap-m. Pour faire l'A/R dans la journée, il faut donc prendre le bus de 5h30.

Où dormir ? Où manger ?

Pas mal de ***chambres à louer*** à Mavromati. À Ithomi, les ***Zeus Rooms*** sont très correctes (douches et toilettes communes).

Un resto, ***Ithomi,*** dans le village. On y mange bien et l'on profite d'une terrasse dominant le site et toute la vallée.

À voir

Le site : *• ancientmessene.gr • Après avoir traversé Mavromati, suivez la piste descendant à gauche et indiquée par « Archeological site ».*

☎ 27-24-05-12-01. Site ouv tlj 8h-20h (9h-16h en hiver ; peut fermer plus tôt en hte saison selon les moyens alloués par le ministère). Très cher : 12 € (billet combiné site et musée, valable aussi pour les sites de Kalamata) ; gratuit étudiants de l'UE. Le site internet explique fort bien le lieu, les vestiges qu'on y voit et leurs fonctions respectives. Les dimensions relativement réduites de ce « centre civique » permettent d'en apprécier l'harmonie générale. À voir aussi, les restes d'un petit théâtre (peu de gradins demeurent), de l'agora. On parcourt les fondations de l'*asklépion* (avec les bases du temple central, dédié à... Asklépios, bien entendu). Attenant, l'hémicycle bien conservé de l'*ekklesastérion* où se déroulaient les joutes politiques d'alors. Plus loin, clou de la visite, le stade, dont nombre des gradins ont été dégagés, encadré d'alignements de colonnes, ouvert sur la plaine et un petit mausolée en très bon état (de l'époque romaine, Ier-IIIe s apr. J.-C.), dédié à une famille noble. Avant de vous sauver, jetez un œil au *propylon* du *gymnasium* situé juste à gauche en quittant le stade.

La porte d'Arcadie : *continuer sur la gauche sur env 2 km.*
Amateurs de poliorcétique (art d'assiéger les villes, merci brave *Routard*), vous allez vous régaler. La porte se compose de deux entrées séparées par une vaste cour ronde. Le soubassement de l'ouvrage est fait de blocs énormes ajustés au millimètre, sans mortier. Le rempart, parsemé de tours carrées, grimpe ensuite très haut dans la montagne. Il n'avait pas besoin d'être très élevé, à peine 4 m, car, grâce à l'escarpement, les machines de guerre ennemies ne pouvaient approcher. De l'autre côté de la porte, des chambres funéraires coulées sous le bitume ont été récemment excavées.
Un autre point de vue intéressant sur ce chef-d'œuvre d'architecture militaire est offert un peu plus loin, à 1 km. De cet endroit, vous verrez les remparts, encore mieux conservés, comme une minimuraille de Chine (il y eut 9 km de fortifications).

Le Musée archéologique : *à la sortie du village. ☎ 27-24-05-12-01. Tlj sf lun 9h-16h. Entrée groupée avec le site (voir plus haut).* Y sont rassemblés, dans trois pièces, les statues (il y en a de très expressives) et objets funéraires trouvés sur le site en contrebas, ainsi que dans les tombes près de la porte d'Arcadie. Dans la première salle, la pièce la plus importante de l'*asklépion,* une sculpture colossale de la déesse Artémis, réalisée par Damophon. Autour d'elle se dressaient 11 colonnes accompagnées de statues des prêtresses et des jeunes filles ayant passé leur rite d'initiation à la puberté. Leurs parents dédiaient ainsi les figures figées de leur progéniture à la déesse.

LA ROUTE DE KALAMATA À KORONI

La route suit une côte faiblement découpée, plutôt douce, ourlée de nombreuses plages de sable fin, avec quelques beaux vallons chaussés de vignes, caparaçonnés de champs d'oliviers et hérissés de cyprès.

Camping Pétalidi Beach : *à 1,5 km avt Pétalidi en venant de Kalamata. ☎ 27-22-03-11-54. • campingpetalidi.gr • Avr-oct. Selon saison, 18-20 € pour 2 avec tente et voiture.* Calme et ombragé par une peupleraie. Minimarché, bar, resto. Machines à laver. Tennis de table et terrain de basket. Petite plage de sable et de galets, et parasols à disposition. Bungalows. Accueil expéditif.

Dionysos : *sur le port de* ***Pétalidi.*** *☎ 27-22-03-13-78. Fermé le midi.* Cadre rustique et terrasse (un peu triste) face au port. Cuisine simple et modeste, tout comme les prix d'ailleurs. Rien d'extraordinaire, mais suffisant pour casser une graine au passage.

KORONI (ΚΟΡΩΝΗ) (240 05) 1 800 hab.

Gentil petit port qui a su garder des ruelles authentiques. La forteresse bien conservée qui domine la cité témoigne d'une histoire agitée, liée à son emplacement stratégique. Elle fut prise par l'inévitable Villehardouin, puis cédée aux Vénitiens, Koroni et Méthoni constituant les postes avancés de la flotte vénitienne, tout le sud du Péloponnèse restant sous contrôle des Francs. On parlait alors de ces deux cités comme des « yeux de Venise ». Les Ottomans en prirent le contrôle en 1500.
L'ensemble possède pas mal de charme. Le quai du port qui aboutit à une adorable petite place flanquée d'arcades et de palmiers ; la rue en escalier menant à l'entrée du château, bordée de maisons aux couleurs pimpantes ; et puis, dans l'enceinte du château, le ravissant et paisible monastère Saint-Jean-Baptiste, à ne pas rater. On peut se baigner au pied du château, mais aussi sur la grande plage de sable fin entourée d'une belle végétation de *Zaga Beach,* à la sortie de la ville en direction de Vassilitsi. Même les tortues marines *Caretta caretta* aiment le site : elles viennent pondre sur la plage de Mémi (l'ONG chargée de leur protection a son antenne sur le port).

Arriver – Quitter

Arrêt des bus derrière l'église.
➢ ***De/vers Kalamata :*** 6 bus/j. (4-5 le w-e). Arrêt possible au camping. Ticket dans le bus.
➢ ***Vers Finikounda et Méthoni :*** pas de liaison directe. En sem, les lève-tôt peuvent remonter à Harokopio et attraper le bus de Kalamata pour Finikounda (attention, celui de 5h slt).
➢ ***Vers Athènes :*** 1 bus/j. (à 8h) via Kalamata. Trajet : env 6h. Acheter son billet la veille, chez le marchand de journaux à l'angle de la place et de la rue principale, pour avoir une place.

Adresses utiles

✉ ***Poste :*** *dans la rue parallèle au port.*

■ ***Banques :*** *un distributeur à côté de l'église et un autre sur le port.*

Où dormir ? Où manger ?

Camping

Camping Koroni : *à l'entrée du village en venant de Pétalidi.* ☎ *27-25-02-21-19.* • *koronicamping.com* • *Le bus s'arrête devant. Tte l'année. Compter 25 € pour 2 avec tente et voiture. Réduc de 20 % hors juin-sept.* Emplacements herbeux et ombragés par quelques oliviers et autres eucalyptus. Piscine bien agréable, entourée de pelouse (accès possible pour les non-résidents contre 5 € par personne, enfants y compris). Bar, resto. Minimarché. Possibilité de cuisiner. Machines à laver. Accès à la plage (moyennement sympa, avec un *beach-bar*) par un petit chemin. Bon accueil en anglais.

De bon marché à prix moyens

Hotel Diana : *en arrivant sur le port.* ☎ *27-25-02-23-12.* • *dianahotel-koroni.gr* • *Doubles 40-50 €, petit déj en sus.* Un petit hôtel sympathique avec 8 petites chambres très propres et équipées d'AC, TV et frigo. 5 d'entre elles ont un bout de vue sur le port. Accueil très gentil en anglais.

Chambres chez Dionisia Perivolaraki : *tt au bout de la rue parallèle au quai.* *☎ 27-25-02-25-53.* *• dionisiakoroni@yahoo.gr • Doubles 35-45 €. CB refusées.* Dans une belle et grande maison de pêcheur, blanc et bleu dedans comme dehors. Dionisia vous propose gentiment ses chambres simples, propres, avec tapette à mouche accrochée au mur... Les balcons, en saillie sur les flots, offrent une belle vue sur la citadelle. Voilà une très bonne option pour jeter l'ancre à Koroni.

Taverna Bogris nº 2 (Dimitrios Sipsas) : *face à l'école, à gauche du port. Plats 6-10 €.* Terrasse ombragée derrière un porche en pierre et joliment décorée. Également une entrée par le petit bout de rue piétonne. Cuisine classique mais entièrement maison. Allez donc voir les plats en vitrine : *pastitsio,* moussaka, tomates farcies... Excellent rapport qualité-prix.

Toute une armada de restos plutôt touristiques a colonisé le quai avec leurs cartes bateau, à prix moyens. Les pieds dans l'eau, les yeux dans la mer et, au loin, le mont Taygète (magnifique au lever du soleil !).

LE PÉLOPONNÈSE

Où dormir ? Où manger dans les environs ?

Zagamilos Hotel : *à Zaga Beach. ☎ 27-25-02-24-48. • zagamiloshotel.gr • Avr-nov. Doubles 45-60 €, petit déj (basique) inclus. Plats 7-9 €.* Tenu par un petit bonhomme très gentil. Une trentaine de chambres plutôt simples avec AC, TV et frigo. Réserver à l'avance pour obtenir une chambre côté mer, comme la nº 212 ou la nº 213, beaucoup plus sympas. Belle plage à 350 m de là. Le patron fait la cuisine avec amour et prend le temps de vous expliquer son savoir-faire. Il a même exercé à New York pendant plus de 20 ans ! Goûtez à sa moussaka, son *pastitsio* ou ses boulettes de viande avec la délicieuse sauce au citron. Accueil chaleureux.

Où boire un verre ? Où déguster une pâtisserie ou une glace ?

Byzantino Pastry Shop : *sur le quai (également une entrée sur la rue parallèle). Tlj 8h-14h, et de 17h jusque tard...* Terrasse au bord de l'eau pour déguster de bons gâteaux, de bonnes glaces ou une orange pressée.

DANS LES ENVIRONS DE KORONI

Vassilitsi (Βασιλιτσι) **:** *au sud-ouest de Koroni.* But possible pour une balade à pied depuis la plage de Koroni : 16 km aller et retour. Ça grimpe un peu, mais le paysage est superbe. On marche au milieu des oliviers en longeant la côte pour arriver au village. S'arrêter pour siroter un verre sur la terrasse du café de la place. Pas trop de touristes, et des gens adorables qui vous gratifient d'un immense sourire. Sinon, on prendra sa voiture : de Vassilitsi, la route rejoint également Finikounda.

FINIKOUNDA (ΦΟΙΝΙΚΟΥΝΤΑ) (240 06) 680 hab.

La route qui mène de Koroni à ce tout petit port, et continue ensuite jusqu'à Méthoni, coupe droit à travers des paysages vallonnés couverts de vignes. La région est riche et fertile. Le coin est apprécié pour ses

belles et longues plages de sable, suffisamment ventées pour les véliplanchistes. Le village lui-même est mignon et accueille un tourisme tranquille, pas trop massif.

Arriver – Quitter

Arrêt des bus près de l'église, face à l'hôtel *Finikounda*.

➢ ***De/vers Pylos et Kalamata :*** 4 bus/j. lun-ven ; 2-3 le w-e.

➢ ***De/vers Kalamata, via Harokopio :*** 1 bus/j. lun-ven.

Adresse utile

■ ***Distributeur de billets :*** *au bout de la rue principale.*

Où dormir ?

Campings

Le stationnement des camping-cars étant strictement interdit (et on vous le fera savoir), voici un large éventail de campings.

Camping Loutsa : *fléché à gauche, 1 km avt Finikounda quand on vient de Koroni. ☎ 27-23-07-11-69. • loutsacamping.gr • Mai-oct. Compter 21-23,50 € pour 2 avec voiture et petite tente.* Très bien situé, au bout d'un chemin, au bord d'une jolie plage de sable. Tout confort et pas mal d'ombre. Emplacements rectilignement ordonnés. Machines à laver. Resto-grill. Accueil avenant d'une famille sympathique.

Camping Thinès : *fléché à gauche 400 m après la sortie du village, en direction de Méthoni. ☎ 27-23-07-12-00. • camping-peloponnese.com • Tte l'année. Compter 19,50-21,50 € pour 2 avec voiture et petite tente.* Un petit camping familial à taille humaine et sans doute celui où l'on a été le mieux accueilli. À un pas d'une longue plage, des emplacements bien ombragés. Machines à laver, épicerie et snack-bar. Simple mais sympa.

Camping Finikès : *fléché à gauche 2 km après la sortie du village, sur la route de Méthoni. ☎ 27-23-02-85-24. • finikescamping.gr • Tte l'année. Compter 16,50-21 € pour 2 avec voiture et petite tente.* Des emplacements ombragés par des tonnelles avec la plage devant. Très propre, tenu par une Allemande. Machines à laver, épicerie, café, resto et aire de jeux. Loue également quelques chambres dans des bungalows *(40-60 € pour 2)* avec AC, TV, frigo.

De prix moyens à chic

Korakakis Beach : *à gauche, à l'extrémité du front de mer. ☎ 27-23-07-12-21 ou 11-35. • korakaki@otenet.gr • Avr-oct. Doubles 40-60 €, petit déj compris. Également quelques bungalows à côté, au vert (50-70 € pour 2 adultes et 2 enfants).* Déco marine très marrante à la réception. Chambres sobres, petites, aux murs blanc et bleu, les pieds presque dans l'eau et avec AC, TV et frigo. Microsalles de bains. Les chambres du dernier étage sont particulièrement plaisantes : lambrissées, avec balcon sur la mer. Accueil sympa.

Où manger ?

Taverne Oinoussès : *en bord de plage. Plats 7-9 €.* Ici, ni chichis ni flonflons, mais une cuisine simple et typiquement grecque : tomates et poivrons farcis, courgettes frites... Terrasse avec nappes à carreaux. Le jovial patron parle le français (et l'anglais, et l'allemand !).

LE PÉLOPONNÈSE

Taverne Éléna : *au bout du quai, en surplomb de la plage. ☎ 27-23-07-12-35. Ouv avr-oct. Repas 12-20 €.* Bâti en terrasses au bout du quai, ce resto embrasse du regard le petit port et la plage. Malgré les menus touristiques dans toutes les langues (avec un lexique grec) et le passage de quelques groupes, l'accueil reste agréable. La cuisine est de bonne qualité et l'addition pas trop lourde. On y vient pour son poisson (sardines farcies notamment) et ses entrées très variées. Musique live les mardi et samedi en été, le week-end hors saison.

Bonne ***pâtisserie*** accolée au supermarché du village (près de l'église). Excellents gâteaux. Accueil très gentil.

Baignades

Le coin regorge de plages de sable (au sud et au nord). Attention, celle située après le camping *Ammos,* direction Méthoni, n'est plus accessible aux camping-cars... Signalons également une école de voile dans le village.

MÉTHONI (ΜΕΘΩΝΗ) (240 06) 1 200 hab.

Village d'intérêt moyen, surtout caractérisé par sa belle forteresse vénitienne, prolongée par un superbe fortin turc qui verrouille le cap. Le bourg reste authentique avec ses anciens attablés à longueur de journée aux terrasses de café des deux rues principales, odos Grigoriou et odos Maizonos. Au fait, Maizonos, ça ne sonne qu'à moitié grec ? Bien vu, c'est en réalité le nom hellénisé du général Maison, qui mena un corps expéditionnaire français à la fin des années 1820 (voir plus loin « Pylos »). Méthoni est donc un lieu paisible, où la sieste est sacrée : maintes portes y sont closes à cette heure... Vous pourrez profiter d'une mer chaude dès début avril, au gré d'agréables plages (au sud, en direction de Finikounda, elles sont belles et tranquilles).

UN PEU D'HISTOIRE

Méthoni acquit une importance stratégique au Moyen Âge. Les Byzantins l'occupèrent les premiers, vite chassés par les Vénitiens, qui firent raser la forteresse byzantine en 1125 et en reconstruisirent une autre au XIIIe s. Un peu modifiée par les Turcs, c'est celle qu'on peut voir aujourd'hui. Modon (son nom vénitien) tomba aux mains des Turcs en 1500 avant de repasser sous contrôle vénitien de 1680 à 1715.

Arriver – Quitter

Les bus partent de la fourche des 2 rues principales. Tickets à bord.

➢ ***De/vers Pylos, Finikounda et Kalamata :*** 5 bus/j. (3-4 le w-e).

Adresses utiles

✉ **Poste :** *odos Maizonos. Lun-ven 7h30-14h.*

■ **Distributeurs de billets :** *2 banques sur odos Grigoriou.*

Où dormir ?

De prix moyens à plus chic

Chez Dina (Christos et Dina Niokou) : ☎ *27-23-03-14-29. Tte l'année. En arrivant de Koroni, prendre la 1re route pour Méthoni (direction camping) ; un petit panneau indique la maison sur la droite, 100 m avt le resto* O Kipos. *Doubles 40-50 €.* Les modestes chambres donnent sur un très joli jardin et sont équipées d'une cuisine, de la clim et d'une petite salle de bains. Très calme, au fond d'une impasse, à environ 300 m de la mer. Cela dit, en août, le prix est un peu élevé pour ce que c'est. Accueil en allemand, car Dina a travaillé à Berlin quelques années.

Hotel Castello : *odos Miaouli, dans la rue menant à la plage.* ☎ *27-23-03-13-00.* • *castello.gr* • *Doubles 40-60 € selon saison. Pas de petit déj.* Chambres bien tenues mais sans vraie déco, avec AC, frigo et salle de bains. Certaines avec balcon et belle vue sur le château, d'autres sur le jardin. On est accueilli par une dame énergique et souriante.

Achilles Hotel : *odos Maizonos.* ☎ *27-23-03-18-19.* • *achilles-hotel.com* • *Doubles 50-70 €. CB refusées.* Agréable maison blanche récente, de style néoclassique. Une douzaine de grandes chambres égayées de couleurs pastel, avec AC, TV et salle de bains. Manque un peu de charme, mais une coursive extérieure, au 1er étage, garantit à chaque chambre une grande terrasse. Petit déj correct.

Hotel Aris : *odos Sigrou.* ☎ *27-23-03-11-25. Fax : 27-23-03-13-36. Dans le centre, sur une petite place. Selon saison, doubles 40-60 €.* Chambres simples et propres, avec balcon, AC, TV, douche et w-c, sans vue mais à proximité de la plage. Sympa, discret, bien tenu. Accueil agréable, mais uniquement en grec : de ce fait, réservation par fax préférable.

Où manger ?

Taverna Klimataria : *face à l'*Hotel Castello. ☎ *27-23-03-15-44. Tlj midi et soir. Plats 7-10 €.* On passe par une jolie maisonnette à toit de tuiles, où l'on choisit son plat en cuisine, et on s'installe dans le ravissant jardin intérieur. Cuisine maison très réussie, vraiment fraîche avec de bonnes boulettes de viande, tarte aux épinards et feta, ainsi que des croquettes de poisson. Service attentionné et souriant.

Taverna Thalassa (Éléna) : *sur la pl. principale. Plats 6-10 €.* Sert une cuisine grecque très honnête. La terrasse est un bon poste d'observation pour voir défiler les passants. Accueil prévenant.

Où boire un verre ?

Café Dionysos : *odos Grigoriou, à côté de la banque.* Fréquenté quasi exclusivement par les anciens du village. Un vrai café, quoi, et pas cher. Terrasse pour observer l'animation (relative) de la rue et les vieux qui passent lentement, en troupeau, de la fraîche ombre matinale à la chaude ombre vespérale...

@ **Dourios Ippos Café :** *odos Miaouli, à côté de l'*Hotel Castello. ☎ *27-23-02-87-29. Tlj 20h/24 en été (!) ; en hiver, ferme à 3h.* Un café joli, animé, vraiment très sympa, et pas seulement pour consulter ses e-mails. Les patrons sont super accueillants, et puis, pour tuer le temps, on y trouve non seulement un billard américain, mais aussi, chose rarissime, un billard français. Ah, ça vous parle, hein ?

À voir

La forteresse : *à l'extrémité de la rue Bouboulinas. Tlj sf lun 8h-15h. Entrée : 2 € ; réduc.* Bâtie par les Vénitiens au XIIIe s, elle est séparée de la ville par un large fossé creusé au XVᵉ s. Une des tours sur le côté est ornée d'un lion de saint Marc, encadré de deux blasons. Au bout du promontoire, un pont relie l'entrée côté mer à la *tour Bourtzi,* élevée par les Turcs. L'ensemble, bien préservé, laisse une forte impression.

PYLOS (ΠΥΛΟΣ) (240 01) 2 500 hab.

Pylos sommeille au fond d'une des plus belles rades de Grèce, dans une région au relief très doux où se succèdent prairies et oliviers. La jolie place ajourée d'arcades prend des accents provençaux avec d'énormes platanes séculaires. C'est un Français, le général Maison, qui a dessiné les plans de la ville moderne en 1829.

En effet, en 1827, France, Grande-Bretagne et Russie soutenaient les insurgés grecs. Ils déployèrent une flotte au large de l'ancienne Navarin pour impressionner les navires turco-égyptiens d'Ibrahim Pacha. Or, c'est par erreur que le combat s'engagea, entraînant une sanglante défaite des Turcs qui perdirent 6 000 âmes lorsque les « alliés » ne déplorèrent que 174 morts. Une erreur qui joua un rôle décisif pour l'indépendance grecque. Plein de vestiges de cette bataille peuplent l'île de Sfaktiria qui ferme la baie. On y trouve des grottes splendides pour la plongée, à côté du port.

NAVARIN À LA SAUCE TURQUE

Selon une légende assez mal digérée, le navarin d'agneau serait le plat confectionné pour fêter la victoire de l'armada franco-britannico-russe sur les Turcs, au large de Navarin. Le tout mijoté avec le navet qui accompagnait la viande. Les Turcs, eux, ne firent pas un plat de cette déconfiture.

Arriver – Quitter

Station des bus : *sur la pl. aux Arcades. ☎ 27-23-02-22-30.*

➢ ***De/vers Athènes :*** 1 bus/j., à 9h. Trajet : 5h30.

➢ ***De/vers Kalamata :*** 7 bus/j. lun-ven, 5h-19h30, dont 5 continuent vers Méthoni et 4 vers Finikounda ; 5-6 bus le w-e (3-4 pour Méthoni et 2-3 pour Finikounda).

➢ ***Vers Kyparissia :*** 3-4 bus/j. (1 seul le dim), avec changement à Gargaliani.

Adresses et info utiles

✉ ***Poste :*** *en venant du port, dans la rue à droite au fond de la pl. principale. Lun-ven 7h30-14h.*

■ ***Banques :*** *sur la pl. principale.* Distributeurs.

■ ***Location de scooters :*** *autour de la pl. principale.*

– ***Fête Les Navarinia :*** *autour du 20 oct.* Fête anniversaire de la bataille de Navarin, avec des délégations... des 3 grandes puissances (d'alors) !

Où dormir ?

Apparemment, dormir à Pylos se mérite : les hôtels y sont chers en été.

Plus chic

Karalis Beach Hotel : *tt au bout du port, à gauche. Résas : ☎ 27-23-02-30-21. • karalisbeach.gr • Avr-oct. Doubles 75-95 € selon vue, petit déj compris.* Très belle situation, perchée sur les rochers entre mer et pinède. Chambres de bon confort (AC, TV), décorée avec un fond petit-bourgeois. La plupart ont un balcon avec vue sur la mer, d'autres donnent sur le Néo Kastro. Même patron qu'au *Karalis* du centre-ville (ouvert toute l'année). Pour le mois d'août, réserver bien à l'avance. Surévalué quand même.

Où manger ? Où déguster glaces ou pâtisseries ?

Psistaria Grigoris : *à l'angle du port, à droite. ☎ 27-23-02-26-21. Repas 14-16 €.* La meilleure taverne du village. On va choisir les plats en cuisine, présentés par la cuisinière elle-même. Bon signe, d'ailleurs tout est maison, et ça baigne... au propre comme au figuré (aubergines frites, plats préparés...). On mange sur une terrasse devant, ou sur un angle de la grand-place.

Krinos : *sur la pl. centrale. ☎ 27-23-02-27-56.* Choix cornélien de parfums de glace, et surtout une pléiade de gâteaux, plus nombreux que les dieux du mont Olympe.

LE PÉLOPONNÈSE

À voir. À faire

Le Néo Kastro : *à la sortie de Pylos, direction Méthoni. ☎ 27-23-02-29-55. Tlj sf lun 8h-20h (15h hors saison). Entrée : 6 € (billet groupé avec le Musée archéologique) ; réduc ; gratuit moins de 18 ans et étudiants de l'UE.* Forteresse turque construite en 1573 et en restauration progressive. Au milieu, la belle église de *Métamorphosis,* pudiquement voilée pour cause de rénovation. À l'intérieur de la forteresse, intéressant musée de la collection René-Puaux, journaliste et collectionneur français qui a fait don de ses pièces consacrées à la révolution de 1821 et aux philhellènes. Principalement des gravures illustrant les épisodes de la bataille de Navarin.

Le Musée archéologique : *devait rouvrir fin 2016, dans l'enceinte du Néo Kastro. Tlj sf lun 8h30-15h. Tarif : 6 € (billet groupé avec la visite de la forteresse) ; réduc ; gratuit étudiants de l'UE.* De pierres taillées préhistoriques à des statues de bronze de l'époque romaine tardive en passant par des poteries et autres bijoux en or, les objets présentés ici ont tous été exhumés dans les environs de Pylos. Petit, mais pas inintéressant.

➢ **Le tour de la baie en bateau :** *sur la jetée. ☎ 27-23-02-31-55. Résa conseillée 24h avt. Pour 2-4h de navigation, compter 12-14 €/pers en petit bateau et 17-20 € en bateau à fond de verre.* Sur l'île de Sfaktiria, des tombeaux de philhellènes morts au combat, dont celui de Paul-Marie Bonaparte, neveu de Napoléon Ier. Belle balade, mais chère.

LA ROUTE DE PYLOS À KYPARISSIA

YALOVA (*ΓΙΑΛΟΒΑ ; 240 01)*

À 6 km au nord de Pylos, une bourgade sans intérêt, mais dont les environs recèlent quelques pépites.

Où camper ?

Navarino Beach Camping : *à l'entrée du village ; attention, c'est assez mal indiqué. ☎ 27-23-02-29-73. • navarino-beach.gr • Pour s'y rendre, 6 bus/j. (3 le dim) sur la ligne Pylos-Kyparissia. Avr-oct. Compter 19-22,50 € pour 2 avec petite tente et voiture. Apparts pour 2-4 pers 45-70 €. 10 % de réduc à partir de 6 nuits.* Camping en 2 parties séparées par la route. Bien ombragé, mais on y est un peu les uns sur les autres en pleine saison. Plage plutôt agréable. Cuisines équipées, épicerie, resto. Un peu bruyant pour les emplacements situés le long de la route. Bon accueil.

Camping Érodios : *en bordure de plage, vers la fin du village en venant de Pylos. ☎ 27-23-02-32-69. • erodioss.gr • 15 avr-15 oct. Résa obligatoire. Compter 20-24 € pour 2 avec tente et voiture. Bungalows pour 2-4 pers 50-75 € selon saison. Réduc à partir de 3 nuits.* Un camping récent, ordonné comme un camp de légionnaires romains (pelouse rasée de près). Bien équipé et bien entretenu. Épicerie, resto, bar, cuisine commune, machines à laver, aire de jeux. Donne directement sur la très belle plage (se baigner plutôt en bout de lagune). Également des bungalows avec AC, cuisine, salle de bains et terrasse, d'un bon rapport qualité-prix. Réceptionniste accueillante.

LE PÉLOPONNÈSE

À voir

Folklore Museum : *dans le village. ☎ 27-23-02-83-25. 69-37-13-16-09. Tlj 17h-21h (passer ou téléphoner, Costas vous fera visiter s'il est là).* Bric-à-brac impressionnant d'objets accumulés par Costas Balafoutis, un passionné de tout. Intarissable sur les outils de forgeron, apiculteur, cordonnier, savonnier... Il vous détaillera l'araire qui creusait son sillon au XVIIe s, les pick-up qui lisaient les microsillons au XXe s, les mobiliers anciens et vêtements d'antan.

La cascade de Kalamari : *au nord-est de Yalova. Depuis la route de Kyparissia, prendre à droite en direction de Schinolaka ; 800 m plus loin, prendre la piste à droite en direction de Kalamari ; parcourir 1,8 km jusqu'au panneau de bois (discret) à gauche de la piste ; les derniers 300 m se font à pied.* Balade rafraîchissante sous les frondaisons d'une végétation de fond de combe, qui converge vers une petite rivière puis une jolie cascade haute d'une quinzaine de mètres.

La lagune de Yalova : *au nord-ouest de Yalova.* C'est un biotope (site Natura 2000) où l'on a recensé 245 espèces d'oiseaux, de tortues marines et de caméléons africains (le seul endroit en Europe à accueillir cette population) ! Malheureusement, entre autres menaces liées à l'environnement, l'activité touristique estivale le met en danger et les oiseaux ne se montrent plus beaucoup. Pour rejoindre la plage de Voidokilia, au nord-ouest de la lagune, faire le tour par Pétrochori afin de préserver la tranquillité du site.

PÉTROCHORI *(ΠΕΤΡΟΧΟΡΙ ; 244 00)*

Villa Voidokilia : *bien fléché depuis Pétrochori et la plage de Voidokilia. ☎ 27-63-04-11-75. 69-76-16-95-84. • villavoidokilia.gr • Apparts 2-4 pers 50-75 € selon saison, sans petit déj.* Dans 5 maisonnettes clonées, posées sur un tapis herbeux, avec vue sur la mer à l'horizon, de petits appartements bien équipés (AC, TV, cuisine), nickel et d'un confort très honorable. La superbe plage de Voidokilia vous tend ses grains de sable blanc à 3 km seulement. Bon accueil.

O Giorgos : *suivre les nombreux panneaux du* Navarone Hotel, *le resto est 100 m en contrebas.*

☎ *27-23-02-26-21. Tlj. Plats 6-9 €.* Petite taverne qui aligne sur sa carte de petits plats mijotés bien souvent vus dans d'autres restos. Oui, mais le *souvlaki* de poulpe et quelques autres spécificités ajoutent à la gentillesse réservée de l'accueil pour donner envie de faire ici une étape culinaire. Et la plage est juste en dessous.

La plage de Voidokilia (Βοιδοκιλια) : *à 10 km au nord de Yalova (bien fléchée depuis la route de Kyparissia). The beach !* Une anse quasi parfaite, ourlée d'une plage de sable blanc quasi circulaire presque refermée sur elle-même par deux promontoires rocheux. Les eaux peu profondes rassureront les jeunes parents inquiets pour leur progéniture. Quant aux autres, ils marcheront 30 m dans une eau limpide à mi-cuisse avant de pouvoir nager. Au bout de la plage, monter par la dune aux ruines du château en passant la « grotte de Nestor ». Et prévoir de lever le camp dès le coucher du soleil... les moustiques sont impitoyables !

CHORA (ΧΩΡΑ ; 244 00)

Le palais de Nestor : *en bord de route, à 15 km au nord de Pylos et 3 km avt d'arriver à Chora.* ☎ *27-63-03-14-37. Tte l'année, tlj 8h-15h. Entrée : 6 € ; réduc ; gratuit enfants et étudiants de l'UE.*
Le site a rouvert en juin 2016, avec son nouveau toit couvrant le palais central. De nouvelles passerelles permettent également de mieux voir les vestiges. Selon Homère, Nestor fut l'une des grandes figures de la civilisation mycénienne et participa à la guerre de Troie, où il se distingua par la sagesse de ses conseils. Il fit de Pylos l'une des plus florissantes cités de Grèce, contemporaine de Mycènes (XIIIe s av. J.-C.), qui reste aujourd'hui un site important par la conservation des détails du quotidien. Toutefois, ne restent que des fondations du palais dont la netteté permet d'avoir un aperçu exact de l'ordonnancement du site. Au-delà du propylée (entrée monumentale), on pénètre dans la cour intérieure puis dans le bâtiment central, le *mégaron* : d'abord le porche avec ses deux colonnes (voir les bases), le vestibule et la salle principale où le roi avait son trône à droite (base circulaire encore visible) entouré de quatre bases de colonnes. Derrière se trouvent les entrepôts (jarres à huile et à grains insérées dans des banquettes). Enfin, la salle de bains de la reine et la baignoire en pierre sculptée et décorée (motifs en cercles concentriques) : c'est le vestige le mieux conservé du site ! Il ne vous reste plus qu'à imaginer la reine nue dans son bain... Vous la trouverez sur la droite (la baignoire, bien sûr) avant le porche du *mégaron.*
La civilisation mycénienne est alors à son apogée, mais la destruction du palais vers 1190 av. J.-C. marque le début de la mystérieuse fin de cette civilisation. Les découvertes effectuées lors des fouilles sont exposées au musée de Chora.

Le Musée archéologique de Chora : *à la sortie du village vers Kalamata.* ☎ *27-63-03-13-58. Tlj sf lun 8h-15h. Entrée : 2 € ; réduc ; gratuit étudiants de l'UE.* On y découvre de fines poteries de style marin (avec des poulpes et des dauphins) ou floral qui reflètent l'influence culturelle de la civilisation minoenne sur l'ensemble du monde égéen au IIe millénaire av. J.-C. Autre domaine où excellaient particulièrement les Mycéniens, la métallurgie, pour la guerre (épées, boucliers), certes, mais aussi pour les bijoux. Remarquez les coupes en or et autres objets travaillés à la feuille d'or, et la précision millimétrique du granulé de certains bracelets. Clou du spectacle, les bribes de fresques du palais issues des murs de nombreuses pièces, de la salle de bains de la reine à celle du trône, dont le sol arborait un majestueux poulpe. Ce sont parmi les plus beaux spécimens conservés d'une période aussi lointaine qui donnent force détails sur les us vestimentaires, décorations, architecture, chevelures, instruments de musique, etc. Enfin, la maquette du palais de Nestor donne une idée précise de ce qu'étaient les ruines avant d'être des ruines... Bref, prenez votre temps : ce musée est une véritable introspection de plus de 3 200 ans chez nos amis les Mycéniens.

Au nord de Chora

➢ Route sinueuse en diable sur le plateau, avant de s'immerger dans un véritable océan d'oliviers en descendant vers la côte après Gargaliani. À la sortie de ***Filiatra,*** la tour Eiffel miniature n'est pas un mirage, mais l'œuvre d'un artiste local qui reçut les félicitations des présidents De Gaulle et Kennedy. Du même Facteur Cheval régional, ne manquez pas à ***Agrili,*** après Filiatra, son « château » surnommé « château des contes de fées », les pieds dans l'eau. Étonnant.

Camping Proti : *à* ***Marathopoli.*** *☎ 27-63-06-12-11. • camping-proti.gr • En bas de la descente, après Gargaliani, suivre le panneau « Marathos » à gauche ; juste avt le village, prendre à droite la route côtière de Kyparissia, c'est 2 km plus loin. De mi-mai à mi-oct. Env 18-21,50 € pour 2 avec tente et voiture selon saison.* Ombragé par des tamaris complétés de toiles, calme, à 50 m de l'eau (rochers, mais accès à la mer aménagé). Bien équipé, aire de jeux, minimarché, immense piscine, bar et resto. Terrains de tennis et de basket.

➢ ***Le tour de l'îlot Proti en bateau :*** *depuis le port de* ***Marathopoli.*** *• proticruise.gr • Contacter Yannis : 69-72-31-67-45. Plusieurs formules et de nombreux départs chaque jour ; de 10 €/pers pour un simple plouf à 20 € pour le tour de l'île.* Les nombreuses cavernes de cet îlot en ont fait, au XIXe s, un repaire idéal pour les corsaires. Des arrêts baignade sont prévus dans des criques aux eaux cristallines. Sur l'îlot, quelques ruines de l'époque mycénienne.

KYPARISSIA (ΚΥΠΑΡΙΣΣΙΑ)

(245 00) 5 800 hab.

La région est réputée pour son climat parmi les plus vivifiants du Péloponnèse. Une brise agréable y rend presque supportables les jours brûlants d'été. Idéal donc pour le farniente sur l'une des belles plages au nord de la ville. Ville elle-même sans attrait, où vous échouerez peut-être entre Pylos et Olympie. Certes, sur les hauteurs, un château franc (et franchement en ruine) témoigne d'un joli passé... Il appartint... devinez à qui ? Geoffroi de Villehardouin, bien sûr !

Arriver – Quitter

En bus

Gare routière : *odos Nosokomiou, à 20 m de la pl. Kalanzacos, dans un vieux café (fermé pdt la sieste). ☎ 27-61-02-22-60.*

➢ ***De/vers Patras, via Pyrgos :*** 2 bus/j. Trajet : 2h30-3h.

➢ ***De/vers Athènes, via Corinthe :*** 4 bus/j. Trajet : env 4h.

➢ ***De/vers Kalamata :*** 4 bus/j. en sem, 3 le sam, 2 le dim. Trajet : env 1h20.

➢ ***De/vers Pylos*** *(avec changement à Gargaliani)* ***:*** 3-4 bus/j. (1 seul le dim).

Adresses utiles

Poste : *odos Vénizélou, sur la pl. Kalanzacos.*

■ ***Banques :*** *pl. Kalanzacos et odos Vénizélou.* Distributeurs.

LE PÉLOPONNÈSE

Où dormir ?

De prix moyens à plus chic

🏠 |●| ***Apollo Resort Art Hotel :*** *bien fléché depuis la route à la sortie nord de Kyparissia. ☎ 27-61-02-44-11. • apollo-hotel.gr • Fermé nov-fév. Doubles 55-90 € selon saison, petit déj-buffet compris.* 💻 📶 Hôtel familial très agréable, avec une grande piscine, dans un cadre paisible. Chambres confortables avec AC, TV et, pour la moitié d'entre elles, vue sur la mer. Les autres sont côté colline et piscine. Quelques familiales pour 4 personnes. Comme son nom l'indique, touche de déco pleine de goût : belles couleurs, toiles contemporaines, sculptures. Fait aussi resto (bonne cuisine). Plage de Trypès à 150 m. Excellent accueil en français de Georgette et de sa sœur, qui sont aux petits soins avec leurs clients.

🏠 ***Kotsoris Apartments :*** *au bord de la mer, par la rue qui part à droite du port. ☎ 27-61-02-44-34. • kotsorisrooms.com • Fin avr-fin oct. Compter 45-60 € le studio pour 2 pers (ajouter 10 €/pers supplémentaire) ; tarifs négociables. CB refusées.* 📶 Une dizaine de studios spacieux, tout confort dans des bungalows plantés sur une grande et belle pelouse. Cuisine équipée, clim, TV, balcon. Pour la jolie vue, préférer les premiers studios en entrant. Accueil en grec.

🏠 ***Appartements Agios Sostis :*** *103, odos 25-Martiou. ☎ 27-61-02-54-90. • agios-sostis.gr • À 200 m en contrebas de la pl. principale. Compter 30-60 € pour 2.* Une vingtaine de grandes chambres récentes et nickel dont un mur est occupé par une kitchenette. Bon, la vue sur rue n'est pas des plus sexy. Sinon, bon équipement et bon rapport qualité-prix. Accueil sympathique.

Où manger ? Où boire un verre ?

|●| ***Taverna Remezzo :*** *sur le port. ☎ 27-61-02-33-14. Plats 7-9 €.* Ce petit resto de poisson ne paie pas de mine, mais il sert sans doute la meilleure cuisine du port. Poulpe grillé extra, bon poisson, etc. Terrasse sur pilotis face aux bateaux, avec quelques tables joliment dressées.

|●| ***Paramythaki :*** *53, odos Vénizélou. ☎ 27-61-02-48-23. À 50 m en contrebas de la pl. centrale. Plats 7-9 €.* Dans une courette toute simple bordée par la rue, une taverne familiale sans prétention, servant une honnête cuisine à prix vraiment raisonnables. Quelques viandes originales : chèvre, sanglier, porc au fenouil. Bon accueil.

|●| ***Nynio :*** *52, odos 25-Martiou. ☎ 27-61-02-23-77. À l'angle nord-est de la pl. centrale. Plats env 7-9 €.* Café-taverne décoré du top 50 des toiles impressionnistes, proposant une bonne moussaka et des aubergines farcies aux piments, préparées au vinaigre, que vous préférerez au poisson. Accueil moyen.

🍷 Pour faire une promenade digestive et prolonger la soirée, des bars-*lounge* chic sur le front de mer en dessous de l'hôtel *Kollakis,* comme le ***Bossa Nostra*** avec ses palmiers (mais il n'est pas tout seul).

🍷 ***Vromero Skouliki :*** *tt au bout d'odos 25-Martiou vers le port. Pâques-fin sept.* On le reconnaît à son vieux bateau échoué devant. Repaire de pirates ? De quoi y songer avec ses cordages et une plateforme de bois en vigie sur le port. Le nom signifie « ver répugnant », pour célébrer un légendaire repaire de pirates grecs du XIXe s. Une grotte des environs recèlerait d'ailleurs un trésor pris aux Turcs... Un bar où y'a pas d'loup, branché, avec un beau panorama pour se nourrir les yeux, de l'électro ou autre musique dans le vent pour se remplir les oreilles, et de bons breuvages pour étancher sa soif de corsaire.

À voir

Le château franc : il domine la ville et les environs, offrant un panorama saisissant. Sur le chemin, jetez un œil à la vieille église (fondations du VIe s). Au sommet de la colline, vestiges d'une tour byzantine et d'un petit odéon. La grille pour y accéder est parfois fermée. Tant pis, vous n'aurez pas perdu grand-chose ! Un petit verre au snack-bar situé en contrebas saura vous consoler, la vue y est super.

DANS LES ENVIRONS DE KYPARISSIA

Promenades super vers ***Mili*** (4 km) et ***Vrissès*** (6 km). C'est de là que vient l'eau pure qui alimente Kyparissia.

Péristéria *(Περιστερια)* **:** *à 1 km au nord de Kyparissia, tourner à droite (fléché), c'est 5 km plus loin, au-delà du village de Péristéria. Normalement, tlj 8h30-15h. GRATUIT.* Ce haut lieu de la civilisation mycénienne conserve trois *tholos* (tombes rondes) du XVIe s av. J.-C., dont une particulièrement bien préservée. Les découvertes faites dans ces tombes sont exposées au Musée archéologique de Chora (voir plus haut). Paysage alentour superbe. Mais attention aux vipères ! Il existe à environ 30 mn à pied une petite grotte avec des stalactites (et stalagmites), ainsi qu'une petite source. Demandez le chemin au gardien du site.

Platania *(Πλατανια)* **et la rivière Neda :** *à 28 km de Kyparissia. Compter 45 mn de route montagneuse en prenant la direction de Kalamata au niveau de Kalo Néro, puis l'embranchement sur la droite.* S'arrêter au *Neda Café,* duquel se déploie un point de vue grandiose. Traverser le village au milieu de regards surpris (camping-cars s'abstenir) jusqu'à la tour *Barba Alékos.* Puis demi-tour sur 50 m et emprunter au pas la piste qui rejoint la rivière environ 3 km plus bas. Continuer à pied, après le pont, sur le sentier vers « la chapelle de la Vierge Marie ». Un peu de patience avant d'entrevoir la petite bâtisse immaculée, délicatement logée au fond de la gorge. Douce cascade embrassée par deux arbres aux formes inspirantes. Le *temple de Bassae* (Vassès) n'est qu'à environ 13 km au nord-est (lire plus loin « À voir dans les environs » d'Andritséna).

La plage de Trypès : accès à cette crique, au sable propre, par le sentier après l'ancien camping *Kyparissia.* Plus loin, ***plage de Kartelas*** (sable), peu fréquentée.

À 5 km au nord, le village de ***Kalo Néro*** n'a d'intérêt que pour sa longue plage de sable (mis à part quelques rochers et galets) sur plusieurs kilomètres. Outre les lézards que nous sommes, elle retient également les tortues marines *Caretta caretta* (espèce protégée) au cours de leur période de reproduction (tous les 2 ou 3 ans, de mai à août). Quelques restos et chambres à louer sur la plage.

LE NORD-OUEST DU PÉLOPONNÈSE

LA ROUTE KYPARISSIA-MÉGALOPOLIS-OLYMPIE

Itinéraire bis qui rallonge beaucoup (à faire sur 2 journées de préférence), mais qui permet de jeter un coup d'œil sur les villages d'Arcadie qui présentent un autre visage de la Grèce. La plus belle portion de cet itinéraire (Mégalopolis-Langadia) peut aussi se faire en venant de Corinthe-Tripoli.

À quelques kilomètres au nord de Kyparissia, prendre la direction Kalamata-Mégalopolis sur 30 km, puis l'autoroute A 7 sur 15 km en direction de Tripoli. Une dizaine de kilomètres après la sortie de l'autoroute, on atteint ***Mégalopolis,*** une ville sans intérêt, bordée par deux énormes centrales électriques. Les fondus d'archéologie jetteront un coup d'œil au théâtre, à la sortie de la ville : il avait une capacité de 21 000 spectateurs (seulement 12 000 à Épidaure). Mais il n'en reste pas grand-chose...

KARYTÉNA (*ΚΑΡΥΤΑΙΝΑ ; 220 22*)

À 16 km au nord-ouest de Mégalopolis, un beau village perché aux maisons anciennes, surmonté par les ruines d'un château franc (montée assez facile et panorama superbe !). Petite balade dans les ruelles dallées de la partie haute du village. Ne pas manquer l'*église Agios Nikolaos* et la *Panagia* (XIe s), situées en contrebas du château. Le village est devenu la base pour les activités nature organisées dans la microrégion.

Où dormir ? Où manger ?

Chambres à louer Vrenthi *(en grec : Βρένθη)* **:** *à l'entrée du village haut. S'adresser à Vickie, au grand café troglodyte, à droite. ☎ 27-91-03-16-50. Doubles 30-40 €.* Une belle bâtisse en pierre avec une dizaine de petites chambres simples mais correctes, sur 3 étages. Toutes ont une vue grandiose sur la vallée. Ici, on ne sera pas embêté par le bruit !

***Taverna To Kastro* :** *un peu en contrebas de la rue principale, dans la ruelle à gauche au niveau des 2 cafés. ☎ 27-91-03-11-13. Tlj sf lun. Plats 7-9 €.* Cette sympathique taverne de village propose un bon choix de *mezze* et quelques bons plats locaux, notamment la très parfumée saucisse de pays. À déguster dans une salle fraîche ou dans la ruelle, qui offre de son balcon une belle vue dégagée.

ANDRITSÉNA (*ΑΝΔΡΙΤΣΑΙΝΑ ; 270 61*)

À 28 km à l'ouest de Karyténa. Possibilité de rejoindre ensuite la côte par la route de Kresténa, à 73 km de Karyténa, via Andritséna. On surplombe les *gorges de l'Alphios* au début de cet itinéraire. Village montagnard avec des ruelles escarpées. À voir, notamment, un musée folklorique et, sur la place centrale, l'arbre immense du tronc duquel jaillit mystérieusement une source.

Où dormir ? Où manger ?

Chambres Epicurean Apollon *(chez Maria Balkanou)* **:** *sur la pl. centrale. ☎ 26-26-02-28-40. Env 50 € pour 2, petit déj en plus.* Chambres agréables avec salle de bains. Accueil chaleureux.

Xénonas Katoikia ton Theon *(Avgerinos et Syrrakos)* **:** *de la pl.*

centrale, prendre la direction Kresténa et monter une rue pavée sur la gauche. ☎ 26-26-02-23-14. • info@andritsainaguesthouse.gr • En hte saison, compter env 70 €. Une douzaine de chambres confortables avec cheminée dans une maison traditionnelle de 1803, joliment restaurée. On peut aussi y manger. Le propriétaire, francophone, est restaurateur... de livres anciens.

Quelques ***tavernes*** et ***restos*** à proximité de l'église.

À voir dans les environs

Le temple d'Apollon Épikourios : *à* **Bassae** *(Βασσες), à 14 km au sud d'Andritséna (route très sinueuse). ☎ 26-26-02-22-75. En été, tlj 8h-20h (15h nov-mars). Entrée : 6 € ; gratuit étudiants de l'UE.* Dans un paysage austère, à 1 130 m d'altitude, se dresse le mieux conservé des temples grecs ! Malheureusement, sa frise a été prélevée et se retrouve, comme celle du Parthénon, à Londres, au British Museum. Depuis 1987, le temple est protégé par une immense tente (le vélum sera retiré lorsque les travaux de consolidation seront terminés). Il aurait été édifié vers 420 av. J.-C. par Ictinos, le maître d'œuvre du Parthénon, qui bouleversa l'usage en mélangeant ordres dorique (colonnes extérieures), ionique (colonnes du *naos* : le sanctuaire) et corinthien (colonne unique entre le *naos* et l'*adyton*, salle annexe donnant sur la façade arrière). C'est ce mélange qui en fait un temple unique et, à ce titre, très étudié.

STEMNITSA (ΣΤΕΜΝΙΤΣΑ ; 220 07)

À 12 km de Karyténa. On est maintenant en Arcadie : beaucoup de verdure, plus de fraîcheur (altitude : 1 080 m). Pendant 15 jours, en 1821, ce village fut la capitale d'un pays qui n'existait pas encore en tant qu'État. Tout est très propret et chicos (Stemnitsa est devenu un petit Metsovo, avec des hébergements assez chers). Ce qui n'empêche pas de savourer ce que propose Stemnitsa : musée (maison Hatzis), fontaines, clochers (18 églises !), maisons dans la verdure...

DIMITSANA (ΔΗΜΗΤΣΑΝΑ ; 220 07)

À 8 km de Stemnitsa, par une route à flanc de montagne qui surplombe les monastères accessibles à pied (voir ci-après : randonnée Dimitsana-Gortys). Charmant village construit sur deux collines qui se font face. Ruelles, vieilles boutiques, nombreuses églises. Dimitsana a joué un grand rôle en 1821 : on produisait dans ses moulins la poudre nécessaire pour s'attaquer aux garnisons turques.

Pour rejoindre Olympie, continuer la route jusqu'à Karkalou à 7 km au nord, puis prendre à gauche direction Langadia et Olympie. Jolie route qui serpente à flanc de montagne sur 70 km, le long d'une paisible vallée. On trouvera plusieurs stations-service en chemin.

Où dormir ? Où manger ?

Chambres d'hôtes Xenonas Enastron : *au cœur du village, accès par une ruelle dans le virage ou par un escalier face à la taverne Tefthis (fléché). ☎ 27-95-03-16-84. 69-42-63-01-55. • xenonasenastron.gr • Tte l'année. Double 70 € (plus cher de début oct au 30 avr), petit déj compris.* Cette grande bâtisse aux volets verts, surplombant le village, recèle une chambre par étage, sur 3 niveaux. Déco soignée, ciel de lit, belle douche à l'italienne et excellente literie dans un cadre authentique. La suite familiale en duplex est vraiment charmante. Tenue par une dame très douce qui ne parle que le grec, mais qui trouvera bien une voisine pour faire la traduction.

Chambres d'hôtes En Dimitsani : *en contrebas du village, à la sortie du bourg, après le cimetière. ☎ 27-95-03-17-48. • en-dimitsani.gr • Tte l'année. En été, double standard 65 €, quadruple 85 € (plus cher de mi-oct à mi-mai et encore plus à la Pâque grecque), petit déj compris. En hiver, résa de 2 nuits min.* Dans un ensemble de maisonnettes de style traditionnel, tout en pierre, des chambres confortables, presque luxueuses, à la déco élégante bien qu'un peu chargée. Plafond boisé, marqueterie, cheminée, douches hydrojets et balcon pour toutes avec une superbe vue sur le village. Idéal pour un séjour cocooning. Accueil tout sourire. Une belle adresse de charme.

Dans le village, 3 ***tavernes*** de qualité équivalente.

Randonnée pédestre

➢ **Dimitsana-Gortys :** durée 7-8h. Peut-être la plus belle balade du Péloponnèse, dans les gorges du Lousios. Difficile à faire en une journée en été. De toute façon, se renseigner sur place sur la praticabilité du sentier. Attention en cas de fortes pluies : en 2007, un grave accident a causé la mort de 8 randonneurs, pourtant encadrés.
De Dimitsana, descendre par la route à Paléochori. Ceux qui prennent leur temps pourront, par une piste, visiter le *monastère d'Émialon.* Sur la route, à 1,5 km en contrebas du village, un curieux et intéressant petit *musée de l'Hydraulique,* en plein air – moulin, ancienne tannerie, etc. *(☎ 27-95-03-16-30 ; tlj sf mar 10h-18h ou 17h selon saison ; entrée : 3 €).* Possibilité de raccourcir au départ en prenant le GR 32, mais alors sans passer par le musée.
De Paléochori, une piste suit le cours torrentueux du Lousios. Elle devient sentier, parfois peu marqué, qui reste sur la rive gauche. Franchir la rivière en vue du monastère Filosofou surplombant la gorge (pas toujours praticable). Y monter, puis, par un sentier facile, passer à l'ancien monastère caché (Xe s) plaqué à la paroi et invisible de loin. On descend dans la gorge et on atteint un embranchement. Un petit aller-retour pour visiter, sous une voûte rocheuse, le *monastère* habité de *Ioannis Prodromou (fermé 13h-17h).* Tenue correcte demandée (pantalons et jupes disponibles à l'entrée). Ne pas manquer les fresques. Le sentier, facile, suit la rivière et débouche sur le *site antique de Gortys,* passant devant l'*église* byzantine d'*Agios Andréas* (XIVe s). Du site, prendre le pont, puis quitter le GR (qui va sur Karyténa) en restant sur la piste principale : on rejoint Elliniko, à 9 km de Karyténa (retour en stop).
Alternative moins fatigante : de Stemnitsa, direction Dimitsana et, dès la sortie du village, emprunter la route, moitié asphaltée, moitié piste, qui descend dans les gorges. Du parking, le *monastère Prodromou* n'est qu'à 15 mn de marche. Ensuite, on peut continuer jusqu'au *monastère Filosofou* (en fait, ils sont deux) ; après le monastère abandonné, 15 mn de grimpette sont nécessaires pour atteindre celui encore habité. Deux heures de marche depuis Prodromou.

LA ROUTE DE KYPARISSIA À OLYMPIE (PAR PYRGOS)

Si l'on remonte de Kyparissia en suivant la côte, pas grand-chose à faire, que d'égrener les immenses plages de sable (dont celle de Kakovatos) autour de *Zaharo,* le principal bourg du secteur... Des douches bien inspirées ponctuent chaque parking. Nombreux bus de (et pour) Pyrgos. Depuis les incendies meurtriers de 2007, les alentours du lac de Kaïafas, au nord-ouest de Zaharo,

ont troqué leurs forêts de pins d'Alep pour une végétation disparate qui reprend de la feuille doucement mais sûrement.

Où dormir ? Où manger ?

⛺ 🍽 ***Camping Apollo Village :*** *à **Giannitsohori** ; fléché au km 43 de la route nationale ; c'est 1 km plus loin. ☎ 26-25-06-12-00. • apollovillagecamping.gr • Mai-oct. Compter env 18,50 € pour 2 avec tente et voiture. Bungalows sans cuisine pour 4 pers 35-40 €/nuit.* Un camping bien ombragé d'essences multiples (mûrier platane, eucalyptus, pin, olivier), sur un site assez joli, fleuri et bien entretenu. Épicerie, resto. Belle plage de sable à 100 m, avec des bars-paillotes. En saison, peut s'avérer un peu bruyant. Quant au panneau « *The most beautiful camping in Greece* », il se la joue un peu... Accueil moyen.

⛺ ***Camping Tholo Beach :*** *à **Taxiarchès** ; fléché au km 41 de la route nationale, juste au sud de Taxiarchès. ☎ 26-25-06-13-45. • campingtholo.gr • Mai-oct. Compter env 20 € pour 2 avec tente et voiture. Réduc de 10-20 % selon période sur présentation du dépliant de la chaîne* Sunshine. On aime bien ce camping niché en pleine nature, assez sauvage, bien ombragé et au calme. Les amateurs d'emplacements bien délimités apprécieront moins ! Bar-resto, épicerie. Machines à laver. Sanitaires un peu vétustes. Accès direct à la plage (de sable) à travers les oliviers (à environ 200 m). Patron jeune, sympa et cool.

🏠 🍽 ***Banana Place :*** *à 2 km de **Zaharo** ; dans le village, tourner à gauche au feu (en venant du sud), aller tt droit, puis c'est indiqué. ☎ 26-25-03-44-00. • bananaplace.com • Avr-oct. Selon saison, 35-80 € pour 2. CB refusées.* 📶 Dans une jolie petite bananeraie avec piscine, non loin de la plage, une vingtaine de studios et appartements avec salle de bains, cuisine, AC et TV. Confort correct mais très simple. Piscine. Bon accueil de Christos. Sous ses airs nonchalants, il vous fera sans doute goûter à l'un des fruits qui poussent ici. L'endroit propose aussi une restauration familiale.

OLYMPIE (ΟΛΥΜΠΙΑ) (270 65) 840 hab.

• Plan Olympie (ville) *p. 269* • Plan Le site d'Olympie *p. 274-275*

Au pied du mont Kronion, Olympie monopolisa près de 10 siècles durant la communion religieuse et politique de la Grèce antique. Le village moderne, artificiel avec ses rues tracées à la règle, existe uniquement grâce au tourisme. Inutile de dire qu'on vous voit venir ! Cela dit, le village, fleuri et ombragé par de nombreux arbres, n'est pas désagréable.

UN PEU D'HISTOIRE

Les Jeux olympiques de l'Antiquité étaient des jeux panhelléniques parmi d'autres (comprendre qu'ils rassemblaient des Grecs de toute la Méditerranée) ; tels les Jeux pythiques à Delphes, les Jeux isthmiques près de Corinthe, et les jeux de Némée, au nord-ouest de Mycènes. Mais ceux d'Olympie avaient une importance toute particulière aux yeux des Grecs, qui avaient fondé leur chronologie par rapport à la première édition, en 776 av. J.-C. Bien sûr, cette date, comme beaucoup d'autres à l'époque, n'a rien d'historique... Les Jeux revêtaient un caractère sacré. Ils témoignaient d'un idéal d'harmonie entre le corps et l'esprit qui devait permettre de s'approcher des dieux. Pendant leur tenue, les guerres entre cités s'interrompaient et les rivalités étaient mises entre parenthèses, fédérant tous les Grecs du monde méditerranéen (par opposition aux autres peuples, les Barbares). Et tous les 4 ans, donc, une foule de participants, de commerçants, d'artistes... se retrouvait dans la cité du Péloponnèse, où la religion et le commerce prenaient presque autant de place que le sport...

FAUX AMI

Pierre de Coubertin a été adulé pour avoir redémarré les J.O., mais on oublie qu'il admirait « intensément » Hitler. Pour lui, seule la « race blanche » était d'essence supérieure. Il proclamait aussi que « les Olympiades femelles sont impensables ». D'ailleurs, les femmes ne purent concourir qu'à partir de 1928 après la démission de Coubertin !

Se déroulant sur 7 jours entre fin juin et début septembre, ils comportaient une dizaine d'épreuves pour adultes (mâles, cela va sans dire !) :

– quatre courses : le *stade* (avant de désigner l'endroit où les courses se déroulent, le stade était une distance de 192,27 m), le *diavlos* (un aller-retour, soit deux stades), le *dolichos* (six stades sans doute), et la course en tenue de combat qui terminait les Jeux ;

– une épreuve de lancer : le *disque* (avec un disque très, très lourd, qu'il fallait transporter sur les épaules) ;

– trois épreuves de combat : sur une échelle de violence croissante, la *lutte,* le *pugilat* et le *pancrace,* ce dernier étant une sorte de mélange des deux précédents ; enfoncer ses doigts dans les yeux de l'adversaire était le seul geste interdit...

– une épreuve combinée, le *pentathle* (lutte, course, saut en longueur, disque et javelot) ;

– deux courses à cheval : la *course de chars (quadriges)* et la *course de chevaux montés.* La première, réservée aux aristocrates, était l'un des grands moments des Jeux. Le vainqueur était celui qui finançait l'attelage, et non le conducteur. Alcibiade, en 416, avait aligné pas moins de neuf attelages dans la course, raflant les première, deuxième et quatrième places.

On n'oubliait pas les jeunes, puisque trois épreuves étaient réservées aux 12-18 ans (course, lutte et pugilat) l'après-midi du deuxième jour des Jeux.

Le vainqueur d'une épreuve des Jeux olympiques recevait une couronne d'olivier ainsi qu'une palme, qu'il portait dans la main droite, mais surtout avait la gloire assurée, et aussi la pitance ! Ainsi, à Athènes, le Prytanée nourrissait-il à vie chaque « olympionique ». Aujourd'hui encore, on accorde un poste, bien souvent dans l'armée, à ceux qui ont rapporté l'or olympique...

Les athlètes étaient quasi professionnels, un comble quand on sait que Coubertin refusa, aux premiers Jeux de l'ère moderne, un coureur parce qu'il était professionnel... On a rapporté aussi des cas de tricherie. Dix juges devaient assurer l'ordre, à la fois parmi les compétiteurs et dans l'assistance. On imagine l'ambiance quand un combat se terminait par mort d'homme...

Les Jeux continuèrent même pendant la période romaine, assez loin de l'esprit initial. Les

AMATEUR ? UN LEURRE

Effectivement, le vainqueur recevait une couronne d'olivier, une branche de palmier et beaucoup de gloire. Mais au retour, la cité qu'il représentait le comblait de cadeaux et d'argent. Parfois, moyennant finances, les meilleurs partaient défendre les couleurs d'une autre ville. Bon, l'homme n'a pas changé.

derniers eurent lieu en 393 apr. J.-C. Ils furent définitivement interdits, comme toutes les fêtes païennes, par l'empereur chrétien Théodose. En 426, Théodose II ordonna la destruction d'Olympie.
En 1894, Pierre de Coubertin fit adopter par des délégués venus du monde entier, dans le grand amphithéâtre de la Sorbonne, son projet de rétablissement des Jeux olympiques. Les premiers Jeux modernes eurent lieu en 1896 à Athènes.

Arriver – Quitter

En voiture

➢ ***De/vers Athènes :*** par le centre du Péloponnèse, très jolie route peu fréquentée qui passe par Langadia, après l'autoroute Athènes-Corinthe-Tripoli. Sinon, par la route côtière qui passe par Patras et Pyrgos, mais elle est dangereuse et en partie en travaux, autant passer par Tripoli et Kalamata (autoroute A 7), puis par la route côtière au sud d'Olympie, via Zaharo. Le temps de parcours est en gros le même pour ces 3 routes.
➢ ***Pour le temple de Bassae :*** ne pas aller jusqu'à Pyrgos, mais prendre la direction du sud-est jusqu'à Andritséna (57 km).

En bus

Rens sur *• ktelileias.gr •* ou ☎ *26-21-02-06-00.* 2 arrêts de bus *(plan B1 et B2),* aux 2 extrémités du village. On achète les tickets directement à bord.
➢ ***De/vers Pyrgos :*** une douzaine de bus/j. en sem ; 8-10 bus/j. le w-e. Trajet : 45 mn.
➢ ***De/vers Tripoli :*** attention, arrêt à Olympie facultatif, téléphoner pour le demander ! 2 bus/j., slt 1 le dim. Trajet : 3h30.
➢ ***De/vers Dimitsana :*** par le bus de Tripoli, qui vous laisse 1 fois sur 2 à Karkalou (on finit les 8 derniers km à pied ou en taxi). Trajet : env 2h30.

Correspondances à Pyrgos

➢ ***De/vers Athènes :*** une dizaine de bus/j., dont 1 via Tripoli et 3 bus express (à 9h30, 14h30 et 17h15 de Pyrgos). Env 4-6h de trajet.
➢ ***De/vers Patras :*** 10 bus/j., 5h30-20h (8 le dim).
➢ ***De/vers Kalamata :*** 2 bus/j., 10h-17h15.
➢ ***De/vers Andritséna :*** 2 bus/j., sf le w-e.
➢ ***De/vers Tripoli :*** 4 bus/j. (2 le dim).
➢ ***Vers Pylos :*** 6 bus/j., via Kyparissia.

Adresses utiles

✉ ***Poste*** *(plan B2)* **:** *dans le centre. Lun-ven 7h30-14h30.*
■ ***National Bank*** *(plan B2,* ***1****)* **:** *dans la rue principale.* D'autres banques avec distributeur dans cette rue.

Où dormir ?

Campings

⛺ ***Camping Alphios*** *(plan A2,* ***10****)* **:** *à env 1 km de la ville, sur les hauteurs, face à l'*Hotel Europa. ☎ *26-24-02-29-52. • campingalphios.gr • D'avr à mi-oct. Compter 21 € pour 2 avec tente et voiture.* Grands emplacements en paliers sur plusieurs niveaux, avec piscine quasi olympique, resto en terrasse, bar et épicerie. Location de tentes (à réserver). Un bon camping, mais qui mériterait quelques améliorations, notamment l'équipement de la cuisine commune ainsi qu'un meilleur entretien. En revanche, accueil excellent, en français de la maman ou en anglais de sa fille.
⛺ ***Camping Diana*** *(plan A1,* ***11****)* **:** *dans le haut du village.* ☎ *26-24-02-23-14. • campingdiana.gr • Tte l'année. Env 22 € pour 2 avec tente et voiture.*

OLYMPIE (ville)

Adresse utile

1 National Bank

Où dormir ?

10 Camping Alphios
11 Camping Diana
12 Pension Posidon
13 Hotel Pelops
14 Hotel Herculès
15 Hotel Olympic Village
16 Hotel Neda
17 Hotel Best Western Europa
23 Taverna Bacchus

Où manger ?

20 Anesi
21 Poligefston
22 To Steki tou Vangéli
23 Taverna Bacchus
24 Taverna Thea
25 Mythos

Où boire un verre ?

30 Stathmos
31 Café Evy

CB refusées. Réduc de 10-20 % sept-avr ou en été selon affluence. Central et plutôt petit, on se retrouve donc vite entassé en haute saison. Environnement agréable et ombragé, agencé en terrasses. Sanitaires corrects mais peu nombreux, petite piscine et épicerie. L'ensemble n'est pas à la hauteur des prix, mais ce qui prime ici, c'est l'accueil du patron, très bavard et dévoué à ses hôtes. Avec lui, tout est négociable et il pourra même vous chanter des chansons en français.

Prix moyens

Pension Posidon (plan A1, **12**) : *9, odos Stéfanopoulou. ☎ 26-24-02-25-67. 69-73-21-67-26. • pensionposidon.gr • Tte l'année. Double 35 €. Petit déj 5 €.* Bienvenue chez un porteur de flamme olympique. Le sympathique Yorgos, qui vous accueille tout feu tout flamme en français, a en effet porté 2 fois le flambeau : d'abord en 1972 à Munich, puis en 1976 à Montréal. La torche canadienne est d'ailleurs exposée dans le joli hall d'entrée aux côtés de quelques photos. La pension, bien retapée, propose de jolies petites chambres, avec TV, AC et salle de bains. Jolie déco. Agréable terrasse sur le toit. Au petit déj, sa charmante femme, Giorghia, vous apportera sans doute des gâteaux maison et du jus d'orange frais... Bref, un très bon rapport qualité-prix, doublé d'un excellent accueil.

Hotel Neda (plan B1, **16**) : *1, odos Karamanli. ☎ 26-24-02-25-63 ou 26-92. • hotelneda.gr • Tte l'année. Doubles 55-65 €, petit déj inclus. Menu unique 10 €.* Des chambres lumineuses et confortables pour cet établissement de standing arborant une belle entrée en marbre. Balcon, clim, TV et salle de bains bien nette, dans un décor certes impersonnel, mais sobre. Belle salle de resto au 4e étage, avec une jolie vue sur les alentours. Agréable piscine avec bar et transats, sur l'arrière. Accueil aimable, un peu en français. Un bon rapport qualité-prix !

Hotel Pelops (plan B1, **13**) : *2, odos Varéla. ☎ 26-24-02-25-43. • hotelpelops.gr • Tte l'année. Double 50 €, triple 70 €, petit déj compris.* Rénové pour les Jeux de 2004, un bel hôtel au hall spacieux, avec une vingtaine de chambres confortables (AC, TV, frigo). Mais déjà quelques détails montrent les effets du temps (moquette des couloirs et parquet des chambres usés). Suzanne, la patronne, est très sympa et parle le français (tout comme son mari, d'ailleurs). En prime, accès gratuit à la piscine de l'*Hotel Europa* (même famille).

Hotel Herculès (plan B1, **14**) : *face à l'église. ☎ 26-24-02-26-96. • hotelhercules.gr • Tte l'année. Double 45 €. Petit déj 5 €. En principe, petite réduc sur présentation de ce guide.* Un joli bâtiment blanc bordé de palmiers mais, à l'intérieur, les chambres sont assez simples et banales, avec du mobilier un brin démodé. Comme les prix sont assez bas et l'accueil en français plutôt bon, cet hôtel sera une bonne affaire si les précédents sont complets.

Plus chic

Hotel Best Western Europa (hors plan par A2, **17**) : *sur les hauteurs. ☎ 26-24-02-26-50. • hoteleuropa.gr • Avr-oct. Doubles 75-95 €, quadruples 95-110 €, petit déj inclus (tarifs spéciaux tenant compte d'une réduc de 15 % sur présentation de ce guide, valables pour une résa en direct). Repas 15-20 €.* Très bel hôtel de 80 chambres situé en surplomb d'Olympie, avec les prestations et le confort attendus en ces lieux. Les chambres, impeccables, climatisées et avec balcon, se répartissent dans 2 bâtiments autour d'un jardin et d'une grande piscine. Restaurant *The Garden* d'excellente qualité *(juin-fin sept)* où les bons plats du chef sont dégustés dans un cadre verdoyant agréable. Accueil très pro.

Hotel Olympic Village (hors plan par B1, **15**) : *à l'entrée du village en venant de Pyrgos ; prendre à gauche à l'angle de la station BP, puis à droite après la voie ferrée. ☎ 26-24-02-22-11/12. • hotelolvillage.gr • De mars à mi-nov. Doubles 60-70 €, suites 80-95 € selon saison, petit déj compris. Réduc selon remplissage de l'hôtel, voir les promos sur le site.* Vaste, moderne, parfaitement aménagé, cet hôtel propose 70 chambres spacieuses

LE PÉLOPONNÈSE

et tout confort (grandes salles de bains, balcons, AC, TV, frigo), qui accueillent de nombreux groupes. Très jolie piscine, snack, 2 restos et une belle salle de petit déj (buffet très honorable). Accueil indifférent.

Où manger ?

La plupart des restos dans la ville même offrent une cuisine insipide. Voici notre choix (limité et sans enthousiasme), donc n'hésitez pas à consulter plus bas la rubrique « Où dormir ? Où manger dans les environs ? » si vous êtes motorisé...

Mythos (plan B2, **25**) : *odos Aimiliou Kountse. 69-70-60-53-95. Tlj, midi et soir. Gyros env 2 €, plats 7-8 €.* Petite taverne familiale sans déco aguicheuse. En compagnie des rares locaux, on pourra manger un *gyros* ou un *souvlaki*, bons et pas chers.

Anesi (plan B1, **20**) : *au coin de Avgérinou et Spiliopoulou. ☎ 26-24-02-26-44. Tlj, midi et soir, en été ; le soir slt hors saison. Plats 7-8 €.* Une *psistaria* toute simple où l'on sert d'excellents *souvlakia* et du *gyros* à petits prix. Jolie salle et accueil souriant.

To Steki tou Vangéli (plan B1, **22**) : *angle odos Stéfanopoulou et Spiliopoulou. ☎ 26-24-02-25-30. Le soir slt. Plats 7-9 €.* Petit resto qui va chercher sa simplicité dans son léger retrait de l'artère principale. Accueil polyglotte du gentil patron qui vous énumère une équipée de plats. Du bon, du concret, du roboratif... Allez, 4 tours de stade pour éliminer le surplus de lipides !

Poligefston (plan B1, **21**) : *presque en face la gare, au début de la rue des restos touristiques. ☎ 26-24-02-91-80. Plats 6-9 €.* Très touristique et classique, bien sûr, mais la terrasse est agréable, les prix sont corrects et le service sans trop d'esbroufe.

Où dormir ? Où manger dans les environs ?

Taverna Bacchus (hors plan par B1, **23**) : *à* ***Miraka*** *(ou Archaia Pisa). ☎ 26-24-02-22-98. • bacchustavern.gr • Sortir d'Olympie par le nord ; à 2 km env, prendre la route de Tripoli ; à 5 km sortir à Archaia Pisa. Tte l'année. Selon saison, doubles standard 55-65 €, luxueuses avec jacuzzi 85-95 €, petit déj inclus. Studio (4 pers) de l'autre côté de la rue pour 75-85 €. Resto tlj avr-oct, slt le soir hors saison. Plats 6-13 €, menus 11-15 €. Réduc de 30 % sur le prix des chambres pour la 3e nuit sur présentation de ce guide (sf juil-août).* Bel établissement tout en pierre tenu par Kostas, dont la qualité et l'accueil restent constants depuis de nombreuses années. Il dispose de 8 belles chambres (doubles, triples et plus), toutes confortables et décorées dans un mélange de modernité et de tradition, et 3 nouvelles viennent de voir le jour, spacieuses et colorées, avec jacuzzi et balcon. Belle piscine à débordement et vue imprenable sur les jolies collines alentour. La taverne est très réputée (penser à réserver !) : on y sert une cuisine de grande qualité à des prix sages. Spécialité d'agneau à l'origan. Menu végétarien également. La famille cultive sa propre vigne près du monument où l'on a enterré le cœur de Coubertin (*retsina* rouge qui a un vrai goût de terroir).

Taverna Thea (hors plan par A1, **24**) : *à* ***Flokas,*** *à 2,5 km à l'ouest d'Olympie ; au bord de la route de Zaharo. ☎ 26-24-02-32-64. Ouv slt le soir. Plats 6-10 €.* Son nom signifie « la vue », car son balcon et sa terrasse dominent de belle façon le village. Également une salle avec cheminée pour les soirées d'hiver. Pas mal d'habitués venus se remplir la panse d'une bonne cuisine maison, copieuse et pas chère. Tous les classiques et, entre autres spécialités, signalons le cochon grillé les vendredi et samedi en été. Fruits offerts en fin de repas. Bon accueil.

Où boire un verre ?

Stathmos (plan B1, **30**) : à la gare. ☎ 26-24-02-38-49. Une sorte de café de la gare à l'écart du frétillant hyper-centre. Au calme, entre touristes, on y sirote son ouzo ou son *frappé* à côté des quais désaffectés, en se rappelant le temps où les trains circulaient.

Café Evy (plan B1, **31**) : 18, odos Spiliopoulou. 69-76-02-04-15. Tlj. Incroyable, il existe encore un petit café authentique à Olympie, où les vieux viennent taper le carton et jouer aux dominos ! Il est tenu par Evy, la sœur de Yorgos (de la *Pension Posidon*). Ses prix sont 3 fois moins chers que ceux des autres cafés (soda, bière ou café ne sont qu'à 1 € !). Et pour 2 €, vous aurez un ouzo avec une assiette de *mezze,* servis avec le sourire ! Mais chut, ne le dites qu'à vos proches...

À voir

Le site archéologique (plan B2) : à 300 m à l'est du village. ☎ 26-24-02-25-17. D'avr à mi-nov, tlj 8h-20h ; hors saison, tlj 8h30-17h. Fermé 1er janv, 25 mars, 1er mai, sam de Pâques et 25-26 déc. Entrée : 12 € valable pour le site, le Musée archéologique et le musée de l'Histoire des Jeux olympiques ; réduc seniors ; gratuit moins de 18 ans, étudiants de l'UE et pour ts le 6 mars, 18 avr, 18 mai, et le 1er dim du mois nov-mars (ouf !). Allez-y dès l'ouverture si possible.

Le site d'Olympie a ceci d'exceptionnel qu'il ne s'agit pas d'une ville, mais bien d'un centre religieux, très régulé et hiérarchisé, rythmé par un rituel quotidien et quelques fêtes, dont la plus importante était les J.O. Au centre, l'énorme sanctuaire était uniquement réservé aux dieux ; les magistrats, fonctionnaires et autres prêtres logeaient en dehors. Ce sanctuaire rassemblait les offrandes de toutes les cités-États (même celles des colonies distantes), mais c'est en fait la cité d'Élis, appuyée par Sparte, qui en était la suzeraine.

Le site était enfoui sous des tonnes de terre lorsque, en 1829, commencèrent les premières fouilles sérieuses. Les archéologues exhumèrent un nombre incroyable de statues mutilées, réduites en milliers de pièces. Pausanias, dans ses *Récits éléens,* avait fait un inventaire scrupuleux des bâtiments et de tout ce qui les ornait ; c'est ainsi que l'on put reconstituer fidèlement les frontons du temple de Zeus et certaines statues (il y en avait des centaines, chaque cité voulant prouver qu'elle avait plus de religiosité que la voisine). Un Sénat olympique et les grands prêtres disposaient de toutes les richesses, à condition de les utiliser seulement pour embellir le sanctuaire. Au final, le site est très ruiné, mais les vestiges à la gloire des dieux restent lisibles par le commun des mortels.

– ***Le gymnase :*** premier vestige face à l'entrée. Encadré par deux portiques où s'entraînaient les coureurs, il en subsiste quelques alignements de colonnes.

– ***La palestre :*** touchant le gymnase et de forme carrée ; il ne reste pratiquement que la double colonnade du portique. Salle d'entraînement des athlètes pour la lutte ou la boxe, on les y enduisait d'huile. Traverser la palestre pour atteindre les bâtiments qui suivent.

À POIL

Le mot « gymnase » vient du grec gymnos qui signifie « nu ». Dans l'Antiquité, les sportifs participaient aux épreuves totalement nus. Ils s'enduisaient le corps d'huile d'olive pour éviter les claquages musculaires.

– ***L'atelier de Phidias :*** bâtiment en brique, aux murs parmi les mieux conservés du site. Ici, le célèbre sculpteur réalisa la statue de Zeus qui régnait sur les Jeux. Elle était considérée comme l'une des Sept Merveilles du monde. Haute de 12 à 15 m selon les estimations, recouverte d'or et d'ivoire (« chryséléphantine »), la statue était assise sur un trône, au centre du temple de Zeus. Elle fut emportée à Constantinople, puis détruite dans un incendie.

LE PÉLOPONNÈSE

– ***Le Léonidaion :*** grand bâtiment carré qui servait d'hébergement aux athlètes. On distingue assez bien les chambres avec, au centre de l'édifice, un bassin circulaire, qui devint une piscine en plein air à l'époque romaine. Tournez à gauche et empruntez la voie romaine qui mène au temple de Zeus.
– ***Le Bouleutérion :*** à côté des thermes du Sud. Reconnaissable à ses deux bâtiments en longueur se terminant en abside. C'est là que siégeait le Sénat olympique et que les athlètes prêtaient serment devant les magistrats et l'autel de Zeus (au centre) avant d'engager les épreuves.
– ***Le temple de Zeus :*** le bâtiment le plus intéressant du site, de style dorique. La masse des colonnes éboulées par deux tremblements de terre est particulièrement imposante (13 dans la longueur et 6 dans la largeur). L'une des colonnes a été redressée à l'occasion des J.O. de 2004 et se tient fièrement debout à l'angle sud-ouest du temple. À l'intérieur se dressait la statue géante de Zeus, sculptée par Phidias. À l'entrée du temple, de beaux restes d'une grande mosaïque.
– ***Le stade :*** au nord-est du temple de Zeus, l'accès se faisait par un couloir jadis couvert. Il était long de 192,27 m et bordé de deux talus doucement inclinés permettant d'accueillir 45 000 spectateurs... uniquement des hommes. On avait sa pudeur, puisque les athlètes étaient nus. Les femmes et les esclaves pouvaient assister au spectacle en grimpant sur le mont Kronion juste à proximité. La seule femme autorisée à pénétrer dans l'enceinte du stade était la prêtresse de Déméter, déesse de la Fertilité. Elle prenait place sur l'autel de cette dernière, que l'on aperçoit toujours au nord des gradins : veinarde ! Au sud, les ruines de la tribune où se trouvait le jury. Sur toute la largeur du stade, on remarque très bien la ligne de départ. Plus au sud se trouvait l'hippodrome.

COURIR COMME UN DÉRATÉ

Pour les Olympiades, les Anciens pensaient que le point de côté, qui abaissait les performances des coureurs, était dû à la rate. Les athlètes prenaient des décoctions pour supprimer le fonctionnement de la rate. L'efficacité du traitement n'a jamais été démontrée... En revanche, l'expression est restée.

– ***L'exèdre** (ou **nymphée) d'Hérode Atticus :*** de style romain, en demi-cercle, ce monument était une grande fontaine (l'eau coulait de gueules de lion) surmontée de statues. On distingue le grand bassin rectangulaire et une vasque.
– ***Le temple d'Héra :*** au nord du temple de Zeus et au pied d'une colline. En haut des quatre colonnes qui ont été relevées, les chapiteaux sont en forme de galette, un style dorique très archaïque dans l'art grec. Son origine ancienne (VIIe s av. J.-C.) en fait l'un des plus vieux temples doriques connus, à l'époque où les colonnes étaient encore en bois, et bien le plus vieux temple du sanctuaire d'Olympie. C'est sous la couche de briques rouges (dissoutes par les injures du temps) qui recouvrait les ruines du temple que l'on retrouva l'*Hermès* de Praxitèle, visible au musée. À 20 m, l'autel d'Héra, où est allumée la flamme olympique tous les 4 ans.
– ***Le Philippéion :*** derrière le temple d'Héra. Ce petit bâtiment circulaire en marbre a retrouvé sa rectitude d'adolescent après une belle rénovation. Colonnes ioniques, chapiteaux, linteaux. On le doit à Philippe de Macédoine, qui le fit bâtir au IVe s av. J.-C. pour célébrer ses performances sportives et victoires militaires.

Le Musée archéologique *(plan B2) : face au site archéologique, de l'autre côté de la route. ☎ 26-24-02-27-42. Pour les infos pratiques, voir plus haut « Le site archéologique ».*
Ce musée contient peu d'objets, mais ce sont surtout des pièces maîtresses. Dans l'entrée, une maquette du site donne une bonne idée de ce qu'il fut.
– *Dans la grande salle :* les deux énormes frontons (exceptionnels) du temple de Zeus occupent toute la place et se découpent bien sur fond clair, renforçant leur aspect monumental. D'un côté (fronton oriental), Zeus, au centre, surveille le départ de la course de chars de Pélops contre Œnomaos, mythique fondateur

LE PÉLOPONNÈSE

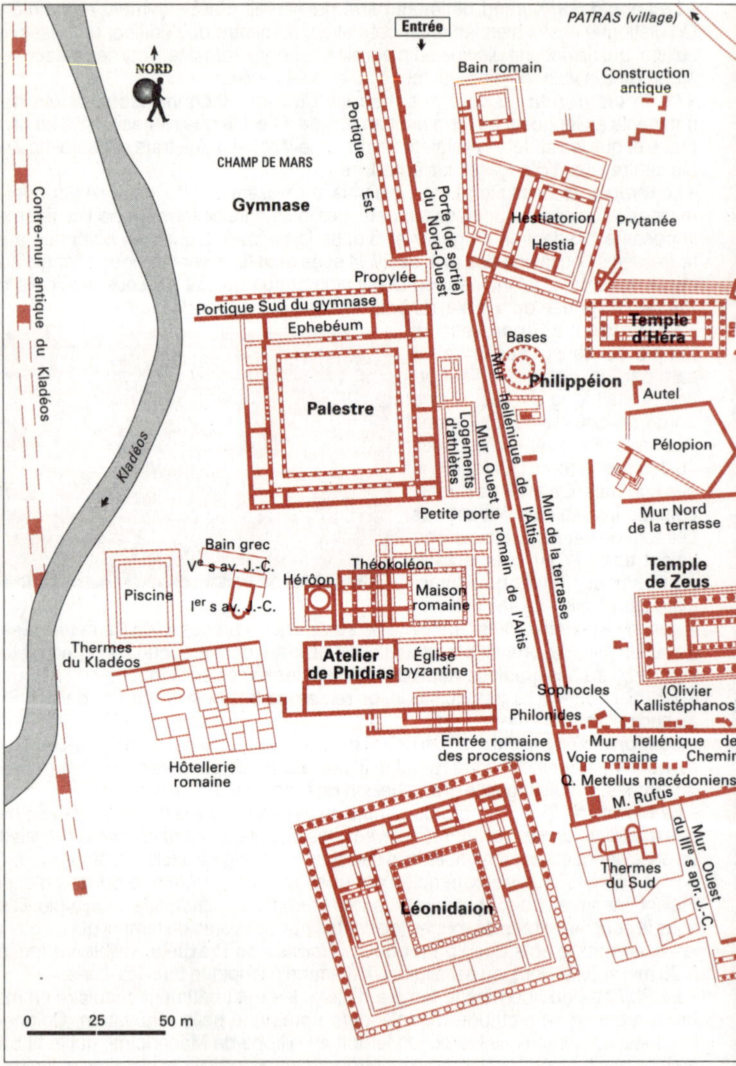

des J.O. De l'autre (fronton occidental), les Centaures à corps de cheval sont ivres et tentent de kidnapper des femmes (qui se défendent sacrément). Comparer la sérénité et l'ordre du premier avec la fureur et le mouvement du second.

– *Dans la salle à gauche de l'entrée :* belle série de bronzes du VIIIe s av. J.-C. (dieux, prêtres menant les animaux au sacrifice, chevaux et processions), qui furent réutilisés pour les vêtements d'une statue grecque au siècle suivant.

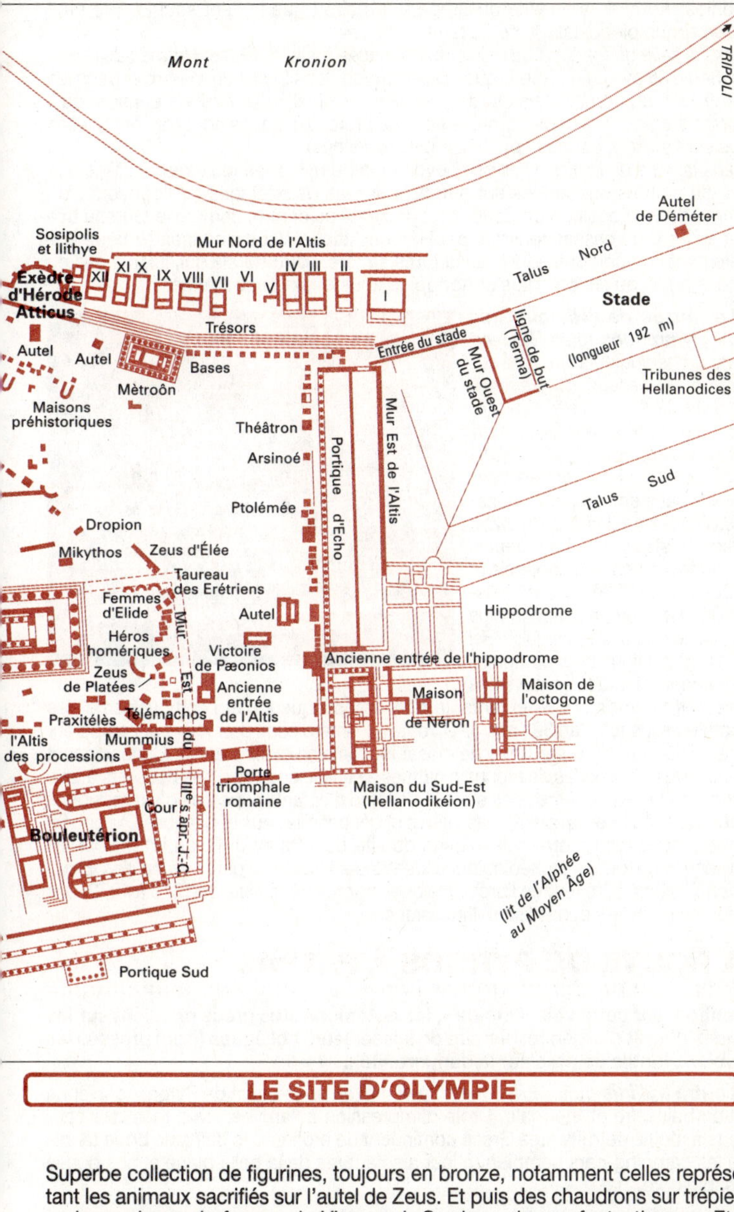

LE SITE D'OLYMPIE

Superbe collection de figurines, toujours en bronze, notamment celles représentant les animaux sacrifiés sur l'autel de Zeus. Et puis des chaudrons sur trépieds, un beau visage de femme du VIe s av. J.-C., des animaux fantastiques... Et un énorme disque en terre cuite qui chapeautait le fronton du temple d'Héra.
– *Dans la salle du fond :* un groupe en terre cuite représente *Zeus enlevant Ganymède.* Mais la pièce principale est tout de même la *Niké (Victoire),* sculptée par

Paionios. Admirer la finesse du drapé, on croirait que le vent souffle. Elle était placée sur un piédestal à côté du temple de Zeus.

– *Dans la salle du fond à droite :* le clou du musée reste le célèbre *Hermès* de Praxitèle (340-330 av. J.-C.). Remarquez la perfection dans le poli du marbre et dans les proportions du corps. Mais est-ce vraiment l'original ? Les experts pensent qu'il pourrait s'agir d'une copie romaine (les sculptures grecques sont très rares, elles nous sont surtout connues par les copies romaines).

– *Dans la salle de droite à l'entrée :* évocation du *nymphée* (ou *exèdre*) grâce à la série de statues qui se tenaient autrefois sur les deux étages de l'aqueduc. Un homme dans la position de Zeus est représenté au centre, derrière le taureau trônant au bord du bassin construit par Hérode Atticus. Vous reconnaîtrez peut-être également l'empereur Hadrien qui a toute sa tête, Marc Aurèle qui, lui, n'a pas eu cette chance, ou encore Titus et Agrippine, tous deux le nez mangé.

Le musée de l'Histoire des Jeux olympiques *(plan B2)* **:** *avt le site archéologique, à droite sur la butte au-dessus du parking. ☎ 26-24-02-91-19. Lun 10h-17h, mar-dim 9h-16h. Voir plus haut « Le site archéologique ». Panneaux explicatifs traduits en français.* Ce bâtiment lumineux, construit à l'occasion des J.O. de 2004, retrace l'histoire des Jeux depuis leurs prémices en Mésopotamie et en Égypte, en 3000 av. J.-C., jusque dans leur organisation la plus aboutie au cours de l'Antiquité. Bel effort pédagogique pour comprendre l'organisation des épreuves, la place des femmes et des enfants, la fête des vainqueurs, et l'enthousiasme des spectateurs jusqu'à l'an 393 apr. J.-C., date de l'interdiction des Jeux par l'empereur romain Théodose. À noter, une jolie mosaïque romaine du IIIe s apr. J.-C. dépeignant les épreuves, des pièces de monnaie battues à l'effigie des Jeux, des boucliers à faire pâlir d'envie Abraracourcix, des statues de têtes d'enfants superbes d'expression et de rustiques haltères en pierre, pas altérés et déconseillés aux hépatiques ! À l'entrée, quatre maquettes montrent l'évolution du site du VIe s av. J.-C. au IIIe s. Pour les passionnés de fouilles archéologiques, demander l'accès au petit ***musée des Excavations,*** juste à côté (entrée libre). Quelques photos de fouilles de 1876 à 1972, des documents officiels et des listes d'inventaires.

UNE FLAMME PAS TRÈS FLAMBOYANTE !

On est habitué à voir la flamme olympique portée par des sportifs du monde entier qui se relaient en courant. Ce n'est pourtant pas une tradition antique, mais une invention remontant à... 1936 ! Un professeur allemand avait eu cette idée et il la suggéra ensuite à Goering, qui la fit approuver par Hitler aux Jeux de Berlin... À Olympie, dans l'Antiquité, la flamme était fixe pendant toute la durée des Jeux.

LE PÉLOPONNÈSE

LA ROUTE DE PYRGOS À PATRAS

Attention, sur cette voie « rapide », les automobilistes grecs circulent sur les bandes d'arrêt d'urgence, histoire de laisser leurs collègues (trop) pressés les doubler... Inutile de préciser la dangerosité...

Loutra Kyllinis *(Λουτρα Κυλληνης)* **:** à 40 km au nord-ouest de Pyrgos, ancienne station balnéaire et thermale. Drôle d'impression à l'arrivée, avec tous ces bâtiments à moitié détruits. Les Grecs continuent de profiter des bains de boue tandis que les camping-cars semblent à leur aise auprès de la belle plage et ses dunes au sable doré.

Où dormir ? Où manger dans les environs ?

Camping Aginara Beach : *à* ***Glyfa.*** *☎ 26-23-09-62-11. • camping-aginara.gr • Depuis la nationale, sortir à Gastouni, puis*

Vartholomio et Ligia ; bien indiqué. Tte l'année. Selon saison, 16-20 € pour 2 avec tente et voiture. Bungalows et apparts jusqu'à 6 pers env 35-70 €. Très fleuri, quasi paysagé, ombragé et très bien tenu. Le camping est géré par un couple francophone, madame parlant 4 langues ! Plage de sable privée et propre. Également des bungalows et des appartements avec salle de bains et ventilateur, avec ou sans cuisine. *Beach-bar,* beau resto et minimarché. Machines à laver et sanitaires impeccables. Jeux pour enfants. Bon accueil.

Dougas Village : *à l'entrée d'****Arkoudi*** *en venant de Loutra Kyllinis (à 1 km). ☎ 26-23-09-64-32. • hotel-dougas.com • De la route de Ligia, sortir à Glyfa, prendre à droite et continuer après le camping* Aginara Beach *jusqu'à Arkoudi ; c'est à droite, en retrait du village. Doubles 45-50 € avec AC, petit déj compris. Camping env 15 € pour 2. Plats 5-10 €.* Une grosse vingtaine de chambres dans des maisons éparpillées au sein d'un vaste jardin luxuriant (pins, bananiers, palmiers...). On peut même planter sa tente sur la pelouse. Terrain à l'arrière pour les camping-cars. L'atmosphère conviviale est entretenue par les patrons, Sabine et Takis. Chambres sobres mais propres et de bon confort : AC, TV, frigo et balcon ou terrasse. Cuisine à disposition. Taverne agréable et bon marché. La plage de sable est à 500 m vers le village.

Camping Fournia Beach : *à 5 km de Kastro ; bien indiqué depuis le centre du village. ☎ 26-23-09-50-95. • fourniabeach.gr • Avr-oct. Selon saison, 15-19 € pour 2 avec tente et voiture. Bungalows 2-4 pers env 50-60 €.* Un petit camping de charme où l'intimité n'a pas été sacrifiée sur l'autel de la rentabilité. Emplacements bien délimités (certains manquant un peu d'ombre) et sanitaires impeccables. Très jolie vue sur la mer depuis la terrasse du bar-resto, bon et pas cher. Domine une petite crique de sable, propre et agréable, quasi privée. Également un supermarché et des bungalows simples mais équipés (minicuisine, AC, douche/w-c et terrasse). Patron aimable parlant un peu le français. Une bonne adresse.

LE PÉLOPONNÈSE

Le château de Chlémoutsi : *à* ***Kastro,*** *à 6 km au nord de Loutra Kyllinis. ☎ 26-23-09-50-33. Tlj sf lun 9h-16h. Entrée : 4 € ; réduc ; gratuit moins de 18 ans et étudiants de l'UE. Attention à vos enfants sur les remparts, il n'y a aucune barrière de sécurité.* Construit par le deuxième des Villehardouin, vers 1220-1223 et considéré comme le plus beau des châteaux francs du Péloponnèse, le château de Clermont (son nom d'origine) est aussi l'un des plus grands ; proportions imposantes. Enceinte extérieure crénelée, donjon hexagonal, vastes salles voûtées, où deux trous béants viennent rappeler les assauts dont il fut la cible. Vue imprenable sur la mer Ionienne et la plaine d'Élide, dont ce fort assurait le contrôle. Après avoir foulé le sol de la chapelle, il vous reste à traverser la cour, pour pénétrer dans la résidence du prince. On y battait la monnaie au XIIIe s. Un petit musée présente d'intéressants vestiges de cette époque : éperons, poteries, restes de voûtes peintes, une clé de voûte d'une abbaye cistercienne et des fragments de tombes (« Ici gît Madame Agnès de... » ; c'étaient bien des Francs !).

Depuis Kastro, on peut gagner ***Kyllini*** (ne pas confondre avec Loutra Kyllinis). Petite station balnéaire sans grand intérêt, mais c'est le principal port d'embarquement pour Zante. Départs pour Céphalonie (Poros) également.

➢ ***Zante (Zakinthos) :*** rens et billets sur le port *(☎ 26-23-09-22-11).* Compagnies *Kefalonian Lines (☎ 26-23-09-21-00 ; • kefalonianlines.com •)* et *Levante Ferries (☎ 26-23-09-20-80 ; • levanteferries.com •).* 5-6 bateaux/j. (voire le double en août).

➢ ***Poros :*** compagnies *Kefalonian Lines (☎ 21-09-51-51-00 ; • kefalonianlines.com •)* et *Levante Ferries (☎ 26-23-09-20-80 ; • levanteferries.com •).* Compter 3-7 bateaux/j. selon saison.

Sur la route nationale, à Lapas, prendre la direction de ***Kalogria*** une trentaine de kilomètres avant Patras. À 13 km de la nationale, une grande ***plage*** dans un joli site dunaire avec deux grandes collines arides en arrière (le sable monte assez haut sur les collines : surprenant). Avant d'y arriver, la route serpente dans une pinède ponctuée de marécages (site Ramsar – attention, moustiques !) où paissent placidement vaches, chèvres et moutons « surveillés » par quelques oiseaux rares, dont d'élégantes aigrettes. Le bois de Strophylia s'étend sur 7-8 km vers le sud en bordure de mer. Magnifiques pins d'Alep. La plage (avec un grand hôtel-club) est très fréquentée l'été. À droite à la sortie de la pinède, direction Araxos, vous embrasserez du regard la quiétude du marais qu'une petite église plantée en plein milieu vient souligner. Un peu plus loin, les ***ruines de l'ancienne Dymè*** *(tlj 8h-15h ; GRATUIT).* Superbe panorama quasi aérien sur les marais et la mer au loin, à l'ombre des murs cyclopéens de cette cité mycénienne perchée sur une colline.

|●| ***Taverne Koukounaria :*** *à 50 m de l'embranchement entre la route de l'aéroport et celle de Métochi. Mai-oct. Plats env 6-9 €.* Calme, à l'écart de la plage. Cuisine familiale classique servie sous des arcades blanches. Le facétieux patron parle le français et vous accueillera chaleureusement.

LE PÉLOPONNÈSE

PATRAS (ΠΑΤΡΑΣ) (262 00) 168 000 hab.

• Plan *p. 279*

Patatras ? Bienvenue dans l'agitation citadine ! Si vous bouclez votre tour du Péloponnèse, ravi de ses quelques coins tranquilles, prenez une grande inspiration... Patras, aujourd'hui important port industriel, était déjà une cité à son apogée à l'époque romaine. Elle resta stratégique pendant l'occupation turque. Mais Patras sera bel et bien libérée du joug turc en 1821, et presque entièrement détruite.

La ville ancienne entoure la colline, où trône le *kastro.* La ville moderne, quant à elle, se concentre près du port et de son activité trépidante. Mais depuis l'ouverture du nouveau port, au sud de la ville, le centre respire un peu... Si vous disposez de quelques heures, une balade à pied pour découvrir ses quelques monuments saura vous distraire. Quant à l'offre culturelle, elle n'est pas négligeable : un musée archéologique riche de toutes les nouveautés technologiques appliquées à la muséographie, ainsi qu'un festival international consacré au théâtre et à la musique, sans oublier le carnaval.

Arriver – Quitter

En voiture

➢ ***De/vers Athènes :*** via Corinthe par la E 65.

➢ ***De/vers Delphes :*** par le pont traversant le détroit de Corinthe entre Andirion et Rion, à quelques km à l'est de Patras. Long de 2,252 km, il est prévu pour résister à un séisme atteignant une magnitude 7 sur l'échelle de Richter. Compter env 13,30 € de péage pour une voiture (tarif 2016). On peut faire quelques économies (d'argent mais pas de temps) en choisissant le vieux ferry, qui fonctionne toujours (prendre la direction du pont et sortir juste avant). Compter env 6,50 € pour une voiture avec chauffeur.

– Stationnement payant en centre-ville tlj sf dim 8h-14h, 17h-21h (sam 8h-14h slt).

En bus

🚌 ***Gare routière*** *(plan A1) : 2, odos Zaïmi.* ☎ *26-10-62-38-88.*

➢ ***De/vers Athènes :*** bus ttes les

PATRAS

Adresses utiles	22 Rooms Spyros Vazouras
4 Centre de premiers secours	24 Hotel Atlanta
6 National Bank of Greece	25 Galaxy City Center Hotel
7 Presse internationale	**Où manger ? Où boire un verre ?**
8 Superfast Ferries et Blue Star Ferries	30 Si Doux
9 Agence Aquashipping	31 Apénandi apo to Odeio et Vizavi & Apenantias
Où dormir ?	32 Café Faros
21 Pension Nicos	

30 mn, tlj 5h30-22h30, dont certains express.

➢ ***De/vers Delphes :*** 2 bus/j. lun-sam, 1 seul le dim.

➢ ***De/vers Pyrgos (et Olympie) :*** bus ttes les 2h, 5h30-20h40. Correspondance pour Olympie.

➢ ***De/vers Kalamata :*** 2 départs/j., 8h30-16h.

➢ ***De/vers Ioannina :*** 2 bus/j.

➢ ***De/vers Tripoli :*** 3-4 bus/j. (correspondance pour Sparte).

En ferry

Nouveau port *(hors plan par A2) : à 4 km au sud du centre-ville. Un bus (nº 18) assure la liaison depuis l'ancien* *port en centre-ville.* Départs pour l'Italie. Arriver en avance, car ce n'est pas toujours facile de trouver sa compagnie, son ferry, etc.

➢ ***Vers Ancône :*** 3-4 bateaux/j. avec les compagnies suivantes :

– *Superfast Ferries et Blue Star Ferries (plan A1,* ***8****) : Ferry Center, 12, odos Othonos & Amalias.* ☎ *26-10-62-25-00.* ● *superfast.com* ● Patras-Ancône en 24h.

– *Anek Lines : United Ferries Agency, 26, odos Othonos & Amalias.* ☎ *26-10-22-60-53 ou 26-10-43-91-37 (au nouveau port).* ● *anek.gr* ● Patras-Ancône et Patras-Bari en collaboration avec *Superfast Ferries.*

– *Minoan Lines : agence située au nouveau port.* ☎ *26-10-42-60-00.* ● *minoan.gr* ● Liaison Patras-Igouménitsa-Ancône en 24h.

➢ ***Vers Bari :*** avec *Superfast Ferries* (voir coordonnées plus haut). Patras-Bari, via Igouménitsa, en 15h30.

➢ ***Vers Venise :*** avec *Minoan Lines* et *Anek Lines* (voir coordonnées plus haut).

➢ ***Vers Céphalonie*** *(Sami)* et ***Ithaque*** *(Pissaétos) :* avec la compagnie *Levante Ferries (*● *levanteferries.com* ●*).* 1-2 trajets/j. en saison.

En avion

✈ ***Aéroport d'Araxos*** *(hors plan par A2) : situé à env 45 km à l'ouest de Patras.* ☎ *26-93-05-40-00.* Quelques vols *low-cost* y atterrissent. Ni change ni poste. Donc prévoir un peu de liquide pour quitter l'aéroport en taxi. Parfois un bus pour Patras.

Adresses utiles

✉ ***Poste*** *(plan B1) : odos Mézonos et Zaïmi. Lun-ven 7h30-14h30.*

✚ ***Centre de premiers secours*** *(plan A1,* ***4****) : 8, odos Karolou ; les urgences sont à côté.* ☎ *26-10-27-73-86 (8h-20h). Également un numéro faisant office d'assistance touristique (vols, etc.) :* ☎ *26-10-27-78-33 (7h30-14h45).*

■ ***Agence consulaire de France*** *(plan A2) : 5, odos Patréos, à côté de la Pension Nicos.* ☎ *26-10-22-65-14. Consul honoraire : Mme Christina Deftéréou.*

■ ***National Bank of Greece*** *(plan A1,* ***6****) : pl. Trion Simachon. Lun-ven 8h-14h30 (14h ven).* Distributeur.

■ ***Presse internationale*** *(plan A2,* ***7****) :* ***News Stand,*** *77, odos Agiou Andréou. Également sur la pl. Trion Simachon.*

■ ***Location de voitures :*** ***Hertz,*** *40, akti Dymaion,* ☎ *26-10-22-09-90.* ***Avis,*** *33, odos Othonos & Amalias,* ☎ *26-10-27-55-47.* ***Sixt,*** *18-20, Norman,* ☎ *26-10-27-56-77.* ***Europcar,*** *6, Agiou Andréou,* ☎ *26-10-62-13-60.*

■ ***Agence Aquashipping*** *(plan A1,* ***9****) : 2-4, odos Athinon.* ☎ *26-10-45-56-22.* ● *aquashipping.gr* ● *Tlj 9h-20h (parfois 21h).* Vend les billets de toutes les compagnies. Excellent accueil en anglais ou en français, grande efficacité.

Où dormir ?

Généralement, on ne dort à Patras que pour attendre un bus ou un bateau le matin (or, ils appareillent le soir pour la plupart). La ville est stressante, bruyante et compte peu d'hôtels qui ne soient pas déprimants ! Pour ceux qui ne peuvent vraiment pas faire autrement, voici quelques adresses. Voir également la rubrique « Où dormir dans les environs ? » plus loin.

De bon marché à prix moyens

🏠 ***Pension Nicos*** *(plan A2,* ***21****) : 121, odos Agiou Andréou.* ☎ *26-10-62-37-57. Réception au 3e étage. Doubles 35-40 €, triples 45-50 €, sans ou avec sdb.* Nombreuses chambres de 2 ou 3 lits avec TV et AC, propres et logées dans un bâtiment cossu à la déco très kitsch (voir l'autel de la Vierge à l'entrée !). Bar et terrasse à l'étage de la réception (3e étage), d'où la sympathique patronne contrôle les allées et venues sur ses écrans de surveillance. Un bon rapport qualité-prix que cette pension à l'ancienne.

Rooms Spyros Vazouras *(Rooms for rent ; plan A1, **22**) : 2, odos Tofalou. ☎ 26-10-45-21-52. 69-78-74-24-87. • patrasrooms.gr • Double 45 € avec AC, TV et sdb. Sur présentation de ce guide, 10 % de réduc.* Hôtel de 7 chambres confortables et propres, avec une pièce commune à l'étage dotée d'un frigo, mais pas de cuisine ni de petit déj. Grande terrasse face au port. Attention aux réservations.

Hotel Atlanta *(plan A1, **24**) : 10, odos Zaïmi. ☎ 26-10-27-86-27. • hotelatlanta.gr • Double env 50 €, sans petit déj.* Des chambres pas immenses mais correctement équipées dans la rue assez calme, à 100 m de la gare des bus. Décoration banale et parties communes usagées.

Plus chic

Galaxy City Center Hotel *(plan A2, **25**) : 9, Agiou Nikolaou. ☎ 26-10-27-59-81. • galaxyhotel.com.gr • Doubles 70-80 €, sans ou avec petit déj.* Le nom en jette, il faut dire que l'hôtel a été rénové de façon contemporaine et design au cœur du centre-ville. De jolies chambres à rayures dans les tons gris, orange, noir ou crème, avec salle de bains nickel, écran plat et balcon. Moquettes des couloirs aux armes de l'hôtel. Très central, en témoignent les nombreuses terrasses animées aux alentours. Heureusement, l'hôtel est bien insonorisé ! Personnel gentil et serviable.

Où dormir dans les environs ?

Camping

Rien dans Patras même, il faut s'excentrer un peu.

Camping Kato Alissos *(hors plan par A2) : ☎ 26-93-07-12-49. 69-77-35-98-89. • camping-kato-alissos.gr • À 21 km au sud-ouest de Patras ; bien fléché depuis la route côtière, 3 km au nord de Kato Achaia. Avr-oct. Compter 20-21 € pour 2 avec tente et voiture. Chambre tte simple 20 €, les sanitaires restant ceux du camping. Réduc de 10-20 % selon saison sur présentation du dépliant de la chaîne Sunshine.* Un peu loin de Patras, mais bien situé, à 50 m de la plage. Plutôt calme, familial et ombragé d'acacias, peupliers, oliviers. Sanitaires simples mais corrects. Taverne.

Plus chic

Hotel Poseidon *(hors plan par A2) : à **Kaminia,** à 15 mn au sud-ouest de Patras. ☎ 26-10-67-16-02. • poseidon-hotels.gr • Doubles 60-80 €, petit déj inclus.* Si vous ne souhaitez pas dormir en ville, voici une bonne option située en bord de mer. Grand hôtel de presque 50 chambres coquettes, avec salle de bains, AC, TV, minibar et terrasse, certaines avec vue sur la mer. Piscine avec ponton. Resto et bar. Pour une option encore plus luxueuse, le ***Poseidon Palace,*** à côté, propose des chambres carrément branchées *(☎ 26-10-24-13-13 ; doubles 80-100 € selon saison et vue, petit déj inclus).*

Où manger ? Où boire un verre ?

Nombreux ***restos en centre-ville,*** pas du genre touristique. Mais le plan le plus sympa, c'est de suivre la route côtière vers le sud de la ville : pléthore de terrasses de ***restos au bord de l'eau,*** très animées en fin de semaine. Impossible de vous en recommander une plus qu'une autre, il y en a trop !

Apénanti apo to Odeio *(plan B2, **31**) : angle d'odos Germanou et Sotiriadou. ☎ 26-10-62-10-04. Fermé en août. Plats 8-12 €.* Une perle bien placée à proximité des quelques monuments de Patras à visiter. On y mange dans une petite salle où dominent des touches turquoise, avec une décoration qui rappelle l'adresse de mère-grand : fioles de verre, ustensiles anciens suspendus... Le soir, photophores en renfort, c'est même romantique, malgré la rue très passante. Les plats, copieux à l'envi, défrisent un peu les cartes usuelles à la mode grecque : des saveurs épicées, plus de légumes que de viandes. La dent sucrée sera comblée par la maison sœur (à l'angle opposé de la rue) : ***Vizavi & Apenantias.***

Café Faros *(hors plan par A2,* ***32****) : au pied du phare. Tte l'année, tlj, 24h/24.* Très joli bar conçu en rond tout autour du phare. Les pieds dans l'eau, évidemment. Très sympa pour siroter un verre et grignoter de copieux assortiments de *keftédès, saganaki,* salade d'aubergine... Vue panoramique sur le golfe de Patras.

Si Doux *(plan A2,* ***30****) : 15, odos Patréos. ☎ 26-10-62-55-32. Tlj 8h-1h.* Un petit café jeune et cool dans un décor reposant tout en bois. Du grignotage sympa : sandwichs, gâteaux, gaufres, milk-shakes, vin et bière. Et de la bonne musique ! C'est si doux...

Pour un verre dans l'après-midi, la place Agiou Georgiou *(plan A2)* est un choix judicieux. Quelques terrasses de café à l'entrée du théâtre municipal *Apollo,* dont **Le Puzzle** et son bar à la déco kitsch qui vous met le sourire aux lèvres. Nombreux bars branchés sur Agiou Nikolaou *(plan A2)* et aussi sur la marina (excentrée vers le nord). Plus branché, tendance rebelle, le haut d'odos Gérokostopoulou, qui prend des airs montmartrois sur ses escaliers.

Où manger dans les environs ?

Glafkos *(hors plan par B2) : à* ***Périvola.*** *☎ 26-10-64-06-00. À 15 mn en voiture du centre de Patras. De la rue Othonos & Amalias, remonter la rue Gounari jusqu'à la rue Kalavriton ; laisser l'hôpital sur la gauche, puis prendre la 3e rue après le stade, à gauche direction « Carrefour » (l'hypermarché) ; au rond-point de Carrefour, prendre en face et continuer sur 2 km (passer sous la voie express). Tlj. Plats 8-11 €.* Appréciée des locaux, cette taverne est bicéphale : une salle en lambris, avec ventilateurs rétros et jolies tables, et une terrasse autour d'un bel arbre de l'autre côté de la route... Bonne moussaka et bon agneau au four, entre autres. Carte des vins peu fournie, mais l'*Achaia Clauss,* cru local, y a sa place. Une bonne adresse. Juste un conseil : amis des moustiques, pensez à la citronnelle en soirée.

À voir. À faire

Le kastro *(plan B2) : sur les hauteurs de la ville. ☎ 26-10-62-33-90. Tlj sf lun 8h-15h. GRATUIT.* Vue sur le golfe de Patras et la mer Ionienne. Si vous êtes à pied, celle-ci se mérite : en haut de la rue piétonne Agiou Nikolaou, 207 marches vous attendent, si nous avons bien compté... Construit sur l'ancienne acropole autour de 551 av. J.-C., il est le principal témoin de l'histoire de la ville : Francs, Vénitiens, Byzantins et Turcs se le sont approprié tour à tour... À l'intérieur de ses fortifications, un joli jardin, dont il est préférable de profiter tôt le matin ou au coucher du soleil !

L'église de Pantokratoras *(plan B2) : à 150 m du château.* Intéressante pour son large dôme. Érigée en 900 apr. J.-C. à l'emplacement de l'ancien temple de Zeus, elle connut diverses modifications (mosquée, hôpital) au cours de l'histoire. Elle fut reconstruite, après la libération du joug turc, sur le modèle de la basilique Sainte-Sophie à Constantinople, rien que ça !

L'odéon romain *(plan B2) : odos Germanou, au niveau de la pl. Agiou Georgiou. ☎ 26-10-22-08-29. Tlj sf lun 8h-15h. GRATUIT.* Construit en 52 apr. J.-C., ce monument fut consolidé en 1963 avec des briques, ce qui lui ôte beaucoup de son authenticité. Mais on distingue toujours les vieilles pierres à la base. Des sarcophages et quelques objets sont disposés tout autour... Décevant si l'on s'y rend un lendemain de concert bien agité. Mais preuve que l'odéon vit encore ! Pausanias aurait écrit, en 170 apr. J.-C., qu'il s'agissait, à l'exception de celui d'Athènes bien sûr, du plus bel odéon qu'il ait jamais vu : faisons-lui un peu confiance...

L'église Agios Andréas *(hors plan par A2)* **:** *à 600 m au sud de la pl. Trion Symachon, tt près de la mer.* La plus grande église des Balkans. À l'intérieur, la croix de saint André et son crâne, conservé dans un coffre imposant. Un impressionnant lustre en bois arbore l'aigle à deux têtes, emblème des Paléologues (la dernière dynastie de l'Empire byzantin). Également un dais recouvert d'argent, unique en Grèce. Sur la même place, l'ancienne église Saint-André, construite sur le temple de Déméter. À droite, quelques marches descendent à la source de Déméter, connue pour ses vertus curatives.

Les bains turcs *(plan B2)* **:** *29, odos Boukaouri. ☎ 26-10-27-42-67.* Datant de l'époque vénitienne, la vieille bâtisse a été transformée en hammam par les Turcs, et fonctionne toujours depuis. Il vous en coûtera environ 6 € l'entrée pour 1h de relaxation humide !

Le Musée archéologique *(hors plan par B1)* **:** *route nationale Patras-Athènes, à 3 km du centre en suivant odos Korinthou vers le nord. ☎ 26-10-42-06-45. • patrasmuseum.gr • Tlj 8h-20h. Entrée : 4 €.*
Un musée récent de 8 000 m², qui bénéficie des techniques les plus modernes. Son organisation dépoussière l'habituelle présentation des musées archéologiques : trois galeries thématiques cohérentes, lumineuses et très aérées, qui contiennent peu de pièces, mais de grande qualité.
La première section, tout de suite à gauche, est consacrée à la vie privée aux temps anciens. Deux habitations romaines en partie reconstituées et surtout de très belles mosaïques découvertes dans des villas de Patras : superbe scène de pêche où un chérubin monté sur un dauphin harponne un poisson, Aphrodite pendant sa toilette, etc. La deuxième section est consacrée aux funérailles, de l'époque mycénienne à l'époque romaine. On y voit ces bijoux finement ciselés et ces verreries délicates qui accompagnaient les morts dans leur dernière demeure, au choix : tumulus, sarcophage, jarre *(pithos), larnax...* dont les plus beaux spécimens sont exposés sous vos yeux ébahis. De quoi devenir incollable en matière de rites funéraires antiques. Enfin, la troisième section aborde la vie publique dans la cité. Tout est expliqué en anglais sur les panneaux, en attendant les plaquettes en français.

Manifestations

– ***Carnaval :*** *de fin janv à mi-mars. • carnivalpatras.gr •* Ce carnaval existe depuis 1860. Sa grande parade a lieu le dimanche précédant le mercredi des Cendres. Également un carnaval spécialement pour les enfants.
– ***Festival international de Patras :*** *de juin à mi-sept. • festivalpatras.gr •* Représentations théâtrales, spectacles de danse et concerts investissent l'odéon romain, l'ancien hôpital et le *kastro.* Tous les styles se côtoient.

DIAKOPTO (ΔΙΑΚΟΠΤΟ) (250 03) 7 000 hab.

Diakopto est un village pépère, point de départ du chemin de fer à crémaillère pour le monastère de Méga Spiléon et Kalavryta. Sur la place de la gare, de charmants petits cafés. Plage de galets.

LE PÉLOPONNÈSE

Arriver – Quitter

➢ Depuis la route Patras-Athènes (mal indiquée) : en venant de Patras, une fois sorti de la périlleuse voie express, prenez à gauche au stop, puis encore à gauche, et suivez un bout de route côtière vers le sud.

➢ 5 bus/j. depuis Patras, avec changement à Aigio.

Où dormir ? Où manger ?

Hotel Panorama : *au bord du détroit de Corinthe. ☎ 26-91-04-16-14. • greecepanorama.gr • Depuis le centre-ville, suivre les panneaux « Beach », c'est fléché arrivé au bord des flots. Tte l'année. Selon saison, doubles 40-50 €, petit déj en sus. Plats au resto 7-9 €.* Voilà une option très honorable pour se poser avant ou après une virée à Kalavryta. L'établissement n'est pas luxueux mais fait quelques efforts côté déco et a été rénové pendant l'hiver 2014-2015. Une partie des chambres profitent des brises marines (leur balcon donnant sur le canal). Et puis, par les bras de Morphée, c'est calme à souhait pour un bon dodo. Quelques plats bien sentis au resto. M. Karvelas (père) parle très bien le français.

Hotel Chris Paul : *dans la ruelle face à la gare. ☎ 26-91-04-17-15 ou 18-55. • chrispaul-hotel.gr • Mars-oct. En été, résa conseillée. Doubles 55-65 € selon saison. Petit déj 6 €.* Rien de folichon, mais c'est propre et il n'y a pas beaucoup de concurrence dans le coin. Chambres suffisamment confortables, quoique chères pour la prestation. Petit jardin. Piscine.

Taverna O Kostas : *dans la rue principale, à gauche en arrivant. ☎ 26-91-04-32-28. Plats 6-10 €.* En salle l'hiver, dans une cour sous tonnelle en saison, tous les classiques servis en portions généreuses. Le patron, Kostas, vous invitera à choisir directement en cuisine ; ça vous donnera une bonne idée de la variété des plats. Essayer les *dolmadès.*

DE DIAKOPTO À KALAVRYTA

Le petit train à crémaillère (*Odontotos* pour les Grecs) *: ☎ 26-91-04-32-06, à la gare de Diakopto. 3 départs/j. en sem et 5 départs/j. le w-e. Env 19 € l'A/R. Compter 2h en tt.* Cette ligne entre Diakopto et Kalavryta (22,350 km) vaut le voyage. Le train traverse de pittoresques paysages (malgré les traces des incendies) le long des superbes ***gorges du Vouraïkos,*** que la route ne permet pas de voir. La partie la plus intéressante relie Diakopto à Kato Zachlorou, où il fait bon s'arrêter et manger (voir plus bas). Pour les billets, s'y prendre le plus tôt possible, car le train est très réputé. Trajet de 65 mn environ jusqu'à Kalavryta. Le train redescend presque immédiatement. Nombreux ponts étroits (49 !) et tunnels. En principe, on peut voir à l'extérieur de la gare la locomotive « historique » de 1896 qui, la première, a fait la grimpette jusqu'à Kalavryta.

À mi-parcours (à environ 45 mn), ***Kato Zachlorou.*** Le petit train s'y arrête. En voiture, c'est à 3 km de la route de Diakopto, sur la droite après le monastère de Méga Spiléon (attention, virage en épingle et panneau peu visible). Hameau charmant construit autour de sa gentille petite gare. Sur place, quelques petits hôtels et restos, et occasions de superbes randonnées.

Le monastère de Méga Spiléon : *à 26 km de Diakopto par la route et avt la gare de Kato Zachlorou. Pas d'accès en voiture, grimper à pied par la route bitumée (en 10 mn). Sinon, on peut faire une petite rando en 1h env depuis le village de Kato Zachlorou, en tournant à droite entre le pont et l'hôtel* Romantzo.

Suivre le sentier. Belles vues en cours de route. Tlj 8h-19h (ferme pdt 1h le midi). Entrée : 2 €.
Incendié par les nazis en 1943, puis reconstruit, le monastère a beaucoup perdu de son charme, mais pas de son intérêt. Pour le visiter, il vaut mieux laisser son sac à dos à la gare de Diakopto. L'église et le petit musée valent particulièrement le détour. Porte en cuivre datant de 1800. Vierge noire en cire très vénérée. Nombreux dons (bagues, colliers, montres). Magnifique porte en argent avec la Vierge remarquablement détaillée. Toute la Passion en bande dessinée. Admirable iconostase en bois sculpté. Tissus brodés d'or et chaire ornementée.
Dans le *musée,* riches collections : habits régionaux, manuscrits (titres de propriété enluminés). Costume de la guerre de 1821. *Assomption de la Vierge* du XVIIe s. Croix de Smyrne de 1600 entièrement en or (l'orfèvre y travailla 11 ans et en devint aveugle !). Dans la salle des reliquaires, noter la main d'Agios Charalambos, quasiment intacte. Deux rares reliquaires pour crânes.

Le monastère d'Agia Lavra : *à 5 km de **Kalavryta** au sud-ouest de la ville.* Très visité par les Grecs. Lui aussi a brûlé et rebrûlé. C'est ici que, officiellement, la révolution de 1821 a été lancée, le 25 mars, date retenue pour célébrer la fête nationale. Pas de chance : c'est, paraît-il, faux (mais tous les petits Grecs continuent à apprendre cette version dans leurs livres d'histoire)...

LA ROUTE DE PATRAS À CORINTHE

De jolis paysages où le détroit de Corinthe se la joue fjord, à l'ombre de sa rive nord aux monts accidentés. Si la route à partir de Rion permet de rejoindre assez rapidement Corinthe, c'est au prix de quelques frayeurs car cette route est hyper dangereuse ! Une autoroute parallèle est en cours de construction. On peut également emprunter la « vieille route nationale » qui longe la côte, mais on n'avance pas...

Possibilité de faire une halte en bord de mer au ***camping Akrata Beach,*** à ***Porovitsa,*** près d'Akrata *(☎ 26-96-03-19-88 ; • akrata-beach-camping.gr • ; tte l'année ; 16-19 € selon saison ; wifi).* Peu d'espace, mais la plage est à deux pas. On y parle le français.

LES ÎLES IONIENNES

• Carte *p. 287*

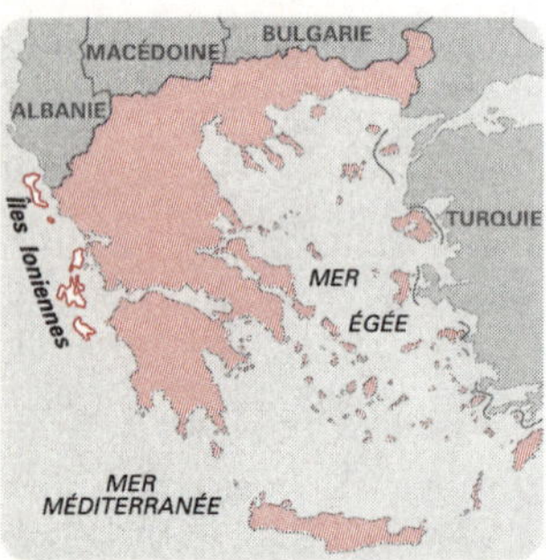

Selon la mythologie, les îles Ioniennes (Corfou, Paxos, Leucade, Céphalonie, Ithaque et Zante) doivent leur nom à Io, une des joyeuses victimes de Zeus, qui s'y réfugia pour échapper à la jalousie d'Héra (cette dernière l'ayant transformée en génisse). En fait, elles sont officiellement sept (en grec, on les nomme *Eptanissa,* les « sept îles »), car on y rattache, administrativement et donc artificiellement, Cythère, située au sud-est du Péloponnèse.

Assez peu fréquentées par les touristes français, alors que, depuis longtemps, les Anglo-Saxons les ont « annexées », touristiquement parlant, ces îles offrent de magnifiques paysages montagneux et des côtes superbes. De Corfou à Zante donc, on reconnaît bien, sur la côte ouest, les mêmes falaises crayeuses à l'origine de tant de belles criques blanches aux eaux turquoise, régulièrement classées parmi les plus belles plages grecques. Elles bénéficient d'une végétation variée et luxuriante, favorisée par des pluies régulières d'octobre à mars : beaucoup de cyprès et, évidemment, des oliviers.

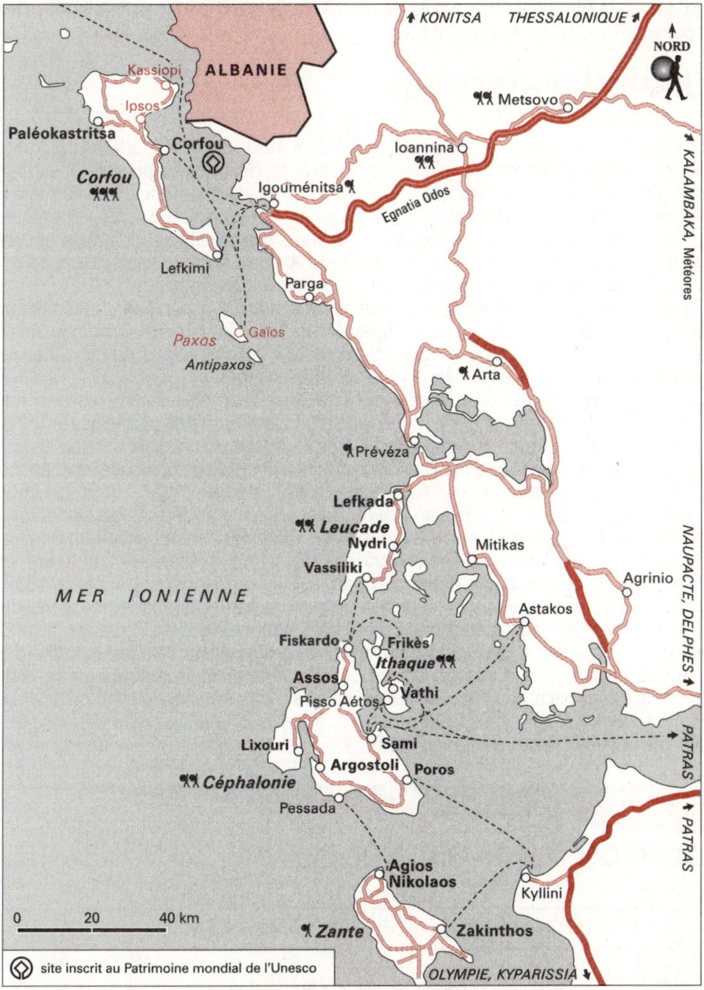

LES ÎLES IONIENNES

Nous les présentons du nord au sud, en commençant par Corfou, qui en est en quelque sorte « la porte d'entrée », puisqu'on peut l'atteindre aussi bien par les airs, par la route (depuis Igouménitsa, sur le continent) mais aussi en ferry depuis l'Italie. Si passer d'une île à l'autre en bateau ne présente pas de difficulté en juillet-août, ce n'est pas le cas hors saison, où les liaisons entre les îles sont irrégulières, voire carrément inexistantes. Il faut alors repasser par le continent, et bien préparer son voyage, car la fréquence des traversées ne permet pas toujours de faire le trajet dans la même journée. Une fois sur place, la voiture est quasiment obligatoire si l'on veut profiter pleinement de son

séjour. Cela dit, dans l'ensemble, le réseau de bus est plutôt satisfaisant et les scooters à louer ne manquent pas.

UN PEU D'HISTOIRE

Les îles Ioniennes sont évoquées dès le VIIIe s av. J.-C. dans l'*Odyssée* : Corfou serait censée correspondre à l'île des Phéaciens, dernière étape d'Ulysse sur le chemin du bercail. L'archéologie y a confirmé une forte présence mycénienne à la fin de l'âge du bronze. Depuis, ces îles ont en commun un passé agité, notamment en raison de leur position stratégique. Les Turcs ottomans n'y ont jamais mis les pieds mais les Vénitiens s'y sont établis du XIVe au XVIIIe s. Leur influence est encore très présente dans l'architecture, notamment à Corfou.
Par le traité de Campoformio, les Français mettent fin à la présence vénitienne en 1797, puis la « république indépendante des Sept-Îles », prend le relais entre 1800 et 1807. Le tsar en devient protecteur officiel, tandis que le sultan en obtient la suzeraineté en échange d'un tribut à verser.
Cet élan de liberté exacerbe le sentiment national. D'un côté, le grec est reconnu comme langue administrative, de l'autre, le catholicisme romain cède sa place à l'orthodoxie. Capodistria, futur dirigeant de la Grèce indépendante mais encore au service des Russes, réorganise à sa manière Céphalonie, Sainte-Maure (Leucade) et Ithaque.
Le traité de Tilsit redonne les îles Ioniennes aux Français (1807-1815). Un court intermède, puisqu'elles échouent aux « Puissances victorieuses de Napoléon » (comprendre : nos amis les Anglais) jusqu'en 1864, sous l'appellation un brin ironique de « République des îles Ioniennes ». Bizarrement, ces îles, qui furent les premières à conquérir une quasi-autonomie, rateront l'indépendance de 1830 ! Il faut dire que pendant le demi-siècle de domination britannique, toute velléité d'indépendance est soigneusement étouffée. Le gouverneur, Sir Thomas Maitland, est même appelé par les Grecs l'« Avorteur » pour avoir décrété la neutralité des îles lors de la guerre d'Indépendance et fait exécuter des patriotes grecs. Cela dit, plus personne aujourd'hui ne songerait à remettre en cause le patriotisme des Ioniens : le poète Dionysos Solomos, né à Zante, a longtemps vécu à Corfou et a écrit ce qui allait devenir l'hymne national.

CORFOU (KERKYRA ; ΚΕΡΚΥΡΑ)

102 000 hab.

• Carte L'île de Corfou *p. 289* • Plan La ville de Corfou *p. 294-295*

Corfou est l'île la plus septentrionale de la mer Ionienne. Avec 592 km^2 et près de 220 km de côtes, c'est l'une des îles grecques les plus grandes. Un véritable paradis : à la fois montagneux et boisé et, qui, en certains endroits, a su garder beaucoup de charme malgré une importante activité touristique. À la fois grecque mais aussi italienne, Corfou inspira nombre d'écrivains et artistes, tels Goethe, Sisley ou encore Lawrence Durrell. Quant à l'impératrice Sissi, elle y a carrément fait bâtir un palais !
Stratégiquement placée entre l'Italie et l'Albanie, Kerkyra (son nom grec) n'a cessé d'exciter la convoitise des navigateurs et des commerçants, tant et si bien que chaque occupant y a laissé son empreinte. Corfou s'enorgueillit d'influences vénitiennes (dans l'architecture), françaises (dans la cuisine) et britanniques, avec un certain art de vivre typiquement british (Corfou compte plusieurs équipes de cricket)... Berceau de la première université du pays, l'île

L'ÎLE DE CORFOU

a fourni à la Grèce moderne de nombreux hommes de lettres et des politiques de premier ordre. Bref, une île à la beauté sauvage, traversée par des courants d'idées mêlant la politique aux arts, sans oublier de jolies petites plages pour y étaler sa serviette, pour peu qu'on sache s'éloigner des usines à bronzer.

UN PEU DE MYTHOLOGIE ET D'HISTOIRE

Dans l'*Odyssée,* Homère évoque une certaine Schérie, île sur laquelle Ulysse s'échoua, après avoir échappé à la nymphe Calypso. Une fois son navire transformé en rocher par Poséidon, notre célèbre voyageur est recueilli sur le rivage par Nausicaa, la fille du roi des Phéaciens. Une beauté qu'il aurait bien épousée si son désir de retrouver Ithaque et sa chère Pénélope n'avait été le plus fort.

Corfou est habitée au moins depuis le VIe millénaire av. J.-C. Étant donné sa situation propice aux échanges maritimes, elle est sans doute habitée par un peuple de navigateurs (les fameux Phéaciens évoqués par Homère), pendant tout l'âge du bronze. Son alliance avec Athènes, en 431 av. J.-C., sera même à l'origine de la guerre du Péloponnèse. Mais sa situation stratégique fait des envieux et, en 299 av. J.-C., le tyran de Syracuse s'en empare pour la céder aussitôt au roi d'Épire en même temps que la main de sa fille. Il faudra attendre que les galères romaines pointent le bout de leurs avirons vers 229 av. J.-C. pour que Rome en fasse son pré carré jusqu'à son rattachement à l'empire d'Orient, en 336 apr. J.-C.
À partir du XIe s, l'île devient le chien de garde de la république de Venise à l'entrée de l'Adriatique, avec un intermède où elle est possession du royaume angevin de Naples. Cette double appartenance lui confère pour longtemps un caractère plus occidental qu'oriental, d'ailleurs. Les Turcs s'y cassent deux fois les dents, les terribles sièges de sa citadelle, en 1537 et 1716, ne venant pas à bout de la résistance des Corfiotes.

SPÉCIAL RANDONNÉE

Un sentier de randonnée parcourt toute l'île, sur 222 km, du sud au nord (des falaises blanches d'Arkoudila, au sud de Kavos, au cap Agia Ekaterini, à l'est de Roda). L'ensemble peut se faire (de préférence au printemps et à l'automne) sur une douzaine de jours. On peut, bien sûr, randonner à la journée sur le tronçon de son choix (itinéraires de 5 à 18 km). Balisage en jaune, pas toujours visible, renseignez-vous sur la qualité du balisage ou emportez un GPS. Possibilité d'acheter le topo complet des randos en ligne, sur un site anglais, pour environ 20 € *(• corfuwalks.com • thecorfutrail.com •).*

Arriver – Quitter

En avion

✈ L'***aéroport Ioannis Kapodistrias*** *(☎ 26-61-08-96-00 ; • corfu-airport.com •)* accueille des vols réguliers intérieurs et des compagnies régulières ou *low-cost* (*Easyjet* depuis Paris-CDG, *Ryanair* depuis Bruxelles-Charleroi, *Transavia* depuis Paris-Orly, *Jetairfly* depuis Lyon, *Volotea* depuis Bordeaux et Nantes). Attention : ces lignes sont susceptibles d'être remises en question chaque année.
➢ ***De/vers Athènes :*** 1-3 vols/j. selon j. et saison, avec *Olympic Air* *(☎ 26-61-03-81-87).* Trajet : 50 mn. Liaison également assurée par *Aegean* *(☎ 26-61-02-71-00)* avec 2-5 vols/j. selon j. et saison.
➢ ***Thessalonique*** est également desservie au départ de Corfou par *Aegean.* Des vols également pour Prévéza, Céphalonie, Zante, Cythère et Héraklion (Crète) avec *Sky Express (• skyexpress.gr •).*
– Le ***bus bleu*** n° 15 dessert le centre-ville et le port, env ttes les 30 mn au départ de l'aéroport 7h15-22h (petite pause pdt la sieste...).
– ***Taxis*** de l'aéroport pour le centre-ville (4 km de distance). *• corfutaxi.gr •*

En bus

Les horaires, les fréquences et les prix sont donnés à titre indicatif. Bien vérifier sur place, modifications fréquentes.

➢ ***De/vers Athènes :*** 3 bus/j. partent tlj de Kerkyra même, un autre de Lefkimmi mais lun-jeu slt. Ils sont directs, car ils montent sur le ferry (on paie le ferry en plus). Trajet : env 8h. D'Athènes, départ de la gare des bus terminal A *(100, odos Kifissou ; ☎ 21-05-12-94-43).* Dans le sens Corfou-Athènes, acheter son billet la veille (gare routière des bus verts). Le dernier bus partant pour la capitale arrive au petit matin.
➢ ***Pour les Météores :*** prendre le

bus pour Larissa (arrêt à Trikala où l'on reprend un bus pour Kalambaka). Départs mar le mat, ven en début d'ap-m. Réserver. Dans l'autre sens, départs mer et dim en début d'ap-m de Trikala. Rens et résas : ☎ 26-61-02-89-28, • greenbuses.gr • ou ☎ 24-31-07-31-30, • ktel-trikala.gr •

➢ ***Pour Delphes :*** passer par Trikala et continuer vers Delphes via Lamia (ça permet de profiter des Météores au passage). Compter 10h de trajet.

En ferry

La plupart des compagnies maritimes ont leur bureau sur l'avenue qui fait face au ***nouveau port*** *(plan A1)*. Pour les infos relatives à ttes les liaisons, vous pouvez téléphoner aux autorités portuaires *(☎ 26-61-36-52-00)* ou consulter leur site en ligne sur lequel sont positionnés les bateaux en temps réel *(• corfuport.gr •)*. Bon à savoir : dans l'enceinte du port, parking *(compter env 10 € pour 24h)* et consigne à bagages *(8h-20h ; compter 2 €/j.)*.

➢ ***De/vers l'Italie :*** attention, dans le sens Grèce-Italie, le ferry partant d'Igouménitsa est souvent plein quand il fait escale à Corfou. Si vous souhaitez repartir de Corfou, il est primordial de le préciser à l'agence au moment de la résa.

– *Brindisi :* 1-2 départs/j. (compagnies *Red Star* et *European Seaways*) et 6-8h de traversée.

– *Bari :* 3 départs/sem en hte saison *(Anek-Superfast, Ventouris)* et env 8h30 de traversée.

– *Ancône :* 2 départs/sem *(Anek-Superfast)* et 14h de traversée.

➢ ***De/vers Igouménitsa :*** une vingtaine de liaisons fin juin-début sept 6h30-21h (un peu moins hors saison) avec *Corfu Ferries* ou *Kerkyra Lines.* Les billets se prennent sur place 20-30 mn avt le départ (pas de résas possibles et CB refusées). Compter 45 mn-1h45 de trajet suivant le bateau. Départ possible aussi depuis Lefkimmi, au sud de l'île ; en saison, env 7 rotations 6h30-19h30 (nettement moins hors saison). Env 55 mn de traversée pour les bateaux les plus rapides.

➢ ***Pour Saranda (Albanie) :*** en été, possibilité de faire un saut en Albanie depuis la ville de Corfou. Excursion organisée à la journée, départ à 9h, retour à 19h. On vous prend en charge de A à Z. Env 60 €/pers. Ce prix comprend les traversées A/R, les taxes portuaires albanaises, le transfert entre le port de Saranda et le site archéologique de Butrint (inscrit au Patrimoine mondial de l'Unesco), la visite guidée du site et du musée et le repas du midi. Selon les jours, un arrêt baignade peut être prévu à *Blue Eye,* une grotte marine. La carte d'identité suffit. Renseignez-vous dans une agence.

Circuler sur l'île

Bus bleus, *place G. Théotoki (San Rocco ; plan B3,* ***2****) :* ☎ 26-61-03-15-95. Ils desservent Corfou-ville et les environs dans un rayon d'une quinzaine de km. Tous les horaires sont mis à jour sur leur site internet *(• corfucitybus.gr •)*. Les tarifs varient de 1,20 € à 1,70 € suivant la ligne. Si vous voyagez beaucoup, la solution est d'acheter le forfait *Day Ticket* valable sur toutes les lignes. Tarif 5 €/j. Dernière chose, les chauffeurs ont toutefois tendance à partir en avance, méfiez-vous.

Bus verts *(hors plan par B3,* ***3****) :* *Parodos 2 Dimoulitsa 22. ☎ 26-61-02-89-00. • greenbuses.gr • La nouvelle gare routière est située à 900 m au sud-ouest de la pl. San Rocco. Accès par odos Lefkimmis. Guichet tlj 5h-20h30.* Leur demander les brochures très pratiques avec tous les horaires. Billets (achat dans le bus) 1,80-6 €. Les *bus verts* desservent toute l'île.

➢ ***De/vers Paléokastritsa :*** une quinzaine de bus 6h30-20h30 en sem (été), moins le w-e ; hors saison, env 4 bus/j. lun-sam, rien le dim. Trajet : 45 mn.

➢ ***De/vers Glyfada :*** en sem, 9 bus/j., 9h-20h ; 7 le dim. Trajet : 45 mn.

➢ ***De/vers Kassiopi :*** 9 bus/j. lun-ven,

8 le sam, 2 le dim. D'autres bus passent par Sidari. Trajet : 1h30.
➢ ***De/vers Afionas-Arilas :*** 2 bus/j. lun-ven. Aucun le w-e.
➢ ***Pour Kavos via Lefkimmi :*** une dizaine de bus/j., 5h-21h30 ; 9 le sam et 3 le dim.

LA VILLE DE CORFOU (*KERKYRA ; ΚΕΡΚΥΡΑ ; 491 00*)

La capitale de l'île s'articule autour de la Spianada, la grande esplanade située entre la vieille citadelle et le centre historique, bordée par le fameux Liston, qui rappelle la présence française ; un ensemble architectural dessiné au début du XIXe s. Les arcades abritent aujourd'hui des cafés souvent bondés devant lesquels le Tout-Corfou déambule à la manière des Italiens en fin de journée. La vieille ville est traversée par la rue Voulgaréos, prolongée par l'avenue G. Théotoki (attention : les Théotoki sont légion à Corfou, puisqu'on dénombre également les rues N. Théotoki, M. Théotoki et I. Théotoki !). Il ne faut pas manquer ce dédale de ruelles tortueuses, les cafés cachés sur de petites places oubliées, le linge aux fenêtres... Levez-vous tôt pour découvrir tous ces endroits pittoresques.

Adresses utiles

Police touristique (*plan B1-2*, ***1***) ***:*** *sur la pl. de la nouvelle forteresse. ☎ 26-61-02-91-69. Tlj 8h-14h (12h le w-e) ; après, permanence de la police générale.*

Poste (*plan C3*) ***:*** *odos Alexandras. ☎ 26-61-02-55-44. Lun-ven 7h30-20h.*

■ ***Consulat de France*** (*plan C3*, ***5***) ***:*** *15, odos Mostoxydou (repérez le drapeau). Consul honoraire : Mme Rosadénia Karamoutsou. ☎ 26-61-02-63-12.*

■ ***Consulat de Belgique :*** *☎ 26-61-02-38-61. 69-47-20-29-81.* Consul honoraire : Els De Lobel.

■ ***Location de voitures et de scooters :*** tous les loueurs sont regroupés sur odos Xénofondos Stratigou, entre le vieux port et le nouveau port. Attention, le prix annoncé n'inclut pas toujours l'assurance obligatoire. Bureaux de location des grandes compagnies (*Avis, Hertz, Europcar...*) aux arrivées de l'aéroport.

Hôpital général de Corfou (*hors plan par A2*, ***7***) ***:*** *Kontokali Gouvia. ☎ 26-61-36-04-00.*

■ ***Visites guidées : Corfu Walking Tours.*** *☎ 26-61-09-94-04. • corfuwalkingtours.com •* Différents circuits à thème pour découvrir la ville.

Où dormir ?

■ ***Association des propriétaires de villas et appartements*** (*plan C4*) ***:*** *odos I. Polila & N. Théotoki. ☎ 26-61-02-61-33. • holidaysincorfu.gr •* On peut y obtenir les adresses des loueurs qui en sont membres.

De prix moyens à chic

Hotel Atlantis (*plan A1*, ***14***) ***:*** *48, odos Stratigou. ☎ 26-61-03-55-60. • atlantis-hotel-corfu.com • Face au nouveau port. Tte l'année. Selon saison, doubles 50-75 €. Petit déj 8 €.* Une soixantaine de chambres confortables et bien insonorisées, avec balcon, TV et une clim qui ronronne comme un tigre. Salles de bains impeccables, familiales pour certaines, et balcons donnant sur le port. Déco des *seventies* qui ne fait pas rêver.

Hotel Konstantinoupolis (*plan C1*, ***16***) ***:*** *11, odos Zavitsianou. ☎ 26-61-04-87-18. • konstantinoupolis.gr • Doubles 50-100 € selon saison. Nombreuses offres sur Internet.* Dans un bâtiment datant de 1862, rénové mais qui a su garder son cachet (vieil ascenseur). Un hôtel d'une trentaine de chambres tout confort mais assez disparates (celles qui donnent sur le port peuvent être bruyantes en été, préférer celles sur l'arrière). Il s'en dégage néanmoins une atmosphère de quiétude et la salle de petit déjeuner donne vraiment l'impression d'être dans l'appartement d'une famille. Accueil courtois du propriétaire.

Dalia Hotel (hors plan par C4, **12**) : *National Stadium Square (Anapafséos). ☎ 26-61-03-23-41. • daliahotel.com • Face au stade, à env 15 mn à pied du centre et à env 200 m du front de mer. Fermé de janv à mi-mars. Selon saison, doubles 55-95 €, petit déj compris.* Un hôtel familial, fort bien tenu, d'une grosse quinzaine de chambres assez petites avec balconnet. La literie est bien ferme, la télé est cubique et l'accueil du patron aimable. Petite salle de fitness pour celles et ceux qui voudraient y rester plus d'une nuit. On entend les avions, mais comme partout à Corfou.

Hotel Arion (hors plan par C4, **15**) : *6, Scherias. ☎ 26-61-03-79-50. • arioncorfu.gr • À 10 mn à pied du centre. Doubles 55-90 €, petit déj compris.* L'extérieur ne paie pas de mine et l'intérieur n'est pas folichon non plus, mais ça reste globalement une bonne affaire car l'hôtel est bien entretenu. La centaine de chambres (pour 2 à 4 personnes) est d'un standard déconcertant. Le routard averti réservera quand même une chambre donnant sur l'arrière (il y en a, cherchez bien !). Le seul avantage de cette adresse un peu loin de tout, c'est qu'elle est à un jet de pierre de l'endroit où l'on peut se baigner à Corfou (*Mon Repos,* voir plus loin « Où se baigner ? »). Accueil en demi-teinte.

Plus chic

Hotel Bella Venezia (plan C3, **13**) : *4, odos Zambeli. ☎ 26-61-04-65-00. • bellaveneziahotel.com • Avr-oct. Doubles standard 90-133 €, petit déj compris. Pas de parking. (payant).* Situé dans un quartier calme, au-dessus de la vieille ville, un hôtel dont la déco hésite entre le néoclassique version magasin de hard discount et l'intérieur particulier d'un armateur égyptien qui aurait trop lu Jules Verne. Tout ça dans les parties communes car dans les chambres, ça se calme un peu. Elles sont même gentiment confortables et plaisantes, avec leurs grands voilages et leurs petits tableaux pour faire chic. Mais le vrai bonheur ici, ça reste quand même la pergola de la cour intérieure. Accueil commercial.

Hotel Arcadion (plan D2, **11**) : *2, odos Vlassopoulou. ☎ 26-61-03-76-70. • arcadionhotel.com • Au-dessus du* McDo *(!), face à l'esplanade ; entrée sur la droite. Tte l'année. Selon saison, doubles 70-120 € (180 € en août), petit déj compris.* Un hôtel moderne installé dans un bel immeuble dont le rez-de-chaussée est squatté par un clown rayé qui vend des sandwichs en forme d'éponge. Évitez les chambres du bas si vous voulez dormir. Cela dit, l'avantage, c'est qu'il est placé au cœur de l'animation. Sinon, rien de bien transcendant, les chambres sont propres et disposent de tout le confort que l'on est en droit d'attendre de ce type d'établissement. Un peu cher quand même en saison.

Où manger ?

Les meilleures adresses se trouvent dans les petites rues *(kandounia)* du centre historique. Les bons restos corfiotes proposent quelques spécialités de l'île : le *sofrito* (viande de bœuf avec une sauce à l'ail), le *bourdéto* (poisson avec une sauce tomate, particulièrement relevée) et la *pastitsada* (gros macaronis et viande de veau à la sauce tomate), un plat italien venu de Vérone.

– **Marché** (plan B2) : *odos Dessila, au pied de la nouvelle forteresse.* Venir tôt le matin pour profiter de l'atmosphère particulière du petit marché. Légumes, poisson frais et échoppes hétéroclites. On y mange pour pas cher. Une des cultures originales de l'île est celle du kumquat, un fruit asiatique qu'on trouve sous forme de conserve, de confiture, de fruits confits ou de liqueur.

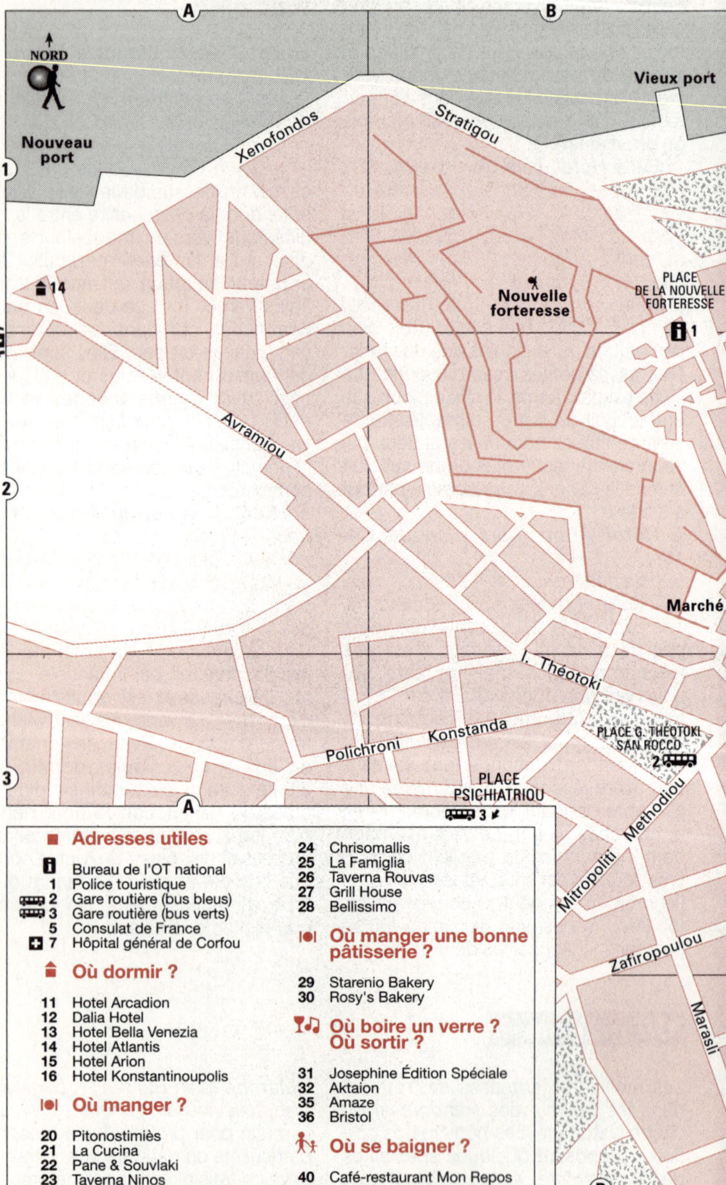

Adresses utiles

- Bureau de l'OT national
- 1 Police touristique
- 2 Gare routière (bus bleus)
- 3 Gare routière (bus verts)
- 5 Consulat de France
- 7 Hôpital général de Corfou

Où dormir ?

- 11 Hotel Arcadion
- 12 Dalia Hotel
- 13 Hotel Bella Venezia
- 14 Hotel Atlantis
- 15 Hotel Arion
- 16 Hotel Konstantinoupolis

Où manger ?

- 20 Pitonostimiès
- 21 La Cucina
- 22 Pane & Souvlaki
- 23 Taverna Ninos
- 24 Chrisomallis
- 25 La Famiglia
- 26 Taverna Rouvas
- 27 Grill House
- 28 Bellissimo

Où manger une bonne pâtisserie ?

- 29 Starenio Bakery
- 30 Rosy's Bakery

Où boire un verre ? Où sortir ?

- 31 Josephine Édition Spéciale
- 32 Aktaion
- 35 Amaze
- 36 Bristol

Où se baigner ?

- 40 Café-restaurant Mon Repos

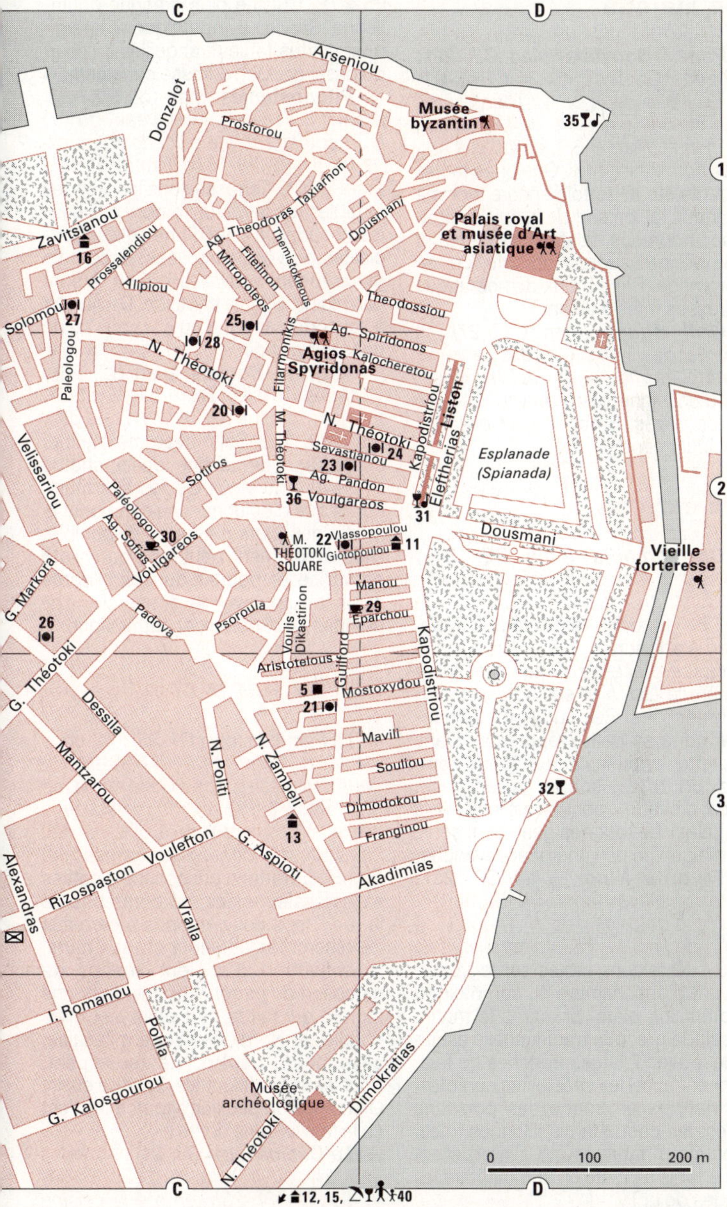

LA VILLE DE CORFOU

Bon marché

I●I ***Pane & Souvlaki*** *(plan C2,* ***22****)* **:** *77, odos Guilford. ☎ 26-61-02-01-00. En limite de la pl. M. Théotoki (pl. de la mairie), à gauche du Duomo. Tlj 12h-minuit. Plats 3-8 €, grillades à partager pour 2 env 14 €.* Quelques tables en pente sur le trottoir, encore moins à l'intérieur. Ici, on sert de la cuisine libanaise : houmous, falafel, brochettes et de la bonne saucisse corfiote fourrée au fromage. Bière à prix démocratique et grosses frites maison.

I●I ***Grill House*** *(plan C1,* ***27****)* **:** *à l'entrée de la ruelle Prossalendiou, derrière la bijouterie. Tlj 18h-minuit.* Pas d'enseigne, juste quelques tables sur les pavés. Brochettes et grillades principalement.

Prix moyens

I●I ***Chrisomallis*** *(plan D2,* ***24****)* **:** *N. Théotoki, presque à l'angle avec Kapodistriou. Tlj midi et soir. Plats 9-13 €.* Un petit resto tout simple, qu'on s'attendrait plus à voir sur une tranquille place de village que juste derrière le *Liston* et ses adresses plutôt branchées. Restauration traditionnelle qui a sa petite réputation. Dans l'assiette : chou farci, ragoût aux pommes, *bourdéto,* soupe de lentilles... Sinon, crevettes, poulpe, calamar (mais congelés). Le tout très gentiment servi. Vin maison un peu chérot en revanche.

I●I ***Taverna Ninos*** *(plan C2,* ***23****)* **:** *46, odos Sevastianou. ☎ 26-61-04-61-75. À deux pas de N. Théotoki, à droite de l'église. Tlj midi et soir. Plats 8-13 €.* Quelques tables sur le trottoir servent d'antichambre au comptoir où mijotent les plats, préparés le matin. La salade grecque traditionnelle est de rigueur avec 2 larges tranches de feta. Viennent aussi les spécialités corfiotes, les viandes en sauce, les poissons grillés, les choux farcis. Bonnes frites. Clientèle d'habitués qui s'interpellent d'une table à l'autre en commentant les images de la TV.

I●I ***Bellissimo*** *(plan C2,* ***28****)* **:** *à deux pas de N. Théotoki (n° 69), sur la pl. Lemonia. ☎ 26-61-04-11-12. Tlj midi et soir sf dim en août. Repas complet 15-20 €.* Cuisine plus grecque qu'italienne. Service sympathique et énergique, petites tables tranquilles à l'écart du passage. Une adresse constante.

I●I ***Pitonostimiès*** *(plan C2,* ***20****)* **:** *38, Agiou Vassiliou ; au niveau du 47, N. Théotoki, sur une placette en retrait. ☎ 26-61-02-28-15. Tlj midi et soir. Plats 8-10 €.* Terrasse sous les arcades et tables sur la rue (à l'ombre aux heures chaudes) à côté d'une église. Spécialités de viandes grillées. Excellents *gyros,* petits *souvlakia* qui ne le sont pas moins. Simple et rapide. Demander à l'accorte patronne qu'elle vous guide dans votre choix.

I●I ***Taverna Rouvas*** *(plan C2,* ***26****)* **:** *13, odos Dessila. ☎ 26-61-03-11-82. Pas loin du théâtre. Tlj 9h-17h sf dim. Plats 10-12 €.* Salle avec mezzanine, cadre banal de cantine locale, photos et gravure du vieux Corfou aux murs. Plutôt que d'éplucher une carte dont la moitié des plats n'est pas disponible, allez directement zieuter ce qui mijote en vitrine et pointer du doigt (après avoir fait soulever le couvercle, évidemment !). Goûteux et authentique.

De chic à très chic

I●I ***La Famiglia*** *(plan C1,* ***25****)* **:** *16, odos Maniarizi Arlioti. ☎ 26-61-03-02-70. Dans une ruelle perpendiculaire à la rue N. Théotoki (au niveau du n° 49), sur la droite en montant vers la pl. Lemonia. Tlj sf dim 20-0h30. Résa conseillée. Env 25 €.* Trattoria qui occupe 2 petites salles chaleureuses, en contrebas de la rue. Déco cosy, nappes à carreaux de différentes couleurs et, aux murs, la collection d'anciens menus de réception du patron. Cuisine de bonne facture qui fait la part belle aux plats d'Italie du Nord : escalope milanaise, osso buco, risotto. Heureusement, pour les inconditionnels, la *pasta* est là. On mange un peu serré toutefois, c'est ça la famille sans doute !

I●I ***La Cucina*** *(plan C3,* ***21****)* **:** *13, odos Mostoxydou & Guilford. ☎ 26-61-04-57-99. Tlj 18h-23h (en été la cuisine ferme à 1h30). Fermé en janv. Résa vivement conseillée. Plat env 25 €, pizza env 15 €.* Un resto tendance, farci de cols blancs à l'heure du déjeuner et de yuppies en vacances le soir. Ici, la cuisine fait le grand écart entre l'Italie et la Thaïlande. C'est un peu cher mais c'est bon.

Où manger une bonne pâtisserie ?

Starenio Bakery *(plan C-D2,* ***29****) : 59, odos Guilford. ☎ 26-61-04-73-70. Tlj sf dim.* Spécialité de mousse au citron, gâteau au chocolat. On y trouve aussi des tartes salées et desserts : tourte dinde-champignons ou aubergines, feta et tomates... Une poignée de petites tables dehors à l'ombre. Parfait pour un petit déjeuner (à partir de 8h30) ; bon accueil.

Rosy's Bakery *(plan C2,* ***30****) : 71, odos Paléologou. ☎ 26-61-55-14-12. Tlj 9h-22h30 (23h en été).* En plein quartier juif, une petite pâtisserie tenue par une jeune fille charmante. Impressionnant étalage de *baklavas* (à la pistache, à la cannelle, etc.) mais également des pains au kumquat. 2 tables à l'extérieur.

Où boire un verre ? Où sortir ?

Bristol *(plan C2,* ***36****) : Evgéniou Voulgareos, angle M. Théotoki. Tlj en saison, jusqu'à 2-3h.* Un beau bar d'angle à la façade ocre, très central, et dans l'air du temps : chromes de la tireuse à bière, bar surmonté d'une véritable plantation d'ampoules, vieux carreaux au sol conservés, et un petit banc qui court le long des fenêtres, sous les arcades. Quelques tables dehors. Clientèle de trentenaires. DJ à partir de 21h-22h les soirs d'été.

Joséphine Édition Spéciale *(plan D2,* ***31****) : 4, pl. Liston. ☎ 26-61-02-72-75. Tlj 9h-23h (plus tard en été).* Sous les arcades ou sous les parasols, le nez sur le va-et-vient de la place. Bon choix de café. Le cappuccino est servi avec un dessin de mousse des plus raffiné. *Funky Friday* le vendredi à 20h (jazz, blues, funk en général).

Amaze *(plan D1,* ***35****) : à la pointe nord-est des fortifications, accès par une rampe bétonnée. Tlj jusqu'à l'aube (en saison).* Bar-terrasse pratiquement les pieds dans l'eau, situé sur une vaste esplanade ventilée, où sont disposés des canapés autour de tables basses. Clientèle de clubbers bronzés exhibant leurs tatouages sur fond de musique house, deep house ou trance. De l'électro, quoi ! Bien aussi en journée pour aller piquer une tête quand ça cogne un peu fort.

Aktaion *(plan D3,* ***32****) : Agoniston Politechniou (terrasse en face de la vieille citadelle). Tlj 9h-2h.* L'intérêt de ce kiosque-bar, c'est son espace extérieur, la verdure, et la vue qu'il offre sur la vieille citadelle. Bien pour un break en journée.

À voir

Commencer par une promenade dans la ***vieille ville.*** Avec ses immeubles avec balcon, ses volets à jalousie peints en vert et ses églises au toit de tuiles rouges, dont le clocher est dissocié du bâti, Corfou aurait du mal à renier son ***influence vénitienne.*** Mais c'est le style néoclassique à la mode au XIXe s qui ressort. L'exemple le plus frappant, c'est la résidence des gouverneurs britanniques, grande bâtisse de style géorgien richement décorée, avec ses colonnades doriques et ses portes magnifiquement ouvragées. Elle abrite aujourd'hui le musée d'Art asiatique ainsi que la pinacothèque communale. Devant, la *Spianada,* une grande esplanade aménagée au tournant des XVIIe et XVIIIe s. L'élément le plus structurant de l'ensemble est le ***Liston,*** un corps de bâtiment à arcades, réplique de la rue de Rivoli à Paris et construit, lui, par Matthieu de Lesseps, en 1807. Cependant l'ambiance générale est très italienne, comme en témoignent les *kandounia* (ruelles pavées sans trottoirs), les balcons en fer forgé, le linge accroché en travers des rues, les placettes, les fontaines, sans oublier la *passeggiata,* la promenade en fin de journée très appréciée des Corfiotes. Vous remarquerez également quelques boutiques de fourrures, notamment dans l'ancien quartier juif (autour d'odos Paléologou)... par 35 °C, ça peut surprendre, non ? C'est vrai qu'aujourd'hui, avec la clientèle russe...

– Il existe un ***billet groupé*** à 14 € (réduc pour les étudiants de l'UE), valable 3 jours, qui donne accès aux principaux monuments et musées de la vieille ville : la vieille forteresse, le musée d'Art asiatique (dans le palais royal) et le Musée byzantin, qui vous sont détaillés ci-après (les prix indiqués sont ceux pour chaque monument, indépendamment du billet groupé) ainsi que le musée Paléopolis *(Villa Mon Repos).* Le Musée archéologique en fait aussi partie, mais il était fermé jusqu'à fin 2016.

★★ *Le palais royal* *(plan D1)* **:** *au nord de l'esplanade. ☎ 26-61-03-04-43. • matk.gr • Avr-oct, tlj 8h-20h (le reste de l'année, 9h-16h). Entrée : 6 € ; réduc ; gratuit moins de 18 ans.*
Cette grande bâtisse de style georgien, construite entre 1819 et 1823, est aussi appelée *palais Saint-Michel-et-Saint-Georges,* du nom de l'ordre créé par les Anglais pour récompenser les services rendus à la couronne de Sa Gracieuse Majesté en Méditerranée. Il fut la résidence des gouverneurs britanniques avant de devenir le siège du Parlement ionien et le palais d'été de la famille royale grecque de 1864 à 1913. À l'étage, salons d'apparat et salle du trône.
Il abrite la pinacothèque municipale *(avr-oct, mer-dim 9h-16h ; entrée : 3 €)* et, surtout, le ***musée d'Art asiatique.*** Ce dernier vaut vraiment une visite : c'est une collection unique en son genre en Grèce puisqu'elle contient plus de 10 000 pièces (bronzes, ivoires, jades, vases chinois, peintures sur soie, porcelaines, émaux cloisonnés, etc. – la collection n'est jamais présentée intégralement), rapportées d'Extrême-Orient par un diplomate grec. D'Inde aussi, des bronzes, des bas-reliefs de divinités et quelques figures érotiques, des sculptures jaïnes, des pièces d'art gréco-bouddhique, des bouddhas du Siam et du Cambodge, des *thangkas* sur soie du Népal et du Tibet, ainsi qu'un grand nombre d'œuvres d'art japonais allant du XVIIe au XIXe s. La superficie des salles d'expo devrait doubler prochainement.

★ *Le Musée byzantin ou musée Antivouniotissa* *(du nom de l'église du XVe s qui l'abrite ; plan D1)* **:** *accessible par de larges escaliers qui partent du milieu de l'odos Arséniou (50 m après le resto* Antranik*). ☎ 26-61-03-83-13. • antivouniotissamuseum.gr • Tlj sf lun 8h30-15h (dernière admission 30 mn avt fermeture). Entrée : 4 €.* L'église a cette particularité très corfiote de posséder un exonarthex, c'est-à-dire un narthex (ou couloir d'entrée) sur trois de ses côtés. Propose une jolie collection d'objets de culte orthodoxe, et surtout de grandes icônes et peintures byzantines. Dommage que certaines restaurations ne soient pas très réussies...

★ *La vieille forteresse* *(paléo frourio ; plan D2)* **:** *avr-oct, tlj 8h-20h (8h30-15h nov-mars). Entrée : 6 € ; réduc.* Les trois forts de la ville, conçus par des ingénieurs vénitiens renommés, ont servi pendant quatre siècles à défendre les intérêts vitaux du commerce maritime de la république de Venise contre l'Empire ottoman. Au fil du temps, ces fortifications ont été réparées à plusieurs reprises, les travaux les plus récents datant du XIXe s, alors que l'île était sous domination britannique. Isolées par de profondes douves, les fortifications de Corfou formaient un exemple bien pensé d'ingénierie militaire et ont prouvé leur valeur à l'épreuve du feu. Témoin, la statue du comte de Schulenburg, un officier au service de la Sérénissime, qui défendit efficacement l'île contre les Turcs en 1716. C'est aujourd'hui en partie une école militaire et une annexe de l'université. L'architecture est impressionnante et la vue superbe, mais à part le petit bâtiment après l'entrée qui abrite des bas-reliefs et des mosaïques byzantines, il n'y a quasiment rien à voir sauf ce qu'il reste des casernements vénitiens et anglais. Au sommet, une terrasse est veillée par une tour carrée dotée d'une horloge. En contrebas, l'église *Agios Georgios,* une basilique toute blanche construite sur le modèle d'un temple dorique. Notez au passage l'arbre entièrement mangé par le lierre. Belle vue depuis le château de terre et son phare. Du 15 mai au 30 septembre, nombreuses manifestations en plein air (musique, théâtre...).

La nouvelle forteresse *(plan B1)* **:** *entrée en haut des marches de la rue Solomou, du côté du vieux port. Ouv Pâques-oct, tlj 9h-15h. GRATUIT normalement car, faute de budget, de nombreuses parties sont fermées à la visite, cependant le café demande 3 € de droit d'entrée moyennant une conso gratis (vous n'êtes pas obligé de céder à cette vente forcée).* Malgré son nom, elle est presque aussi ancienne que la précédente, puisqu'elle a été édifiée de 1572 à 1645 : elle garde également l'empreinte vénitienne (voir l'énorme lion, symbole de la Sérénissime, au-dessus de l'entrée principale). Seul intérêt de la visite : la vue qu'on a depuis le sommet du bastion. Le cinéphiles auront reconnu les décors naturels du James Bond *Rien que pour vos yeux* avec Roger Moore.

La place de la mairie *(M. Théotoki Square ; plan C2)* **:** l'hôtel de ville, construit en style Renaissance entre 1663 et 1693 pour servir de « loge des nobles » (vénitiens, bien entendu) et encore parfois appelé *San Giacomo,* est devenu dès 1720 un théâtre lyrique avant que la municipalité ne l'acquière. Sur cette même place, la cathédrale catholique *(Duomo),* **Agios Iakovos** *(Saint-Jacques)* et le palais de l'archevêché, aujourd'hui une agence de la *Banque de Grèce.*

L'église Agios Spyridonas *(plan C1-2)* **:** *odos Spiridonos. Tlj 6h-20h30.* Ce n'est que l'une des 39 églises de la vieille ville, mais c'est la plus significative, puisqu'elle est dédiée à saint Spyridon, patron de la cité, censé avoir sauvé les Corfiotes de l'épidémie de peste qui ravagea l'île en 1629. Cela explique pourquoi la moitié des mâles de Corfou se prénomment Spyridon. L'église date de 1589. Belles peintures au plafond. À voir, le sarcophage en argent contenant la momie du saint (pas vraiment fringante, il faut bien l'avouer). Les fidèles font la queue pour lui délivrer un baiser après avoir écrit un petit quelque chose sur un bout de papier qui sera lu par le pope de service. Quatre fois dans l'année (le dimanche des Rameaux, le Samedi saint, le 11 août et le 1er dimanche de novembre), on lui fait prendre l'air à travers toute la ville. C'est l'occasion pour les 20 fanfares de Corfou de défiler de conserve dans leurs plus beaux habits.

Où se baigner ?

Café-restaurant Mon Repos *(hors plan par C4,* ***40****)* **:** *au bord de l'eau, juste à l'entrée de la péninsule de Kanoni, dans le virage. ☎ 26-61-04-25-16. À 10 mn à pied du centre historique. Mai-oct, tlj 9h-20h (22h en juil-août). Entrée payante (modique).* Grosse villa néoclassique édifiée en 1831 pour le gouvernement britannique de l'époque, c'est aujourd'hui une structure très complète aménagée par la municipalité. Petite plage, avec long ponton en bois, parasols, douches, et pas mal de jeux pour les enfants. Sable sur la plage mais galets dans l'eau, alors prévoyez les chaussures ad hoc. Idéal pour les familles.

À voir dans les environs

L'église Saints-Jason-et-Socipatras **:** *au sud de la baie de Garitsa, à l'angle de Iassonos Socipatrou et Féakon.* Ouverte selon le bon vouloir du pope. Entourée d'un adorable jardin, cette église byzantine, une merveille de simplicité, date du XIIe s.

Kanoni : *à 4 km au sud (bus n° 2).* Le poster le plus célèbre de Corfou, avec son couvent à campanile tout blanc – *monastère des Vlachernes* *(8h30-23h avr-sept, sinon 9h-18h)* –, édifié sur un îlot et relié par une jetée à la terre. Situé dans l'axe de l'aéroport, aujourd'hui les avions qui atterrissent lui font vibrer le clocher quasiment toutes les 10 mn. Derrière, un autre îlot, *Pondikonissi* (« la petite souris »), qui a inspiré le peintre suisse symboliste Arnold Böcklin pour son célèbre tableau *L'Île des morts* (1880). Certains prétendent que ce rocher est celui où Ulysse a été rejeté par la tempête lors de son arrivée sur l'île, ou, encore mieux, que c'est carrément le bateau d'Ulysse transformé en rocher par Poséidon. *(Pour y aller, un petit bateau assure la liaison en saison pour 2,50 €.)*

On peut manger, d'avril à octobre chez **Captain George** *(41, odos Nafiskas ; 69-48-20-82-08).* Bonne cuisine, prix serrés et patron (polyglotte) sympa.

L'Achilléion : *à env 10 km au sud de Corfou, sur la commune de* ***Gastouri,*** *route de Lefkimmi. ☎ 26-61-05-62-10. • achillion-corfu.gr • Bus n° 10, ttes les 2-3h env, de la pl. G. Théotoki (San Rocco). Avr-oct, tlj 8h-20h (16h en hiver). Trop cher, sf peut-être pour les fans de Sissi : 8 € ; 6 € moins de 18 ans et étudiants de l'UE. Audioguide (dispo à partir de 10h). Venir tôt car nombreux groupes.*

Ancienne résidence d'été de l'impératrice Sissi de 1890 à 1898 (année de son assassinat). C'est une grande villa à l'italienne, qu'elle fit construire pour ensoleiller sa neurasthénie (de nature romantique et que les films sur sa vie ont voulu occulter).

Ce palais fut tour à tour hôpital de guerre puis casino. Le grand escalier est une copie de celui de l'opéra Garnier. De grandes salles tristes avec quelques vieux meubles bien sagement accolés aux murs, une expo de photos et un curieux procès-verbal sur la mort de Sissi. Ses admirateurs (trices) y apprendront tout sur son assassinat, à Genève, par un anarchiste. Bref, pas très vivant tout ça... Après sa mort, le palais fut vendu au Kaiser Guillaume II d'Allemagne, qui y vint régulièrement jusqu'en 1914 (la statue en bronze de 11,50 m qui domine le site, c'est lui !). Français et Serbes l'utilisèrent comme hôpital militaire pendant la Première Guerre mondiale, et les Allemands en firent leur QG pendant la Seconde. Devenu casino jusqu'en 1992, il sert à présent de cadre à des rencontres au sommet. Les cinéphiles se rappelleront qu'on y a tourné une scène du James Bond *Rien que pour vos yeux.*

L'intérêt principal de la visite réside en fait dans le jardin luxuriant, peuplé d'imposantes statues, notamment celle, hyper pompier, d'Achille, que Sissi admirait. Beau panorama sur Corfou. Une colline voisine abrite un cimetière français datant de la guerre de 1914-1918.

LE NORD-EST DE L'ÎLE DE CORFOU

Ce n'est pas la partie de l'île où les plages sont les plus tranquilles. Au plus fort de l'été, elles sont même archi bondées. Évidemment, pour loger et nourrir tout ce petit monde, il faut les infrastructures qui vont avec ! Heureusement, l'intérieur des terres est resté intact et offre un spectacle magnifique. C'est la région la plus montagneuse et la plus verte de l'île. Pour l'apprécier, il faut dépasser Ipsos. La route principale zigzague à travers un maquis perché au-dessus de la mer, constitué de chênes verts, d'oliviers, de figuiers et de champs de vigne.

DASSIA *(ΔΑΣΙΑ ; 491 00)*

Ville en bord de mer, dans une assez jolie baie. Les Vénitiens y réparaient autrefois leurs vaisseaux. Très animé le soir en raison de l'affluence. Conviendra à celles et à ceux pour qui plage rime avec *sea, sex & sun.*

➢ ***Bus bleu n° 7,*** ttes les 20-30 mn lun-dim 6h30-23h30, de la pl. San Rocco (ou G. Théotoki, à Corfou-ville).

Où dormir ? Où manger ?

⛺ 🍽 ***Karda Beach Camping :*** *à 1 km du complexe hôtelier Chandris, au nord de Dassia. ☎ 26-61-09-35-95. • kardacamp.gr • Fin avr-début oct. Compter 22,30-23,50 € pour 2 avec tente et voiture. Bungalow env 90 € pour 4 en hte saison. 💻 (payant). 📶 Réduc de 10-20 % selon saison sur présentation de ce guide ou du dépliant de la chaîne* Sunshine. L'environnement est certes un peu bruyant, mais c'est l'un des meilleurs campings de l'île étant donné sa situation (la mer est à 100 m). Il offre des emplacements impeccables au milieu des massifs de fleurs, sous les oliviers. Même si on est un peu les uns sur les autres, rien ne manque : les sanitaires sont propres, la piscine est belle, et l'on trouve tout ce qu'on veut pour casser la croûte ou faire sa popote. Location de bungalows, de voitures et de scooters. Nombreuses activités nautiques. Bon accueil.

⛺ 🍽 ***Camping Dionysus :*** *à l'entrée de Dassia, à droite. ☎ 26-61-09-14-17. • dionysuscamping.gr • Le bus n° 7 s'arrête devant. D'avr à mi-oct. Selon saison, 17,30-21,50 € pour 2 avec tente et voiture. Bungalow env 12 €/pers en hte saison. CB refusées. 💻 📶 Membre de la chaîne* Harmonie *: 10-20 % de réduc selon saison, également accordés sur présentation de ce guide.* Peu éloigné de la plage, un camping aux emplacements ombragés, mais parfois bruyant. Également une cinquantaine de bungalows style paillotes, ultra-simples (sans sanitaires et sans fenêtre !) mais avec ventilation naturelle (ouf !). Belle piscine (à partir de juin), bar, resto, supérette et machines à laver. Accueil sympathique.

🍽 ***Taverna Costas :*** *entre Dassia et Ipsos. ☎ 26-61-09-72-25. En venant de Corfou, dépasser la station essence* Eko *(côté droit) d'env 300 m ; le resto est à gauche. Tlj, à partir de 19h. Compter 12-16 €.* Resto de bord de route proposant un choix intéressant de fruits de mer, ainsi que des sardines, des moules et des anchois. Évidemment, de l'agneau au four et de la moussaka. Accueil très aimable.

À voir dans les environs

🔭 **Le Pantokrator** *(917 m)* **:** *2 itinéraires possibles. Le premier passe par Pirgi : en venant de la ville de Corfou, prendre à gauche après le village, en direction de Spartilas et, après 17 km de lacet, on atteint le sommet. Sinon, depuis le nord de l'île : route à l'entrée est d'Acharavi (suivre le panneau indiquant « Pantokrator »).* Juste pour la vue si vous n'étiez pas côté hublot dans l'avion. Sinon, c'est une forêt de relais téléphoniques.

NISSAKI (ΝΗΣΑΚΙ ; 491 00)

Après la baie d'Ipsos, on passe Barbati avant d'arriver à Nissaki. Hameau situé légèrement en retrait de la route principale, au bout d'un petit chemin qui serpente sous les arbres jusqu'au bord de la mer *(pour descendre à la crique, prendre la route au niveau de* Nissaki Holidays Center*).* Quelques maisons au-dessus d'une crique minuscule, où se cache une petite plage. Rien d'extraordinaire, c'est juste une halte agréable pour manger un morceau ou boire un verre. Location de bateau possible chez *Nissaki Boat Rental (📱 69-98-50-56-51 ; • nissakiboatrental.com •).* Petit centre de plongée PADI *(📱 69-74-70-56-97 ; • apollosub.com •).*

Où manger ?

Taverna Anthi : *dans le village, en venant du sud, 200 m après l'église, en bord de route. ☎ 26-63-09-10-69. Tlj, midi et soir. Pizzas à partir de 7-8 €, repas complet env 15 €.* On mange sous les parasols, en balcon sur la grande bleue. Dans l'assiette, une cuisine locale préparée à base de produits frais. Service agréable. Bon petit blanc maison. Fait aussi des petits déj et propose des glaces.

AGNI BAY (*ΑΓΝΙ* ; 491 00)

Un peu avant Kalami, dans le premier virage après l'hôtel *Nissaki Beach,* prendre la direction Agni Beach vers une jolie crique de galets. Pas de grosses constructions, la baie est restée intacte. Attention, route étroite et peu de possibilités pour se garer en bas : on a le choix entre un parking payant ou les parkings privés des différents restos, gratuits à condition de consommer.
Deux des quatre tavernes, *Agni* et *Nikolas,* sont centenaires et se livrent une concurrence effrénée. Penser à réserver en saison.
Possibilité de louer canoës, bateaux et embarcations à pédales. Renseignez-vous auprès des deux tavernes ci-après ou sur • *nikolastavern.com* • *agni.gr* • Toutes les deux proposent également des chambres ou des appartements. Belle plage et balades à faire (infos et cartes disponibles).

Taverna Agni : *☎ 26-63-09-11-42. Tlj 12h-23h. Plats 15-25 €.* Propose davantage de choix, notamment au niveau de la carte des vins et des *mezze* de fruits de mer, mais beaucoup plus chicos que chez *Nikolas.*

Taverna Nikolas : *☎ 26-63-09-11-36. Tlj 8h-minuit. Plats 9-16 € (selon arrivage du poisson).* Ambiance plus décontractée avec sa terrasse couverte pratiquement les pieds dans l'eau. Un peu moins dans le passage, aussi. Le jeudi en saison, soirée grecque à 20h (moyennant supplément pour le repas). Bons desserts.

KALAMI (*ΚΑΛΑΜΙ* ; 491 00)

Le paysage devient plus accidenté. La route se fraie un chemin dans une montagne qui semble glisser vers la mer. Avec sa plage de galets tout blancs, ses petites maisons serrées les unes contre les autres et la vigne qui court sur toutes les pergolas, la crique est mignonne. Malheureusement, la « bétonite » gagne. Parking payant ou bien emplacements réservés aux clients des tavernes du village.
L'écrivain-voyageur Lawrence Durrell vécut à Corfou de 1935 à 1939. Il aimait bien Kalami et y séjournait de temps à autre avec sa femme Nancy. Il y louait une petite maison toute blanche qu'il avait même entrepris d'agrandir. Mais il quitta l'île en 1939. Il n'a jamais vraiment habité dans la maison telle que vous la voyez car les travaux ne furent terminés qu'après la guerre.
➢ ***Pour s'y rendre :*** prendre le bus de Kassiopi (bus verts : 8-9/j. lun-sam, 2 le dim).

Adresses utiles

2 petites agences, installées dans le village, proposent leurs services pour la location d'appartements, de scooters, de bateaux, de vélos, des excursions, plongée...

■ ***Kalami Tourist Service :*** *à gauche, en face d'Erkina Villas. ☎ 26-63-09-10-62. • kalamibay.com • Tlj 9h30-21h.* Locations d'apparts et de bateaux.

■ ***Sunshine Club :*** *☎ 26-63-09-11-70. • sunshineclub.gr •*

Où dormir ? Où manger ?

Nombreuses pancartes indiquant des ***chambres à louer.***

The White House : *26-63-09-10-40. Mai-oct, midi et soir. Plats 12-16 €, plat de grillades 30 € pour 2.* Tout au bout de la plage et du village de Kalami, dans la fameuse petite maison blanche si chère à Durrell. Belle petite terrasse, dont les tables glissent gentiment vers la mer. Nourriture gréco-anglaise, bien au diapason de la clientèle et chère. Allez-y plutôt pour un breakfast (servi à partir de 9h) ou pour boire un verre.

KOULOURA *(ΚΟΥΛΟΥΡΑ ; 490 81)*

À 2 km au nord de Kalami, un petit port de pêche croquignolet dans une crique minuscule. C'est la Grèce des cartes postales. On peut s'y mettre à l'eau. D'Agni, un sentier longe la côte et passe par Kalami (il reste ensuite 2 km de route jusqu'ici).

Où manger ?

Taverne Kouloura : *sur le port. 26-63-09-12-53. Tlj, midi et soir. Plats 10-16 €. CB refusées.* Ici, le poisson est frais et c'est même la spécialité de la maison ! La moussaka et la tarte au citron ne sont pas mal non plus. Avec ses quelques tables surplombant l'eau, l'endroit est très agréable aux beaux jours. Accueil gentil comme tout.

LE NORD-OUEST DE L'ÎLE DE CORFOU

C'est la partie de l'île la plus sauvage et certainement la plus préservée avec, perdus dans les fougères et les résineux, des villages authentiquement grecs. *Karoussadès, Kavalouri, Livadi, Magouladès,* autant d'étapes surprises, à découvrir au fil d'une navigation au GPS ou avec une carte façon « c'est par là !... t'es sûr ?... ». Bref, un dédale de petites routes jetées sur cette partie de l'île comme un filet. Au sud d'Agios Stéphanos s'étendent de belles plages de sable au pied de falaises vertigineuses. Ce sont les plus belles cartes postales de Corfou.

SIDARI *(ΣΙΔΑΡΙ ; 490 81)*

À 8 km à l'ouest de la très médiatique Roda. Belle plage de sable fin, entrecoupée d'avancées rocheuses formant des bras de mer qui lui ont valu le nom de « canal d'Amour » (en français, s'il vous plaît !). La tradition promet à celui (celle) qui le franchit à la nage de trouver l'élu(e) de son cœur. Le village est extrêmement touristique : une des concentrations d'hôtels et de villas louées à l'année les plus impressionnantes de l'île.

Où manger dans les environs ?

The Three Brothers : *plage d'**Astrakeri,** à 2,5 km de Roda. 26-63-03-16-50. Dernier resto avt la plage. Tlj midi et soir (ferme 2 sem à Noël). Compter 15 €.* Une maman, Petra, sa belle-fille et ses trois fils – dont l'un d'eux habite en Italie et rentre pour l'été – tiennent les rênes du restaurant. Le père est pêcheur. Au programme : poulpe grillé-ail et romarin, ou tomates-oignons nouveaux, beignets courgette-feta, orange au sirop-*baklava,* et un tiramisù qui n'est pas en reste. Tout ça est franchement bien bon. La vue sur la mer est superbe de la terrasse ombragée, et le soir, c'est le grand calme. Accueil vraiment charmant.

PEROULADÈS *(ΠΕΡΟΥΛΑΔΕΣ)*

Située à quelques coups de volants de Sidari, la petite plage de Peroulades déroule son mince ruban de sable ocre au pied d'un petit Étretat local. Toute la gamme des bleus et des verts s'étale à vos pieds. Vue sur les îles Diapontiques parmi lesquelles *Othoni,* que la mythologie dit avoir été habitée par la nymphe Calypso, qui retint Ulysse pendant 8 longues années.

Où manger ? Où boire un verre ?
Où manger dans les environs ?

Restaurant Panorama + 7th Heaven Café : *☎ 26-63-09-50-35. Tlj 10h-minuit. Env 18 € pour un repas.* Perché au sommet des falaises, il propose, dans un cadre un peu branché, une cuisine correcte à prix raisonnables face au merveilleux coucher de soleil. Spécialité de feta en papillote avec tomates, oignons et épices. Tous les soirs en été, un DJ vient saupoudrer l'assemblée d'un peu de musique électro. Un endroit impeccable pour prendre un verre.

Ilias Taverna : *dans le centre du village d'**Aviliotès,** à env 4 km de la plage. ☎ 26-63-09-52-70. Mai-oct, midi et soir (slt le soir en hiver). Repas 12-15 €. CB refusées.* Une adresse familiale qui sent les vacances à plein nez, avec sa petite terrasse sous la treille perchée au-dessus de la vallée. Dans l'assiette, *sofrito,* porc sauce au vin, poivrons farcis riz-fromage. En prime, un bon accueil de Géorgios, le patron.

ARILLAS *(ΑΡΙΛΛΑΣ ; 490 81)*

À 39 km de Corfou-ville. Petite station balnéaire à échelle humaine et pas désagréable du tout. La plage en pente douce en fait une destination particulièrement adaptée aux familles avec jeunes enfants.

Où dormir ? Où manger ?

Nombreuses locations car la station est très appréciée par les Anglais et les Allemands.

Psistaria O Brouklis : *avt d'arriver sur la plage d'Arilas quand on vient des terres. ☎ 26-63-05-14-18. • brouklis.com • Pâques-oct, midi et soir. Pas bien cher : env 12-16 € pour un repas.* Accueil très sympathique de Dimitri, le patron, qui parle bien le français. Il se pique de proposer une cuisine traditionnelle de qualité (boulettes de courgettes, mérou à la casserole, tarte aux épinards, moussaka et divers plats végétariens). Loue également des chambres et de petits appartements, un tantinet bruyants car situés juste audessus du resto.

À voir dans les environs

Le village d'***Afionas*** *(3-4 km au sud, GPS : Afion)* offre un beau panorama. Un petit chemin piéton descend à la belle plage d'*Agios Georgios,* où l'on trouve pas mal de *rooms to let,* ainsi que quelques restos et locations d'engins de plage *(paddleboards).*

Apartments et Restaurant Panorama : *dans le village d'Afionas. ☎ 26-63-05-16-87. • panoramacorfu.com • Tte l'année. Appart 45 m² pour 2 env 50-70 €, 95 m² pour 4 un peu plus cher. Resto bio, plats 7-12 € (cuisine méditerranéenne).* Superbe salle de resto totalement ouverte sur la grande bleue. Ici, les logements ne sont pas au-dessus du resto, mais en dessous ! Nickel chrome, ils bénéficient tous d'une vue remarquable. Au resto, Angélos, le fils de la maison, travaille les produits du jardin à l'huile d'olive extra-vierge. La famille fabrique aussi son propre vin avec des cépages du cru. Excellent accueil.

Appartements et restaurant Dionysos : *en haut d'Afionas, au bout du village. ☎ 26-63-05-13-11. • dionysoscorfu.com • Tte l'année (s'y prendre à l'avance en hiver). Doubles 35-55 €. Petit déj 4 €/pers. Apparts pour 4 pers (avec kitchenette) 60-85 €. Resto ouv midi et soir. Repas env 13 €.* Isolé sur un promontoire au-dessus du village proprement dit, un ensemble hôtelier offrant 5 chambres au-dessus du resto, bénéficiant d'une vue superbe. Très simples, disposant toutes d'une salle d'eau et d'une clim refaite à neuf, elles sont un bon choix. Mais les petits malins jetteront leur dévolu sur les 6 autres situées dans le bâtiment à l'écart, nettement plus peinard. L'ensemble est d'un bon rapport qualité-prix. Côté papilles, la spécialité maison est un porcelet cuit au vin rouge avec olives, fromage et champignons, puis flambé au cognac. De l'hôtel, un petit sentier permet de rejoindre une plage inaccessible autrement...

L'OUEST DE L'ÎLE DE CORFOU

C'est, pour nous, la côte la plus sympa car les plages y sont beaucoup moins « commerciales » et, partant, beaucoup moins saturées en été. Pour profiter pleinement de cette partie de l'île, mieux vaut avoir une voiture ou un scooter car les endroits les plus dignes d'intérêt ne sont pas desservis par les bus.

PALÉOKASTRITSA *(ΠΑΛΑΙΟΚΑΣΤΡΙΤΣΑ ; 490 83)*

De Corfou-ville, Paléokastritsa est à 25 km. C'est ici que, d'après le chant VII de l'*Odyssée,* habitait Alkinoos, père de Nausicaa et roi des Phéaciens. D'après la légende, son palais, gardé par deux chiens d'or et d'argent, était entouré d'un jardin enchanteur où l'hiver n'existait pas. C'est peut-être la raison qui fait qu'aujourd'hui Paléokastritsa est un des musts de l'île ! Quoi qu'il en soit, beaucoup de monde en été, car les boutiques et les restos ont poussé comme des champignons ces dernières années. La raison ? La beauté de ses plages, toutes orientées différemment, ce qui permet de profiter du soleil du matin au soir. Ses fonds sous-marins sont très appréciés aussi (plusieurs centres de plongée). Le village proprement dit n'a pas grand intérêt, puisque c'est une agglomération qui s'étend sur trois bons kilomètres de virages en virages, le long de six petites criques.

➢ ***Pour s'y rendre :*** une quinzaine de bus verts/j. lun-sam 6h30-20h30 en été, moins le w-e. Dernier retour vers Corfou tlj à 20h.

Où dormir ?

Camping Paléokastritsa : *à l'entrée du village. ☎ 26-63-04-12-04. • paleokastritsaholidays.com • Ouv 25 mai-10 oct. Compter 15-18 € pour 2 avec tente et voiture selon saison.* Une centaine d'emplacements.

Ombragé par des oliviers mais un peu loin de la mer. Très bon accueil et entretien correct. Piscine accessible gratuitement pour les clients du camping à 150 m. Supermarché juste en face, avec la presse internationale. Surpeuplé en juillet et août.

Zefiros Hotel : *juste devant la plage.* ☎ *26-63-04-12-44.* • *zefiroscorfuhotel.gr* • *Avr-oct. Doubles 75-95 € selon saison, petit déj inclus.* Un hôtel familial à 40 m à tout casser de la piscine naturelle qu'est la baie de Paléokastritsa. Le bâtiment principal a pas mal d'allure – il est d'ailleurs classé – et les 11 chambres-studios (2 à 5 personnes), avec kitchenette, ne déçoivent pas : de la brique, d'élégantes couleurs claires... pour un résultat contemporain et chaleureux, avec tout le confort (sèche-cheveux, frigo, bouilloire...). Toutes possèdent une vue, même si, dans certaines, mieux vaut être contorsionniste pour voir la mer. Petite restauration possible à toute heure. Bon accueil.

Où manger ? Où boire un verre ?

Nombreuses tavernes et bars le long de la route et sur les hauteurs en prenant la route de Lakonès, mais on recommande particulièrement les adresses suivantes :

Restaurant Castellino : *à* ***Lakonès*** *(5 km de Paléokastritsa), difficile à louper.* ☎ *26-63-04-94-02. Tlj, midi et soir, avr-oct. Résa conseillée. Env 20 € le repas.* On vient surtout dans ce grand restaurant (300 couverts !) pour sa vue imprenable sur les petites baies de Paléokastritsa. 3 étages desservis par un ascenseur – sauf le 1er – aux cadres assez différents, où l'on sert la même cuisine locale *(sofrito, pastitsada),* mais également de bons fruits de mer, sans oublier des plats plus simples comme des omelettes ou des burgers... Beaucoup de groupes à l'heure du déjeuner.

Taverna Elisabeth : *à* ***Doukadès,*** *5 km avt Paléokastritsa.* ☎ *26-63-04-17-28. Mars-nov, de 15h jusqu'au dernier client. Résa fortement conseillée. Plats 8-13 €.* Ce microresto est dans son jus depuis 1960, et la cuisine familiale fleure bon l'authenticité, dans un village encore peu touché par le tourisme. Dimitra, gentille comme tout, est en cuisine, parfois aidée de sa mère et de sa fille. Salades, *mezze,* calamars accommodés selon l'humeur du jour, poisson au four, vin maison, et la spécialité, le *kounéli stifado* (lapin). Si vous vous attablez dehors, quand le bus qui dessert le village passe, il faut se lever et pousser les tables pour lui laisser de la place !

Bar La Grotta : *sur la gauche de la route, à hauteur de l'hôtel* Paléokastritsa, *quand on descend vers l'extrémité de Paléokastritsa (stationnement assez difficile).* ☎ *26-63-04-10-06.* Descendre les escaliers le long de la falaise (plus de 140 marches !) jusqu'au bar aménagé au bord de l'eau, dans les renfoncements de la roche. Pas grand-chose à y faire en journée, mais le soir, quand la crique est illuminée, c'est superbe. On peut même venir profiter du cadre et se baigner sans avoir à consommer !

À voir

Le monastère de la Panagia Théotokos : *tt au bout de Paléokastritsa, en hauteur sur une petite presqu'île. Avr-oct, 7h-13h, 15h-20h. Shorts proscrits, jupes longues fournies moyennant un petit quelque chose.* Fondé au début du XIIIe s, il présente une belle architecture (joli plafond dans l'église) et un point de vue différent sur la crique. Arriver avant les cars pour profiter de ce cadre magnifique. Icônes byzantines dans l'église, et une salle-musée abritant des objets de culte (orfèvrerie, vêtements, icônes du XVIIIe s...). La boutique vend de l'huile d'olive artisanale, du nougat, du miel et du *limoncello* fabriqué par les moines.

Angélokastro : *après Lakonès, prendre, à Makradès, la direction Krini. Entrée : 2 € ; réduc.* Le château d'Angélokastro (Saint-Ange), qui se dresse au sommet de la colline, a été construit au XIIIe s par un despote d'Épire, Ange Comnène, pour se garder des incursions des pirates. Encore une vue étonnante, que ce château qui semble surgi de la mer. Compter 10-15 mn de marche pour y monter. *Sur le parking, petite restauration ouv avr-fin oct. 69-45-63-63-01. Plats 7-12 €. Cuisine locale. Belle terrasse.*

GLYFADA (*ΓΛΥΦΑΔΑ ; 491 00*)

Plage enserrée entre de hauts rochers bordés de dunes et d'olivettes. Un endroit aux eaux limpides et peu profondes, très fréquenté.
Un peu plus loin, la très belle ***plage de Myrtiotissa.*** Comme il faut un peu marcher (à moins d'avoir un 4x4, on laisse sa voiture sur un parking, puis 15 à 20 mn de descente dans la poussière), il y a moins de monde, ce qui ne veut pas dire qu'il n'y a personne. On a aussi remarqué que les baigneurs sont nettement moins habillés que sur les autres plages... Petit kiosque en été.
➢ ***Pour s'y rendre :*** bus pour Glyfada depuis Corfou, arrêt Myrtiotissa.

PÉLÉKAS (*ΠΕΛΕΚΑΣ ; 491 00*)

Charmant village haut perché, entouré d'une forêt d'oliviers d'où émergent de loin en loin les silhouettes élancées des cyprès. Une vraie carte postale. Quand on vient en voiture, ne pas prendre le panneau « Pelekas Beach », indiqué quelques kilomètres avant le village, car la plage et le village ne sont pas du tout voisins ! C'est du haut du village, d'un endroit appelé « le Trône de l'Empereur », qu'on observe le plus beau coucher de soleil de l'île. Sur ce promontoire à la vue panoramique, le Kaiser Guillaume II d'Allemagne venait méditer à c'qu'on dit...
➢ ***Pour s'y rendre :*** une douzaine de bus bleus/j. lun-sam 7h-22h en été, moitié moins le dim. Dernier retour vers Corfou 22h30 en sem, 21h45 le w-e.

Où dormir ? Où manger ?

Pas mal de solutions d'hébergement dans le village ou vers la plage de Glyfada. Mais le fin du fin, si vous en avez les moyens, c'est de vous payer le Trône de l'Empereur !

Taverne et chambres chez Antonis : *sur la pl. centrale de Pélékas, en face de l'église. ☎ 26-61-09-42-89. Mai-nov. Doubles 25-30 €. Compter 12-15 € pour un repas.* Propose 5 chambres relativement spartiates, mais propres et très correctes pour le prix. Vue sur l'église pour certaines d'entre elles. Douches et w-c en commun, mais assez bien tenus. À la taverne, carte classique, et cuisine qui l'est tout autant. Accueil sympa. Si c'est complet, on vous proposera peut-être une chambre chez la sœur du patron, à la ***Villa Malibu*** *(☎ 26-61-09-40-93 ; • malibuglyfada.com •),* au-dessus de la plage de Glyfada.

Levant Hotel : *☎ 26-61-09-42-30. • levantcorfu.com • Un hôtel en nid d'aigle : traverser Pélékas et continuer jusqu'au terme de la route qui part à droite de l'église (en face de la* Taverna Antonis*). De début mai à mi-oct. Doubles 70-95 € selon saison, avec petit déj ; env 15 €/pers en plus pour la ½ pens.* Grand bâtiment moderne de style Art déco, proposant une vingtaine de chambres élégantes, mariant le bois au marbre blanc, avec parquet en bois exotique et quelques cadres aux murs pour la touche de couleur. Toutes possèdent la télé, la clim, ainsi qu'un minibar. Depuis les balcons, vue époustouflante d'un côté comme de l'autre. On a un petit faible pour les chambres mansardées, avec leur propre terrasse. Idéal pour regarder le soleil se coucher à travers un verre de blanc. Les parties communes, la terrasse et le restaurant sont à la fois sobres et classe. Belle piscine dans un environnement verdoyant. Le gérant, fort sympathique, parle bien le français.

SINARADÈS *(ΣΙΝΑΡΑΔΕΣ ; 490 84)*

Petit village au sud de Pélékas, qui a su garder beaucoup de charme et de simplicité. Deux ou trois cafés sur la place principale cernée de grands palmiers et un petit kiosque. Ruelles blanc et ocre, petits escaliers, vigne en treille et quelques chats dans les rues. ***Petit musée*** ethnographique évoquant un intérieur rural du XIXe s, rassemblé dans deux vieilles maisons *(prendre la ruelle qui part au niveau du campanile, c'est fléché ; 📱 69-80-11-89-59 ; tlj sf dim 9h-14h ; entrée : 2 €, réduc).* De Sinaradès, on peut continuer sa route jusqu'à la ***falaise d'Aérostato*** (indiquée à la sortie du village), d'où l'on a une vue splendide sur les hautes collines, au nord d'Agios Gordis, dont les coteaux fertiles se déroulent doucement vers la mer. En bas, quelques belles plages un peu difficiles d'accès et donc pas trop fréquentées.

➢ ***Pour s'y rendre :*** une demi-douzaine de bus verts/j. lun-ven 8h30-20h en été (moins le w-e).

AGIOS GORDIS *(ΑΓΙΟΣ ΓΟΡΔΗΣ ; 490 84)*

Belle plage de sable au sud de Sinaradès. Le panorama en arrivant sur Agios Gordis est magnifique : bleu de la mer, ocre des falaises qui y plongent, et cette pyramide au loin qui sort de l'eau... C'est une station balnéaire très prisée. L'ambiance y est jeune, assez bruyante et décontractée.

Où dormir ?

The Pink Palace : *au-dessus de la plage d'Agios Gordis. ☎ 26-61-05-31-03/04. 📱 69-45-23-07-27 (Magda). • thepinkpalace.com • Mars-fin nov. Réception 24h/24. Compter env 24-32 €/pers en ½ pens selon confort (AC ou non, sdb ou non) et nombre de pers (2-4) ; moins cher encore en dortoir : 21-29 €/pers. Remise de 10 % pour les possesseurs de la carte des AJ. 💻 (payant). 📶 (parties communes slt).* Difficile de louper sa façade fraise écrasée. Dans l'esprit, c'est une sorte d'auberge de jeunesse (une partie de l'établissement est d'ailleurs affiliée à *Hostelling International* sous le nom de *Corfu Travellers Inn* ; *• corfubackpackers.com •*), lieu de rendez-vous des routards du monde entier, avec une bonne proportion d'Anglo-Saxons. Ceux qui voyagent seuls trouveront toujours une chambre à partager, et pour cause, il y a... 600 lits ! Les chambres disposent toutes d'un balcon offrant une jolie vue sur la baie. Dîner-buffet. Nombreuses activités sportives sur place avec un tas d'activités nautiques, et, quand la nuit tombe, des soirées... débridées. En saison, un bus assure la liaison depuis Athènes ou Thessalonique (se renseigner). Transfert gratuit à l'arrivée et au départ (port, aéroport). Une vraie usine, on vous dit !

PENDATI *(ΠΕΝΔΑΤΙ ; 490 84)*

Pour les amateurs de solitude, c'est un très joli petit village. Accroché à la montagne et planqué sous les oliviers, au bout d'une route étroite et sinueuse. Jolies maisons colorées. Attention, la descente vers le port et la plage Féroulas est un peu rock & roll, gare, ça touche en certains endroits. Deux ou trois petites tavernes et quelques chambres dans le village.

De Pendati, en allant vers le nord, une route dans les oliviers descend vers une ***crique*** absolument déserte.

Vers le sud, une autre route traverse une oliveraie en direction de la ***plage de Paramonas.*** Cette balade de 4 km peut très bien s'effectuer à pied. Paramonas est une plage surtout fréquentée par les Grecs et les Allemands.

The Sunset : *face à la plage de sable gris de Paramonas. ☎ 26-61-07-51-49. Mai-oct. Plats 11-13 €.* Situation exceptionnelle en bord de mer, le long d'une plage pas mal du tout. Terrasse agréable, quasi les pieds dans l'eau, où l'on sert du poisson frais pratiquement tous les jours, façon *sofrito, pastitsado, bourdeto,* le tout plus ou moins assaisonné. Une adresse bien connue des touristes allemands qui mangent de bonne heure (et de bonheur, aussi), alors pensez à réserver un peu après.

Paramonas Hotel : *grand bâtiment derrière le Sunset. ☎ 26-61-07-65-96. • paramonas-hotel.com • Résa conseillée. Doubles 50-60 €, petit déj compris.* Établissement moderne, disposant d'une vingtaine de grandes chambres calmes et confortables (AC, TV, et balcon avec vue).

PRASOUDI (*ΠΡΑΣΟΥΔΙ ; 490 84*)

De Paramonas, une petite route longe la mer jusqu'à la plage de Prasoudi en passant par Skala. Prasoudi est constitué d'un ensemble de petites criques esseulées face à un chapelet d'îlots. Une ambiance « plage et potager » très confidentielle (à tout le moins hors saison).

Où dormir ? Où manger ?

Avra Oceanos : *plage de Prasoudi. ☎ 26-61-07-66-36. 69-44-13-50-49 (Ilias). Mai-oct. Double env 40 € ; apparts 50-60 €. Petit déj 5 €/pers. Repas 11-16 €.* Une structure en bord de plage tenue par deux cousins, Spyros et Ilias, comprenant un resto en bord de plage qui sert la pêche du jour et une petite structure d'hébergement sur l'arrière. Dans cette dernière, une dizaine de chambres tout confort et bien fraîches, doubles ou triples et des appartements, tout équipés avec mezzanine (bien pour les familles). Le tout climatisé. Réveil au chant des oiseaux.

ALONAKI (*ΑΛΩΝΑΚΙ ; 490 84*)

Petite plage à l'entrée de la route d'accès au lac Korission. L'ambiance y est très familiale.

La plage de ***Chalikouna*** est l'une des plus grandes plages de sable de l'île. Elle est très prisée des kitesurfeurs. Elle est séparée du lac Korission par un cordon de dunes vives dans lequel nichent des quantités d'oiseaux (126 espèces ont été recensées). À pied, on peut rejoindre la plage d'Agios Géorgios.

Avec une superficie de plus de 6 000 ha, le ***lac Korission*** constitue un écosystème à part entière. Il attire des centaines d'oiseaux migrateurs, dont des flamants roses. Dès les beaux jours, des milliers de papillons virevoltent de fleurs en fleurs. Sur ses berges, on a recensé une quinzaine d'orchidées différentes. On y récolte aussi la salicorne.

Où dormir ? Où manger ?

🏠 🍽 ***Alonaki Bay Restaurant & Apartments :*** *plage d'Alonaki.* ☎ *26-61-07-58-72.* • *svaragouli salonaki@gmail.com* • *Quand on arrive de Prasoudi, route non revêtue sur le dernier km, qui ne pose pas de problème. Ouv de Pâques à mi-oct. Doubles 35-40 €, petit déj compris ; apparts 50-55 €. Repas 10-15 €. CB refusées.* Très agréable petit complexe familial tenu par Ageliki, son père Michalis et Yassou, le mainate de service. Un resto d'abord, véritable petit havre de paix, avec sa terrasse en balcon sur la mer et son jardin bien ombragé. Spécialité de poulpe à la casserole, *tsigareli* préparé avec les légumes du potager familial. Côté dodo, une demi-douzaine de chambres et presque autant d'appartements. Le tout nickel et bien équipé (clim, télé, frigo, etc.) avec balcon ou terrasse. Une adresse bien tranquille, un coup de cœur.

LE SUD DE L'ÎLE DE CORFOU

Très touristique entre Bénitsès et Moraitika, la route côtière se termine par une succession de ports de pêche (dont Boukari et Pétriti) avec quelques restos abordables.

🍽 ***Klimataria :*** *à* ***Bénitsès,*** *sur la pl. principale du vieux village, juste en face du petit port.* ☎ *26-61-07-12-01. D'avr à mi-sept, lun-sam 19h-23h30, dim 12h-16h30. Mieux vaut réserver. Compter 20-25 € le repas. Poisson env 25 €/kg.* Un discret mais fameux resto de poisson. Une affaire de famille avec, aux commandes, père, fils et belle-fille irlandaise. Carte courte et très fraîche : c'est qu'ici, on ne badine pas avec la qualité. On vous conseille de réviser quelques noms de poissons en anglais ! Spécialité de poisson sauce « *bianco* » (ail et citron), sans oublier le traditionnel *bourdeto.* Petite terrasse prise d'assaut.

AGIOS GÉORGIOS (*ΑΓΙΟΣ ΓΕΩΡΓΙΟΣ* ; 490 80)

Une des belles plages de l'île, adossée à des dunes consolidées, qui offrent de l'ombre en pleine chaleur. On peut aller très loin en marchant vers le nord, pour rejoindre la plage de Chalikouna (voir plus haut). Agios Géorgios, autrefois simple petit port de pêche, est devenu une station balnéaire à part entière, avec son quota d'immeubles à moitié terminés et ses forêts de parasols en été. Location de planches à voile et de *paddleboards.* Distributeur de billets au supermarché *Anna's Market.*

PÉTRITI, BOUKARI (*ΠΕΤΡΙΤΗ, ΜΠΟΥΚΑΡΗΣ* ; 490 80)

Quand on vient de Corfou par la route principale, prendre à gauche dans le centre d'Argiradès pour descendre jusqu'à Pétriti. Ensuite, une petite route remonte vers le nord en longeant la côte au niveau de la mer sur environ 2 km jusqu'à Boukari.

🍽 ***Taverna Leonidas :*** *à* ***Pétriti,*** *sur le port. Avr-oct, midi et soir. Mieux vaut passer pour réserver. Repas 15-20 €.* Laissez les sujets de Sa Majesté la reine d'Angleterre s'attabler de bonne heure dans ce resto typique ouvert depuis 1972... Vous, allez-y sur les coups de 21h, et jetez-vous sur les sardines grillées, un poulpe, la friture, et toutes les possibilités qu'offrent les assemblages cuisinés poisson-tomate-piment. Prévoir un peu d'attente. Cadre pittoresque avec vue sur le port. Bon service de Vassili et d'Effi.

🍽 ***Taverna Kalami :*** *à* ***Boukari.*** ☎ *26-62-05-30-03.* 📱 *69-47-92-41-51. Avr-oct, midi et soir. Repas 15-20 €.*

Resto de poisson typique, très prisé des gens du coin et des touristes. Poisson au poids. Cuisine de la terre également : *sofrito,* moussaka, tomates farcies, etc. Accueil gentil.

PÉRIVOLI (*ΠΕΡΙΒΟΛΙ ; 490 80*)

Paisible village sur la route de Lefkimi. On a installé un système de sens unique à l'aide d'un feu sur la route principale. Ne le loupez pas ! Ici aussi, goûtez au rythme grec dans les *kafénia* sympathiques. À proximité, deux belles plages :

Santa Barbara (*Σάντα Μπάρμπαρα*) **:** assez longue pour arriver à oublier la foule en marchant un peu. Beaucoup de chambres à louer et quelques restos.

Vitaladès (*Βιταλαδες*) **:** encore plus au sud. Petit village qui mène à la ***plage Gardénos,*** une des plus belles du sud de l'île avec une grande étendue de sable à flanc de falaise. Une poignée de petits restos, un peu en retrait des chaises longues et parasols ; bien agréable en somme !

Villa Aliki Gardénos : *à 1 km de la mer, entre Vitaladès et la plage de Gardénos. ☎ 26-62-02-45-24. 69-85-88-81-30 (Katerina). • villa-aliki.gr • Mai-oct. Studios 30-35 € ; appart 4-5 pers, spacieux, avec cuisine équipée, 50-60 €. Résa conseillée en été. CB refusées.* Grande maison rose avec des volets verts et un joli jardin. 2 studios et un appartement simples, propres et lumineux (tout blanc !), avec cuisine et salle de bains, AC et TV. Une adresse surtout pour les familles. Accueil adorable.

À Gardénos, plusieurs ***tavernes*** sans prétention et de qualité sensiblement égale, où l'on mange à toute heure de la journée. Poisson frais.

Puis la route traverse un bourg tout en longueur, ***Lefkimi.*** On y franchit une petite rivière pittoresque qui permet aux barques de remonter depuis la mer. Du port, ferry pour Igouménitsa et bateau pour Paxos (voir « Arriver – Quitter »).

KAVOS (*ΚΑΒΟΣ*)

À la pointe de l'île, une plage plutôt pas mal, mais très fréquentée. Moins de 3 km plus à l'ouest, le village de ***Spartéra*** (quelques chambres à louer et des tavernes). De là, une piste s'engage vers le sud en direction de la ***pointe d'Arkoudilas,*** qui marque l'extrémité de la ***plage d'Aspro Kavos*** (peu de monde). Ensuite une petite route carrossable longe la plage en direction du nord en passant par les ***plages de Kanoula*** et ***d'Agios Gordis,*** assez tranquilles. En poursuivant vers le nord : on rejoint la route principale via Kritika.

LEUCADE (LEFKADA ; ΛΕΥΚΑΔΑ) 23 700 hab.

• Carte L'île de Leucade *p. 313*

Quatrième île Ionienne en superficie (325 km²), Leucade doit son nom actuel à ses falaises de craie blanche (elle s'est aussi appelée « Santa Maura » à l'époque vénitienne). Ses plages de sable idylliques et ses villages de montagne, restés authentiques, enchantent. Mais est-ce vraiment une île ? Dès l'Antiquité, les Corinthiens percèrent l'isthme (en 650 av. J.-C.) pour en faire un canal. Malgré cela, l'Allemand Dörpfeld a voulu voir en Leucade l'île d'Ulysse décrite par Homère (plutôt qu'Ithaque), mais il fouilla en vain le coin

de Nydri. Pendant longtemps, l'île a été reliée au continent par un curieux bac mobile. Aujourd'hui, le pont, un peu plus moderne, est lui aussi mobile pour laisser passer les bateaux dans le chenal défendu par ce qui reste de l'impressionnant fort de Santa Maura.
L'île a connu l'occupation turque de 1467 jusqu'à 1684, lorsque les Vénitiens la reprirent. Soumise à de fréquents séismes, elle a vu sa population se raréfier après la maladie de la vigne, en 1900, et le dernier soubresaut de la terre, en 1948, qui engendra une émigration importante.
Aujourd'hui, avec l'essor du tourisme, elle est très fréquentée, en particulier le week-end, lorsque débarquent les habitants de Ioannina, Prévéza et Arta. Plusieurs campings bordent ses côtes : les kitesurfeurs sont nombreux à les fréquenter. Il est difficile de se loger ailleurs que sur la côte est, où se développe en majorité l'activité touristique, tandis que l'ouest et les villages du centre montagneux de l'île (sommet à 1 158 m) réservent d'authentiques surprises. Les plages de la côte est, peu intéressantes, sont toutefois abritées du vent, contrairement à celles de la côte ouest (parfois dangereuses pour la baignade quand le vent souffle).
– Pour toute information sur Leucade, consulter ● *lefkadaslowguide.gr* ●

Arriver – Quitter

En voiture

➢ ***De/vers le continent :*** aucun problème, Leucade est à 21 km de Prévéza (accès rapide grâce à un tunnel) et à 72 km d'Arta. Accès par un (tout petit) pont.

En bus

🚌 ***Bus KTEL :*** *au bout du bd qui longe la marina, en direction du sud.* ☎ *26-45-02-23-64.* ● *ktel-lefkadas.gr* ●
➢ ***De/vers Prévéza :*** 6 bus/j., 7h45-19h10 (18h10 jeu) ; slt 2 le dim à 17h30 et à 19h10. Pour Arta, changer à Prévéza.
➢ ***Pour l'aéroport d'Aktion :*** depuis Lefkada, 4 bus/j.
➢ ***De/vers Athènes :*** 5 bus/j., 7h (9h30 dim)-18h30. Trajet : 5h10. À Athènes, départ de la gare routière A *(100, odos Kifissou ;* ☎ *21-05-15-01-08).* 5 bus/j., 7h-20h30.
➢ ***De/vers Igouménitsa :*** 1 bus/j. à 13h45.
➢ ***De/vers Patras :*** 1 bus ven à 9h15 et dim à 17h15.
➢ ***De/vers Thessalonique :*** en été slt, 1 bus/j. à 9h45.

En ferry

– *Attention :* prendre toutes les fréquences de bateau que nous donnons pour des indications et non pour des vérités immuables. Elles sont sujettes à de nombreuses variations annuelles et saisonnières. Consulter les sites des compagnies : ● *westferry.gr* ● *ionionpelagos.com* ●
➢ ***De/vers Céphalonie :*** juil-sept, 2-4 départs/j. depuis Vassiliki (ou Nydri, tant que les travaux d'extension du port de Vassiliki ne sont pas terminés) pour Fiskardo et vice versa, ainsi que pour Sami. Mai-juin et oct, 1-2 liaisons/j. slt. Env 1h de traversée.
➢ ***De/vers Ithaque :*** en saison, 1 départ/j. de Vassiliki (voir plus haut) pour Pissaétos et vice versa (trajet 1h30). De Nydri, de juil à mi-sept, 2 départs/j. (1 slt mar) pour Frikès. Mai-juin et en sept, liaison certains j. slt pour Pissaétos, au départ de Vassiliki.

Circuler sur l'île

🚌 ***Bus KTEL :*** ☎ *26-45-02-23-64.* ● *ktel-lefkadas.gr* ● Les fréquences qui suivent sont valables juil-sept. Un peu moins de liaisons hors saison.
➢ ***De/vers Nydri :*** bus ttes les heures, 6h-22h, moins le dim.
➢ ***De/vers Vassiliki :*** 4 bus/j., 6h (6h30 sam)-20h, 3 le dim.

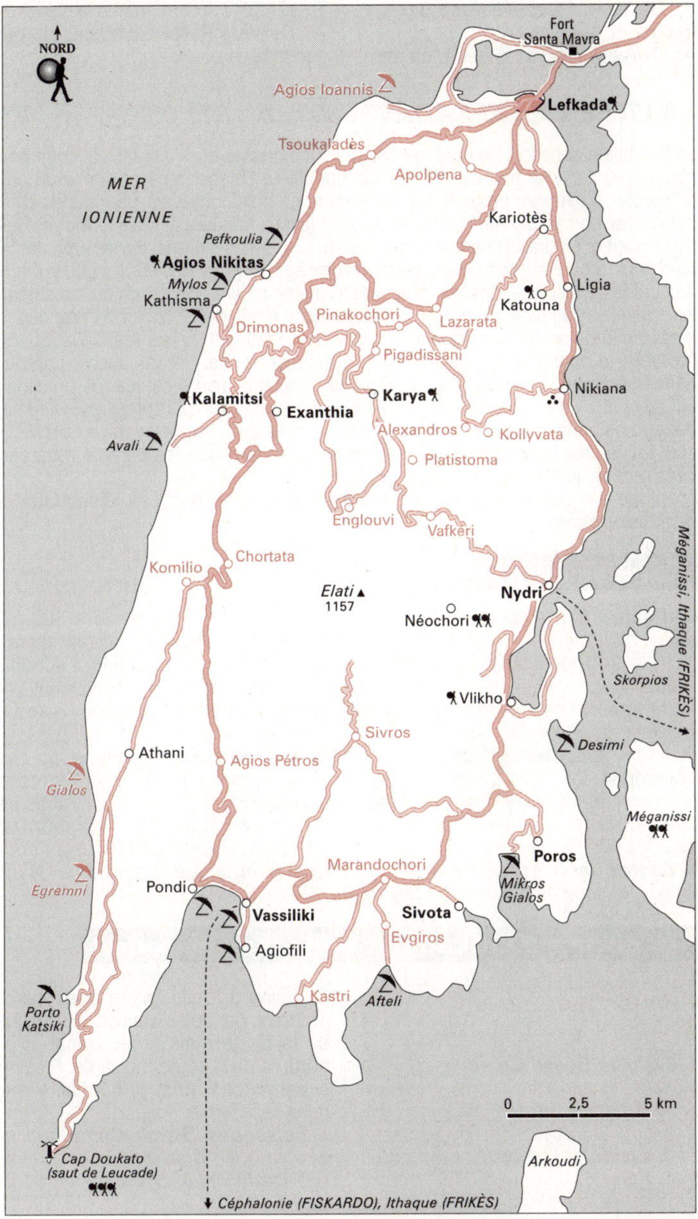

L'ÎLE DE LEUCADE

➢ ***De/vers Agios Nikitas :*** 9 bus/j., 6h40-19h, 6 le dim.
➢ ***De/vers Karya :*** 6 bus/j. en sem, 7h-17h30, 3 le sam, aucun le dim.
➢ ***De/vers Poros :*** 2 bus/j., 6h-14h, aucun le w-e.

LA VILLE DE LEFKADA *(7 000 hab. ; 311 00)*

La capitale a conservé de nombreuses maisons basses anciennes. Beaucoup possèdent des façades recouvertes de tôle ondulée à l'étage, qui leur donne un petit air créole : c'est pour protéger les vieux murs en bois contre les intempéries et les consolider en cas de tremblements de terre (assez fréquents). Mais le tout est joliment peint et un grand charme se dégage de ses ruelles étroites. Partez arpenter les rues pour tomber sur des boutiques d'un autre âge, recelant des trésors poussiéreux, des cafés minuscules, des tavernes accueillantes et une population qui commente les nouvelles du jour sur le pas de la porte avec le poste de TV allumé à l'intérieur.
Il est facile de se repérer : quand on arrive du continent, la rue A. Sikélianou, qui prolonge le pont, mène tout droit à la côte ouest de l'île. Sur la gauche, contournant également le centre, la rue D. Golémi conduit à la côte est. La rue principale est au centre : c'est une rue piétonne (d'abord nommée W. Dörpfeld, puis I. Mela), déserte à l'heure de la sieste, puis très animée le soir, comme la place Lefkas. Le soir, les jeunes déambulent inlassablement, pendant que les parents regardent leurs enfants jouer.
La plage d'Agios Ioannis est à 5 km à l'ouest de la ville. Les kitesurfeurs la connaissent bien.

Adresses utiles

✉ ***Poste :*** *183, odos Stratigou Mela (assez haut dans la rue piétonne centrale, à l'opposé du port). Lun-ven 7h30-14h.*
■ ***Banques :*** *nombreuses dans la rue piétonne centrale. Lun-ven 9h-13h30 (14h ven).* Avec distributeurs.
✚ ***Hôpital :*** *24, odos Valaoritou Aristotelous (au bout de la ruelle qui commence juste après la poste). ☎ 26-45-03-82-00.*
■ ***Santas Rentals :*** *à l'entrée de Lefkada, à gauche de la place, en bas de l'hôtel* Ionion Star. *☎ 26-45-02-52-50. 📱 69-73-04-57-67. • ilovesantas.gr •* Location de scooters. Le loueur le moins cher de l'île (également une agence à Nydri). *Compter 13-20 €/j. selon cylindrée.*
■ ***Agence Avis :*** *à l'entrée de Lefkada, entre les hôtels* Lefkas *et* Ionion Star. *☎ 26-45-02-66-32. • avislefk@otenet.gr •* Location de scooters *(compter 15-20 €/j. selon cylindrée).* Également une agence à Nydri *(☎ 26-45-09-21-36).*

Où dormir à Lefkada et dans les environs ?

Campings

⛺ ***Kariotès Beach Camping :*** *à 5 km au sud de Lefkada, sur la droite en entrant dans* ***Kariotès.*** *☎ 26-45-07-11-03 ou 26-45-02-54-56 (hors saison). • campingkariotes.gr • Avr-début oct. Selon saison, 18-21 € pour 2 avec tente et voiture. Loc de tentes 7-8 €. Réduc de 10-15 % sur présentation du dépliant de la chaîne* Sunshine. Petite taverne à l'entrée. Une trentaine d'emplacements seulement. Camping disposé en terrasses, semi-ombragé par des oliviers, situé à 300 m de la plage mais assez banal et en bordure de la route passante. Piscine, supermarché. Accueil cordial. Vin et huile de la ferme.
⛺ ***Episcopos Beach Camping :*** *en arrivant à* ***Nikiana,*** *à mi-chemin entre Lefkada (8 km) et Nydri, sur la droite. ☎ 26-45-07-13-88. 📱 69-48-89-94-75. • campingvillageepiskopos.gr • Mai-sept. Compter 19-23 € pour 2 avec tente et voiture selon saison.* Petit camping plutôt intime, du moins en

dehors de juillet-août, et bien ombragé, qui offre l'avantage de louer des bungalows en dur, assez coquets et bien équipés pour 2 à 4 personnes *(30-70 €)*. Piscine, mais la mer est à 100 m de l'autre côté de la route. Accueil gentil.

De prix moyens à plus chic

Pirofani Boutique Hotel : *odos Dörpfeld (la rue principale), sur la droite en venant du port. ☎ 26-45-02-58-44. • pirofanipansion@yahoo.gr • Tte l'année. Doubles standard 45-115 € selon saison, jusqu'à 125 € pour les supérieures. Petit déj 5 €.* Un établissement transformé en boutique-hôtel élégant à la déco tendance. Chambres tout confort dès les standard. Les supérieures sont très spacieuses. Accueil agréable et pro.

Santa Mavra Hotel : *2, odos Sp. Vladi, face au Pirofani Boutique Hotel. ☎ 26-45-02-13-08. • santamaurahotel.gr • Avr-oct. Doubles 50-90 € selon saison, petit déj compris.* Belle architecture extérieure aux volets verts. Nombreuses chambres assez spacieuses, bien tenues, avec AC et frigo. Effort dans la décoration, couleurs douces et mobilier élégant. La plupart des chambres sont pourvues d'un balcon très agréable donnant sur la rue piétonne ou le jardin où est servi le petit déj. Un des meilleurs rapports qualité-prix de la ville. Accueil charmant.

Hotel Lefkas : *2, Filipa Panagou, en face de la route qui vient du continent. ☎ 26-45-02-39-16. • hotellefkas.gr • Doubles 40-80 € selon saison, jusqu'à 120 € pour les supérieures à la mi-août, petit déj compris.* Si la façade et le hall sont un brin passés de mode, les chambres, refaites dans un style moderne, sont de bon confort (clim, double vitrage, salle de bains neuve). Belle vue du balcon sur la petite route d'accès à l'île. Situation impeccable pour rayonner, tout en profitant de l'animation de la ville le soir. Bon petit déj et personnel dévoué.

Hotel Porto Ligia : *à* ***Ligia,*** *à 6 km de la ville, sur la route à gauche en direction de Nydri. ☎ 26-45-07-20-00. • portoligia.gr • Mai-sept. Doubles 65-125 € selon vue et saison, petit déj inclus.* Petit complexe hôtelier moderne et familial, sur un promontoire au bord d'une petite plage de galets prolongée d'une belle pelouse. Chambres (certaines pour 3 à 4 personnes) très confortables, aux équipements dernier cri, la plupart face à la mer. Petite piscine et bar. Un véhicule est recommandé pour rejoindre les localités voisines. Accueil très agréable et super pro.

Où manger ?

Lefkada regorge de petites tavernes, que l'on découvre au hasard des ruelles. Pour un repas rapide, les nombreux *gyros* de la rue piétonne restent ouverts très tard le soir.

Gogos Gefsis *(enseigne en grec, quasi illisible : Γωγώς Γεύσεις)* **:** *149, odos Ioannou Mela. ☎ 26-45-30-05-09. Presque au bout de la rue piétonne, après la 2de église à gauche, repérer la terrasse où il y a toujours du monde. Plats 7-9 €.* Sûrement l'adresse la plus populaire de la ville. Dès l'apéro, les places en terrasse sont très convoitées pour faire un repas de *mezze,* accompagné d'un ouzo ou d'un *tsipouro* (bon choix à la carte). Les plus affamés enchaîneront sur un bon poisson ou une viande grillée. Et comme on ne vous pousse pas à la conso, ni à céder votre place une fois votre repas terminé, certains y passent des heures... Un peu plus loin, du même côté de la rue, face à l'horloge, la ***Taverna & Ouzeri Roloi*** est dans le même esprit, on y trouve plus facilement une table.

Taverne Evtychia *(enseigne en grec : EYTYXIA)* **:** *3, odos Stambogli. 69-47-61-25-90. Quand on suit la rue piétonne depuis le port, tourner à gauche avt la pl. centrale à la hauteur d'une petite fontaine. Pâques-sept. Plats 7-15 €.* L'une des plus anciennes tavernes de la ville, tenue par une jeune femme accueillante. On mange dehors, dans une étroite ruelle, ou bien dans la cuisine où l'on choisit directement de

LES ÎLES IONIENNES

bons petits plats, élaborés avec des produits frais. Populaire et bon marché. Sa voisine, ***Kato Vrisi*** *(☎ 26-45-02-18-11),* qui dispose d'une petite terrasse sur la rue principale, propose le même genre de cuisine familiale.

🍽 ***Ev Zin*** *(en grec : ΕΥ ΖΗΝ)* **:** *8, odos Philarmonikis. 📱 69-74-64-11-60. De la pl. centrale, continuer la rue piétonne et prendre la ruelle à droite, puis encore celle à droite. Slt le soir. Env 15-20 € le repas.* Ce bar-resto, sans nul doute le plus inspiré de Lefkada-ville, possède une carte originale et variée : cuisine du monde (tacos ou fajitas, poulet tandoori ou thaï), mais aussi plats grecs et vin maison. Ne pas hésiter à demander à voir la pêche du jour. Belle salle tout en bois, à la déco également originale, sur laquelle la cuisine est ouverte. Accueil tout à fait gentil d'Alex. Musiciens certains soirs.

Où boire un verre ?

🍷 Nombreux ***cafés*** le long de la rue piétonne, notamment tout au début de celle-ci, près de la mer, au pied de l'hôtel *Nirikos* ou sur la place centrale.

À voir dans les environs

En allant vers Nydri, prendre la direction de ***Katouna,*** à hauteur de Ligia. Le long de la route, quelques vestiges de l'ancienne capitale antique, Nirikos, émergent des champs et des oliveraies, dont les restes d'un mur d'enceinte cyclopéen. Vue imprenable sur les marais salants et la baie de Drépanos. Un joli village paisible, à visiter tranquillement à pied.

🍽 ***Kollokas :*** *dans le centre de* ***Katouna.*** *Slt le soir. Compter env 13 € le repas.* Un resto familial et pas mal fréquenté le week-end, installé dans une charmante petite maison. Les plats proposés changent tous les jours, selon l'inspiration de la cuisinière.

NYDRI *(ΝΥΔΡΙ ; 311 00)*

Principal centre touristique de l'île (quantitativement parlant), à 17 km au sud de Lefkada. La rue principale, qui est aussi la route principale, n'est plus qu'une succession de magasins de souvenirs et agences de location de voitures ou de scooters. Cela présente certains avantages : le grec doit être à peu près la seule langue dont vous n'aurez nul besoin pour vous faire comprendre... Le long du quai, de nombreuses tavernes fleuries, pas franchement typiques mais très animées le soir.

BON EN HISTOIRE, MAUVAIS EN GÉOGRAPHIE

Convaincu d'avoir correctement interprété l'Odyssée, l'archéologue allemand Wilhem Dörpfeld situait (à tort) l'homérique patrie d'Ulysse dans les environs de Nydri. Il n'y a retrouvé que la trace d'une cité dotée d'un aqueduc et quelques tombes mycéniennes. On lui a tout de même érigé une statue sur le quai dans le port.

Au large, plusieurs îlots couverts de cyprès, notamment *Skorpios* : c'est dans la petite chapelle qu'Aristote Onassis épousa Jackie en 1968. Il avait acheté l'île en 1962. En 2013, Athina, sa petite-fille (et héritière), l'a revendue à la fille d'un milliardaire russe. La fin d'une époque... À côté, l'îlot *Skorpidi* appartient à l'armateur Livanos, et l'îlot *Madouri,* le plus proche de Nydri, a vu naître un grand poète grec, Aristotélis Valaoritis.

Arriver – Quitter

En bus

➢ ***De/vers Lefkada :*** bus env ttes les heures, 6h-22h, un peu moins le sam, 9 le dim.
➢ ***De/vers Vassiliki :*** 3-4 bus/j. jusqu'à 20h.

En ferry

➢ ***De/vers Ithaque :*** de juil à mi-sept, 2 départs/j. (1 slt mar) pour Friskès. Infos à *Borsalino Travel* (voir ci-après).

Adresses utiles

✉ ***Poste :*** *en plein centre. Lun-ven 7h30-14h30.*
■ ***Capitainerie du port :*** *☎ 26-45-09-25-09.*
■ ***Agence Borsalino Travel :*** *dans la rue principale, à hauteur du port. ☎ 26-45-09-25-28. • borsalinotravel.gr •*
■ ***Santas Rental :*** *sur la rue principale, au nord de la ville. ☎ 26-45-09-26-68.* Location de vélos et scooters à prix intéressants.

■ ***Bateau Odyssia :*** *sur le port. 📱 69-32-31-09-75. • odysseia-lefkada.eu • Croisière 9h30-17h30 (réserver). Compter env 45 €/pers (½ tarif 6-12 ans).* En voilà une idée originale... se balader à bord de la réplique d'un ancien galion. Pas besoin de ramer ni d'errer sur les flots comme Ulysse, il faut juste se laisser porter d'île en île, entre visites (grottes ou ateliers d'artisans), plongée (avec tuba) et barbecue.

Où dormir ?

Nombreuses, très nombreuses chambres chez l'habitant, sans parler des studios et des appartements. Mais continuez sur Vlikho et la presqu'île de Desimi, au sud de la baie, pour des locations plus calmes au bord de l'eau.

Campings

Les 2 campings ci-après sont situés sur la même baie.

⛺ ***Camping Santa Mavra :*** *après Vlikho, direction Géni, sur la presqu'île en face de Nydri, à 5,5 km de la ville. ☎ 26-45-09-50-07. • campingsantamaura.com • Avr-oct. Selon saison, 18-22 € pour 2 avec tente et voiture.* 📶 En bordure d'une plage de galets, au milieu d'oliviers, d'orangers et de citronniers, beaux emplacements en terrasses, sans mobile homes, ni camping-cars. Pas de taverne (mais minimarché) et équipement basique, mais l'ensemble est bien entretenu et la tranquillité assurée. Un bon camping.
⛺ ***Camping Desimi Beach :*** *500 m avt le précédent. ☎ 26-45-09-53-74. • campingdesimi.com • Avr-oct. Selon saison, 18-22 € pour 2 avec tente et voiture. CB refusées.* 📶 Emplacements bien ombragés mais peu spacieux et trop serrés. En haute saison, les tentes disposent d'un espace à part, sur un promontoire surplombant la mer dans le prolongement du camping. Propre et les pieds dans l'eau. Resto et petit supermarché. Beaucoup d'habitués et de camping-cars. Patron sympa.

Où manger ?

|●| ***Ionion :*** *au bout du port à droite. ☎ 26-45-09-30-94. Mai-sept, midi et soir. Plats 7-12 €.* Un peu plus calme que les tavernes du port, qui sont de véritables pièges à touristes. Grande terrasse à l'ombre. Maria Anna, la patronne, très affable, propose une bonne cuisine locale, à prix serrés, accompagnée de jolis vins en essayant de pratiquer le français. Bon rapport qualité-prix.

🍴 **Ergon :** *au bout du port à droite, autre entrée sur la rue principale, face au resto* Ta Kalamia. ☎ *26-45-09-20-20. Midi et soir. Plats 9-17 €, mezze 4-9 €.* Petite maison en pierre prolongée d'une terrasse dans un jardin ombragé. Stéfanos a quitté Thessalonique pour monter cette épicerie fine où il vend de bons produits de toute la Grèce, sélectionnés avec soin. Côté resto, il propose une cuisine grecque moderne et savoureuse, un peu plus onéreuse que chez ses concurrents du port.

🍴 **Ta Kalamia :** *dans la 2de moitié de la rue principale en allant vers le sud, à droite.* ☎ *26-45-09-29-83. Mai-oct, midi et soir. Compter env 30 €.* Une adresse gastronomique de haute volée ! Isabelle, une Française versée en œnologie, et son mari, Vangélis, chef autodidacte d'une créativité folle, se sont donné pour but de hisser leur cuisine gréco-méditerranéenne au niveau d'exigence des meilleures tables. On vous laisse le soin d'en découvrir toutes les facettes sans vous en révéler les multiples raffinements ; d'ailleurs il n'y a pas de menu, seulement des propositions du jour qui varient selon le marché et leurs envies. Le dressage est somptueux, agrémenté de fleurs comestibles du jardin. Ça se passe sur une grande et agréable terrasse à la déco très originale. Incontestablement la meilleure table de Leucade ! À ne pas manquer.

À voir dans les environs

👍👍 Pour avoir la plus belle vue de l'île, quitter les sentiers battus. De Nydri, prendre la route de ***Néochori.*** Le village se trouve à 4,5 km. Balade qui vaut la peine, surtout en fin d'après-midi. On trouve en chemin *Archontiko,* un bar-resto avec une grande terrasse pour profiter du spectacle.

👍 Pour ceux qui en ont assez de bronzer idiots, il existe une balade à faire vers les ***cascades.*** À 3 km de Nydri par la route (direction Rakhi, qu'il faut dépasser), puis 10 mn à pied. Succession de plusieurs cascades que l'on découvre en remontant le cours de la rivière. Très fréquenté en saison... et il ne reste quasiment plus d'eau au plus fort de l'été.

👍 À 3 km au sud de Nydri, dans la baie de ***Vlikho,*** aux eaux abritées, se love un petit port de pêche. La moussaka de la *Taverne Dimitri* y est réputée.

👍👍 Faites un tour sur l'***île de Méganissi,*** à l'atmosphère très différente. *Juil-début sept, 4 ferries/j. (50 mn de traversée, avec arrêt à Vathi pour les 2 ferries du mat).* Visiter le village de *Spartochori (Spilia)* qui ressemble, paraît-il, au Mykonos d'antan, et *Vathi,* le deuxième port, avec ses terrasses sur la mer. Comme partout, on trouve des chambres à louer. Un petit camping tranquille, également.

POROS (*ΠΟΡΟΣ ; 311 00*)

Authentique village sur les hauteurs, à 27 km de Lefkada. Sur la place principale, l'église, la taverne traditionnelle et l'épicerie. Une tour de guet du IVe s monte la garde sur le sommet. La route évite le centre pour descendre (en lacets très serrés) sur le port et la plage de galets blancs de Mikros Gialos.

Où camper ? Où manger ?

⛺ 🍴 ***Poros Beach Camping :*** *à 3 km en contrebas du village, au-dessus d'une grande baie.* ☎ *26-45-09-54-52 ou 26-45-02-50-17 (hors saison).* • *porosbeach.com.gr* • *Mieux vaut être véhiculé (bus de Lefkada à 6h et à 14h en sem slt). Mai-sept. Selon saison, 19-28 € pour 2 avec tente et voiture ; bungalows et studios pour 2-4 pers 40-100 €/j.* 💻 📶 Fort bien situé, correctement ombragé et très propre. Petite piscine, supermarché bien approvisionné, laverie. Taverne en surplomb de la belle plage de galets. Studios confortables avec belle vue. Un très bon camping, idéal pour la détente. Accueil excellent.

|●| **Zolithros :** *sur le petit port, à gauche de la plage de* ***Mikros Gialos.*** *☎ 26-45-09-51-11. Plats 7-13 € ; poisson pas cher.* La bonne taverne avec sa tranquille terrasse qui domine les flots. On s'y régale d'un poulpe grillé, de calamars farcis ou d'un bon poisson frais à choisir en cuisine. Quelques plats cuisinés également en vitrine. Vangélis, l'accueillant patron, parle le français. Il loue aussi des chambres.

SIVOTA (*ΣΥΒΟΤΑ ; 310 82*)

Un village croquignolet en bord de mer, à 33 km de Lefkada. Dans une baie encaissée, quelques maisons et des bateaux colorés. La compagnie anglaise *Sailing Holidays* y a installé ses quartiers d'été : le petit port est envahi de voiliers de location qui y font escale puis s'en vont. Les restos, évidemment, ont poussé comme des champignons. Calme en dehors de juillet et août. Les pêcheurs cultivent ici également l'olivier et la vigne. Petite plage au bout du port.

➢ ***De/vers Lefkada :*** bus à 6h et à 14h lun, mer et ven slt.

Où dormir ? Où manger ?

Quelques ***chambres à louer.***

|●| De nombreuses ***tavernes*** sur l'eau, proposant de bons menus aux tarifs à peu près identiques. On peut essayer par exemple ***Delfinia*** *(au bout du quai ; ☎ 26-45-03-11-80 ; poisson env 12-16 €).* Autre taverne recommandable qui propose une bonne et honnête cuisine traditionnelle : ***Spiridoula,*** au début du quai, couverte de végétation sur 2 niveaux.

À faire

La plage d'Afteli : *à env 1 km après l'embranchement pour Sivota, sur la route de Vassiliki, prendre la petite route fléchée « Evgiros ».* Cette petite route mal entretenue serpente sur 2 km jusqu'à une adorable baie où l'on pourra se poser sur une miniplage de galets. Petite auberge sur place. Le lieu est paisible et agréable.

VASSILIKI (*ΒΑΣΙΛΙΚΗ ; 310 82*)

Le dernier port de la côte sud, à 38 km de Lefkada, situé dans une baie ventée, paradis des véliplanchistes grâce à un spot actif l'après-midi surtout. Très touristique en été. C'est le principal port d'embarquement pour Céphalonie et Ithaque. Grande fête le 15 août.

Arriver – Quitter

En bus

➢ ***De/vers Lefkada :*** le bus se prend à l'intersection entre la rue principale et la route principale, un peu en dehors du village. 5 bus/j., 6h20 (7h sam)-20h ; 4 bus le dim, 8h30-20h.

En ferry

➢ ***De/vers Céphalonie et Ithaque :*** 3-4 A/R par j. pour Fiskardo et 1 pour Sami (Céphalonie) en juil-août et, à la même période, 1 départ/j. pour Pissaétos (Ithaque). Liaisons moins

LES ÎLES IONIENNES

nombreuses mai-juin et sept pour Sami (Céphalonie) et certains j. slt pour Frikès (Ithaque).
ATTENTION, le port était en travaux et donc inactif en 2016 (port de substitution : Nydri). Se renseigner à l'agence *Samba Tours,* dans la rue principale qui part du port *(tlj 9h-22h en saison ; ☎ 26-45-03-15-55 ; • sambatours.gr •).* Ils ont aussi un petit guichet à l'entrée du port, ouvert aux alentours de l'arrivée et du départ des ferries. Sinon, voir les sites *• westferry.gr • ionionpelagos.com •*

Adresses et info utiles

✉ **Poste :** *dans la rue principale qui part du port. Lun-ven 7h30-14h.*
■ **Distributeur de billets :** *à l'**Alpha Bank,** devant l'école, sur le quai.*
■ **Supermarchés** bien fournis, comme *Nikos.* Une excellente **boulangerie** aussi, avec un grand choix de gâteaux, dans une ruelle légèrement en retrait du port.

Où dormir ?

En ville, véritable industrie de la chambre à louer. Préférer celles, plus calmes, qui sont au bout du port en direction des petites criques, au sud-est.

Studios Katerina : *à env 500 m du port, après le resto Vagélaras (même proprio), en direction de la plage d'Agiofili. ☎ 26-45-03-12-24. • nassiasaliari@yahoo.gr • De mi-avr à oct. Selon saison, studios 30-60 €, apparts pour 4 pers 40-70 €.* Dans une grande maison surplombant une petite plage de galets, des studios simples mais refaits récemment aux murs bicolores, avec salle de bains neuve. Les appartements sont très spacieux. La plupart possèdent un balcon avec vue sur une jolie baie avec une plage familiale. Le propriétaire ne parle que le grec, s'adresser à ses filles, francophones, qui gèrent le restaurant *Vagélaras.*

Où manger ? Où boire un verre ?

Restaurant Vagélaras : *le dernier resto du port, à l'opposé du départ des ferries. ☎ 26-45-03-12-24. De mi-avr à oct. Plats 8-15 €.* Existe depuis 1908. Salle avec photos des membres de la famille qui se sont succédé dans les lieux. Ambiance très sympa le midi, beaucoup d'habitués. Tables sur le quai. Plats de viande et de poisson. Calamars et poulpes sont excellents. Bon accueil francophone des sœurs Fofi et Nassia.

Vass : *sur le port, à la hauteur du coude. Tte la journée et jusque tard le soir.* Terrasse aux couleurs flashy, fréquentée par des habitués débonnaires. Excellent café grec et bon petit déj. Bon choix de cocktails pour le soir.

À faire

La plage de Pondi, à l'autre bout de la baie, paradis des amateurs de planche à voile. Belle plage de sable. Si vous voulez être plus tranquille, préférez la jolie petite plage qui se trouve de l'autre côté du port, sous l'hôtel *Apollo.*

La plage d'Agiofili : *accessible en 10 mn en caïque de Vassiliki (départ tte les heures 10h-17h, dernier retour à 18h30), sinon, pour les courageux, 30 mn à pied sur un chemin caillouteux, et ça monte !* Superbe plage de galets léchée par une eau turquoise et enserrée de falaises. Moins de monde qu'à Pondi. Prévoir le casse-croûte, car il n'y a ni resto ni buvette.

LA POINTE SUD-OUEST DE L'ÎLE DE LEUCADE

Au sud-ouest de l'île se trouve un endroit paradisiaque, un paysage de carte postale avec une succession de criques sur une côte rocheuse et escarpée.
Pour y accéder de Vassiliki, on passe d'abord par *Agios Pétros,* on remonte encore 6 km au nord pour trouver la route d'*Athani* (18 km entre Vassiliki et Athani). Puis on doit faire 9 km supplémentaires pour *Porto Katsiki.* Nombreux vendeurs de miel de thym sur le bord de la route ; des tavernes (l'*Oasis,* entre autres) qui surplombent la falaise vous proposent de le consommer avec un délicieux yaourt. La vue plongeante sur la plage en contrebas est vraiment époustouflante. Possibilité de s'y rendre en bateau également depuis les autres coins de l'île.

Café-restaurant Panorama : *dans le centre d'**Athani,** au bord de la route principale, sur la gauche en venant de Vassiliki. ☎ 26-45-03-34-76. 69-42-53-40-53. • panorama-athani.com • De mi-mai à oct. Doubles 25-35 €, apparts pour 4 pers 40 € (tarifs incluant la réduc accordée sur présentation de ce guide). Plats 8-13 €.* Dans une grande bâtisse moderne, des studios et des apparts simples et propres, avec clim, kitchenette et salle de bains nickel. Dans le même bâtiment, une petite épicerie et un bar-resto qui sert une cuisine familiale et copieuse. Belle vue depuis la grande terrasse, ombragée et aérée. Thomas Robotis, l'accueillant patron, parle le français. Il pourra vous donner de bons conseils sur la région.

Avra : *à env 2 km au sud d'Athani, au bord de la route principale, à la jonction de la descente pour la plage d'Egremni. ☎ 26-45-03-34-64. • niki_avra@hotmail.gr • Mai-sept. Camping gratuit. Plats 8-12 €.* Cette sympathique taverne, tenue par Nicolas, dispose d'un terrain semi-ombragé de l'autre côté de la route, où les campeurs peuvent planter leur tente librement sous réserve qu'ils prennent au moins un repas au resto. En plus on y mange bien.

Porto Katsiki (Πορτο Κατσικι) **:** *à 5 km en bas de la route principale.* Plage très fréquentée dans la journée, avec bars et tavernes installés sur place. On y accède par un escalier qui descend sur une magnifique plage de petits galets, découpée dans les falaises crayeuses.
Un peu moins fréquentées, *Gialos* et *Egremni,* deux superbes plages, accessibles au départ du village d'Athani. De nombreuses tavernes se sont installées face à celle de Gialos ; pour se baigner tranquille, prendre le chemin sur la droite avant le parking, il conduit à une grande plage déserte. Egremni est plus difficile d'accès, car la route goudronnée s'arrête avant et il faut ensuite descendre une centaine de marches. Dans l'hiver 2015-2016, une petite secousse sismique a rendu les choses un peu plus compliquées pour les deux plages. Attention, le parking est payant pour ces trois plages *(compter 3-4 €),* mais on pourra stationner gratuitement dans la descente qui y mène.
– *Conseil :* sur la côte ouest, la mer est souvent agitée et on perd rapidement pied. Nageurs peu expérimentés, ne vous éloignez pas, et prenez garde aux enfants.

LE SAUT DE LEUCADE (ΑΚΡΩΤΗΡΙ ΔΟΥΚΑΤΟ)

Pour y aller, compter 14 km depuis Athani. À l'embranchement sous les pins, 4 km après Athani, laisser la route pour Porto Katsiki et prendre celle sur la gauche, praticable jusqu'au pied du phare. Voilà en fait la vraie pointe sud de Leucade. Les paysages sont superbes. La meilleure vue sur Ithaque, en face, se situe dans le virage en épingle à cheveux qui précède la descente au phare. Aujourd'hui, le phare a remplacé le temple d'Apollon, et les visiteurs se contentent de frissonner de plaisir devant le paysage. On aura une petite pensée pour la poétesse Sapho qui, paraît-il, se donna la mort en se jetant de la falaise, à la suite d'un chagrin d'amour.

SAUT FATAL

C'est une falaise de 72 m de haut d'où, dans l'Antiquité, on pratiquait le katapontismo, *ou « saut de la mer », sorte de rite religieux. Les prêtres du temple d'Apollon qui dominait la falaise s'élançaient dans le vide, dit-on, en ralentissant leur chute par des plumes et parfois des oiseaux attachés (!). Mais ce saut avait surtout la réputation de guérir du mal d'amour. Effectivement, la mort en garantissait l'efficacité.*

KALAMITSI (ΚΑΛΑΜΙΤΣΙ ; 310 80)

À 400 m d'altitude, Kalamitsi est un petit village tranquille qui semble encore vivre au rythme ancestral du temps où sa situation le mettait à l'abri des pirates qui longeaient les côtes. C'est un lieu de séjour très agréable et une bonne base pour rayonner dans l'île si vous êtes motorisé. En plus, les belles plages d'*Avali* et de *Kathisma* (très fréquentées en saison) ne sont pas bien loin.

➢ ***De/vers Lefkada :*** 2 bus à 6h40 et à 14h15 en sem slt.

Où dormir ? Où manger ?

Fantastico : *au bout du village ; suivre les panneaux depuis le centre. ☎ 26-45-09-93-90. • fantastico.gr • Mai-oct. Doubles 45-80 € selon saison, plus 10 €/pers supplémentaire (2d enfant gratuit). Loc sur plusieurs jours préférée. CB refusées.* Voilà une adresse qui porte bien son nom ! Un peu à l'écart du village, à côté d'une pinède, des studios très confortables et bien équipés, répartis soit dans une grande maison jaune, où vit le chaleureux propriétaire, soit dans une villa cossue et toute neuve, en contrebas. Superbe piscine avec transats et bar pour se la couler douce. La vue sur la baie depuis les balcons ou la terrasse, ombragée par une treille, est vraiment... fantastique.

Panoramic View : *un peu en dehors du village, en direction d'Agios Nikitas. ☎ 26-45-09-93-69. • panoramicstudios.gr • De mi-mai à sept. Résa nécessaire en août. Doubles 40-60 €, petit déj en sus. Apparts pour 4-5 pers 40-55 €. Plats 7-12 €.* Une dizaine de chambres refaites à neuf, très grandes et confortables. Toutes possèdent un coin cuisine et un balcon d'où le panorama sur la côte est, cela va sans dire, extraordinaire. Bon resto également.

Hermès *(Ermis)* ***:*** *à la sortie sud du village. 69-42-84-00-79. • studiosermis.gr • Mars-oct. Chambres pour 2-4 pers 30-40 € ; pas de petit déj. CB refusées.* Dans une maison jaune et rose, 7 studios très bien équipés avec cuisine et AC. Terrasse commune dans un jardin très fleuri. Bon accueil d'un couple de personnes âgées. Une adresse à l'ancienne, comme on en trouve de moins en moins.

To Ionio : la seule taverne au centre du village, qui sert une honnête cuisine à prix doux, mais un peu grasse.

EXANTHIA (ΕΞΑΝΘΕΙΑ ; 310 80)

Route magnifique au départ de Kalamitsi, en lacet à travers la montagne, dans les genêts et les oliviers. Un village étonnant, bâti en amphithéâtre face à la baie.

|●| ***I Rachi*** *(enseigne en grec : Η ΡΑΧΗ) : sur un promontoire rocheux, tt en haut du village, prendre le chemin à gauche. ☎ 26-45-09-94-39. Mai-sept, midi et soir. Résa conseillée, l'adresse est très courue. Plats 7-11 €.* À 600 m d'altitude, posée sur un belvédère, d'où partent les parapentes en saison, une excellente taverne proposant dans un cadre design et dépouillé une cuisine moderne à base de produits frais, au dressage soigné. Goûtez aux lentilles du potager, elles sont excellentes. Bons desserts maison également. Le grand plus est bien évidemment la vue... sidérante (et on pèse nos mots). Certains jours, la terrasse est au-dessus des nuages, magique !

AGIOS NIKITAS *(ΑΓΙΟΣ ΝΙΚΗΤΑΣ ; 310 80)*

À 12 km au sud-ouest de Lefkada, un charmant village entièrement piéton, aux murs peints dans les tons pastel. On se gare tout en haut du bourg, sur le grand parking payant situé dans le virage ou le long de la route.

Coincées entre deux montagnes, ses vieilles maisons ont conservé tout leur charme. Des tavernes adorables mais très fréquentées, de nombreuses petites pensions, une longue et superbe plage, ***Pefkoulia,*** à 2 km au nord et une autre, *Mylos,* au sud, derrière le cap Agios Nikitas, moins surpeuplées en été que *Kathisma,* 2 km plus loin. On accède à *Mylos* en *taxi-boat* (compter 3 €) ou en prenant un chemin qui part de la rue principale au centre du village, derrière l'ancien restaurant *Poséidon* recouvert de vigne. Le soir venu, emprunter le sentier très pentu qui démarre de la minuscule plage en bas du village, tout au bout à gauche. Le magnifique coucher de soleil et la vue plongeante sur les falaises de Leucade vous feront oublier vos mollets endoloris !

➢ ***De/vers Lefkada :*** 9 bus/j. en été (6 le dim), 7h30-19h50.

Où dormir ?

Hotel Agatha : *en haut, à la sortie nord du village, accès par la route qui contourne le village. ☎ 21-07-52-37-98. • agatha-hotel.com • Mai-oct. Selon saison, studios 40-60 €, apparts pour 4 pers 55-85 €. Parking privé gratuit.* Un hôtel de charme avec un agréable jardin ombragé de palmiers et d'oliviers. Les chambres, réparties sur 2 bâtisses anciennes superbement restaurées, sont de grand confort (épais matelas neuf, clim, cuisine bien équipée) et ont une déco très soignée. En prime, belle terrasse-solarium avec transats et canapés donnant sur la mer. Plage à 100 m. Accueil aux petits soins.

Pantazis Studios : *dans le centre piéton, en retrait de la rue commerçante. ☎ 26-45-09-73-27. • pantazis-studios.com • Mai-oct. Selon saison, studios 50-75 €, apparts pour 4 pers 60-85 €.* En surplomb du village, une douzaine de studios impeccables et colorés dans une grande maison aux balcons peints en bleu et donnant sur la baie. Tous ont été refaits à neuf et sont bien équipés. Calme car en retrait de la rue. Accueil sympa et plein d'humour de la patronne.

Où manger ? Où boire un verre ?

|●| ***Portoni :*** *juste avt d'arriver à la plage, en bas d'Agios Nikitas. ☎ 26-45-09-71-20. Mai-oct, midi et soir. Plats 7-13 €.* Terrasse-jardin ombragée avec vue sur mer. Taverne classique proposant aussi bien des plats « à la casserole » que des plats plus élaborés. Accueil affable de Thanassis.

|●| ***Psarotaverna Sappho :*** *au bout de la ruelle à droite, face à la plage. ☎ 26-45-09-74-97. Mai-oct, midi et soir. Plats 7-20 €.* Jolie et joyeuse déco

pour ce resto agréablement situé face à la mer, mais terrasse vite bondée en saison. Plats très corrects et bon poisson frais. Accueil sympa. Fait également sandwicherie dans la ruelle.

🍷 ***Captain's Corner :*** *au bout de la ruelle à gauche, face à la plage.* Agréable terrasse pour boire un café en gardant un œil sur les bambins qui barbotent dans l'eau. Bien aussi pour le petit déj ou un cocktail le soir. Bonne musique.

KARYA (ΚΑΡΥΑ)

À égale distance des deux côtes, Karya est accessible, entre autres, d'Agios Nikitas (15 km) ou de Nikiana (18,5 km) à l'est, les deux (mauvaises) routes offrant des paysages magnifiques au milieu de plateaux désertiques. Impossible de ne pas être touché par le charme de ce village de montagne aux ruelles étroites et à la place ombragée de platanes. Il est réputé pour ses tissages et ses broderies (petit musée ouvert en été). Vues splendides en descendant de Karya vers Nydri : panorama sur les petites îles (dont Skorpios) et le continent. C'est encore plus magique en fin d'après-midi.

CÉPHALONIE (KEFALLONIA ; ΚΕΦΑΛΛΟΝΙΑ) 35 800 hab.

• Carte Les îles de Céphalonie et d'Ithaque *p. 325*

Céphalonie est la plus grande des îles Ioniennes – avec une superficie de près de 800 km² et plus de 250 km de côtes – et parmi les plus intéressantes sur les plans historique, géologique et culturel. C'est aussi la plus montagneuse : elle culmine à 1 628 m au mont Ainos.

Elle doit son nom à Céphalos, son premier roi, selon la mythologie. Dans l'Antiquité, Céphalonie fut un grand centre de la civilisation mycénienne, comme le prouvent les ornements et outils extraits des nombreuses tombes que l'île recèle. Au Moyen Âge, elle a été occupée par les Normands, les Pisans, les Turcs, les Vénitiens longtemps, et par intermittence par les Français entre 1797 et 1809, puis par les Anglais de 1815 à 1864.

Pendant la Seconde Guerre mondiale, après la capitulation de l'Italie en 1943, les Allemands y massacrèrent près de 5 000 soldats italiens, leurs anciens alliés. En 1953, un terrible tremblement de terre (7,5 sur l'échelle de Richter) détruisit la grande majorité des villages et des villes, à l'exception de Fiskardo et d'Assos.

Grâce à des phénomènes géologiques exceptionnels, Céphalonie offre aux visiteurs des paysages saisissants : falaises impressionnantes, fleuves souterrains, grottes, ainsi que des criques où le sable varie de l'ocre au rouge.

Céphalonie se distingue également par sa gastronomie : plats réputés, comme les nombreuses *pittès* (dont la *kréatopita,* chausson à la viande), le lapin à l'ail (l'ail est beaucoup utilisé dans la cuisine locale), et vins qui ne le sont pas moins (le *robola* et le *tsaoussis*).

Arriver – Quitter

En avion

✈ L'***aéroport*** *(☎ 26-71-02-99-00 ; • kefaloniaairport.info •)* est à 9 km au sud d'Argostoli. 5 bus/j. entre l'aéroport et Argostoli en saison *(☎ 26-71-02-22-81).* Également des taxis ou des navettes privées

LES ÎLES DE CÉPHALONIE ET D'ITHAQUE

(☎ 26-71-02-27-00 ou 22-61). Certains hôtels proposent la navette aller ou retour. Tous les grands loueurs ont leur bureau à l'aéroport (*Europcar, Hertz, National-Alamo,* et *Avis* dans l'hôtel en face).

➢ ***De/vers Athènes :*** 2 liaisons directes/j. pour Argostoli en saison (une le mat, l'autre le soir), avec *Olympic Air* (*1, odos R. Vergoti, à Argostoli ; ☎ 21-03-55-05-00*). Trajet : 1h. ● *aegeanair.com* ●

➢ ***De/vers les autres îles Ioniennes (Corfou, Zante et Cythère) :*** avec *Sky Express.* ● *skyexpress.gr* ●

En bateau

L'île compte 2 ports principaux (Poros et Sami) et 2 ports secondaires (Fiskardo et Pessada).

Encore une fois, les horaires et fréquences qui suivent sont sujets à variations. Une vérification sur le site internet des compagnies s'impose, d'autant qu'il est facile de réserver en ligne avec certaines.

➢ Avec ***Levante Ferries*** et ***Ionian Ferries*** (*service commun ; ☎ 26-23-09-20-80 à Kyllini ;* ● *levanteferries.com* ● *ioniangroup.gr* ●) : août, 4 liaison/j.

A/R entre ***Kyllini*** et ***Poros*** et une autre pour ***Sami*** et ***Patras*** via Ithaque.

➢ Avec **Kefalonian Lines** *(☎ 21-09-51-51-00 ; • kefalonianlines.com •)* : 4 liaisons/j. A/R entre ***Kyllini*** et ***Poros.***

➢ Avec **Ionion Pélagos** *(☎ 26-74-02-21-11 ; 📱 69-84-86-00-38 ; • ionionpelagos.com •)* :

– au moins 2 liaisons/j. A/R entre ***Sami*** et ***Astakos (Épire).*** Les rotations sont doublées certains j. en saison (le bateau s'arrête à Ithaque dans le sens Sami-Astakos) ;

– au moins 2 liaisons/j. A/R entre ***Sami*** et ***Ithaque (Pisso Aétos)*** en saison ;

– 2 liaisons/j. A/R entre ***Pessada*** et ***Zante (Agios Nikolaos)*** de mi-mai à mi-sept.

➢ Avec **West Ferry** *(☎ 26-74-04-14-40 ; • westferry.gr •)* : 3-4 liaisons/j. A/R en juil-août entre ***Fiskardo*** et ***Leucade (Vasiliki).*** Nettement moins en juin et sept.

En bus

➢ ***De/vers Athènes :*** départ de la gare routière, à proximité du port, côté sud *(à Athènes, gare routière, terminal A, 100, odos Kifissou ; ☎ 21-05-15-07-85).* 2-3 bus/j. entre Athènes et Argostoli (via Patras et Poros). Également 1-2 bus/j. via Kyllini et Sami, continuant jusqu'à Lixouri. Trajet : 6-7h.

Circuler sur l'île

Pas très commode sans voiture. Si vous comptez visiter l'île, mieux vaut en louer une.

Gare routière : *à Argostoli, sur léoforos A. Tritsi, à 200 m du pont De Bosset. ☎ 26-71-02-22-81. • ktelkefalonias.gr •* Prendre le dépliant avec tous les horaires. **Attention, les bus ne circulent que très rarement le week-end.** De plus, les horaires sont modifiés d'un mois sur l'autre.

➢ ***De/vers Sami :*** 2-4 bus/j.

➢ ***De/vers Agios Gérassimos :*** 2 bus/j.

➢ ***De/vers Poros :*** 3-4 bus/j.

➢ ***De/vers Fiskardo :*** 1-2 bus/j.

➢ ***De/vers Katélios et Skala :*** 1-2 bus/j.

➢ ***De/vers Agia Éfimia :*** 1-3 bus/j.

➢ ***De/vers Lassi et Platis Gialos :*** env 15 bus/j.

➢ ***De/vers Pessada :*** 2 bus/j. lun-ven.

ARGOSTOLI *(ΑΡΓΟΣΤΟΛΙ ; 9 000 hab. ; 281 00)*

Fondée au XVIIIe s par les Vénitiens, Argostoli est devenue capitale de l'île après l'abandon d'Agios Géorgios (la forteresse située au-dessus de Pératata). La ville prospéra, notamment grâce à l'exportation de raisins de Corinthe, avant d'être entièrement détruite par un violent séisme en 1953. Depuis sa complète reconstruction, elle s'organise autour du *Lithostroto,* une longue rue piétonne et commerçante, véritable épine dorsale de la ville, qui se termine sur la place Valianou, très animée en fin de journée. L'ambiance n'y est pas du tout désagréable.

Adresses utiles

Office de tourisme : *sur le port, à côté du bâtiment de la douane. ☎ 26-71-02-22-48. Lun-ven 7h-15h. Fermé w-e et j. fériés !* Carte très bien faite de l'île et de la ville. Servez-vous vous-même en faisant attention de ne pas déranger le responsable...

■ ***Police :*** *52, odos Métaxa. ☎ 26-71-02-21-00. Sur le port, en face de l'office de tourisme.*

■ ***Agence consulaire de France :*** *à Ratzakli. Mme Emmanuelle Sinagra, ☎ 26-71-08-31-45.*

✉ ***Poste :*** *odos Lithostroto (la rue piétonne centrale). Lun-ven 7h30-14h.*

■ ***Distributeurs de billets :*** *sur le port, près de l'hôtel Olga, et odos Vyronos, parallèle au port.*

✚ ***Hôpital :*** *odos Souidias, à l'entrée sud de la ville. ☎ 26-71-03-80-00.*

■ ***Location de voitures et de scooters :*** ***Escape Rent a Car,*** *14, odos R. Vergoti, entre la pl. centrale et le Musée archéologique.* ☎ *26-71-02-23-33.* ***Reliable,*** *3, odos R. Vergoti, juste avt le théâtre en venant du port.* ☎ *26-71-02-36-13.* ***Sunbird,*** *121, odos A. Tritsi.* ☎ *26-71-02-37-23. • sunbird.gr •*

■ ***Archipélagos*** *(association pour la sauvegarde de la nature)* **:** *69, av. G. Vergoti.* ☎ *26-71-02-45-65.* Cette association, en collaboration avec le WWF, s'intéresse, entre autres, aux phoques méditerranéens *Monachus monachus.* On trouve des membres de l'association à Fiskardo, Lourdas, ainsi qu'à Frikès (Ithaque). Son responsable parle le français.

Où dormir ?

Camping

⛺ ***Argostoli Beach Camping :*** *vers le phare Agii Théodori, à env 2 km au nord du centre d'Argostoli par le bord de mer.* ☎ *26-71-02-34-87. • camping-argostoli.gr • Juin-sept. Selon saison, 17,50-21 € pour 2 avec tente et voiture.* Seul camping dans cette partie de l'île. Situé en face de la plage, il est assez grand, plat et ombragé et plutôt bien tenu. Il possède un resto, une petite épicerie, une laverie et quelques jeux pour enfants. Une partie des sanitaires a été refaite à neuf, certains offrent maintenant une salle de bains privative *(supplément de 10 €/j.).* Bon accueil francophone du père de la gérante, qui possède également l'autre camping de l'île, à Sami.

De prix moyens à chic

🏠 ***Hotel Mirabel :*** *dans le coin est de la pl. Valianou, en venant du port, un peu en retrait.* ☎ *26-71-02-53-81. • mirabel hotel.com • Tte l'année (sf sem Noël-Jour de l'an). Doubles 48-90 €, petit déj compris.* Une bonne trentaine de chambres fraîches et tout confort (TV, AC, etc.), avec balcon. Au 4e étage, sous les combles, celles au plafond lambrissé, disposent d'une grande terrasse avec vue. Assez cossu tout ça finalement, et pour un prix raisonnable, dans le quartier le plus animé de la ville. Patron gréco-québécois qui tire sur sa clope à l'entrée.

Où manger ?

|●| ***Mégas :*** *57, odos A. Tritsi.* ☎ *26-71-02-26-04. En face du marché. Tlj 7h-minuit. Env 10 € pour un repas.* Pour manger sur le pouce, debout au comptoir ou assis en terrasse, des *gyros,* de petits *souvlakia* ou du poulet rôti à emporter, accompagnés d'une salade.

|●| ***Tzivras :*** *1, odos Vas. Vandorou.* ☎ *26-71-02-42-59. Dans une rue perpendiculaire à l'odos A. Tritsi, face à la station Shell. Tlj 8h-17h. Plats 7-10 €.* Taverne restée populaire depuis 1933, style cantine, où chacun va choisir son plat en cuisine. Pas de terrasse, on mange dans la grande salle ouverte sur la ruelle. Bon accueil.

|●| ***Pizza Al Forno :*** *5, odos Sotiros.* ☎ *26-71-02-66-66. Dans une rue perpendiculaire au Lithostroto (au niveau de la boutique Rolex). Tlj 18h-minuit. Pâtes 6-9 €, pizzas 8-13 €.* Quelques tables dans la rue, et de quoi se mettre à l'abri dans la salle devant le grand four à bois. Pizzas grand format. Accueil aimable.

|●| ***Kalafatis :*** *sur le quai, avt la station Shell et les marchés.* ☎ *26-71-02-26-27. Tlj 11h-1h. Plats 7-13 €.* Grande terrasse couverte, pratiquement au ras de l'eau, mobilier et plancher bleus, tables nappées de vichy bleu et blanc. Entreprise familiale depuis des décennies. Les portions sont copieuses, les prix compétitifs et l'ambiance animée.

|●| ***La Gondola :*** *sur un coin de la place.* ☎ *26-71-02-36-58. Tlj 11h-minuit. Plats 10-15 €.* Déco à l'élégance classique et terrasse stratégique sous les grands ficus pour voir défiler le Tout-Argostoli. Carte plus italienne que grecque : des pâtes fraîches et

des pizzas, et toute la litanie des plats péninsulaires, viandes et poissons joliment tournés. Tiramisù maison, bonnes glaces et vins du patron tout à fait honnêtes. Service à la fois diligent et aimable.

Où boire un verre ? Où danser ?

🍷 ***Sur la place Valianou,*** nombreux cafés-restos, la plupart avec grande terrasse d'où l'on peut observer l'animation de la place, principalement le soir. Voir notamment le ***Sapin Noir,*** le ***Platanos*** et le ***White,*** qui ne désemplissent pas non plus... Cruel dilemme ! Et pour un verre chic, on file au ***Baroque,*** dans la rue perpendiculaire, appréciable pour ses loupiotes à l'éclairage tamisé et ses miroirs aux murs.

🍷 ***Café Libretto :*** *odos Lithostroto, à deux pas de l'église, à l'angle de la pl. Vinieratou.* Petit café branché où l'on discute beaucoup de la crise grecque et de politique. Live certains soirs (consultez leur page Facebook). Très sympa.

🍷 ***Café d'Antico :*** *odos Lithostroto, à l'ouest de la pl. principale.* Un beau café en angle qui égrène ses petites tables le long du Lithostroto et sur une placette où trône une église. Une alternative aux bars de la place Valianou.

♫ ***Privilège :*** *rue Vergoti, perpendiculaire à la pl. Valianou.* Touristes et jeunes du cru viennent se trémousser sur les derniers rythmes en vogue dans un beau jardin avec son petit bassin, ses voilages et sa déco bien pensée. Sinon, presque tous les bars ont leur *dancefloor.*

À voir

Le Musée historique et culturel, et la bibliothèque Corgialenios : *12, odos Ilia Zervou. ☎ 26-71-02-88-35. Du port, remonter la rue R. Vergoti ; derrière le théâtre. Musée lun-sam 9h-15h. Entrée : 3 € ; gratuit moins de 12 ans. Bibliothèque lun-sam 9h-14h (9h-12h le lun), 18h-21h (sf sam) ; entrée libre.*

– *Le musée :* très intéressant pour comprendre la splendeur passée des îles Ioniennes, avant le tremblement de terre. Photos impressionnantes. Vitrines aux thèmes très divers : la vie des bergers, Lord Byron, les instruments de musique, l'agriculture, les artisans, les objets du culte, la résistance aux nazis et tout le folklore de Céphalonie au travers du mobilier, des vêtements, etc.

– *La bibliothèque :* elle contient plus de 75 000 volumes, dont des éditions rares, ainsi qu'une superbe collection d'icônes postbyzantines et de manuscrits datant de 1535 à 1900. En semaine, de 9h à 14h (uniquement), demandez au préposé de vous ouvrir les portes pour admirer une iconostase reconstituée après la catastrophe de 1953.

La Fondation Focas-Cosmetatos : *1, odos Vallianou (rue qui donne sur la pl. principale). • focas-cosmetatos.gr • Mai-oct. Lun-ven 10h-14h. Entrée : 3 €.* Dans un bel hôtel particulier, reconstitution d'un salon du XIXe s, galerie de portraits de notables par le peintre français Louis Dupré. Également une histoire de la monnaie des origines à nos jours (pour souligner l'attachement de la Grèce à l'euro ?). Mais le plus intéressant se passe dans la cour à l'arrière, avec une expo de photos impressionnantes du tremblement de terre de 1953 et un documentaire d'archives et de témoignages.

La lagune de Koutavos : plan d'eau naturel, refuge de quantités d'oiseaux, que l'on peut contourner par un petit chemin. Pas grand-chose à voir à part un ***petit jardin botanique*** géré par la fondation Focas-Cosmetatos *(☎ 26-71-02-65-95 ; lun-sam 9h-13h ; GRATUIT).*

Katavothrès : *à 2 km au nord d'Argostoli par le bord de mer. Accès libre.* Ce sont des gouffres naturels qui, par un phénomène géologique étonnant, aspirent l'eau de la mer pour la rejeter de l'autre côté de l'île 2 semaines plus tard, à Mélissani, près de Sami.

La plage d'Argostoli : *après Katavothrès, face au camping, accès par le chemin piéton longeant la côte.* Petite plage de sable. C'est la plus proche de la ville. Petite taverne sympa *(Ta Didymakia)* juste en face.

Continuez votre promenade jusqu'au ***phare Agii Théodori,*** une rotonde à colonnes de style néoclassique, construit en 1829 par le gouverneur anglais Napier et refait après les différents séismes. Plutôt discret pour un phare...
De la route qui revient à Argostoli par les hauteurs, vous pourrez admirer un des plus jolis couchers de soleil de l'île.

LASSI *(ΛΑΣΣΗ)*

C'est la station balnéaire d'Argostoli, très développée et sans grand intérêt. Tout à côté, petite chapelle aménagée dans la grotte où Agios Gérassimos, saint patron de l'île, pratiqua l'ascèse pendant 6 ans avant de se retirer dans la vallée d'Omala. Pour y accéder en venant de Lassi, prendre la route qui monte sur la gauche (panneau « cave »).
Un peu plus loin, vous trouverez deux belles plages *Makrys Gialos* et *Platis Gialos,* et à leur extrémité, la petite presqu'île rocheuse de *Tourkopodaro.* Attention : s'y rendre en voiture en été est une entreprise fortement hasardeuse étant donné la fréquentation.

AU SUD-OUEST ET AU SUD D'ARGOSTOLI

Svoronata *(Σβορωνατα)* **:** *à env. 9 km d'Argostoli.* Village entouré d'orangeraies et dominé par l'imposant campanile de l'*église Agios Nikolaos.* Également quelques vieilles demeures épargnées par le séisme de 1953.

Preview : *plage d'Avithos, à 2 km de Svoronata. ☎ 26-71-04-21-35. Mai-oct, tlj midi et soir. Env 15 € le repas.* Au-dessus de la jolie plage d'Avithos, une agréable taverne qui propose une cuisine locale authentique. Délicieuse tourte à la viande avec aubergines et tomates. Grande terrasse bien aérée et ombragée. Vins du monde entier bien choisis par le chef, un œnologue averti. Accueil chaleureux. Une très bonne adresse.

Lakithra *(Λακηθρα)* **:** *à 2 km de Svoronata dans les terres.* Large panorama depuis le belvédère de la place de l'église. Maisons entourées de jolis jardins fleuris. Tombes mycéniennes (1250-1150 av. J.-C.) malheureusement fermées. C'est ici que se trouve le fameux rocher de Lord Byron sur lequel le poète, très engagé pour la cause grecque, avait l'habitude de venir s'asseoir pour méditer (aujourd'hui, le fameux rocher est entouré de maisons...).

La forteresse d'Agios Géorgios : *à 8 km env d'Argostoli, suivre le panneau « Kastro » et monter par la route sur la gauche, sur 1 km. Avr-oct, tlj sf lun 8h30-15h. GRATUIT.* Située à 320 m au-dessus de la mer, capitale de Céphalonie jusqu'en 1757, elle fut remodelée en 1504 par les Vénitiens qui venaient de la prendre aux Turcs. Elle couvre aujourd'hui une surface de 16 000 m^2 et ses murs ont une circonférence de 600 m. Le château fort, de forme polygonale avec trois bastions, constituait une véritable ville (jusqu'à 15 000 habitants) avec maisons, bâtiments publics, commerces, prisons et même hôpital. Il n'en subsiste aujourd'hui que des ruines imposantes et l'*église Évangélistria.* Restauration récente. Vue impressionnante sur tous les alentours.

Le monastère d'Agios Andréas *(indiqué comme « Musée ecclésiastique Moni Milapidias ») : un peu au sud de Pératata, 9 km après Argostoli, par une route sur la droite, au niveau de l'hôtel* Ionis. *Tlj 7h-14h ; en hte saison, également 17h-20h (musée lun-sam 8h-14h). Entrée : env 3 €.* Le monastère remonte à l'époque byzantine. On y a retrouvé des tombes des VIe et VIIe s. Endommagé par différents séismes, il fut reconstruit en 1953 et transformé en musée. Petite église du XVIIe s aménagée en musée. Riche collection d'icônes du XIIIe au XIXe s, de fresques provenant d'autres églises, et de nombreux objets ecclésiastiques ainsi que des reliquaires (l'un d'eux contiendrait le pied droit de saint André, paraît-il).

Pessada (Πεσαδα) **:** petit port de pêche avec quelques demeures d'armateurs. Quai d'embarquement pour Zante (Agios Nikolaos), en saison seulement *(compagnie* **Ionion Pelagos,** *☎ 26-74-02-21-11 ; 📱 69-84-86-00-38 ; • ionionpelagos.com •).* Quelques chambres à louer et une taverne pour patienter en attendant le ferry *(☎ 26-71-06-95-90 ; tlj 10h-minuit).* Attention, pas de liaison en bus avec le reste de l'île, ni de taxi à l'arrivée *(ou sur résa :* Taxi Service, *📱 69-44-91-45-37 ; de Zante, prévoir une livraison de votre voiture de loc sur place, gratuite avec la compagnie* Express, *☎ 26-71-02-73-13).* À 100 m, la ***nécropole mycénienne de Mazarakata,*** aux centaines de tombes serrées les unes contre les autres, semble être retournée à l'abandon éternel.

Karavados (Καραβαδος) **:** entouré d'oliveraies et de vignobles. La *plage du village Agios Thomas* est constituée de plusieurs petites criques reliées par un chemin. Tranquille et familiale, et sans parasols à louer ! Source naturelle entourée de platanes juste avant la plage. Quelques chambres et studios à louer et d'agréables tavernes en balcon sur l'eau claire.

LA CÔTE SUD DE L'ÎLE

Quelques-unes des plus belles plages de l'île se situent dans cette région qui a su garder son âme grecque et où l'on loge facilement chez l'habitant. D'Argostoli, prendre la route principale en direction de Poros. Paysages de vallées verdoyantes, vergers et vignobles.

Trapézaki (Τραπεζακι) **:** quitter la route principale à Moussata, pour atteindre les deux plages de sable, entourées d'une dense forêt de pins et d'oliviers et malheureusement envahies de parasols. Jolies petites criques tranquilles en marchant vers le sud. Jardins fleuris en bordure. Quelques chambres à louer.

Lourdas (Λουρδας) **:** à l'abri des vents et constamment irrigué par des sources en provenance du mont Énos, Lourdas bénéficie d'un microclimat, ce qui explique sa végétation luxuriante : oliviers, figuiers, abricotiers, orangers, bananiers, ainsi qu'un grand nombre de jardins potagers qui descendent jusqu'à la plage. Église byzantine *Agia Paraskévi* à flanc de coteau, fléchée depuis la route principale. La grande plage de sable de Lourdas se transforme progressivement en plage de galets plus on va vers le nord. Elle demeure néanmoins très agréable. Bien pour un séjour avec enfants, elle est surveillée. Nombreuses chambres à louer et tavernes.

Christina Studios : *face à la plage, au bout du chemin en allant vers le sud. ☎ 26-71-03-11-30. 📱 69-45-17-48-49. • christinastudio.gr • De mai à mi-oct. Venir le mat ou téléphoner, Christina n'habite pas sur place. Studios 38-65 € pour 2. Parking privé.* Au bout de l'allée cimentée qui longe la plage, une quinzaine de studios tout confort, impeccables, dont on a essayé d'optimiser la vue sur mer. Balcon privatif, petit coin pour se poser à l'ombre dans le jardin et pour se baigner, il n'y a qu'à traverser le chemin.

Taverna Klimatis : *en bordure de plage, à gauche en arrivant, à côté d'un petit supermarché. ☎ 26-71-03-11-51. Mai-oct, tlj midi et soir. Plat 10 € en moyenne.* Grande terrasse ombragée par une treille, et des bananiers sur les côtés. Carte assez variée, avec des plats que l'on ne trouve pas partout : poivrons au fromage *(pipériès me tyri)*, *souvlaki* à la sauce au yaourt, *pancetta*. Assiette copieusement servie. Accueil enjoué de Marina qui se fait aider, pour le français, par son fils Gabriel, en saison.

Taverna Platanos : *au centre du village de **Lourdata,** sous le platane centenaire. ☎ 26-71-03-16-27. Mai-oct slt.* Un estaminet avec quelques tables à l'ombre du grand platane. Le patron collectionne les balances de Roberval et propose plus de 100 marques de bières ! Accueil gentil.

Simotata *(Σιμωτατα)* **:** entre ce village et Platiès, sur la droite, on voit les ruines du monastère Moni Sission (XIIIe s), qui aurait été fondé par saint François d'Assise. La route passe d'abord par le monastère moderne du même nom, puis par les ruines. En continuant la piste, belle plage peu fréquentée.
Après avoir traversé *Platiès,* on arrive à un embranchement : à gauche, direction Poros, à droite, direction la pointe sud-est de l'île et Skala et, un peu avant, la ***très belle plage de Kaminia,*** idéale pour les jeunes enfants car on a pied loin (très fréquentée en été).

KATÉLIOS *(ΚΑΤΕΛΕΙΟΣ ; 280 82)*

Petite station balnéaire familiale à dimension humaine, croulant sous les lauriers-roses, et des peupliers et des palmiers qui poussent carrément sur la plage. Notre coin préféré dans cette partie de l'île. Les tavernes en bord de mer sont accueillantes. Nombreux appartements et chambres à louer, mais vite remplis en saison.

Où dormir ? Où manger ?

Odyssia Appartments : *tt au bout de la rue longeant la plage. ☎ 26-71-08-16-14. 69-45-44-54-03 (hors saison). • odyssia-apartments.gr • Mai-oct. Selon saison, doubles 45-70 € (70-120 € pour 6 pers).* Des appartements pour 2, 3, 4 ou 6 personnes, très spacieux et refaits à neuf, en bordure de mer. Grande cuisine bien équipée, TV, AC et balcon privé. Agréable jardin fleuri. Gentille propriétaire. Un bon plan pour les familles.

Stefanos Home : *avt d'arriver à Katélios, en venant du nord, grande maison en retrait et isolée (3 capteurs solaires sur le toit), sur la gauche dans le dernier virage de la descente. ☎ 26-71-08-16-66. • stefanosparadise@gmail.com • Selon saison, studios 4 pers 35-65 €. Petit déj sur demande (5 €). CB refusées.* À environ 1 km de la plage, une maison quasi neuve, dont les propriétaires vivent au 1er étage. Ils louent des appartements bien équipés au rez-de-chaussée, avec kitchenette. Agréable jardin de bananiers avec barbecue. Accueil chaleureux.

Maria's Restaurant : *avt-dernier resto du bord de mer. ☎ 26-71-08-11-15. Tlj, midi et soir. Plats 10-13 €.* Agréable terrasse style Louisiane avec quelques tables les pieds dans le sable. Vaste choix des grands classiques pour tous budgets et quelques spécialités comme un fameux poisson cuit au four avec une sauce citronnée servi dans une grande cocotte, et de bons calamars épicés. Seul bémol, une attente un peu longue. Accueil vraiment agréable.

LA CÔTE SUD-EST DE L'ÎLE

Skala *(Σκαλα)* **:** station balnéaire très animée à 40 km d'Argostoli, construite au bord d'une large plage de sable et de petits galets. Ambiance quasi « ibizesque »

LES ÎLES IONIENNES

avec parasols et baldaquins, voilages au vent, cocktails et corps bronzés. Ambiance très prisée des jeunes Anglais. Les tour-opérateurs louent à l'année la plus grande partie des hôtels et logements, et les hôtels qui restent ne satisferont que les adeptes de la bronzette. On regrette d'autant plus le manque de charme du village que la magnifique plage, en partie bordée de pins maritimes, pourrait suffire à l'apprécier. Nombreux restos, bars, discothèques comme il se doit...

Hotel-taverna Paspalis : *en bout de plage, sur la route pour Poros. ☎ 26-71-08-31-40. • paspalishotel.com • Mai-oct. Doubles avec AC, frigo et balcon 40-90 € dans de petits pavillons de 1 ou 2 étages, petit déj compris. Env 16 € le repas. (parties communes slt).* À 20 m de la plage, une résidence de vacances classique, recevant majoritairement des groupes ayant payé leur voyage au forfait, mais néanmoins impeccable pour un séjour de farniente. Belle piscine et terrasse agréable située face à la mer. Bon accueil.

– On a retrouvé à Skala les ruines d'une ***villa romaine*** avec de très jolies mosaïques *(visite libre en saison 10h-14h).*

Markopoulos (Μακοπουλος) **:** *sur la route de Poros, à partir de l'embranchement après Platiès.* Village célèbre pour son « miracle » du 15 août (voir encadré plus haut). À cette date, la Vierge est célébrée toute la nuit.

La route continue en passant par les petits villages de montagne *Krémidi* et *Pastra.* On arrive ensuite à *Agia Irini,* village agricole, vert et fleuri toute l'année grâce à ses sources, puis à *Tzanata* (petite taverne : *Vrissi*), avant de descendre sur Poros.

LA BÉNÉDICTION DES REPTILES

À l'Assomption, des centaines de petits serpents non venimeux viennent envahir l'église pour se faire bénir par le pope. Des spécialistes considèrent que c'est le bruit des cloches qui attire les bestioles. Comme les reptiles sont de moins en moins nombreux, on prétend aussi que certains habitants cachent des bocaux remplis de serpents derrière l'autel...

POROS (ΠΟΡΟΣ ; 280 86)

À 43 km au sud-est d'Argostoli. Poros est le port d'arrivée du ferry de Kyllini ainsi qu'un important port de pêche.

Adresses utiles

■ ***Capitainerie du port :*** *☎ 26-74-07-24-60.* Liaisons de/vers Kyllini dans le Péloponnèse.

■ ***Poros Travel :*** *à l'entrée du port d'embarquement des ferries. ☎ 26-74-07-22-84. Tlj 8h-21h.* Vente de billets de ferry pour Kyllini. Propose également des excursions à la journée pour Ithaque et Zante.

Où dormir ?

Oceanis Hotel : *à 2 km du centre, tt en haut de la colline qui domine le port des ferries ; c'est indiqué depuis le port. ☎ 26-74-07-25-81/82. • hoteloceanis.gr • Mai-oct. Doubles 35-70 € selon saison, (très bon) petit déj compris.* Un hôtel très calme, qui bénéficie d'une très belle situation panoramique. Il dispose d'une grosse quinzaine de chambres propres et agréables pour 2 à 4 personnes, avec AC, frigo, TV et balcon. Grande piscine.

Très bon accueil : les propriétaires parlent le français et se feront un plaisir de vous indiquer les endroits intéressants à visiter ainsi que les bonnes tables du coin. Ils louent également des studios et des appartements, situés à 800 m de l'hôtel, avec 2 chambres et cuisine *(de Pâques à mi-oct slt, compter 40-60 € pour 4 pers).*

Dionysos Studios : *sur le port des ferries. ☎ 26-74-07-23-59. • papagrigo@otenet.gr • Mai-sept (mais hébergement possible hors saison). Selon saison, 30-45 € pour 2 pers, 50-60 € pour 4, petit déj compris.* Au-dessus du resto du même nom, une dizaine de studios et 2 appartements, impeccables, avec TV écran plat, AC et un bon lit. Tous avec cuisine ou kitchenette et un balcon donnant sur le port. Pratique si on rate le bateau. Excellent accueil.

Où manger ? Où boire un verre ?

Psarotaverna Dionysos : *très bien situé, surplombant le port. ☎ 26-74-07-23-59. Plats 7-13 €.* Bon poisson servi en terrasse sous des paillotes. Pas mal d'habitués. Bien aussi pour un petit déj en attendant le bateau. Personnel sérieux et aimable.

Taverna Iliovasiléma *(Sunset Taverna)* **:** *en dessous de l'Oceanis Hotel, à proximité du port des ferries (accès par une petite route). ☎ 26-74-07-25-26. Tlj midi et soir en saison. Prix très corrects : plats 6-13 €.* Belles terrasses avec vue, pour cette taverne 100 % familiale. Carte classique et plats céphaloniens, comme la *kréatopitta* et le poulet ou le lapin au citron (en août, surtout). Concert fréquent le soir quand la patronne prend sa guitare (ambiance assurée, mais pas avant 22h !). Accueil charmant.

Café Remetzo : *dans un recoin de l'embarcadère des ferries (à côté de Poros Travel). ☎ 26-74-07-26-91.* Bar original par son aménagement dans les rochers, illuminés le soir, au-dessus de l'eau. Contourner par la droite la devanture banale. Déco en bois, on se croirait sur le ponton d'un bateau ! Personnel jeune et sympa, nombreux cocktails, prix raisonnables.

LES ÎLES IONIENNES

À voir

Le monastère Atros : *depuis Poros, sur la route de Sami, prendre à droite (c'est indiqué ; ☎ 26-74-07-22-97).* L'un des plus anciens monastères de l'île : il date du XIIIᵉ s. À 535 m au-dessus de la mer, sur les montagnes de Poros, c'est un site admirable. Pour la petite histoire, il a été détruit à 17 reprises (principalement à cause des tremblements de terre) mais à chaque fois les moines l'ont reconstruit. À ne pas rater, même si le chemin est mauvais (4,5 km de piste caillouteuse ; un 4x4 n'est pas du luxe, ou allez-y à pied !).

LE CENTRE ET LA CÔTE EST DE L'ÎLE

C'est l'un des plus beaux trajets à faire dans l'île. Quitter Argostoli et prendre la direction de Sami.

La vallée d'Omala *(villages de Frangata, Valsamata, Mihata et Épanohori)* **:** connue pour ses vignobles qui produisent le vin réputé de Robola.
- **Fête du Robola :** *19-20 août à* ***Frangata.***

Le monastère Agios Gérassimos : *au centre de la vallée d'Omala, entre Valsamata et Mihata. ☎ 26-71-08-62-05. En principe, en saison, 8h-13h, 16h-19h (21h en juil-août). GRATUIT. Tenue correcte exigée, couvrant les épaules et les jambes. La plus jeune des sœurs parle l'anglais.* Établi au XVIᵉ s sur un site très ancien, comme en témoignent les fragments de chapiteaux disséminés dans le jardin, il fut complètement reconstruit après le séisme de 1953. Les restes de saint Gérassimos sont conservés dans un reliquaire en argent. Une châsse que les bonnes sœurs placent verticalement chaque année du 16 au 23 août mais aussi du 20 au 26 octobre (le reste du temps, le saint reste allongé). Puis elles lui font faire le tour du grand platane situé au rond-point. C'est au pied de cet arbre vénérable que l'ascète aurait accompli son premier miracle. À cette occasion, les personnes souffrant de troubles psychiatriques viennent lui demander grâce (le saint est très efficace pour ça, paraît-il). Dans la petite église se trouve un trou de 4 ou 5 m de profondeur, qui mène à une chambre souterraine reliée à une autre plus petite au niveau où le saint vécut en ermite (faites attention si vous y descendez, l'échelle est toute rouillée).

Le mont Ainos *(parc national)* **:** en repartant du monastère, prendre la route principale jusqu'à Agios Éleftérios. La route va désormais jusqu'au sommet du mont Ainos (1 537 m), le point culminant de cette chaîne montagneuse étant le *Mégas Soros* (1 628 m). C'est aujourd'hui un des challenges favoris des cyclistes locaux (19 km de grimpette, 6 % en moyenne, avec des tronçons à 14 %). La forêt qui recouvre la montagne est constituée d'une espèce endémique : le sapin de Céphalonie, un conifère d'un vert assez sombre qui tranche avec le bleu de la mer. De là-haut, si le temps le permet, la vue embrasse tout le Péloponnèse ainsi que les îles voisines. Quand l'Etna est en colère, il paraît qu'on aperçoit ses fumerolles. Des sentiers pédestres permettent de gagner le sommet *(départ un peu après le village de Charakti, sur la route qui va d'Argostoli à Sami).*

SAMI *(ΣΑΜΗ ; 280 80)*

À 24 km au nord-est d'Argostoli, Sami vit au rythme des allers-retours des ferries pour Ithaque ou le continent. Rien de bien spécial à y faire, si ce n'est profiter de ses eaux de cristal. Sur l'une des collines qui l'entourent se trouve le site de l'une des quatre villes de la Céphalonie antique, Samé. On peut y voir de grands tronçons de ses anciennes fortifications aux flancs de l'acropole et les ruines d'un édifice romain. De là-haut, belle vue sur la ville et la baie.
Dans les environs de Sami, on observe quantité de phénomènes géologiques. Nombreuses balades dans la région pour les amateurs de randonnée.

Adresses utiles

Arrêt de bus : *entre les 2 embarcadères des ferries, devant l'agence* Artelaris Travel. Attention, très peu de liaisons avec le reste de l'île (hormis Argostoli, 2-4 bus/j.), et en semaine seulement *(rens : ☎ 26-71-02-22-81).*

■ ***Alpha Bank :*** *12, odos Miaouli. Sous les arcades.* Également un distributeur à côté de l'agence *Artelaris Travel.*

■ ***Artelaris Travel :*** *sur le port. ☎ 26-74-02-33-70. Tlj 6h30-23h30.* Vente de billets pour Ithaque (Pisso Aétos) et Leucade (Vassiliki). Billets de bus pour Athènes.

■ ***Blue Sea Travel :*** *sur le port. ☎ 26-74-02-30-07. • samistar.com • Tlj 8h-21h.* Billets pour les compagnies *Sami Star* (bateaux d'excursion) et *Ionian Ferries* à destination d'Ithaque (Pisso Aétos), ainsi que pour Bari avec *Agoudimos Lines* en saison.

■ ***Location de voitures :*** ***Gérolimatos,*** *sur le port. ☎ 26-74-02-34-05. • kefalonia-rent-a-car.com • Compter env 40-50 €/j.* ***Avis,*** *dans la rue parallèle à celle qui longe le port. ☎ 26-74-02-21-27. 📱 69-85-70-07-15.*

Où dormir ?

Plusieurs pensions abordables avec jardin sur la route de Karavomilos, au nord de la ville.

Karavomilos Beach Camping : *à 500 m au nord de Sami, en longeant la plage, et à 2 km par la route (bien* *indiqué depuis le centre de Sami). ☎ 26-74-02-24-80. • camping-karavomilos.gr • Mai-sept. Selon saison, 22-26,50 € pour 2 avec tente et voiture ; tentes à louer 10-14 € selon saison (ajouter env 8,50 €/pers).* Grand camping disposant de près de 250 emplacements. Bien ombragé avec eucalyptus, oliviers ou lauriers. Fort bien situé en bord de mer. Plage de galets. Sanitaires très propres, eau chaude tout le temps et personnel aimable (la patronne parle bien le français). La nouveauté, ce sont les tentes toutes montées avec plancher bois et 2 lits. Très sympa. Épicerie, bar-resto à côté et laverie. Belle piscine gratuite. Terrain bien plat. Un très bon camping !

Studios Akrogiali : *au bout de la rue qui longe le port vers le nord. ☎ 26-74-02-24-94. • studiosfilalithis.gr • Tte l'année. Studios 35-50 € selon saison, apparts 4 pers 50-80 €. CB refusées.* Situés autour d'un patio, à l'arrière d'une petite taverne, une poignée d'hébergements nickel, mansardés au dernier étage, avec cuisine, AC, TV... Balcons et grande terrasse face à la mer. Accueil gentil comme tout ; Stella Maria, la fille des patrons parle un français parfait.

Hotel Sami Beach : *à* ***Karavomilos,*** *2,5 km au nord-ouest de Sami. ☎ 26-74-02-28-02. • samibeachhotel.gr • Ouv Pâques-fin oct. Doubles 85-115 € selon saison, petit déj-buffet inclus. Parking fermé (gratuit).* Ravissant hôtel familial de 45 chambres (AC, TV satellite, sèche-cheveux), au bord de la baie de Sami, quasiment les pieds dans l'eau. Ambiance 100 % vacances. Pour le même prix, demander une chambre avec vue sur mer, tant qu'à faire. Grande piscine en L, jacuzzi, tennis, jeux pour enfants, bar et snack. Clientèle d'habitués. Accueil vraiment chaleureux de Marianna et de Yannis. Possibilité de rejoindre le port à pied en passant par la plage (1 km environ).

Où manger ? Où boire un verre ?

Beaucoup de pizzerias (notamment, ***Tereza, Riviera,*** et la plus chic ***Contessina***) et de cafés dans la rue qui longe le port. *Gyros* et petits *souvlakia* sur la place près du débarcadère. Quelques tavernes, mais très touristiques.

Taka Taka Mam : *entre les 2 débarcadères des ferries. Plats 6-10 €.* Une terrasse sur le port au milieu des autres, on y trouve de tout : des steaks, des salades grecques fraîches et des *gyros* bien garnis et pas chers. C'est bon, simple et copieux.

Akrogiali : *au bout de la rue qui longe le port vers le nord. ☎ 26-74-02-24-94. Plats à partir de 8-10 €.* Poisson moins cher au kilo que dans la plupart des autres restos mais compter un peu d'attente (environ 20 mn, c'est du frais !). Accueil chaleureux. Hébergements pas chers également (voir « Où dormir ? » plus haut).

Taverna Karavomilos : *à 2 km au nord de Sami, face à la mer. ☎ 26-74-02-22-16. Plats 7-13 €.* Taverne quasiment les pieds dans l'eau, sous les arbres. Bonne cuisine de poisson frais (ou congelé, et alors indiqué par une étoile). Tourte à la viande *(kréatopitta)* et lapin maison. Essayez la crème de feta piquante sur un bout de pain, c'est délicieux ! Le patron aime la pêche et pose régulièrement avec ses prises. Groupes musicaux certains soirs.

Fiasco : *Agglias & Kerkyras, dans la rue parallèle à celle qui longe le port (à côté de l'agence Avis). ☎ 26-74-02-30-33.* Belle petite courette colorée organisée sous un grand ficus. Bière corfiote à la pression. Quelques sandwichs pour éponger. Bonne ambiance.

À voir dans les environs

Karavomilos (Καραβομυλος) : *à 2 km au nord-ouest de Sami.* Petit lac d'eau salée en liaison avec les grottes de Mélissani. C'est ici que l'eau de mer, qui a

LES ÎLES IONIENNES

été aspirée du côté d'Argostoli, à l'autre bout de l'île, termine sa course avant d'être évacuée dans le golfe de Sami. Un joli moulin à eau, des canards et la tour-campanile de l'église Agios Ioannis au loin complètent le tableau. Nombreuses chambres à louer, quelques hôtels et tavernes.

À 4 km au nord-est de Sami, ne manquez pas la ***baie d'Antisamos*** *(Αντισαμος)*. Facile d'accès, c'est une immense plage de galets, entourée de collines sauvages et verdoyantes, avec ses eaux vert émeraude d'une transparence cristalline. C'est un des lieux de tournage du film *Capitaine Corelli,* avec Nicolas Cage et Penélope Cruz. Une crique bien abritée, idéale pour une session de *snorkelling* (nage avec palmes, masque et tuba) car on y voit quelques beaux poissons (attention pour les personnes ne sachant pas trop nager, on perd pied très vite). Quelques bars-restos de plage en saison. Allez-y en dehors des heures d'affluence ! Pour une vue panoramique, au retour de la plage et avant de redescendre sur Sami, prenez la petite route à gauche, elle vous mènera au joli petit *monastère d'Agrilia,* entouré d'oliviers sauvages.

Le lac Mélissani *(Μελισσανη)* **:** *à 3 km au nord de Sami, en allant vers Agia Éfimia. ☎ 26-74-02-29-97. Mai-oct, tlj 9h-17h (8h30-20h en juil-août). Entrée : 7 € ; réduc ; gratuit moins de 6 ans. Le billet d'entrée donne droit à un tour en bateau sur le lac (env 15 mn).* Cette grotte, qui fut pendant l'Antiquité un lieu de culte du dieu Pan, est l'un des sites les plus impressionnants de l'île. Mais, attention, en cas d'affluence, on passe plus de temps dans la file d'attente que sur la barque... Il s'agit d'un petit lac souterrain dont la voûte s'est effondrée. Résultat, selon la hauteur du soleil, ses rayons frappent l'eau, créant toutes sortes de variations de couleurs et de reflets. C'est tout bonnement féerique ! À voir surtout en fin de matinée : le lac prend alors une superbe couleur turquoise. D'une quarantaine de mètres de profondeur, il est alimenté par une résurgence d'eau de mer, laquelle a été aspirée dans les environs d'Argostoli, à Katavothrès, une quinzaine de jours auparavant (trouver la cause de ce phénomène fut un vrai casse-tête pour les géologues).

La grotte de Drogarati *(Δρογκαρατη)* **:** *à 3,5 km au sud de Sami. ☎ 26-74-02-33-02. Tlj 9h-18h. Entrée : 5 € ; réduc.* Vieille d'environ 150 millions d'années, elle présente un riche décor de stalagmites et de stalactites, bien mis en valeur dans une gigantesque salle, grâce à des projecteurs judicieusement placés. L'acoustique y est tellement bonne qu'on y organise même régulièrement des concerts. La Callas y aurait chanté ! En face de l'entrée, piscine gratuite *(juin-sept)* au café-bar *Stalaktitès (avr-oct).*

Agia Paraskévi *(Αγια Παρασκευή)* **:** à mi-chemin entre Sami et Agia Éfimia, très belle plage (la route longe la mer, à son niveau).

AGIA ÉFIMIA *(ΑΓΙΑ ΕΥΦΗΜΙΑ ; 280 81)*

Charmant petit port animé, entouré de jardins, cyprès, lauriers, à 9 km de Sami et 34 km d'Argostoli. Sa baie accueille de nombreux yachts en été. Sur les collines, les restes de quelques maisons anciennes détruites par le tremblement de terre de 1953. Nombreuses criques et plages de galets dans les environs.

Où dormir ? Où manger ?

Paradise Beach Restaurant - Dendrinos Apartments : *à 500 m au nord du port, par une petite route longeant la côte, c'est celui dont la terrasse est à droite. ☎ 26-74-06-14-55 (chambres) ou 13-92 (resto). De Pâques à mi-oct. Chambres 30-55 €. Plats 6-11 €.* Nikitas, aidé de sa femme Nikoletta, a repris l'affaire que son père, grand baroudeur devant l'Éternel (il était cuistot dans la marine), avait montée au début des années 1980. Aujourd'hui la qualité n'a pas bougé d'un iota. Sous la tonnelle, en bordure de l'eau, on se régale d'une cuisine locale bien faite, d'un poisson pêché le jour même, sans oublier le célèbre soufflé au chocolat qui a contribué à asseoir la réputation de la maison. Pendant le tournage du *Capitaine Corelli,* Penélope Cruz et Nicolas Cage y avaient même leurs habitudes. Côté hébergement, une grande maison dominant la baie, juste à côté, avec 7 petits studios, qui auraient pu satisfaire les amis de Blanche Neige. Bon accueil en français.

Spiros : *l'avt-dernière taverne du quai. ☎ 26-74-06-17-39. Tlj mai-oct. Plats 8-15 € (grillades un peu plus chères).* Large terrasse couverte, musique grecque en fond sonore. Une adresse qui se veut la gardienne de l'orthodoxie culinaire céphalonienne (ragoût de bœuf aux haricots blanc, agneau sauce au yaourt avec légumes épicés servis en cassolette, hmm !). Très fréquenté par les familles. On y mange très bien !

À voir dans les environs

Le monastère de Thématon *(Θεματων)* **:** prendre direction Myrtos, puis Makriotika où, de la place du village, vous aurez une vue superbe sur la vallée de Pylaros. Continuer par une route de montagne sur 4-5 km, jusqu'à un site enchanteur : une merveilleuse forêt de chênes verts, et tout à côté, le monastère, édifié en 1100, dévasté par les séismes et reconstruit en 1970. Vue imprenable sur Ithaque. Procession le mardi qui suit la Pâque orthodoxe, ainsi que le 15 août. La Vierge de Thémata (qui veut dire « questions » en grec), dont l'icône se trouve dans l'église, répond à toutes les interrogations paraît-il. On peut poursuivre la piste carrossable jusqu'aux éoliennes, pour la vue. Retour par le même chemin.

Plongée sous-marine

■ ***Aquatic Scuba Diving Center :*** *1, odos Marinou Antipa, légèrement en retrait du port, au début de la route d'Argostoli. ☎ 26-74-06-20-06. 📱 69-44-86-70-51. • aquatic.gr • Avr-oct. Compter 50 € la plongée, équipement compris.* École de plongée PADI : tous niveaux acceptés. 3 sorties par jour. Les accompagnants qui ne plongent pas sont les bienvenus à bord. Prix raisonnables et bon accueil.

LE NORD ET LE NORD-EST DE L'ÎLE

C'est la région la plus épargnée par les séismes. Les villages ont donc gardé tout leur cachet quand ils n'ont pas cédé à l'appétit des bétonneuses. La route qui va d'Argostoli à Assos est la plus spectaculaire de l'île. Accrochée à la montagne, elle offre des à-pics impressionnants.

Pour aller à ***Myrtos*** (à 34 km d'Argostoli), probablement la plage la plus photographiée de l'île, continuer la route principale jusqu'à *Divarata* et descendre sur 2 km jusqu'à la superbe *baie de Myrtos* aux eaux couleur lagon. Pas de bol pour les familles, c'est une plage de galets, avec une descente dans l'eau assez abrupte, qui ne conviendra pas trop aux enfants en bas âge. En revanche, une petite grotte sur la gauche permettra de chercher un peu d'ombre quand le soleil tape, sinon location de parasols sur place. Buvette devant le parking, mais pas de taverne, il faut remonter à Divarata, où une poignée de petits restos vous tendent les bras.

ASSOS (ΑΣΟΣ ; 280 85)

À 41 km d'Argostoli. Bâti en amphithéâtre, Assos, entouré de pins, cyprès et cultures en terrasses, est l'un des plus beaux villages de Céphalonie. Son petit port, ses quelques maisons de pêcheurs grignotées par les bougainvilliers et sa minuscule plage de galets ont beaucoup d'allure. En face, sur la presqu'île, une *forteresse vénitienne* (XVIe s) protégeait les habitants des invasions des pirates (eux-mêmes pirates pendant les périodes de disette soit dit en passant...). Compter une petite heure aller-retour pour y monter. Entrée libre. De là-haut, vue splendide sur la côte et la route panoramique de Fiskardo.

Où dormir ? Où manger ?

Sur l'adorable place du village (appelée « place des Parisiens », pour remercier ces derniers de l'aide apportée après le séisme de 1953), plusieurs tavernes. L'été, les hébergements chez l'habitant sont pris d'assaut.

Pension Gerania : *en haut du village ; bien indiquée depuis la route principale (sur la droite en descendant vers le port par la route de gauche). ☎ 26-74-05-15-26. • pensiongerania.gr • De mi-mai à fin sept. Doubles 45-75 €, petit déj (un peu riquiqui) compris. Réduc de 10 % sur présentation de ce guide.* Cette maison neuve charmante et tranquille, campée au milieu d'un petit jardin fleuri, abrite une petite dizaine de chambres à la déco minimaliste mais bien tenues, avec AC et frigo, et balcons ouverts sur le large pour la plupart. Bonne adresse, quasiment toujours complète en août, mais la chaleureuse Ritsa vous trouvera bien une chambre chez ses voisins.

Restaurant Molos : *dernier resto sur le côté droit, une fois arrivé au port. ☎ 26-74-05-12-20. Mai-oct, de 9h jusqu'au dernier client. Plat env 9 € (compter 40-60 €/kg pour le poisson).* Allez choisir votre poisson dans la vitrine et prenez place à table pour profiter de la vue. C'est du frais. Bon accueil de Dimitris.

Restaurant Assos : *en retrait de la place (derrière le resto Platanos). 69-44-67-18-04. Slt de juil à mi-oct, midi et soir. Env 20-25 €.* Grande terrasse bien ombragée sous la treille. Mobilier couleur lavande. Carte assez variée pour une cuisine familiale. Portions copieuses et serveuses sympathiques.

FISKARDO (ΦΙΣΚΑΡΔΟ ; 280 84)

À l'extrémité nord de l'île, à 50 km d'Argostoli. Fiskardo est l'un des rares villages n'ayant pas souffert du séisme de 1953. Ses maisons de pêcheurs, dont certaines datent du XVIIIe s, ont gardé tout leur charme et son port est un vrai petit bijou. En été, la jet-set a pris l'habitude d'y venir mouiller son yacht, alors évidemment, il y a du (beau) monde dans les parages... Attendez-vous à jouer des coudes en journée. Pour l'apprécier, passez-y la soirée. De l'autre côté de la baie, les ruines d'une *église* construite au XIe s par le Normand Robert Guiscard, un chef de guerre au service du pape qui conquit la Sicile, les Pouilles et combattit les Byzantins (rien que ça !). C'est d'ailleurs lui qui a donné son nom, quelque peu déformé, au village.
Les petites grottes le long des côtes de Fiskardo servent d'abri à des phoques méditerranéens, *Monachus monachus* (ou *phoques moines*), menacés de disparition. Belle promenade jusqu'à *Tseledata,* avec la presqu'île de *Foki* et celle de *Daskalia* : charmantes petites criques, entourées de cyprès, de pins et d'oliviers, qui descendent jusqu'aux plages de galets.

Arriver – Quitter

➢ En été, des liaisons quotidiennes avec **Leucade** (Vassiliki) et **Ithaque** (Vathy et la plage de Gidaki). Vente de billets sur le quai ; résa conseillée en été à l'agence *Nautilus,* au bout du port *(☎ 26-74-04-14-40 ; • nautilusfiscardo@gmail.com •).*

Adresses utiles

✉ **Poste :** *odos Marabou, au pied des escaliers menant à l'église. Lun-ven 7h30-14h.*
■ **Distributeurs :** *plusieurs sur le quai.*
■ **Capitainerie :** *☎ 26-74-04-14-00.*
■ **Pama Travel :** *sur le port à droite, au-dessus d'une boulangerie. ☎ 26-74-04-10-33. • pamatravel.com • Mai-oct, tlj 9h-14h, 17h30-21h.* Location de véhicules, billets de bateau, excursions, plongée, etc. Accueil francophone et souriant.
■ **Location de voitures :** **Litsos,** *à l'étage du* Roulas Grill House, *sur le port. ☎ 26-74-04-14-01. 📱 69-39-02-91-76 (Maria).* Un peu plus cher que *Pama Travel,* mais parc plus important. Loue des scooters également.

Où dormir ?

Pas facile de se loger en pleine saison à Fiskardo. Le village est complètement trusté depuis quelques années par des agences anglaises. N'hésitez pas à vous renseigner auprès des commerçants, par exemple à la boulangerie, *Sotiria Tselendi (☎ 26-74-04-12-04),* située en retrait du port, dans une petite rue (suivre les panneaux). Mais attention, Fiskardo est très chic et cela se paie.

🏠 **Rooms Nitsa :** *dans le haut du village (fléché à partir de la route qui le contourne vers le parking). ☎ 26-74-04-13-27. • nitsastudios.com • Doubles 40-60 €.* 📶 C'est qu'elle y met du cœur à briquer sa maison, la Nitsa ! Résultat : 7 belles chambres tout confort (clim, cabinet de toilette avec cabine de douche). 4 d'entre elles avec cuisinette, terrasse privative ou balcon. Les 3 autres sont chez elle : 2 possèdent 2 lits simples, l'autre un grand lit, coin cuisine et un balconnet pour prendre le frais. Si Nitsa n'est pas là, c'est Gérassimos qui vous accueillera.

🏠 **Villa Romantza :** *à l'entrée sud du village, face au parking, au-dessus du port. ☎ 26-74-04-13-22. 📱 69-72-28-31-67. • villa-romantza.gr • Juin-sept. Doubles 50-60 € ; studios pour 2-4 pers 60-80 € selon saison.* 📶 Petite maison toute jaune qui recèle des chambres simples mais confortables et bien tenues d'un assez bon rapport qualité-prix pour le coin. C'est à deux pas du port et les proprios, dévoués, sont charmants. Un vrai bon plan.

🏠 **Kiki Apartments :** *à la sortie sud du village, en direction de Tseledata, sur une baie tranquille, à 20 m de la plage. ☎ 26-74-04-12-08 ou 26-71-02-27-54. • kiki-apartments.gr • Mai-oct. Résa conseillée. Studios 65-110 € selon saison ; apparts 75-130 € (tarifs base 2 pers).* 📶 Situés à deux pas du port, les studios sont confortables et très bien équipés. Jardin avec piscine, quelques jeux pour enfants et terrasse ombragée les pieds dans l'eau (mini-plage en contrebas). Accueil un peu distant de Kathy, la fille de Kiki, qui a repris l'affaire de sa maman.

Où manger ? Où boire un verre ?

Pas de grande surprise dans les tavernes du port, qui se suivent et se ressemblent, mais cadre très agréable au bord de l'eau, face aux bateaux. Un peu plus cher qu'ailleurs... Elles sont toutes ouvertes de début mai à fin octobre (en principe).

Lagoudera : *au centre du port, en retrait sur une placette. ☎ 26-74-04-12-75. Plats 8-14 €.* On ne voit pas la mer, mais le bleu domine dans cette petite taverne aux murs roses. Les chaises sont bleues et les tables... bleues sont drapées de nappes à carreaux... bleus. On mange sur une agréable terrasse surélevée, agrémentée d'arbustes et de fleurs, et cerclée d'une petite barrière (bleue !). Cuisine sans surprise (*stifado* de veau, de lapin) mais très correcte, surtout des grillades. Bon accueil. L'adresse a une extension sur les quais (*Lagoudera II*, cuisine semblable mais un brin plus onéreuse).

Restaurant Vasso's : *☎ 26-74-04-12-76. Midi et soir. Plats 9-22 €, voire plus pour certains poissons.* Bien situé, au bord de l'eau. Clientèle à l'aise dans son portefeuille. Poisson frais et cuisine traditionnelle revisitée le plus souvent à la mode ritale, avec une bonne carte des vins. Accueil sympathique.

Café Tsélenti : *sur une 2e place, en retrait du port, proche de la poste. ☎ 26-74-04-13-44. Plats 8-17 € ; poisson plus cher encore.* Dans un beau bâtiment datant de 1893 (ne pas manquer, dans la salle, une très belle carte de la Grèce peinte en 1945 à même le mur). Un café assez élégant, avec terrasse sur la place. On peut se contenter d'y manger des toasts, des sandwichs, des salades. Les plats sont assez chers. On y sert des petits déj également. Patrons francophones et sympathiques.

Théodora's : *installé dans le coude du port. ☎ 26-74-04-12-97.* Un bar qui a le mérite de laisser le choix : soit une terrasse ombragée à l'étage d'une maison bleu et ocre (superbe vue plongeante), soit une terrasse au bord de l'eau. Beau choix de cocktails.

Où dormir ? Où manger dans les environs ?

Quelques gargotes dans le village de *Magganos* (carrefour avant d'arriver à Fiskardo). Musique live et soirées grecques en été. Sinon, il faut descendre jusqu'à la ***plage de Iérousalim.***

Il Veliero : *à* ***Tzamarélata,*** *à env 8 km de Fiskardo. ☎ 26-74-04-11-77 (juin-sept). 69-38-98-10-70. En hiver, ☎ 00-39-339-575-72-07 (en Italie). • ilvelierocefalonia.com • En venant de Fiskardo sur la route d'Assos, au village de Magganos, emprunter une route à droite au panneau « Alatiès Beach », puis passer la route de la plage et prendre à droite, puis encore à droite. Mai-oct. Résa impérative en août. Studios 2 pers 40-65 € selon saison ; 2 nuits min demandées. CB refusées.* Au milieu d'un grand jardin planté d'oliviers, plusieurs maisons divisées en studios confortables ou en grands appartements bien équipés, avec terrasse et vue sur la mer, à moins de 3 km en contrebas. Barbecue pour les hôtes dans un espace bien ombragé. Édith, française, et son mari, italien, vivent là une partie de l'année et accueillent leurs hôtes avec beaucoup de convivialité.

Taverna Odysséas : *à* ***Iérousalim Beach,*** *au sud d'Alatiès Beach. Accès par le village de Magganos sur la route reliant Assos à Fiskardo. 69-32-88-59-44. Mai-sept, tlj midi et soir. Env 15-18 € pour un repas.* Petite taverne face à une jolie plage de galets. On y mange plutôt bien pour pas cher, dans un joli jardin bien ombragé par une tonnelle de vigne vierge ou sous un figuier. Pain et vin maison. Patron plein d'humour qui peut aussi vous refiler de bons tuyaux sur les locations dans le coin.

À voir. À faire

➢ En continuant vers le sud après Fiskardo, petites criques de galets très tranquilles et facilement accessibles à pied.

Emplysi : *à 1 km au nord de Fiskardo.* Jolie petite plage de galets avec quelques ombrages sous les pins ou en bordure de la roche en strates. La plage la plus proche de Fiskardo.

Fiskardo-Divers : *en retrait du port, à côté du resto* Lagoudera. *69-70-20-61-72 (Cédric).* • *fiskardo-divers.com* • *Accueil de début mai à mi-oct, 9h30-14h, 17h-20h.* À l'origine, c'était une ONG animée par un groupe de jeunes volontaires qui proposait une approche de la mer centrée sur l'environnement, tout en assurant une activité plongée. Ils ont créé un modeste musée qui permet de découvrir l'écosystème et les sites archéologiques de l'île. Mais, surtout, ils continuent d'organiser avec leur bateau, *Neptune III,* des sorties de plongée (centre agréé PADI) pour tous niveaux, du baptême au plongeur expérimenté, notamment vers l'épave du Bristol-Beaufighter anglais descendu en 1944 par les Allemands. Accueil francophone.

À L'OUEST D'ARGOSTOLI

Sur la ***péninsule Paliki*** se trouve Lixouri, deuxième ville de l'île, le « Petit Paris » comme l'appellent les gens de l'île, eu égard à une longue tradition intellectuelle et artistique. C'est la région la plus fertile, avec des collines couvertes d'oliviers, de vergers et de vignes. On y vient pour ses plages : ***Lépéda*** à 4 km au sud de Lixouri, plage plutôt familiale, ou ***Mégas Lakos*** (au sud de Lixouri, tourner à gauche au village de Soulari, et continuer sur 3,5 km). À proximité, la plage de ***Xi,*** aux eaux peu profondes, très populaire avec son sable rouge, mais très fréquentée, ou plus confidentielle, celle de ***Vatsa*** (on préfère)... Et, au nord, ***Pétani,*** celle qui rivalise avec Mythos chez les marchands de cartes postales, un des sites les plus attachants de la péninsule : plage de galets et dégradés de bleus avec un encadrement de falaises blanches. Attention, la mer peut être très agitée à cause du vent en été. Deux tavernes pour admirer le coucher de soleil, inoubliable.

LIXOURI (*ΛΗΞΟΥΡΙ ; 282 00*)

C'est, historiquement parlant, la rivale d'Argostoli. Fondée en 1534, ses 6 000 habitants ne se sont toujours pas remis du choix d'Argostoli comme capitale en 1757 : depuis, des querelles homériques éclatent entre les deux villes. Elle se révèle aujourd'hui très agréable et animée, bien qu'elle n'ait absolument aucun charme, il faut bien l'avouer.

Arriver – Quitter

➢ 2 ferries font la liaison entre ***Lixouri*** et ***Argostoli.*** Lun-sam, départ ttes les 30 mn 7h-23h30 puis un dernier à 1h. Compter env 6,80 € pour 1 pers + 1 voiture. Prévoir 25 mn de traversée. Le départ d'Argostoli se fait au nord du port. *Capitainerie : ☎ 26-71-09-41-00. Agence* ***Perdikis Travel,*** *☎ 26-71-09-10-97.*

➢ Sinon, compter env 45 mn par la route pour franchir les 34 km qui contournent le golfe.

Où dormir ? Où manger ?

Rooms, studios & taverna Apolafsi : *900 m avt Lépéda, à 2 km au sud de Lixouri, par la route du bord de plage (sur la droite). ☎ 26-71-09-16-91.* • *apolafsi.gr* • *Doubles 45-75 € selon saison ; apparts 4 pers 55-75 € ; et des villas à louer à la sem. Au resto, compter 15 € le repas.* Plusieurs grands bâtiments à l'écart de la route, très bien situés face à la mer. Les chambres possèdent kitchenette, AC, TV et balcon. Dans la résidence, resto avec terrasse parfaite pour le farniente, flanquée d'une piscine un peu à l'écart. Accueil sympathique.

Vatsa Club Kefalonia : *à 8,5 km de Lixouri, plage de* ***Vatsa.*** *☎ 26-71-09-39-91. 69-77-63-10-53. • vatsa.gr •* Bel endroit avec un resto de poisson à même le sable et bien ombragé. Spyros propose la pêche du jour (y compris celle de ses clients pêcheurs !). Également de charmantes petites villas le long de la rivière, prises d'assaut en été, tentez votre chance hors saison.

Maxim : *sur le front de mer. ☎ 26-71-09-12-29. Plats 8-17 € (un peu moins pour une spécialité grecque).* Parmi la douzaine de tavernes du quai des ferries, *Maxim* est en tête de liste et offre, sur une agréable terrasse fleurie, une longue carte où tout est alléchant. On s'est régalés d'une belle assiette de sardines grillées, avec une copieuse salade grecque, mais d'autres propositions méritent qu'on épluche tout le menu. Service souriant.

ITHAQUE (ΙΘΑΚΗ)

3 230 hab.

• Carte Les îles de Céphalonie et d'Ithaque *p. 325*

Ithaque. Un nom comme une légende, une île à la fois mythique et bien réelle, avec un chenal d'à peine 3 km qui la sépare de Céphalonie. Selon Homère, c'est ici qu'aurait régné Ulysse, et que Pénélope, son épouse, l'aurait fidèlement attendu pendant 20 ans à grand renfort de broderie. Mais les amateurs de l'*Odyssée* risquent d'être déçus. Car en dépit des efforts déployés par les chercheurs de tout poil, il ne reste guère de vestiges qui pourraient l'attester. Mais qu'importe ! Ithaque a autre chose à proposer, avec ses montagnes verdoyantes qui plongent dans le bleu de la mer, ses vallées secrètes et ses petites criques hérissées de voiliers au mouillage.

Ithaque fut prospère à l'époque mycénienne (1500-1100 av. J.-C.) avant de tomber dans l'oubli. Au fil de son histoire, Thiaki (comme disent les locaux) passera successivement sous domination byzantine, normande, vénitienne, turque, puis anglaise. Au milieu du XIXe s, forte d'une importante flotte commerciale, sa population frisera même les 15 000 habitants. Puis le rattachement à la Grèce expédiera les insulaires vers le continent, mais aussi vers l'Amérique et l'Australie. Le séisme de 1953 achèvera de détruire leurs maisons. Aujourd'hui, Ithaque vit au rythme du travail de la vigne et de la cueillette des olives... Du tourisme, aussi, notamment grâce à Ulysse (merci Homère), malgré le peu de choses à voir. Ithaque reste donc une île plutôt tranquille : presque personne en dehors du mois d'août. On en fait vite le tour et les possibilités de logement ne sont pas légion non plus. Est-ce pour cela que les yachts, parfois luxueux, sont si nombreux ? Bref, c'est l'endroit rêvé pour ceux qui souhaitent buller à l'écart de la foule. Nous, c'est une de nos îles préférées, mais, surtout, ne le répétez pas...

Arriver – Quitter

En bateau

Le port « principal » est le simple quai d'embarquement de *Pisso Aétos,* à l'ouest de l'île, à env 7 km de Vathi et à 18 km de Frikès. Le port de Frikès ne reçoit que des ferries de croisière à la journée en provenance de Leucade pour un simple arrêt déjeuner. Les infos, horaires et fréquences sont donnés à titre indicatif. Le mieux est de les vérifier sur le site internet des compagnies.

➢ Avec ***Levante Ferries*** *(☎ 21-09-49-94-00 à Athènes ; • levanteferries.*

com •) : juin-sept, 1 liaison/j. A/R entre ***Patras*** et ***Pisso Aétos*** et une autre pour ***Sami (Céphalonie).***

➢ Avec **Kefalonian Lines** *(☎ 21-09-51-51-00 à Athènes ; • kefalonianlines.com •)* : juil-août, 1 liaison/j. A/R entre ***Kyllini (Péloponnèse)*** et ***Pisso Aétos*** sf sam dans le sens Kyllini-Ithaque et sf dim dans l'autre sens. Hors saison, aucune rotation mar, mer.

➢ Avec **Ionion Pélagos** *(☎ 26-74-03-21-04 ; • ionionpelagos.com •)* :

– mai-oct, au moins 1 liaison/j. A/R entre ***Astakos (Épire)*** et ***Pisso Aétos.*** Les rotations sont doublées en juil-août. Dans le sens Astakos-Ithaque, le bateau s'arrête avant à ***Sami (Céphalonie)*** avt de repartir.

– juil-août, 1 liaison/j. A/R entre ***Vassiliki (Leucade)*** et ***Pisso Aétos.***

➢ Avec **West Ferry** *(☎ 26-74-04-14-40 ; • westferry.gr •)* : avr-juin, 1 ou 2 rotations/sem slt entre ***Vassiliki (Leucade)*** et ***Frikès.*** Autant dire pas grand-chose.

– Pas de bus à l'arrivée des ferries. Le taxi est cher (compter 15 € pour Vathi ; liste de numéros de tél au guichet des compagnies sur le quai ; en voici 3 : *69-74-64-82-53, 69-76-69-77-58* et *69-71-75-34-32.* Sinon, se faire livrer un véhicule de location de Vathi (voir plus bas).

LE SUD DE L'ÎLE

VATHI (*ΒΑΘΥ* ; 283 00)

La capitale de l'île a éparpillé ses petites maisons aux toits de tuiles rouges autour d'une anse sur laquelle un ancien lazaret flanqué d'une église veille au grain. Malgré une grande quantité de voiliers en pleine saison, il y règne une ambiance bon enfant. Dans le centre, quelques restos, un ou deux petits musées pour amuser la galerie et des marchands d'articles de plage. Hors saison, c'est la Grèce des années 1970. Internet en prime, évidemment...

Adresses utiles

✉ ***Poste :*** *sur la pl. centrale du port. Lun-ven 8h-14h.*

■ ***Capitainerie :*** *☎ 26-74-03-29-09.*

■ ***National Bank of Greece :*** *dans la rue derrière le bord de mer. Lun-ven 8h-14h30 (14h ven).* Distributeur de billets. D'autres distributeurs sur la place centrale.

■ ***Location de voitures : AGS,*** *à l'entrée du port. ☎ 26-74-03-27-02. • agsithaki@gmail.com • Avr-oct. Compter 35-40 €/j. (moins cher hors saison) pour une petite voiture.* Livraison possible au port de Pisso Aétos.

■ ***Agence Delas Tours :*** *sur la pl. centrale du port, à côté de la poste. ☎ 26-74-03-21-04. • delasithaca.blogspot.gr • Tlj 9h-13h30, 18h-20h30.* Vente de billets de la compagnie *Ionion Pélagos.*

■ ***Agence Polyctor Tours :*** *118, Spyros Razou & Seirinon (sur le quai principal, au-dessus du resto* Caramela*). ☎ 26-74-03-31-20. • ithakiholidays.com • Tlj 9h-14h, 18h-21h.* Vente de billets de bateau, résas d'hébergements, circuits.

■ ***Laverie Polifimos :*** *dans un renfoncement à côté du labo d'analyses médicales. Tlj 8h-13h, 18h-20h30.*

Où dormir ?

⌂ ***Aktaion Rooms to let :*** *à l'entrée du port, à 50 m de l'agence* Polyctor. *☎ 26-74-03-23-87. • akuluris@gmail.com • Tte l'année. Doubles 35-45 € selon saison, pas de petit déj.* Chez Andréana, ça sent le propre. Au rez-de-chaussée de sa maison, elle propose 2 chambres avec un lit double et un petit lit, ainsi que 2 triples. La n° 3 donne sur l'arrière, en ouvrant la fenêtre, on voit le jardin. Toutes possèdent salle d'eau, clim, frigo, bouilloire et télé. C'est bien.

⌂ ***Hotel Mentor :*** *sur le port. ☎ 26-74-03-24-33 ou 30-33. • hotelmentor.gr • Tte l'année. Doubles 64-90 € selon*

LES ÎLES IONIENNES

saison, petit déj compris. Portant le nom d'un fidèle d'Ulysse, le plus grand hôtel de l'île offre une trentaine de chambres plutôt spacieuses pour 1 à 4 personnes et bien équipées : AC, TV et balcon. Demander l'une des 6 chambres en façade avec la jolie vue sur la baie. Possibilité de prendre le petit déj-buffet sur la terrasse. Très bon accueil.

Hotel Calypso : *au sommet d'une colline dominant Vathi, à 2 km au sud en direction de Pérachori. ☎ 21-18-00-12-33. 69-82-11-40-06 (Vassilis). • ithaca-calypso.gr • Avr-sept. Selon saison et vue, doubles 30-60 €, studios 60-90 €. Également des apparts pour 2-4 pers.* Dominant la baie de Vathi, un hôtel de construction moderne jouissant d'une vue ex-tra-or-di-nai-re ! Des chambres simples avec kitchenette à prix très intéressant, de grands studios lumineux bien équipés avec baie vitrée et des appartements immenses, dont un avec une impressionnante cheminée ! Tous, sauf une chambre, possèdent une terrasse. Une bonne adresse à l'accueil vraiment gentil mais qui nécessite d'être véhiculé.

Odyssey Apartments : *perché sur les hauteurs de Vathi, passer l'*hôtel Yannis*, puis, à la fourche, prendre à droite la route qui monte, c'est à 300 m. ☎ 26-74-03-34-00. 69-44-20-31-69. • odysseyapartments.gr • Avr-oct. Selon saison, compter 55-105 € pour 2 en studio, ou 95-175 € en appart pour 4-6 pers. Surveiller les promos en ligne.* Encore une adresse qui fleure bon les vacances ! Dans une maison récente, campée dans la pente, quelques studios avec vue sur la baie et une poignée d'apparts. Rien de transcendant côté déco, c'est plutôt du genre simple et efficace. Belle petite piscine. Un peu cher quand même.

Hotel Omirikon : *à la sortie de Vathi, côté nord-est de la baie, 1 km après le port. ☎ 26-74-03-35-96. • omirikon hotel.com • Pâques-20 oct. Compter 60-120 € pour 2, suites 100-140 €, petit déj compris.* Une dizaine de studios ou suites avec coin cuisine, le tout donnant sur la baie et pouvant accueillir jusqu'à 4 personnes. Très bon niveau de confort (bonne literie, AC, TV écran plat). Jacuzzi. Élégant mais assez cher.

LES ÎLES IONIENNES

Où manger ?

Les restos du port ont l'avantage d'offrir une jolie vue mais sont assez chers si l'on opte pour du poisson. Parmi les plus sympas, essayer ***Kantouni*** ou ***Kohili.***

Trehantiri : *dans une rue derrière la poste, à deux pas de la* National Bank. *☎ 26-74-03-34-44. De la place sur le port, prendre la ruelle à gauche de la poste, puis tt de suite à gauche. Tte l'année, tlj midi et soir. Env 15 € le repas.* Ce tout petit resto dont les tables sont égayées de fleurs fraîches, c'est l'affaire de Parthénia et de sa fille Roula. Il suffit d'aller pointer du doigt ce qui vous intéresse dans la vitrine. La soupe de poisson maison (un court-bouillon, en fait) est excellente. Essayez de vous faire refiler une rascasse plutôt qu'un mulet. Sinon, belles courgettes farcies, moussaka et savoureux fonds d'artichauts aux herbes. Le tout à consommer sur la poignée de tables à l'extérieur.

Dimitris Tsiribis : *à 1,5 km au nord-est de Vathi, de l'autre côté de la baie, direction Loutsa, après le petit port de plaisance. ☎ 26-74-03-23-11. 69-32-34-21-85. Tlj, midi et soir. Plats 8-15 €. Petit déj à partir de 8h30.* Isolé et agréable. Tables sous les eucalyptus, au bord de l'eau, ou sous le grand appentis. Tous les grands classiques à prix raisonnables, bonne viande et poisson au barbecue le soir. Quand c'est le coup de feu, le patron n'hésite pas à mettre la main à la pâte.

O Nikos : *sur une placette, au carrefour de 2 ruelles à l'arrière du port. ☎ 26-74-03-30-39. Tlj, midi et soir. Env 10-15 € le repas.* Resto très touristique, un peu moins cher que sur le port et disposant d'une agréable terrasse. Calamars, moussaka, *souvlakia* et plein de plats appétissants à choisir en cuisine. Demander sans cette sorte de *sauce à nems* qui gâche le goût de ces bons produits.

Où boire un verre ?

🍷 ***Solatso et La Crêperie :*** *à 500 m au nord-est de Vathi, de l'autre côté de la baie.* Un brin à l'écart du port, le quai de Vathi où se retrouvent les d'jeuns le soir pour boire des cocktails et guincher sur les derniers morceaux à la mode. Lequel choisir ? Cruel dilemme ! Il y en a 4 en fait. Les plus jeunes s'arrêteront au premier, celui qui n'a pas de nom, mais où l'on peut faire un barouf d'enfer !

À voir

Le Musée archéologique : *derrière l'*Hotel Mentor. ☎ *26-74-03-22-00. Tlj sf lun 8h30-15h. GRATUIT.* Rien d'exceptionnel, mais bien pour se plonger dans l'ambiance mystique de l'île. Restes du sanctuaire d'Aétos (environ 1100-700 av. J.-C.) qui intéresseront les initiés, puisqu'ils datent de la période très obscure – dont il ne subsiste que de rares témoins – qui a suivi la civilisation mycénienne jusqu'à la période géométrique (Xe-VIIIe s av. J.-C.) présentant des statuettes équines en bronze ainsi que de belles poteries aux motifs... géométriques !

Le Musée nautique et du Folklore : *près de la place centrale, à l'ancienne usine électrique.* ☎ *26-74-03-33-98. Mar-sam 9h-13h (tlj 9h-30-13h30 sf lun en juil-août). Entrée : 3 € ; juin-sept, gratuit moins de 18 ans.* La vie d'antan sur l'île est retracée à travers photos et costumes d'époque. Intéressante broderie au fuseau, mobilier d'inspiration ottomane, lithographies, instruments de musique (dont un orgue de Barbarie de 1928).

Randos dans les environs, plages

À Ithaque, la petite douzaine de sentiers de rando est numérotée et fléchée en bleu ciel. Se procurer le petit plan qui les répertorie auprès de son hôtel. *Rens :* • *ithacagreece.com* • *(onglet Walking Tracks).*

Prendre la direction de ***Pérachori*** *(départ au niveau de l'*Hotel Mentor, *puis suivre le fléchage* Korina Gallery Hotel *au début).* Il s'agit de la vieille ville de Vathi, où les habitants se réfugiaient en cas d'invasion. Un peu au-dessus, les ruines d'une église du XVIe s, au clocher bigarré, ***Paliochora,*** à 10 mn de marche. Sous la domination vénitienne, c'était le village le plus peuplé de l'île. De là-haut, belle vue sur la baie de Vathi. De Pérachori, revenir sur la route principale et continuer à monter. 800 m plus loin se trouve le départ du sentier (parfois encombré de broussailles) pour la ***grotte de Rizès*** *(compter 30 mn de marche A/R).* Puis 500 m plus loin, départ à gauche pour la ***fontaine d'Aréthuse*** *(compter 30 mn pour y descendre),* puis, environ 1,5 km plus au sud, par une piste puis un sentier mal indiqué, la ***grotte d'Eumée.*** En revenant vers Vathi par la même route, 900 m après l'embranchement pour Pérachori, sur la droite, une piste mène à la très belle ***plage de Kaminia.***

La grotte des Nymphes *(Marmarospilia)* **:** *de Vathi, reprendre la route goudronnée qui va vers le nord sur 3 km, puis continuer encore sur 2 km une petite route qui se prend sur la gauche. Une grille en interdit l'entrée.* Là, sur le conseil d'Athéna, Ulysse aurait caché le trésor donné par le roi des Phéaciens, Alkinoos. Même les profs de grec ancien risquent d'être déçus.

Nombreuses petites ***plages*** à proximité : la plus proche est dans l'anse avant d'arriver à Vathi, mais les plus intéressantes sont *Mnimata* et *Skinos* à 2 et 3 km en s'éloignant par le nord-est, *Gidaki* (où l'on peut aller en caïque depuis le port de

LES ÎLES IONIENNES

Vathi en saison), *Filiatro* et *Sarakiniko* à 3 km à l'est (route étroite y menant depuis le centre de Vathi ; possible d'y aller à pied).

➢ Ne pas hésiter à louer une barque à moteur pour découvrir la jolie côte au nord de l'île et la petite île déserte d'Atokos. C'est l'occasion d'aller se baigner dans les petites criques, uniquement accessibles par la mer. Sinon, minicroisière avec barbecue avec *L'Albatros* *(amarré face à la pl. centrale ; 69-76-90-16-43 ; départ tlj à 11h, retour à 17h – 15h hors saison ; env 55 €/pers, 20 €/enfant de plus de 5 ans,* snorkelling *inclus).* Également de nombreuses embarcations à louer à Frikès.

LE RESTE DE L'ÎLE

Pisso Aétos *(Πισω Αετος)* **:** petit port d'où partent les ferries. Rien à voir, rien à faire ! Sur la route du port, à droite au début de la descente quand on vient de Vathi, les ruines d'une cité antique, *Alalkoménès,* qu'on appelle sur place le *château d'Ulysse.* On peut y voir des fondations de tours de défense (loin d'être spectaculaires). L'endroit est plutôt bien choisi puisque, de là, on contrôle l'accès aux parties nord et sud de l'île, et que l'on a une vue sur les deux mers à l'est et à l'ouest, ainsi que sur Céphalonie. Henrich Schliemann (le découvreur de Troie) est venu pratiquer les premières fouilles dans le secteur, en 1873. Il pensait alors avoir trouvé le fameux palais du héros homérique.

➢ Prendre l'unique route qui part vers le nord. Dans l'anse du golfe de Molos, jolie plage de *Bros Aétos,* mais malheureusement en bord de route. Continuez votre chemin et attaquez la montée. La vue est impressionnante. En effet, à cet endroit, l'île n'est plus qu'un bras de 500 m de large entre deux mers. Panorama superbe, à la fois sur Céphalonie et la baie de Vathi.

Agios Ioannis *(Αγιος Ιωαννης)* **:** à environ 10 km de Vathi, avant le village de Lefki, emprunter sur 2,5 km la petite route qui descend sur la gauche, dans un virage. Elle conduit à l'une des plus belles plages de l'île, avec ses galets blancs, son eau cristalline et ses rivages presque sauvages.

STAVROS (ΣΤΑΥΡΟΣ ; 283 01)

À 9 km plus au nord, le village de Stavros est assez emblématique du mythe homérique, avec, sur la place centrale, le buste d'Ulysse regardant droit vers Céphalonie, la maquette de son « palais » et des grappes d'anciens qui prennent le frais à l'ombre. De là, on peut accéder, en 15 mn à pied vers le nord, au sommet de la colline de Pélikata où ont été retrouvés des vestiges de l'époque mycénienne (XIIIe s av. J.-C.). D'en haut, on peut voir trois mers, comme le décrivait Homère.
Les produits des fouilles sont exposés dans le petit ***Musée archéologique de Pélikata*** *(à 800 m de l'église ; suivre le fléchage depuis le centre ; tlj sf lun 9h-15h45 ; GRATUIT mais se renseigner, était en travaux en 2016 suite à un séisme).* Voir en particulier le fragment de poterie sur lequel est inscrit le nom d'Ulysse *(Odysséus),* la seule trace sur l'île faisant référence au héros grec. Enfin, pour celles et ceux qui maîtrisent l'anglais, aiment la lecture et veulent en savoir davantage sur le royaume du mari de Pénélope : à la sortie du village, direction Frikès, se trouve l'expo ***« Throwing light on Homeric Ithaca »*** *(tlj 9h-22h).* Une expo censée éclairer le péquin moyen sur le mystère de l'Ithaque homérique.
– ATTENTION, c'est sur la place principale de Stavros que vous trouverez le seul ***distributeur*** de cette partie nord de l'île.
– ***Grande fête :*** *5 et 6 août.* La fête la plus importante de l'île, célébrant le Christ Sauveur : repas et danses.

LES ÎLES IONIENNES

À voir dans les environs

Poli (*Πολη*) **:** *à Stavros, prendre la route face à l'église.* La route en lacet mène à un tout petit port et à une plage de galets bien tranquille avec quelques barques de pêcheurs. Snack sans intérêt, petites embarcations à louer, ainsi que quelques parasols et transats (peu d'ombre ici). Au bout de la crique, une grotte-sanctuaire (la grotte de *Loïzos*), où ont été retrouvées après le tremblement de terre de 1953 des poteries de l'époque mycénienne (exposées au musée de Stavros).

Anogi (*Ανωγη*) **:** *à Stavros, prendre la route de montagne (fléché à droite avt l'église) pour Anogi, qui est 6 km plus haut après quelques embardées à cause des chutes de pierres (merci les chèvres).* Dans ce très ancien village, on peut visiter l'***église de la Dormition-de-la-Vierge,*** du XIIe s, avec son campanile de style vénitien et ses magnifiques fresques byzantines de plus de 600 ans (à moitié effacées quand même). Clé au café d'à côté (quand il est ouvert – et, ces derniers temps, c'était plutôt rare...). Poursuivre sur la route qui ramène vers Vathi, elle offre une vue panoramique impressionnante sur la baie de Molos et mène au monastère dédié à la Vierge Marie de Kathara. Autre beau point de vue. Notez l'impluvium juste à côté.

FRIKÈS (*ΦΡΙΚΕΣ ; 283 01*)

À 20 km de Vathi, petit port tranquille coincé entre deux falaises surmontées d'anciens moulins à vent. Quelques maisons face à la mer et des terrasses de café qui se serrent les unes contre les autres le long des quais. Pas de plage à Frikès même, mais plusieurs petites criques superbes aux eaux turquoise et cristallines à moins de 10 mn de marche.

➢ Pas facile d'accès si vous n'êtes pas véhiculé (1 seul bus/j. en été, et en sem slt !). Reste le taxi, mais c'est cher (env 30 €).

Adresses utiles

■ ***Kiki's Mini Market :*** *☎ 26-74-03-17-62. Tlj 7h-23h.* Petite supérette où l'on trouvera tout ce qu'il faut pour se confectionner un pique-nique. Angéliki est de bon conseil pour séjourner dans le coin (hébergements, restos, petites criques pour se baigner, balades à faire, coordonnées d'un taxi...). Propose des douches aux baigneurs. Lave aussi le linge.

■ ***Station-service :*** *à l'entrée du village.* C'est la seule au nord de l'île, mais l'essence n'est pas donnée *(env 2 €/l !).*

Où dormir ? Où manger ?

Parce qu'un peu moins chaud que Vathi, en été, Frikès est le lieu de résidence qu'affectionnent ceux qui séjournent à Ithaque.

Aristotelis Apartments : *à 100 m du port, sur la route de Stavros. ☎ 26-74-03-10-79. • aristotelisithaca.gr • Mai-oct. Prévoir 45-60 € pour 2 en studio et 60-85 € en appart pour 4.* Dans une maison tout en hauteur, à flanc de montagne, Aristotélis a aménagé avec goût une poignée d'appartements (avec mezzanine) et de studios tout confort (AC, TV, cuisine équipée, fer à repasser, toasteur, etc.). Ceux du haut voient la mer. Minipiscine avec solarium et terrasse avec barbecue. Très bon accueil, mais bien se faire confirmer sa réservation.

Hotel Nostos : *à 300 m du port, sur la route de Stavros. ☎ 26-74-03-16-44. 69-22-25-74-95. • hotelnostos-ithaki.gr • De mi-avr à fin oct. Résa conseillée en hte saison. Doubles 100-130 € selon saison,* *petit déj inclus. Quadruples 130-165 €.* Joli bâtiment rose à volets bleus. Une trentaine de chambres simples mais assez spacieuses, avec salle de bains, AC, brasseurs d'air, télé cubique et frigo. Certains balcons regardent la mer, alors évitez les chambres du rez-de-chaussée. Accueil familial sympathique qui ne rechigne pas à vous refiler des tuyaux sur les choses à faire dans le coin et resto très correct. Grande piscine accessible aux non-résidents *(5 €, soda compris).* Bien, mais un peu chérot tout ça.

Restaurant Rementzo : *sur le port. ☎ 26-74-03-17-19. Avr-oct. Plats 6-14 € ; compter 20-25 € pour un bon repas.* Un resto de qualité, où Poppy règne sans partage sur ses fourneaux tandis que Nektarios assure le service. Belles salades de roquette et d'épinards, saupoudrées de parmesan et accompagnées de tomates séchées, de courgettes et d'aubergines grillées, sans oublier une délicieuse tourte maison et le *savoro,* un poisson blanc frit puis mariné à la mode vénitienne. Surtout ne pas manquer le savoureux ragoût de chevreau aux abricots ! Une excellente adresse à l'accueil impeccable, où se retrouvent les Grecs en famille le week-end.

Taverna Odysséus : *sur le port. ☎ 26-74-03-17-33. Avr-oct. Plats 5,50-15 €, poisson env 30-50 €/kg.* On y vient surtout pour manger du poisson frais. Les petits budgets trouveront également de bons petits plats à prix très abordables. Sert aussi le petit déj. Accueil sympathique.

À voir dans les environs

La plage de Marmakas : *à gauche du port de Frikès, prendre la piste qui longe la colline sur 2 km.* Jolie petite plage de galets blancs, protégée du soleil par des eucalyptus, mais assez ventée certains jours. Petit snack sur place. Un peu plus loin, autre petite plage avec un marais en partie asséché.

La plage d'Afalès : *à gauche du port, prendre la route qui remonte au coin du glacier* Liono Doro, *jusqu'au croisement avec la route venant de Stavros, puis tourner à droite et très vite à gauche.* Encore une petite plage de galets, avec quelques coins ombragés en bordure des rochers. Particulièrement tranquille. Quelques vagues cependant qui peuvent surprendre.

Les plages de Kourmoulia et de Schinari : *sur la route de Kioni. À env 1 km de Frikès, 2 belles criques avec un peu d'ombre.* Une vraie carte postale, mais ces petites plages de *Kourmoulia* se remplissent vite ! Préférer grimper jusqu'au village de Rachi à environ 4 km pour redescendre dans cette même baie par un petit chemin à gauche jusqu'à une petite chapelle. La belle plage de *Schinari,* peu fréquentée, est notre préférée. On pourra même rejoindre à la nage une autre petite plage sur la gauche.

KIONI (*KIONI* ; 283 01)

À 6 km au sud-est de Frikès, ce petit port, qu'on dirait découpé d'un coup de cuillère dans le vert de la montagne, est notre endroit préféré sur Ithaque. On y accède par une belle route qui serpente parmi les cyprès. Quelques plaisanciers trouvent ici de quoi s'abriter du vent, quand la brise thermique fait des siennes. Pas grande activité, c'est là tout son charme. Une bonne occasion de laisser filer le temps devant un verre d'ouzo, en compagnie des locaux, dans l'une des tavernes qui bordent le port. Garer sa voiture au parking à l'entrée, Kioni se découvre à pied !

➢ En été, un bus fait chaque mat en sem 1 A/R pour ***Vathi.***

Où dormir ? Où manger ? Où boire un verre ?

Captain's Apartments : *à l'entrée du village, sur la droite (c'est fléché en bleu). ☎ 26-74-03-14-81. • captains-apartments.gr • Avr-oct. Selon saison,* *compter 45-65 € pour 2, 55-85 € pour 4. Parking privé.* Une grande maison ocre aux volets marron, les proprios habitent en face. Grands studios aménagés « à la grecque » côté déco, c'est-à-dire très propres mais sans âme véritable. La plupart possèdent 2 terrasses pour une double orientation (est-ouest). Bons équipements (TV écran plat, AC, sèche-cheveux, cuisine avec électroménager complet). Pour les familles, appartements spacieux. Accès au port par une ruelle en escalier. Accueil vraiment chaleureux de Dionysos et Georgia.

Avra : *la 1re taverne sur la droite en entrant sur le port. ☎ 26-74-03-14-53. Mai-oct. Env 12-15 € le repas.* Malgré sa grande terrasse sans âme, cette taverne tenue par deux frangins est notre préférée, particulièrement pour son savoureux porcelet cuit à la broche, proposé tous les soirs à partir de 20h (attention, ne pas trop tarder, il n'y en aura pas pour tout le monde !). Pour les amateurs, bobinage des boyaux de mouton le soir vers 18h, les jours de *kokoretsi*.

Café Spavento : *dans la ruelle à l'entrée du port. ☎ 26-74-03-14-27.* Point stratégique incontournable, un petit troquet de village avec quelques tables dans la ruelle. Petit déj le matin, pause au frais en journée avec les petits vieux, le *Spavento* se transforme le soir en bar à cocktails.

ZANTE (ZAKINTHOS ; ΖΑΚΥΝΘΟΣ)

39 000 hab.

• Carte L'île de Zante *p. 351*

Zante, surnommée par les Vénitiens « fiore di Levante » (fleur du Levant), est la plus méridionale des îles Ioniennes. On n'y recense pas moins de 7 000 espèces différentes de fleurs. Une variété que l'on retrouve aussi dans l'aspect de son littoral avec, dans sa partie sud-est, une succession quasi ininterrompue de plages, tandis qu'à l'ouest, des falaises crayeuses descendent brutalement dans la mer.

Bien desservie par les vols *low-cost* ainsi que par les ferries, Zante ne manque pas de charme, avec ses petites routes de montagne parfumées aux essences de pin et ses plages aux eaux turquoise. Les Britanniques et, dans une moindre mesure, les Italiens le savent depuis longtemps. Les premiers squattent pratiquement tous les lits disponibles dès les premiers rayons de soleil et les seconds débarquent début août pour se jeter sur les ragoûts de lapin !

Plus sérieusement, en 1944 quand les nazis voulurent recenser la communauté israélite afin de la déporter, le maire ne livra que deux noms : le sien et celui de l'évêque orthodoxe de la ville. Pour cet acte, qui permit de sauver la vie aux juifs de Zante, ils reçurent le titre de Justes parmi les nations.

Aujourd'hui Zante a le vent en poupe, à la faveur du développement du kayak de mer, du *paddleboard* et de la plongée sous-marine. Ayant misé sur le bio, l'île offre aussi des tables dotées d'une cuisine d'un très bon niveau.

Arriver – Quitter

En avion

Infos à l'aéroport : *☎ 26-95-02-83-22.*

➢ ***De/vers Athènes :*** min 2 vols/j. (*Olympic Air* et *Sky Express*). Quelques vols également pour ***Céphalonie.*** Service de taxi 24h/24. *☎ 26-95-04-84-00.* Env 13 € pour se rendre en ville.

➢ En saison touristique, des vols *low-cost* assurent la liaison avec ***Bruxelles-Charleroi*** *(Ryanair),* mais aussi avec des villes relais accessibles depuis la France comme ***Venise*** *(Volotea)* ou ***Amsterdam*** *(Transavia).*

En bateau

Indications d'horaires et de fréquence à considérer avec les réserves d'usage… Vérifier sur le site internet des compagnies. Résa en ligne possible.

➢ Avec ***Levante Ferries*** *(☎ 26-95-02-54-00 – agence ou 26-95-02-54-03 – port ; • levanteferries.com •)* : mai-fin oct, 4-7 liaisons/j. A/R entre ***Kyllini*** et Zakynthos.

➢ Avec ***Ionian Ferries*** *(☎ 26-95-02-20-83 ; • ionianferries.gr •)* : en saison, 3-4 liaisons/j. A/R entre ***Kyllini*** et Zakynthos.

➢ Avec ***Kefalonian Lines*** *(☎ 26-95-02-40-04 ; • kefalonianlines.com •)* : de mi-mai au 20 sept, 1 liaison/j. A/R avec ***Kyllini,*** le bateau poursuit vers Céphalonie et Ithaque certains jours.

➢ Avec ***Ionion Pélagos*** *(☎ 26-74-02-21-11 ; 📱 69-84-86-00-38 ; • ionionpelagos.com •)* : de mi-mai à fin sept, 2 liaisons/j. A/R entre ***Pessada (Céphalonie)*** et *Agios Nikolaos,* petit port situé sous le village de Korithi (attention, pour s'y rendre, le taxi coûte 45 € !).

En bus

🚌 ***Gare routière principale :*** *10, odos Filita, sur les hauteurs de Zakinthos-ville. ☎ 26-95-02-22-55. • ktel-zakynthos.gr •*

➢ ***De/vers Patras et Athènes :*** 3-4 bus/j. À Athènes, départ de la gare routière A *(100, odos Kifissou ; ☎ 21-05-12-94-32).* Trajet : 6h. Le bus embarque sur le ferry.

➢ ***De/vers Larissa et Thessalonique :*** mar, jeu et dim, départ à 7h30. Trajet : 8h.

Circuler sur l'île

En bus

Départs de la gare routière principale de Zakinthos-ville (voir plus haut). Voici les fréquences d'été, prévoir un peu moins de liaisons en mi-saison. Pour les plages (Laganas, Kalamaki, Argasi, Agios Nikolaos, Porto Roma) sud, les bus s'arrêtent aussi sur le port de Zakinthos, à côté de l'église.

➢ ***De/vers Vassilikos*** (commune sur laquelle on trouve les plages d'Agios Nikolaos et de Porto Roma) *:* 9 bus/j. lun-sam, 5 le dim. Retour de Porto Roma (terminus) env 30 mn plus tard.

➢ ***De/vers Alykès*** (dessert les plages au nord de Zakinthos) *:* 5-6 bus tlj, sf dim. Départ de la gare routière centrale.

➢ ***De/vers Limni Kériou*** *(proche de Kéri Beach)* ***:*** 3 bus/j., en sem slt. Retour 30 mn plus tard.

➢ ***De/vers Laganas :*** env 15 bus/j. lun-sam, moitié moins le dim. Retour 15 mn plus tard.

ZAKINTHOS *(291 00)*

Forte de 10 000 habitants, Zakinthos-ville (parfois appelée *Chora*), reconstruite, elle aussi, après le séisme de 1953, a conservé, malgré tout, des bribes de son ancienne architecture vénitienne. À tel point qu'un charme typiquement italien y est toujours vivace, de jour comme de nuit. D'ailleurs, la promenade du front de mer est appelée *Strada Marina,* c'est tout dire.

Adresses utiles

ℹ ***Police touristique :*** *sur le quai Lomvardou. ☎ 26-95-02-44-83. Lun-sam 8h-14h.* Personnel peu motivé…

■ ***Capitainerie :*** *☎ 26-95-02-81-17.*

✉ ***Poste :*** *33, odos Tertseti. Lun-ven 7h30-14h.*

■ ***Banques :*** *3 banques à la suite sur odos Vénizélou (perpendiculaire à Lomvardou, à hauteur de la pl. Solomou), ttes avec distributeur.* Peu d'occasions de retirer de l'argent dans l'île (sauf vers Laganas).

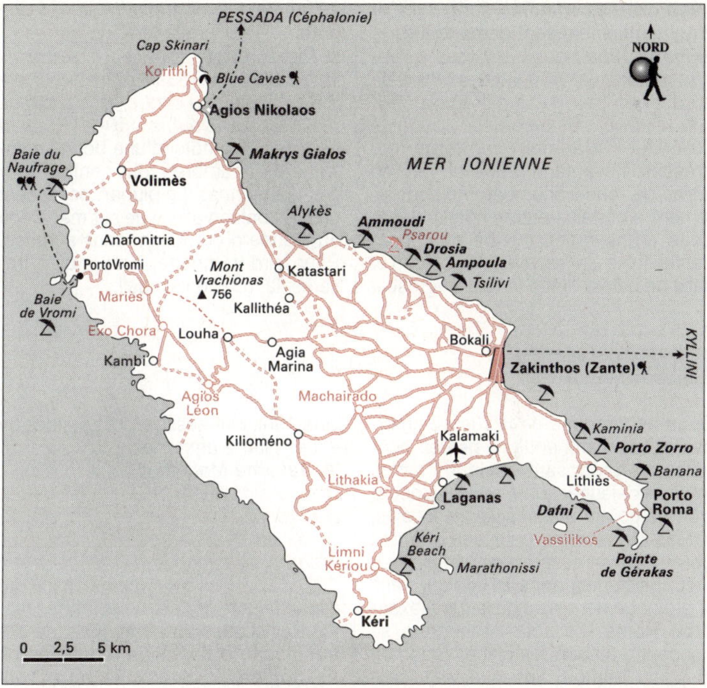

L'ÎLE DE ZANTE

■ ***Location de voitures et scooters :*** ***Europcar,*** *route de l'aéroport. ☎ 26-95-04-15-41. 📱 69-85-07-50-00. Selon saison, compter 35-50 €/j.* ***Sakis Rentals,*** *4, odos Dessila. ☎ 26-95-02-39-28. • automotosakis.gr • Tlj 9h-14h, 18h-21h. Selon saison, compter 35-45 €/j. pour une voiture, 15-20 €/j. pour un scooter. Sinon, nombreuses petites agences à proximité de la pl. Solomou. Les grandes enseignes sont à l'aéroport :* ***Avis*** *(☎ 26-95-03-32-09),* ***Hertz*** *(☎ 26-95-02-42-87).*

✚ ***Hôpital :*** *à Gaitani, à 2 km à l'ouest de Zakinthos. ☎ 26-95-36-05-00.*

Où dormir ?

À Zakinthos même, pas grand-chose de bon marché. Pour une chambre chez l'habitant, une association propose une liste d'hébergeurs à Zakinthos et sur l'ensemble de l'île. Infos : *☎ 26-95-04-94-98. • zanterooms.gr •*

Prix moyens

⌂ ***Chambres chez Zouridis :*** *30, Louka Karrer. ☎ 26-95-04-46-91. 📱 69-74-66-70-13. À 50 m de l'*Hotel Alba, *sur une petite place avec une minuscule église, derrière odos Kapodistriou. Mai-oct. Doubles avec kitchenette 40-60 € selon saison.* Cet établissement sans prétention propose une quinzaine de chambres fonctionnelles mais assez inégales, avec kitchenette, TV, AC et petite salle de bains, certaines possèdent même un balcon. C'est un peu en désordre, les matelas sont durs et 2 nuits minimum sont demandées.

Hotel Alba : *odos L. Ziva & Kapodistriou. ☎ 26-95-02-66-41. • albahotel.gr • Près de la pl. Agiou Markou. Avr-oct. Selon saison, doubles 50-65 €.* Bâtiment moderne qui présente l'avantage d'être un peu en retrait du tohu-bohu nocturne contrairement à certains autres hôtels. Il dispose d'une quinzaine de chambres petites mais claires, avec AC, balcon et salle de bains. Petite terrasse agréable à l'entrée. Patron très affable. Un bon hôtel.

Plaza Hotel : *2, odos Kolokotronis. ☎ 26-95-04-57-33. • plazazante.gr • À 5 mn à pied du centre, face à la mer. Tte l'année. Doubles 50-80 € selon saison.* Un hôtel d'une bonne quinzaine de chambres tout confort pour 2 à 4 personnes. La plupart possèdent un petit balcon avec vue sur mer. Déco au standard européen, sans surprise. Pour faire trempette, il n'y a qu'à traverser la rue. Bon accueil.

Où manger ?

Sous les arcades de la rue commerçante, des marchands de petites viennoiseries proposent quelques tables pour un déjeuner sur le pouce. L'occasion de goûter aux spécialités locales, salées ou sucrées, pour des prix très doux. Essayer aussi les *grill-houses* (en grec, *psistariès*) odos 21-Maiou, dans le prolongement nord de la rue Alexandrou Roma. Le soir, l'animation se concentre autour des places Solomou et Agiou Markou, ainsi que sur la promenade le long du port.

Taverne Dimitris : *sur la pl. Agios Dionysos, face au port, au sud du centre-ville. ☎ 26-95-04-26-78. Avr-oct. Plats 8-15 €.* Attablez-vous ici sans arrière-pensée. Certes, Dimitris a une gouaille d'enfer et ça peut en freiner plus d'un, mais c'est sa femme Katerina qui est aux fourneaux, et Katerina, la cuisine grecque, elle maîtrise ! En terrasse sous les grands eucalyptus (ratiboisés régulièrement), vous dégusterez une cuisine locale bien ficelée et des grillades au charbon de bois. En cas de difficulté pour traduire, Spyros, le fiston, viendra prêter main forte à son père. Une bonne adresse.

Restaurant Molos : *26, quai Lomvardou, sur le port. ☎ 26-95-40-02-19. Env 15-17 € le repas.* Parmi les nombreux restos de la promenade, un des cadres les plus agréables avec ses plantes vertes et ses brasseurs d'air. Cuisine locale simple et bon marché (arrivage de poisson frais tous les jours vers 19h). Fait aussi le petit déj dès 8h et des plats à emporter.

Taverne Malanos : *27, odos Agiou Athanassiou (Kipi). ☎ 26-95-04-59-36. Du 2e pont (le plus éloigné du port), traverser en direction de Kalamaki, puis prendre à gauche à la fourche la rue Agiou Athanassiou. Tlj, midi et soir, tte l'année. Plats 8-13 €.* À l'écart des restos touristiques du centre, une taverne traditionnelle de solide réputation où de nombreux locaux se retrouvent sous une véranda sans charme pour déguster de solides assiettes (côtelettes d'agneau, *pancetta,* savoureux rougets grillés...) à des prix défiant toute concurrence. Tous les soirs en été, un trio de papis guitaristes joue des airs populaires *(arekia)* que tout le monde reprend en chœur.

Komis : *sur le quai à gauche quand on débarque des ferries. ☎ 26-95-02-69-15. Avr-oct, tlj midi et soir. Poisson 50-70 €/kg. Compter 30-35 € le repas.* Déco style cabanon de bric et de broc avec un tas d'objets pendus au plafond et un vieux poêle en fonte. Poisson au poids selon arrivage, le marché est pile derrière ; aller faire son choix dans le frigo. Également moules, sardines, poulpes et anchois, ainsi que des plats « terriens ». Le tout cuisiné dans les règles de l'art. Accompagnement de pommes de terre ou de légumes frais. Terrasse agréablement ventilée carrément sur le port. Cher, mais justifié par la qualité. Excellent accueil.

Où déguster une bonne pâtisserie ?

Makis : *17, odos Filita (angle avec la rue perpendiculaire à Lomvardou qui part à droite du resto* Spaghettomania*).* *☎ 26-95-02-70-91. Tlj 8h30-22h30.* C'est bien simple : des pâtisseries à tomber par terre !

Où sortir ? Où boire un verre ?

Base : *pl. Dimokratias.* Café avec grande terrasse sous parasols, fréquenté par la jeunesse locale à laquelle se mêlent les touristes. Bien aussi le ***Casino Café*** *(pl. Markou).*

À voir. À faire

Bokali : c'est la colline qui surplombe la ville. À 2 km par la route, mais, de jour, possibilité de couper par le petit bois au nord de la ville. Pas de véritable chemin, mais un raccourci qui permet d'atteindre la forteresse en une quinzaine de minutes : le *kastro (tlj sf lun 8h-15h ; entrée : 3 €, réduc, gratuit moins de 18 ans ; dernière admission 1h avt fermeture),* l'une des dernières constructions vénitiennes de la ville, fortement endommagé par les séismes successifs. Plus intéressant, le panorama qu'il offre sur une grande partie de l'île. Prenez le temps de boire un verre sur la terrasse, près de l'église ou un peu plus haut sous les pins, pour apprécier la vue plongeante sur la ville et le port.

Le Musée byzantin : *pl. Solomou. Tlj sf dim et lun 8h-15h. Entrée : 4 € ; réduc ; gratuit étudiants de l'UE.* Intéressera les amateurs d'icônes, récupérées pour la plupart après la catastrophe de 1953 (nombreuses photos réellement impressionnantes). Pas mal d'icônes crétoises arrivées avec les réfugiés crétois chassés par les Turcs au XVIIe s. Les icônes vénitiennes, elles, se distinguent de celles de la tradition byzantine par l'influence catholique qui les rend moins figées. Iconostase rescapée et restaurée après 1953 et maquette de la ville.

L'église Agios Dionysios : *tlj 7h30-23h en été ; fermé 13h-17h le reste de l'année ; éviter d'y aller trop dénudé(e).* Construite en 1925, avec un beau campanile à la mode vénitienne. Iconostase flamboyante et chaire non moins clinquante avec un Christ pantocrator au centre, ça en jette ! Au fond à droite, le saint patron de l'île, pas bien en forme depuis que des pirates lui ont coupé les deux mains en 1717. Ses reliques sont conservées dans une châsse d'argent particulièrement vénérée le 17 décembre et le 24 août. Superbes vitraux et plafond voûté entièrement recouvert de magnifiques fresques façon B.D. Ne pas manquer celle du *Jugement dernier* à l'entrée, à gauche, une merveille !

➢ **Excursions en bateau :** *compter 20-25 €/pers. Rens sur le front de mer, dans les agences de voyages.* Sont proposés à la journée : le tour complet de l'île (mais attention, il y a du vent et c'est un peu tape-cul), la visite de la baie du Naufrage et des balades sur le vieux gréement *Voutirakos.*

LE SUD DE L'ÎLE

Au sud de Zakinthos-ville, les plagistes avertis trouveront toujours une petite crique pour y dérouler leur serviette face au soleil. Plage du matin, puis plage du soir. Le midi, ils déjeuneront sur les crêtes, là où se trouvent les restaurants que nous avons sélectionnés.

PORTO ZORRO (ΠΟΡΤΟ ΖΟΡΟ ; 291 00)

À moins d'une dizaine de kilomètres au sud de Zakinthos, les plages de ***Kaminia Beach*** et de ***Banana Beach,*** bien qu'assez fréquentées, restent encore agréables. La première est plutôt familiale avec un petit gazon pied-de-poule saupoudré de transats et un resto-bar le ***Levantino*** *(prendre à gauche au niveau de la fourche juste en arrivant à la plage),* ombragé par de grands catalpas. La seconde est une plage de sable, avec une série de transats et tout un tas d'activités proposées : toboggans gonflables, embarcations à pédales, etc.

Où dormir ? Où manger dans le coin ?

Logothetis : *un peu avt Vassilikos. ☎ 26-95-05-31-06. 69-72-21-81-76. • logothetisfarm.gr • Avt d'arriver à Vassilikos, petite route à droite, 600 m après l'embranchement pour Porto Roma. Tte l'année. Loc à la sem (possible aussi pour quelques jours). Maisonnettes (2 pers, les plus petites) 40-75 € selon saison.* Belles petites maisonnettes de vacances à l'écart les unes des autres et disséminées dans l'environnement champêtre d'une propriété agricole qui produit du bio (huile d'olive, raisins secs, vin). C'est bien à l'écart de la route. Elles peuvent accueillir jusqu'à 7 personnes selon le modèle et possèdent leur propre jardin avec barbecue. On peut acheter les légumes bio de la ferme pour préparer son frichti. Équitation possible. Bon accueil.

I Thea (Η ΘΕΑ) Taverna « the View » : *au début de la route qui descend à la plage de Kaminia. 69-84-48-51-12. Mai-oct. Plat env 7 €, salade 5 €.* Ici, c'est chez Makis, et c'est à la bonne franquette. Le bougre n'hésite pas à embrocher le poulet à la suite du cochon de lait dans un tournebroche de son invention. N'empêche qu'on y mange bien sous les pins et que la vue est splendide. Et s'il vous prend l'idée de lui demander combien il a de frères et sœurs et la profession de son papa, alors là...

Lithiès Houses and Organic Farm : *hameau de* ***Lithiès,*** *Vassilikos (291 00). ☎ 26-95-03-52-90. • lithieshouses.gr • Sur la route pour Porto Roma, après l'embranchement pour Agios Nikolaos Beach, à droite dans un virage. Juin-oct. Resto tlj (soir slt hormis de mi-juil à fin août). Repas 15-20 €.* Taverne de cuisine régionale pour goûter aux produits de la ferme. Aubergines farcies et poulet élevé au grain. Le tout servi avec le vin et l'huile bio de leur production. L'accueil mériterait d'être plus enjoué.

O Adelphos tou Kosta *(Le Frère de Kostas)* ***:*** *dans un tournant sur le côté gauche de la route pour Porto Roma, juste avt l'entrée de Banana Beach. ☎ 26-95-03-53-47. Juin-sept, ainsi qu'à Pâques, slt le soir ven-dim. Plats 8-10 €.* Resto dans un grand jardin à la riche végétation, proposant une cuisine originale (*keftédès* aux courgettes, gâteau aux aubergines, lièvre) à des prix corrects. Ambiance musicale à 21h30 tous les soirs en saison.

À voir. À faire

À 4 km à l'est, ***Agios Nikolaos Beach,*** où se retrouve la jeunesse branchée de Zakinthos. Si la musique des quelques tavernes ne vous fait pas fuir, vous y trouverez un centre de plongée, ainsi que des locations de matériel nautique.

■ ***Saint-Nicholas Beach Diving Center :*** *☎ 26-95-03-53-24. 69-80-21-42-75. Mai-oct. Compter 45-55 € la plongée, équipement compris ; dégressif dès la 2e, forfait open-water 395 €.* Cours de plongée certifiés PADI pour tous niveaux, même débutants. Les enfants sont acceptés à partir de 10 ans. Instructeurs anglais très pros.

PORTO ROMA *(ΠΟΡΤΟ ΡΩΜΑ ; 291 00)*

Plage de sable (transats) et crique de petits galets, étroite et bien protégée, que l'on atteint par un petit chemin sur la gauche. Quelques constructions en bord de mer, mais ça reste encore acceptable et calme.

Où dormir ? Où manger ?

Avant d'arriver à la plage, de nombreuses ***chambres à louer*** dans de jolies maisons colorées, tranquilles et fleuries. Un lieu de séjour agréable, un peu en retrait du flot touristique.

Villa Kapnisi : *maison blanche sur la gauche en descendant vers la plage. ☎ 26-95-03-53-31. • zanteweb.gr/zakynthos.zante/en/villa-kapnisi • Juin-sept. Studios 2-3 pers 35-60 € selon saison ; grands apparts pour 4 pers 60-95 €.* Entourée d'un jardin planté d'oliviers, cette grande bâtisse est divisée en appartements à l'étage et en studios au rez-de-chaussée. Simples, mais très propres, avec TV, AC et kitchenette (bien équipée), chacun possède sa terrasse avec une belle vue sur la mer en contrebas. Accueil en v.o. du papa mais le fils parle l'anglais.

Villa Clelia : *grande maison jaune sur la droite en retrait de la route, avt d'arriver à la plage, en face du petit supermarché. ☎ 26-95-03-50-69. Mai-sept. Studios pour 2 pers 30-45 €.* Une vingtaine de studios et d'appartements propres et simples là encore, avec balcon ombragé donnant sur les oliviers, petite salle de bains, AC, TV et coin cuisine. Tranquillité assurée. Accueil agréable, mais en grec seulement.

Taverna Galini : *en venant de Porto Roma, dans le chemin en face au niveau du croisement pour Gérakas. ☎ 26-95-03-52-31. Mai-oct, tlj midi et soir. Plat autour de 10 €, poisson env 50 €/kg.* Dans un jardin calme, de belles terrasses ombragées surplombant la baie pour se rassasier de petits plats simples ou de poisson frais. Jeux pour enfants. Bel accueil familial.

LA PLAGE DE GÉRAKAS *(ΓΕΡΑΚΑΣ)*

À la pointe sud-est de l'île. Malgré l'installation de parasols et autres *sunbeds* sur sa moitié droite, c'est certainement la plus belle plage de l'île, notamment au couchant, quand la crête rocheuse en tuf prend une jolie teinte rousse. D'ailleurs, les tortues marines ne s'y sont pas trompées, 20 ou 30 ans après y être nées, elles y retournent pour pondre : 26 % des tortues caouannes *(Caretta caretta)* nées en Méditerranée sont enregistrées à Zante. Voilà pourquoi il est interdit d'y dormir et d'y faire du feu. L'Archelon *(**Sea Turtle Protection Society of Greece,** 69-40-45-49-76, à Zakinthos)* se bat depuis plus de 20 ans pour la protection du site, malheureusement les autorités locales sont aux abonnés absents : aucune surveillance, aucune police des plages en période de ponte. L'ONG a d'ailleurs ouvert un centre d'information et de sensibilisation au problème *(**Gerakas Eco Village** ; tlj en saison 10h-18h)* sur la route qui mène à la plage de Gérakas. Pour soutenir l'association, on peut même « adopter » une tortue ! En face du grand parking, l'association ***Earth, Sea & Sky*** *(69-79-85-43-08 ; • earth-sea-sky-global.org •)* tente elle aussi de sensibiliser les touristes *(mai-oct 9h-20h).* Une visite intéressante.

DAFNI *(ΔΑΦΝΗ)*

Après Porto Zorro, sur la route en direction de Porto Roma, prendre la route qui monte sur la droite, juste après le *Sea View Village.* C'est indiqué par un panneau « Dafni Beach ». Puis suivre le chemin, parfois défoncé, sur 3 km environ. Dafni est l'un des principaux sites de ponte des tortues, ce qui ne l'empêche pas d'être hyper fréquentée en été. Les associations locales ont beau baliser l'emplacement des nids avec de petits tréteaux en bois, rien n'y fait... Si vous y descendez, éloignez-vous des gargotes, à moins d'aimer bronzer au son des groupes électrogènes...

LAGANAS *(ΛΑΓΑΝΑΣ ; 291 00)*

Désormais en voie d'« Ibization », avec ses restos-*lounge* et ses ambiances cocktails-tu-t'la-pètes-mon-coco, ce grand ruban de sable long de 7 km fut longtemps l'une des plus belles plages de Zante. Aujourd'hui, le vent a tourné, sous la plage, il y avait les pavés... eh bien, ils ont refait surface ! La « bétonite » a fait des ravages : bars, restos, articles de plage et salles de jeux. Tout s'achète et tout se loue. Il y a tellement de monde à pétarader sur les quads en été, qu'on leur a même interdit de rouler de 8h à 20h, c'est tout dire ! En journée, on bronze sur les bords de la piscine de son hôtel, les oreilles remplies de *house* faussement *pumpin',* mais dès la nuit tombée c'est la kermesse qui commence, avec ses soirées à thème au goût limite et ses beuveries organisées. Bref, amis de la poésie, passez votre chemin !

KÉRI *(ΚΕΡΙ ; 290 92)*

Village perché sur la montagne, à l'extrême sud de Zante, donnant sur l'ouest. On y admire le soleil au pied du phare. La plage de Kéri, elle, est plutôt agréable. On y vient en famille pour pêcher, faire de la plongée sous-marine ou du *snorkelling.* On peut aussi louer un bateau pour aller taquiner la daurade sur les îlots juste en face.

Une vingtaine de phoques méditerranéens *(Monachus monachus)* sont recensés ce secteur de l'île.

NI VU NI CONNU

Ces derniers temps, Zante a défrayé la chronique à cause d'une arnaque à l'assurance maladie. Rien qu'à Kéri, sur les 630 âmes que comptait le village, on ne comptait pas moins d'une cinquantaine d'aveugles touchant une indemnité ! L'un d'eux était même chauffeur de taxi !

Où dormir ? Où manger ?

Pansion Limni : *à Kéri Beach, à l'extrémité nord de la plage (sous l'hôtel* Poséidon*). ☎ 26-95-04-87-16. 69-78-19-52-64. • pansionlimni.com • Tte l'année. Doubles 30-50 € selon saison ; appart 4 pers dans une maison un peu en retrait de la plage* (Porto Tsi Ostrias, *gérée par la même famille ; ☎ 26-95-02-62-89) 40-60 € pour 2. Riche petit déj 6 €. Table d'hôtes 18 €/pers (vin inclus).* Dans une grande bâtisse surplombant la plage de galets, la famille (certains membres parlent le français) accueille avec convivialité les visiteurs. Ici, une dizaine de chambres rénovées avec cuisine, bien tenues et fonctionnelles (AC, TV). Depuis la terrasse commune, vue sur la mer, sur l'îlot rocheux de Marathonissi ou sur l'ancienne lagune. La famille fabrique sa propre huile d'olive ainsi que son vin (et en offre à ses clients). Sur résa, table d'hôtes copieuse avec de bons produits fermiers (poulet, tomates...).

Sunset : *à l'entrée du village perché de Kéri, sur la droite. ☎ 26-95-04-32-70. 20 mai-5 oct, tlj midi et soir. Plats 7-11 €.* Petit resto sans prétention qui fait ses grillades au charbon de bois maison. Pas de poisson ici. Agréable petite terrasse.

Taverna To Finale : *en arrivant à Kéri Beach, repérer l'hôtel* Poséidon, *puis prendre la petite route qui longe la côte juste devant. C'est tt au bout.* ☎ *26-95-04-37-79. Mai-oct, tlj midi et soir. Plats 7-11 €.* Dans la salle à l'abri du vent, ou sur l'une des tables en balcon sur l'eau agréablement rafraîchies par la brise. Ici, c'est du local et sans chichis. D'ailleurs Anastasia, qui œuvre aux fourneaux, a toujours une moussaka sous le coude, au cas où des voyageurs viendraient à se perdre jusqu'ici. Quant à Yannis, son chasseur de mari, c'est une vraie terreur pour les lapins de garenne ! Vous y passerez un agréable moment.

LE NORD DE L'ÎLE

Passé la station balnéaire de Tsilivi et ses plages de sable surpeuplées, la côte devient plus escarpée. La route qui la surplombe égrène un chapelet de criques minuscules qui ne sont accessibles que par la mer.

LES PLAGES D'AMPOULA ET DE DROSIA
(ΑΜΠΟΥΛΑ et ΔΡΟΣΙΑ ; 291 00)

Camping Zante : *à 6 km au nord de la capitale, près de la plage d'Ampoula.* ☎ *26-95-06-17-10.* • *zantecamping.gr* • *Ouv l'été slt. Compter 18 € pour 2 avec tente et voiture.* Sur une colline couverte d'oliviers et de pins, descendant vers la mer (à 5 mn à pied), grand camping familial, très agréable. Belle piscine avec vue dégagée sur la baie, mini-marché, resto et laverie. Bien entretenu et sanitaires impeccables. Bar fort sympathique le soir, près de la mer. Bon accueil. Notre camping préféré à Zante !

Beach Bungalows Kypseli : *à* **Drosia Beach,** *à côté d'Ampoula.* ☎ *26-95-06-16-33.* *69-76-73-84-94.* • *kolspir@yahoo.gr* • *Mai-oct. Bungalows (2-3 pers) 30-55 €/j. selon saison. CB refusées.* Dans un endroit tranquille, une poignée de bungalows au bord d'une petite plage dont 2 font face à la mer. Intérieur contreplaqué, sanitaires avec eau chaude, cuisinette, un grand lit et un petit dans la plupart. Petite terrasse privative, idéale pour boire un chti canon, pelouse, transats. Bon accueil de Katia. Les vacances, quoi !

LA PLAGE D'AMMOUDI *(ΑΜΜΟΥΔΙ ; 291 00)*

Dans une baie paisible avant la station balnéaire sans grand intérêt d'Alykès.

Où dormir ? Où manger ?

Studios et appartements Clear Horizon : *sur la plage d'Ammoudi.* ☎ *26-95-06-29-90.* • *clear-horizon.com* • *Mai-oct. Studios 2 pers 30-45 € ; apparts 4 pers 50-65 € selon saison ; tarifs dégressifs si long séjour. Petit déj en sus. Compter 12-15 € pour un repas.* Grand bâtiment aux murs bleu ciel, avec des appartements spacieux, tous avec AC, kitchenette et balcon. Piscine bien à l'ombre l'après-midi. On peut manger sur place au resto, sur l'une des 3 petites terrasses situées juste au-dessus d'une jolie petite plage. Excellent accueil d'Andréas et de Martina.

Taverne Ammoudi : *depuis la route principale qui traverse le village, en venant de Zakinthos, tourner à droite, la taverne est au bord de l'eau.* ☎ *26-95-06-25-36. Mai-fin oct, tlj midi et soir. Plats 6,50-9,50 €.* Une adresse sans histoire, avec ses 2 grandes terrasses, dont l'une touche presque l'eau. Cuisine grecque consistante et pâtisseries locales.

Où dormir à proximité ?

Archontiko : *à* ***Katastari,*** *à 1 km d'Alykès.* ☎ *26-95-08-30-35.* • *archontiko-maisonettes.com* • *Mai-fin oct. Résa conseillée. Selon saison, 45-95 € pour 2 et 65-125 € pour 4.* Une grosse structure hôtelière aménagée dans une vieille demeure (ancien domaine agricole où l'on pressait l'huile d'olive) rénovée avec beaucoup de goût. Les appartements, sur 2 niveaux, peuvent accueillir de 2 à 5 personnes. Pièces vastes, ameublement de qualité. Également quelques bungalows et maisonnettes plus isolés, à la déco soignée. Piscine. Manque un peu d'entretien en revanche.

Villas Therianos : *à* ***Kallithéa,*** *à 5 km d'Alykès ; passer Katastari, puis prendre à droite après la 2e station-service (fléché).* ☎ *26-95-08-33-73.* • *therianos.gr* • *Mai-oct. Selon saison, 70-140 € la villa 2-4 pers.* Au cœur des vignes, cette ferme d'agritourisme propose 5 villas de bon confort, avec chambre pour enfants en mezzanine, ciel de lit romantique pour les parents, belle cuisine tout équipée, AC et beaucoup d'espace. Terrasse ombragée privative avec barbecue et jeux pour enfants dans le grand jardin. Bon accueil de Dimitris, le proprio, dont la sœur Dionysia parle le français. Organise des cours de cuisine avec les produits bio du jardin.

LA PLAGE DE MAKRYS GIALOS *(ΜΑΚΡΥΣ ΓΙΑΛΟΣ)*

Mignonne petite plage de galets en contrebas de la route. Taverne et buvette sur place en surplomb du parking. Départs d'excursions pour les *Blue Caves,* mais préférer partir d'Agios Nikolaos à 5 km plus au nord (moins cher).

LE PORT D'AGIOS NIKOLAOS *(ΑΓΙΟΣ ΝΙΚΟΛΑΟΣ)*

Port de départ en été du ferry pour Pessada (Céphalonie), ainsi que des nombreux petits bateaux qui proposent de vous emmener aux *Blue Caves (Galazia Spilia).*
ATTENTION : les routards non motorisés arrivant par le ferry ne trouveront pratiquement aucun bus pour quitter le port. Quelques taxis, mais chers *(env 45 € pour rejoindre Zakynthos ! 69-77-27-19-11).* Pour le même prix, faites-vous livrer un véhicule de location.
Sur le port, plusieurs tavernes et des hébergements à proximité en remontant la route vers Askos. Station-service.

Où dormir ?

Palataki Rooms-to-let : *une maison isolée face à la mer à env 300 m du port (prendre la route qui traverse la zone de tavernes à droite en débarquant du ferry).* ☎ *26-95-03-11-16. 69-73-91-01-46.* • *palatakizante.gr* • *De mi-juin à mi-sept. Doubles 40-60 € selon saison.* Maria habite au-dessus, et au-dessous, elle offre une demi-douzaine de beaux petits studios tout équipés et plutôt spacieux. Tous possèdent une vue sur mer avec un balcon pour prendre son petit déj. La grande chambre du bas peut accueillir 4 personnes. Bon accueil. Si Maria ne vous comprend pas, elle appellera Julia, sa fille, anglophone.

À faire

Blue Caves : *plusieurs compagnies proposent la même excursion, au même prix, mai-oct. Compter env 10 €/pers pour 40 mn pour les grottes slt ; 15 €/pers pour 2h30 avec une bonne pause baignade à la baie du Naufrage plus au nord.*

Départs ttes les 30 mn, 9h-17h (jusqu'à 20h-21h en été). Ce sont des grottes où l'eau de mer est étonnamment bleue grâce à la réfraction de la lumière. Tout objet que l'on y plonge prend également une superbe teinte bleu azur. Ceux qui connaissent celles de Capri seront déçus, mais la balade vaut quand même le coup si vous avez un masque. N'oubliez pas votre maillot, la barque s'arrête le temps pour vous de piquer une tête au milieu des grottes. Préférer le matin pour faire l'excursion, la lumière y est meilleure et il y a moins de monde.

VOLIMÈS (*ΒΟΛΙΜΕΣ*)

Si vous êtes motorisé, continuez vers le nord après Agios Nikolaos. La route se perd dans la montagne pour arriver à Volimès. Ici, les maisons ont été miraculeusement conservées. En été, les rues sont envahies de broderies et de tapis, la spécialité du coin. Si vous cherchez votre prochaine destination de vacances, allez donc jeter un œil sur le planisphère, dans l'estaminet situé derrière l'église. Un rade resté dans son jus depuis des lustres.

La baie du Naufrage *(Navagio ou Shipwreck)* **:** une des photos les plus célèbres de Grèce ! Départ de l'excursion en bateau pour la baie du Naufrage à *Porto Vromi (attention, le portable ne passe pas là-bas),* que l'on atteint de Mariès. Il y a également la route qui part d'Anafonitria et aboutit à un embarcadère sans intérêt mais parfois utilisé. La balade dure plus de 1h30 et comprend des visites de grottes aux eaux turquoise, une baignade dans l'une d'elles et une petite heure sur la plage du Naufrage, mais on peut y rester plus longtemps et rentrer par le bateau suivant. *☎ 26-95-02-26-62. 📱 69-73-24-73-90. Mai-oct, départs ttes les 20-30 mn, 10h-17h (18h, voire plus tard en pleine saison). Compter 10-15 €/pers selon nombre de passagers ; réduc ; gratuit moins de 6 ans. Attention, en principe, le bateau ne part que s'il est complet (hors saison, c'est négociable). Départ possible également du port d'Agios Nikolaos, mais le temps de trajet est plus long. Si vous voulez manger avt d'aller rendre le tt aux poissons, allez vous attabler chez* ***Margarita,*** *à* ***Anafonitria.***

DES SÈCHES SUR ZONE HUMIDE

En 1983, lors d'une tempête, un bateau qui s'adonnait à la contrebande de cigarettes s'est échoué sur cette magnifique plage de sable blanc. N'étant pas en règle, l'équipage a disparu avant l'arrivée de la police. Depuis cette date, le Panagiotis *rouille et est devenu une très belle épave, pour la plus grande joie des touristes.*

Si vous voulez juste jeter un coup d'œil à l'épave depuis la falaise, sachez qu'on n'a une vue plongeante que d'un seul endroit : en venant de Volimès, tourner à droite avant un petit monastère, au niveau du panneau « Shipwreck ». Une minuscule passerelle métallique a été aménagée en promontoire, suspendu au-dessus du vide, mais on n'y voit pas grand-chose à vrai dire. En tout cas, **tenir les gosses par la main !** La marche fait 100 m de haut ! En revenant sur vos pas, allez jeter un œil au ***monastère d'Anafonitria*** (XVe s), vous y verrez une belle iconostase en bois sculpté *(tlj en saison 9h-13h30).*

RETOUR VERS ZAKINTHOS

Pour regagner le sud ou l'est de l'île, prendre la route qui passe par Mariès, Exo Chora (des petits restos et à la sortie du village, sur la droite, une petite route pour ***Kambi,*** d'où la vue est magnifique au couchant), Agios Léon et Kilioméno. Ensuite, redescendre vers la plaine par Machairado. Autre possibilité plus rapide : prendre la petite route qui part du centre de Mariès et attaque la montagne, pour gagner l'autre rive (direction de Koroni). Sur l'autre versant, la route serpente dans une mer d'oliviers d'où émergent les silhouettes filiformes des cyprès.

Où manger dans les environs ?

O Paliomylos : *à **Louha,** au sommet de la colline. 69-79-79-26-07 (Takis). Mai-oct, tlj midi et soir. Plats 7-11 €.* Perdue sur les hauteurs de l'île, une taverne de construction moderne avec terrasse et salle panoramique. Parmi les plats : *stifado,* moussaka, lapin ou chevreau à la tomate et surtout, un *arni sto pilino* fantastique (de l'agneau fondant cuit au four, avec du fromage et des champignons frais : un délice !). Accueil familial et chaleureux à l'image de l'assiette.

Taverna Vrahos : *à **Agia Marina.** ☎ 26-95-06-17-94. Mai-oct, tlj midi et soir. Plats 7-11 €.* Une terrasse offrant l'une des plus belles vues sur Zakinthos. Ici l'on déguste une cuisine préparée avec des viandes locales et des légumes du potager. Maria excelle dans la stratification de sa moussaka (au millimètre, on vous dit, c'est du grand art !). Sinon, tout plein de plats en sauce (tomate), et le *kleftiko,* un agneau cuit dans un pot en terre. Accueil un peu bourru du fiston.

Cross Tavern : *à **Kambi.** Sous la croix érigée en hommage aux victimes du nazisme. ☎ 26-95-04-84-80. Mai-oct.* Sur la côte ouest, que l'on rejoint depuis Exo Chora. On y vient, bien sûr, au coucher du soleil. Petites tables disséminées en terrasses sous les pins. Carte banale mais bon marché. On a aimé les courgettes frites et les *souvlakia.* Pour le déjeuner, la ***taverna Michalis,*** située en contrebas, est très bien aussi.

Où acheter de bons produits locaux ?

Coopérative Melissiotisès : *à **Kilioméno** ; maison rouge à l'entrée du village, en venant de Lithakia au sud. ☎ 26-95-04-28-72.* Tenue par des femmes, une boutique de produits de l'agriculture locale : huile, vin, miel, fromage, savon, chandelles, liqueur, confitures et de l'artisanat, broderies, bijoux, etc. Accueil adorable.

À voir dans les environs

Helmi's Natural History Museum : *à **Agia Marina.** ☎ 26-95-06-50-40. • museumhelmis.gr • Tlj 9h-18h (14h nov-avr). Entrée : 6 € ; réduc.* Petit musée d'histoire naturelle sans prétention qui présente succinctement sur trois niveaux les richesses faunistiques et floristiques de l'île. Un peu chérot quand même.

L'ÉPIRE, LA THESSALIE ET LE CENTRE

L'ÉPIRE CÔTIÈRE

• Carte L'Épire *p. 363*

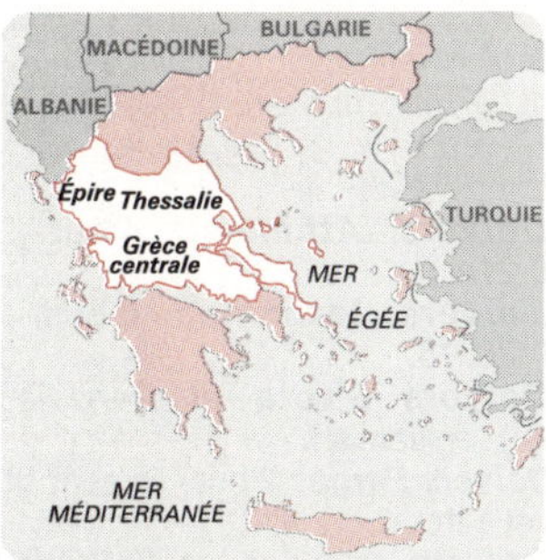

L'Épire (Ηπειρος en grec, prononcé « Ipiros » et signifiant le « continent ») est la région au nord-ouest du pays, au sud de l'Albanie. Beaucoup de ceux qui arrivent en Grèce par ferry depuis l'Italie y posent le pied, à Igouménitsa. Pourtant, dès qu'on s'éloigne de la côte, il n'y a plus foule de touristes, sans doute parce que tout le monde file rapidement vers les Météores (en Thessalie). L'Épire est une région montagneuse rude, austère (il n'y reste que 400 000 habitants environ, l'émigration ayant été importante, notamment dans les années 1950). Région privilégiée également pour les amateurs de trekking, pour les fans de gorges, de canyons ou de sports en eaux vives. Enfin l'Épire, c'est la terre de Pyrrhus et d'Ali Pacha, qui ont tous les deux symbolisé, de l'Antiquité aux périodes récentes, le fort caractère de ce peuple.

➢ D'Épire, on accède assez facilement à trois des îles Ioniennes : Corfou, Paxos et Leucade. Pour rejoindre l'est de la Grèce, on peut compter sur l'Égnatia Odos, grand axe autoroutier de 670 km reliant Igouménitsa à la Turquie.

IGOUMÉNITSA (ΗΓΟΥΜΕΝΙΤΣΑ) (461 00) 9 150 hab.

Capitale du département de la Thesprotie, la ville n'est qu'un lieu de passage où accostent les ferries en provenance d'Italie et d'où partent ceux pour l'île de Corfou, juste en face. On ne s'y attardera pas.

Difficile de s'y perdre : l'odos Ethnikis Antistassis borde la mer sur toute la longueur, sauf au sud, en direction du port moderne, où elle devient l'odos

Agion Apostolon. La rue marchande qui lui est presque parallèle à l'intérieur se nomme odos Kyprou. Ces axes regroupent la plupart des hôtels et des restos.

Arriver – Quitter

En ferry de/vers l'Italie

Un grand terminal pour les passagers a été construit à l'extrémité sud du port : là sont concentrés les guichets des compagnies maritimes (mais on peut également acheter son billet au bureau des agences – *head offices* – sur l'axe principal). Sinon, entre la ville et le terminal, plein d'agences : on conseille l'agence ***Panda Travel*** *(145, odos Agion Apostolon ; ☎ 26-65-02-86-15).* Ne jamais prendre de billet *open* au mois d'août quand on a une voiture, au risque d'attendre jusqu'à début septembre.

■ ***Superfast Ferries :*** *Attica Group, au nouveau port. ☎ 26-65-02-81-50. • superfast.com •* 1 liaison/j. avec Bari, Ancône et Venise *(service commun avec Anek Lines ; Euroline Shipping, au nouveau port ; ☎ 26-65-02-90-63 ; • anek.gr •).*

■ ***Minoan Lines :*** *au nouveau port. ☎ 26-65-02-44-04. • minoan.gr •* Liaisons avec Ancône et Trieste.

■ ***Grimaldi Lines :*** *au nouveau port. ☎ 26-65-02-44-04. • grimaldi-lines.com •* Liaisons avec Brindisi.

En bateau de/vers Corfou

Les billets des ferries s'achètent auprès des petits guichets, face à l'embarcadère des bateaux, dans le port du centre-ville.

➢ Avec *Corfu Ferries (☎ 26-61-02-66-50),* départ *pour* ***Corfou*** ttes les 1h30-2h en saison, 4h30-23h30 ; env une dizaine/j. hors saison. Compter 1h45 de traversée et 11 €/pers (40 € pour une voiture légère). La compagnie *Kerkyra Lines (☎ 26-61-02-06-74)* assure la même liaison et au même prix (mais avec slt 6 ferries/j.). Le retour est facturé ½ tarif pour chacune d'elles.

➢ Env 6 départs/j. pour ***Lefkimmi*** lun-sam 8h-20h30 et 4 le dim 8h45-18h45 (août, 7 départs/j. 8h-21h15) avec *Lefkimmi Lines (☎ 26-65-02-67-96).* Compter env 7 €/pers (26 € pour une voiture).

En bus

🚌 ***Gare des bus :*** *400 m avt le nouveau port, en retrait de l'odos Agion Apostolon (on ne la voit pas en longeant la mer, prendre à gauche au rond-point en venant du centre-ville). ☎ 26-65-02-23-09.*

➢ ***De/vers Athènes :*** 4 bus/j., 8h30-21h.

➢ ***De/vers Ioannina :*** 6 bus/j., 8h30-20h15.

➢ ***De/vers Sivota et Perdika :*** 3 bus/j., en sem slt.

➢ ***De/vers Parga :*** 2 bus, en sem slt, à 6h et 14h.

➢ ***De/vers Prévéza et Lefkada :*** 1 bus slt lun-ven à 11h30, w-e à 16h15.

➢ ***Pour les Météores :*** prendre le bus pour Ioannina et changer pour Kalambaka. Les bus de ***Thessalonique*** (2 bus/j., à 9h et 15h) passent par Gréväna, plus au nord.

Adresses utiles

✉ ***Poste :*** *odos Tzavélainas, derrière le square. Au bout de l'odos Ethnikis Antistassis, en direction du nord. Lun-ven 7h30-14h.*

■ ***Banques :*** *la plupart sont sur l'odos Ethnikis Antistassis. Lun-ven 8h30-14h30 (14h ven).* Distributeurs automatiques.

■ ***Centre de soins*** *(Kendro Hygias en grec, équivalent d'un dispensaire)* ***:*** *au début de la vieille route de Ioannina (10, odos 28-Oktovriou). ☎ 26-65-02-44-20/21.* En cas de gros pépin, il est conseillé d'aller à l'hôpital de Filiatès *(☎ 26-64-02-22-03).* Il se situe à 18 km au nord d'Igouménitsa.

■ ***Consignes à bagages :*** *au nouveau port. Compter 2 € pour 8h (3 € pour 24h).*

L'ÉPIRE

Où dormir à Igouménitsa et dans les environs ?

On ne dort à Igouménitsa que si l'on a un ferry à prendre aux aurores. Les hôtels, pléthoriques, n'ont pas grand charme, c'est le moins qu'on puisse dire.

Campings

⛺ ***Camping Kalami Beach :*** *à 8 km d'Igouménitsa, direction Parga.* ☎ *26-65-07-12-11/13.* ● *camping kalamibeach.gr* ● *Sur la ligne de bus pour Sirota (3 bus/j.). D'avr à mi-oct. En été, env 23 € pour 2 avec tente et voiture. Camping Sunshine : 10-15 % de réduc sur présentation du dépliant de la chaîne.* Situé au bord d'une belle plage de petits galets, juste en contrebas de la route. Propre et fleuri, belles terrasses ombragées. Épicerie, resto. Peut être bruyant en saison. Bon accueil.

⛺ ***Camping Elena Beach :*** *à **Plataria.** À 10 km d'Igouménitsa vers Parga, avt* *d'entrer dans la petite station balnéaire. ☎ 26-65-07-10-31. • campingelena.gr • Avr-fin oct. Compter 20,50-22,50 € pour 2 avec tente et voiture. Studio et 2 chambres 35-50 €.* Un petit camping familial très tranquille, les pieds dans l'eau. Les emplacements, ombragés par les eucalyptus, sont disposés pour la plupart le long d'une plage de cailloux, mais agréable et quasi privée. Sanitaires impeccables, coin cuisine et jeux pour enfants. Également un resto convivial ouvert toute la journée, avec une agréable terrasse fleurie. Très bon accueil de Georgios.

Prix moyens

Hotel Acropolis : *58A, odos Ethnikis Antistassis. ☎ 26-65-02-80-63 ou 83-46. • hotel-acropolis.gr • Sur le front de mer, à l'opposé du nouveau port. Doubles 40-55 € selon saison, petit déj en sus.* Dans la partie la plus calme de l'avenue, cet hôtel ancien à la façade bleue pimpante a été entièrement refait dans un style contemporain (sauf le 3e étage, fermé) et offre un bon confort (literie neuve, frigo, TV à écran plat). Bon accueil du jeune propriétaire.

Hotel Aktaion : *17, odos Agion Apostolon. ☎ 26-65-02-27-07. • hotelakteon.gr • Sur le front de mer, face à l'embarcadère des ferries pour Corfou. Doubles 40-50 €, petit déj inclus.* Malgré sa façade triste, un hôtel confortable aux chambres propres, dans les teintes pastel, avec clim et frigo. Pas un grand cachet, mais correct pour le prix – et, en principe, on n'est là que pour attendre un bateau. Préférer tout de même les chambres à l'arrière, plus calmes.

Où manger à Igouménitsa et dans les environs ?

Beaucoup de restos sont regroupés sur odos Ethnikis Antistassis, en s'éloignant du port en direction du nord. On y trouve aussi une enfilade de bars branchés.

Emily Akti : *dans une petite impasse en biais, à côté de l'*Hotel Aktaion*. ☎ 26-65-02-37-63. Plats 7-10 €.* Taverne pas trop attrape-touriste. Bonne cuisine locale où l'on va choisir son plat. Poisson frais.

Vythos : *à* **Plataria.** *À 10 km d'Igouménitsa vers Parga, à gauche du port, tt au bout, écrit en grec (Βυθός). ☎ 26-65-07-17-97. Plats 8-14 €.* Sympathique taverne surplombant le port de plaisance. Demander à Christos, l'accueillant patron, de vous montrer ses poissons et fruits de mer du jour. Ses petites sardines et ses anchois marinés sont extra !

DANS LES ENVIRONS D'IGOUMÉNITSA

La plage de Drépanos : *à 4 km au nord de la ville, suffisamment loin des eaux du port.* Sept kilomètres de sable en direction de l'Albanie, de moins en moins bien entretenus plus on s'éloigne. Mais la municipalité a fait des efforts réels pour mettre en valeur le coin (quelques douches près de la plage).

Sagiada : *à 12 km env au nord-ouest de Filiatès.* C'est presque la frontière avec l'Albanie, autant dire qu'on ne s'y bouscule pas trop. Tourisme grec essentiellement. Les camping-cars y sont tranquilles. Petits restos sympas.

SIVOTA (ΣΥΒΟΤΑ) (461 00) 875 hab.

D'Igouménitsa à Parga, la côte est superbe. Pourquoi ne pas faire un petit détour par Sivota, en quittant la route principale au carrefour de Plataria ? Sans grande unité, dispersé sur plusieurs collines, ce village, qui s'est

énormément développé en quelques années, a pour principal atout ses 15 plages et ses petites îles, certaines très faciles d'accès. Beaucoup de plaisanciers le fréquentent. Possibilité d'aller à Paxos (excursions à la journée).

Où dormir ? Où manger ?

Pas de problème pour trouver des ***chambres, appartements*** et ***villas.*** Vous pouvez vous faciliter le travail en passant par l'agence *Sivota Travel (dans la rue principale, en arrivant sur le port ; ☎ 26-65-09-32-64 ou 34-39 ; • sivotatravel.gr • ; tlj 9h-13h30, 18h-22h30 en saison, slt l'ap-m hors saison).* Un conseil : repérez d'abord les plages, soit de visu, soit en vous procurant la brochure éditée par *Sivota Travel,* et demandez à être logé à proximité de celle qui vous a tapé dans l'œil.

Georgios Family : *sur le port de plaisance. ☎ 26-65-09-32-66. Plats 10-14 €.* Un resto classique proposant une carte variée. Cuisine familiale traditionnelle. Grande terrasse sans originalité. Service efficace.

À voir. À faire

Les plages : de *Bellavraka* (accès depuis la place ronde à proximité du port : monter la côte assez raide qui mène à un quartier de villas et continuer tout droit pendant environ 1 km), possibilité de traverser à pied le tout petit bras de mer qui sépare l'îlot Mourtéméno de la terre. Malheureusement, la proximité du *Robinson Club* a rendu le coin assez bruyant. Plusieurs autres plages (accessibles en barque, locations à la demi-journée), sur les petites îles d'Agios Nikolaos et de Mavro Oros. À la sortie sud de Sivota, plage de *Zavia,* très abritée au fond d'un golfe, avec un grand parking et un café-restaurant. Plus de place sur *Méga Ammos,* un peu plus au sud. D'autres petites criques tout au long de la route en direction de Perdika, squattées par des *beach-bars* qui louent parasols et transats. Plus loin, après Arillas, la belle et grande plage familiale de *Karavostassi* est bien agréable.

PARGA (ΠΑΡΓΑ)

(480 60) 3 900 hab.

• Plan *p. 366-367*

À 50 km au sud d'Igouménitsa, sur une côte dont vous apprécierez la beauté lors du trajet d'accès par la route. Parga est un ancien village de pêcheurs, blotti sur le flanc d'une colline couronnée par les ruines d'une forteresse construite au XIVe s et renforcée pendant l'occupation vénitienne. Les habitants de Parga ont montré dans l'histoire qu'ils avaient du caractère : en 1819, les Anglais, maîtres de Parga comme des îles Ioniennes, vendirent la ville à Ali Pacha, le maître de Ioannina, qui avait des velléités d'indépendance face à l'Empire ottoman. En signe de refus – Ali Pacha était albanais et non grec –, la plupart des habitants s'exilèrent à Corfou, et leurs descendants ne remirent les pieds à Parga qu'après 1913, quand l'Épire fut rattachée à la Grèce.

Parga possède tout le charme qui évoque les îles, mais l'endroit est devenu extrêmement touristique... ce qui se ressent fortement sur les prix et l'accueil. La ville moderne est bâtie un peu en hauteur, mais le bas (quartier du port, plage...) est remarquable et inaccessible aux voitures. On peut donc

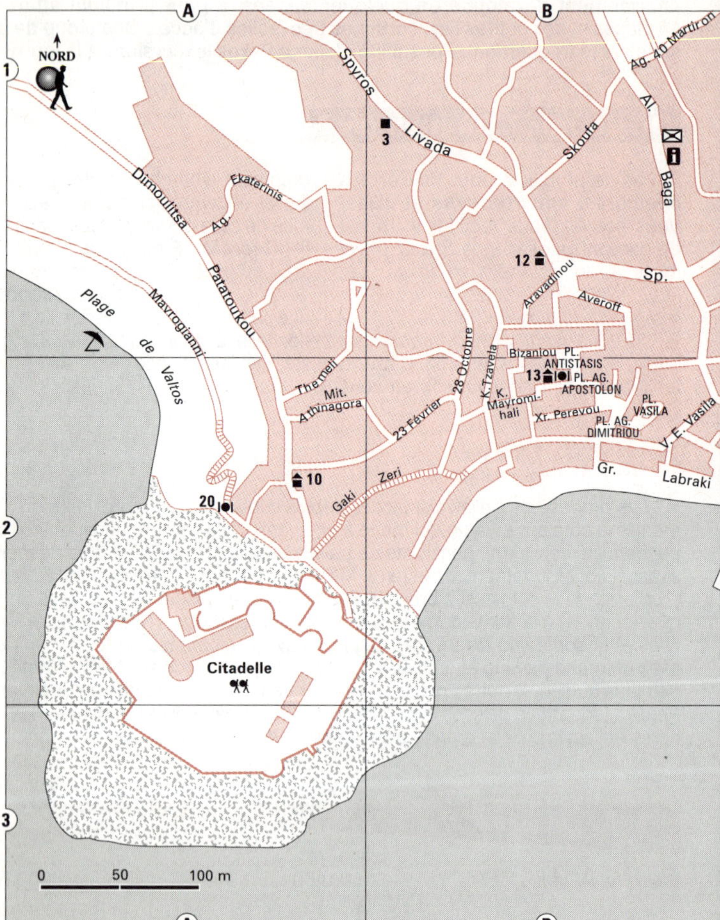

se balader dans les petites ruelles tranquillement (enfin, hors saison...). En saison, le touriste est pris pour une vache à lait, vous voilà prévenu !

Arriver – Quitter

🚌 ***Gare routière*** *(plan C1)* ***:*** *au bord de la grande route qui contourne le village. ☎ 26-84-03-12-18. • ktelprevezas.gr •*

➢ ***De/vers Athènes :*** 3 bus/j., 7h-16h. À Athènes, depuis le terminal A, 100, odos Kifissou. Trajet : 7h.

➢ ***De/vers Prévéza :*** de Prévéza, 4 bus/j. en sem 6h15-20h, 3 le w-e 8h30-20h. De Parga, 5 bus/j. en sem, 4 le w-e 7h-21h15.

➢ ***De/vers Igouménitsa :*** 2 bus/j. en sem à 7h et 15h (6h et 14h d'Igouménitsa) ; aucun le w-e.

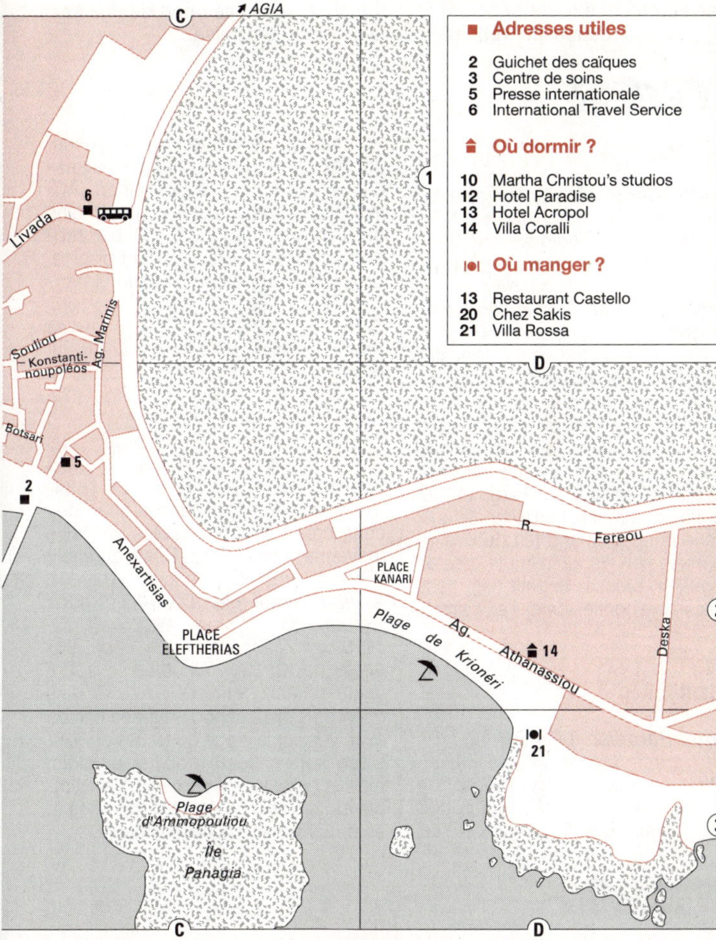

PARGA

Adresses utiles

✉ **Poste** (plan B1) **:** rue Al. Baga. Lun-ven 7h30-14h.

■ ***Presse internationale*** (plan C2, **5**) **:** *sur le quai.* On y trouve également des cartes (routières, ou pour la randonnée).

■ ***Centre de soins*** (*Kendro Hygias en grec ; plan B1,* **3**) **:** *odos Spyros Livada.* ☎ *26-84-03-12-33. Tlj, 24h/24 (sonner la nuit).*

■ ***International Travel Service*** (*plan C1,* **6**) **:** *4, odos Spyros Livada.* ☎ *26-84-03-18-33.* • *parganet.gr* • *Avr-oct, tlj.* Les propriétaires francophones de l'*Hotel Acropol* (et de quelques autres hébergements à Parga) proposent tous les services d'une agence de voyages : location de chambres, studios ou appartements, excursions, infos touristiques, location de véhicules, transferts pour l'aéroport de Prévéza, le port d'Igouménitsa...

Où dormir ?

Prix moyens

🏠 ***Martha Christou's studios*** *(plan A2, **10**) : 6, odos Patatoukou. ☎ 26-84-03-19-42. • marthas.studio.parga@gmail.com • Tt en haut, près de l'entrée de la citadelle, dans un quartier où les chambres pullulent. Résa impérative en été. Selon saison, doubles 35-50 €, studios 45-60 €, appart 80-100 €.* Des studios fonctionnels mais très bien tenus, 2 chambres simples donnant sur un jardinet d'orangers et de citronniers, et un superbe appartement avec 2 chambres et une vaste terrasse privative jouissant d'une vue imprenable sur Parga et l'îlot Panagia. La patronne, très sympathique, ne parle que l'allemand (en dehors du grec), mais son fils, qui tient le café en bas (où l'on prendra le petit déj), parle l'anglais. Une bonne adresse au calme.

De prix moyens à plus chic

🏠 ***Hotel Paradise*** *(plan B1, **12**) : 16, odos Spyros Livada. ☎ 26-84-03-12-29. • paradise-palatino.com • Près de l'école. Selon saison, doubles 45-90 €, quadruples 65-125 €, petit déj inclus.* 💻 📶 Hôtel de taille moyenne, qui propose de belles chambres agréablement colorées, avec balcon (AC, frigo). Chambres pour 4 un peu moins douillettes mais toujours d'un bon rapport qualité-prix. Bar, jardin et piscine. Une partie du personnel parle le français. Bon accueil.

🏠 ***Hotel Acropol*** *(plan B2, **13**) : 4, odos Agion Apostolon. ☎ 26-84-03-18-33. • acropolhotel.com.gr • Dans le dédale des ruelles du village (indiqué de l'école). Résa impérative en été. Selon saison, doubles 50-80 €, quadruples 90-140 €, petit déj compris.* 💻 📶 Dans une bâtisse de charme de 1884, rénovée avec beaucoup de goût, des chambres très confortables, de taille moyenne, avec balcon. Resto agréable (*Castello* ; voir « Où manger ? »).

🏠 ***Villa Coralli*** *(plan D2, **14**) : 7, odos Agiou Athanassiou. ☎ 26-84-03-10-69. • villacoralli.com • Face à la plage de Krionéri. Doubles 50-120 € selon saison, petit déj inclus.* 📶 Les chambres disposent d'un grand balcon avec vue sur la plage ou sur les oliviers. Déco sobre, beau mobilier en bois, frigo et belles salles de bains. L'ensemble est rutilant. Également 4 studios et un appartement. Accueil aimable.

Où manger ?

🍴 Un tas de ***restos*** sur la promenade qui longe la mer. Personnel malheureusement assez racoleur et rapport qualité-prix peu convaincant.

🍴 ***Chez Sakis*** *(plan A2, **20**) : odos Patatoukou. ☎ 26-84-03-22-62. Plats 7-11 €.* L'une des dernières tavernes à l'ancienne à l'écart du flot touristique, dans une charmante ruelle au pied de la citadelle. Service en terrasse sous la treille ou en salle face à la cuisine ouverte. On se régale de petits plats goûteux et de poisson bien frais, à prix imbattables. L'adresse est connue, mieux vaut venir tôt, ou tard. Attente un peu longue à la commande, mais l'ouzo est offert. Accueil excellent d'une équipe efficace et aux petits soins pour sa clientèle (même quand c'est plein !).

🍴 ***Restaurant Castello*** *(plan B2, **13**) : 6, odos Agion Apostolon ; resto de l'*Hotel Acropol *(voir « Où dormir ? »). ☎ 26-84-03-18-33. Repas 15-25 €.* Très bonne cuisine italienne, mais aussi internationale, avec quelques spécialités orientales. Resto élégant, au personnel stylé, avec une agréable terrasse ombragée à l'écart de l'agitation. Cave très bien fournie de 240 références, que l'on aperçoit grâce au sol en verre. Tout cela pour un prix un brin supérieur à celui des tavernes du port.

Villa Rossa *(plan D3, **21**) : au bout de la plage de Krionéri, face à l'îlot de la Panagia. ☎ 26-84-03-15-32. Repas 20-30 €.* Belle terrasse élégante à l'écart du passage qui s'étire sous les rochers bordant la plage. Magnifique vue sur la colline surmontée de la citadelle. Bon choix de poisson frais et quelques viandes grillées à prix encore raisonnables. Ils disposent également de belles chambres à louer, mais assez chères.

Où dormir ? Où manger dans les environs ?

À Lichnos

Enjoy Lichnos *(hors plan par D2) : à env 3 km au sud de Parga, en contrebas de la route pour Prévéza. Liaisons fréquentes avec Parga en taxi-boat. ☎ 26-84-03-13-71. • enjoy-lichnos.net • Fin avr-oct. Selon saison, 21-24 € pour 2 avec tente et voiture, bungalows 40-60 €, studios 50-90 €, appartements pour 4 pers 70-120 €.* Petit centre de vacances familial qui s'étage sur une pente douce avec une belle plage au cœur de la baie de Lichnos. Emplacements pour campeurs bien ombragés d'oliviers, quasi les pieds dans l'eau. Studios et appartements refaits à neuf, répartis dans 3 bâtisses roses sur les hauteurs. Tous offrent un bon confort et possèdent un balcon avec vue. Piscine, taverne, minimarché... L'ensemble est bien tenu et l'accueil agréable. Plus calme que Parga, que l'on peut rejoindre par un chemin côtier. Un bon plan en famille.

À Agia Kyriaki

Villa Saint Antonio *(hors plan par D2) : à env 7 km au sud de Parga sur la route de Prévéza, c'est la 1re maison à droite avt le village. ☎ 26-84-03-10-96. • saint-antonio.gr • Selon saison, doubles 30-50 €, familiales 40-60 €.* Tenue par une famille accueillante (Catherine, Antonio et leur fils), cette maison d'hôtes disposent d'une quinzaine de studios simples mais de bon confort et peu onéreux. On évitera ceux qui sont côté route au profit de ceux sur l'arrière, dotés d'un balcon ou d'une terrasse qui offre un magnifique point de vue sur la baie de Lichnos. Piscine pour se rafraîchir.

À voir

Pour jouir d'une vue de toute beauté sur ce site, grimper à la ***citadelle*** *(plan A2-3)* qui fut occupée par Ali Pacha. Petite expo photo. Entrée gratuite. Et un café sympa pour se récompenser d'avoir fait la grimpette (petite restauration).

DANS LES ENVIRONS DE PARGA

Sur le port, un petit guichet *(plan C2, **2**)* vend des billets pour se rendre en caïque sur les plages des environs *(compter 4 € pour Valtos, 8 € pour Lichnos et 10 € pour Sarakiniko).* Très agréable et pratique si vous n'êtes pas motorisé.

Valtos (Βαλτος) *: à 2 km en voiture, de l'autre côté de la citadelle (on peut y aller en caïque ou à pied par la ville en montant tt près de la citadelle avt de redescendre par des marches).* Jolie plage, très fréquentée. On peut également rejoindre en caïque la belle plage de ***Lichnos,*** plus tranquille, à 3 km au sud.

Sarakiniko (Σαρακηνικο) *: à env 10 km au nord-ouest de Parga, sur la route en direction de Perdika.* Après Anthousa, passer les bifurcations pour Agia, puis tourner à gauche vers la plage de Sarakiniko (indiquée). L'étroite route aboutit, environ 5 km plus loin (à la fourche, après 3 km, prendre sur la gauche), à cette plage merveilleuse. En saison, caïque depuis Parga. Sur place, surplombant la plage (il faut grimper), une taverne sympathique *(Agali),* sinon un café-resto.

Au sud de Parga, direction Prévéza, plusieurs belles plages dans le district de Fanari : ***Ammoudia*** (à l'embouchure de l'Achéron), ***Kérentsa, Amoni*** et ***Alonaki.***

Nékromantion : *à **Messopotamos,** à une vingtaine de km au sud de Parga, un peu à l'écart de la route de Prévéza, sur une butte, 500 m au-dessus du village. ☎ 26-84-04-12-06. Tlj 8h-20h (8h30-15h nov-mars). Entrée : 8 €.*
C'est le sanctuaire de l'Oracle des morts, qui fit l'objet de nombreux pèlerinages dès l'époque archaïque (les premières traces d'activité sur le site remonteraient au VIIe s av. J.-C.). On venait au sanctuaire interroger les âmes des défunts, comme le fait Ulysse dans l'*Odyssée,* au cours d'un long rituel de plusieurs jours, incluant jeûne, solitude, prières et offrandes généreuses, le tout dans le noir complet. On pense que l'on amenait les fidèles, ainsi psychologiquement préparés, dans un sanctuaire également plongé dans l'obscurité et où, par un système de roues crantées (visibles dans le musée de Ioannina) et de contrepoids situés dans la crypte, on faisait apparaître des formes évoquant des âmes.
Il faut un gros effort d'imagination pour se représenter cela à partir des quelques ruines de bâtiments datant du IVe ou du IIIe s av. J.-C., sur un site agréable mais très vite vu. Le sanctuaire fut détruit en 167 av. J.-C. par les Romains. L'*Achéron,* qui passe à côté, était la rivière sur laquelle Hermès conduisait les morts.
Si l'on veut se baigner dans le fleuve des Morts, il faut parcourir environ 21 km en passant par Kanalaki, puis s'enfoncer dans les terres jusqu'à Gliki. Là, un sentier fléché permet de remonter le long de l'Achéron. Prévoir la tenue ad hoc : on commence par se mouiller les pieds, puis on franchit à la nage trois passages de 25-30 m chacun. Vivifiant ! Quelques bars-restos au début du sentier pour reprendre des forces au retour. À ne pas faire si l'orage menace.

PRÉVÉZA (ΠΡΕΒΕΖΑ) (481 00) 19 000 hab.

Ce port, qui commande l'entrée du golfe d'Arta, conserve le petit charme des cités vivantes un peu oubliées. La ville fut fondée par le roi d'Épire, Pyrrhus. C'est au large de Prévéza que se tint la fameuse bataille navale d'Actium, en 31 av. J.-C. Une autre bataille navale, en 1538, vit la flotte turque, sous la conduite de Barberousse, défaire son homologue chrétienne. Ali Pacha s'en empara en 1799, causant beaucoup de destructions. Comme le reste de l'Épire, la ville est restée turque jusqu'en 1912. On y dénombrait alors six consulats européens. Du bastion du fort vénitien, vous couvrez toute la vue sur le golfe. La ville n'a pas été défigurée par une façade d'immeubles modernes sur le quai, et présente une animation intéressante dans le quartier et les ruelles alentour, avec leurs restaurants populaires. Nombreuses vieilles maisons dans les ruelles piétonnes derrière le port. L'activité se concentre entre le quai piéton (léoforos E. Vénizélou) et la rue centrale (léoforos Irinis) qui lui est parallèle.
➢ Un tunnel qui a remplacé le bac permet d'accéder à la route pour Leucade bien plus rapidement pour environ 3 €.

Arriver – Quitter

En bus

Station de bus : *léoforos Ioannina (à l'entrée de la ville), à 2 km du centre (des bus municipaux permettent de s'y rendre). ☎ 26-82-02-22-13. • ktelprevezas.gr •*

➢ ***De/vers Igouménitsa :*** 1 bus/j. à 14h30.
➢ ***De/vers Parga :*** 4 bus/j. en sem, 6h15-20h ; 3 bus le w-e.
➢ ***De/vers Ioannina :*** 6-8 bus/j., 6h (7h30 le w-e)-20h10.

➢ ***De/vers Arta :*** 3 bus/j. lun-ven 12h30-17h30 ; aucun le sam, 1 slt le dim.
➢ ***De/vers Lefkada :*** 6 bus/j. lun-sam 7h-20h10 (2 le dim).
➢ ***De/vers Athènes :*** 5 bus/j., 7h30-17h30.

Adresses utiles

✉ ***Poste :*** *odos Spiliadou, sur le front de mer en s'éloignant vers le nord. Lun-ven 7h30-20h30, sam 7h30-14h30.*
■ ***National Bank of Greece :*** *sur le front de mer, une imposante bâtisse face au port de plaisance.* Avec distributeur.
✚ ***Hôpital :*** *2, odos Sélevkias. ☎ 26-82-36-12-00. Pour s'y rendre, passer le port et le château, par Spiliadou.*

Où dormir ?

De prix moyens à plus chic

Hotel Avra : *19, odos Vénizélou, sur le port. ☎ 26-82-02-12-30. • hotelavra.net • Doubles 40-50 €. Petit déj 4 €. Réduc dès la 2e nuit.* Hôtel sans charme particulier, mais correct, disposant d'une trentaine de chambres sur 3 niveaux, la plupart donnant sur la mer, dans la partie la plus calme du front de mer. Patron très sympa.
Hotel Dioni : *4, odos Kalou. ☎ 26-82-02-73-81. • boutiquehoteldioni.gr • En plein centre, entre l'axe central et la mer. Doubles 70-90 €, petit déj inclus.* Boutique-hôtel récemment rénové, aux couleurs pimpantes, contrastant avec un centre-ville plutôt ancien. Excellent niveau de confort dans les chambres, agréablement décorées dans un style design.
The Captain's House : *4-6, odos Karyotaki. ☎ 26-82-02-39-15. • captainshousepreveza.gr • À 30 m du port de plaisance, dans une rue perpendiculaire. Selon saison, doubles 80-90 € avec petit déj ; suites plus chères. Parking.* Maison d'armateur de 1896, où séjourna Marie Bonaparte en 1912, restaurée depuis en hôtel élégant. Chambres standard pas très grandes mais déco raffinée et équipement complet. Salons cosy pour prendre le thé, avec photos des bateaux du capitaine. Petit déj-buffet dans une courette. Excellent accueil.

Où manger ?

Les ***restos*** sur le port sont dans l'ensemble sympas et n'arnaquent pas. Agréable animation le soir. La taverne ***O Kaïxis*** (odos Parthénagogiou, qui part du port) est très appréciée des familles grecques.
Taverne Ambrosios : *9, odos Grigoriou E' (qui part du port). Plats 8-15 €.* Grosses barriques et fresques humoristiques à l'intérieur. Bonnes sardines grillées et calamars. Le patron est un bon vivant, très aimable. Prix raisonnables. Une des plus anciennes tavernes de Prévéza.
Psatha : *4, odos Dardanélion (rue piétonne). Tlj sf dim soir hors saison. Compter 11-13 €.* Classique *mayirio* de quartier où l'on sert essentiellement des plats cuisinés qu'on vous invite à aller choisir en cuisine. Patron affable, tout à son affaire. Service rapide.

Où dormir ? Où manger dans les environs ?

Camping Kalamitsi : *entre la route d'Igouménitsa et la mer, à 4 km au nord. ☎ 26-82-02-21-92. • campingkalamitsi.eu • Mai-sept. Compter 21,50-24,50 € pour 2 avec tente et voiture.* Terrain très vert, enfoui sous les bougainvillées, et emplacements propres tirés au cordeau. Très belle piscine. Calme. Dommage, la plage (à 100 m) n'est vraiment pas terrible. Épicerie, resto. Location de bungalows pour 4 personnes avec kitchenette *(55-65 €)*. Accueil très aimable.

Camping Acrogiali : *à **Riza,** sur la route d'Igouménitsa, à 27 km au nord. ☎ 26-82-05-63-82. • camping-acrogiali.com • Prendre la direction de la plage (paralia) de Riza quand on vient du sud et parcourir 2 km sur la petite route côtière. Si l'on vient du nord, quitter la route principale pour Ligia ; le camping est indiqué. Tarifs raisonnables : selon saison, 15-18,50 € pour 2 avec tente et voiture ; 30-65 € selon type d'hébergement (de la chambre à l'appartement pour 5 pers).* Camping agréable et familial, avec des emplacements bien ombragés au bord de la plage de galets. Épicerie, resto (bonne cuisine), machines à laver et table à repasser, cuisine à disposition, aire de jeux. Sanitaires récents bien entretenus. Location de 10 studios et 4 apparts tout équipés, certains récemment construits. Soirées musicales très sympas le week-end. Excursions pour Paxos proposées au départ de Ligia. Accueil chaleureux et francophone de Tina et d'Apostolis.

Taverne Psaro *(chez Thomas Bakas)* ***:*** *à **Ligia,** sur la route d'Igouménitsa, à 30 km au nord (et à 35 km au sud de Parga). Au bord de la plage, indiqué en grec slt « Ψαροταβέρνα ». ☎ 26-82-05-62-47. Doubles 30-40 € selon saison, petit déj inclus.* Petite structure horizontale blanc et bleu avec des chambres impeccables, surplombant une belle plage peu fréquentée. À côté, bonne taverne avec terrasse ombragée, à l'accueil plein de gentillesse. Beaucoup de calme. Vraiment pas cher. Que rêver de plus ?

DANS LES ENVIRONS DE PRÉVÉZA

Le musée de Nicopolis : *route de Ioannina, à 5 km du centre. ☎ 26-82-08-98-92. Tlj 8h30-20h (15h nov-mars). Entrée (groupée avec le site) : 8 € ; réduc.*
Le musée abrite une intéressante collection de statues, bas-reliefs et chapiteaux provenant de la « ville nouvelle » de Nicopolis (voir ci-après), qui se répartissent entre deux grands espaces : tout d'abord, la naissance et le développement de Nicopolis (suivant une présentation chronologique, de la bataille navale et de la création de la ville jusqu'à la période byzantine), ensuite la vie dans la cité, avec des aperçus intéressants sur des métiers, des rituels funéraires (nombreux sarcophages) ou des éléments du cadre de vie (les mosaïques, par exemple). L'histoire de la découverte du site au XXe s est présentée en fin de parcours. Présentation agréable, avec quelques vidéos.

Nicopolis (Νικοπολις) ***:*** *à env 3 km au nord du musée, également sur la route de Ioannina. Tlj 8h30-20h (15h nov-mars). Entrée (groupée avec le musée) : 8 € ; réduc.*
Le site est quasiment à l'abandon (il existe des projets pour le réhabiliter, mais il y a peu de chances que ce soit une priorité nationale...). En passant en voiture, on se fait juste une idée de sa grandeur, en longeant d'impressionnants pans de la muraille byzantine (alternance de couches de pierre et de brique). On peut quand même accéder à certaines parties ou contempler de la route le monument d'Auguste, mais cela ne remplacera pas une visite au musée (voir plus haut).
Un peu d'histoire tout de même : la « ville de la Victoire » fut édifiée par Octave, en l'honneur de son triomphe en 31 av. J.-C., lors de la bataille navale d'Actium, qui fut le dernier épisode de la guerre civile, mais aussi l'acte final de la république romaine. Octave, fils adoptif de Jules César, poursuivait ses rivaux Marc Antoine et Cléopâtre : ces derniers, pour se libérer d'un blocus, engagèrent une bataille navale, qu'Octave remporta, grâce aux vaisseaux légers de son général Agrippa. Cléopâtre et Marc Antoine réussirent à s'enfuir (séparément) avant de se donner la mort, et Octave se vit décerner le titre d'Auguste et la dignité impériale. L'Empire

romain venait officiellement de naître. La ville romaine, très étendue (900 ha), a été en partie recouverte par la ville byzantine. Parmi les vestiges qui foisonnent sur plusieurs kilomètres, on trouve plusieurs basiliques chrétiennes.

Kassopé (Κασσωπη) : *de la route côtière allant de Prévéza à Parga, tourner à droite vers Arta, puis, à 2 km, à gauche, puis encore à droite. ☎ 26-82-05-10-10. Attention, le site était fermé en 2016 : se renseigner au musée de Nicopolis avt d'y aller.* Cité détruite par les Romains (les habitants durent s'en aller à Nicopolis). Mais il reste des vestiges suffisamment bien préservés pour reconnaître ici une agora, là un *bouleutêrion* (sorte de petit parlement en hémicycle), maisons et portiques. Remarquez le plan très fonctionnel en damier avec ses rues se croisant toutes à angle droit. Elle compta entre 5 000 et 10 000 habitants. La situation est magnifique, dominant la forêt, le golfe d'Arta et la presqu'île de Prévéza. Un peu plus loin, en haut de la colline de Zalongo, monument commémorant le sacrifice des femmes de Souli, en 1803, qui se précipitèrent dans le vide plutôt que de tomber vivantes dans les mains des soldats d'Ali Pacha. On dit qu'elles sautèrent en dansant et en chantant...

LE TOUR DU GOLFE AMBRACIQUE

Si l'on est motivé par l'art byzantin, détour possible par Arta, qui demande de faire tout le tour du golfe Ambracique (une dizaine de kilomètres avant Prévéza, à Nea Thesis, prendre sur la gauche). Après la visite d'Arta, continuer en direction du sud ou possibilité de revenir sur Prévéza et Lefkada.

ARTA (APTA)

Petite ville où l'art byzantin tient une grande place. Dès l'Antiquité, la ville, fondée par les Corinthiens et enrichie par Pyrrhus, était révérée comme l'une des plus belles de Grèce. Au Moyen Âge, elle a été la capitale du despotat d'Épire, qui s'étendait de Naupacte à Dürres (actuelle Albanie).
La ville ne dégage pas un charme irrésistible, et pourtant... on aime ses églises byzantines et son musée archéologique qui valent à eux seuls le détour. En fouinant, on dégote également un théâtre romain et les restes d'un temple.
On arrive par le boulevard périphérique. Se garer à la hauteur du supermarché *Carrefour* et monter vers la place Skoufa puis suivre sur la gauche l'odos Vassiléos Pyrrou ; vous voilà dans le centre.
➢ ***De/vers Prévéza :*** 3 bus/j. lun-ven (dans les 2 sens), aucun le sam, 1 slt le dim.

L'ÉPIRE, LA THESSALIE ET LE CENTRE

À voir

Trois ou quatre ***églises*** du XIIIe s renferment des fresques superbes (horaires d'ouverture aléatoires), mais rien que leur architecture est exceptionnelle. Depuis la place Skoufa, descendre vers la gauche par l'odos Vassiléos Pyrrou, passer devant les ruines du temple d'Apollon et, 300 m plus loin, prendre à gauche la petite rue Théodoras qui débouche sur l'***Agia Théodora,*** croquignolette avec son dôme unique au-dessus du narthex (rare) et ses jolies fresques restaurées. Plus loin, sur la gauche encore en contrebas, à la hauteur du marché couvert, on découvre l'***Agios Vassilios,*** décorée de faïence. Enfin, revenir sur ses pas et en contrebas de la place Skoufa, ne surtout pas manquer l'ancienne métropole datant de 1289 : la ***Panagia Parigoritissa*** *(la Vierge consolatrice ; ☎ 26-81-02-86-92 ;*

en principe ouv lun-ven 7h-13h, 18h-20h30 et sam 8h-13h, dim 10h30-12h30 ; GRATUIT). Son architecture, sur plan en croix grecque, est unique puisque les pendentifs du dôme reposent sur huit piliers assez fins (au lieu de quatre massifs) réutilisant des colonnes antiques, même à l'horizontale, et laissant ainsi l'espace central entièrement vide. Caractéristique également, la technique d'encadrement des pierres des murs extérieurs par des morceaux de briques. La mosaïque du *Christ pantocrator* sous la coupole se détache remarquablement par la vivacité de ses couleurs, comme pour imprégner le fidèle de la magnificence du Seigneur. Elle fut sans doute exécutée par des artistes venus de Constantinople. Également une fresque de la Cène (XVIIIe s) dans l'abside et une Vierge à l'Enfant (XVIe s) sur l'iconostase. Du complexe monastique d'origine, outre l'église, il subsiste 16 cellules et le réfectoire.

👁👁 ***Le pont à quatre arches :*** *à 1 km du centre, à l'entrée de la ville, sur la gauche.* Construit en 1612, il est célèbre en Grèce et dans tous les Balkans pour sa légende : l'architecte, pour assurer la solidité du pont qui s'effondrait sans cesse, aurait emmuré sa propre femme dans les fondations... Deux cafés-restos sont installés au pied du pont (profitez-en, il n'y en a quasi pas d'autres en ville !).

👁👁 ***Le Musée archéologique d'Arta :*** *à l'entrée de la ville, peu après le pont, indiqué à droite (il faut quitter l'axe menant au centre-ville). ☎ 26-81-07-17-00. Tlj sf lun 8h-15h. Entrée : 4 € ; réduc.* Musée récent, agréable, consacré à Ambracia, la ville antique fondée par les Corinthiens qui fut abandonnée à l'époque romaine, les habitants s'installant à Nicopolis : au Moyen Âge, Arta fut (re)fondée sur ses ruines. Trois axes principaux sont déclinés : la vie publique dans la cité antique, les cimetières et, surtout, l'espace domestique, abordé dans le détail par thème, ce qui permet de se faire une petite idée de la vie quotidienne des Grecs et des Grecques de l'Antiquité.

👁 ***Le kastro :*** *au bout de Vassiléos Pyrrou. Rarement ouv.* Imposant, date du XIIIe s, un des mieux conservés de Grèce.

À voir dans les environs

👁👁 ***Le monastère de Vlacherna*** (Μονη Βλαχερνων) **:** *d'Arta, prendre la direction de Ioannina. Peu après le pont, tourner à droite en direction de Graménitsa ; 3 km plus loin, sur la droite, suivre la direction de Vlacherna (indication en grec). Le village est 3 km plus loin et le monastère au cœur du village, à côté de la pl. centrale et son café.* La bien jolie église, entourée de murs, plantée parmi les citronniers et les oliviers, abrite de beaux restes de fresques (malheureusement très noircies) dans le narthex. Admirez donc ses encadrements de portes (très, très basses) finement sculptés et son sol...

👁 ***Le golfe Ambracique*** (Αμβρακικος Κολπος) **:** *à 25 km au sud d'Arta, la route suit une mince langue de terre et mène à Koronissia, en face de Prévéza.* Le golfe, protégé par la convention internationale Ramsar, est la zone humide la plus grande de Grèce. Une petite colonie d'une espèce assez rare de pélicans, *Pelecanus crispus*, niche dans le coin.

L'ÉPIRE INTÉRIEURE

IOANNINA (ΙΩΑΝΝΙΝΑ) (450 00) 65 500 hab.

• Plan p. 377

Grande ville commerçante, Ioannina – les Grecs prononcent « Yánnena » – a beaucoup perdu de son charme, mais son centre, avec ses minarets, sa citadelle et ses quartiers anciens où les échoppes rappellent les souks, garde encore une petite atmosphère d'Orient. La ville se développe rapidement, en raison de l'implantation d'une université, d'où peut-être cette ambiance jeune et festive en soirée. Ioannina est bordée par le lac Pamvotis avec sa petite île (Nissi).

UN PEU D'HISTOIRE

Ioannina garde encore le souvenir d'Ali Pacha. En 1788, Ali fut nommé pacha de Trikala et s'empara dans la foulée de Ioannina. Très rapidement, il en fit la capitale d'une région puissante et prospère, l'Épire. Lord Byron y fut fastueusement accueilli. La ville connut alors un grand rayonnement intellectuel, et Ali Pacha ne ménagea pas ses efforts pour acquérir son indépendance vis-à-vis des Turcs, qui occupaient alors la Grèce. Les Ottomans ne pouvaient tolérer cela et, en 1822, ils assiégèrent Ioannina et éliminèrent le rebelle. Les Grecs ont des sentiments partagés à l'égard de ce tyran, un Albanais marié à une Grecque chrétienne, Kyra Frossyni : il s'appuya sur les Grecs pour lutter contre l'Empire ottoman, mais presque aussitôt il les trahit et se rendit coupable de nombreuses cruautés à l'égard de la population locale.

TÊTE DE TURC

Pour capturer Ali Pacha, les Ottomans usèrent d'un subterfuge, lui faisant croire que le sultan lui pardonnait. Réfugié sur l'île du lac, Ali Pacha laissa donc des émissaires turcs venir à lui pour lui apporter le pardon du sultan et il fut tué. Sa tête fut exposée 3 jours à Ioannina, puis finit à Istanbul, dans une niche aménagée à cet effet, comme la tête de tous ceux qui osaient défier le pouvoir du grand sultan. Non mais.

Arriver – Quitter

En avion

✈ ***Aéroport :*** *à 4 km de la ville.* ☎ *26-51-02-70-58.*

➢ ***De/vers Athènes :*** 2 vols/j. avec *Olympic Air.* • *olympicair.com* •

En bus

🚌 ***Gare routière*** *(hors plan par A1) :* *45, av. G. Papandréou.* ☎ *26-51-02-50-14 ou 62-86.* • *ktelioannina.gr* •

Ioannina est plutôt bien desservie en liaisons routières de ville à ville. En revanche, pour les villages d'Épire, peu de bus, et le plus souvent à des horaires impossibles (voir plus loin le chapitre « Les Zagoria occidental et central »).

➢ ***De/vers Trikala*** *(et, de là,* ***Kalambaka,*** *dans les Météores)* **:** 2 bus/j. à 8h45 et 15h30.

➢ ***De/vers Metsovo :*** lun-ven, 2 bus/j. à 5h30 et 13h45, 1 slt le sam à 13h45 et le dim à 16h.

➢ ***De/vers Thessalonique :*** 5-6 bus/j., 7h-20h30.

➢ ***De/vers Athènes :*** 6-7 bus/j., 8h-minuit.

➢ ***De/vers Igouménitsa*** *(et, de là, **Corfou**)* **:** 6 bus/j., 6h45-20h (5 le w-e).
➢ ***De/vers Konitsa :*** 5 bus/j. 5h-19h45 (3 slt le w-e).
➢ ***De/vers Prévéza et Arta :*** 8 bus/j., 6h30-20h30 (6 le w-e).
➢ ***De/vers Patras :*** 2 bus/j. à 9h30 et 14h30.

Adresses utiles

ℹ *Office de tourisme* *(plan A2)* **:** *10, odos Moulaïmidou. ☎ 26-51-03-70-17. • travelioannina.com • Lun-ven 10h-16h.* Quelques brochures touristiques, notamment sur la région des Zagoria. Également un kiosque d'infos touristiques au bord du lac, au niveau des départs de bateau pour l'île *(ouv slt en été, tlj sf dim).*
✉ ***Poste*** *(plan A2)* **:** *pl. Markou Botsari. Lun-ven 7h30-14h30.*
■ ***Banques :*** *distributeurs automatiques sur odos Vénizélou et odos Avéroff, entre autres.*
✚ *Hôpitaux :* ***hôpital Hatzicosta*** *(direction Igouménitsa), ☎ 26-51-36-61-11.* ***Hôpital universitaire*** *(direction Arta), ☎ 26-51-09-91-11.*
■ ***Club alpin de Ioannina EOS :*** *15, odos Smyrnis. ☎ 26-51-02-21-38. • orivatikos.gr • Lun-sam 19h-21h.* Organise des treks dans les Zagoria.
■ ***Vice-consul honoraire de France :*** *Mme Hélène Alexakis-Pangratiou, 13, odos Dossiou. ☎ 26-51-06-09-46. 📱 69-44-39-41-93.*

Où dormir ?

Camping

⛺ ***Camping Limnopoula*** *(hors plan par A1, **11**)* **:** *10, odos Kanari. ☎ 26-51-02-52-65. 📱 69-45-54-90-32. En sortant de la ville, sur la route de Pérama, dans le centre nautique. Au bord du lac, à 20 mn du centre à pied. Bus du centre de Ioannina ttes les 10 mn. D'avr à mi-oct. Compter 24 € pour 2 avec tente et voiture.* Plutôt petit, une simple étendue herbeuse, bien ombragée au bord du lac mais avec moustiques et odeur de vase. Les sanitaires sont situés en dehors du camping, dans un bâtiment vieillot. Un peu triste mais au calme.

De prix moyens à plus chic

🏠 ***Hotel Filyra*** *(plan B1, **12**)* **:** *18, odos Andronikou Paléologou. ☎ 26-51-08-35-60. 📱 69-32-60-12-40. • hotelfilyra.gr • Compter 60 € pour 2.* 📶 En fait, pas vraiment un hôtel, plutôt une poignée de chambres-studios (avec coin cuisine pour se préparer son petit déj), avec de l'espace et au calme, dans le *kastro.* Accueil agréable du proprio qui gère également, dans le même quartier, quelques autres chambres *(Dafni),* dans odos Ioustinianou, à deux pas de la synagogue, ainsi que des studios *(Platanos)* au 11, odos A. Paléologou. Tous sont aussi bien tenus et au même tarif. Un bon plan.
🏠 ***Hotel Kentrikon*** *(plan A2, **15**)* **:** *5A, odos Kollétis. ☎ 26-51-07-17-71. • hotel-kentrikon.gr • Doubles 40-60 € selon saison, familiale 80 €. Parking privé.* 📶 Dans une maison traditionnelle rénovée, une dizaine de belles chambres aux pierres apparentes, au mobilier cosy et à la literie impeccable, avec salle de bains à l'italienne. En revanche, l'accueil est peu chaleureux (assez rare en Grèce pour être souligné).
🏠 ***Hotel Kastro*** *(plan B1, **13**)* **:** *57, odos Andronikou Paléologou. ☎ 26-51-02-28-66. • hotelkastro.gr • Résa conseillée. Doubles 60-80 € selon confort, vue et jour, petit déj inclus.* 📶 Dans la citadelle, sur la place qui marque l'entrée de la forteresse, un petit hôtel de charme (7 chambres seulement), rénové avec goût, à l'ambiance tranquille et familiale. Notre adresse préférée à Ioannina.

Plus chic

🏠 ***Metropolis Hotel*** *(plan A2, **14**)* **:** *33, odos Avéroff. ☎ 26-51-03-00-04.*

IOANNINA

Adresse utile	15 Hotel Kentrikon
Office de tourisme	**Où manger ?**
Où dormir ?	**21** To Manteio
11 Camping Limnopoula	**22** Stoa Louli
12 Hotel Filyra	**23** Fyssa Roufa
13 Hotel Kastro	**Où manger une glace ?**
14 Metropolis Hotel	**32** Pâtisserie Diethnès

• metropolishotel.gr • Selon confort et saison, doubles 100-160 €, petit déj-buffet (copieux) et parking inclus. Un hôtel ancien, rénové avec goût, plein d'histoire(s). Les 9 chambres, de taille variable (selon le prix), sont très confortables et de style design. Excellent service. Bon restaurant par ailleurs, mais fermé en été. Une valeur sûre pour routards exigeants.

Où manger ?

Là, pas de problème : quantité de petits restos dans les rues principales et au bord du lac. Quelques spécialités locales : le *kadaifi* aux noix (excellent gâteau en forme de rouleau de fils très sucré), une variété locale de *baklava (yanniotikos)* et le fromage fumé, qui a l'aspect d'un gros saucisson.

Fyssa Roufa *(plan A2,* ***23****) : 55, odos Avéroff. ☎ 26-51-02-62-62. Tlj en continu. Plats 7-12 €.* Connu pour ses prix serrés et sa qualité, l'établissement réunit tous les publics. À l'ancienne, on va choisir son plat préparé qui patiente dans les marmites (large choix). Service rapide et agréable.

To Manteio *(prononcer « Mandio » ; plan B1,* ***21****) : odos K. Karamanlis, en face des remparts. ☎ 26-51-02-54-52. Plats 9-10 €.* Pour un repas sur le pouce, cuisine simple de *psistaria* (gril) avec kebab copieux et bon marché. Bonne ambiance, plus grecque que touristique.

Stoa Louli *(plan A1,* ***22****) : 78, odos Anexartisias. ☎ 26-51-07-13-22. Plats 8-11 €.* Dans le cadre superbe d'un ancien caravansérail recouvert d'une verrière, un resto où l'on a plaisir à se poser et faire traîner le repas. L'assiette est sans prétention, mais le fromage fumé est bon, tout comme les viandes grillées. Quelques hamburgers également. Service jeune et efficace. La bonne petite adresse cachée qu'on est content de trouver.

Où manger une glace ? Où boire un verre ?

Pâtisserie Diethnès *(plan A2,* ***32****) : 20, pl. Dimokratias. Tlj 7h-2h.* Des glaces fines et goûteuses auxquelles vous pouvez ajouter des sirops, des amandes...

Nombreux ***cafés animés,*** chic et branchés avec de grandes terrasses sur la plateia Mavili *(plan A-B1),* au bord du lac, où se retrouve la jeunesse du coin. Pour le soir, nous leurs préférons les festifs ***bars à thème*** installés dans la ruelle *stoa Liampei,* qui part du n° 54 de la rue Anexartisias *(plan A1).* En journée, de nombreux ***bars populaires*** dans l'ancien quartier du Bazar *(plan A-B1)* pour prendre la température de la ville.

À voir

Le kastro *(plan B1)* **:** au bord du lac, il occupe une sorte de promontoire. Il a conservé ses remparts dont certaines parties remontent au XIe s. C'est, en fait, tout un quartier de la ville, densément habité. Plusieurs rues pavées ont un certain cachet, comme l'odos Ioustinianou, bordée par les remparts, large de 2 m. C'est dans cette ruelle que se trouve la synagogue (Ioannina fut un des grands centres du judaïsme grec jusqu'à la Seconde Guerre mondiale).

Jolie ***mosquée Aslan Pacha*** *(Aslan Dzami ; plan B1)* et son minaret effilé. La mosquée, construite en 1618, et le cadre sont charmants. À l'intérieur, modeste petit musée d'art populaire *(appelé « Musée municipal » ; tlj 8h30-16h30 ; entrée : 2 € ; réduc ; demander le feuillet d'info en français).* Quelques costumes traditionnels, collection d'armes et de bijoux, petite section sur la communauté juive de Ioannina. À l'arrière, ruine d'une belle tour byzantine.

Au sud de la citadelle, dans la ***forteresse,*** appelée *Its-Kalé (☎ 26-51-02-59-89 ; tlj 8h-22h, accès libre ; musée, mosquée et salle des trésors tlj 8h-15h – 20h en été ; entrée : 4 €, réduc),* une autre mosquée : la ***mosquée Fétiyé*** *(plan B1),* avec, à côté, le tombeau d'Ali Pacha, et surtout l'ancien sérail de ce dernier, transformé en ***salle des trésors,*** qui présente une riche collection de pièces séculaires en argent, à la finesse proche de la dentelle. Voir également les croix de bénédiction datées des XVIIIe et XIXe s. Entre les deux, l'imposant ***Musée byzantin,*** de construction récente dans un style traditionnel, très joli avec ses arcades blanches, qui passe en revue toute cette période et possède en particulier une belle collection d'icônes et de pièces de monnaie en provenance de toute l'Épire. Petit café sympa dans l'enceinte de la forteresse.

Le Musée archéologique *(plan A-B2)* **:** *pl. du 25-Mars. ☎ 26-51-00-10-89. Tlj sf lun 8h-15h. Entrée : 4 € ; réduc.* Ce musée, qui a fait peau neuve, joue bien son rôle régional en présentant le résultat des fouilles effectuées dans tous les sites importants de l'Épire. Parcours chronologique, en commençant par la Préhistoire, poteries de Doliana (Néolithique), armes et objets en bronze de la période mycénienne, puis trésor de Votonossi (45 récipients en bronze) et un superbe sarcophage daté du IIe s apr. J.-C. avec des bas-reliefs de scènes de l'*Iliade* et l'*Odyssée* d'Homère. La visite se termine par une belle section consacrée aux découvertes faites sur le site de Dodone, avec, notamment, des tablettes rectangulaires en plomb où étaient inscrites les questions (très variées !) que les pèlerins venaient poser à l'oracle de Zeus.

L'île sur le lac *(Nissi ; hors plan par B1)* **:** *navette ttes les 30 mn-1h, 8h-22h15. Traversée : 10 mn. Aller : 2 € ; réduc. Nissi* (« île » en grec) aurait pu être un endroit charmant avec ses maisons en pierre blanchie aux toits de lauzes, mais ses ruelles envahies de marchands de souvenirs *made in ailleurs* ont gâché sa partie habitée. Pour l'anecdote, vivre sur l'île reste un privilège. Une dizaine de familles détiennent le quasi-monopole des tavernes, boutiques et bateaux-navettes. En aucun cas il n'est question de vendre sa maison. L'île est un site protégé en raison de son caractère pittoresque et de ses cinq monastères restaurés. C'est dans le monastère d'*Agios Pandéléimonas* qu'Ali Pacha fut tué en 1822. Petit musée *(3 € !)* consacré aux guerres de libération grecques (costumes, gravures, armes) et à la personnalité romanesque du tyran. Nombreuses tavernes qui proposent des cuisses de grenouilles et de bonnes truites, ainsi que des écrevisses, carpes et anguilles serrées comme des sardines dans des aquariums. En saison, on ne s'attardera pas dans le bourg, mais faire le tour de l'île par son chemin aménagé, bordé de massifs de roseaux, reste plaisant (compter moins de 1h).

DANS LES ENVIRONS DE IOANNINA

La grotte de Pérama *(Σπηλαιο Περαματος)* **:** *☎ 26-51-08-15-21. • spilaio-perama.gr • Pérama est un village situé à 3 km de Ioannina, sur la route de Metsovo. On peut s'y rendre avec les bus nos 4, 5, 8 et 16 qui partent ttes les 20 mn devant le parc de la grande horloge dans le centre de Ioannina. Entrée de la grotte en plein cœur commerçant du bourg. Visites guidées de 45 mn tte l'année, ttes les 20 mn 9h-17h. Entrée : 7 € ; réduc.* La grotte étend sur 1,1 km son dédale de galeries et de grandes salles (garder des forces pour les 163 marches qu'il faut monter pour ressortir au grand jour). Une grotte féerique, impressionnante par la variété et l'immensité de ses salles. Température constante : 17 °C. Et hygrométrie de 80 à 100 % selon saison.

Le site antique de Dodone *(Δωδωνη)* **:** *à l'écart du village moderne de Dodone. ☎ 26-51-08-22-87. Accès difficile en bus (slt 2 bus/sem... en principe lun et ven à 7h et à 13h30 au départ de la gare routière de Ioannina ; en prenant le premier cela implique de rester plus de 6h sur le site avt de repartir par le second !). Le plus simple est de prendre un taxi (compter 20-25 € avec 30 mn d'attente, suffisantes pour la visite). Tlj sf lun 8h-15h. Entrée : 4 € ; gratuit étudiants de l'UE. Compter 25 mn de visite.*

Au cœur des collines, à 22 km au sud-ouest de Ioannina, près du petit village de Dodone, se trouve le plus ancien sanctuaire consacré à Zeus (350 av. J.-C.). Ce lieu paisible est l'un des sites antiques les plus importants de l'Épire, malheureusement en mauvais état, mais des travaux de restauration sont en cours.

Dès la Préhistoire, on venait y adorer la déesse-mère, associée par la suite à Zeus sous le nom de « Dionè ». L'oracle était délivré sous un chêne sacré, « habité » par Zeus et Dionè, et par une dizaine de prêtres, qui ne se lavaient jamais les pieds et dormaient au contact du sol : on interprétait le bruissement des feuilles du chêne, le roucoulement des pigeons ou le son que produisaient des chaudrons que l'on entrechoquait.
Son ***théâtre*** est l'un des plus grands de Grèce (plus vaste que celui d'Épidaure) : datant du début du IIIe s av. J.-C., il permettait à 17 000 spectateurs d'assister aux représentations. À l'image des théâtres grecs, la *cavea* (les gradins) s'appuie sur la pente naturelle de la colline (contrairement aux théâtres romains qui tiennent debout tout seuls). Également appuyés contre la colline et la tour gauche du théâtre se trouvent les vestiges des gradins d'un stade de 200 m de long, datant de la même époque.
À droite se trouvent les vestiges d'un *bouleutêrion* en hémicycle et ceux d'un *prytanée* (sorte d'hôtel de ville), ainsi que six temples en ruine, dont celui de Zeus. L'intérêt de la visite vaut surtout pour l'observation du travail des nombreux archéologues.

LES ZAGORIA OCCIDENTAL ET CENTRAL

À 38 km au nord de Ioannina s'étend le pays des Zagoria (« au-delà des montagnes »), regroupant 46 villages répartis entre le Zagori occidental (les gorges de Vikos, Aristi, Papigo, Vikos, Monodendri...), le Zagori central (les gorges de Vikos toujours, Élati, Dilofo, Kipi, Koukouli, Tsépélovo...) et le Zagori oriental, très différent (Pétra, Itéa, Tristéno, Grévéniti, Vovoussa...). En grec, on nomme souvent l'ensemble Zagorochoria, soit « les villages des Zagoria ». Un cadre naturel magnifique, des villages adorables, voilà ce qui vous attend aujourd'hui dans cette région. La prise de conscience du patrimoine exceptionnel que constituaient ces villages leur a redonné vie : des jeunes y sont revenus, y vivant à l'année, et les maisons sont restaurées dans les règles de l'art. Sachez cependant que la principale source de revenus de ces villages est désormais le tourisme... avec ses bienfaits (des bourgs magnifiques sont préservés) et ses inconvénients (l'ambiance de village-musée...).

UN PEU D'HISTOIRE

Lors de la domination turque au XVe s, les villages des Zagoria signèrent avec le sultan un traité leur accordant l'exonération des taxes et interdisant à l'armée turque de mettre le pied sur leurs terres. En contrepartie, ils s'engageaient à rester fidèles au sultan et à fournir à l'armée ottomane un nombre défini de garçons d'écurie. Ces privilèges assurèrent la richesse de cette zone.
Au XIXe s, les Zagoria déclinèrent, les privilèges étant abolis. Les nazis, pendant la Seconde Guerre mondiale, brûlèrent beaucoup de villages des Zagoria oriental et central (d'où s'organisaient des maquis) et, au moment de la guerre civile (1946-1949), la région se vida de ses habitants, partant pour les villes ou émigrant à l'étranger.

Arriver – Quitter

En bus

3 lignes de bus relient Ioannina aux Zagoria occidental et central. Tous partent de la gare routière. Ces bus font l'A/R : arrivés à leur terminus dans le Zagoria, ils repartent aussitôt pour Ioannina. Pour répondre à la demande des villageois,

L'ÉPIRE, LA THESSALIE ET LE CENTRE

le trafic pourrait s'accroître, renseignez-vous à la gare routière de Ioannina. En 2016, ils circulaient comme suit :
➢ ***Ioannina-Papigo (via Vikos et Aristi) :*** mar à 5h30 et 14h30. Trajet : 1h30.
➢ ***Ioannina-Monodendri, via Vitsa :*** lun et ven à 6h15 et 14h. Trajet : 1h.
➢ ***Ioannina-Tsépélovo via Kapésovo :*** lun et ven à 6h et 13h45.

En taxi

Prévoir environ 45-50 € la course depuis Ioannina.

Adresses utiles

i *Information Center for Northern Pindus :* *près d'**Asprangéli.** ☎ 26-53-02-22-41. • pindosnationalpark.gr • Dans une haute maison ; en venant de Ioannina, juste à droite après la station-service, peu avt l'embranchement pour Asprangéli. Tte l'année, tlj (normalement) 9h-15h (10h-15h30 le w-e).* Plein d'infos sur ce magnifique pays et ce que vous pourrez y découvrir (les jolis villages, les ponts, des paysages sublimes...) et y faire (rando, etc.). Donne une bonne carte du parc national.
i *Information Center on the nature and culture of Zagori :* *à l'entrée du village de **Mikro Papigo.** ☎ 26-53-02-50-96. Tlj sf lun 9h-15h (10h-15h30 le w-e).* Un bureau d'information qui peut dispenser tout renseignement sur les activités nature dans la région. Expo sur le milieu naturel à l'étage.

MONODENDRI (*ΜΟΝΟΔΕΝΔΡΙ ; 440 07*)

Très joli petit village de montagne, bien propre et lisse sur lui, aux maisons en pierre restaurées selon le style traditionnel. Le soir, la charmante place s'anime. Alignés sur un banc, les « papous » regardent. Ils vivent doucement, à leur rythme, sans dire grand-chose. Il est bon de savoir que les possibilités de ravitaillement à Monodendri même sont limitées (juste un minimarché un peu dissimulé et le passage quotidien d'un camion d'épicerie et de produits frais).
La route principale venant de Ioannina et qui continue vers Oxia passe par la partie haute du village, mais ne donne pas accès en voiture au centre ancien, beaucoup plus bas. Pour cela, prendre la petite route en contrebas sur la droite à l'embranchement qui se trouve 1 km avant (panneau discret). Dans cette partie du village, d'où part le chemin pour le monastère d'Agia Paraskévi, se trouve également le *Rizarios Photography Exhibition Center,* connu pour ses expos temporaires *(ouv en principe tlj 9h-16h).*
– **Fête au village :** *26 juil.*

Où dormir ? Où manger ?

⌂ *Hotel Vikos :* *dans le centre, au-dessus de la pl. principale. ☎ 26-53-07-13-70. • vikoshotel.com • Doubles 30-40 € sans ou avec petit déj, familiales 50-60 €.* Construction récente, qui a su respecter le style du pays, et calfeutrée derrière ses grands murs. 7 chambres impeccables et agréables. Le même propriétaire possède l'hôtel *Archondissa,* juste à côté, qui dispose de 5 belles chambres spacieuses au plafond peint également *(même tarif).*
⌂ |●| *Monodendri Hotel :* *sur la route principale qui vient de Ioannina et qui continue vers Oxia, dans le virage. ☎ 26-53-07-13-00. • monodendrihotel.com • Doubles 40-70 €, petit déj inclus (ce qui correspond à un tarif réduit sur présentation de ce guide). Repas env 12 €. CB refusées.* Dans la maison dont la partie originelle date du début du XVIIe s, une vingtaine de chambres à l'ancienne. Presque un musée. Pour le même prix, les nouvelles, de style traditionnel également, dans la partie récente, offrent

beaucoup plus de confort. Accueil très agréable.

Chez Kikitza Makrigianni : *au cœur du village, sur la pl. principale. ☎ 26-53-07-13-40. Tte l'année, midi et soir. Plats 8-13 €.* Goûtez à la fameuse spécialité maison, inventée en 1958 : la *tyropita* (ou *kasiopita*), une sorte de tarte soufflée à la feta. De la viande également, comme le *kondosouvli* (à la broche).

Où dormir ? Où manger dans les environs ?

Prix moyens

Hotel Ameliko : *à* ***Ano Pédina,*** *dans la ruelle qui monte à partir de la pl. centrale. ☎ 26-53-07-15-01. • ameliko.gr • Doubles 40-60 € en été, petit déj inclus. Repas env 20 €.* Une petite quinzaine de chambres dans 3 maisons magnifiquement restaurées. Intérieur rustique et traditionnel, chambres parquetées avec murs de pierre et cheminée pour la plupart. Miltos, le patron francophone, est très accueillant et concocte d'excellents petits plats.

Archontiko tou Dilofou : *à* ***Dilofo,*** *dans la ruelle qui monte vers la pl. centrale (on se gare à l'extérieur du village). ☎ 26-53-02-24-55. • dilofo.com • Compter 50 € pour 2 et 75 € pour 4 en été, petit déj inclus. Plus cher en hiver.* Dans une maison ancienne à la façade colorée bleu et brique, rénovée avec soin et regorgeant d'objets anciens, une petite dizaine de chambres spacieuses aux pierres apparentes, certaines avec cheminée. D'autres également avec accès direct, dans la cour. Une belle adresse de charme à l'accueil chaleureux.

Dias : *à l'entrée du village de* ***Mikro Papigo,*** *peu après le bureau d'infos touristiques. ☎ 26-53-04-12-57. • diaspapigo.gr • Double 55 €. Plats 8-11 €.* Adresse bien connue des randonneurs : les chambres, simples et sans chichis, sont agréables. Récemment refaites, elles gardent néanmoins un cachet ancien. Bonne taverne avec des plats roboratifs, on pense aux marcheurs !

Hotel Sélini : *à* ***Vitsa,*** *3 km avt Monodendri. ☎ 26-53-07-13-50. En arrivant au village, prendre un chemin sur la droite, c'est indiqué (en grec). Doubles 45-60 € selon saison, petit déj inclus. Des familiales également.* Grandes chambres claires, avec plafond lambrissé et mobilier chaleureux. Très calme. 9 chambres seulement, dont 4 avec cheminée. Possibilité de manger sur place (bonne cuisine préparée par Elpida), sur la belle terrasse offrant une vue magnifique.

Sta Riza : *à* ***Élati.*** *☎ 26-53-07-15-50. Juste avt la place au grand platane. Fermé mer-jeu. Compter 12-15 €.* Dans une maison en pierre, une belle salle prolongée par une terrasse avec vue. Tout est fait maison : cuisine simple et des plus classique, mais sincère, mettant en valeur les produits du terroir.

Plus chic

Astra Inn : *à* ***Papigo.*** *☎ 26-53-04-21-08. • papigo.com • À la sortie du village, direction Mikro Papigo. Tte l'année. Pour 2 pers, 60-90 € selon confort et saison, pour 4 pers 110 €, petit déj inclus. Réduc possible pour plusieurs nuits. Repas 15-20 €.* Dans un cadre exceptionnel, au pied des falaises, des studios et appartements de grand confort, répartis dans 4 belles maisons récentes, construites dans le style traditionnel avec les pierres du pays. La plupart sont en duplex, aménagés de façon très moderne avec du mobilier clair (ça change un peu !). Belles charpentes apparentes, douche à l'italienne, baignoire jacuzzi, bon lit moelleux avec couette... tout y est pour passer une bonne nuit après la rando. À cela s'ajoute le resto, et quelle table ! Spyros, secondé par son frère, concocte une cuisine savoureuse, à base de produits locaux et du potager du jardin. On passerait bien des heures sur la terrasse à jouir de la quiétude des lieux et de l'atmosphère conviviale. À bon entendeur...

Hotel Machalas – Restaurant Stou Mihali : *à* ***Kipi.***

☎ *26-53-07-19-76.* • *machalas.gr* • ♿ *À l'entrée du village, sur la droite. Pour 2 pers, 85-130 € selon confort et saison, pour 4 pers 110-180 €, petit déj inclus. Repas env 12-15 €.* Plusieurs petites maisons réparties autour d'un bout de pelouse et des terrasses aux jolies tables de jardin (des tables de machines à coudre reconverties). Dans chaque maison, un studio au rez-de-chaussée et un appart pour 4 personnes à l'étage. Tous sont spacieux, lumineux, avec plafond traditionnel, lits douillets en fer forgé, cheminée, kitchenette et baignoire balnéo pour certains. C'est chaud, confortable... on y resterait volontiers la semaine ! De l'autre côté de la route, le resto *Stou Michali* à l'intérieur rustique. Bonne cuisine qui tient au corps, fraîche et goûteuse, où le palais distingue avec plaisir des saveurs un peu relevées.

À voir

👣👣 ***Le monastère d'Agia Paraskévi :*** *de la pl. centrale de Monodendri, bien indiqué (à env 15 mn à pied). GRATUIT.* Un large sentier dallé conduit au charmant monastère fortifié d'Agia Paraskévi. Accroché à la falaise, tout en longueur, il surplombe le ravin de plus de 350 m. L'édifice est inhabité, et pourtant tout est impeccable, comme si les moines l'avaient quitté la veille. Liturgie chaque 26 juillet à l'occasion de la fête de la sainte. Depuis le monastère, un étroit sentier épouse les flancs escarpés de la falaise. Le suivre sur quelques centaines de mètres, il offre de superbes points de vue sur le paysage, notamment une grande grotte dans la paroi rocheuse à pic. Faire particulièrement attention aux enfants (à éviter avec des petits) et... aux sujets au vertige, bon courage !

DANS LES ENVIRONS DE MONODENDRI

👣👣 Une superbe route bordée de *cheminées de fée* (des concrétions minérales curieuses en forme de galettes superposées) mène au lieu-dit ***Oxia,*** à 7 km, où un chemin aménagé offre un panorama vertigineux et époustouflant sur le canyon.

👣👣👣 ***Le canyon de Vikos*** *(parc national de Vikos-Aoos)* ***:*** il s'étend sur 10 km entre Monodendri et Vikos. Les parois à pic de ces gorges d'une hauteur maximale de 1 200 m ne manqueront pas de vous impressionner et sont le terrain de très belles randonnées. De toute façon, si quelques points de vue (d'Oxia ou de Vikos, par exemple) en donnent un avant-goût, la seule façon d'y pénétrer et de l'explorer, c'est à la force de vos jambes.
Pour randonner dans le canyon, ***un bon équipement est indispensable*** (chaussures de randonnée, ravitaillement), et, même si le sentier est désormais indiqué, il faut absolument avoir une bonne carte (*Terrain Maps,* 1/50 000). Elle est en vente dans la plupart des hébergements ou au magasin de souvenirs *Bidoura,* juste au-dessus de l'*Hotel Monodendri,* à Monodendri. Peu d'indications sur le parcours même. Il est conseillé de se renseigner sur place, par exemple auprès du propriétaire de l'*Hotel Vikos.* Le départ se fait près de l'église au centre de Monodendri, à la fin du sentier dallé. Durée totale de Monodendri à Aristi (ou Papigo) : 6h.
Les paysages varient beaucoup selon les zones. Ainsi, la route reliant Aristi, Vikos et Papigo traverse de grandioses paysages de gorges, avec des routes en lacet bien serré qui montent et descendent dans une nature boisée, verte et généreuse. Si vous prenez la direction de Dilofo-Koukouli-Tsépélovo, le paysage aux dénivelées plus douces, aux routes plus larges, devient plus austère, moins généreux, plus sec... mais sa beauté et son charme vous rattrapent quand même à chaque virage.

👣👣 ***Vikos :*** tout petit village cul-de-sac à 4 km de la route principale. Il compte quelques tavernes et hébergements, et offre une vue panoramique à ne pas manquer sur les gorges.

Ano Pédina : *à 8 km à l'ouest de Monodendri.* Un village tranquille, plein d'authenticité, avec ses belles demeures du XIXe s superbement restaurées. Quelques tavernes et des hébergements un peu chic. Belle église (rarement ouverte) et, à l'entrée du village, imposant *monastère d'Évangélistria* ressemblant à une forteresse avec ses hauts murs extérieurs (en activité, se renseigner sur place pour voir les fresques du *katholikon*).

Papigo : *à 25 km d'Ano Pédina.* Entre Aristi et Papigo, la route qui descend au bord de l'eau (avant de remonter dans de sérieux zigzags !) est vraiment très belle. La bourgade est superbe avec ses demeures magnifiquement restaurées dans un cadre privilégié... Faites donc une promenade jusqu'à **Mikro Papigo** (« Petit Papigo »), adorable hameau accroché à la colline, à quelques kilomètres de là.

Le pont à trois arches de Kipi : *à une quinzaine de km au sud-est de Monodendri.* Avant l'entrée dans le village de Kipi, admirez le pont, un des plus beaux de la région (et un des plus longs : 56 m de long).

TSÉPÉLOVO (ΤΣΕΠΕΛΟΒΟ ; 440 10)

Après Kapésovo, on atteint Tsépélovo, à 29 km de Monodendri. Ce village ne ressemble pas à un village-musée comme Monodendri et il est plus vivant. C'est, en effet, le plus actif des villages de la région : 500 habitants seulement, mais une école, un collège et un petit lycée ! Sur la place du village, cafés et tavernes. Plusieurs chambres d'hôtes dans des *xénonès* (demeures traditionnelles rénovées) et deux hôtels, plus chers. Nombreuses randonnées possibles à partir de Tsépélovo, notamment une balade qui mène à deux vieux ponts à l'entrée de magnifiques petites gorges.
- **Grande fête :** *15 août.*

Où dormir ? Où manger à Tsépélovo et dans les environs ?

I Mikri Arktos : *sur la pl. centrale, sous le grand platane. ☎ 26-53-08-11-28. Plats 7-13 €.* *Pittès* au fromage, aux épinards ou aux *chorta,* très différentes des *pittès* habituelles et délicieuses. Bons plats de viande également (agneau, saucisses du pays). Bon accueil et de bons conseils pour randonner jusqu'au lac de Drakolimni. À l'étage, loue également 2 studios simples, spacieux et bien équipés, avec cheminée peinte *(env 40 € ; se renseigner à l'avance).*

Thoukididis : *à* ***Kapésovo.*** *Au cœur du village. 69-79-98-37-98. • thoukididis.gr • Résa conseillée. En été, doubles 65-80 € selon chambre, copieux petit déj compris. Repas 15-20 €.* Cette solide maison de pierre de 1875, typique, a été restaurée avec goût, dans le respect du style originel. Elle dispose de 6 chambres magnifiques, pleines d'authenticité et tout confort. Une adresse gérée en famille : deux sœurs, Elli (francophone, qui s'occupe du café-resto), Joanna (pour l'hébergement) et leurs parents (le père a fait le gros du travail de restauration et sa femme s'active un peu partout). Quant au resto, vous y ferez sûrement le meilleur repas de votre voyage en Épire ! Les succulents petits plats sont concoctés avec amour, exclusivement à base de produits locaux (et bio). On pourra également acheter des produits fabriqués sur place, notamment du vin, de l'alcool, des gâteaux aux noix et de l'artisanat original fait par Elli. Accueil des plus chaleureux et de bons conseils pour les randos. Un énorme coup de cœur, ce Thucydide !

À faire

Trekking en Épire

➢ Nombreuses randonnées à partir de Tsépélovo même. Les plus courageux pourront aller jusqu'au *lac de Drakolimni,* sur les contreforts du mont Tymfi (2 497 m) ; ceux qui ne veulent faire que 2 ou 3h de marche trouveront de jolis ponts à arche à proximité du village.

➢ L'Épire – et en particulier les Zagorochoria – est propice à la rando. Un sentier de randonnée dit « national (03) » part de Ioannina en direction de Kipi, Vitsa, Monodendri et poursuit vers Mikro Papigo, le refuge d'Astrakas, Drakolimni, pour arriver, via le mont Smolikas, à Agia Paraskévi, au nord de Konitsa. Ce sentier peut également servir de base à un trek de 1 semaine partant de Monodendri pour arriver à Vovoussa, à l'est. Également de nombreuses randonnées à la journée, de 5 à 10h de marche, permettant de découvrir toute la région. Attention : possibilités vraiment limitées de ravitaillement dans les villages.

■ ***Club alpin (EOS) :*** *15, odos Smyrnis, à* ***Ioannina.*** *☎ 26-51-02-21-38. • orivatikos.gr •* Organise des treks et gère le refuge Mitsikeli (à 1 290 m) avec 28 lits *(compter env 13 €/pers).*
■ ***Robinson Expeditions :*** *à* ***Kipi,*** *dans le village. ☎ 26-53-07-18-50. 📱 69-44-31-34-85. • robinson-trip.com • Lun-sam 9h-17h (téléphoner avt, le bureau est rarement ouv).* Il y en a pour tous les goûts : randonnées, VTT, canyoning, escalade...
■ Pour une randonnée à pied, 2 guides locaux et sérieux : ***Paris Zografos*** *(📱 69-45-23-95-00 ; • geozagori.gr •)* et ***Nikos Koutsoupas*** *(📱 69-73-27-27-40 ; • hikes4all.gr •).*
■ Pour une randonnée à cheval : ***White Pegasus*** *(📱 69-77-01-12-75 ; • white-pegasus.com •).*
■ Pour la descente du Voïdomatis en rafting : ***No Limits*** *(📱 69-44-75-14-18 ; • nolimits.com.gr •).*
⌂ ***Refuge :*** *à* ***Astrakas,*** *à 3h de marche de Mikro Papigo. Mai-oct ; résa conseillée en été : 📱 69-73-22-31-00. • astrakarefuge.com • Nuit 13 €/pers.* 50 places, à 1 930 m d'altitude, propriété de l'*Hellenic Federation of Mountaineering and Climbing.*

METSOVO (ΜΕΤΣΟΒΟ) (442 00) 2 500 hab.

Joli village perché à 1 116 m d'altitude sur la route Ioannina-Météores, dans un décor montagneux et boisé qui n'est pas sans rappeler la Suisse ou l'Autriche. L'hiver, il y a même une piste de ski. Metsovo est renommé pour sa longue tradition dans l'art de la sculpture sur bois et du tissage, ainsi que pour ses fromages et son vin corsé. Le coin est riche : des familles d'*évergètes* (autrement dit de bienfaiteurs), les Avéroff et les Tossitsa, ont enrichi la région. En conséquence, presque tous les édifices publics, du musée au jardin, portent leurs noms.
La crise étant passée par là, le village est ignoré des circuits touristiques et, malgré une solide infrastructure d'accueil (de bons hébergements, quelques bons restos pour déguster du fromage fondu, des bars à thème sympas), le manque de fréquentation, même en saison, confère au lieu une atmosphère un peu triste. Bien toutefois pour une escale d'une nuit sur la route des Météores...

Arriver – Quitter

En bus

Les billets s'achètent dans le bus. Pour les horaires, s'adresser au petit kiosque face au parking des voitures (avec les statues des ours) jouxtant la grande place.

➢ ***De/vers Kalambaka :*** 2 bus/j. à 9h et à 15h30. Attention, il faut descendre en taxi au carrefour avec l'autoroute Égnatia Odos, en contrebas du village, car le bus ne monte pas dans le village. Demander confirmation des horaires aux chauffeurs de taxi.

➢ ***De/vers Ioannina :*** 2 bus/j. lun-ven à 7h et 15h30 (15h30 et 17h30 le w-e). Le bus part de la pl. du village.

Adresses utiles

✉ ***Poste :*** *4, odos Tossitsa. Dans la rue principale, sur la droite après la pl. principale. Lun-ven 7h30-14h.*

■ ***National Bank :*** *sur la pl. principale. Lun-ven 8h-14h30.* Avec distributeur.

Où dormir ?

Pas de camping.

De bon marché à prix moyens

Hotel Filoxenia : *dans la ruelle derrière la grande butte du jardin public de la pl. principale. ☎ 26-56-04-10-21. Double 30 € ; pas de petit déj.* Chambres lambrissées à l'ancienne, avec mobilier assez vétuste, mais c'est propre et certaines ont vue plongeante sur la vallée.

Hotel Astéri Metsovou : *58, odos Tossitsa. ☎ 26-56-04-22-22. • asterimetsovo.com • Sur la gauche en remontant la rue centrale, après la place, en face de l'hôtel* Bitouni. *Doubles 35-45 €, familiale 50 €. Parking.* Bel hôtel récent, mais construit dans le style traditionnel de la région. Propose une cinquantaine de chambres agréables et spacieuses, bien tenues, avec mobilier en bois typique, et pour certaines, balcon et vue. Un excellent rapport qualité-prix. Bon accueil.

Hotel Egnatia : *19, odos Tossitsa. ☎ 26-56-04-12-63 ou 19-00. • hotelegnatia.gr • Dans la rue principale, après la place. Doubles 50-60 € (plus cher à Pâques, à Noël, et les w-e prolongés), petit déj inclus (tarifs incluant la réduc accordée sur présentation de ce guide). Parking.* Grande façade fleurie avec balcons en bois, et belles chambres joliment meublées, élégantes, chaudes et très confortables (minijacuzzi dans la plupart !). Vaste hall avec grand salon avenant et cheminée. Géré par une famille adorable.

Hotel Kassaros : *3, odos Tsoumaga. ☎ 26-56-04-18-00. • hotelkassaros.gr • Avt la pl. centrale, à droite en venant de Ioannina. Double 60 €, bon petit déj compris (plus cher en hiver et à Pâques).* Un hôtel cossu aux chambres douillettes, joliment décorées, certaines avec une vue splendide. Hydromassage dans les salles de bains. Espaces communs agréables, un brin chic. Sauna et grand jacuzzi à dispo. Excellent accueil, là encore.

Où manger ?

Metsovo est réputé pour son fameux fromage fumé *(metsovoné)*. 2 boutiques sur la place principale.

■ ***Boulangerie :*** *après la place, à l'angle de la rue principale et de celle qui redescend.* Grosses boules de pain frais et quelques délicieuses pâtisseries ou viennoiseries, servies chaudes le matin.

|●| ***Taverne Apokentro :*** *juste avt la pl. principale, en venant de Ioannina. ☎ 26-56-04-18-01. Plats 5-9 €.* Un grand chalet en rondin, à l'ambiance

familiale et conviviale. On s'y régale de cassolettes de fromage, savoureuses et goûteuses, à prix riquiqui. Les Grecs y viennent en nombre, ravis de la bonne aubaine. L'un des seuls restos du village à faire le plein et à fermer tard. CQFD.

|●| ***Restaurant Galaxias :*** *au-dessus de la place, en haut des escaliers. ☎ 26-56-04-12-02. Plats 9-12 €.* Tables dressées en terrasse ou dans un grand jardin agréable. Le soir, s'il fait frais, une grande salle avec cheminée. Le cadre prime sur la cuisine, correcte mais sans originalité, préférez goûter aux fromages (fumé, rôti, frit...) plutôt qu'aux viandes.

À voir

À toute heure, les anciens se retrouvent sur les bancs autour de la place centrale pour observer les touristes et les familles grecques de passage. On y débat de l'actualité dans une atmosphère pittoresque...

La maison du baron Tossitsa : *prendre les petits escaliers en face de la station-service dans la rue principale, après la place. Tlj sf jeu 9h-13h30, 16h-18h (15h-17h l'hiver). Visite guidée slt (en anglais), ttes les 30 mn. Entrée : 3 €.* Magnifique demeure patricienne du XVIIe s, aujourd'hui restaurée et transformée en musée d'art populaire. Chaque pièce à vivre est restée telle qu'elle l'était autrefois, permettant ainsi de voir à quoi ressemblait la vie dans une maison bourgeoise. L'intérieur est étonnamment spacieux et lumineux, et de très beaux objets y sont exposés : notamment une belle collection d'icônes, d'armes, de costumes traditionnels et d'objets personnels de la famille Tossitsa, qui s'est enrichie en Égypte avec le coton et le tabac. Le dernier étage est consacré à Évangélos Avéroff, homme politique grec, initiateur de la création de la Fondation Tossitsa. On le verra en photo à côté de tous les grands chefs d'État internationaux des années 1960-1970. Dommage que la visite guidée, très descriptive, manque d'anecdotes croustillantes.

La pinacothèque Avéroff : *derrière la butte du jardin public de la pl. centrale. ☎ 26-56-04-12-10. • averoffmuseum.gr • Tlj sf mar 10h-16h. Entrée : 3 € ; réduc.* Galerie d'art moderne offrant un aperçu pas inintéressant de la peinture grecque aux XIXe et XXe s. Exposition également de quelques œuvres d'artistes contemporains et de beaux bronzes. Le musée, réparti sur trois niveaux, est bien plus grand que l'extérieur ne le laisse soupçonner.

Le monastère d'Agios Nikolaos : *à pied, par un sentier dallé plutôt raide, suivre le fléchage à partir de la pl. centrale du village (compter 15-30 mn). En voiture, prendre la direction de Ioannina, puis à gauche avt de rejoindre l'autoroute, en direction d'Anilio ; il reste alors env 3 km en lacet ; guetter le panneau marron sur la gauche (le monastère est visible de la route en levant le nez). Tlj, 9h-13h30, 16h-19h. GRATUIT (donation bienvenue). Messe dim à 9h.* Construit vraisemblablement aux alentours de 1300, il a été restauré en 1960 pour la dernière fois par la Fondation Tossitsa. La petite chapelle est un bijou, entièrement recouverte de fresques dont les couleurs sont très bien conservées... soi-disant grâce aux feux de bois qu'allumaient les bergers pour se réchauffer et qui avaient complètement noirci murs et plafond jusqu'en 1950. Le cadre est superbe.

Fêtes

– ***Le 20 juillet (Profitis Ilias) et le 26 juillet (Agia Paraskévi) :*** fêtes religieuses. Danses sur la grand-place en habits traditionnels.

LA THESSALIE

LES MÉTÉORES (ΤΑ ΜΕΤΕΩΡΑ)

• Plan *p. 389*

Cette curiosité géologique de toute beauté, qui domine la plaine thessalienne, est le second complexe monastique de la Grèce après le mont Athos. On y dénombre encore six monastères en activité, datant des XIVe et XVe s. Une véritable poule aux œufs d'or pour l'Église orthodoxe qui en assure la gestion, avec entrées payantes et vente de produits dérivés.

Ces conglomérats, constitués de sédiments consolidés, sont très appréciés des amateurs de grimpe. Au printemps, avant les fortes chaleurs, des férus de varappe débarquent avec cordes et mousquetons pour escalader les parois qui se dressent au-dessus du village de Kastraki.

UN PEU D'HISTOIRE

Non, les Météores ne tombent pas du ciel ! Même si, selon la légende, une main magnanime les aurait fait tomber sur terre pour permettre à des ascètes de se retirer pour prier. Les géologues voient plutôt dans les Météores les restes d'une masse rocheuse qui commandait, il y a 60 millions d'années, l'embouchure d'un grand fleuve qui se jetait dans la mer de Thessalie. Lorsque celle-ci trouva un débouché dans la mer Égée consécutivement à la rupture des monts Olympe et Ossa, ce massif de conglomérats, sous l'action combinée de l'érosion et des secousses telluriques (pendant plusieurs millions d'années), finit par se disloquer. Ne restait plus au temps et à l'eau qu'à peaufiner leur travail de sape, dégageant les parties plus dures de leur gangue de calcaire, pour finalement donner naissance à cet étrange paysage, qui culmine à 600 m d'altitude.

Les Météores (*météora,* « suspendu dans le ciel ») commencèrent à être habités au XIe s. Les moines vivaient dans des cavités naturelles au flanc des parois rocheuses, dont il reste aujourd'hui quelques vestiges. Ce n'est qu'au XIVe s qu'ils construisirent les monastères perchés en haut des rochers, afin d'échapper aux Turcs ou aux Albanais... et de se rapprocher de Dieu. À leur apogée, au XVIe s, période où ils furent tous rénovés ou même entièrement reconstruits pour certains, on comptait 24 monastères. Aujourd'hui, il n'en reste que six en activité.

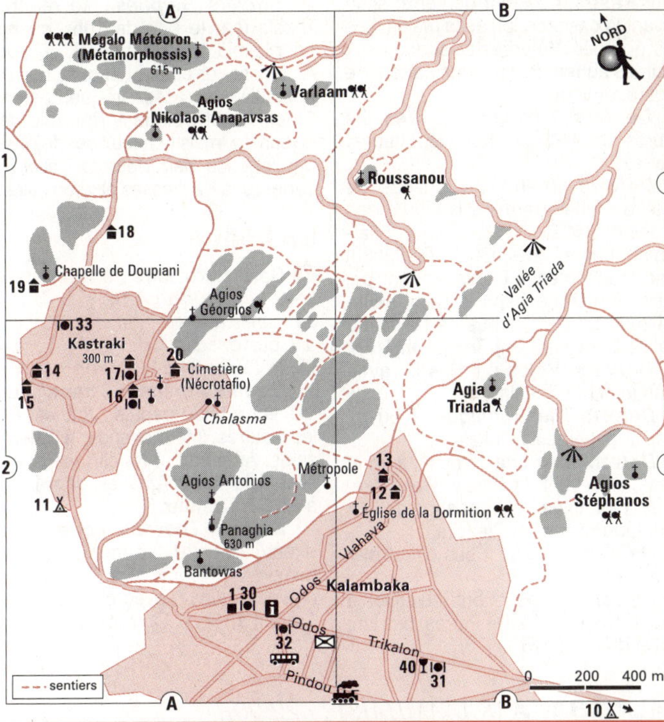

LES MÉTÉORES

Adresses utiles

- Visit Meteora Travel
- 1 Meteora Car Rental (location de scooters)

Où dormir ?

- 10 Camping Philoxénia
- 11 Camping Vrachos
- 12 Alsos House et Guesthouse Elena
- 13 Koka Roka
- 14 Patavalis Guest House
- 15 Hotel Tsikeli
- 16 Batalogianni
- 17 Guesthouse Plakias
- 18 Guesthouse Papastathis
- 19 Doupiani House
- 20 Archontiko Mesohori Boutique Hotel et Guesthouse Petrino Sotiriou

Où manger ?

- 16 Taverne Kosmiki-Batalogianni
- 17 Taverne Gardenia
- 30 To Paramythi
- 31 Taverna Dionysos
- 32 Météora
- 33 Restaurant Météora Vavitsas
- 34 Restaurant Eagle's Nest

Où boire un verre ?

- 40 Rakario

Arriver – Quitter

En bus

***Gare routière :** à **Kalambaka**, en contrebas de la pl. des taxis, odos Oikonomou (plan A2). ☎ 24-32-02-24-32. Agence ouv lun-ven 6h-21h, w-e 6h-19h. Horaires des bus sur le site ● visitmeteora.travel ●* Les bus pour **Kastraki** partent de l'arrêt situé devant la cascade, pl. de la mairie. Les bus pour les Météores ainsi que ceux pour les autres destinations partent de la gare routière.

➢ ***De/vers Trikala :*** bus ttes les heures 5h50-23h30, ttes les 2 heures le w-e.

➢ ***De/vers Athènes :*** à Athènes, de la gare routière terminal B *(260, odos Liossion ; ☎ 21-08-31-14-34),* 7 liaisons/j. (ttes les 2h-2h30, 5h50-23h30) avec changement à Trikala (en principe, correspondance dans la demi-heure qui suit). Le dernier bus part à 1h du mat de Trikala (sf dim). Trajet : 4h30.

➢ ***De/vers Volos :*** 4 bus/j., avec changement à Trikala.

➢ ***De/vers Thessalonique :*** 5 bus/j., avec changement à Trikala.

➢ ***De/vers Ioannina :*** 2 bus/j. à 9h et 15h30 (16h ven) de Trikala. Trajet : 2h. C'est à Ioannina qu'on change de bus pour Igouménitsa et Prévéza.

➢ ***De/vers Corfou :*** 1 bus direct mer et dim à 15h15.

➢ ***De/vers Patras :*** 1 bus jeu et ven à 14h et dim à 14h15. De Patras, bus lun, ven et dim à 15h15.

➢ ***De/vers Delphes :*** se rendre à Trikala (par le bus de 10h), changer pour Lamia (bus d'Athènes), puis pour Amphissa, et enfin changer pour Delphes (liaisons assez fréquentes entre Amphissa et Delphes). Possible dans la journée, mais le mieux est de passer par l'agence *Visit Meteora Travel* (voir ci-dessous « Adresses et infos utiles »).

En train

🚂 ***Gare ferroviaire :*** *à* ***Kalambaka,*** *odos Pindou (plan A-B2) ; sur la route de Ioannina et au bout de la rue Kondili qui descend de la pl. Féraiou. ☎ 24-32-02-24-51. • trainose.gr •*

➢ ***De/vers Athènes :*** 6 trains/j., dont 1 direct à 8h30 depuis Athènes. Pour les 5 autres, il faut changer à Paléofarsalos. Attention, 3 trains/j. slt dans le sens Kalambaka-Athènes, dont 1 direct à 17h30. Compter 5h.

➢ ***De/vers Thessalonique :*** 1 train direct/j., à 8h20, 3 autres avec changement à Paléofarsalos. De Thessalonique, 7 trains/j. avec changement et 1 direct à 16h20. Compter 3-4h.

KALAMBAKA *(ΚΑΛΑΜΠΑΚΑ ; 422 00)*

Vous trouverez aussi l'orthographe **Kalampaka,** qui est devenue officielle. Ville importante (environ 13 000 habitants), bien vivante le soir mais moins charmante que sa voisine, Kastraki où nous vous conseillons de loger.

Adresses et infos utiles

ℹ ***Visit Meteora Travel*** *(plan A2)* ***:*** *2, Patriarchou Dimitriou (à côté de la pl. de la mairie). ☎ 24-32-02-38-20. • visitmeteora.travel • Tlj 9h-21h.* Afin de pallier la défaillance du service public, certains hôteliers et restaurateurs se sont regroupés pour créer cette agence. À partir de son site internet, très bien fait et interactif, elle propose une foultitude d'activités dans la région. Intéressant si l'on souhaite se faire accompagner d'un guide local pour partir à la découverte des monastères « secrets » *(compter 30-35 €/pers pour une rando de 4h, 20 €/pers pour une famille).* Service de transfert par minibus vers Delphes *(min 8 pers, max 12 ; compter env 45 €/pers)* ou en taxi *(compter 65 €/pers).*

✚ ***Centre de soins (Kendro Ygias) :*** *odos Ioanninon. ☎ 24-32-35-00-00.*

✉ ***Poste*** *(plan A2)* ***:*** *odos Trikalon, entre la pl. de la mairie et la pl. Riga Féraiou. Lun-ven 7h30-14h30.* Distributeur sur place.

■ ***Banques :*** *nombreuses, notamment sur la rue Trikalon et près de la pl. Riga Féraiou. Lun-ven 8h-14h30.* Toutes ont un distributeur.

■ ***Location de scooters*** *(plan A2,* ***1****)* ***:*** ***Meteora Car Rental,*** *12, Patriarchou Dimitriou (proche de la pl. de la mairie). ☎ 24-32-07-56-82. 📱 69-48-75-28-52. • meteora-carrental.com • Tlj 8h-22h.*

Résas possibles sur le site. Compter 18-25 € selon modèle (50 ou 125 cc) pour 24h (à partir de l'heure de la prise du scooter). Loc de voitures également (à partir de 50 €/j.). Pour ceux qui ne sont pas véhiculés, le scooter est l'idéal pour voir tous les monastères dans la journée.

Taxis : *en contrebas de la pl. de la mairie. ☎ 24-32-02-23-10.*

■ **Piscines :** celles des campings sont généralement accessibles moyennant un droit d'entrée assez raisonnable ou une consommation.

– ***Spécial grimpeurs :*** pas de magasin pour acheter du matos à Kalambaka, il faut aller à Trikala. Pour tout renseignement, contacter Kostas Liolios *(📱 69-72-56-75-82 ; ● ksts_liolios@yahoo.com ●).* Guide diplômé, il a ouvert pas mal de voies et balisé la plupart des sentiers conduisant aux Météores.

Où dormir ?

Camping

Camping Philoxénia *(hors plan par B2,* ***10****) : à 3 km à droite avt l'entrée de la ville en venant de Trikala. ☎ 24-32-02-44-66. ● philoxeniacamp.gr ● Fermé janv-fév. Selon saison, prévoir 15-22 € pour 2 avec tente et voiture. Chambres 2-3 pers avec sdb env 40-50 €.* Installations spacieuses et propres dans un beau cadre fleuri et ombragé. Les chambres, dans un petit bâtiment refait à neuf au centre du camping, sont d'un excellent rapport qualité-prix. Chacune possède sa terrasse privative. 2 piscines d'eau salée : l'une avec toboggans, l'autre pour les enfants. Agréable bar-resto avec transats. Cuisine commune bien équipée à dispo et livraison de pain sur commande (pas de minimarché). Un bon rapport qualité-prix. Bus pour Kalambaka toutes les 30 mn, d'où 4 bus par jour partent pour les Météores. Bel accueil (en français) de la chaleureuse Stella.

Prix moyens

Le centre-ville regorge de gros hôtels pour groupes, peu attractifs et chers. Nous leur préférons ces quelques chambres d'hôtes, au calme dans le vieux village et à prix plus abordables. Elles sont situées au pied de l'imposant rocher Alsos, au niveau du départ du sentier qui grimpe aux Météores, pratique !

Alsos House *(plan B2,* ***12****) : 5, odos Kanari. ☎ 24-32-02-40-97. ● alsoshouse.gr ● Tte l'année. Doubles 40-50 € selon saison, petit déj compris ; apparts 4-6 pers 80-100 €.* Autour d'une vaste terrasse avec vue sublime, une huitaine de belles chambres avec kitchenette pour certaines et 3 appartements de 2 chambres chacun, agréables et impeccables. Cuisine commune équipée avec frigo, lave-linge et sèche-linge à disposition. Yiannis, le propriétaire, est très accueillant, il parle français et joue bien du *bouzouki* ! Il peut organiser des treks dans la région, qu'il connaît parfaitement, et vous refiler plein de bons tuyaux. Une bonne adresse pour des vacances réussies.

Koka Roka *(plan B2,* ***13****) : 31, odos Kanari. ☎ 24-32-02-45-54. ● kokaroka.com ● Un peu au-dessus de l'Alsos House. Tte l'année. Double 40 € ; pour 3-4 pers 60 € ; petit déj (basique) inclus. Repas env 10 €. CB refusées.* Athanassios vit ici avec sa mère. Les routards, ils connaissent, depuis le temps qu'ils les hébergent ! Leur recette : une poignée de chambres très simples mais proprettes, toutes avec salle de bains privative (une à l'extérieur). Côté papilles, la table d'hôtes offre une cuisine locale à base de grillades et de légumes du potager. Une adresse sans prétention, bien au calme, à l'accueil gentil.

Guesthouse Elena *(plan B2,* ***12****) : 3, odos Kanari. ☎ 24-32-07-77-89. ● elenaguesthouse.gr ● Selon saison, doubles 50-60 € (80 € à Pâques et à Noël) ; suite familiale pour 4 pers 75-90 € ; petit déj compris.* Cette maison traditionnelle, tenue par Elena, la sœur de Yiannis de l'*Alsos House* mitoyen, recèle une poignée de chambres cosy. La déco est soignée mais assez classique, avec pierres apparentes, vieux parquet et mobilier ancien. Toutes possèdent un balcon et une douche ou baignoire balnéo. Belle cheminée dans la suite familiale.

Où manger ?

Pour manger sur le pouce, on trouve de bons *souvlakia* et *gyros* au 98, odos Trikalon *(près de la pl. Dimoula, presque en face de la station-service, plan B2).* Repérez l'enseigne ΓΥΡΟΣ.

To Paramythi *(plan A2,* ***30****) : 14, odos Patriarchou Dimitriou (après la pl. de la mairie, quand on prend la route des Météores, sur la droite). ☎ 24-32-02-44-41. Tlj 12h-minuit. Repas 9-13 €.* Mignonne petite taverne avec terrasse agréable sous une treille fournie. C'est ici que Maki œuvre en cuisine tandis qu'Elena fait le service. On y déguste une cuisine généreuse et pleine de saveurs à base de produits du terroir. Aux beaux jours, sur les coups de 21h, des potes se rassemblent pour gratter des instruments à cordes. L'ouzo coule alors à flots !

Taverna Dionysos *(plan B2,* ***31****) : 112, odos Trikalon (vers la pl. Dimoula). ☎ 24-32-02-25-49. Tte l'année, tlj (sf dim hors saison) à partir de 18h. Repas 12-14 €.* Grande salle avec cheminée allumée en hiver. Bonne taverne aux plats simples mais bien servis (brochettes de mouton ou de bœuf et poulet cuisiné). Vin local à prix doux et accueil agréable.

Météora *(plan A2,* ***32****) : 2, odos Trikalon (en face de la mairie). ☎ 24-32-02-23-16. Plats 10-13 €.* Une affaire familiale qui perpétue les recettes traditionnelles depuis 1925. Première salle tapissée de bibelots hétéroclites, la suivante plus sobre dans son chaud décor de grosses pierres ; grande terrasse face à la fontaine. Jetez un coup d'œil aux marmites qui mijotent en cuisine pour faire votre choix. Portions généreuses et prix corrects pour une adresse qui attire beaucoup de monde.

Où boire un verre ?

Sur la 3e place en allant vers Trikala, place Dimoula *(plan B2),* transformée en zone piétonne, vous trouverez une tripotée de ***cafés*** avec terrasse, tous plus branchés les uns que les autres. L'ambiance varie vaguement d'un endroit à l'autre en fonction des soirées. D'autres cafés, plus typiques, s'égrènent le long de la rue principale (odos Trikalon ; *plan A-B2*) et des 2 autres places. Quelques adresses aussi dans l'odos Vlahava *(plan A2),* la rue qui monte vers la vieille ville depuis la place de la mairie.

Rakario *(plan B2,* ***40****) : 108, odos Trikalon (vers la pl. Dimoula, proche de la station-service). Tlj midi et soir jusque tard.* Un bar à ouzo très populaire où le verre est proposé à prix d'amis (1,50 €) ! À accompagner de *mezze* généreusement servis (anchois marinés, petites fritures de poissons, feta grillée...). Très sympa le soir pour tailler une bavette avec les locaux.

À voir

L'église byzantine de la Dormition-de-la-Vierge *(Kimissis Théotokou, en grec ; plan B2)* **:** *dans le vieux village ; bien indiquée depuis la pl. de la mairie. Tlj 8h-13h, 15h-20h. Entrée : 2 €. Demandez à la petite dame qu'elle vous allume ttes les lumières.* L'église date des IXe et XIe s. Elle fut construite sur les restes d'une basilique paléochrétienne à laquelle elle doit d'ailleurs son plan actuel à trois nefs. Sa restauration, effectuée en 1573, a sans doute altéré son aspect car les fresques originelles ont été remplacées par de nouvelles peintures. Quoi qu'il en soit, l'endroit est magique. L'icône de la Dormition de la Vierge, jadis conservée ici, se trouve désormais au monastère de Varlaam. Il en reste une représentation au-dessus de la porte de la nef centrale, mais c'est très mal éclairé. À ne pas manquer non plus, la chaire en marbre (ambon), située au milieu de la nef, unique en Grèce, et la chapelle au fond, visible par-dessus une porte en bois sculpté, une merveille !

KASTRAKI (ΚΑΣΤΡΑΚΙ ; 422 00)

À 2 km de Kalambaka, Kastraki est un petit village d'à peine 1 600 habitants où le tourisme n'a pas encore laissé de traces indélébiles. C'est ici que vous logerez à bon compte. Hors saison, c'est plutôt mort et rien de spécial à y faire le soir, à part siroter un ouzo en regardant pousser les figuiers. Depuis Kalambaka, on y accède facilement à pied, en taxi ou en bus (environ un par heure).

– ***Fête du Vin :*** *un w-e en août.* Le vin coule à flots, dégustation gratuite.

Où dormir ?

Camping

⛺ ***Camping Vrachos*** *(plan A2,* ***11****) : à l'entrée de Kastraki. ☎ 24-32-02-22-93. • campingkastraki.com • Tte l'année. Env 16 € pour 2 avec tente et voiture. CB refusées. Réduc de 10 % sur présentation de ce guide.* Un camping particulièrement bien équipé et situé au calme car loin de la route. Bon accueil de Sofia, la fille francophone de la maison, mais également de ses frères et parents, tous très chaleureux. Beaux sanitaires, un terrain bien entretenu et spacieux (3 ha !) à l'ombre généreuse. Certaines parcelles sont réservées aux familles, d'autres aux groupes de jeunes, pour que tous s'y retrouvent. Belle piscine (4 € pour les visiteurs) avec vue sur les Météores. Minimarché, bon resto, 3 abris pour cuisiner et manger (gaz et frigo gratuits à la disposition des clients), barbecue, machines à laver... Le bus pour les monastères s'arrête devant le camping 4 fois par jour. Notre meilleur plan pour camper aux Météores.

De bon marché à prix moyens

🏠 ***Patavalis Guest House*** *(plan A2,* ***14****) : en direction des Météores, 100 m après le resto* Philoxénia, *sur la droite dans le virage. ☎ 24-32-02-28-01. • patavalis.gr • Tte l'année. Doubles 35-40 €, petit déj compris.* Certes, la maison, au bord de la route, ne paie pas de mine, mais les 6 petites chambres (avec clim, frigo et salle de bains privée), aux couleurs acidulées, avec frise pour donner du style et meubles en pin, sont correctes et pas chères. Terrasse avec vue sur les Météores et un bon petit déj servi par une famille fort sympathique.

🏠 ***Hotel Tsikeli*** *(plan A2,* ***15****) : en contrebas de la route des Météores, sur la gauche peu avt la* Patavalis Guest House. *☎ 24-32-02-24-38. • tsikelihotel.gr • Fermé 10 janv-10 mars. Selon saison, doubles 46-55 € ; quadruples 80-95 € ; petit déj compris. Plus cher à Pâques et à Noël.* Plantée devant un petit gazon qu'on dirait presque artificiel, cette maison familiale propose une quinzaine de chambres tout confort. Meublées sans fard mais très bien tenues, elles possèdent toutes un balcon sur les Météores ou sur la campagne environnante à l'arrière. Belles familiales avec 2 chambres et 2 salles de bains. Accueil aux petits oignons.

🏠 ***Batalogianni*** *(plan A2,* ***16****) : près de l'église, en face de la taverne* Gardenia. *☎ 24-32-02-32-53. • batalogianni.com • Tte l'année. Doubles 40-50 €, quadruple 65 €.* Emplacement appréciable, au cœur du village, où la circulation est limitée. 7 chambres dont certaines ont été refaites dans un style très contemporain (les autres sont plus classiques, avec mobilier en pin). Le grand plus se passe au balcon : vue grandiose sur les Météores ! Bon accueil.

Guesthouse Plakias (*plan A2,* **17**) *: dans le centre, près de l'église. ☎ 24-32-02-25-04. • meteora-plakias.gr • Double env 50 €, quadruple 85 €, petit déj compris.* Dans une agréable maison indépendante située juste derrière la *Taverne Gardenia* (même gérant). Seulement 4 chambres, d'où une certaine intimité, et beaucoup d'espace. Climatisées, meublées sans grande originalité mais confortables et colorées, elles disposent toutes de leur propre salle d'eau. Une vue imprenable depuis les balcons et des tarifs préférentiels pour dîner à la *Taverne Gardenia* incitent à poser son sac ici. Patron très accueillant.

Guesthouse Papastathis (*plan A1,* **18**) *: à la sortie de Kastraki, sur la route des Météores (100 m après le camping* The Cave, *au pied de la chapelle Saint-Georges). ☎ 24-32-07-77-82. • guesthouse.papastathi@gmail.com • De mi-mars à oct. Double 50 €, copieux petit déj compris.* Cette maison isolée, disposant d'une vue à 360° sur les Météores, propose une dizaine de chambres. Réparties sur 2 niveaux (préférer celles du haut), elles ont toutes un balconnet équipé d'une table et de chaises. Le double vitrage, la clim et le petit frigo dans chaque chambre vous garantissent un séjour confortable. En plus de ça, l'accueil est sympa.

De prix moyens à chic

Archontiko Mesohori Boutique Hotel (*plan A2,* **20**) *: de l'église, prendre une ruelle à droite et grimper sur les hauteurs du vieux village (fléché). ☎ 24-32-07-71-25. • archontikomesohori.gr • Doubles 60-80 €, triple et quadruple 80-100 €, petit déj compris.* Au pied des Météores, cette belle demeure historique du XIXe s, transformée en boutique-hôtel, propose 8 chambres de grand confort, à la déco contemporaine. Certaines possèdent un balcon, d'autres une kitchenette et une belle cheminée, toutes ont beaucoup de cachet et sont d'un calme olympien. Une adresse de charme pour les amoureux.

Guesthouse Petrino Sotiriou (*plan A2,* **20**) *: à côté de l'Archontiko Mesohori, sur les hauteurs du vieux village. ☎ 24-32-07-81-05. • petrino.gr • ♿ Doubles 50-80 € selon confort et saison, petit déj compris.* Cette superbe bâtisse traditionnelle, classée, a été restaurée avec goût et originalité. Les 6 chambres, charmantes et coquettes, sont agrémentées de mobilier ancien mais équipées du confort moderne. On a flashé sur la n° 5, très colorée, avec une cheminée ronde, mais d'autres offrent soit un lit à baldaquin, soit une grande baignoire d'angle... de vrais nids d'amour ! Du petit hall d'accueil, une trappe donne accès à une salle commune avec cuisine à dispo et petit jardinet clos. Accueil tout aussi charmant que les lieux.

Doupiani House (*plan A1,* **19**) *: à la sortie de Kastraki en direction des Météores, prendre la petite route sur la gauche (fléché). ☎ 24-32-07-75-55. • doupianihouse.com • Fermé janv-fév. Doubles 55-75 € et triples 65-90 € selon vue et saison, petit déj compris.* Un grand chalet isolé, aménagé dans un style pseudo-médiéval, très bien situé et environné d'arbres fruitiers. Possède sûrement la plus belle terrasse pour voir le couchant lécher les Météores. Une bonne vingtaine de chambres, doubles ou triples, réparties sur 3 niveaux, avec meubles en bois sombre et effets de tentures. Accueil variable, selon l'humeur.

Où manger à Kastraki et dans les environs ?

Taverne Gardenia (*plan A2,* **17**) *: près de l'église, derrière la* Guesthouse Plakias. *☎ 24-32-02-25-04. Repas 11-16 €.* Cuisine familiale : viande cuite au feu de bois (excellentes côtelettes d'agneau) arrosée d'un bon vin local. Le patron, très accueillant, offre parfois un digestif ou une douceur. Possibilité de manger en salle ou en terrasse. Musique live certains soirs aux beaux jours.

I●I *Taverne Kosmiki-Batalogianni* *(plan A2,* ***16****) : près de l'église, en contrebas de la rue, sous les chambres* Batalogianni. ☎ *24-32-02-32-53. Compter 11-13 €.* Bonne table, qui sert des *dolmadès* comme il se doit (dans leur bain d'œuf et de citron) et propose l'essentiel des plats traditionnels. Choisissez la terrasse à l'arrière avec vue grandiose, elle est plus sympa que celle en contrebas de la rue.

I●I *Restaurant Météora Vavitsas* *(plan A1-2,* ***33****) : sur la route des Météores, après l'hôtel* Kastraki. ☎ *24-32-02-22-85. Repas env 10-15 €.* Assez touristique, cette taverne familiale dans un jardin fleuri et ombragé d'acacias propose les incontournables *yemistès* (tomates et poivrons farcis, etc.), mais aussi de bons plats mijotés.

I●I *Restaurant Eagle's Nest* *(hors plan par B1,* ***34****) : à* ***Vlachava.*** *Sur la route des crêtes, à proximité d'Agia Triada, prendre la route de Vlachava (fléché). La suivre jusqu'au sommet, sur env 8 km.* ☎ *24-32-07-71-04.* 📱 *69-78-41-99-11. Tlj en continu 9h-23h. Plats 9-11 €.* Ce resto-bar, à 1 000 m d'altitude, au-dessus des monastères, offre une vue à couper le souffle ! Malgré sa situation exceptionnelle, ce nid d'aigle est encore peu connu des touristes et sa gestion familiale reste conviviale. Sans compter qu'on y mange bien... et à toute heure ! Peu de choix, mais du local (agneau rôti, porc grillé, moussaka aux légumes du jardin...). Venez pour le coucher de soleil, il restera inoubliable.

LES MONASTÈRES

Comment aller aux monastères ?

➢ ***En bus :*** de Kalambaka, avr-fin oct, 4 bus/j. partent de la gare routière, à 9h, 11h, 13h et 16h (retour 1h après). Ticket à acheter au chauffeur (1,80 €, 3,30 € A/R, 5 € pour la journée en *up & down*). Ils s'arrêtent devant tous les monastères jusqu'à Agios Stéphanos avant de revenir.

➢ ***En scooter :*** location chez *Meteora Car Rental* (voir « Adresses et infos utiles »). Une bonne solution pour faire la tournée des monastères sans problème pour se garer, ni souci de rater le passage du bus et en évitant la marche en plein cagnard.

➢ ***À pied :*** de Kastraki, on peut accéder en une bonne heure au Grand Météore et à Vaarlam, via Agios Nikolaos Anapavsas (asphalte puis sentier ombragé ; voir plus loin « Balade à pied »). Ceux qui veulent garder leurs forces pour les escaliers d'accès aux monastères iront directement au Grand Météore par le 1er bus de 9h (puis verront les 2 autres après, en redescendant). Ensuite, la route qui rejoint les 3 monastères suivants fait env 10 km (prévoir d'attraper un bus pour Agios Stéphanos, quitte à renoncer à voir Roussanou, moins indispensable). Enfin, redescendre à Kalambaka par le petit chemin qui débute au pied du monastère Agia Triada. La promenade est vraiment agréable. Une boucle à pied est également possible dans l'autre sens, depuis le centre de Kalambaka en partant de la vieille ville où se trouve l'église byzantine. Sachez que la visite de tous les monastères est difficilement faisable à pied dans la même journée, mieux vaut prévoir sur 2 jours. On trouvera de l'eau dans la plupart des monastères. Se renseigner au besoin auprès du patron de la pension *Alsos*.

➢ ***En taxi :*** 📱 *69-46-47-10-36.* ● *meteora-taxi.gr* ● De Kastraki, départ de la pl. de l'église. Pour le Grand Météore, compter env 12 €. Sinon, loc à l'heure (compter 25 €/h), rentable si l'on est plusieurs.

Visite des monastères

1, 2, 3, vos mollets sont prêts ? Car avec toutes les marches qu'ils vont devoir monter et descendre, ils vont être sollicités, les petits ! Attention, tenue correcte de rigueur : pour les hommes, ni short ni débardeur ; pour les femmes, pas de décolleté ni de bras nus, pas de short ni de pantalon non plus. Des paréos sont à disposition dans tous les monastères afin que ces dames cachent leurs genoux ou leur jean.

Que vient-on voir dans un monastère ? Pour les chrétiens orthodoxes, ce sont, bien sûr, des lieux saints (même si, aujourd'hui, les monastères ouverts au public ne connaissent pas une vie spirituelle bien intense...). Les non-orthodoxes seront peut-être plus sensibles aux ambiances et au caractère spectaculaire du site. Pour ne pas passer à côté de la visite, le minimum à savoir tient en quelques lignes. D'abord, dans la tradition orientale, le christianisme est plutôt du genre contemplatif, presque replié sur lui-même oserait-on dire, en tout cas abîmé dans une prière constante. Cette conception du rapport au divin a engendré un modèle architectural fondamentalement différent. Alors que dans les églises d'Occident tout est dynamique, à l'image des flèches des clochers, dans la tradition orientale en revanche, l'église est plutôt « ramassée » sous sa coupole, favorisant ainsi l'accès au divin en un seul endroit.

Dans un monastère, l'église principale *(katholikon)* est consacrée à un saint et donne parfois son nom au monastère tout entier. Le *katholikon* se compose de plusieurs parties. Le *narthex* précède la nef ; à son tour, la *nef* est séparée du sanctuaire par l'*iconostase,* souvent en bois sculpté. Le prêtre officie à l'abri des regards, derrière l'iconostase, dans la partie de l'église qui, symboliquement, représente le ciel séparé de la terre, tandis que devant le chœur se trouve l'*ambon,* une tribune fixe où sont lus les textes sacrés. En plus de l'église principale, le monastère peut avoir une ou plusieurs chapelles. Le reste du monastère, sauf dans certains où un musée *(skévophylakion)* a été aménagé, sert aux moines ou aux nonnes qui y vivent (cuisines, réfectoires, cellules).

En ce qui concerne les fresques, elles se lisent toujours de haut en bas. Dieu, tout-puissant, est toujours placé le plus haut, au sommet de la coupole, tandis qu'on représente généralement les quatre évangélistes au niveau de sa charnière avec la voûte. Sur les piliers sont historiés les guerriers et les martyrs. Une disposition éminemment symbolique : les piliers soutiennent l'église. Les murs, eux, sont consacrés à l'histoire sainte, et puisqu'il faut quand même tirer une leçon de tout ça, les murs du narthex (situé au niveau de la sortie – la dernière chose vue par les fidèles) sont toujours ornés de fresques du *Jugement dernier.*

Enfin, vous vous demanderez peut-être pourquoi ces églises sont sombres. Parce que les ouvertures sont censées représenter les yeux par lesquels l'église regarde le monde extérieur... À méditer tout ça...

Mais revenons à des considérations plus techniques. Une belle route goudronnée permet d'accéder facilement aux monastères. Il faut compter 21 km aller-retour au départ de Kalambaka pour visiter les trois plus importants, c'est-à-dire Agios Stéphanos, Varlaam et le Grand Météore.

– ***Horaires de visite :*** les monastères ont quelquefois des horaires d'hiver et des horaires d'été, qui sont dans ce cas-là de novembre à mars et d'avril à octobre. Ils sont généralement ouverts le matin et l'après-midi, avec parfois une interruption à l'heure de la sieste. Tous ferment un jour dans la semaine (et pas le même !), parfois même deux hors saison. Ces horaires peuvent changer d'une année sur l'autre.

– ***Entrée payante pour chaque monastère :*** même prix pour chacun d'eux : 3 €, et aucune réduc !

– Pour photographier les moines, prudence et discrétion, car certains n'apprécient pas du tout. Impossible de prendre l'intérieur des bâtiments, mais c'est toléré dans les cours et jardins.

– *Un tuyau :* les monastères du Grand Météore et de Varlaam attirent beaucoup de monde, il vaut donc mieux les voir en premier, tôt le matin, car ensuite il y a foule.

En quittant Kastraki, avant de monter aux Météores, vous aurez remarqué, sur le gros rocher à droite, une espèce d'anfractuosité horizontale où semble sécher du linge. Non, la mère Denis n'est pas passée par là, c'est tout simplement la ***chapelle Saint-Georges*** *(plan A1-2).* La légende veut qu'une femme turque se soit convertie au christianisme après avoir prié saint Georges de sauver son mari. C'est ce qu'il advint. Depuis, chaque 23 avril, les femmes du village offrent un foulard, et les jeunes gens les plus vigoureux grimpent à l'aide de cordes pour les accrocher à la chapelle en hommage et en remerciement à saint Georges. On pense ainsi s'assurer une bonne santé pour l'année à venir.

Le monastère d'Agios Nikolaos Anapavsas *(plan A1) : le 1er sur votre gauche en quittant le village de Kastraki. ☎ 24-32-02-23-75. Tlj sf ven (et jeu en hiver) 9h-15h30 (14h en hiver).* L'un des plus petits, l'un des plus « mignons ». Du parking, montée en 15 mn (mais ça grimpe dur !). Ce monastère possède une petite église dont la nef est pratiquement carrée. Elle a été historiée par Théophane le Crétois en 1527. Attardez-vous sur les fresques du *Jugement dernier,* au-dessus de la porte séparant le narthex du chœur. Perfection du détail, richesse des couleurs, malheureusement de plus en plus pâles. Noter le démon avec sa langue géante, ramassant tous les méchants, les vilains, les pas beaux qui viennent de passer en jugement. La scène où Adam nomme les animaux du paradis n'est pas mal non plus. Ne pas manquer la grimpette sur le toit panoramique, la vue est grandiose. Un de nos monastères préférés, c'est dit.

Le monastère du Grand Météore *(Mégalo Météoron ; plan A1)* ***ou monastère de la Transfiguration*** *(Métamorphossis) : ☎ 24-32-02-22-78. Tlj sf mar (et mer en hiver) 9h-17h (15h en hiver).* Le plus ancien des monastères en activité, et le plus grand. C'est le plus intéressant par les richesses qu'il offre. Un moine du mont Athos nommé Athanassios choisit, vers le milieu du XIVe s, le rocher le plus large pour y fonder un embryon de monastère, avec une chapelle et quelques cellules. Il ouvrait ainsi la voie à d'autres initiatives du même genre. Prendre le temps d'observer les détails de l'architecture. L'église de la Transfiguration présente des fresques remarquables de l'école crétoise du XVIe s, notamment *Le Supplice des saints* dans le narthex. Dans le musée du Folklore, des armes, des costumes civils et militaires, ainsi que de nombreuses illustrations (couvertures de magazines, gravures patriotiques) du conflit italo-grec de 1940 qui a vu l'armée hellène mettre en déroute les troupes de Mussolini. Amusante affiche où l'on voit un soldat allemand chuter de la falaise après avoir tenté d'accrocher un drapeau à la croix gammée. La salle des manuscrits et des nouveaux martyrs est plus intéressante encore, avec ses parchemins liturgiques du XVIe s, ses vieux manuscrits (XIe et XIIe s) et quelques ouvrages datés de 1488 et de 1503 ayant bénéficié de l'invention de l'imprimerie (1454). Dans le Musée ecclésiastique, on peut admirer des icônes (XIVe-XVIIe s), des manuscrits rares, des vêtements sacerdotaux très anciens, des objets cultuels, dont des croix en bois sculpté. La fabrication de l'une d'elles demanda 14 années de travail. Avant de ressortir, aller jeter un coup d'œil à l'ossuaire (petite porte discrète, à côté de la citerne), la petite salle où les moines ont aligné les crânes de leurs anciens collègues.

Le monastère de Varlaam *(plan A1) : tt à côté du Grand Météore. ☎ 24-32-02-22-77. Tlj sf ven (et jeu en hiver) 9h-17h (16h en hiver).* Varlaam est le nom du moine qui, voyant s'édifier le Grand Météore sur le rocher d'en face, eut l'idée de faire de même... Il culmine à 373 m au-dessus de la plaine. Beau de loin, ce qu'il donne à voir à l'intérieur est assez vite parcouru, d'autant qu'une partie est en cours de restauration. La nef de son *katholikon* recèle néanmoins quelques belles fresques certainement exécutées par Frangos Catelanos, un artiste de la période postbyzantine très influencé par la peinture de l'époque (milieu du XVIe s). Remarquer celles du *Jugement dernier,* malheureusement certaines sont à peine lisibles. Voir aussi l'immense barrique en bois du XVIe s, d'une contenance de 12 000 l.

Sur le chemin d'Agios Stéphanos, vous remarquerez au-dessus de la route le ***monastère de Roussanou*** *(plan B1). ☎ 24-32-02-26-49. Tlj sf mer 9h-18h (jusqu'à 14h en hiver).* On y accède également par la route qui le surplombe. Pittoresque, véritable prolongement vertical d'un rocher très étroit. Ermitage depuis 1388, il fut transformé en couvent en 1545. Monastère de moniales au jardin fleuri, encore habité par des nonnes. L'église est toute mimi, on y découvre quelques peintures encore dans leur jus. Remarquer que de nombreux personnages ont été défigurés.

En continuant sur la même route, vous rencontrerez le ***monastère d'Agia Triada*** *(Sainte-Trinité ; plan B2).* ☎ *24-32-02-22-20. Tlj sf jeu 9h-17h en été, tlj sf mer-jeu 10h-16h en hiver.* Construit entre 1458 et 1476 par le moine Dométios, on y montait jusqu'en 1925 par une échelle de corde ! On y accède aujourd'hui par un escalier circulaire d'environ 140 marches (en jean, ça chauffe les guiboles !). Très retapé, à l'exception d'une aile à charpente et plancher en bois. Dans l'église, fresques du XVIIIe s. Au bout du rocher, vue aérienne sur Kalambaka. C'est par là que James Bond fit sa grimpette au monastère, rien que pour les yeux de Carole Bouquet !

JAMES BOND CHEZ LES POPES

En 1980, on apprit avec joie que la séquence finale de Rien que pour vos yeux *allait être tournée à Agia Triada. Quel honneur ! Quelle promotion pour les Météores ! Sauf pour les popes, qui détestèrent toute cette agitation et ce vacarme. Après avoir perturbé le tournage, ils interdirent carrément l'accès du monastère à l'équipe. La production dut construire un faux monastère sur un autre rocher !*

Le monastère d'Agios Stéphanos *(plan B2)* **:** ☎ *24-32-02-22-79. Tlj sf lun 9h-13h30, 15h30-17h30 ; en hiver, 9h-13h, 15h-17h.* Encore habité par des religieuses, il dégagerait presque une atmosphère monacale ! En tout cas, ce n'est pas l'ambiance du Grand Météore aux heures de pointe ! Il date du XIVe s. Un ascète nommé Jérémie s'y serait retiré en 1192 et cet ermitage servit de base au monastère, officiellement créé en 1545. Les fresques du *katholikon* ont été récemment restaurées dans un goût douteux, voire carrément kitsch (quel clinquant ces auréoles !), c'est dommage, mais il y a toujours de belles vieilles boiseries travaillées (iconostase, ambon...). La chapelle d'Agios Stéphanos est un peu plus authentique (fresques du début du XVIe s). Objets précieux sacrés exposés dans le musée (ancien réfectoire restauré) avec une belle petite collection d'icônes, d'encensoirs, de parchemins, de livres, et une superbe nappe d'autel brodée d'or du milieu du XIXe s.

Balade à pied

➢ Agréable et facile (mais chaussez-vous bien !) pour redescendre sur Kastraki depuis le monastère du Grand Météore. Juste avant d'entrer dans le tunnel creusé dans la roche qui permet d'accéder au monastère, vous apercevrez, sur la gauche, un chemin. Compter 20 mn de marche (sans fatigue et sans possibilité de se perdre : la seule bifurcation mène à Vaarlam) pour atteindre la route goudronnée de Kastraki, un peu au-dessus d'Agios Nikolaos Anapavsas. Ce petit chemin qui descend dans la vallée était autrefois le seul moyen d'accès au monastère. Il zigzague entre ces rochers colossaux aux parois vertigineuses. Guetter, à mi-chemin sur la gauche, la grotte de Drakospilia, halte rafraîchissante.

VOLOS (ΒΟΛΟΣ) (383 33) 86 050 hab.

Capitale de la Magnésie et troisième port de Grèce, Volos est surtout un tremplin avant l'exploration du Pélion ou des Sporades. À part la visite du

Musée archéologique suivie d'un cornet de glace sur le front de mer, pas grand-chose à y faire.
Petit point de mythologie : c'est d'ici que Jason et les Argonautes appareillèrent à bord de l'*Argo,* pour partir à la recherche de la Toison d'or. Un défi lancé par son oncle Pélias qui venait de lui chiper son trône. Heureusement, Jason parvint à triompher de toutes les épreuves, et, ayant rapporté la fameuse Toison, il put enfin le récupérer. Le mythe a fait couler beaucoup d'encre... En 2009, un groupe d'étudiants a reconstruit l'*Argo* pour effectuer la traversée jusqu'à l'antique Colchide (actuelle Géorgie).

JE TEM, MOI NON PLUS !

Crise oblige, la ville de Volos est sortie à sa manière de la zone euro en 2009, en créant une nouvelle monnaie, le TEM (Topiki Enalactiki Monada). *Il s'agit d'une monnaie virtuelle, 1 TEM valant 1 €. Pour lancer cette économie, les habitants ont reçu 300 TEM. Aujourd'hui, plus de 1 000 fournisseurs de services proposent des activités, produits ou services payables en TEM, y compris sur le marché de Volos, où certains prix s'affichent en TEM. Une limite toutefois : les propriétaires restant fidèles à l'euro, pas question de payer son loyer en TEM !*

Arriver – Quitter

En bus

Gare routière : *odos Zakhou (sur l'av. Lambrakis), sur la droite à l'entrée de la ville, en arrivant d'Athènes ou de Larissa. ☎ 24-21-03-32-54. • ktelvolou.gr •*

➢ ***De/vers Trikala :*** 4 bus/j. Trajet : 2h. Changement de bus pour Kalambaka.
➢ ***De/vers Athènes :*** env 10 bus/j. Trajet : 4h-4h30.
➢ ***De/vers Thessalonique :*** 8 bus/j.
➢ ***De/vers Ioannina :*** 2-3 bus/j. Changement de bus pour Igouménitsa.
➢ ***De/vers le Pélion :*** bus assez nombreux. Tous les villages sont desservis, mais pas toujours à des horaires bien pratiques. Pas très facile non plus d'aller de village en village par le bus, ces derniers faisant, pour la plupart, un trajet Volos-village A/R, mais on peut essayer de jongler avec les bus (horaires affichés à chaque arrêt). Les fréquences d'été (juil-10 sept) sont indiqués ici ; elles sont moindres hors saison.
➢ ***De/vers Portaria et Makrinitsa :*** 6-7 bus/j.
➢ ***De/vers Zagora et Horefto :*** 3 bus/j. dont 1 de très bonne heure.
➢ ***De/vers Agios Ioannis :*** 2-3 bus/j.
➢ ***De/vers Kala Néra :*** plus de 15 bus/j.
➢ ***De/vers Afissos :*** 9-10 bus/j.
➢ ***De/vers Miliès et Vyzista :*** 4-5 bus/j.
➢ ***De/vers Pinakatès :*** 2 bus/j., 1 de bonne heure le mat, 1 en début d'ap-m, sf dim.
➢ ***De/vers Tsangarada :*** 2-3 bus/j., plutôt le mat.
➢ ***De/vers Argalasti :*** 6 bus/j. en sem, dont 2 continuent vers Katigiorgis (sf dim).
➢ ***De/vers Milina :*** 5 bus/j. (3 le dim).
➢ ***De/vers Trikéri :*** lun-sam 2 bus/j., dim 1 bus.

En train

Gare ferroviaire : *à 500 m à gauche en sortant du port. ☎ 24-21-02-40-56. • trainose.gr •*

➢ ***De/vers Athènes et Thessalonique (via Larissa) :*** env 7-8 départs/j.
➢ ***De/vers Kalambaka (Météores) :*** 3-4 départs/j.

En bateau

➢ ***Pour les Sporades :*** de nombreuses agences sur le front de mer (odos Argonafton), face à l'entrée du terminal maritime. On a le choix entre le bon vieux ferry classique, ou les catamarans rapides, pour passagers seulement et 2 fois plus chers (réduc de 10 % si l'on prend un billet A/R). Temps de traversée la plus rapide : Skiathos 1h30, Glossa (Skopélos) 1h50, Skopélos 2h30, Alonissos 2h50. Pour Skiathos, en catamaran rapide, env 2 départs/j. en hte saison. À peu près autant pour Skopélos et Alonissos. En ferry, 1-2 départs/j. pour Skiathos et pour Skopélos, 4 départs/sem slt pour Alonissos.

■ ***Agences sur le front de mer :*** ***Sporades Travel,*** *33, odos Argonafton. ☎ 24-21-02-34-15. • falcontours@mail.gr • Et* ***Triantis Travel,*** *35, odos Argonafton. ☎ 24-21-02-09-10. • triantis@vol.forthnet.gr •* Billets pour les catamarans et les ferries de chez *Hellenic Seaways*. On peut aussi acheter son billet en ligne sur *• hsw.gr • Également l'agence* ***Ferry Traveller,*** *34, odos Argonafton pour la compagnie* Anes *: ☎ 24-21-10-30-00.*

En avion

✈ ***Aéroport de Volos :*** *à* ***Néa Anchialos,*** *à 25 km au sud-ouest de Volos. ☎ 24-28-07-68-86. • volosairport.gr •* Activité de l'aéroport très variable selon les années...

Adresses utiles

ℹ ***Volos Info :*** *odos Sékéri et Lambraki. ☎ 24-21-03-09-30. • volosinfo.gr • En arrivant à Volos, on passe devant : c'est sur la gauche, à l'opposé de la gare des bus. Lun-ven 8h-20h, w-e 9h-14h.* Bel office de tourisme, très riche en documentation sur Volos et le Pélion.

✉ ***Poste :*** *209, odos Dimitriados, à l'angle avec odos Agiou Nikolaou. ☎ 24-21-03-63-00. Lun-ven 7h30-17h.*

■ ***Banques :*** *sur les grands axes parallèles au port (Iasonos et Dimitriados).* Distributeurs.

✚ ***Hôpital :*** *odos Polyméri, à la sortie de Volos, sur la route du golfe Pagasétique. ☎ 24-21-09-42-00.*

■ ***Agence de voyages Les Hirondelles :*** *19, odos Koumoundourou. ☎ 24-21-03-21-71. Un bureau également à* ***Agios Ioannis*** *(Pélion, versant égéen) : ☎ 24-26-03-20-05. • holidays-in-pelion.gr • Lun-ven 10h-18h.* Propose des locations (chambres, appartements, maisons) et de multiples activités sportives dans le Pélion (randonnées à pied ou à cheval, kayak de mer, VTT, plongée...).

■ ***Location de voitures et scooters :*** ***Hertz,*** *Agora Limenos/Pyrasou (en face de la pl. Riga Fereou). ☎ 24-21-02-25-44.* ***European,*** *24-26, odos Argonafton (sur le front de mer). ☎ 24-21-03-14-30.* ***Avis,*** *41, odos Argonafton. ☎ 24-21-02-28-80. • avisvolos@otenet.gr •*

Où dormir ?

Dormir à Volos uniquement si l'on a un bateau à prendre très tôt le lendemain matin ou si l'on rentre tard des Sporades, car les hôtels sont très bruyants pour la plupart.

De bon marché à prix moyens

🏠 ***Hotel Roussas :*** *1, odos Iatrou Tzanou. ☎ 24-21-02-17-32. Fax : 24-21-02-29-87. Continuer l'av. Iasonos (parallèle au port), qui devient Polyméri ; tourner à droite juste avt l'hôpital (à pied, longer la promenade de bord de mer, c'est 150 m avt le Musée archéologique). Double env 40 €. Pas de petit déj.* Petit hôtel familial d'une quinzaine de chambres climatisées. La déco date des années 1980. Son atout, c'est son emplacement. On se gare dans la rue.

🏠 ***Hotel Jason :*** *odos Argonafton (angle Pavlou Mela). ☎ 24-21-02-60-75. • jason-hotel.gr • Sur le front de mer, juste en face de l'entrée du terminal maritime. Double env 60 €, petit déj inclus.* 📶 Cet hôtel d'à peine 40 chambres (doubles ou triples) a été entièrement relooké.

Ascenseur, clim réversible, double vitrage, écran plat, frigo... Accueil serviable. Certainement le meilleur plan pour loger à Volos.

De chic à plus chic

Hotel Aegli : *24-26, odos Argonafton. ☎ 24-21-02-44-71. • aegli.gr • Sur le port. Tte l'année. Doubles 80-130 € selon période, avec petit déj. Promos sur Internet.* Hôtel qui se veut classe avec sa façade typique des années 1930. Il s'agit en fait de la réunion de 2 hôtels. Chambres tout confort. Elles sont aménagées avec l'intention de créer une ambiance feutrée, mais c'est malheureusement mille fois vu et revu. Préférer celles situées au dernier étage, pour la vue sur le port. Accueil moyen et prix un peu exagérés.

Où manger ?

Si l'on oublie le *Papadis* (le premier de la longue série de restos qui bordent le front de mer), très prisé des Grecs, le quai Argonafton ne déchaîne pas l'enthousiasme culinaire.

Volos étant une ville étudiante, on ne manque pas d'endroits pour manger sur le pouce. On peut aller chez ***Vrechi Keftedès*** (littéralement : « il pleut des boulettes de viande »), un petit resto ouvert 24h/24 dans l'*Agora Limenos* (prendre à droite en sortant de la gare ferroviaire, c'est à 150 m). Sinon, on trouve toutes sortes de pizzas, *gyros* et *souvlakia* aux abords du cinéma *Achillion,* de part et d'autre de l'odos Iasonos. Autre endroit sympa : ***To Anotéron,*** au 55, odos Gr. Lambraki, pas très loin de la gare routière ; la *bougatsa,* coupée en morceaux et saupoudrée de cannelle, est un régal.

Tsipouradiko O Kyklos : *85, odos Mikrasiaton. ☎ 24-21-02-08-72. À 5 mn à pied du front de mer ; remonter l'odos Ermou (piétonne) jusqu'à croiser l'odos Xénofontos. Tlj 11h-2h (fermé dim en été). Repas 12-18 €. CB refusées.* Quelques tables dans la rue piétonne, sous le grand parasol, ou dans la salle au décor rustique. C'est là qu'officie la famille Papadopoulos. Les locaux viennent y jeter un sort aux mignonnettes d'ouzo, alors, pour éponger, on leur sert volontiers un tentacule de poulpe aux salicornes du Pélion, des champignons grillés, une belle salade ou des fruits de mer. Musique live presque tous les soirs vers 21h. Bonne ambiance.

À voir

Le Musée archéologique : *22, odos Plastira (entrée sur le côté, rue Athanassaki, derrière l'hôpital). ☎ 24-21-02-52-85. À 2 km du port, sur la route du golfe Pagasétique (quand on quitte Volos à droite juste après l'hôpital). À pied, on y arrive en longeant le front de mer. Mai-oct, mar-dim 8h-17h ; le reste de l'année, mar-dim 8h-15h. Entrée : 4 € ; réduc.* C'est l'un des plus anciens musées de Grèce (1909). L'intention première était de rassembler des stèles peintes datant des IIIe et IIe s av. J.-C. retrouvées sur le site de Demetrias, qui occupent aujourd'hui une bonne partie des salles. Très bien agencé, avec très peu de vitrines. Les objets sont disposés de sorte que les visiteurs les « sentent » et puisent les toucher le cas échéant. Il fonctionne plutôt par thèmes, avec notamment une très belle salle consacrée au Néolithique, prétexte à décliner les thèmes de la vie quotidienne. Très belle collection de figurines en marbre (5300-4500 av. J.-C.). Un bijou en or de facture très moderne est daté du Ve millénaire av. J.-C., curieux n'est-ce pas ? Plus loin, d'autres beaux bijoux. Dans la salle suivante, une échelle murale permet de se rendre compte de l'évolution de la céramique à travers les âges. En face, de très émouvantes figurines féminines en terre cuite, dont l'une d'elles, en position assise, jambes croisées, est franchement futuriste et surprenante quand on sait qu'elle est datée de 5800-5300 av. J.-C. ! Sinon, le reste des salles est divisé entre les villes antiques : Iolkos (l'actuelle Volos), Pherae et Demetrias. Renseignements en français dans le hall (ordi à disposition).

*Le **Musée ethnographique** (Laographiko Kendro ; plus connu sous le nom de **Kitsou Makri**) : 38, odos Kitsou Makris. ☎ 24-21-03-71-19. Également dans le quartier de l'hôpital, mais de l'autre côté de Polyméri : depuis cette route, en direction du centre, surveiller un petit panneau sur la droite, s'engager dans odos Ioannou, puis 3e à droite, et enfin 1re à gauche. Lun-ven 8h-14h ; dim 10h30-13h30 sur rdv. Fermé sam. GRATUIT. Visite guidée (documentation en français).* Musée privé, fondé par Kitsos Makris (1917-1988), un ethnologue local qui a rassemblé dans sa belle maison 25 œuvres de Théophilos (voir ci-après), parmi lesquelles des pièces importantes, mais aussi de Christopoulos, des Pagonis (père et fils), des icônes byzantines... Également des objets de collection liés à la culture du Pélion.

LE PÉLION (ΠΗΛΙΟ)

• Carte *p. 403*

Péninsule montagneuse à l'allure d'un doigt recourbé, au sud-est de Volos. Il y fait aussi beau et chaud qu'ailleurs dans le pays, mais on y trouve une végétation abondante, presque unique en Grèce. C'est un monde étrange de forêts et de vallées profondes, d'à-pics plongeant dans la mer, évidemment propices aux légendes. On pensait que la région était habitée par les centaures, créatures mi-homme mi-cheval. Au Moyen Âge, des monastères poussèrent comme des champignons. Puis vinrent s'y adosser des villages, aujourd'hui reliés entre eux par une trame de petites routes qui tournicotent dans tous les sens (en voiture, la moyenne ne dépasse guère les 40 km/h).

Au XVe s, pendant la domination turque, le sultan accorda même à cette région une certaine indépendance. Naquirent alors de petites communautés autonomes, qui s'enrichiront dans le domaine de la transformation de la soie et de la laine, de petites industries qui permettront au Pélion de se développer et de demeurer un foyer préservé de la culture hellénique, grâce à des écoles où le grec était enseigné.

Une riche région, donc, qui mérite bien une bonne semaine de vacances, entre les petites criques aux eaux turquoise, les sentiers de rando et les villages de pierre où l'on vient se délecter d'un *spetsofaï,* la spécialité du coin, à l'ombre d'un grand platane.

➢ De nombreuses ***balades*** à faire le long des sentiers empierrés *(kalderimia).* Dans le sud de la péninsule, une association, *Friends of the kalderimi (• friendsofthekalderimi.org • walking-pelion.blogspot.gr •),* s'emploie à remettre en état ces sentiers. Se procurer les cartes des éditions Anavassi ou Terrain.

➢ Une autre manière de visiter le Pélion consiste à prendre le ***petit train à vapeur*** entre Ano Léchonia (à 13 km au sud-est de Volos) et Miliès. Infos à la gare de Volos ou, avant les départs, à celle d'Ano Léchonia *(☎ 24-21-03-97-23 ; • grafeio.volou@trainose.gr •).* Durée : environ 1h30. De fin juillet à fin août, départ quotidien d'Ano Léchonia à 10h, retour de Miliès à 15h ; de mi-avril à fin juillet et en septembre-octobre, le week-end seulement, et parfois quelques jours supplémentaires. Attention, horaires susceptibles de

LE PÉLION

changer chaque année. Compter environ 18 € l'aller-retour. L'ingénieur qui a fait construire la ligne (une des plus étroites d'Europe) était le père du peintre surréaliste Giorgio De Chirico (qui a passé son enfance à Volos). La ligne a fonctionné du début du XXe s à 1971, avant de rouvrir en 1996. Après environ 15 km de montée et un arrêt à Ano Gatzéa, où l'on visite un intéressant musée de l'olive et de l'huile (gratuit), on arrive à la gare de Miliès, tout en bas du village (voir plus loin « Miliès »).

LE NORD ET LE CENTRE DU PÉLION

MAKRINITSA (ΜΑΚΡΙΝΙΤΣΑ) (370 11) 700 hab.

À 16,5 km de Volos, tout au bout de la petite route qui part du centre de Portaria. Accroché à 600 m d'altitude, ce village aux toits de lauzes livre un beau panorama sur Volos. Au centre, l'église *Agios Ioannis Prodromou,* précédée d'une superbe fontaine. Elle donne sur la place dallée du village, coiffée par de gigantesques platanes. Beaucoup de monde le dimanche.
Grimpez, si vous vous en sentez la force, à l'ancien monastère *(Agios Gérassimos),* l'endroit le plus haut de Makrinitsa : l'effort en vaut la peine. Coucher de soleil fantastique et vue de nuit sur les lumières de Volos. Il existe également une promenade très pittoresque à la découverte des petites églises du coin, qui se distinguent par leurs fresques et leurs portes sculptées. Départ sur la place, indications sur le gros peuplier face à l'*Hotel Achilleus.*

Où dormir ?

Prix moyens

Hotel Achilleus : *à droite, juste avt la place. ☎ 24-28-09-99-69. Double env 50 €, petit déj compris. CB refusées.* Dans un beau bâtiment, chambres sans fard mais relativement agréables, bien que sombres. Les balcons donnent sur la place. Pas de clim.

Arkhontiko Repana : *dans la rue piétonne, l'une des premières maisons traditionnelles sur la droite. ☎ 24-28-09-90-67. • archontikorepana.gr • Tte l'année. Résa impérative. 30 avr-20 sept, doubles 60-70 €, petit déj inclus ; le reste de l'année, 65-80 €. CB refusées.* Belle maison de caractère dotée d'un mobilier ancien de valeur. Chambres agréablement décorées et très confortables. Joli jardin en terrasses. Également une maison indépendante qui a beaucoup moins de cachet. Accueil sympathique et francophone.

Où manger ?

Léonidas : *de la place, continuer 20 m après l'église. ☎ 24-28-09-90-71. Tlj, midi et soir. Compter env 12-15 €. CB refusées.* Atmosphère tranquille sur cette petite terrasse. Plats simples et soignés, parmi lesquels un bon *spetsofaï* (saucisse de pays épicée aux poivrons).

À voir

Le musée d'Art populaire et d'Histoire du Pélion : *installé dans une vieille demeure rénovée* (arkhondiko Topali), *sous la pl. centrale. ☎ 24-28-09-95-05. Mar-sam 9h-14h, dim 11h-14h30. Entrée : 2 € ; réduc.* On peut y voir des broderies, des vêtements traditionnels, des meubles et des outils anciens...

ZAGORA (ΖΑΓΟΡΑ) (370 01) 2 250 hab.

À 47 km au nord-est de Volos. On passe par Hania, station de ski l'hiver, à Agriolefkès, à quelque 1 300 m d'altitude. Les Voliotes racontent malicieusement qu'en avril, parfois, ils peuvent skier le matin et se baigner dans le golfe l'après-midi. De Hania à Zagora, la route serpente sur une vingtaine de kilomètres. La végétation de montagne (hêtres, châtaigniers, fougères) va progressivement intégrer des essences plus méditerranéennes (lentisques, myrtes, arbousiers). On pénètre dans le verger du Pélion. En mai et juin, le spectacle des fruitiers en fleurs est magnifique.

Zagora, grand village étendu sur trois quartiers distincts, offre de beaux exemples d'architecture montagnarde. Au XVIIIe s, Zagora était le principal centre d'activité du Pélion (on y travaillait notamment la soie et la laine). Son école était réputée et a formé plusieurs résistants célèbres à l'occupation turque, comme Rigas Féraios et Anthimos Gazis. Un modeste musée est consacré à la mémoire du premier (au début de la route descendant vers Horefto, dans ce qui subsiste d'un ancien monastère). C'est aussi de Zagora que de nombreux marchands sont partis, dans les années 1840, pour commercer en Égypte, où ils se sont enrichis, incitant un grand nombre d'habitants du Pélion à suivre leur exemple.

➢ Dans les environs, les amateurs de rando iront jusqu'à Pouri (7 km), petit village perdu dans les châtaigniers, d'où un sentier permet de redescendre vers la grande plage de Horefto, petite station balnéaire exposée aux vents. De Zagora à Horefto, environ 3 bus par jour (dernier bus pour remonter d'Horefto à 19h15). Si l'on est motorisé, la plage d'Agii Saranda, au sud de Horefto, est un bon choix (des vagues, mais plus de monde).

Où dormir ? Où manger ?

■ ***Chambres chez Marika Vlachou :*** *dans le quartier d'Agia Kiriaki (le 2e en venant de Hania), en dessous de l'église ; se garer au parking. ☎ 24-26-02-21-53. • marika.gr • Tte l'année. Double env 40 €, super petit déj maison inclus (remise en cas de séjour prolongé).* 7 chambres impeccables au mobilier récent, grandes salles de bains. Superbe vue : certains balcons dominent l'épaisse végétation qui dégringole côté égéen. Une adresse comme on les aime, tenue par l'adorable Marika, qui vous accueille avec café et *glyka*.

■ ***Archontiko Stamou :*** *quartier d'Agia Kyriaki, à 150 m de la grande place. ☎ 24-26-02-38-80. • stamouhotel.com • Tte l'année. Compter env 60-73 € la double selon saison, petit déj compris.* La maison de maître, joliment restaurée, donne une idée de ce qu'était une maison bourgeoise au début du XXe s avec sa demi-douzaine de chambres sur 2 niveaux : beaucoup de cachet a été conservé. Également une chambre dans la maison en pierre (l'ancien bâtiment des domestiques !), qui n'est pas mal non plus. Resto italien sur place. Excellent accueil de toute la famille Stamou, et en particulier de Giorgios, qui sait prendre soin de ses clients dans plusieurs langues, dont le français. Il a d'ailleurs plein d'idées pour développer le tourisme « alternatif » dans cette partie nord du Pélion.

|●| ***Thraka :*** *sur la pl. de l'église d'Agia Kiriaki. ☎ 24-26-02-23-22. En été, tlj de 7h30 jusqu'au bout de la nuit ; fermé lun hors saison. Compter 15-17 €.* Enfilade de tables sous le grand tilleul. C'est ici que les anciens ménagent leurs vieux os à la saison où le cagnard assomme les ânes. Pas de tracas, la cuisine du terroir est bien faite et servie généreusement.

HOREFTO (ΧΟΡΕΥΤΟ)

(370 01) 130 hab.

C'est l'antique port de Zagora. On notera dans l'église dédiée à Agios Nikolaos une belle iconostase. Sinon, pas grand-chose à y faire à part buller au soleil. Belle plage de sable fin, plutôt ventée en été mais très agréable hors saison. Une fois sur place, on est un peu loin de tout.

Où dormir ? Où manger ?

Hotel Cléopatra : *à la sortie du hameau, face à la mer, en direction du port. ☎ 24-26-02-26-06. • hotelcleopatra.gr • Avr-oct. Doubles 50-60 € selon saison, petit déj inclus.* Une petite vingtaine de chambres bien proprettes pour 2 à 4 personnes. Double vitrage, clim, télé, frigo, balcon avec vue. Petit déj sous la treille centenaire, face à la grande bleue. Accueil gentil.

Pétros : *sur la plage. ☎ 24-26-02-29-95. D'avr à mi-oct ; tlj en été, le w-e slt avt et après la hte saison. Compter 10-16 € pour une salade ou un plat local, facilement le double pour du poisson.* Le ballet des baigneurs pour horizon, ce resto de plage sert aussi bien des plats du terroir que du poisson grillé. Pour les végétariens, la maison propose une moussaka où la feta remplace la viande hachée.

AGIOS IOANNIS (ΑΓΙΟΣ ΙΩΑΝΝΙΣ)

(370 12) 200 hab.

À 55 km de Volos, sur la côte est, c'est la plage d'*Agios Dimitrios.* De Zagora, la route passe par *Makrirahi,* village où se concentrent les pépiniéristes, puis *Anilio* (produits locaux à la boutique de la coopérative des femmes sur la route principale). Agios Ioannis (Aï Giannis pour les intimes) est très peuplé l'été. Belles plages voisines à Papa Nero, avec douches, et à Plaka, plus sauvage et vraiment magnifique (tout près, juste après le port, au nord). Nombreuses tavernes, hôtels et chambres à louer. Attention, l'été le front de mer est à sens unique.

➢ Liaison pour Volos : 2-3 bus/j. en sem, 2 le dim.

Où dormir ? Où manger ?

Camping

Camping Papa Nero : *en bordure de plage, après avoir traversé la petite rivière, en allant vers Papa Nero. ☎ 24-26-03-13-19. • campingpapanero.com • Mai-sept. Selon saison, compter 18-21 € pour 2 avec tente et voiture. Loc de tentes 3 places 9-12 €/j.* Sous les eucalyptus, bien ombragé. Camping bien équipé : bar, supérette, resto, cuisine commune, accès direct à la plage. Évidemment, on est un peu entassé au plus fort de la saison...

Prix moyens

Hotel Evripidès : *sur le front de mer, à côté de l'agence* Les Hirondelles. *☎ 24-26-03-13-38. • hotelevripides.gr • Juin-fin sept. Doubles 30-70 €*

L'ÉPIRE, LA THESSALIE ET LE CENTRE

selon saison. Une dizaine de chambres simples et surannées, mais très correctes, avec AC, TV et frigo. Salles de bains rénovées. Bon accueil en v.o.

Hotel Anesis : *sur le front de mer, au-dessus de l'agence* Les Hirondelles. *☎ 24-26-03-12-23. • hotelanesis.gr • Avr-oct. Doubles 36-85 € selon période.* Même si les tarifs sont trop élevés en août, cet établissement reste d'un rapport qualité-prix intéressant le reste de l'année. Les chambres, tout confort (clim, frigo, moustiquaire), sont très propres et décorées avec sobriété. Très bon accueil.

Katerina Hostel : *à l'extrémité de la plage de Papa Nero, direction Damouchari. ☎ 24-26-03-16-24. 69-72-48-48-09 (Katerina). • papanero.com • Mai-oct. Doubles 35-75 € selon confort et saison. Appartements 75-120 €. CB refusées.* Une vraie ambiance de vacances se dégage de ce petit hôtel qui se revendique comme *hostel* par son côté convivial. Une dizaine de chambres simples mais bien conçues (salle de bains, AC, cuisinette, balcon) et 2 appartements pour 4 personnes. Espaces communs un tantinet bohème, avec hamac pendu, sieste au chant des cigales et petits coins pour bouquiner. Idéal pour refaire le monde autour d'un ouzo. La plage est en dessous (à 2-3 mn par des escaliers). Katerina propose également une maison à louer *(Filitsa House)* à 1,5 km (4 à 5 personnes max).

O Christos : *sur le front de mer, c'est le dernier resto en allant vers le port (avt l'hôtel* Manthos Blue*). ☎ 24-26-03-12-27. Repas 12-15 €.* Du pain béni, ce petit resto ! Sous les brasseurs d'air, face à la mer, on y déguste le poisson du jour. Aller le choisir dans le frigo. La nappe est propre et le service est gentil.

I Oréa Ammoudia : *sur la plage de Papa Nero, la dernière taverne. ☎ 24-26-03-12-19. De mi-avr à mi-oct. Repas 12-15 €.* Café-restaurant avec quelques chichis, mais on y trouve tous les grands classiques grecs, qu'on mange sur une grande terrasse ombragée. Bon accueil.

De chic à plus chic

Theodorides Estate : *dans la descente vers les derniers virages avt Agios Ioannis, repérer sur la gauche, dans un virage à droite, le panneau* « Theodorides Estate », *puis suivre le chemin de terre jusqu'au bout (portail en principe fermé). ☎ 24-26-03-18-72. 69-74-98-16-07. En hiver, ☎ 00-44-208-360-04-19. • pelioncountryvillas.com • Mai-sept. Doubles 90-115 €, quadruples 150-175 €. Pas de petit déj. Parking privé.* En surplomb du village, un petit ensemble de maisons sur 2 niveaux, dans le style du Pélion, noyées dans une végétation luxuriante. De l'espace : salon avec coin cuisine pour le petit déjeuner, minibalcon ; les chambres sont au niveau inférieur. Belle piscine qui semble en surplomb de la mer. Accueil attentionné des propriétaires qui vivent en Grande-Bretagne en hiver.

MOURESSI ET KISSOS (ΜΟΥΡΕΣΙ)

(370 12) 500 et 200 hab.

En poursuivant vers le sud, la route passe tout près de deux villages : côté montagne, *Kissos,* dont l'église *Agia Marina* renferme une iconostase en bois doré typiquement baroque et des icônes censées évoquer des études de mœurs (petit musée ecclésiastique), et côté mer, *Mouressi,* perché au-dessus de Damouchari, lui aussi sérieusement mangé par le vert. Le gros du village est en contrebas de la route principale (sur la place principale, ne pas manquer l'église de la Dormition-de-la-Vierge, *Kimissis tis Théotokou*).

Où dormir ? Où manger ?

Archondiko Iatridi : *sur gauche de la route, 1,5 km après l'embranchement pour Papa Nero, à partir de la route principale. ☎ 24-26-04-94-77. • arxontikoiatridi.gr • Avr-oct. Doubles 60-80 € selon saison, avec petit déj.* Dans un *archondiko* méritant bel et bien son qualificatif d'historique (il date de 1741), de belles chambres (doubles et triples), complétées par 2 appartements (vieillots) dans une maison moderne. Magnifique jardin très fleuri. Plein de petits coins pour se détendre. Petit déj gargantuesque, avec les produits du jardin. Excellent accueil du couple de proprios.

Ta 5 φ (Makis) **:** *à Kissos. ☎ 24-26-03-12-66. Tte l'année (l'hiver, slt le w-e). Dans le village, la 1re taverne sur la droite après le parking. Compter 10-13 €/pers.* Depuis 1935, cette adresse propose une excellente cuisine traditionnelle, servie avec sourire par une des filles de la maison : différentes sortes de *pittès* (dont la *kolokythopitta* réputée, aux courgettes), des plats préparés et des grillades. Le pain sort du four à bois. Les prix sont doux, que demander de plus ?

DANS LES ENVIRONS DE MOURESSI

DAMOUCHARI (*ΝΤΑΜΟΥΧΑΡΗ*)

Entre Agios Ioannis et Milopotamos, Damouchari est le port historique de Mouressi et de Tsangarada, d'où l'on exportait la soie et la laine. Il coule aujourd'hui des jours tranquilles. L'hôtel *Germaniko,* à l'entrée du village, a accueilli Romy Schneider en 1974. Une petite route de 3 km y mène depuis Agios Ioannis (on y parvient également de Tsangarada ou de Papa Nero par un sentier). Se garer sur le parking, puis emprunter le cul-de-sac pour gagner le village. Plage de gros galets qui bénéficie d'un ensoleillement tardif. Vers le sud, jolie crique et possibilité de se promener le long des falaises. D'avril à octobre, location de kayaks de mer et de *paddleboards* à l'hôtel *Germaniko (☎ 24-23-04-98-72 ; • pelionsecrets.com •).*

Damouchari Hotel : *dans le hameau. ☎ 24-26-04-98-40. • damouchari.gr • Pâques-fin oct. Résa vivement conseillée. Doubles 40-70 € selon saison, avec petit déj, studio 80 € (sans petit déj) et 120-150 € l'appartement 3-5 pers.* Avec ses chambres ou appartements répartis entre 4 maisons anciennes, il passe presque inaperçu dans le village. Très confortable et stylé. Piscine. Evi parle le français, et Apostolis, l'homme au chapeau, un peu artiste, a personnalisé toutes les chambres (prenez le temps de choisir, si possible). Il tient avec la même décontraction une taverne sur le port *(To Karagatsi).*

Barba Stergios : *☎ 24-26-04-92-07. Env 15 €/pers.* Au-dessus de la crique, taverne classique qui sert tous les plats grecs qu'on se fait un plaisir de déguster dans un aussi joli cadre.

TSANGARADA ET MILOPOTAMOS
(ΤΣΑΓΚΑΡΑΔΑ – ΜΥΛΟΠΟΤΑΜΟΣ) (370 12) 540 hab.

À 60 km environ de Volos par Hania (mais 47 km seulement par Miliès), ce village très étendu est noyé dans la végétation. Ses quatre hameaux, constitués de maisons de pierre dissimulées derrière les hortensias et les gardénias, témoignent de l'élégance dont il fit preuve par le passé. En 1881, il comptait

5 000 habitants ! Là aussi, de belles églises dans le style de la région. La plupart ont été financées par de riches commerçants de retour d'exil. *Agia Paraskévi,* le quartier le plus habité, est considéré comme le centre du village (platane de 14 m de circonférence). Nombreuses opportunités de balades par les petits chemins qui taillent à travers le maquis ou la forêt pour relier les différents villages... Six kilomètres plus bas, *Milopotamos* est certainement la carte postale la plus expédiée du Pélion. Rien d'étonnant car c'est l'une des plages les plus belles et les plus propres du coin. Mais tout le monde le sait !

Où dormir ?

Hotel Villa ton Rodon : *au carrefour principal de Tsangarada, descendre un petit peu, c'est sur la gauche au 1er virage (indication sur le panneau de bois) ; prendre le petit chemin de pierre à pied, c'est à 100 m. ☎ 24-26-04-93-40. • villatonrodon.gr • Double avec sdb 50 €, petit déj compris.* Dans un environnement verdoyant, une dizaine de chambres très simples mais très agréables, avec balcon et vue sur la mer. Terrasse sous treille. Couple de proprios accueillant.

Pension Aggelika : *à env 2 km de la plage de Milopotamos quand on remonte vers Tsangarada. ☎ 24-26-04-98-88. • aggelikahotel.com • Avr-oct (ainsi qu'à Noël, à Pâques et les w-e hors saison). Doubles 50-70 € selon saison, petit déj compris.* Une demi-douzaine de chambres pour 2 à 4 personnes, tout confort, avec salle de bains, TV, frigo, AC et... coin cheminée pour l'hiver. Magnifique vue sur la mer depuis les grandes terrasses. Bon accueil. Les proprios ont aussi une taverne à Milopotamos, du même nom.

Villa Exohi : *quartier d'Agii Taxiarchès. ☎ 24-26-04-94-97. • villa-exohi.com • Membre du réseau d'hébergements de charme* Guest Inn *: résas possibles sur • guestinn.com • Prendre la rampe en béton qui monte en face de l'hôtel* Kendavros. *Selon saison, doubles 65-85 € ; suites 2-3 pers 75-85 € ; petit déj compris. CB refusées.* 6 belles chambres avec cheminée et salle de bains (jacuzzi), dans une maison perchée d'où la vue est splendide. Excellent petit déj traditionnel préparé par Georgia.

Villa Georgie : *à Tsangarada (district d'Agia Paraskévi). ☎ 24-26-04-90-74. • villageorgie.com • Du carrefour principal, faire 2,4 km, puis prendre à droite la petite route sur 600 m ; c'est fléché. Pour 2 pers, env 60 € en hte saison ; pour 4-5 pers, 80-100 €. Pas de petit déj.* Dans une maison traditionnelle du XIXe s, entourée d'un jardin riche en arbres fruitiers. 5 appartements de capacité différente. La déco, avec ses murs blancs, ses lits avec simili baldaquins et ses meubles en bois sombre est plaisante mais reste classique. Splendide terrasse avec vue sur la mer.

Où manger ?

Aléka : *dans le centre (au-dessus du carrefour de la poste). ☎ 24-26-04-93-80. • alekas-house.gr • Tte l'année, tlj midi et soir. Compter 15-20 €.* Tout le Pélion, ou presque, connaît la cuisine de Mme Aléka, qui a désormais passé le flambeau à sa fille Léna et à son mari Théodoros. Cuisine de terroir avec des ouvertures vers des saveurs plus contemporaines. C'est un peu plus chic que la moyenne, mais les prix, au regard de la qualité, restent raisonnables. Bons desserts. Loue également une dizaine de chambres *(selon standing et saison, 60-70 € la double standard, petit déj compris).*

Agnanti : *à env 2 km du carrefour principal, sur la route de Miliès (quartier d'Agii Taxiarchès) ; au niveau du supermarché, descendre les escaliers situés en face, de l'autre côté de la route, c'est la maison jaune en contrebas à droite. ☎ 24-26-04-92-10. Tte l'année, tlj sf dim soir et lun hors saison. Repas*

12-18 € sans le vin. Sur cette jolie place animée, taverne méditerranéenne où l'on peut opter pour le *spetsofaï* aussi bien que pour les fleurs de courgettes farcies. Service sympa. On y parle le français.

À faire

Les plages : à Tsangarada, tout le monde n'a qu'un mot à la bouche, ***Milopotamos.*** On vient de tout le Pélion pour bronzer sur cette plage. Entassement assuré en saison. Plus secrète, mais incomparablement plus belle, la ***crique de Fakistra,*** un peu plus au nord, qui demande, une fois arrivé au parking, 5-10 mn de marche (descente très raide au début). Plage de carte postale, livrant de magnifiques couleurs. On peut aussi l'atteindre depuis Milopotamos, par un sentier côtier (1h30 de marche). Plus au sud, la belle ***plage de Limnionas*** : on y accède également par la route (dans les environs de Xourichti) qui se termine en piste (moyenne). Taverne, douches. De Limnionas, possibilité de rejoindre à pied, en 20 bonnes minutes, la ***plage de Lambinou*** (café et douche), également accessible par la route en passant par le village de Lambinou.

➢ En continuant la route après Tsangarada, si l'on prend sur la droite vers Miliès, on quitte le versant égéen du Pélion pour le versant du ***golfe Pagasétique.***

MILIÈS (ΜΗΛΙΕΣ) (370 10) 640 hab.

À 28 km de Volos. Miliès tire son nom du *milia,* nom grec du pommier qui est cultivé en grand nombre ici. Desservi par bus au départ de Volos, mais également par le petit train au départ d'Ano Léchonia (voir plus haut le texte de présentation du Pélion), ce petit bourg de montagne fut, au début du XIXe s, un important centre culturel. Anthimos Gazis et Grigorios Konstandas y fondèrent, en 1814 une école qui rayonnait dans toute la Grèce et dont la bibliothèque rassemblait 10 000 ouvrages. Beaucoup brûlèrent lorsque les Turcs réprimèrent le soulèvement de 1821, mais un nombre substantiel de livres fut sauvé. La bibliothèque existe toujours, au-dessus de l'église, riche de 1 658 ouvrages imprimés entre 1497 et 1899 (ouverte du lundi au samedi de 8h à 14h). En 1943, les Allemands brûlèrent le village et exécutèrent 26 hommes (monument commémoratif près de la gare).

Où manger ?

Symposio : *sur la pl. du village (repérer le grand platane). ☎ 24-23-08-61-20. Tte l'année, tlj de 8h jusqu'au dernier client. Repas 10-15 €.* Cuisine traditionnelle, pâtes et grillades. Dans la petite salle près du poêle en hiver, à l'ombre du grand platane aux beaux jours. Les aventuriers tenteront le chou farci, spécialité de la maison.

To Salkimi : *en arrivant, à droite juste avt la place. ☎ 24-23-08-60-10. Tte l'année. Repas 13-18 €.* Une adresse pour amateurs de (bonne) viande. On recommande la *hasapa* (préparation à base de veau) et la *gardouba* (sorte de *kokoretsi* au four), mais tous les plats, dont de nombreux inspirés par la cuisine d'Asie Mineure, sont très bons. Service efficace et accueil très prévenant.

À voir. À faire

Sur une petite place, à côté d'une tour d'horloge, vieille ***église des Taxiarques*** (les archanges guerriers Michel et Gabriel) dans le plus pur style montagnard.

À l'intérieur, magnifique iconostase et un ambon (l'équivalent d'une chaire pour les orthodoxes) en bois sculpté. Fresques joliment restaurées couvrant tout un long mur, comme un livre d'images. C'est d'ici que fut proclamé en 1821 le soulèvement de la Thessalie. Tout autour de la place en contrebas, des ruelles pavées de cailloux polis sont coupées de rigoles antiques.

Le musée d'Arts et Traditions populaires (Topiko Moussio) **:** *au rdc de la mairie, 100 m après la pl. de l'église en montant, sur la droite. De mi-juin à mi-sept, tlj sf dim ap-m 10h-14h30, 18h30-21h ; hors saison, mer-ven 10h-14h, w-e 11h-15h. GRATUIT.* Petit mais très intéressant, documenté et clair : panneaux sur la vie traditionnelle dans le Pélion, sur l'histoire du petit train, de la bibliothèque. Plan (payant) du village avec les maisons et fontaines intéressantes, et surtout celui des artisans « authentiques », qui vous recevront gentiment, genre fabricant de bâts pour les mulets, peintre d'icônes, maréchal-ferrant...

➢ ***Randonnée pédestre* :** un sentier part de derrière l'église pour Tsangarada, puis Damouchari. D'abord ça monte bien, puis ça descend. Compter 4h pour Tsangarada. Partir avec une bonne carte (éditions Terrain) et se renseigner au village sur l'état du sentier.

VYZITSA ET PINAKATÈS (ΒΥΖΙΤΣΑ – ΠΙΝΑΚΑΤΕΣ)

(370 10) 300 et 210 hab.

De Miliès, prenez le temps de pousser plus haut, à 3 km, vers *Vyzitsa,* pour admirer d'autres maisons de maître à trois niveaux, caractéristiques du Pélion. Beaucoup d'entre elles ont été restaurées. Allez-y tôt le matin, quand le village s'éveille, ou en fin d'après-midi, quand le vent rafraîchit la place du village.
***Pinakatès* (4 km à l'ouest) est également accessible par Ano Léchonia et Agios Georgios. Magnifique petite place typique du Pélion, avec une belle fontaine néoclassique construite par des *évergètes* (des bienfaiteurs, originaires du village, enrichis à l'étranger).**

Où dormir ? Où manger à Pinakatès ?

***Xénonas Allatinou* :** *de la place, descendre les marches, c'est tt de suite à gauche. ☎ 24-23-08-69-95 ou 24-23-02-29-37. • alatinos.gr • Selon saison, doubles 48-50 €, petit déj inclus.* Dans une vieille demeure joliment rénovée, 6 chambres au style plutôt monacal mais agréables, avec salle de bains. Excellent petit déj en terrasse. Calme garanti. Bon accueil de Dimitris.

***Mansion Sakali* :** *un peu à l'écart, dans le virage, sur la route de Vyzitsa. ☎ 24-23-08-65-60. 📱 69-32-42-91-50. • sakalihotel.gr • Tte l'année. Doubles 80-170 € selon confort et saison, petit déj inclus.* Mention bien pour cet hôtel de charme dont la piscine semble flotter entre ciel et mer. Ici, on joue la carte du bien-être avec massages, hammam et tout le tralala. 8 chambres et suites, toutes différentes, à la déco mille fois vue dans tous les magazines mais qui n'en demeurent pas moins agréables à l'œil et sont très confortables. Préférer quand même la *Lusithea* ou la *Leda,* car certaines sont un peu sombres. Bel accueil et excellent petit déj.

***O Piléas* :** *sur la place en contrebas de la rue principale. ☎ 24-23-08-68-73. Repas env 12-16 €.* En plus des plats grecs traditionnels, le *spetsofaï,* plat épicé typique du Pélion. Cadre superbe, calme assuré.

KALA NERA (ΚΑΛΑ ΝΕΡΑ) (370 10) 600 hab.

Ce petit village est surtout fréquenté par les gens de Volos en week-end. Pas un charme démesuré, mais une longue plage bordée d'eucalyptus. Clientèle majoritairement grecque, mais la mode du *chill-out* version Ibiza, avec stage de ceci, stage de cela, tendance zen ascendant bien-être, commence à attirer les étrangers.

– Au début du front de mer, une agence de voyages, *Four Ways Travel (☎ 24-23-02-24-23 ; • kalanera@fourways.gr •),* propose location de scooters et VTT.

Où dormir ? Où manger ?

Victoria Hotel : *1er hôtel en bord de mer en arrivant de Volos. ☎ 24-23-02-22-19. • hotelvictoriakalanera.com • Avr-oct. Doubles 30-50 € selon saison. Pas de petit déj. Parking fermé.* Ce petit hôtel de famille propose des chambres correctes avec frigo, TV, AC, grand balcon et une vue imprenable sur la mer qui se situe à 20 m à tout casser. Malgré un accueil un peu pressant du fiston qui a repris l'affaire familiale, l'adresse se tient bien.

Agelis Hotel : *1re route à gauche après le* Victoria. *☎ 24-23-02-22-46. • agelishotel.com • Tte l'année. Doubles 50-60 € selon saison, petit déj compris.* Faux parquet, clim, frigo, des effets de couleurs et de voilage, une petite terrasse pour prendre le frais en soirée... Vraiment, les 17 chambres que compte cet hôtel géré par le sympathique Giorgios méritent à bien des égards qu'on vienne y passer la nuit.

Hotel Rodia : *juste avt d'arriver sur le front de mer, prendre à droite au niveau de l'hôtel* Dimoula, *et continuer un peu. ☎ 24-23-02-20-70. • hotelrodia.gr • Tte l'année. Selon saison, compter 40-60 € (très bon petit déj en sus). CB refusées.* Situé dans un cadre reposant, à la lisière d'une oliveraie. Ici, une petite vingtaine de chambres simples mais confortables (clim, frigo). À partir du 1er étage, on a même vue sur la mer. Pour le reste, une salle commune rafraîchie par la brise marine, une guitare qui traîne, et une foultitude de doc sur les randos à faire dans le coin. Bel accueil de Dimitris.

Taverna Rodia : *à 20 m de l'*Hotel Rodia. *☎ 24-23-02-21-09. Tte l'année. Compter 15-17 €. CB refusées.* Lapin aux oignons, poulpe aux aubergines (aux beaux jours seulement), et à peu près tout ce que l'on peut inviter à finir sa carrière sur le gril. La terrasse est plaisante, la salle ordinaire. C'est bon.

Taverna Paris : *parmi les premières du front de mer. ☎ 24-23-02-27-45. De mi-avr à début oct. Compter 10-16 €.* Paris aux fourneaux, Christos en salle, on ne change pas une équipe qui gagne. Ici on sert des plats régionaux 100 % *home-made* à des prix corrects.

Où camper dans les environs ?

2 campings mitoyens (et un loueur de vélos) à ***Kato Gatzéa,*** à 1,5 km de Kala Nera et à 16 km de Volos, qui se partagent la même (étroite) plage de sable.

Camping Sikia : *☎ 24-23-02-22-79. • camping-sikia.gr • Fin mars-fin oct. Compter 18-21 € pour 2 avec tente et voiture. Réduc de 10-20 % sur présentation de ce guide.* Très bien équipé. Emplacements très sympas avec vue sur la mer. Comme pour son voisin, très fréquenté l'été. Propose aussi des chambres doubles avec cuisine commune *(40-45 €).* Également de superbes appartements pour 2 à 4 personnes *(60-85 €)* dans des bungalows tout neufs avec AC. Taverne près de la plage. Français parlé et accueil courtois.

⛺ ***Camping Hellas :*** *au bord de la mer. ☎ 24-23-02-22-67. • camping hellas.gr • Tte l'année. Compter 15-20 € pour 2 avec tente et voiture. Loc de tentes 10 €/j.* Sympa et très propre. Bien équipé, avec machines à laver. Très ombragé. Taverne près de la plage.

À faire

■ ***Montis Ordo :*** *sur la route principale, à **Kato Gatzéa,** un peu après les campings en allant vers Volos, repérer le vélo pendu à l'arbre (en face de la boulangerie). ☎ 24-23-02-32-26. • montisordo.gr • Tte l'année. Horaires variables ; en gros lun, mer et w-e 9h30-14h, mar, jeu et ven 17h30-20h30.* Alexandros loue des VTT et encadre les groupes ou les individuels qui désirent partir s'époumoner dans la campagne environnante.

AFISSOS (ΑΦΥΣΣΟΣ) (370 10) 270 hab.

À 25,5 km au sud-est de Volos. Bâti en amphithéâtre, Afissos est l'un des plus jolis villages du golfe Pagasétique. Les Argonautes y auraient fait leur première escale sur la route de la Toison d'or. Depuis, le village s'est pas mal développé, mais les constructions récentes ont su rester dans le style. Beaucoup (beaucoup) de monde l'été. C'est plein à craquer le week-end, quand tout Volos et Larissa déboulent (et alors, stationnement hyper problématique...) !

Où dormir ?

Chambres chez Vasso Galanou : *à gauche en entrant dans le village, en retrait de la route principale. ☎ 24-23-03-34-38. 📱 69-34-66-11-83. • vassoafissos.gr • De mi-avr à fin oct. Compter 35-50 € pour 2 selon confort et saison (tarif incluant la réduc sur présentation de ce guide) ; apparts 80-100 €. CB refusées. Parking.* Femme charmante et attentionnée, Vasso propose une vingtaine de chambres ou appartements bien équipés. Situés à même pas 80 m de la plage, dans une rue tranquille, ils offrent tout le confort souhaité. Également 2 belles maisons avec piscine à louer dans les environs (à Afétès et à Néochori).

Chambres O Kipos tou Edem (Le Jardin d'Éden) **:** *chez Antonia Dianélou, à l'intérieur du village. ☎ 24-23-03-32-90. 📱 69-32-59-63-15. • dianelou.antonia@gmail.com • De la pl. principale, prendre à gauche de l'hôtel Alexandros, puis à gauche, c'est à 80 m (repérer le laurier-rose). Double avec sdb env 45 € ; apparts pour 2-4 pers 50-75 €. CB refusées.* Sonnez, Antonia ou sa maman Gioula vous ouvriront la porte de leur maison de famille. Il y a 3 chambres avec, frigo, TV et clim (et une cuisine commune) et 2 appartements avec balcon à la déco ancienne mais typique. Environnement très agréable : jardin sous treille, amoureusement entretenu, et grande véranda.

Où manger ?

Taverna O Glaros : *juste avt la place, face à la mer. 📱 69-81-46-37-89. Avr-oct. Env 13-15 €.* Stavroula, la maman, sort de sa cuisine *souvlakia* et bonnes grillades, mais aussi du poisson. Le tout servi par le reste de la famille et facturé à prix raisonnables. Bon accueil.

Psarotaverna O Faros : *dans le raidillon juste avt la grande plage. Autour de 13-15 €.* Bien situé pour voir le coucher de soleil de la terrasse surplombant la mer. Cuisine classique et belle carte des vins.

À faire

Trois **plages** à Afissos : deux avant d'arriver, en contrebas de la route (la deuxième, au niveau du dernier virage avant le village, est la plus sympa) ; une plus grande (et bondée) après le village, avec douches.

Une route plus ou moins bétonnée très étroite, mais praticable en voiture, qui rejoint en 10 mn vers le sud le hameau de ***Léfokastro.*** Quelques chambres chez l'habitant et des gargotes familiales où l'on vous accueille avec le sourire. À éviter en camping-car. La plage la plus sympa du coin est située après Léfokastro, accessible par un seul chemin : à la hauteur d'un groupe de maisons, à côté d'une fontaine. De Léfokastro, une autre route étroite ramène sur la route d'Argalasti.

LE SUD DU PÉLION

Paysages plus arrondis. L'olivier reprend le pouvoir. Après Afissos, la route principale monte et quitte la côte. En continuant vers le sud, on arrive à Argalasti.

ARGALASTI (ΑΡΓΑΛΑΣΤΗ) (370 06) 1 320 hab.

Grosse bourgade, à 40 km de Volos, située sur un plateau fertile. À l'écart de la route principale, derrière la tour de l'horloge, la place du village présente un bel alignement de commerces à l'ancienne. Une base intéressante pour se ravitailler et pour rayonner dans le coin.

Infos utiles

- Poste, banque, grand marché le samedi, et un centre de soins compétent *(en arrivant de Volos, sur la droite, peu avt le village ; ☎ 24-23-05-46-11 à 15).*

➢ 6 bus/j. en sem pour Volos, 4 le dim. Les tickets pour le bus se vendent au café *Enallax* *(tlj 5h-minuit).*

Où dormir ? Où manger ?

Archontiko Mountzouridi : *de la place, prendre la 1re rue à droite en descendant, c'est à env 100 m sur la droite. ☎ 24-23-05-45-49. • mountzouridis.gr • Avr-oct. Doubles 50-70 € selon confort et saison, petit déj compris. CB refusées.* Une douzaine de chambres tout confort (clim, télé, frigo) réparties dans 2 vieilles maisons éloignées l'une de l'autre. La principale, avec cheminée et parquet grinçant, dégage une belle atmosphère. Dans l'annexe, on aime bien l'appart en mezzanine. Une piscine (en été seulement), l'organisation de parties de pêche en mer ou de randos à cheval complètent l'offre de cette adresse de charme. Bel accueil.

Hotel Agamemnon : *derrière l'église. ☎ 21-09-60-71-00. • agamemnon.gr • De Pâques à mi-oct. Selon saison, doubles 50-60 €, studios 2-3 pers 70-90 €, petit déj compris. CB refusées.* Dans un bâtiment typique du style architectural du Pélion, une douzaine de belles chambres à l'ameublement traditionnel (AC, TV). Piscine (en été seulement). Les studios sont dans un bâtiment de même style à 200 m.

Taverna To Pithari : *sur la pl. principale. Env 10-13 € le repas.* Choix classique de taverne, avec de bonnes viandes et des parts généreuses.

Où dormir dans les environs ?

Kyras Paradise : *plage de* ***Potistika.*** *☎ 24-23-05-53-03. 69-72-22-58-98. • kyrasparadise.com • Sur le versant égéen, à env 8 km d'Argalasti. Sur la route de la plage de Mourtitsa, prendre à droite le chemin sur 100 m (indiqué). Mai-oct. Bungalows 45-75 € selon saison et capacité (prix incluant la réduc sur présentation de ce guide). CB refusées.* En pleine campagne, des bungalows tout béton de différents types (1 ou 2 chambres) pouvant accueillir de 4 à 6 personnes. Ce n'est pas le grand confort, mais c'est tranquille. Accueil décontracté.

À faire

D'Argalasti part la route qui mène aux plages du versant égéen. On passe à ***Xinovrissi,*** pour gagner ***Potistika*** à 10 km environ. Sur place, quelques locations et tavernes. Un peu plus loin, un petit sentier mène à ***Mélani.*** Les adeptes du slip invisible opteront pour le début de Mélani, en arrivant de Potistika. Une autre route, avant Xinovrissi, mène à ***Paltsi.*** Hébergements et restos sur place. Le coin, resté sauvage, est assez souvent venté ; belles vagues.

LAFKOS (ΛΑΥΚΟΣ) (370 06) 600 hab.

À 45 km de Volos, charmant village dont on rate l'intérêt principal si l'on ne fait que passer en voiture : sa place, ombragée, avec ses nombreuses terrasses de café et restaurants, sans parler de la balade à faire dans les quartiers situés un peu plus bas que la place, avec de magnifiques vues vers le golfe Pagasétique et de beaux exemples de maisons traditionnelles.

Où dormir ? Où manger ?

Lagou Raxi Country Hotel : *quartier d'Agia Paraskévi. ☎ 24-23-06-51-44. • lagouraxi.com • À l'entrée de Lafkos (quand on vient de Volos), prendre le chemin sur la droite (indiqué). Tte l'année. Doubles 70-92 € selon saison (quelques doubles supérieures 95-120 € et des suites également). Repas 15-20 €.* Sue et Christian, un couple franco-britannique, ont beaucoup investi de leur temps et de leur énergie pour construire ce bel hôtel flambant neuf qui domine le golfe Pagasétique et permet d'assister à de splendides couchers de soleil. Une vingtaine de chambres classiques, spacieuses et confortables, sont réparties dans 3 bâtiments, autour d'un magnifique jardin (Sue est experte en botanique) et d'une belle piscine. Bibliothèque, activités (randonnées notamment en mi-saison). Restaurant de qualité, proposant une carte variée et originale. Excellent accueil.

Pigasos : *sur la place. ☎ 24-23-06-53-38. Tlj midi et soir. Compter 10-15 €.* Taverne de village des plus classique dont le point fort est la viande, grillée ou rôtie. Bon accueil.

MILINA (ΜΗΛΙΝΑ) (370 13) 755 hab.

À 50 km de Volos, peu après *Horto* (crique qui mérite le détour, malgré le gros hôtel qui s'y est greffé), Milina est une petite station balnéaire tranquille mais qui ne présente pas grand intérêt. C'est d'ici que Philoctète, un des Argonautes, appareilla pour la guerre de Troie avec plus de 350 rameurs et archers.

Où dormir ? Où manger ?

Maison d'hôtes I Folia : *Agios Andréas. ☎ 24-23-06-51-54. 69-74-71-35-40. • milina-pelion.com • Au sud de Milina, à 2 km env sur la route de Trikéri. Accès par une petite montée. Tte l'année. Compter 55-80 € la nuit selon occupation.* Sophie, française, et son compagnon grec Vassilis proposent, au rez-de-chaussée de leur maison, un appartement spacieux composé d'une grande pièce à vivre et d'une chambre climatisée. Idéal pour se poser en famille (jusqu'à 5 personnes) et laisser le temps s'écouler en regardant, depuis la grande terrasse, la mer en contrebas. Excellent accueil, Sophie et Vassilis se mettent en quatre pour faire de votre séjour une réussite.

Taverna O Sakis : *sur le front de mer, juste après l'église. ☎ 24-23-06-60-78. Tlj. Repas env 12-20 €.* Taverne très fréquentée avec une agréable petite terrasse qui surplombe la mer. Grand choix de plats de poisson mais relativement chers.

Où dormir ? Où manger dans les environs ?

Meliès Apartments : *à **Horto** ; petit chemin à droite à l'entrée du village quand on vient d'Argalasti. ☎ 24-23-06-56-98. 69-73-82-72-27 (Efstathios). • meliespelion.com • Selon saison, apparts 2 pers 60-80 €, apparts 4-5 pers 80-100 €.* Dans leur grande maison surplombant la mer, Elena et Nikolas proposent 8 appartements tout équipés pour 2 à 5 personnes. Les plus récents ont été entièrement relookés avec lauze vernissée au sol, murs gris souris et quelques effets de déco très plaisant, y compris dans les salles de bains. On aime bien celui situé en angle au dernier étage. Le matin, en ouvrant les volets, c'est comme si le soleil et la mer entraient dans la chambre. Pour se baigner, à peine 20 m à faire. Sinon, quelques kayaks de mer et planches à voile à dispo. Un endroit sympa pour passer ses vacances.

Casablanca Café : *à **Horto** ; petit chemin à droite à l'entrée du village quand on vient d'Argalasti (se garer sur le parking de la résidence et descendre le petit chemin). ☎ 24-23-06-52-50. Env 6-8 € le plat. CB refusées.* Entre la route et la mer, surplombant le golfe Pagasétique, une maison bleu pastel tenue par une Française, France-Marie Fritsch, installée depuis plus de 40 ans dans la région. Plus qu'un café classique, c'est un lieu de rencontres et d'échanges où règne la bonne humeur. On peut d'ailleurs y déguster de délicieux desserts faits maison et des crêpes salées ou sucrées. France-Marie peut vous renseigner sur les possibilités d'hébergement à Horto.

LE SUD-EST DU PÉLION

D'Argalasti, on atteint le versant égéen sud. Route jusqu'à Promyri, où il faut choisir : une route conduit à *Katigiorgis,* l'autre à *Platanias* (et, en faisant un détour, à *Kastri*). Platanias, village de pêcheurs, à 60 km de Volos, aligne quelques belles plages, notamment celle de *Mikro* (à 15 mn de marche, sentier partant de l'oliveraie derrière la plage principale ; tavernes). Katigiorgis est beaucoup plus petit, même si l'on a beaucoup construit ces derniers temps.

➢ Pour Katigiorgis, 1 bus/j. (très matinal) au départ de Volos, sf dim. 2 retours vers Volos/j. (1 le dim).

➢ Pour Platanias, 2-3 bus/j. au départ de Volos.

Où dormir ? Où manger ?

⛺ ***Camping Louisa :*** *à l'entrée de **Platanias,** sur la gauche. ☎ 24-23-07-15-72. • camplouisa.gr • 15 mai-30 sept. Env 16,50-20 € pour 2 avec tente et voiture selon saison ; réduc de 10 % à partir de 3 nuitées.* Petit camping sans prétention mais bien ombragé et disposant d'un four à pain. Sanitaires assez rustiques. Accueil très sympa de Vangelis.

⛺ ***Camping Kastri :*** *sur la plage de **Kastri.** ☎ 24-23-07-12-09. • campingkastribeach.com • Mai-sept. Compter 20 € pour 2 avec tente et voiture.* Petit camping tranquille, les pieds dans l'eau. Équipements corrects, taverne juste à côté. Dommage que les camping-cars squattent le front de mer et bouchent la vue.

🏠 |●| ***Hôtel des Roses :*** *dans **Platanias,** à 100 m de la mer. ☎ 24-23-07-12-68. • peliondesroses.gr • Tte l'année, sf Noël. Selon saison, 37-48 € pour 2 avec petit déj, 53-63 € en ½ pens.* Une petite quinzaine de studios avec kitchenette, AC, ventilo, TV, à des prix très honnêtes. Propreté irréprochable. Le jardin où se prend le petit déjeuner est très agréable. Nombreuses activités proposées, à dominante écotouristique. Ambiance familiale et excellent accueil de toute la famille, qui s'est lancée dans la fabrication de savons.

|●| ***To Drosero Akroyiali :*** *en plein centre de **Platanias,** face à la mer, un peu avt la plage. Compter 12-15 €.* On s'installe en terrasse, au ras des flots, pour déguster une bonne cuisine qui va des plats préparés (variant selon l'humeur du jour) aux plats de poisson et de fruits de mer : la petite salade de poisson *(psarosalata)* est excellente, les sardines, le poulpe tout autant. De bons desserts également.

|●| ***Taverna Eleni :*** *hameau d'**Afélianès,** au début de la route de Kastri. ☎ 24-23-07-12-06. Juin-sept, midi et soir. Compter 13-20 €.* Adorable terrasse d'où la vue sur les collines est très belle. Le four à bois sur la droite, en arrivant, donne le ton : le pain en sort, les plats sont préparés de façon traditionnelle. Agneau, lapin, coq au vin, légumes du jardin... tout est bon. Réserver le soir.

TRIKÉRI (ΤΡΙΚΕΡΙ) (370 09) 1 350 hab.

À l'extrémité de la presqu'île, à 81 km de Volos, Trikéri est accessible par une route de 30 km en partant de Milina. Liaison en bus, de Volos, deux fois par jour. En voiture, prudence (une station-service quand même, mais pas forcément toujours bien ravitaillée). Sur la route après Milina, petites criques superbes, notamment à *Zasténi.* Joli village de

pêcheurs à *Kottès,* avant d'entamer la montée pour Trikéri (tavernes). Ce village perché ne manque pas d'originalité. D'abord, il ne ressemble pas vraiment aux autres villages du Pélion de par son isolement et ses maisons d'un bleu très cycladique. Ensuite, les Trikériotes mâles étant tous plus ou moins marins, c'étaient les femmes qui avaient le pouvoir, qui héritaient de la terre et des maisons, comme dans beaucoup d'îles grecques. Jolie place avec sa petite chapelle et le grand cyprès à côté. Monter jusqu'à l'église qui donne sur le versant égéen (Skiathos et Eubée à l'horizon).
Juste quelques chambres et tavernes à Trikéri. En fait, il faut descendre au port *Agia Kyriaki* (petit chantier naval intéressant) pour trouver à manger. Trois *psarotavernès* à la suite ; on aime bien la dernière, les pieds dans l'eau, *To Mouragio* (☎ 24-23-09-12-94). Petite balade à faire dans le village, qui consiste en fait en deux ports. Pour la plage, aller plutôt à *Mylos,* 1 km plus à l'ouest (idéal pour le coucher de soleil). Des chambres à louer également. On peut se rendre à Agia Kyriaki par une route qui se prend avant le hameau de Kottès, mais ce serait dommage de rater Trikéri.

LES SPORADES

• Carte Les Sporades et l'Eubée *p. 419*

Les Sporades, littéralement « les dispersées », sont un groupe de trois îles habitées : Skiathos, Skopélos et Alonissos, cette dernière comptant plusieurs îles-satellites inhabitées. On y embarque à partir d'Agios Konstandinos ou de Volos. On leur rattache généralement Skyros, géographiquement distincte et accessible principalement du port de Kimi en Eubée (Skyros est traitée à part dans ce guide). Ces trois îles ont chacune leur tempérament, mais elles possèdent toutes un air de famille : plages nombreuses, belles pinèdes. Elles constituent un complément « naturel » à la visite du Pélion.

Arriver – Quitter

En bus puis bateau

➢ ***De/vers Athènes, via Agios Konstandinos :*** possible en bus. L'agence *Alkyon* propose des autobus directs, partant du 95, odos Akadimias (près de la pl. Omonia), devant l'agence *(☎ 21-03-84-32-20/21 ; • alkyontravel.gr •).* Trajet de 2h30 jusqu'au port d'Agios Konstandinos, à 175 km. Correspondance assurée avec les bateaux qui desservent les Sporades dans le sens Skiathos, Skopélos et Alonissos (pour Skyros, on ne part que de Kimi, en Eubée). Durant l'été, il est prudent de retenir sa place de bus au moins la veille. Possibilité de prendre également un bus *KTEL* : 10-15 départs/j. du terminal B des bus *(260, odos Liossion ; ☎ 21-08-31-71-63).* Une fois à Agios Konstandinos, départs pour Skiathos, Glossa (2d port de Skopélos) ou Skopélos-Chora et Alonissos, avec la compagnie *Hellenic Seaways* (ferries et catamarans). Possibilité de réserver en ligne sur *• hellenicseaways.gr •* Au retour, les bateaux desservent les mêmes ports. Les Athéniens allant dans les Sporades choisissent ce port plutôt que Volos, il est donc conseillé de réserver en été. Rens et résas à Agios Konstandinos auprès de l'agence *Alkyon (☎ 22-35-03-19-20)* ou de l'agence *Bilalis (☎ 22-35-03-16-14).*

LES SPORADES ET L'EUBÉE

En bateau

➢ ***De/vers Volos :*** juil-août, jusqu'à 2 ferries/j. d'*Hellenic Seaways* desservant Skiathos, Glossa (Skopélos), Skopélos-Chora ou Alonissos. En mi-saison, 1 ferry/j. et 4-5/sem pour Alonissos. Au retour, les bateaux desservent les mêmes ports. Davantage de *Flying Cats* et *Flying Dolphins* (catamarans rapides, en principe 1-2 fois/j.). Rens auprès des agences situées sur le front de mer de Volos : *Sporades Travel* (☎ 24-21-03-58-46), ou *Triantis Travel* (☎ 24-21-02-09-10).
– La compagnie *Anes,* avec le *Proteas,* dessert également Skiathos, Skopélos et Alonissos au départ de Volos et, certains j. en saison, Skiathos, Skopélos (port de Glossa) au départ de Mandoudi en Eubée ainsi que du port de Glyfa, face à l'Eubée, avec le *Symi II* (slt de mi-juin à mi-sept). • *anes.gr* • À Volos, rens à l'agence *Ferry Traveller* (34, *odos Argonafton ;* ☎ 24-21-10-30-00). À Glyfa, agence *Lokris Tours* (☎ 22-38-06-11-69).

➢ En hte saison, possibilité de se rendre à Skopélos et Alonissos depuis Skyros, via le port de Kimi (Eubée). Voir plus loin le chapitre sur Skyros, rubrique « Arriver – Quitter ».
– Enfin, en 2016, *Hellenic Seaways* a également mis en service une ligne Thessalonique-Sporades, de mi-juin à début sept, desservant quotidiennement les 3 îles. • *hsw.gr* •

SKIATHOS (ΣΚΙΑΘΟΣ) (370 02) 6 100 hab.

• Carte L'île de Skiathos *p. 421*

Skiathos est une île superbe avec ses 70 plages ou criques et ses collines boisées. On dit qu'elle possède la plus belle plage de Grèce (à Koukounariès), alors évidemment, on vient voir...
La desserte de l'île en direct (Skiathos possède son propre aéroport) a dopé le tourisme de masse. Sans être vraiment Mykonos ou Ibiza, Skiathos est une île où, en été, on afflue pour se gorger de soleil et de musique, pour voir et être vu, alors bien sûr les prix s'emballent. Malgré tout, l'île cache quelques bijoux : de belles petites églises, des monastères et quelques itinéraires de randonnée loin des hordes. Cependant, ceux qui recherchent la tranquillité n'y passeront pas toutes leurs vacances.

SKIATHOS (LA CAPITALE)

Petite ville aux ruelles pas forcément désagréables, que ce soit du côté ouest de la ville (du vieux port au quartier d'Agia Triada) ou aux abords de l'église Agios Nikolaos. Orientation aisée : la longue rue principale (odos Papadiamanti) et le front de mer, coupé en deux par l'îlot Bourtzi, mènent à peu près partout.

Arriver – Quitter

En bateau

Voir plus haut « Arriver – Quitter » du chapitre « Les Sporades ».

En avion

✈ ***Aéroport :*** *à 3 km du centre-ville.* ☎ *24-27-02-20-49.*
➢ ***De/vers Athènes :*** 1 vol/j. en principe *(Olympic Airlines)*. Trajet : 40 mn.

Adresses utiles

ℹ ***Office de tourisme :*** *petit kiosque tt de suite à gauche en sortant du débarcadère.* On a connu des informateurs plus loquaces, mais ça peut dépanner. S'il n'y a personne, les infos sont placardées dans la petite baraque d'à côté.
✉ ***Poste :*** *en haut d'odos Papadiamanti, face au collège.*
■ ***Banques :*** *sur le port et le long d'odos Papadiamanti.*
■ ***Santé :*** ***dispensaire*** *au bout de la route périphérique (en direction de Koukounariès), sur la gauche ; pour les piétons, prendre la rue à gauche avt la poste, odos Moraitou, puis suivre les indications.* ☎ *24-27-02-22-22. Également un* ***cabinet médical*** *privé fonctionnant 24h/24, avec gynéco, radio, cardio et chirurgien, odos Évangélistria (perpendiculaire à Papadiamanti)* ☎ *24-27-02-21-11.* • *medskiathos.com* •
🚗 ***Station de taxis :*** *à droite du débarcadère quand on est dos à la mer.* ☎ *24-27-02-44-61. Tarifs affichés.*
🚌 ***Arrêt de bus :*** *au début de la route pour Koukounariès, à l'extrémité droite du front de mer.* Le bus dessert toutes les plages jusqu'à Koukounariès. Elles sont annoncées par des numéros d'arrêt. Départs ttes les 20 mn env 7h-minuit. Pour les retours, à partir de 17h, le bus est bondé !
■ ***Agence Hellenic Seaways*** *(Skiathos OE) : au début d'odos Papadiamanti.* ☎ *24-27-02-22-09. Tlj 7h-20h (plus tard en été).*
■ ***Laundry Snow White :*** *dans la rue montant à droite depuis le port, au-dessus de l'*Alpha Bank. *Tlj 9h-21h.*

L'ÎLE DE SKIATHOS

■ ***Aegean Rent a Car :*** *sur le port. ☎ 24-27-02-24-30. ● aegeancars.gr ● Avr-oct, tlj 8h30-22h (plus tard en été).* Location de scooters et de voitures.

Où dormir ?

De prix moyens à plus chic

🏠 ***Chambres chez l'habitant :*** s'adresser à l'*Association des propriétaires de chambres à louer* au bureau situé à droite à la sortie du débarcadère *(☎ 24-27-02-29-90 ; fax : 24-27-02-38-52).* Ils mettent à disposition un livret-guide bien fait, contenant des informations précises sur les locations de leurs adhérents (une trentaine), et fournissent un plan détaillé de l'île et de la ville.

🏠 ***Hotel Australia :*** *en venant du port, dans Papadiamanti, prendre à droite après le minimarché* Ariston, *puis la 1re à gauche. ☎ 24-27-02-24-88. ● hotelaustralia@gmail.com ● Tte l'année. Doubles 28-65 € selon saison. Pas de petit déj.* 📶 Ruelle très calme et bien placée. Une vingtaine de chambres doubles et triples réparties sur 3 étages. Toutes bien équipées et très propres, avec AC, salle de bains (grande), certaines avec frigo. 3 d'entre elles possèdent une cuisinette. Bonne ambiance et bon accueil de Kostas.

🏠 ***Hotel Morfo :*** *23, odos Ananiou (prendre la rue Papadiamanti, puis la rue à droite en face de la* National Bank*). ☎ 24-27-02-17-37. ● morfo hotelskiathos.gr ● Mai-sept. Selon saison, doubles 40-60 €, petit déj inclus.* 📶 Situé dans une ruelle calme en plein centre-ville. Une quinzaine de chambres avec balcon, plutôt basiques mais bien entretenues, disposant de tout le confort : clim, frigo. Accueil francophone.

🏠 ***Pension Nikolas*** (chez Matoula Karademitrou) ***:*** *depuis odos Papadiamantis, à la* National Bank, *prendre à gauche en biais et continuer, c'est derrière l'hôtel* Pothos. *☎ 24-27-02-30-62.*

69-34-39-50-91. • *nikolaspension.gr* • *De mi-mai à début oct. Doubles 40-75 € selon saison (négociable en cas de séjour). Pas de petit déj.* Une douzaine de chambres assez basiques mais très correctes, avec AC et TV. Meubles en pin, salles de bains plus grandes que la moyenne. Dans un quartier calme et à prix encore raisonnables. Accueil francophone.

Orsa Hotel : *du vieux port, continuer après les tavernes, monter les escaliers et 2e rue sur la gauche.* ☎ *24-27-02-23-00.* • *skiathoshotelvillaorsa.gr* • *De mai à mi-oct. Doubles 70-110 € (et bien plus selon type de chambre !), petit déj inclus.* Un hôtel fort bien placé, à deux pas de l'animation mais sans en subir les inconvénients. Une bonne quinzaine de chambres simples mais de bon confort (clim, télé écran plat, frigo, etc.). L'endroit vaut surtout pour la vue imprenable qu'il offre sur la mer. Petit déj copieux avec du sucré et du salé. Une adresse à retenir.

Où manger ?

Bon marché

Psarotaverna-ouzeri Varthalamis : *odos Nikotsara.* ☎ *24-27-02-34-31. Juste avt l'ancien port, remonter la rue qui part à gauche du resto* El Greco, *puis à droite après Koziakas. Tte l'année. Compter 12-16 €.* Tenue par un patron qui ne ménage pas sa peine, une adresse un peu en dehors des pièges à touristes. Alors, prenez place sur une des petites tables bancales dans la rue pavée pour manger une bonne cuisine locale. Petite douceur offerte en fin de repas.

Taverna Cuba : *du port, remonter odos Papadiamanti et prendre à droite odos Panora jusqu'à la pl. Pigadia.* ☎ *24-27-02-38-37. Tlj 18h-minuit. Compter env 15 €.* Bonne cuisine grecque et internationale à petits prix. Terrasse un peu kitsch mais au calme.

Grill House Avra (chez George) et **Stamatis :** *au-dessus du vieux port, dans la rampe.* Ces 2 restos-là se tirent la bourre depuis des lustres. Évidemment, c'est très touristique. On y vient en famille ou entre amis pour jouer de l'harmonica avec des côtelettes d'agneau. Le gril ronronne chez *Avra* tandis que *Stamatis* parfume les tables d'une gentille petite musique d'ascenseur. On est généralement invité à prendre place rapidement.

Prix moyens

Taverne Amfiliki : *quartier d'Agia Triada, en face de l'hôpital.* ☎ *24-27-02-28-39. Mai-oct, midi et soir. Résa très fortement conseillée (demander une table avec vue). Compter 15-20 € le repas. CB refusées.* Tenue par un ancien officier de marine qui désormais cultive son potager et tire son vin quand il n'est pas derrière les fourneaux. D'extérieur, aucun signe de richesse, mais dès que vous passerez l'étroit seuil de cette maison en équilibre au-dessus de la mer, vous aurez une vue plongeante. Alors laissez-vous embarquer par Christos, l'occasion d'essayer une tripotée de *mezze,* ou des plats plus élaborés. Belle carte des vins. Une excellente adresse menée tambour battant par la dynamique Ramona, sa femme, francophone. Loue également une huitaine de chambres *(30-60 € selon emplacement et saison ;* • *amfiliki.gr* •*).*

Ellados Gefsis : *là où odos Papadiamantis s'élargit, juste avt le collège.* ☎ *24-27-02-32-55. Pâques-oct, tlj midi et soir. Env 20 € le repas.* Un restaurant qui, pour ne pas faire mentir son nom (« Saveurs de Grèce »), présente ses plats en photos couleur. Serveurs gentiment racoleurs. Bonne table.

Plus chic

Restaurant Asprolithos : *prendre l'odos Papadiamanti, puis la rue à droite juste avt le collège.* ☎ *24-27-02-31-10. Mai-oct, midi et soir. Compter min 22 €.* Excellent resto au service impeccable. Grand choix de plats, à des prix certes un peu élevés, tels que le lapin aux pruneaux, le chou farci, l'agneau sauce citronnée. La quantité et la qualité sont là. La maison offre tellement de petits plus (ouzo, salade de fruits...) qu'il n'est pas nécessaire de s'aventurer dans un menu compliqué : un plat (copieux) suffit. Service rapide.

Où dormir ? Où manger dans les environs ?

Villa Melia : *sur la route de Koukounariès, env 500 m après l'embranchement pour Agia Fanourios, après la Villa Alexis, prendre à droite la rue qui grimpe. ☎ 24-27-02-28-04. 69-39-91-04-35. • villamelia.gr • De mi-mai à sept. Selon saison, doubles 35-80 €, grands studios 75-90 €. Petit déj 7,50 €. Parking.* Une grande maison surplombant la mer. C'est ici qu'Akis et sa mère Aréti ont aménagé une petite quinzaine de chambres. Meubles en bois laqué blanc, quelques marines aux murs, c'est plutôt pas mal. Clim ou brise de mer, elles sont bien fraîches et disposent toutes d'un balconnet ou d'une terrasse. Une piscine haricot et un petit bar prolongé par un solarium permettent de se détendre. Bon accueil.

Taverne Agnantio : *sur la route du monastère Évangélistria, à 300 m après l'embranchement pour Kastro, en haut de la 1re côte. ☎ 24-27-02-20-16. Mai-oct, slt le soir. Env 20 € le repas.* Plats traditionnels et délicieux plats du jour élaborés selon les arrivages et l'humeur de la cuisinière. Terrasse avec vue splendide sur la mer. Accueil sympa.

Où boire un verre ?

Pour un café matinal, rien ne vaut le vieux port. Pour boire un verre en soirée, on a le choix entre les pubs du centre, plutôt cool dans l'ensemble, version jazz, folk ou rock et même parfois métal, type ***Totem Bar, Kentravos,*** ou plus intimiste, comme le ***Potoki,*** qui sert un live le samedi à 23h. Celles et ceux qui biberonnent de l'électro ou de la trance iront s'avachir dans les mousses des bars-*lounge* « mykonosso-ibizesques » qui s'étalent par-delà le port de plaisance (à 300 m environ) en allant vers l'aéroport. Ici, épinglons le ***Club Kahlua,*** le ***Pure,*** qui plagie le *Pacha* d'Ibiza avec son slogan « *Greek-me, I'm famous* » (mort de rire quand on connaît le slogan original !). Tout ça, c'est DJ jusqu'à pas d'heure, corps bronzés, tatouages exhibés et les cheveux qui poussent à l'envers le lendemain sur la plage.

À voir

La maison de l'écrivain grec Alexandre Papadiamantis : *sur une place à droite au commencement de la rue principale. En principe, tlj sf lun 10h-13h30, 18h-20h30. Entrée : 1,50 €.* Mouais... Typique et dénudée, la maison de cet auteur qui marquera son siècle (avez-vous lu *Les Petites Filles et la Mort* ?) est plus un hommage qu'un musée.

L'***îlot Bourtzi,*** relié à l'île entre les deux ports, avec son théâtre de verdure et son café municipal. Spectacles à l'occasion.

L'OUEST DE L'ÎLE

On y trouve la majorité des plages. Par la route ou par la piste, trouver un coin tranquille en été relève de l'exploit. Un bus va jusqu'à Koukounariès. En cours de route, nombreux arrêts. Il suffit alors d'emprunter un chemin vers la plage de son choix. Départ toutes les 20 mn à partir de 7h de l'arrêt des bus situé à 200 m à droite du débarcadère quand on tourne le dos à la mer. Quelques *taxi-boats* partent également du vieux port en saison. Sinon, reste le scooter ou le taxi.

Tout au bout de la péninsule très construite de *Kanapitsa,* à 6 km de Skiathos, on découvre avec un quasi-étonnement, au bas de la piste (par un sentier très pentu), la très jolie plage de ***Diamandi*** *(Διαμανδι)* encore sauvage. À pied, 30 mn de marche depuis l'arrêt de bus le plus proche (nº 13).

Face au couchant, sur la frange occidentale de la péninsule Kanapitsa, ***Vromolimnos*** *(Βρομόλιμνος)* est une plage certes fréquentée et un tantinet branchée mais loin d'être désagréable.

Aggelos Rent Rooms : *au bord de la petite route qui descend à la plage. ☎ 24-27-04-93-73. 📱 69-79-11-64-83 (Vachkos). • aggelosstudio.gr • Mai-oct. Doubles ou triples avec cuisinette 55-95 € selon saison. Petit déj 8 €.* Immeuble un peu perché dans lequel une petite vingtaine de chambres tout confort ont été aménagées avec balcon face à la mer. 2 d'entre elles seulement lui tournent le dos, on les évitera. Côté détente, une piscine et un bar extérieur. Un endroit pour ceux qui privilégient la plage.

Troulos *(Τρουλλος)* **:** plage populaire desservie par le bus de Koukounariès.

Villa Angela *(chez Giorgos et Angela Parisis)* **:** *accès par une petite route sur la gauche juste avt la route principale allant à la plage. ☎ 24-27-04-95-23. • skiathosangelastudios.com • Juin-sept. Selon saison, doubles 40-60 €, apparts 4-5 pers 70-130 €. Pas de petit déj.* Dans une belle propriété au jardin soigneusement entretenu, 8 chambres avec cuisinette et 3 appartements. Très bien situé, en haut d'une colline et légèrement en retrait de la route. AC, TV mais simple vitrage. Belle vue, et la plage est à moins de 5 mn à pied.

Koukounariès *(Κουκουναριες)* **:** site protégé, dans un cadre splendide, et bordé d'une forêt de pins. Baie parfaite, c'est peut-être la plus belle plage de Grèce (enfin, on a le droit de ne pas être d'accord...), mais aussi la plus encombrée. École de ski nautique, camping, et club de plongée tout au bout.

Les plages de Banana *(Μπανανα)* **:** *à l'extrémité ouest de Skiathos, à 12 km du port. Descendre au terminus Koukounariès, puis marcher env 10 mn. Facile à trouver. Balade agréable parmi les oliviers et les figuiers.* Deux petites plages très mignonnes. Pour les naturistes et la communauté gay, rendez-vous à *Small Banana,* derrière les rochers. Bondé. Deux tavernes les pieds dans l'eau, et possibilité de faire de la planche à voile, du ski nautique, du parachute... Assez cher.

Agia Éléni *(Αγια Ελενη)* **:** *route sur la droite avt la plage de Koukounariès quand on vient de Skiathos-ville. Accès facile (on peut également s'y rendre depuis Banana par une piste).* Petite plage de sable fin dans une jolie crique.

Krifi Ammos *(Κρυφη Αμμος)* **:** *la suivante en continuant la piste vers l'est (15 mn de marche).* Moins belle qu'Agia Éléni mais plus sauvage.

Les plages de Mandraki et Gournès-Elias *(Μανδρακι – Γουρνες-Ελιας)* **:** *on peut y aller à pied par un très beau sentier au milieu des pins, à mi-chemin entre le Skiathos Palace et l'hôtel Xénia, ou en voiture.* Deux grandes plages de sable très préservées, toujours moins peuplées que les autres (même si l'on y vient aussi depuis Agia Éléni). Gournès, envahie par les dunes, est la plus sympa, bien qu'un peu sale sur la droite, du fait des courants (même constat malheureusement pour la petite crique suivante, *Agistros*). Une petite taverne sur chaque plage.

La plage d'Assélinos *(Ασελινος)* **:** *bifurcation sur la gauche avt d'arriver au monastère de Kounistra. Accès par route goudronnée.* Pas renversante et beaucoup de monde. Pas très loin la petite sœur, *Mikros Assélinos,* un peu plus mignonne (accès par la piste qui continue après le monastère).

🏠 🍴 ***Villa Angela :*** *sur la route de la plage d'Assélinos, à gauche. ☎ 24-27-04-96-20. 📱 69-42-01-01-50 (Pasquale). • villaangela.gr • Mai-oct. Doubles avec cuisinette 37-80 € selon saison, petit déj compris. Possibilité de ½ pens (repas env 15 €).* Une maison attenante à une exploitation maraîchère en pleine cambrousse. On est ici chez la famille Padula, originaire des Pouilles, en Italie. Le café est bon et la cuisine fleure bon la Méditerranée. Côté séjour, une fois abandonnés la piscine et ses transats, on regagne sa chambre climatisée, ou on vient tenir le crachoir à Giovanni, le papa, qui a travaillé 37 ans en Allemagne, histoire de refaire le monde, la Grèce, la crise...

Le monastère de la Panagia Kounistra *(Μονη Παναγιας Κουνιστρας)* **:** *indiqué sur la droite avt Troulos lorsqu'on vient de Skiathos-ville. Tte l'année, en saison 8h-21h. GRATUIT (obole bienvenue).* Belle route goudronnée qui part vers le nord. Paysage vallonné et très boisé. Au bout de 4 km, on tombe sur le petit monastère, qu'une famille habite et entretient. Charmante chapelle (aux fresques noircies par les ans) ; demandez (avec les mains) à la petite dame qu'elle vous montre la fresque de saint Christophe avec une tête de chien. Derrière l'église, le caveau des reliques dégage une étrange atmosphère. Cadre splendide !

La plage de Lygariès *(Λυγαριες)* **:** *continuer après le monastère de Kounistra sur 6 km env ; la piste est bonne.* Route en surplomb de criques magnifiques, au milieu des pins, dans un paysage vallonné. Tourner à gauche vers *Lygariès Beach.* On débouche après un tunnel de verdure et d'oliviers sur une plage tranquille avec son tronc de pin mort qui pointe vers le ciel. Snack-bar en retrait.

Kechria *(Κεχρια)* **:** *en continuant la piste vers l'est, on arrive à cette petite plage (parking en hauteur).* Sauvage mais exposée aux vents, donc pas toujours très propre. Pelouse, douche, et une petite taverne, *Small Paradise.*

➢ ***Balade en bateau :*** des *taxi-boats* partent du vieux port vers les îles ou les plages tous les jours, de mai à fin septembre. Sinon, on peut louer un bateau sans permis pour la journée. Au port de Skiathos, se rendre chez le loueur *Aivaliotis* *(☎ 24-27-02-12-46)* situé à côté de l'*Alpha Bank.*

L'EST DE L'ÎLE

Beaucoup moins de routes goudronnées, paysage plus accidenté. Mais attention, ça ne veut pas dire que vous ne rencontrerez aucun véhicule...

Le monastère d'Évangélistria *(Μονη Ευαγγελιστριας)* **:** *desservi par le bus 7 à 9 fois/j. (dernier retour 20h).* Allez-y sur les coups de 9h, au moment de l'office, vous baignerez alors dans une ambiance un peu irréelle car le monastère, aujourd'hui doté de haut-parleurs, est entièrement parcouru par la mélopée du moine en charge de psalmodier. C'est d'ailleurs le seul monastère de l'île encore habité par des moines. Lieu hautement symbolique : c'est ici qu'on a confectionné et hissé (en 1807) le premier drapeau grec à croix blanche sur fond bleu. L'église, au centre du monastère, est de style byzantin. Très beaux dômes en brique rose et toit d'ardoises. La plus grande aile abrite un petit *musée ethnographique (mai-oct, tlj 10h-18h30, jusqu'à 20h en juil-août ; entrée : 2 €).* Sur trois larges étages, différentes thématiques très bien mises en valeur : nécessairement, une flopée d'icônes et reliques sacrées, des objets traditionnels populaires, une section documentaire foisonnante sur les guerres balkaniques, et une riche collection d'instruments de musique... du monde entier (prêt d'une habitante de l'île, grande voyageuse) ! Juste au-dessus du monastère, petit snack.

Kastro *(Καστρο)* **:** ancien village fortifié, construit au XIVe s dans le but de protéger les habitants de l'île des razzias des pirates barbares. Le site en lui-même est superbe. Les quelques églises qui s'y accrochent pour ne pas tomber dans la mer méritent à coup sûr une petite visite. D'abord, il faut s'en approcher au plus près.

En scooter, ça secoue un peu les avant-bras. On continue à pied par un petit sentier qui taille la garrigue en direction du promontoire proprement dit. La première église en arrivant est celle de la Nativité. Sur le petit parvis, une petite source d'eau potable. Ça paraît magique ! Un peu plus haut, l'église de Saint-Nicolas recèle de belles icônes, et plus loin Santa Marina. Autant dire qu'il règne sur ce rocher une ambiance particulière, entre ciel et mer...

Taverne Platanos : *sur la route, un peu avt la bifurcation pour Kastro. 69-32-41-35-39. De Pâques à mi-oct, midi et soir. Compter 16 €.* Belle terrasse d'où le panorama embrasse tout Skiathos. Bons plats grecs, barbecue le soir. Accueil charmant, la cuisinière est aux petits soins avec ses clients. Bien aussi pour une bière pression ou un thé en cours de journée.

Lalaria (Λαλαρια) **:** plage pavée de galets avec un rocher percé, elle n'est accessible qu'en bateau. Nombreux départs de caïques le matin de Skiathos (horaires irréguliers). Pas de tavernes.

SKOPÉLOS (ΣΚΟΠΕΛΟΣ) (370 03) 4 960 hab.

• Carte L'île de Skopélos *p. 427*

Cette île de 101 km² possède au moins autant d'églises et de chapelles que l'année compte de jours. Il semble qu'elle ait été occupée par les Crétois, à l'apogée de la culture minoenne (1600 av. J.-C.). Skopélos est la plus fertile des Sporades : vignes, oliviers, amandiers, fruitiers et cultures maraîchères. Montagneuse, elle est aussi couverte de pinèdes et produit un miel réputé dans toute la Grèce. Ses plages sont mignonnettes, surtout sur la côte ouest, mais, celles de sable étant rares, il faudra se contenter de petits galets. Skopélos est une île touristique, certes, mais beaucoup moins branchée que Skiathos. On vient ici pour profiter de la nature, faire de la rando, visiter des monastères ou buller sur la plage...

TROMPERIE SUR LA MARCHANDISE !

Depuis le tournage puis la sortie de Mamma Mia ! *en 2008, une comédie musicale basée sur les chansons du groupe Abba, où Meryl Streep tient le haut de l'affiche, Skopélos connaît un regain d'activité touristique. Ce que l'on ne dit pas, en revanche, c'est que l'une des premières scènes du film, censée évoquer l'arrivée sur l'île, a été tournée à Damouchari, dans le Pélion !*

Arriver – Quitter

En bateau

Voir plus haut « Les Sporades. Arriver – Quitter ».

➢ Particularité de l'île : elle a 2 ports. Certains bateaux desservent et *Loutraki,* le port de ***Glossa*** (nord-ouest de l'île), et ***Skopélos-Chora,*** la capitale de l'île, au sud-est ; d'autres ne font qu'un arrêt. Compter 35 mn de ferry de Skiathos à Glossa et une bonne heure de Glossa à Skopélos-Chora. 2 fois plus court en *catamaran rapide.* En voiture, descendre à Loutraki, c'est moins cher. Sinon, un bus calé sur les arrivées assure la navette entre Loutraki et Skopélos-Chora.

L'ÉPIRE, LA THESSALIE ET LE CENTRE

L'ÎLE DE SKOPÉLOS

CHORA (ΧΩΡΑ) ou SKOPÉLOS

Un fouillis de maisons aux toits de brique rouge dégringolant d'une colline, voilà Skopélos ! On dit qu'au XVIe s le pirate Barberousse aurait exterminé presque tous ses habitants et que ça serait la raison qui aurait poussé les survivants à bâtir autant d'églises. Car c'est bien simple, à Skopélos, il y en a de cachées partout ! La plus photogénique, *panagia Ston Pirgho,* surplombe le port, au-dessus de la jetée. On y accède par un escalier. Une fois tout en haut, continuer jusqu'au *kastro* et redescendre ensuite sur le port à travers le labyrinthe de ruelles étroites. C'est un réel plaisir de s'y perdre, de passer et repasser devant les vieilles femmes faisant la causette, tout en respirant l'odeur du jasmin.
Pour les gourmands, des spécialités comme la *tiropita* (feuilleté au fromage) en spirale, les *rozédès* (gâteaux aux amandes et aux noix), les *hamalia* (également aux amandes, avec en plus des prunes ou de l'orange).
– ***Festival de danses traditionnelles :*** *fin août, sur 1 w-e.*

Adresses utiles

■ ***Association des propriétaires de chambres à louer :*** *en face du débarcadère. ☎ et fax : 24-24-02-45-67. En saison, 9h30-14h30.*

Brochures avec les coordonnées des adhérents.

✉ **Poste :** *pl. Tria Platania. Lun-ven 7h30-13h30.*

■ **Banques ou distributeurs automatiques de billets :** *sur le port, côté station de bus ou côté jetée.*

■ **Capitainerie du port :** *☎ 24-24-02-21-80.*

■ **Agences de bateaux :** **Hellenic Seaways,** *face au débarcadère. ☎ 24-24-02-30-60.* **Lemonis Agency,** *en allant vers le bout du port, sous l'église. ☎ 24-24-02-23-63.* En cas de vent fort, penser à contacter l'agence au moins 40 mn avant le départ pour se faire confirmer le port d'embarquement (par mauvaise mer, les bateaux partent de Glossa-Loutraki, plus abrité).

■ **Madro Travel :** *au bout du port, côté jetée. ☎ 24-24-02-21-45. • madro travel.com •* Agence compétente. Bon intermédiaire pour louer un véhicule.

■ **Thalpos Holidays :** *au commencement des marches qui conduisent à l'église surplombant le port. ☎ 24-24-02-90-36. • holidayislands.com •* Une agence sérieuse qui propose des locations de villas et des randos commentées.

🚕 **Station de taxis :** *à côté de la station de bus. ☎ 24-24-02-25-66. Courses chères (env 30 € pour Glossa).*

■ **Dispensaire** *(Kendro Hygias)* **:** *sur la route périphérique, à droite. ☎ 24-24-02-22-22.*

L'ÉPIRE, LA THESSALIE ET LE CENTRE

Où dormir ?

De bon marché à prix moyens

🏠 **Chambres chez Angela** *(Angeliki Katsiampouka)* **:** *remonter la rue qui part à droite de la* Pension Kir Sotos, *passer l'église, faire 40 m puis à gauche, la maison est 20 m après sur la droite. ☎ 24-24-02-33-58. 📱 69-45-24-27-12. Doubles 20-50 € selon saison. Pas de petit déj. CB refusées.* 📶 Vicky, la fille, et Angela, sa mère, proposent 4 chambres (3 à l'étage et une en bas). Toutes très propres, avec salle de bains commune. Intérieur en bois blanc, parquet véritable, clim, TV, frigo et bonne literie. 2 d'entre elles possèdent même un coin cuisine ainsi qu'une (petite) vue. Une adresse très centrale et bon marché.

🏠 **Alexandros** *(chez Agni Al. Kafantari)* **:** *sur la route périphérique (face au seul terrain non construit, 50 m avt l'hôtel* Elli*). ☎ 24-24-02-26-74. • alexandroskafant@gmail.com • Doubles avec sdb 25-45 € selon confort et saison.* 📶 Belle maison fleurie proposant 4 chambres bien tenues, dont 3 possèdent un coin cuisine. Préférer celles sur l'arrière, plus fraîches, et aussi plus loin de la route. Maria, la fille d'Agni, parle un peu le français.

De prix moyens à chic

🏠 **Pension Kir Sotos :** *sur le port, maison en pierre et en bois avt l'angle de la jetée, au-dessus du bar* En Plo. *☎ 24-24-02-25-49. • skopelos.net/sotos • Tte l'année (mais sur résa slt nov-fév). Chambres 2-4 pers 20-40 €, café ou thé compris (à prendre dans la cuisine commune).* 💻 📶 Vraie ambiance routarde. On a craqué sur l'intérieur boisé, type chalet montagnard. Une douzaine de chambres toutes différentes avec une déco basique mais très propres. Cuisine commune bien équipée, frigo. 2 terrasses, l'une au calme et l'autre donnant sur le port. Hautement recommandable.

🏠 **Thea Home Hotel :** *route périphérique, assez haut au-dessus de Chora, sur la droite. ☎ 24-24-02-28-59. • theaho mehotel.com • De mi-mai à début oct. Selon saison et emplacement, doubles 45-80 €, excellent petit déj inclus.* 📶 Très bien situé, belle vue sur le port de Chora depuis la grande terrasse. Une vingtaine de chambres très agréables, meublées chez le géant suédois mais auxquelles Giorgos, le proprio, peintre à ses heures, a apporté sa petite touche personnelle. Clim, frigo, coin cuisine pour les plus récentes, beaux espaces communs. Piscine. Une belle adresse.

Meltemi Studios : *tt au bout de la route périphérique, prendre à droite, un peu avt le parking du* kastro. *☎ 24-24-30-07-50. • skopelosweb.gr/studios/meltemi • Mai-sept. Selon période, compter 30-50 € pour 2.* Dans un immeuble en béton surplombant la mer, 5 studios aménagés au-dessus d'un atelier de menuiserie métallique. Accueil un peu bourru.

Hotel Elli : *sur le bd périphérique. ☎ 24-24-02-29-43 ou 24-21-03-07-59 (hors saison). • elliskopelos.com • À pied, en coupant par l'intérieur, compter 10 mn. Juin-sept. Selon saison, doubles 35-65 €, triples 40-70 €, petit déj compris.* Un hôtel style hacienda avec force boiseries et colombages, devant lequel s'élance un magnifique araucaria. À l'intérieur, 2 douzaines de chambres tout confort avec quelques effets de déco pour rehausser les murs blancs. Literie ferme, petit déj-buffet bien fourni. Piscine. Une adresse un peu près de la route mais d'un bon rapport qualité-prix.

Dionyssos Hotel : *au centre du village ; de la pl. Tria Platania, prendre la rue de la poste, puis à droite. ☎ 24-24-02-32-10. • dionyssoshotel.gr • Mai-oct. Selon confort et saison, doubles 50-110 €, petit déj compris. Parking. (réception et piscine slt).* Un hôtel de grand standing (chambres spacieuses, avec AC et TV satellite) et néanmoins sympa, peut-être parce d'un style assez simple, presque rustique. Grande piscine. Bon petit déj. Accueil moyen.

Où manger ?

De bon marché à prix moyens

Pour manger sur le pouce, on peut essayer l'excellente boulangerie-pâtisserie, ***Kyra Léni,*** à gauche de la place Tria Platania, avec un grand choix de tartes et gâteaux, sucrés et salés. Pour des grillades ou des plats simples, les plus honnêtes *psistariès* sont à trouver du côté de la plage, peu après le bateau à sec du bar *Karavi* : ***Akrotiri*** et son voisin ***Ilias*** ont quelques tables sur la digue, et des broches qui tournent bien. Environ 10-12 € le repas. *Souvlakia* à emporter chez le second.

Ouzeri « I Anatoli » : *tt en haut, dans les ruines du* kastro. *☎ 24-24-02-28-51. Slt le soir. Env 15-17 € le repas.* C'est l'Everest de Skopélos, mais franchement, une fois arrivé, vous ne le regretterez pas ! Une clientèle d'habitués dispute aux chats du quartier une bonne nourriture du cru (poisson, brochettes, poulet aux épices). Ambiance décontractée, et musicale tous les soirs en saison (du bon *rébétiko,* joué et chanté par le propriétaire, Yorgos Xyntaris). Pour ceux qui veulent chanter, le menu dispose même des paroles de chansons...

Restaurant Klimataria : *sur le port, après la mairie. ☎ 24-24-02-22-73. Env 12-15 € le repas.* Cuisine un peu plus imaginative que son voisin *O Molos* : feuilles de vigne à la béchamel, poulpe au vin rouge. Un bon signe, les locaux y viennent, contrairement à son voisin. Bon accueil.

Taverne Ta Kymata : *à l'extrémité du port, côté jetée. ☎ 24-24-02-23-81. Tlj midi et soir. Fermé nov-janv. Repas 15-18 €.* Taverne un peu à l'écart mais néanmoins très fréquentée. Efficace, le service est aux petits soins pour vous satisfaire. Goûtez le fameux *exochiko,* sorte de feuilleté au porc avec de la feta et des légumes, un régal !

Taverne O Molos : *sur le port, après la mairie. ☎ 24-24-02-25-51. Avr-oct. Env 12-16 € le repas.* On apprécie particulièrement l'excellente moussaka en cassolette, mais également les calamars frais et poisson pour pas très cher. Spécialités de coq au vin et de lapin *stifado. Bouzouki* certains soirs.

Plus chic

To Périvoli : *de la pl. Tria Platania, continuer quelques mètres la rue qui s'éloigne en droite ligne de la mer. ☎ 24-24-02-37-58. Juin-sept, slt le soir à partir de 19h30. Prévoir min 25 € sans le vin. CB refusées.* Adresse discrète, cachée derrière des murs blancs : belle terrasse dans un jardin fleuri, sous la treille, avec des tables suffisamment espacées pour se sentir à l'aise. L'été, on mange en bordure du potager. La cuisine grecque dans ses classiques, revisités avec une touche de contemporain comme ces lasagnes végétariennes aux aubergines. Adresse gentiment chic où le vin n'est pas donné.

Restaurant Tis Annas : *depuis le port, prendre la rue qui monte au niveau de la pâtisserie* Ambrosia, *c'est ensuite fléché. ☎ 24-24-02-47-34. Mai-sept, slt le soir à partir de 19h. Résa conseillée. Compter 25 € le repas sans le vin.* Cuisine moderne qui ose plus de mariages de saveurs que les tavernes classiques (paella égéenne aux fèves, agneau servi avec des artichauts et une sauce citron, *keftédakia* au chou...). Bon vin bio. Jolie cour sous un grand palmier. On s'y presse le mercredi pour écouter du *bouzouki.*

Où boire un verre ?

Ne pas manquer le ***Dimotiko Kafénio,*** le bistrot municipal, sur le port. Il sert de lieu d'expo photo. Une clientèle grecque masculine et âgée y boit l'*elliniko* à grand renfort de palabres.

Thalassa : *en montant vers le kastro à partir de l'extrémité du port, côté jetée ; c'est 4 chapelles après le début de l'ascension. Ouv du petit déj au soir.* Le café est minuscule mais la vue est grandiose. Fanny, qui gère ce bout de terrasse, est peintre et apprécie les Français, à tel point qu'Aphrodite, sa fille, s'exprime aujourd'hui parfaitement dans la langue de Molière.

Jazz-bar Platanos : *sur le port, en direction de la jetée. ☎ 24-24-02-36-61. Tte l'année.* Terrasse ombragée par un gigantesque platane où l'on peut écouter jazz et blues en se dessinant des moustaches avec la mousse d'une bonne bière. Fait aussi les petits déj.

Vrahos : *surplombe le port (accès par les escaliers à côté de la mairie).* Adossé à une chapelle, très tranquille car à l'écart du passage. Grande terrasse avec vue XXL sur le port et la baie. Cocktails assez chers.

Michalis : *du port, remonter la rue qui part à droite de la pâtisserie* Ambrosia *sur env 80 m, puis à droite, c'est tt droit. Mars-oct, tlj 8h-15h30, 17h30-1h.* Un café d'époque géré avec amour par Angela. On boit du thé en dégustant de bonnes pâtisseries maison (dont la fameuse *tiropita* en spirale de Skopélos). Tant que vous y êtes, descendez voir la petite église Saint-Michel, construite avec des éléments d'époques différentes.

À voir

Le musée d'Art et Traditions populaires *(The Old Skopelitan Mansion) : dans le centre du village, prendre la rue qui monte à droite de la pâtisserie* Ambrosia, *c'est à 20 m sur la droite. ☎ 24-24-02-34-94. En principe, juin-sept, tlj sf dim 10h-14h, 19h-22h ; le reste de l'année, lun-ven 10h-14h, sam 11h-14h. Entrée : 3 €.* Historique et coutumes de l'île. Au 1er étage, costumes traditionnels et icônes ; au 2e, outils, poteries et maquettes de bateaux.

Visite de l'île

Station de bus : *à gauche du débarcadère, à env 50 m. Pas de bâtiments, les horaires sont affichés sur un panneau.*

➢ Une route unique, longue de 30 km, relie Chora à Loutraki. Toutes les plages le long de la côte sont desservies. Attention au retour, le bus se fait souvent attendre ! En été, une petite douzaine de bus quotidiens pour Staphylos/Agnondas (dernier retour à 22h15), autant pour Panormos et Milia (dernier retour à 22h), et une bonne demi-douzaine pour Élios, Loutraki et Glossa (dernier retour à 21h30, calé sur l'arrivée du bateau). Des agences organisent aussi des transports en bus vers les principales plages.

➢ Location possible de ***scooters*** ; c'est la formule la plus sympa pour découvrir l'île, pour ceux qui maîtrisent bien la conduite des deux-roues. Nombreuses agences de location à Chora, vers l'hôtel *Éléni.* L'agence *Magic Cars (☎ 24-24-02-32-50 ; • skopelos.net/magiccars • scooter env 14-20 €/j. ; selon saison)* loue des machines en bon état et assure un service sérieux.

Du bout de la rue périphérique, une petite route mène à ***Agios Konstantinos*** et ***Glyfonéri.*** Plage moyenne, mais c'est la plus proche de Skopélos-ville.

Staphylos *(Σταφυλος)* **:** *à 5 km au sud du bourg de Skopélos, dans la partie sud-est de l'île.* Plage de quasi-sable assez fréquentée, mais le site est superbe : magnifique crique dominée par les pins et les rochers. Le mieux est d'aller se baigner par les rochers sur la droite. Au bout de la plage, accès rapide à celle de *Vélanio,* plus ventée mais tout aussi belle et plus sauvage (clientèle naturiste).

Mando Beachfront : *un peu avt le parking de la plage de Staphylos, sur la droite. ☎ 24-24-02-39-17. 69-36-13-13-16 (Jason). • mando-skopelos.gr • Juin-oct. Réserver bien à l'avance. Doubles economy 45-90 €, standard 55-115 € et superior 70-160 €. 10 % de réduc sur présentation de ce guide.* Une bonne quinzaine de belles chambres (pour 2, 3 ou 4 personnes), dont le standing n'a cessé de s'améliorer au fil des années, dans 2 grandes villas dominant la baie de Staphylos et entourées d'un grand jardin. Très propre. Vue magnifique. Barbecue et petite cuisine extérieure très pratique pour les hôtes. Accès privé à la mer. Également une villa à louer pour 4-6 personnes.

Panorama Studios : *dans un virage à droite, prendre la 1re route bétonnée à gauche avt d'arriver au grand parking du resto* Staphylos. *69-38-99-57-37 (Tassia). • skopelosweb.gr/studios/stafilospanorama • Juin-sept. Studios 35-50 €. CB refusées. Parking.* De beaux petits studios bien frais disposant d'une vraie cuisine. Certains avec poutres apparentes, tous disposant d'une vue superbe. L'été, on prend son petit déj sous le grand catalpa.

Agnondas *(Αγνωντας)* **:** charmant petit port de pêche, à 8 km au sud de Chora, dans une jolie crique. Petite plage de galets gris. Trois tavernes très agréables dont :

O Pavlos : *☎ 24-24-02-24-09. Pâques-oct, midi et soir.* Une bonne taverne de poisson pratiquement les pieds dans l'eau. La langouste est au tarif syndical *(60 €/kg),* mais l'on trouve également des plats traditionnels (excellente moussaka). Emplacement privilégié, mais un peu bondé. Location de studios.

Limnonari *(Λιμνοναρι)* **:** dans un cul-de-sac, jolie plage de sable beaucoup plus grande qu'Agnondas et bien plus calme. Superbe cadre.

Limnonari Rooms : *☎ 24-24-02-30-46. • skopelos.net/limnonarirooms • Tte l'année. Env 25-55 € selon saison. Pas de petit déj. CB refusées.* Au fond d'un petit talweg planté d'agrumes, bien au calme. Un petit bâtiment avec une dizaine de chambres classiques mais joliment peintes. Cuisine commune nickel et petites tables dans l'abondant jardin fruitier. Kostas Lemonis parle le français et fait aussi resto.

Taverna O Thomas : *derrière la plage. ☎ 24-24-02-24-75. Juin-oct, midi et soir.* Taverne de poisson proposant, comme de juste, poulpes, calamars, moules *saganaki* et poisson à prix raisonnable *(30-40 €/kg).* Les mangeurs de viande ne sont pas oubliés pour autant (grillades). Terrasse bien ombragée.

Panormos (*Πανορμος*) **:** *à l'ouest de Chora.* Une des plages les plus développées. Baie très cinémascope. Si vous prenez le petit sentier tout à droite de la plage quand on regarde la mer, vous découvrirez de nombreuses minuscules criques très jolies et moins fréquentées. Continuez encore un peu par la route pour découvrir les petites *criques d'Adrinès,* face à l'îlot Dassia.

Katerina Rooms : *en venant du sud, prendre la route qui part à droite au début de la baie (c'est fléché). ☎ 24-24-02-23-43. 69-46-72-61-64 (Katerina). • skopelosweb.gr/en/rooms/katerina • Juin-sept. Selon période, doubles 35-45 €, studio 45-65 €, appart 65-85 €. Pas de petit déj. Parking.* Dans un beau jardin planté d'essences méditerranéennes, une maison isolée qui fleure bon le farniente au chant des cigales. 4 doubles, un vrai studio et un appart de 2 chambres, ce sont les armes de Katerina pour accueillir ses hôtes. Tout est parfaitement tenu. Clim, frigo, déco à la fois fraîche et colorée et parquet bois. Barbecue, petits coins pour bouquiner. Ici, pas de télé, précise Katerina en vous accueillant avec le sourire. La plage est à 10 mn à pied. Un coup de cœur.

Hotel Afrodite : *à droite dans le village, en retrait du passage. ☎ 24-24-02-31-50. • afroditehotel.gr • De mi-mai à début oct. Doubles 40-80 € selon saison, avec petit déj. Parking.* Grand hôtel avec un long couloir desservant une quarantaine de chambres tout confort mais un peu tristes. Belle piscine.

Linarakia : *☎ 24-24-02-28-68. Mai-oct, midi et soir. Repas 12-15 €. CB refusées.* Taverne sur les galets tout au bout de la plage de Panormos. Spécialité de spaghettis aux langoustines. Cadre splendide, mais assez touristique. Transats à louer pour bronzer.

Milia (*Μηλια*) **:** *à 3 km de Panormos.* Étale son sable, ses galets et ses transats dans un décor de poster. Un kilomètre plus au nord, la plage de ***Kastani*** accueille un bar de plage version Ibiza avec musique abreuvant la plage, pelouse et sofas.

Un peu avant Glossa, s'arrêter au village de ***Palio Klima*** (*Παλιο Κλημα*), à 24 km de Chora, qui a frôlé l'abandon après le séisme de 1965. Beaucoup de maisons rachetées par des étrangers. Fête populaire le 1er juillet. Entre ce village et le nouveau village de Klima, plage de galets assez discrète de ***Kalyvès-Arménopétra*** (1 km de piste pour y accéder).

Studios Nemesis : *env 300 m avt Néo Klima, sur la droite en venant de Glossa. ☎ 24-24-03-39-32. • skopelosweb.gr/rooms/nemesis • Pâques-oct. Studios 40-75 € pour 2.* Isolée au beau milieu d'une oliveraie face à la mer, cette belle maison possède une demi-douzaine de studios. Clim, TV, frigo, vraie cuisinette, chapelle à disposition pour ceux qui veulent prier, accès direct à la mer pour les autres, rien ne manque. Accueil discret d'un ancien de la marine marchande.

Au sud d'Élios (ou *Néo Klima*), superbe plage de ***Chovolo*** (*Χοβολο*), une des « cartes postales » de l'île. Accessible seulement à pied, en longeant la blanche falaise qui est pour beaucoup dans le charme du lieu. Sable et eaux limpides.

Agios Ioannis (*Αγιος Ιωαννης*) **:** *embranchement sur la droite au niveau de la station Shell avt Glossa (c'est fléché) ; route très sinueuse.* Cette petite chapelle perchée en haut d'un rocher posé dans la mer figure sur de nombreuses cartes postales de Skopélos. On raconte que l'icône du saint de l'église de Loutraki n'arrêtait pas de s'enfuir, alors comme on l'a retrouvée là, au-dessus de la mer, on a construit une petite chapelle pour elle. À côté, minuscule plage dissimulée derrière des rochers.

Par la route suivante, toujours sur la droite avant Glossa, on accède aux superbes criques du nord de l'île, à commencer par celle de ***Périvoli.*** Petits galets, eau très claire, et rapidement de l'ombre. Petit snack au-dessus. La route se prolonge en piste (correcte) vers la plage de ***Chontroghiorghos,*** qui est du même style, et remonte vers Glossa.

Glossa *(Γλωσσα)* **:** *à 30 km de Skopélos.* Superbe village avec de nombreuses maisons qui ont gardé leurs balcons en bois. Il se visite à pied au hasard de ses ruelles étroites et à force de mollets. Grande fête populaire le 15 août. Le port de *Loutraki,* où s'arrêtent la plupart des ferries et des catamarans rapides, est 4 km plus bas (tavernes agréables sur le port). Parmi elles, épinglons la *Taverna Flisvos,* à 50 m de l'église sur la partie gauche du port en débarquant ; bon poisson et rosé maison très surprenant.

Pension Platana *(chez Eleni Spyrou)* **:** *à gauche un peu avt l'entrée du village de Glossa. ☎ 24-24-03-31-88. 📱 69-73-64-67-02 (Eleni). • skopelosweb.gr/en/studios/platana • Tte l'année. Doubles avec cuisinette 34-48 €. CB refusées.* 7 studios assez bon marché avec AC, ventilo et balcon donnant sur un grand jardin. Une adresse à l'ancienne, calme. Un bon plan.

Kyra Léni : *juste à l'entrée du village de Glossa, sur la droite. ☎ 24-24-03-36-88. Tlj 5h-22h (jusqu'à 16h slt hors saison).* Même boutique qu'à Chora, mais plus de choix encore (crèmes, *glykès* et bon pain).

Restaurant Agnandi : *dans la rue principale de Glossa. ☎ 24-24-03-30-76. De mi-mai à mi-oct, tlj midi et soir. Résa conseillée en été. Env 25-30 € le repas.* Un resto chicos tenu par la même famille depuis 1953. Le patron, Nikos Stamatakis, 4e du nom, est adorable. Grand choix de vins (un peu chers), nourriture maison originale et excellente (beaucoup de produits de la mer, plats préparés également). Belle terrasse à l'étage (le soir seulement).

LES MONASTÈRES

De Chora (Skopélos) vous pouvez partir à la découverte des monastères de l'île, soit en scooter, soit à pied (en prenant soin d'emporter avec vous un paréo pour cacher vos épaules et vos genoux le cas échéant). La plupart de ceux situés à l'est de Chora sont ouverts à la visite. C'est le cas notamment d'***Évangélismou*** ou ***Évangélistria*** ; c'est celui qu'on voit de Skopélos, avec les murs comme des remparts *(en principe 9h-13h, 15h-17h).* ***Sotirou,*** un peu plus haut en reprenant la piste principale *(8h-13h, 17h30-20h),* recèle une belle iconostase. Plus haut encore, le monastère fortifié d'***Agia Varvara*** (en gros, mêmes heures de visite que plus haut) cache, dans la pénombre de son église, une superbe iconostase faite à Constantinople et datant de 1500. Vient ensuite ***Timiou Prodomou*** *(visites 8h-13h, 17h-20h ; tenue correcte exigée mais paréo à dispo)* ; là aussi, iconostase du même acabit qu'à Agia Varvara (1612). Deux nonnes très âgées y vivent encore. Si vous êtes gentil, celle qui tient la caisse vous donnera un loukoum. Il y a encore des monastères au-delà de Prodomou, sur l'autre versant.

ALONISSOS (ΑΛΟΝΝΗΣΟΣ) (370 05) 2 750 hab.

• Carte L'île d'Alonissos *p. 435*

Montagneuse et boisée, peu habitée – pour ne pas dire carrément déserte dans sa partie nord –, cette île a tout d'un paradis pour marcheurs. Elle satisfera aussi les fondus de pêche sous-marine. Premier parc naturel de Grèce depuis 1992, et plus grand parc marin d'Europe avec 2 260 km², Alonissos

joue à fond la carte de l'écotourisme. Ici vit une colonie de phoques *Monachus monachus.* Du coup, on a construit un petit centre pour les surveiller, eux et leurs amis les oiseaux...
Alonissos, située en bout de ligne maritime, bénéficie d'une relative tranquillité par rapport à ses voisines. Cependant, si les Britanniques y ont leurs habitudes en avant-saison, en été, en revanche, on ne compte plus les Français et les Italiens ! Alonissos vit donc du tourisme aux beaux jours ; le reste de l'année, les fonds marins sont encore suffisamment poissonneux pour faire travailler près de 80 pêcheurs.

Arriver – Quitter

➢ Voir plus haut « Les îles Sporades. Arriver – Quitter ».

Circuler sur l'île

Bus : *sur le port de Patitiri, près du débarcadère des bateaux rapides.*
➢ 2 lignes : *Patitiri-Chora* (le vieux village), avec une quinzaine de bus/j., 9h-23h (1h en juil-août), retour dans la foulée ; et *Patitiri-Sténi Vala,* 3 fois/j. (env 9h30, 14h et 18h).

PATITIRI *(ΠΑΤΗΤΗΡΙ)*

Lové au fond d'une baie aux eaux cristallines, Patitiri est le port principal de l'île, et sa capitale depuis qu'un séisme a détruit l'ancien village en 1965. Construite à la va-vite, la ville n'offre que très peu d'intérêt. Il est facile de s'y repérer : deux rues partent du port, l'odos Pélasgon à gauche quand on tourne le dos à la mer, et l'Ikion Dolopon, la rue commerçante de la ville. Préférer les hébergements qui surplombent le port. Vous pouvez également loger à *Roussoum* (quartier à 10 mn à pied, vers l'est) ou à *Votsi* (un peu plus loin), deux petites criques fermées et beaucoup plus peinardes. Notre préférence va à *Votsi,* avec son bout de plage sous les falaises.

Adresses et infos utiles

Informations touristiques : • *alonissos.gr* • Renseignements disponibles dans chacune des agences situées sur le port :
– **Albedo Travel :** ☎ *24-24-06-58-04.* • *alonissosholidays.com* •
– **Alonnisos Travel :** ☎ *24-24-06-60-00.* • *alonnisostravel.gr* •
– **Vlaikos Travel :** *la dernière, située le plus à droite sur le port quand on est dos à la mer (c'est l'agent de* Hellenic Seaways*).* ☎ *24-24-06-54-50. Attention, CB refusées.*
Ces agences louent également des chambres et organisent des excursions à la journée en bateau sur les îles du parc marin. Certaines, comme *Albedo Travel,* sont agréées PADI et organisent des stages d'initiation ou de perfectionnement à la plongée sous-marine.

Poste : *dans la rue principale (à droite quand on est dos à la mer). Lun-ven 8h-11h30.*

National Bank of Greece : *même rue que la poste mais bien avt sur la gauche.* Distributeur automatique de billets.

Location de scooters : possibilité de louer un scooter dans les agences mentionnées plus haut. Chez **Albedo Travel,** matériel neuf et super accueil. Tarif dégressif pour plusieurs jours de location. Bonnes machines aussi chez **M** *(☎ 24-24-06-50-10),* en face d'*Ilias Rooms,* un peu plus haut dans la rue Pélasgon.

Location de voitures : faites jouer la concurrence, car c'est cher.

Taxis : *une poignée, basés au port.* **Taxi Spiros,** ☎ *24-24-06-54-25.* **George Athanassiou,** ☎ *24-24-06-54-49.*

L'ÎLE D'ALONISSOS

Où dormir ?

■ ***Rooms to let :*** *en face du débarcadère, derrière le petit square.* ☎ *24-24-06-61-88.* ● *alonissos-rooms.gr* ● *Tlj 10h-14h, 18h-22h30.* Bureau de l'association regroupant une centaine de propriétaires de chambres à louer. Accueil serviable et professionnel.

À Patitiri

Prix moyens

🏠 ***Studios Voula Agallou :*** *suivre les panneaux indiquant la taverne Faros sur la route de Marpounda, c'est la maison que l'on voit en face de la jetée, de l'autre côté de la baie ; compter 20 mn de marche depuis le port.* ☎ *24-24-06-61-10.* 📱 *69-72-58-31-94.* ● *alonnisos.net/en/studios/voula* ● *Avr-oct. Selon saison, studios 40-60 € pour 2 pers et 50-80 € pour 4-5.* Dans sa grande maison surplombant la mer, Voula loue 3 studios pour 2 personnes et 1 studio pour 4 à 5 personnes. Ceux-ci sont vastes, neufs, possèdent tous une cuisine très bien équipée et la clim. Comme la maison faisait office de taverne, elle possède une immense terrasse avec vue plongeante sur le port. Ambiance familiale. Accès à la mer. Une de nos meilleures adresses.

Ninna Pansion : *domine le port, sur la gauche quand on regarde la mer ; prendre le 1er escalier à droite de la rue principale. ☎ 24-24-06-61-27. • ninna.gr • Mai-oct. Doubles 40-70 €, studios 45-80 €, apparts (2 chambres) 70-100 €. Pas de petit déj.* En balcon sur la darse, une petite pension de charme comme une bonbonnière de style anglais. 5 chambres, 9 studios et 3 apparts avec lits en fer forgé, coussins, voilage et ce qu'il faut de chichis pour faire british. Le confort est au rendez-vous et l'ensemble est parfaitement soigné. Accueil en v.o. de Ninna.

De prix moyens à chic

Liadromia : *accès par la même promenade que pour l'hôtel* Kavos, *c'est un peu avt. ☎ 24-24-06-55-21. • liadromia.gr • Tte l'année. Doubles 45-75 € et studios 60-85 €.* Un hôtel de charme d'une vingtaine de chambres tout confort (belle literie, clim, frigo, coffre-fort, TV, etc.) dont une douzaine seulement possèdent une vue depuis un agréable petit balconnet (préférer quand même les plus haut perchées). Déco délicieusement Belle Époque et un poil décalée. À l'étage, grande salle pour le petit déj ou bouquiner en soirée. Maria la baroudeuse, qui gère sa maison avec autant d'amour que de sérieux, est une mine d'infos pour ses hôtes. Une bonne adresse.

Paradise Hotel : *prendre la promenade qui surplombe le port et monter les escaliers avt l'hôtel* Liadromia *; c'est à droite. ☎ 24-24-06-51-60 ou 52-13. • paradise-hotel.gr • Mai-oct. Résa indispensable en été. Doubles 45-90 €, petit déj compris. (parties communes slt).* Une trentaine de jolies chambres avec clim. Piscine, bar, resto. Les terrasses du bar, qui mènent à une petite plage de rochers aménagée, offrent une bien belle vue sur la mer (côté Roussoum/Yialos) et des îlots. Excellent accueil, personnel serviable et attentionné.

À Roussoum et Votsi (Ρουσουμ – Βοτσι)

2 petites plages de galets aux eaux claires au large desquelles mouillent des voiliers en été. À respectivement 10 et 20 mn seulement du port en coupant à travers les collines. À Votsi, les pensions se trouvent juste au-dessus du port de pêche. Attention, les chambres sont de qualité inégale mais à des prix relativement similaires. Bien choisir avant de réserver. Roussoum est un peu plus large et un peu moins fréquentée.

Prix moyens

Mahi Studios : *à* **Roussoum,** *dans la dernière maison sur la gauche quand on arrive de Patitiri par la route principale (arche d'entrée bleu ciel). ☎ 24-24-06-51-06. 📱 69-72-44-38-97. Mai-oct. Double env 50 € en été.* Une demi-douzaine de studios tout équipés, dont la moitié possède des chambres séparées. L'ensemble est très propre et rénové, avec AC, frigo et la télé. Certains ont vue sur la mer, qui est à 20 m environ. D'autres pensions dans la même rue.

Pension Votsi *(chez Maria Drossaki)* **:** *à* **Votsi,** *dans le dernier virage avt le port, à droite par les escaliers. ☎ 24-24-06-55-10. • pension-votsi.gr • Selon saison, doubles env 30-60 €, studios 3 pers 35-75 €.* Cette adresse est plutôt un hôtel, en fait, avec de belles chambres tout confort dont la plupart donnent sur une petite terrasse avec vue sur la plage. Préférer celles de l'étage. Également quelques studios à louer. Excellent accueil de Maria, qui gère aussi *Peristera View,* des appartements dans de petites maisons, à l'extérieur d'Alonissos, à Vamvakiès (mer à 50 m).

Almira Rooms *(chez Maria Kalogiannis)* **:** *à* **Votsi,** *dans différents bâtiments ; s'adresser au resto* I Mouria, *sur le port. ☎ 24-24-06-52-73. • almirarooms.com • Compter 35-45 € la double avec petite cuisine, 25-35 € sans. CB refusées.* Propose des studios et des chambres plus simples. Assez spacieux et propre.

Où manger ?

À Patitiri

Pour manger sur le pouce, on aime bien la crêperie ***To Psichoulo,*** située en bas de la rue principale. Elle propose pizzas, *tyropitès* à emporter et de copieuses crêpes à composer soi-même. Un peu plus haut, ***To Steki tou Nikolas*** propose de petits *souvlakia (slt le soir ; ☎ 24-24-06-52-38),* à emporter ou à manger sur place. La boutique ***(Ikos),*** qui vend les produits de la coopérative des femmes, se trouve un peu au-dessus de l'école, au départ de la route pour Votsi *(☎ 24-24-06-62-70 ; tlj 8h-14h, 17h-22h).*
Sur le port, nombreuses tavernes assez chères et sans grand intérêt. Peut toutefois convenir pour une salade à l'heure du déjeuner, à condition de choisir son emplacement. Pour dîner, le vieux village est plus aéré et donc plus frais en été.

To Akrogiali : *sur le port, à gauche quand on est dos à la mer. ☎ 24-24-06-52-36. Env 12-16 € le repas.* Honnête petite taverne qui vaut surtout pour sa situation. Tout de même de bonnes brochettes aux fruits de mer ou de poisson, et un excellent *kokkoras krassato* (coq au vin). Bon accueil.

Hôtel-restaurant Néréidès : *prendre la route de Marpounda (1re à gauche quand on s'engage dans odos Pélasgon) et tourner à droite au bout de 400 m, selon l'indication ; on peut aussi y grimper par des escaliers). ☎ 24-24-06-56-43. Mai-sept. Compter 15-18 €. CB refusées.* La montée vaut le coup, car on mange très bien dans ce restaurant d'hôtel. Commande en cuisine parmi les plats préparés qui varient d'un jour à l'autre : guetter par exemple les fleurs de courgettes farcies, les aubergines *papoutsakia,* ou encore le veau *sti stamna.* Cadre quelconque.

À Roussoum

Votsalo : *sur le port de Roussoum, 2e resto à partir du bord de la route, face à la mer. ☎ 24-24-06-51-06. Env 12-15 € le repas. CB refusées.* Si vous demandez du poulpe au plus fort de la saison, Nikos aura l'honnêteté de vous répondre « c'est du congelé », et il précisera « mais c'est du bon ». Ici, pas de lézard, c'est du poisson. La maman est en cuisine et le reste de la famille au service. Bon vin blanc au pichet.

Où boire un verre ?

De nombreux bars sur le port, plus chers qu'au vieux village et beaucoup moins bien. Le cadre de la ***Spilia tou Kyklopa*** est néanmoins agréable (à côté du jardin d'enfants). En fin de journée, montez jusqu'au ***Sunset*** (sur la route de Chora, prendre à droite vers la chapelle Agios Onoufrios), à l'heure du coucher de soleil, *of course.* Des bus qui partent du port s'y rendent à heure régulière le soir.

À voir. À faire

Le centre d'information du MOm : *sur le port de Patitiri, au-dessus du café Avra. Tlj en été 10h-22h. GRATUIT.* Le MOm est la société en charge de la protection des phoques méditerranéens, dont une colonie d'une cinquantaine d'individus vit en permanence au nord-est de l'île, ce qui en fait le groupe le plus important de Méditerranée. Vidéo et panneaux explicatifs bien faits. Le bureau du parc naturel, lui, se trouve dans la rue principale, avant la poste *(lun-ven 9h-14h, 18h-21h ; w-e 18h-21h – jusqu'à 16h slt en hiver ; ● alonissos-park.gr ●).*

Le musée Mavrikis : *passer par les restos au-dessus de la plage et monter les escaliers. ☎ 24-24-06-62-50. • alonissosmuseum.com • Mai-sept, tlj 11h-18h (20h juin-août). Entrée : 4 € ; réduc.* Annoncé comme un « musée de la piraterie », un lieu créé de toutes pièces par un couple, Kostas et Angéla Mavrikis. Au rez-de-chaussée, salle consacrée aux différentes guerres. Plus intéressante, au sol-sol, la présentation de « vieux métiers ». C'est au 1er étage qu'on parle piraterie. Petit café où l'on vous offre une boisson, comprise dans le prix du billet.

PALIA ALONISSOS (CHORA)

À 4 km de Patitiri, le vieux village perché, autrefois capitale de l'île, a été détruit en 1965 par un séisme. Il a été reconstruit et de nombreux étrangers y ont acheté des maisons. Cela dit, la visite vaut le coup d'œil. Allez-y en soirée pour boire un verre au coucher du soleil et restez-y dîner. Pour y aller, bus ou taxi. Parking à l'entrée et le long de la rue qui mène au cimetière. Possible aussi à pied par un agréable sentier (remonter l'odos Pélasgon, et prendre le sentier à gauche, après le restaurant *Astakos*). Bien entendu, plus facile au retour (le sentier est éclairé la nuit).

Où dormir ?

Prix moyens

Pansion Chiliadromia & Studios : *juste en face de l'église. ☎ 24-24-06-58-14. • chiliadromia.gr • Pâques-sept. Selon saison, doubles 35-50 €, studios 45-70 €. Petit déj en plus. CB refusées.* En plein centre du village, cette belle maison aux boiseries colorées cache 3 chambres doubles à la déco soignée : meubles en bois cérusé, lit en fer forgé... et 7 studios disposant d'une vraie cuisinette avec coin repas et balconnet. Tout ça disposant de tout le confort souhaité (clim, frigo, TV, coffre-fort) et fort bien entretenu. Agréable petite terrasse sous une treille pour écrire ses cartes postales. Accueil gentil d'Eleni ou de sa fille Christina. Une de nos meilleures adresses dans l'île.

Fantasia House : *juste avt l'église, sur la gauche. ☎ 24-24-06-51-86. 📱 69-37-71-63-23. • alonnisos.net/rooms/fantasia • Mai-oct. Résa conseillée en hte saison. Doubles 35-50 €.* Non, cette petite pension n'est pas la résidence secondaire de Mickey, mais « Pluto » une pension à la grecque. Chambres assez petites, simples et mignonnes, dont certaines possèdent la clim ; salles de bains un peu sommaires.

Chic

Konstantina's Boutique Studios : *en contrebas du village, monter la rue principale, puis à gauche juste avt l'église, puis encore à gauche en descendant. ☎ 24-24-06-59-00 ou 61-65. • konstantinastudios.gr • Fin avr-sept. Studios 67-110 € pour 2 selon saison, bon petit déj compris. CB refusées.* Dans une vaste demeure que la vigne aime escalader, des studios pour 2 personnes, vastes, avec balcon et kitchenette très bien équipée. Le tout a été rénové avec beaucoup de goût (déco, literie, salles de bains...). L'ensemble est chaleureux et la propreté irréprochable. Très joli jardin où est servi le petit déjeuner. Également quelques appartements pour 2 à 4 personnes. Une affaire qui tourne. Accueil commercial.

Où manger ?

Pas mal de petits restos servant une cuisine locale, mais rien d'exceptionnel. Faire le tour des ardoises et choisir le meilleur emplacement.

Astrofengia : *à l'entrée du village, sur la gauche (suivre la pancarte placée avt l'arrêt de bus). ☎ 24-24-06-51-82. Juin-sept, tlj à partir de 19h. Compter* *env 25 € (un peu plus si produits de la mer).* Dans ce resto, le plus ancien du village, à l'écart de l'activité touristique, on peut déguster sous la treille une cuisine grecque traditionnelle (peu de choix, néanmoins) ou levantine, plus quelques plats plus « exotiques » comme le chili con carne ou le poulet au curry. Service soigné. Vue à couper le souffle depuis la terrasse.

Où boire un verre ?

Les endroits pour boire un verre ne manquent pas. Se laisser guider par son instinct. Certains bars programment de la musique live 2 à 3 fois par semaine en saison, souvent avec de vieux rockers british scotchés sur l'île depuis des lustres qui viennent se faire un peu d'argent de poche à l'occasion.

Kafiréas : *en haut du village ; c'est indiqué en grec. ☎ 24-24-06-51-08.* On peut y venir pour prendre un apéro ou un petit déj. Très belle vue sur l'île.

Visite de l'île, les plages

On peut atteindre la plupart des plages en *taxi-boat.* Départ toutes les 30 mn de Patitiri. Sinon, bus de Sténi Vala (qui ne s'écarte pas de la route principale) ou location de voiture ou de scooter. On peut aussi louer un bateau pour la journée, une bonne formule pour accéder aux plages de l'ouest, plus éloignées de Patitiri.

Vers le nord-est

Milia Yalos *(Μηλια Γιαλος)* **:** superbe crique et plage de galets gris. Une petite taverne.

Chrissi Milia *(Χρυση Μηλια)* **:** plage de sable (un peu), la seule de l'île, et de galets. Joli site, et on a pied très loin. Idéal pour les enfants. Une petite taverne surplombe la plage.

Kokkinokastro *(Κοκκινοκαστρο)* **:** paysage de carte postale avec l'île de Vrachos en face et les falaises rouge ocre qui surplombent la plage. Quand l'asphalte s'arrête, encore 900 m de piste. Pas mal fréquentée par les jeunes (musique).

Leftos Gialos *(Λεφτος Γιαλος)* **:** 2,6 km de piste à partir de la fin de l'asphalte. Jolie crique de galets, avec une belle vue. Deux tavernes sur place, au milieu des pins. Plus belle que *Tzortzi Gialos,* la plage juste avant.

Sténi Vala *(Στενη Βαλα)* **:** petit port de pêche dans un joli cadre (une crique très resserrée), assez animé puisqu'il a été choisi comme escale pour les voiliers de location *Sunsail.* Un hôtel classe s'y est même implanté récemment, mais sans vue sur la mer. Quelques *psarotavernès* sympas et cafés. La plage, une grande baie derrière le village, n'a rien d'extraordinaire. La crique précédente côté sud, *Agios Pétros,* est nettement plus sympa (sable).

Taverne I Sténi Vala *(pancarte « Tassia's Cooking »)* **:** *au bord de l'eau, 1re taverne. ☎ 24-24-06-55-90. Pâques-oct. Compter 15-20 € le repas.* Dans un grand hangar ouvert à tous les vents donnant sur le port. Nourriture très classique, plats traditionnels, et poisson à prix raisonnable (spaghettis aux langoustines, rascasse sauce citronnée). Énormes *pitès,* fourrées à différents légumes et fromages. Accueil très sympa de Nikos, le chef. Mme Tassia, sa belle-mère, loue également des chambres.

Kalamakia *(Καλαμακια)* **:** joli hameau de pêcheurs. Quelques tavernes. On aime bien *Margarita (☎ 24-24-06-57-38)* qui, pour une fois, ne fait pas des pizzas mais de bonnes fritures de poisson. Également quelques chambres au-dessus du resto (avec clim) ou au fond du jardin (aérées).

Agios Dimitrios *(Αγιος Δημητριος)* **:** très longue plage de petits galets qui s'avance en pointe dans la mer à la manière d'un atoll. Attention, sur les coups de 10h-11h, les touristes amenés en bateau depuis Patitiri se répandent sur toute la longueur de la plage. Hors saison, ça reste quand même un bon plan.

Vers le sud

Mégalos Mourtias *(Μεγαλος Μουρτιας)* **:** petite plage de galets bordée par une oliveraie au pied du vieux village d'Alonissos (2,5 km de route). On peut aussi accéder à cette plage depuis Patitiri en marchant vers Marpounda (plage sans intérêt squattée par un village-club) puis en bifurquant à droite dans les pins (1 km de piste puis de sentier). Plusieurs tavernes le long de l'eau, et pas mal de monde. La taverne *Mégalos Mourtias* est bien et pratique des tarifs honnêtes. Le couple qui la tient, Yiannis et Ria, propose quatre studios doubles dans une petite maison à part *(☎ 24-24-06-57-37 ; • mourtias.gr • ; compter 30-65 € la nuit, à négocier si l'on reste plus longtemps ; résa conseillée ; wifi).* Très simples mais propres et pas trop cher. Les transats face à la mer créent une vraie ambiance de vacances.

Mikros Mourtias *(Μικρος Μουρτιας)* **:** un peu plus au nord, plus petite et beaucoup plus tranquille. Accès en scooter par une piste sérieusement ravinée (prudence) ou à pied depuis le vieux village (1,5 km ; facile à l'aller, un peu moins au retour). C'est la plage naturiste de l'île.

Vers l'ouest

Peu de plages sur la côte ouest. La plus belle et la plus accessible est ***Mégali Ammos,*** une plage de galets. De la route principale, suivre une piste sur 4,5 km (indications au niveau d'un dépôt de matériaux de construction).

Randonnées

➢ Une quinzaine de sentiers ont été aménagés pour randonner sur l'île, de la promenade de santé de 30-45 mn à la petite rando de 2h30-3h (aller). La carte des éditions *Anavassi* indique clairement ces sentiers (sinon, en divers points de l'île, des panneaux permettent de les visualiser, ou du moins de les deviner). Vérifier sur place, car certains ne sont pas bien entretenus. Quatre d'entre eux, les plus courts, partent de Chora. Beaucoup partent des terres et aboutissent à une plage.

Le parc national marin

Le parc national marin englobe une petite trentaine d'îles et îlots. *• alonissos-park.gr •* On y protège non seulement le phoque *Monachus monachus,* mais aussi le faucon d'Éléonore et le goéland d'Audouin. Plusieurs zones ont été établies, dans lesquelles une réglementation est en vigueur (interdiction d'entrer dans le parc avec un bateau non autorisé). L'îlot de Pipéri constitue une sorte de sanctuaire et ne peut être approché. Toutes les agences proposent des sorties organisées à la journée, repas inclus *(env 50 €/pers),* qui permettent de visiter certains points des îles de Kyra Panagia, Gioura ou Skantzoura.

LE CENTRE DE LA GRÈCE

• Carte Le Péloponnèse *p. 152-153*

LAMIA (ΛΑΜΙΑ) (351 00) 52 000 hab.

Capitale de la Phthiotide, ville sans grand intérêt, même si l'œil du connaisseur y reconnaîtra pas mal de bâtiments néoclassiques dans le centre-ville, plutôt agréable, dominé par un château franc. On peut avoir à y transiter si l'on voyage en bus, notamment si l'on souhaite se rendre des Météores à Delphes (ou l'inverse). Sinon...

Arriver – Quitter

En bus

Gare routière : *odos Taygetou, au sud de la ville, pas loin de la nationale. ☎ 22-31-05-13-45/46. • ktelfthiotidos.gr •*

➢ ***De/vers Athènes, Patras ou Thessalonique :*** liaison avec Athènes ttes les heures (5h-21h30), 3-6 bus/j. avec Thessalonique. 3 liaisons/j. avec Patras.

➢ ***De/vers Volos :*** 1-2 bus/j.

➢ ***De/vers Trikala*** *(changement pour les Météores)* ***:*** 5 bus/j.

➢ ***Pour Amphissa*** *(changement pour Delphes)* ***:*** 2 bus/j. lun-sam, 1/j. dim.

En train

Les trains (ligne Athènes-Thessalonique) s'arrêtent presque tous à la ***gare de Lianokladi*** *(à 16 km à l'ouest de Lamia ; ☎ 22-31-06-10-61).* Bureau de l'OSE à Lamia, où les billets s'achètent *(☎ 22-31-02-32-01).*

Où dormir ? Où manger ?

Éléna Hotel : *8, odos Thermopylon. ☎ 22-31-02-50-25. • hotelelena-lamia.gr • Dans le centre. Tte l'année. Double env 70 €, petit déj compris.* Hôtel de moyenne gamme, d'une cinquantaine de chambres très correctes, et bien situé.

Beaucoup de petits ***restos*** populaires platia Laou, en plein centre, et dans les rues piétonnes qui en sont proches.

Où camper dans les environs ?

Camping Venezuela : *à* ***Agios Sérafim,*** *à 26 km au sud de Lamia. ☎ 22-35-04-16-91 ou 21-06-04-10-72 (hors saison). • venezuela.gr • Un peu après Kaména Vourla en arrivant d'Athènes ; quitter la 4-voies (sortie*

Molos) et suivre les panneaux. Mai-sept. Selon saison, 17-20 € pour 2 avec tente et voiture. CB refusées. Camping Sunshine : réduc 10-20 % sur présentation du dépliant de la chaîne. Bien équipé, douches chaudes, robinet individuel par emplacement, ombragé. Location de tentes. Resto très bon marché et minimarché. Près de la plage, qui est malheureusement plutôt tristoune.

À voir

Sous la montagne, les ***Thermopyles,*** à quelques kilomètres au sud-est de Lamia (accès bien indiqué depuis l'autoroute), où, en 480 av. J.-C., lors de la deuxième guerre médique, 1 000 Grecs dont 300 Spartiates se sont fait massacrer par des milliers de Perses, conduits par Xerxès. Le sacrifice permit au reste de l'armée grecque d'être épargné et contribua à l'échec perse à Salamine et à Platées (480 et 479 av. J.-C.) ; et donc à la victoire finale des Grecs sur les Perses. Pour les vivants, fontaine d'eau potable près de la statue de Léonidas. À quelques centaines de mètres plus au nord, sources d'eau chaude soufrée qui ont donné leur nom aux Thermopyles (littéralement, « les portes chaudes »). Un « *Centre for historical information* » a ouvert ses portes à proximité *(en été, lun-ven 8h-19h, w-e 10h-18h, fermeture à 17h hors saison ; entrée : 3 €).*

VERS EUBÉE

Pour ceux qui connaissent déjà la route nationale Lamia-Athènes, ou pour les traînards qui ne sont (vraiment) pas pressés, il existe un itinéraire bis, tranquille et sinueux, consistant à passer par le nord d'Eubée. Il faut gagner le petit port de *Glyfa* (qui s'atteint en quittant la nationale, une trentaine de kilomètres avant d'arriver à Lamia quand on vient du nord), où un bac assure le passage pour Agiokambos en Eubée. Pas trop cher et pas bien long non plus. En haute saison, huit passages dans la journée, toutes les 2h, de 6h à 20h. Un peu moins de liaisons hors saison. Renseignements au ☎ *22-38-06-12-88.* Également des départs pour les Sporades depuis 2016 (voir plus haut le chapitre consacré à ces îles).

PIGHADI (*ΠΗΓΑΔΙ ; 370 07*)

Dans les environs de Glyfa, un peu plus au nord, un petit port sympa. Pas d'hôtel, peu de commerces, sauf les tavernes (prévoir son ravitaillement à Ptéléos, au-dessus). Plages tranquilles en continuant la route qui sort du village. Chambres à louer assez nombreuses en direction des plages, par exemple :

Chez Giorgos Loridas : *la 1re maison dans la 1re anse quand on quitte Pighadi vers le nord en suivant la mer. ☎ 24-22-04-13-90. Env 45 € en saison.* Grandes chambres toutes simples, avec coin cuisine. Bon accueil. Taverne juste à côté.

Akti Panagia *(Seaside Resort)* ***:*** *1 km plus loin, au-dessus de la plage de Panagia ; s'adresser au resto, très bien arrangé, sur la plage. ☎ 24-22-04-11-90. • aktipanagia.gr • L'été, env 80 € pour 4.* Appartements avec cuisine et très grande terrasse. Beaucoup de monde le week-end.

EUBÉE (EVIA ; ΕΥΒΟΙΑ)

210 800 hab.

• Carte Les Sporades et l'Eubée *p. 419*

Grande île montagneuse et verte, Eubée est la deuxième île de Grèce pour sa superficie, après la Crète. Elle longe la côte est de la Béotie sur près de

L'ÉPIRE, LA THESSALIE ET LE CENTRE

175 km et est rattachée au continent par un pont, à la hauteur de *Halkida (Chalkis),* la capitale, qui franchit le canal de l'Euripe. On raconte qu'Aristote s'y serait noyé de désespoir de n'avoir pas trouvé la cause toujours obscure des fréquents changements de direction des courants du canal. Ce n'est qu'une légende... L'île est essentiellement agricole, riche en blé et en bétail. Elle fut annexée par Athènes en 506 av. J.-C., occupée par les Macédoniens, avant de finir sous la coupe des Vénitiens au Moyen Âge. On l'appela longtemps *Negroponte* (Pont-Noir). L'île est relativement peu fréquentée par les touristes étrangers, en dehors des nombreux hôtels-clubs qui les rassemblent vers Érétria. Jolis paysages de montagne du nord au sud, côte est assez accidentée, côte ouest plus douce, mais les plages sont généralement assez quelconques.

Arriver – Quitter

En bus et en bateau

Bus KTEL : *☎ 22-21-02-04-00 (à Halkida) ou 21-08-31-71-63 (à Athènes).* Départs ttes les 30 mn de/vers Halkida, 6h-22h (gare routière sur le bd périphérique, à l'arrivée du pont moderne). Tous les villages de l'île sont desservis par bus.

Ferries : les traversées durent 30 mn-1h et économisent de la route.

➢ ***Liaisons Marmari-Rafina :*** *☎ 22-24-03-23-40 (à Marmari) ou 22-94-02-67-01 (à Rafina).* 5-6 fois/j. en été, un peu moins hors saison.

➢ ***Liaisons Érétria-Oropos :*** *☎ 22-95-03-25-11 (à Oropos) ou 22-29-06-70-04 (à Érétria).* Liaison ttes les heures en été (6h-minuit).

➢ ***Liaisons Agiokambos-Glyfa :*** *☎ 22-38-06-12-55.* À partir de 7h du mat, un bac ttes les 2h pour 30 mn de traversée.

➢ ***Liaisons Loutra Édipsou-Arkitsa :*** *☎ 22-26-02-38-00 (à Édipsou) ou 22-33-09-12-90 et 15-10 (à Arkitsa).* Liaison ttes les heures en saison.

➢ Enfin, pour ***Skyros,*** obligation de passer par ***Kimi*** (voir plus bas).

En voiture

Ponts dans Halkida même (sur ce fameux détroit de l'Euripe) et à quelques km au sud de la capitale de l'île.

LE SUD DE L'ÎLE

ÉRÉTRIA *(ΕΡΕΤΡΙΑ ; 340 08 ; 4 200 hab.)*

À 20 km au sud de Halkida. Station antique alanguie sous ses grands eucalyptus. Comme le coin regorge d'hôtels-clubs, on voit plus facilement les agences de location de voitures que les banques ou la poste. La plage de petits galets n'est pas très attrayante. Une seule chose à voir : les ruines de la ville antique.

Où dormir ?

Beaucoup de chambres chez l'habitant dans le centre et quelques hôtels assez quelconques.

Camping Milos : *à 1 km d'Érétria en direction de Halkida ; vous ne pouvez pas le rater. ☎ 22-29-06-04-20/21. • camping-in-evia.gr • Avr-fin sept. Env 16-19 € pour 2 avec tente et voiture. CB refusées. Camping membre de la chaîne* Harmonie *: réduc sur présentation du dépliant de la chaîne.* Camping récent, très propre et relativement bien aménagé. Sanitaires spacieux et bien tenus. Très calme. Petite plage et parasols. Piscine et minimarket. Bon rapport qualité-prix.

Pension Diamanto : *Archéou*

Théatrou et 2, odos Varvaki. ☎ 22-29-06-22-14. • diamantorooms.gr • À deux pas de la plage. Doubles 40-50 €. Chambres avec douche et toilettes privées, AC, TV, frigo et balcon. Beau carrelage. Pension bien tenue. Bon accueil.

Hotel Sun Rise : *pas loin de la plage, dans la rue Despinis Agélikara (fléché du port des ferries). ☎ 22-29-06-00-04. • hotelsunrise.gr • Tte l'année. Selon saison, 40-60 € pour un studio ; ajouter 10 € pour un mini-appartement.* Ce sont des studios et mini-appartements avec cuisine intégrée. De l'extérieur, ce n'est pas très joli, mais la déco est fraîche et agréable. Mobilier récent, AC et TV. Rapport qualité-prix correct.

Où manger ?

Taverna Dionysos : *face à l'embarcadère. ☎ 22-29-06-17-28. Tlj, midi et soir. Compter 12-18 € pour un repas.* Une carte assez importante, avec notamment de l'excellent poisson. Patron très sympa, qui parle le français. Une bonne adresse, avec les classiques tables en marbre et les chaises en bois...

Roméo : *Archéou Théatrou et 1, Despinis Angélikara. ☎ 22-29-06-40-64. En bord de mer, sur la rive opposée au bac. Prix moyens.* Carte classique de taverne, bon rapport qualité-prix. Bon accueil du patron francophone.

À voir

Le musée : *tt près de la route principale. ☎ 22-29-06-22-06. Mar-dim 8h30-15h. Entrée : 2 €.* On y voit le résultat des découvertes menées pendant 13 ans par une équipe d'archéologues suisses. Deux salles avec de belles pièces, dont un joli centaure. Demander la clé de la maison aux mosaïques (IVe s av. J.-C.), on vous la confie contre une pièce d'identité. Ensuite, aller sur le site (à 500 m) où les quatre mosaïques à galets naturels sont protégées. Commentaires en français.

Le ***site antique,*** de l'autre côté de la route, renferme un théâtre bien mal conservé, adossé à la colline. À 200 m de là, les restes du temple de Dionysos. Au-delà du musée, dans le bourg moderne, vestiges du temple d'Apollon.

KIMI *(ΚΥΜΗ ; 340 03 ; 2 400 hab.)*

La bifurcation pour Kimi est à Lépoura, à 54 km au sud de Halkida. Ensuite, il reste encore 36 km à parcourir vers le nord-est. Kimi est situé au sein d'une région agricole, très verte. On atteint le village (à 250 m d'altitude) par une route en lacet, au milieu d'une végétation luxuriante. Le port de Kimi, à 4 km en contrebas, est le point de départ des bateaux pour Skyros ; plusieurs hôtels. Grande plage à Platanias, à 3 km de Kimi.

Bateaux : *☎ 22-22-02-20-20. • sne.gr •* Départs pour Skyros ; voir plus loin « Skyros. Arriver – Quitter ».

MARMARI *(ΜΑΡΜΑΡΙ)*

À une quinzaine de kilomètres au nord de Karistos, dans une baie naturelle bien abritée. C'est là qu'arrive le bateau de Rafina. La promenade est bordée de vieilles maisons ensevelies sous la végétation de leurs jardins secrets. Plage au sud, par un chemin de terre : site magnifique et tranquille. Attention, fort *meltémi* en été.

KARISTOS (*ΚΑΡΥΣΤΟΣ ; 340 01 ; 5 100 hab.)*

Un des plus jolis coins de l'île, à 130 km de Halkida. Au pied du mont Ochi (1 398 m), à l'extrémité sud de l'île. Les Vénitiens ont fait construire en bord de mer la *forteresse Bourtzi* et, sur les hauteurs, le *castello Rosso* que vous pourrez visiter. Cadre agréable. Très belle plage sous le vent, équipée de douches.

Où dormir ?

Hotel Karystion : *3, odos Kriézotou. ☎ 22-24-02-23-91. • karystion.gr • Un peu plus loin que le fort médiéval. Mai-oct. Doubles 39-65 €, petit déj compris.* Hôtel en bord de mer, calme et agréable. Tout confort. Jolies chambres claires, climatisées, avec balcon (vue sur la mer). Petites fontaines d'eau fraîche à chaque étage. Petit déj copieux servi dans le jardin. Très bon accueil des patrons, Aris et Harris. Bon rapport qualité-prix.

Karystos Mare Apartments : *7, odos Anatoliki Périmétriki. ☎ 22-24-02-49-91 ou 50-05. • karystosmare.gr • À 50 m de la plage Ammos Psili et 600 m du centre-ville (plus loin que l'Hotel Karystion). Tte l'année. Selon saison, 30-40 € pour 2 et 50-70 € pour 4. Pas de petit déj.* Petit hôtel de 18 appartements, complètement équipés : salle de bains, cuisine, AC, TV et balcon.

Où manger ?

Taverne Anemoni : *à côté de l'Hotel Karystion. ☎ 22-24-02-22-04. Env 13 € pour un repas.* Jolie terrasse surplombant la mer. Bons plats grecs cuisinés. On vous conseille le poisson en sauce, délicieux, et les aubergines farcies. Convivial, bon accueil.

Restaurant O Marinos : *face au port de pêche. ☎ 22-24-02-41-26. Tlj midi et soir. Repas 11-16 €.* Spécialités locales. Plats en sauce. Moussaka, aubergines et bon poisson. Ne pas hésiter à aller voir dans la cuisine. Accueil agréable.

À voir. À faire dans les environs

Pour trouver une belle plage déserte (à peu près 45 mn de trajet), prendre la route vers Métochi, passer Platanistos jusqu'à ***Potami.*** Juste après le village, vous apercevrez sur votre droite une plage, accessible par piste (environ 3 km).

LE NORD DE L'ÎLE D'EUBÉE

Les paysages traversés sont superbes. Routes extrêmement vigoureuses. Très belle forêt, beaucoup de vert, contrairement à la partie sud de l'île qui est très aride. Plages un peu décevantes, en revanche.

LIMNI (*ΛΙΜΝΗ ; 340 05 ; 1 650 hab.)*

À 87 km au nord-ouest de Halkida. Un petit port qui a gardé son aspect ancien, sans doute parce qu'il n'y a pas vraiment de belles plages dans le coin. Il faut dire qu'il y a tellement de Grecs à prendre les eaux à Loutra Édipsou, un peu plus au nord, qu'il y a forcément un peu moins de monde ailleurs ! Très agréable le soir : plein de tavernes le long du port. Quelques maisons anciennes ont gardé leur cachet.

Où dormir dans les environs ?

⛺ ***Camping Agia Anna*** **:** *sur la plage d'**Agia Anna,** à 3 km du village du même nom, sur la côte est.* ☎ *22-97-09-72-50. Résas possibles à Athènes :* ☎ *21-03-60-22-02.* • *clubagiaanna.gr* • *Mai-sept. En hte saison, 26-31 € pour 2 avec tente et voiture. Membre de la chaîne* Harmonie *: réduc sur présentation du dépliant de la chaîne.* Grand camping bien équipé, genre hôtellerie de plein air, agréable et vivant, proposant de nombreuses activités sportives qui en font une sorte de club de vacances. Resto. Bungalows, chambres et studios à louer (ainsi que des yourtes et des « *cabanas* »), à des prix très raisonnables.

LOUTRA ÉDIPSOU *(ΛΟΥΤΡΑ ΑΙΔΗΨΟΥ ; 343 00 ; 5 000 hab.)*

Petite ville au nord (à 117 km de Halkida), réputée pour sa source d'eau chaude aux vertus thérapeutiques, que l'on peut voir se jeter dans la mer en suivant la route pour Grégolimano, 2 km après Gialtra. Toute l'activité tourne autour du thermalisme, hôtels à n'en plus finir. Tourisme grec en majorité.

SKYROS (ΣΚΥΡΟΣ) (340 07) 3 000 hab.

• Carte L'île de Skyros *p. 447* • Plan Skyros (village) *p. 453*

On atteint cette île principalement à partir de Kimi (Eubée). Elle est réputée pour le maintien de ses traditions et pour son artisanat, notamment le mobilier à panneaux sculptés de motifs d'inspiration byzantine, ses broderies et sa céramique, ainsi que pour ses petits chevaux (1,10 m au garrot : il en reste environ 150 sur l'île). On voit aussi des cuivres de toutes sortes, exposés aux murs des cuisines des maisons. Vous noterez également les petites chaises, dont on fait commerce maintenant. On raconte que leur format réduit est lié à la petite taille des maisons, astuce architecturale pour ne pas être vu des pirates qui arrivaient par l'est. Les habitants de Skyros n'étaient pas des saints non plus puisque, dit-on, ils pillaient les bateaux qui s'échouaient sur leurs côtes... Dommage qu'une partie de l'île soit occupée, au nord, par une base de l'armée (si l'on arrive en avion, on atterrit d'ailleurs sur l'aéroport militaire). Le grand moment festif de l'année est le carnaval *(Apokriès)* en février. Un des plus beaux de toute la Grèce (personnages avec des masques, des costumes en peau de chèvre, portant de grosses clochettes). En ferry, on débarque au port de Linaria. Skyros (ou Chora), la capitale de l'île, est à 10 km au nord-est. Vous trouverez des bus en direction de Chora et des taxis. Le réseau routier s'est étendu et, à part quelques pistes, elles-mêmes plutôt en bon état, on roule très correctement sur l'île.

Arriver – Quitter

En bateau et en bus

➢ ***De/vers Kimi*** *(versant nord-est d'Eubée)* **:** 1-2 ferries/j. ; 1h40 de trajet. Les bateaux partent, en hte saison, le mat et l'ap-m ou le soir. Le bureau de vente, coincé entre 2 restos, n'est ouv que 1h à peine

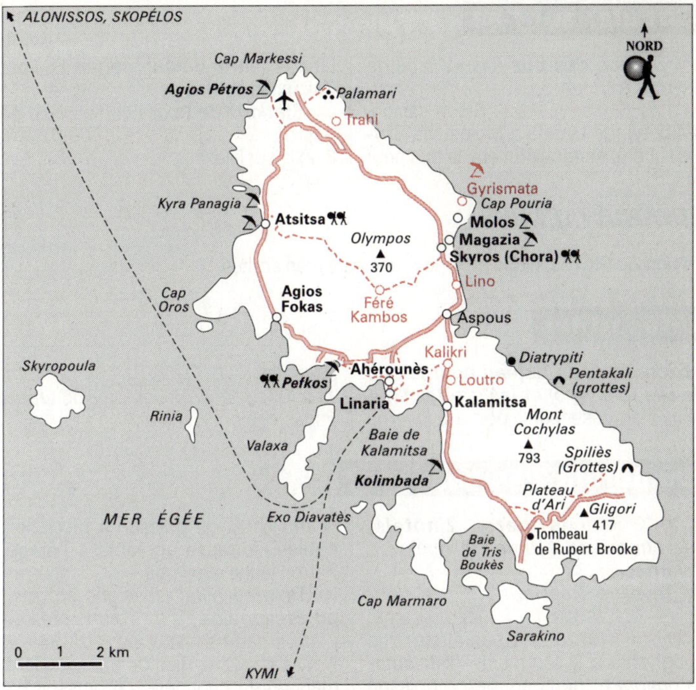

L'ÎLE DE SKYROS

avt le départ ; il est préférable d'aller directement sur la jetée du port. Rens à la capitainerie (☎ 22-22-02-26-06) ou auprès d'Élèna Moirou (☎ 22-22-02-20-20). Sinon, à Skyros, billets à acheter sur le port de Linaria (bureau ouv aux heures d'arrivée ou de départ du bateau slt) ou, plus prudemment, à *Skyros Travel,* l'agence à Skyros (Chora), dans l'odos Agora *(voir plus loin « La côte nord-est. Skyros. Adresses utiles » ; ☎ 22-22-09-17-90 ; ● sne.gr ●).* Pour passer une voiture, résa nécessaire.

– Pour rejoindre Kimi-village en bus depuis Athènes, prendre le bus au terminal B *(260, odos Liossion ; ☎ 21-08-31-71-63).* 6-7 départs/j. De Kimi-village, taxi pour le port. Au terminal B, on peut aussi prendre, slt en hte saison, un bus pour Kimi-paralia, qui conduit directement au port (2 départs/j., matin et début d'ap-m). Compter 3h30-4h30 de trajet.

➢ ***De/vers Alonissos-Skopélos :*** via Kimi, 2-3 fois/sem (mar, jeu ou sam, fin juin-début sept), ce qui permet de poursuivre, au départ de Skyros, le voyage dans les autres Sporades (un peu plus compliqué dans l'autre sens, puisqu'il faut obligatoirement dormir à Kimi).

En avion

➢ ***De/vers Athènes :*** *aéroport, ☎ 22-22-09-16-25.* En principe, en avion, 3 vols/sem avec *Aegean Airlines (● aegeanair.com ●)* ; durée 45 mn. En été, quelques vols de *Sky Express* également de/vers Thessalonique.

Circuler sur l'île

Station des bus *(plan village de Skyros, A2)* **:** *en bas de la rue principale de Skyros (Chora).* Selon saison, 3-4 bus/j. de Linaria à Molos, via Skyros (Chora) et retour. En été, le bus pour Linaria fait le détour, certains j., par Kalamitsa ou Pefkos.

Stations de taxis : *sur la place de Skyros (Chora). ☎ 22-22-09-16-66.* 8 taxis sur l'île.

LINARIA *(ΛΙΝΑΡΙΑ)*

Le port de Skyros, niché au fond d'une baie bien abritée.

Infos utiles

– **Excursions en bateau pour le sud de l'île** *(Sarakino)* **et les grottes** *(Spiliès)* **:** s'adresser sur le port à la taverne *Psariotis (📱 69-77-69-61-03). Départ à 11h, retour à 17h. Compter 30 €/pers (repas compris) ; réduc.*

Où dormir ? Où manger ?

Quelques **bars,** 2 **hôtels,** des **chambres à louer** et quelques **tavernes.**

Taverne Psariotis : *sur le port. ☎ 22-22-09-32-50. Tlj, midi et soir. Compter 15-20 €.* Spécialiste des spaghettis à la langouste *(astalomakaronada)* et de la soupe de poisson (goûtez l'exquise *special fisherman*). Grand choix de poisson à prix abordables. Terrasse agréable à l'étage. Patron jeune et sympa.

Taverna Ivilai *(enseigne en grec)* **ou Philippaios :** *sur le port, près de l'embarcadère. ☎ 22-22-09-34-76. Repas env 12 €.* Rien de transcendant, mais cuisine honnête. Le poisson est bon.

AHÉROUNÈS *(ΑΧΕΡΟΥΝΕΣ)*

La première baie après Linaria, à 10 mn à pied. Très jolie plage abritée, avec une belle vue. Il y a deux tavernes : éviter la seconde qui s'étend vers la plage.

Skyros Villas : *un peu en retrait de la côte. ☎ 22-22-09-16-00 (agence Skyros Travel à Chora) ou 11-23. 📱 69-44-88-45-88. • skyrosvillas.com • Tte l'année. Selon saison, 28-50 € pour 2 et 55-90 € pour 4-5.* Un petit ensemble, tout récent, de studios et d'appartements, répartis en 2 bâtiments propres. AC, TV et coin cuisine dans chaque location. Terrasse avec vue sur mer ou sur jardin. Bon niveau de confort et beaucoup d'espace autour des bâtiments.

PEFKOS *(ΠΕΥΚΟΣ)*

Accès par une courte route goudronnée. À 200 m de la plage, on poursuit la descente à pied parmi les pins. Très joli site. Belle plage de sable et port minuscule.

Taverna Stamatia : *vers l'extrémité du petit port. 📱 69-72-55-82-32. En saison slt, midi et soir. Compter 12-16 € le repas.* Terrasse assez chic, dans les tons gris ou ivoire, très agréable car bien ombragée. Familial : Mme Stamatia, la fille de Barba Mitsos qui ouvrit l'établissement dans les années 1960, est aux fourneaux. Bonnes viandes, poisson frais, homard, ainsi que de bons plats « à la casserole » meilleur marché, réputés sur l'île.

AGIOS FOKAS *(ΑΓΙΟΣ ΦΟΚΑΣ)*

Sur la route d'Agios Fokas, prendre la piste qui conduit à *Agios Pandéleimonas,* une superbe chapelle qui offre une vue splendide sur Pefkos. Compter 20 bonnes minutes à moto ou en voiture avant d'accéder à la crique d'Agios Fokas (6,5 km de route). C'est une plage tranquille au milieu des chèvres, avec des fonds à admirer avec masque et tuba. Pour se nourrir après la baignade, une *taverne (**Taverna tis Kyrias Kalis** ; 📱 69-37-09-08-48)* propose une production locale de tomates et pastèques, ainsi que du bon poisson. Superbe terrasse ombragée donnant sur la plage. La route continue en direction d'Atsitsa. Pour rejoindre cette plage, compter aussi 20 bonnes minutes (également 6,5 km).

ATSITSA *(ΑΤΣΙΤΣ)*

Paysage superbe, très sauvage et plus aride que dans les autres Sporades. Un incendie a malheureusement laissé des traces... Atsitsa est au bout de la route goudronnée. Jolie crique, et quelques bateaux de pêche. Avant Atsitsa, trois belles plages de sable dans la partie nord de l'île.

I●I *Taverne O Andonis :* *au bord de l'eau (fait également hôtel).* Spécialités de poisson, spaghettis aux langoustes.

AGIOS PETROS *(ΑΓΙΟΣ ΠΕΤΡΟΣ)*

Tout en remontant la côte ouest, direction Chora, il est possible de prolonger l'escapade en prenant la piste pour Agios Petros. Grande taverne avant la plage. La piste arrive à une plage bordée de pins d'Alep, où de nombreuses tentes – et leurs occupants – s'installent pour l'été. Naturisme possible. Une autre plage minuscule, plus au nord (Markezi ou Limanaki).

LA CÔTE NORD-EST

Une fois l'aéroport passé, la route rentre droit sur Chora (Skyros). Détour possible par un site archéologique :

Palamari : *au nord de l'île (accès par une piste sur la droite peu avt l'aéroport). Tlj sf dim 7h-14h30. GRATUIT.* Fouillé depuis les années 1980, ce site a révélé une petite cité fortifiée remontant à l'âge du bronze (2800-1700 av. J.-C.). Les objets découverts sont exposés au musée de Skyros, mais une salle récemment aménagée explique très bien la découverte du site et sa signification. Y venir tôt (pas d'ombre). Signalons encore un bon restaurant dans les parages :

I●I *Taverna To Perasma :* *sur la route d'Atsitsa, près de l'aéroport. ☎ 22-22-09-29-11. Tlj midi et soir. Nourriture traditionnelle ; compter 12-15 €.* Sa situation en bord de route n'est pas géniale, mais le repas y est copieux et savoureux (viande essentiellement de la ferme familiale).

MAGAZIA et MOLOS *(ΜΑΓΑΖΙΑ – ΜΩΛΟΣ)*

Deux longues plages de sable au nord du village de Skyros. Assez touristiques, avec de nombreux *beach-bars* qui restent assez discrets, mais jamais bondées.

Où dormir ?

Ariadne *(plan village de Skyros, B1,* ***13****) : Magazia. ☎ 22-22-09-11-13. • hotelariadneskyros.com • Membre du réseau d'hébergements de charme* Guest Inn. *• guestinn.com • Mai-oct. Selon saison, studios 45-95 € et appartements 65-125 €, petit déj non compris.* 7 studios et 4 appartements, à la déco sobre, tous avec petite cuisine et climatisation, très bien situés, car proches de la plage et en même temps au calme. La plupart donnent sur un jardin très agréable, bien entretenu, qui apporte fraîcheur et sérénité.

Pension Karina : *à Kambos Molos, 300 m après l'hôtel* Mélikari *(en venant de Skyros, continuer tt droit). ☎ 22-22-09-21-03. Mai-oct. Compter 40 €/pers, petit déj compris ; ½ tarif enfants 4-12 ans. CB refusées.* La pension dispose de 3 maisonnettes mitoyennes, avec 2 chambres chacune, et d'un salon commun où il fait bon se reposer en écoutant de la musique. Ameublement typique du style local. Très beau jardin d'arbres fruitiers. Excellent accueil de Karine Wiechert, suissesse de son état, tombée amoureuse de Skyros au point de s'y installer. Ambiance très conviviale. Excellent petit déj. Plage à moins de 10 mn à pied.

Ammos Boutique Hotel *(plan village de Skyros, B1,* ***15****) : Magazia. ☎ 22-22-09-12-34. • skyrosammos hotel.com • De Pâques à mi-oct. Env 60-155 € pour les chambres standard et plus cher pour celles avec vue sur mer. Surveiller les promotions sur le site.* Bel hôtel au design contemporain, et dont les chambres sont dotées de tout confort. Les moins chères donnent sur le jardin. Piscine à l'eau de mer (bon, la mer n'est qu'à deux pas, ce serait dommage de ne pas en profiter aussi). Riche petit déjeuner.

Où manger ?

Taverna Stéfanos *(plan village de Skyros, B1,* ***24****) : Magazia, à côté de* l'Hydroussa Hotel. *☎ 22-22-09-12-72. Résa conseillée en saison. Compter 12-14 €.* Une des plus anciennes tavernes de l'île, une des plus régulières aussi. Spécialités à prix moyens (moussaka, courgettes et aubergines farcies...). Le poisson est évidemment plus cher, comme partout.

I Istoriès tou Barba *(hors plan village de Skyros par B1,* ***25****) : plage de Molos. ☎ 22-22-09-14-53. Compter 12-14 €.* Établissement qui se repère aux chaises et tables bleues. *Mezze* et plats classiques, avec une pointe d'originalité. Ambiance authentique.

Manolia *(hors plan village de Skyros par B1,* ***26****) : route de l'aéroport. ☎ 22-22-09-30-10. Ouv le soir ainsi que dim midi (13h-17h) ; hors saison, le w-e.* Prix serrés, grande gentillesse du patron, Giorgios, cuisine traditionnelle familiale (madame est aux fourneaux). Jolie pelouse avec jeux pour enfants.

À voir

L'exposition de Giorgos Lambrou : *Magazia. ☎ 22-22-09-13-34. En théorie, tlj 11h-13h et 19h-21h.* Sculptures et peintures impressionnantes d'un artiste sourd-muet, inspiré par l'amour de son île. Sa sœur, Mme Aliki, accompagne la visite.

SKYROS (CHORA ; ΧΩΡΑ)

La capitale de l'île est un gros bourg bâti en amphithéâtre au pied d'une acropole *(kastro).* Une rue court sur l'arête de deux collines où s'agrippent les cubes blancs des petites maisons. Les ruelles étroites et fleuries dévalent. Le haut du village, plus traditionnel, vit au rythme des ânes et des flâneurs. La rue centrale piétonne (odos Agoras) est particulièrement animée. C'est ici que Thésée aurait trouvé la mort, jeté du haut du *kastro* par Lycomède, le roi de l'île, et là aussi qu'Achille aurait été caché et déguisé en fille par son père, pour échapper à la guerre de Troie.

Adresses utiles

✉ **Poste** (plan A2) **:** *en descendant la rue principale, 1re à droite juste après la* National Bank of Greece. *Lun-ven 7h-14h.*

■ ***National Bank of Greece*** (plan A2, **1**) **:** *à 50 m à gauche en montant la rue principale après la pl. du village.* Distributeur. Aussi un deuxième distributeur sur la place.

■ ***Police*** (plan A2) **:** *à côté du grand parking.* ☎ *22-22-09-12-74.*

■ ***Dispensaire*** (hors plan par A2) **:** *en face de la station-service.* ☎ *22-22-09-22-22.* Les médecins parlent l'anglais et l'italien.

■ ***Skyros Travel*** (plan A2, **5**) **:** *en plein centre du village.* ☎ *22-22-09-16-00.* 📱 *69-44-88-45-88.* ● *skyrostravel.com* ● *Tlj 9h-12h (13h de juin à mi-sept) et 18h-22h.* La principale agence de voyages de Chora. Couplée avec *Pegasus Travel* qui loue des voitures (● *skyrosrentacar.com* ●).

■ ***Martina Rent a Car*** (plan A2, **6**) **:** *à côté de la police.* ☎ *22-22-09-20-22.* ● *martina@otenet.gr* ● Loue voitures, scooters et vélos.

🅿 ***Parkings* :** impossible de circuler dans Chora. Plusieurs parkings : le parking du gymnase, avant la place du village ; le parking qui se situe sous la grande paroi rocheuse (accès rapide à pied à l'odos Agoras) ; le parking des musées, pour les visiter ou pour monter au *kastro*.

Où dormir ?

Prix moyens

🏠 ***Pension Nikolaos*** (hors plan par A2, **14**) **:** *2e rue à gauche après l'*Hotel Néféli *quand on vient de Linaria.* ☎ *22-22-09-17-78.* ● *nicolaspension.gr* ● *Doubles 55-85 €.* 📶 Au calme, en dehors de Skyros. Chambres plutôt chic et confortables. Cour intérieure agréable et fleurie. Également des chambres avec mezzanine pour 4 personnes.

🏠 ***Hotel Éléna*** (plan A2, **11**) **:** *dans une ruelle à droite quand on remonte la rue principale.* ☎ *22-22-09-17-38. Tte l'année. Selon saison, doubles 40-60 €.* Chambres propres. Certaines avec salle de bains commune. Frigo à disposition. Assez bruyant (on est très près du centre du village). En dépannage.

Très chic

🏠 ***Hotel Néféli*** (hors plan par A2, **12**) **:** *à l'entrée de Skyros quand on va vers le parking du gymnase.* ☎ *22-22-09-19-64.* ● *skyros-nefeli.gr* ● *Tte l'année. Doubles à partir de 100 €.* 📶 Fait partie du complexe de studios *Dimitrios* : c'est l'établissement de standing de l'île. Possible de louer des appartements pour 4 personnes, bien plus chers. Une grande piscine. Déco agréable.

Où manger ?

Pour manger sur le pouce : *souvlakia* et *gyros* chez ***Mantzourana*** *(plan A2)* ou chez ***Popi*** *(plan A2),* tous les deux à côté de la place principale où, dans les 2 cas, on peut s'installer. Pour les *tyropittès, spanakopittès* ou autres *bougatsès,* aller chez ***Barba Mitsos*** *(plan A1),* un peu plus haut que le resto *O Pappous ki Ego.*

🍴 ***Taverne Mariétis*** (plan A2, **21**) **:** *dans la rue principale, en face de Skyros* Travel. ☎ *22-22-09-13-11. Compter 12-16 € le repas.* La plus authentique des tavernes du village. Plats de viande, poisson grillé, légumes préparés.

🍴 ***O Pappous ki Ego*** (plan A1-2, **22**) **:** *dans la rue principale. Midi et soir en saison. Compter 12-16 €.* Toute petite

L'ÉPIRE, LA THESSALIE ET LE CENTRE

terrasse. Cuisine moins inspirée et moins variée que le *Pappous ki Ego* de Kalamitsa (même famille) : on a surtout aimé les *mezze* comme la *fava* ou le *saganaki politiko,* avec du *pastourma* (viande séchée).

Anatolikos Anemos *(plan B1,* ***23****) :* *☎ 22-22-09-36-22. Résa conseillée le soir. Env 15 € le repas.* À deux pas des musées de Chora, avec une très belle vue sur Magazia et Molos depuis la petite terrasse, ce restaurant propose une cuisine plus recherchée que la moyenne. Excellents desserts.

À voir. À faire

Grimpez au sommet du ***kastro*** *(plan B2),* d'où la vue est superbe *(ouv jusqu'au coucher du soleil).* Les plus courageux partiront de l'odos Agoras (parcours plus ou moins fléché). Les autres peuvent monter en voiture au parking des musées ; il reste encore une bonne petite grimpette. On arrive au ***monastère Saint-Georges,*** fondé en 962. Les maisons et les chapelles rivalisent de beauté dans la décoration. Une fois franchi le passage voûté, après quelques marches, on débouche au sommet du château. Deux chapelles, des ruines de fortifications et d'une citerne. Vue magnifique. Malheureusement endommagé par un séisme en 2001 et interdit à la visite depuis.

Le Musée archéologique *(plan B1)* **:** *du parking, descendre les marches en direction de la mer, c'est tt près. Tlj sf lun 8h30-15h. Entrée : 2 €.* Y sont exposées toutes les découvertes faites sur l'île, notamment celle de Palamari. Assez intéressant pour un musée local.

Le musée Faltaits *(musée d'Art populaire ; plan B1)* **:** *en haut du village, au fond de la pl. R.-Brook. ☎ 22-22-09-12-32. • faltaits.gr • En hte saison, tlj 10h-14h, 18h-21h ; hors saison, tlj 10h-14h. Entrée : 2 € ; gratuit pour les enfants. Visite guidée en anglais (5 €) un peu trop rapide.* Riche collection, réunie par un ethnologue local, de toutes sortes d'objets (ustensiles de cuisine, outils agricoles, habits de fête, livres anciens...). Reconstitution de pièces à vivre typiques des maisons de Skyros, et la peinture de Manos Faltaits (aujourd'hui décédé), pleine de couleurs, inspirée par la mythologie.

➢ Une belle ***balade*** : après la plage de Bina, un chemin mène au bout du cap. Il y a deux chapelles troglodytiques taillées dans le rocher, un moulin, une longue plage (Girismata) et une petite île avec sa chapelle que les bons nageurs peuvent atteindre à la nage. Les roches tendres ont servi de carrière dans l'Antiquité. Les pierres taillées sur place, du tuf, ont laissé des traces en forme d'escaliers.

➢ En caïque, vous pourrez effectuer de jolies ***balades en mer*** : falaises de *Diatrypti,* grotte de *Pentakali,* grottes bleues de *Limnionari.*

KALAMITSA (ΚΑΛΑΜΙΤΣΑ)

La route traverse la partie la plus étroite de l'île. Les champs cultivés arrivent jusqu'à la plage, agréable et sous le vent. Quelques tavernes éparpillées.

Où dormir ? Où manger à Kalamitsa et dans les environs ?

Alemar : *Aspous. ☎ 22-22-02-90-21. • alemar.gr • À Aspous, prendre la route de Kalamitsa, puis tourner à gauche en direction de la plage d'Aspous. De mi-avr à mi-oct. Doubles 45-75 €, triples 50-85 €. Pas de petit déj.* Posés face à une belle pelouse, 5 studios récents, avec cuisine équipée, pour 2 ou 3 personnes, avec une petite touche de déco traditionnelle (cheminée avec ses céramiques). Terrasse devant pour profiter. La plage est à 300 m. Excellent accueil de Polixéni et Thémis.

Restaurant Mouriès : *env 2 km*

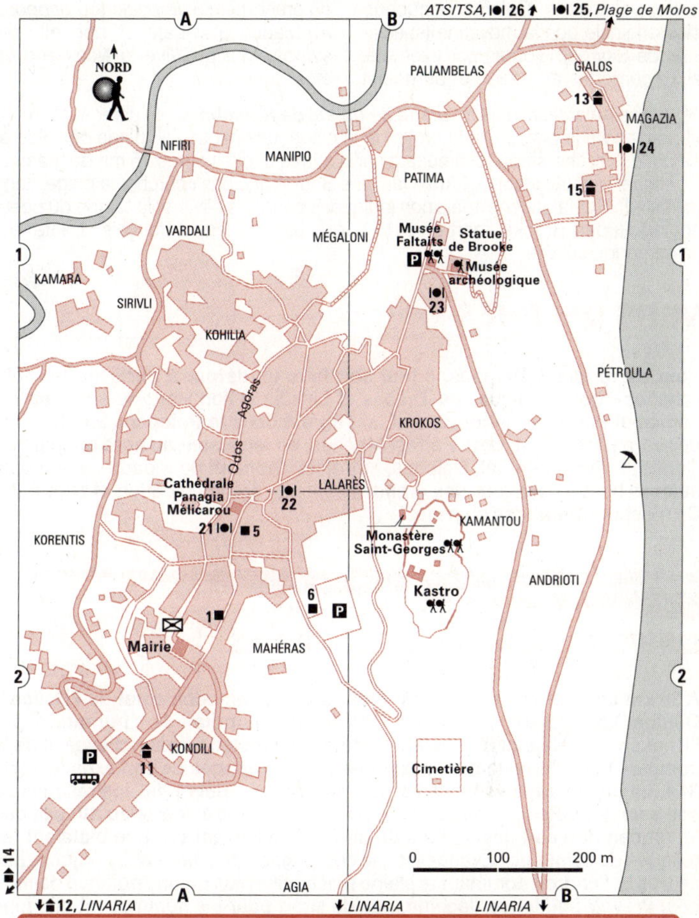

LE VILLAGE SKYROS

Adresses utiles

- **1** National Bank of Greece
- **5** Skyros Travel
- **6** Martina Rent a Car

Où dormir ?

- **11** Hotel Éléna
- **12** Hotel Néféli
- **13** Ariadni
- **14** Pension Nikolaos
- **15** Ammos Boutique Hotel

Où manger ?

- **21** Taverne Mariétis
- **22** O Pappous ki Ego
- **23** Anatolikos Anemos
- **24** Taverna Stéfanos
- **25** I Istoriès tou Barba
- **26** Manolia

avt Kalamitsa. ☎ *22-22-09-35-55 ou 36-00. Slt le w-e.* Les légumes viennent directement du potager, et l'on vous proposera de succulents plats de viande du pays. Une bonne adresse à l'excellent rapport qualité-prix.

O Pappous Ki Ego : *avt Kalamitsa. Repas 15-20 €.* Jolie taverne dans un jardin verdoyant. Cuisine beaucoup plus originale que la moyenne (spécialités de Skyros). Goûter, par exemple, aux courgettes au yaourt et au poulet du grand-père *(kotopoulo tou pappou).* Ambiance musicale et accueil très sympa. Musique live le week-end en été.

➢ Après Kalamitsa, à 2 km, ***plage de galets de Kolimbada*** (se garer sur la route et descendre la piste). Sur la droite de la plage, une minuscule plage de sable et de curieux rochers troués ramenant sur d'autres criques après 15 mn de marche. Continuer la route jusqu'à 1 km avant Tris Boukès (ne pas chercher la plage, zone militaire !). Sur la gauche (mais non indiquée), parmi les oliviers, la tombe du poète anglais Rupert Brooke, mort en 1915 sur un bateau-hôpital français et enterré à sa demande sur l'île.

VERS DELPHES

Pour se rendre à Delphes, il faut soit faire un détour à partir de la route Athènes-Thessalonique, via Thèbes et Livadia si l'on vient du sud, soit via Lamia, si l'on vient du nord, soit, si l'on est dans le Péloponnèse, faire un détour à partir de la route Patras-Athènes, en repassant au nord du golfe de Corinthe. Autrement dit, Delphes, autrefois « nombril du monde », n'est plus aujourd'hui au carrefour des grandes voies de communication et se mérite. Ce n'est peut-être pas plus mal !

OSSIOS LOUKAS (ΟΣΙΟΣ ΛΟΥΚΑΣ)

À 36 km au sud-est de Delphes, blotti sur le flanc occidental de l'Hélicon, Ossios Loukas est inscrit au Patrimoine mondial de l'humanité par l'Unesco. Cet élégant monastère-forteresse témoigne de la richesse et de la complexité de l'architecture byzantine alors à l'apogée de son expansion au Xe s. La crypte située sous le *katholikon* abrite, depuis 1986, les reliques de son saint fondateur (saint Luc le Stiriote) emportées à Venise au XVe s et que le Vatican détenait depuis plus de cinq siècles, ayant cru que c'étaient les reliques de saint Luc l'Évangéliste, le compagnon de saint Paul... Aujourd'hui, ce très bel endroit dominant la plaine n'accueille plus qu'une poignée de moines. Prévoir une tenue décente, pas de short pour les hommes, et une jupe jusqu'aux mollets (pantalon toléré) et les épaules couvertes pour les femmes.

Arriver – Quitter

➢ ***D'Athènes ou de Delphes :*** sans son propre véhicule, c'est assez compliqué ; en bus, changement à Livadia (qu'on peut également rejoindre en train) pour *Stiri-Kyriaki* (slt 1 liaison/j.). Sinon, négocier un taxi à plusieurs de Delphes (☎ 22-67-22-23-22). Compter 35-40 € A/R (inclus temps d'attente de 1h du chauffeur).

À voir

Le monastère d'Ossios Loukas : *☎ 22-67-02-22-28. En saison, tlj 10h-17h ; hors saison (nov-mars), 9h-16h. Entrée : 3,50 € ; réduc. Visite conseillée en début d'ap-m, quand les cars de groupes sont repartis.*

En 945, Luc le Stiriote, né dans les environs de Delphes, décida de s'établir en ce lieu. Il y fonda une petite église dédiée à Agia Varvara. À sa mort, une communauté monastique s'installa à sa place afin de construire une seconde église dédiée, elle, aux pèlerins. Puis le monastère s'est étoffé pour former une vaste enceinte polygonale, dont l'axe principal est orienté est-ouest selon la tradition byzantine.
Les parties qui se visitent comprennent les bâtiments où les moines produisent de l'huile, et deux églises. La plus petite (la Panagia) est dédiée à la *Théotokos* (la Vierge Marie). Elle date du milieu du Xe s. Si l'on fait abstraction des sols en mosaïque de marbre, son intérieur est plutôt sobre. Son parement extérieur, de toute beauté, est constitué selon la technique du cloisonné, savant appareillage où chaque pierre est entourée d'une brique, imitant parfois des caractères coufiques (écriture arabe anguleuse). Le *katholikon* est l'église la plus grande. Construit dans les premières années du XIe s, il est richement décoré de mosaïques d'origine qui lui donnent un caractère unique. Une volumineuse coupole de 9 m de diamètre, reposant sur un tambour et percée d'une quinzaine de baies, est ornée de fresques du XVIe s (elles ont remplacé les mosaïques d'origine). Dans la crypte (belles fresques) sont conservées les reliques du saint.

ARACHOVA (ΑΡΑΧΟΒΑ) (320 04) 2 700 hab.

Située à une dizaine de kilomètres de Delphes, Arachova est dominée par le mont Parnasse. Avec sa petite vingtaine de pistes, c'est l'une des stations de ski les plus fréquentées du pays. Une raison suffisante pour qu'elle regorge de petits restos, de tavernes et d'hôtels (certains luxueux). Côté hébergement, Arachova offre une alternative quand Delphes est saturée. Le reste du temps, la ville somnole en regardant passer les bus d'excursions qui filent vers Delphes…
Le 23 avril, c'est la Saint-Georges ; débute alors une fiesta qui dure 3 jours, mêlant joutes sportives et défilés en costumes traditionnels, sans oublier les banquets, évidemment…

QUAND LE ROI-SOLEIL ÉCLIPSE APOLLON !

À Paris, au début du XVIIe s, un grand terrain vague situé au sud du Quartier latin était dominé par une collinette de gravats. Considéré comme la résidence d'Apollon par les étudiants en lettres qui venaient y déclamer des vers et y conter fleurette, il n'en fallut pas davantage pour qu'ils le surnomment le « mont Parnasse ». C'est Louis XIV, en voulant agrandir Paris, qui le rasa. Le nom du feu monticule est resté pour dénommer le quartier.

Adresse et info utiles

➢ ***De/vers Delphes :*** tlj, env 4-5 bus/j. avec *KTEL (☎ 22-67-03-14-01 ; • ktel-fokidas.gr •).*
Office de tourisme municipal : *dans l'ancienne école, sur la rue principale, à hauteur de la tour de l'horloge. ☎ 22-67-03-16-30. • arachova.gr • En principe, lun-sam 9h-14h, 18h-21h.*

Où dormir ?

Bon marché

Guesthouse Piso Alonia : *dans la même rue que l'Apollon Inn, sur la gauche, s'adresser à M. Kalmandis, au magasin de chaussures en face du collège. ☎ 22-67-03-13-11. Compter 30 € pour 2. CB refusées.* Dans une petite impasse, cette maisonnette bien cachée recèle des chambres proprettes, de bon volume (sauf la n° 4, très petite) à 2 ou 3 lits. Certaines avec vue, d'autres donnant sur un calme jardinet. Accueil doux, en français.

Apollon Inn : *à la sortie du bourg, direction Delphes, prendre la dernière rue à droite.* ☎ *22-67-03-10-57.* • *apollon-inn-arachova.gr* • *Double 35 € (plus cher autour de Noël), petit déj compris.* Petit hôtel sans prétention disposant d'une quinzaine de chambres plutôt basiques mais correctes et repeintes en blanc. Calme. Accueil en français également.

De prix moyens à chic

Xénonas Maria : *en montant dans une ruelle du centre sur la droite, direction Delphes, au niveau des cafés en terrasse.* ☎ *22-67-03-18-03.* • *mariarooms.gr* • *Double 40 €, familiale 75 €, petit déj compris. CB refusées.* Maison traditionnelle bicentenaire avec 7 chambres qui sentent bon l'encaustique orientale. Les 2 familiales sont arrangées avec beaucoup de goût dans un style gréco-ottoman : cheminée, mezzanine, boiseries. Une excellente adresse à l'accueil gentil.

Villa Filoxenia : *au bout de la rue de l'Apollon Inn, dans une ruelle qui monte (fléché).* ☎ *22-67-03-10-46.* • *villafiloxenia.gr* • *Pour 2, compter 40-70 € selon confort, petit déj compris ; apparts 5 pers (50 m²) 85-120 €, loft 6 pers (120 m²) 150-200 €.* Dans une grosse villa jaune, à mi-chemin entre chambres d'hôtes et hôtel sur 3 niveaux, des studios et des appartements de bon confort avec jacuzzi pour le plus luxueux. Le tout baignant dans un style local, version bourgeois. Bon accueil de la famille Katsis.

Où manger ?

La plupart des restos cuisent leurs plats au feu de bois et proposent le *kokoretsi* (abats à la broche).

Taverna Kaplanis : *pl. Tropaion.* ☎ *22-67-03-18-91. En haut du village. En voiture, prendre la route du mont Parnasse, puis à droite pour revenir sur les hauteurs du village. À pied, prendre la rue de l'Apollon Inn, puis la 1re à droite, puis à gauche et monter tt en haut. Tlj sf lun. Plats traditionnels 9-16 €.* Si vous êtes monté jusqu'ici pour le panorama, prenez donc place sous le grand platane pour déguster la fameuse *formaella* (fromage chaud) ou les *kolokithakia,* beignets aux fleurs de courgettes farcis au fromage. Service chaleureux et efficace.

Taverne Parnassos : *sur la pl. de la poste, à la sortie d'Arachova, sur la gauche, direction Delphes.* ☎ *22-67-03-25-69. Tlj midi et soir. Fermé mai-juin. Compter 10-16 €.* Resto coquet, terrasse sur la place et vue sur la vallée de la petite salle moderne à la déco épurée. Cuisine familiale avec la mère au fourneau, secondée par le père au gril et le fils en salle.

DELPHES (ΔΕΛΦΟΙ) (330 54) 2 000 hab.

• Plan Delphes (ville) *p. 459* • Plan Le site de Delphes *p. 463*

« Épousez un archéologue :
plus vous vieillirez, plus il vous aimera. »
Agatha Christie.

À 170 km au nord-ouest d'Athènes, Delphes fut longtemps considéré comme le centre du monde. La mythologie raconte que Zeus fit décoller deux aigles d'une extrémité à l'autre de la terre, et qu'ils se sont rencontrés ici. Ainsi

naquit l'omphalos, littéralement « le nombril du monde ». Ainsi, Delphes eut un rayonnement considérable pendant toute l'Antiquité. Il faut dire qu'Apollon, fils de Zeus, ne s'était pas trompé : l'endroit est sublime, le panorama moutonne en oliveraies qui glissent lentement vers la mer. Delphes tire son nom du grec ancien *delphinos,* car c'est ici qu'Apollon aurait pris l'apparence d'un dauphin pour attirer une bande de marins afin de les convaincre de devenir ses prêtres.
Autrefois, le village de Delphes couvrait entièrement l'antique cité, rendant les fouilles impossibles. C'est l'École française d'archéologie d'Athènes qui, à la fin du XIXe s, parvint à convaincre le gouvernement grec de déménager le village. La France finança sa reconstruction. Depuis, Delphes est devenu le site archéologique grec le plus visité après l'Acropole. Son musée est également d'une richesse exceptionnelle, à ne pas manquer !

Arriver – Quitter

En bus

🚌 ***Arrêt de bus*** *(plan B2)* **:** *à droite en arrivant au village par la route d'Athènes (face à l'ex-*Hotel Vouzas*). Les tickets s'achètent au café* In Delphi, *juste devant l'arrêt (☎ 22-65-08-22-30). Ouv tte l'année, tlj 8h30-23h (on peut y laisser ses bagages). Rens pour les bus : ☎ 22-65-08-23-17. • ktel-fokidas.gr •*
➢ ***De/vers Athènes, via Livadia :*** 5 bus/j. Compter 3h de trajet (pour ceux qui veulent faire l'A/R dans la journée, départ d'Athènes à 7h30, retour de Delphes à 16h10 ou 18h50).
➢ ***De/vers Itéa :*** 6-8 départs/j.
➢ ***De/vers Galaxidi et Naupacte :*** 3-4 départs/j.
➢ ***De/vers Patras :*** 1 bus/j. à 13h15, plus un autre dim à 17h30 (sens Delphes-Patras). Dans l'autre sens, 2 bus/j. lun-sam, 1 seul dim. Trajet : 3-4h.
➢ ***Pour Lamia :*** 1 bus/j., à 10h15 (15h15 ven et dim). Si l'on va aux ***Météores,*** de Lamia, prendre le bus pour Trikala, d'où des navettes régulières desservent Kalambaka. On peut aussi passer par Larissa (bus pour Thessalonique) et changer pour Trikala, d'où l'on gagne Kalambaka. Compter env 5-6h de trajet.

En voiture

➢ ***D'Athènes :*** autoroute direction Lamia-Thessalonique puis soit sortie Livadia, soit, plus loin, sortie Kastro-Orchoménon-Delfi (bien indiquée au km 110). Les amateurs d'itinéraires buissonniers pourront, à condition d'avoir une bonne carte, traverser la Béotie via Élefsina (sur la route de Corinthe), Érythrès, puis une route semi-côtière les mènera jusqu'à Itéa. Jolis paysages en cours de route autour du mont Hélicon.
➢ ***De Patras :*** sortir à Rion (à quelques km au nord-est de Patras) puis rejoindre la Grèce centrale par le pont à péage joignant ***Rion*** à ***Andirion.***

En train

➢ ***De/vers Athènes :*** pas pratique du tout. La gare la plus proche est à Livadia (env 9 trains/j. et 1h30 de trajet), sur la ligne Athènes-Thessalonique. Il faut ensuite prendre un taxi pour la gare routière du centre-ville (à 2 km) et récupérer un bus Athènes-Delphes.

Adresses utiles

✉ ***Poste*** *(plan B2)* **:** *26, odos Pavlou & Fridérikis. Lun-ven 7h30-14h, également une antenne au site archéologique.*
■ ***National Bank*** *(plan B2)* **:** *sur odos Pavlou & Fridérikis, face à l'*Hotel Sibylla. *Lun-ven 8h-14h30.* La seule banque à Delphes. Distributeur automatique à l'extérieur, un autre distributeur face à la poste.

Où dormir ?

À Delphes, 2 rues principales : odos Pavlou & Fridérikis et odos Apollonos, où se succèdent hôtels, restos et boutiques. La concurrence est rude et les prix assez fluctuants. Il est conseillé de marchander. Essayez d'avoir une chambre donnant sur la vallée, la vue est exceptionnelle !

Campings

Ils sont tous situés à l'extérieur de Delphes. En saison, un bus permet de rejoindre la ville 5 à 7 fois par jour.

Camping Apollon *(hors plan par A1)* ***:*** *à 1,5 km à l'ouest de Delphes, direction Itéa.* ☎ *22-65-08-27-62/50.* • *apolloncamping.gr* • *Tte l'année. Compter 19-22 € pour 2 avec tente et voiture selon saison.* Le plus proche. Pratique pour les routards sans véhicule : arrêt de bus juste devant. Emplacements ombragés par une treille autour de la piscine ou à l'écart avec une vue superbe sur la vallée. Également quelques caravanes et de vieux mobile homes en bois *(45 € pour 2, 80 € pour 4)* ainsi que des tentes préinstallées avec 4 lits *(11,50 €/pers)*. Grande piscine, aire de jeux, minimarché, laverie, frigo et plaques chauffantes. Sanitaires impeccables. Resto avec vue panoramique et piano pour les virtuoses.

Camping Delphi *(hors plan par A1)* ***:*** *à 4 km de Delphes, direction Itéa puis Chrisso (c'est fléché).* ☎ *22-65-08-22-09.* • *delphicamping.com* • *D'avr à mi-oct. Résa conseillée pour emplacements avec vue. Compter 21-23 € pour 2 avec tente et voiture. Réduc de 20 % (10 % en juil-août) sur présentation de ce guide.* Beau petit camping avec des emplacements bien ombragés par des pins, sur plusieurs niveaux. Tentes à louer à monter soi-même. Petit supermarché (vente d'huile du proprio), bar et terrasse, ainsi qu'une taverne donnant sur la « mer d'oliviers ». Arrêt de bus devant l'entrée. Jolie piscine. Laverie. Accueil fort sympathique et francophone. Hautement recommandable.

Camping Chrissa *(hors plan par A1)* ***:*** *à 7 km de Delphes, direction Itéa ; en contrebas du village de Chrissa.* ☎ *22-65-08-20-50.* • *chrissacamping.gr* • *Tte l'année. Selon saison, 16-18 € pour 2 avec tente et voiture. Propose également des chambres et quelques cases rondes (ou bungalows) : selon saison, 30-40 € pour une double, 40-70 € dans une case pour 2-4 pers, petit déj compris. Sur présentation de ce guide, 17 % de réduc au camping pour les familles avec enfants.* Vaste camping installé sur une série de terrasses, avec de grands emplacements face à la vallée. Piscine avec petit et grand bains, entourée de gazon. Calme, fleuri et très propre. Plus aéré que les 2 autres, mais un peu plus éloigné de Delphes. Location de tentes. Sanitaires bien entretenus. Lave-linge et frigo. Bar et resto, minimarché. Bon rapport qualité-prix.

Bon marché

Comme dans tous les lieux très touristiques en Grèce, les tarifs fluctuent selon le remplissage de l'hôtel ou l'humeur du jour...

Hotel Sibylla *(plan B2,* ***10****)* ***:*** *9, odos Pavlou & Fridérikis.* ☎ *22-65-08-23-35.* • *sibylla-hotel.gr* • *Résa conseillée. Doubles 28-34 € (tarifs incluant la réduc accordée sur présentation de ce guide).* Petite structure de 8 chambres confortables, à la déco soignée, avec des brasseurs d'air pour découper vos rêves de nymphes. La moitié d'entre elles ont un petit balcon avec vue sur la vallée. Serviable, le patron déplie volontiers une carte pour vous expliquer les randos à faire dans le coin. Une adresse d'un bon rapport qualité-prix.

Arion Hotel *(plan A1,* ***11****)* ***:*** *29, odos Syngrou.* ☎ *22-65-08-20-97.* • *ariondelphihotel.com* • *Double 40 €, quadruple 65 €, petit déj compris.* L'ascenseur dessert une bonne vingtaine de chambres coquettes et confortables, dont la

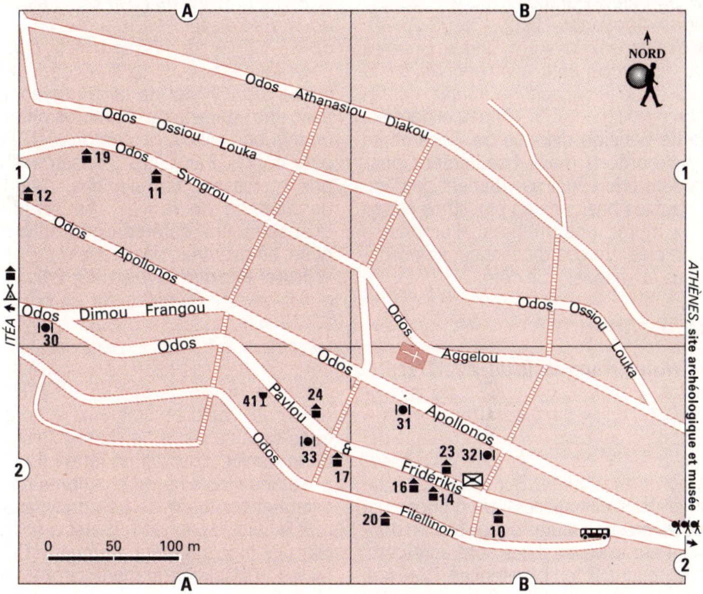

DELPHES (ville)

- **Où dormir ?**
  - **10** Hotel Sibylla
  - **11** Arion Hotel
  - **12** Sun View Pension
  - **14** Hotel Iniohos
  - **16** Hotel Varonos
  - **17** Hotel Hermès
  - **19** Hotel Orpheas
  - **20** Hotel Acropole
  - **23** Hotel Parnassos
  - **24** Hotel Fedriades
- **Où manger ?**
  - **30** Taverna To Patriko Mas
  - **31** Taverna Dion
  - **32** Taverna Ta Skalakia
  - **33** Taverna Épikouros
- **Où boire un verre ?**
  - **41** Café Agora

moitié embrassent la vallée. Côté déco, rien à dire, à part le couvre-lit vraiment démodé, à ranger d'urgence dans le placard. Une adresse au calme, à l'écart de la rue principale. Accueil doux.

Hotel Orpheas (plan A1, **19**) **:** *35, odos Syngrou. ☎ 22-65-08-20-77. • hotelorfeas.com • Tte l'année. Double 35 €, triple 45 €, petit déj compris (tarif incluant la réduc accordée sur présentation de ce guide).* Hôtel familial très bien pour un séjour au calme. Les 25 chambres, à la déco sobre, possèdent pratiquement toutes une belle vue sur la vallée. Optez pour celles aménagées sous les combles, elles ont plus de cachet.

Hotel Iniohos (plan B2, **14**) **:** *19, odos Pavlou & Fridérikis. ☎ 22-65-08-31-01. • delphi-hotel-iniohos.gr • Ouv 15 fév-1er nov. Double env 45 €, petit déj compris.* Une vingtaine de chambres réparties sur 5 niveaux, mais seulement 7 d'entre elles possèdent un balcon face à la vallée. Côté déco, c'est moquette rouge et tons pastel. Quelques bémols côté accueil : le personnel, un peu débordé, travaille en parallèle au resto qui accueille des groupes. Salles de bains un peu petites et pas toujours nickel.

Sun View Pension *(plan A1,* ***12****) : 84, odos Apollonos. ☎ 22-65-08-23-49. • dkal@otenet.gr • Tte l'année. Doubles 35-40 €, triple 45 €, avec petit déj (tarifs incluant la réduc accordée sur présentation de ce guide).* Un peu excentrée, cette pension dispose de 7 chambres tout confort, mais 4 seulement possèdent une vue. Pas vraiment de déco (meubles basiques en pin, lithos *cheap* aux murs), pas vraiment d'ambiance non plus. En cas d'absence, adressez-vous au magasin d'à côté.

Prix moyens

Hotel Hermès *(plan A2,* ***17****) : 27, odos Pavlou & Fridérikis. ☎ 22-65-08-23-18. • hermeshotel.com.gr • Doubles 50 € selon confort, petit déj inclus. Réduc de 10 % sur présentation de ce guide.* Sur la trentaine de chambres climatisées que propose cet hôtel, presque toutes ont un balcon donnant sur la vallée. Elles sont agréables, lumineuses et fort bien tenues. Côté rue, on apprécie le double vitrage. Le petit déj ne vous laissera pas un souvenir impérissable, mais le patron, francophone et de bon conseil, est vraiment gentil !

Hotel Varonos *(plan B2,* ***16****) : 25, odos Pavlou & Fridérikis. ☎ 22-65-08-23-45. • hotel-delphi.gr • Doubles 40-60 € selon type de chambre, petit déj compris.* Hôtel familial d'une petite vingtaine de chambres, dont la moitié avec vue. Déco chargée de kitscheries dans le hall. Dans l'ensemble, c'est propre, même si quelques odeurs émanent des salles de bains des plus vieilles chambres. En demander une récente, aménagée avec mansarde. Elles possèdent la clim et un frigo-bar. Également 2 appartements 5 à 6 personnes. Sinon, petit déj-buffet copieux (vrai chocolat, pâtisserie maison). Accueil chaleureux du patron gentiment hâbleur, qui parle le français.

Hotel Parnassos *(plan B2,* ***23****) : 32, odos Pavlou & Fridérikis. ☎ 22-65-08-23-21. • parnassos.org • Doubles 49-55 € selon saison, petit déj inclus.* Hôtel de taille moyenne, avec une trentaine de chambres offrant un très bon niveau de confort (AC, TV, petit coffre). Familiales mansardées à prix intéressant. En revanche, aucune ne dispose de la vue. Au rez-de-chaussée, une cafétéria où l'on propose, entre autres, des crêpes.

Hotel Fedriades *(plan A2,* ***24****) : 46, odos Pavlou & Fridérikis. ☎ 22-65-08-23-70. • fedriades.com • Double 55 €, familiale et suite 100 €, petit déj inclus (tarifs incluant la réduc accordée sur présentation de ce guide).* Hall moderne, vaste et lumineux, avec de bons gros canapés, le dernier fleuron de la famille Kourélis en jette ! Il propose une vingtaine de chambres relativement petites mais très cosy, avec tout le confort souhaité : matelas épais, clim, TV, frigo, produits d'accueil... Certaines familiales communiquent entre elles. On aime bien la nouvelle suite au dernier étage, avec ascenseur direct dans la chambre, volets électriques et vue sur la vallée depuis la baignoire aux bains bouillonnants. Accueil francophone de Babis, le chaleureux et dynamique proprio à la joie communicative.

Hotel Acropole *(plan B2,* ***20****) : 13, odos Filellinon. ☎ 22-65-08-26-75. • delphi.com.gr • Double 62 €, petit déj-buffet inclus.* Très bel hôtel, situé au calme dans une rue en retrait. Sur la quarantaine de chambres, presque toutes disposent d'une vue plongeante superbe. Côté confort, ascenseur, clim, baldaquins et bouilloire mise à dispo. Certaines communiquent, et c'est un plus quand on voyage en famille. Petit déj copieux (bon yaourt). Accueil sympa. Beaucoup de fleurs et plantes grasses. Notre hôtel préféré à Delphes, c'est dit !

Où dormir dans les environs ?

Xenonas Chrisso *:* ***à Chrisso****, à 7 km de Delphes (prendre la route d'Itéa, la quitter à la bifurcation pour Chrisso, puis prendre la ruelle à droite après la petite place au gros platane). ☎ 22-65-08-32-20/20-01 (resto). 📱 69-72-20-31-60. Membre du réseau d'hébergements de charme* Guest Inn. *• guestinn.com • Double 50 € avec petit déj. Studio pour 3 pers*

70 € ; appart 4-5 pers 80-100 €. Petit déj 6 €. Réduc possible hors saison. Dans une grande maison rénovée, une dizaine de chambres spacieuses et climatisées, 2 studios avec une belle vue sur la vallée et un appart (non climatisé). Bon accueil de l'énergique Zaphira. Pour manger, son café-resto est sur la place principale du village, 200 m plus bas.

Où manger ?

Les tavernes offrent pour la plupart une vue magnifique sur la vallée. Pour manger sur le pouce, on trouve de petits *souvlakia* dans la rue qui descend vers l'arrêt des bus, au niveau de la taverne *Dion.*

Bon marché

Taverna Dion (plan B2, **31**) : *30, odos Apollonos. ☎ 22-65-08-27-90. Tte l'année, tlj 12h-16h, 18h30-23h. Menus 7-10 €. CB refusées.* Une taverne accueillante, menée tambour battant par Yorgos. De la cuisine ouverte à tous les vents sortent des plats du cru : *souvlakia,* salades, *dolmadès...* qui traversent la rue. L'occasion de s'attabler à la petite terrasse dans l'escalier.

De prix moyens à plus chic

Taverna Ta Skalakia (plan B2, **32**) : *en haut de la ruelle en escalier entre odos Pavlou & Fridérikis et odos Apollonos. 69-44-20-75-32. Menus 8-12 €, plats 6-13 €.* Conviviale taverne familiale installée dans les escaliers, trop petite pour accueillir les groupes. Sous la treille, on se régale d'un très copieux jarret de porc ou d'un agneau au citron fondant en bouche. Bon petit vin au pichet et service sympa qui ne pousse pas à la conso. Une adresse respectée des locaux.

Taverna Épikouros (plan A2, **33**) : *33, odos Pavlou & Fridérikis. ☎ 22-65-08-32-50. Repas 15-20 €. Réduc de 10 % consentie aux clients des hôtels Parnassos, Acropole et Fedriades.* Taverne à la déco moderne et stylée qui accueille surtout des groupes. Grande terrasse vitrée donnant sur la vallée. On vous recommande, entre autres, la salade Épikouros, l'agneau en fricassée ou à l'origan, ou encore le sanglier *(agriogourouno).*

Taverna To Patriko Mas (plan A1, **30**) : *69, odos Pavlou & Fridérikis (face à la station-service). ☎ 22-65-08-21-50. Plats 8-15 €, compter env 25 € pour un repas.* Incontestablement la plus belle terrasse de Delphes, éclairée aux photophores le soir. Dans l'assiette, des plats savoureux et goûteux, concoctés par un chef, un vrai. On s'est régalés avec le lapin *Patriko,* l'agneau au citron et un délicieux *baklava* pour finir en fanfare. Quelques suggestions italiennes également avec risotto et bons plats de pâtes. Idéal pour un repas en amoureux, à l'écart des groupes. Excellent rapport qualité-prix, service efficace. Un vrai coup de cœur !

Où boire un verre ?

Café Agora (plan A2, **41**) : *43, odos Pavlou & Fridérikis. ☎ 22-65-08-31-16. Tlj 10h-2h.* En journée, pour siroter ou picorer, un bain de soleil en prime, sous les auvents, avec une vue imprenable. En soirée, il est bon de se lover dans un fauteuil et de laisser la musique faire le reste. Boissons abordables, snacks un peu chers.

À voir

Le sanctuaire d'Apollon (hors plan par B2) : *sur la route d'Arachova, à env 800 m du centre. En principe, avr-oct, tlj 8h-20h (8h-15h le reste de l'année).*

Entrée : 12 € pour le billet combiné site + musée ; réduc. Arriver dès l'ouverture, avt les cars, ou en fin d'ap-m, après leur départ aux beaux jours. Prendre le plan détaillé du sanctuaire, très bien fait mais en anglais, panneaux explicatifs en français sur le site. Fontaine d'eau réfrigérée à l'entrée.

Une visite à ne pas manquer, non pas pour la beauté de ses vieilles pierres (il en reste très peu en définitive), mais par l'intense émotion que le site dégage par lui-même. Malheureusement, aux heures de pointe, la magie s'estompe un peu...

– ***La Voie sacrée :*** elle a conservé son tracé initial. Elle part de la grande place dallée où démarraient les processions lors des grandes fêtes du sanctuaire. Son parcours était jalonné de monuments votifs et, surtout, de « trésors », des ouvrages d'art édifiés par les différentes cités-États pour y accueillir les offrandes de leurs concitoyens. Conscientes de ces trésors qui marquaient le signe de leur puissance, elles rivalisaient d'audace en matière d'architecture, sans parler des richesses qu'elles y consacraient. Plutarque s'indigna, d'ailleurs, de cette débauche de luxe permise seulement par les guerres et les pillages.

– ***Le trésor des Athéniens :*** édifié dans les années 490 av. J.-C., c'est l'un des rares monuments que les archéologues ont pu reconstituer. Les sculptures qui l'embellissaient sont au musée.

– Avant d'aborder la montée vers le sanctuaire d'Apollon proprement dit, jeter un œil sur le *mur de soutènement de la terrasse.* Il fut construit pour contenir l'énorme poussée du temple. Ces pierres de forme polygonale, pesant parfois plusieurs quintaux, sont une merveille de précision dans leur assemblage. En regardant bien, on remarque des inscriptions gravées ; ce sont pour la plupart des actes concernant des affranchissements d'esclaves.

– ***Le temple d'Apollon :*** le plus important du sanctuaire. C'est en fait la version 2.0 du temple initial, car les versions antérieures furent détruites par différents tremblements de terre. Il date du IVe s av. J.-C. C'est là que se manifestait l'oracle par l'intermédiaire de la *pythie.*

POURQUOI LA COURONNE DE LAURIER AUX VAINQUEURS ?

Dans la Grèce ancienne, Apollon était coiffé d'une couronne de laurier et pratiquait l'athlétisme. D'ailleurs, le laurier a donné naissance au mot « lauréat » et le prénom Laure signifie « victoire ».

Les pythies, que les grands des cités-États venaient consulter pour se concilier les faveurs d'Apollon avant de partir en guerre ou d'envisager un long voyage, étaient choisies parmi les jeunes paysannes vierges de Delphes. Il y en eut jusqu'à trois en même temps (deux tour à tour et une remplaçante). Puis, lorsqu'en 217 av. J.-C. l'une d'elles s'enfuit avec un consultant, on finit par choisir des femmes de 50 ans, en prenant bien soin de les habiller en jeunes filles !

La pythie officiait dans une salle sous le temple. Après s'être purifiée en buvant l'eau de la source sacrée et en mâchant des feuilles de laurier (l'arbre d'Apollon), elle attendait tranquillement derrière son voile, assise sur son trépied. Entraient alors deux prêtres et un assistant qui l'aspergeaient d'eau froide. Si la pythie ne tressaillait pas, la consultation était annulée. Celui qui était venu consulter en était quitte pour s'inscrire pour le prochain tour. Dans le cas contraire, l'intéressé (ou les intéressés, car on pouvait consulter à plusieurs pour limiter les frais) formulait sa question. La pythie entrait alors en transe pour lui répondre, tandis que les prêtres étaient chargés d'interpréter ces manifestations censées être en prise directe avec le divin. Quelques convulsions et vociférations plus tard, les prêtres ayant rendu leur conclusion, l'intéressé passait à la caisse (sous forme d'une taxe reversée à une confédération de cités). Vu la longue liste d'attente, il y avait même des coupe-files : il suffisait de payer une surtaxe pour griller tous ses petits camarades sur la liste d'attente !

Au début, la pythie était consultée une fois par an, puis une fois par mois (le septième jour) sauf les 3 mois d'hiver, car Apollon s'éclipsait alors.

Les réponses de l'oracle étaient souvent ambiguës, elles pouvaient être interprétées dans les deux sens, ce qui satisfaisait tout le monde. En réalité, il semble que

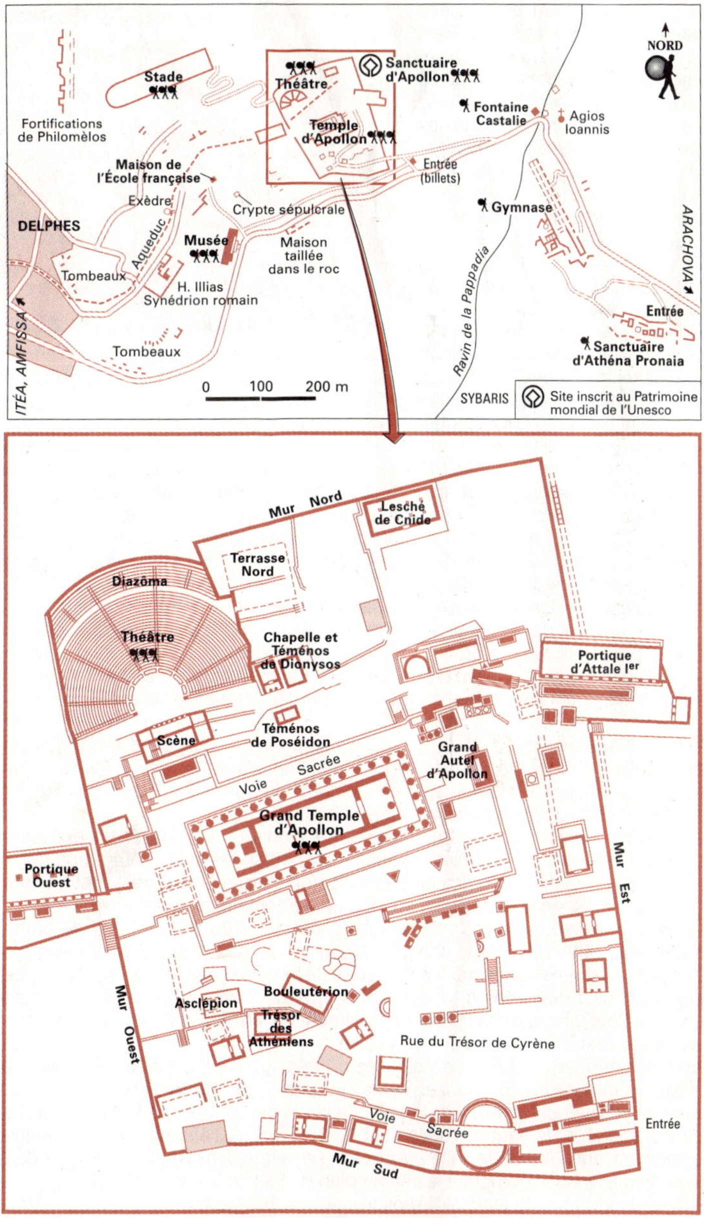

LE SITE DE DELPHES

les pythies étaient manipulées par les politiciens et favorisèrent tour à tour Athènes, Sparte, Thèbes... Ces prophéties étaient en effet soigneusement orientées par les prêtres chargés de les interpréter, qui tantôt favorisaient les uns, tantôt pénalisaient les autres. L'oracle de Delphes perdurera jusqu'à ce que les sénateurs romains mettent le holà dans cette manière de faire de la politique pas très en accord avec leurs principes.

COMPREND QUI VEUT, COMPREND QUI PEUT !

Crésus, le riche roi de Sardes, en Asie Mineure, était venu consulter l'oracle. S'étant entendu prédire par la pythie qu'en menant une guerre contre les Perses il détruirait un grand royaume, il ne comprit pas l'ambiguïté du présage et interpréta imprudemment l'oracle à son avantage. En fait, la prédiction annonçait la destruction de son propre royaume !

Dernièrement, un géophysicien d'une université du Connecticut a apporté un nouvel éclairage sur l'origine des prophéties pythiques. Selon ce chercheur, la faille au-dessus de laquelle était installé le trépied sur lequel officiait la pythie laissait s'échapper de l'éthylène, un gaz aux effets hilarants ou euphoriques. C'est drôle, non ?
– ***Le théâtre :*** date du IVe s av. J.-C. Relativement bien conservé. Il pouvait contenir plus de 5 000 spectateurs. S'y déroulaient les fêtes delphiques célébrant la victoire d'Apollon sur le serpent Python, gardien de l'oracle alors que ce dernier n'était pas encore consacré à son tueur (Apollon) mais à Gaïa, la déesse-mère.
– ***Le stade :*** il faut bien 15 mn d'effort pour y arriver par un chemin à gauche du théâtre, ça monte ! Large de 26 m et long de 178,35 m, il pouvait accueillir près de 7 000 spectateurs. Il fut construit au IIIe s av. J.-C., mais les gradins visibles aujourd'hui datent des Romains. Il est assez bien préservé, mais les trois arcs de triomphe qui lui donnaient sa grandeur sont malheureusement écroulés. Seuls subsistent quatre piliers sur le côté droit. Tous les 4 ans se déroulaient les Jeux pythiques *(Pythia)*, des compétitions aussi bien sportives qu'intellectuelles. Malheureusement, aujourd'hui, pour raisons de sécurité, on ne peut plus fouler le sol du stade.

Le musée : *☎ 22-65-08-23-12. ♿ En principe, avr-oct, tlj 8h-20h, sf lun-mar (10h-17h) ; 8h-15h le reste de l'année. Fermeture certains j. fériés. Attention, horaires variables d'une année sur l'autre. Entrée : 12 €, billet combiné site + musée ; réduc. On peut photographier (flash interdit).*
Ce musée, d'une richesse extraordinaire, met bien en valeur les pièces exposées, grâce, entre autres, à la lumière naturelle qui baigne les salles. Autre bon point : pour chaque objet, des explications assez complètes (et en français) sont fournies. Une visite indispensable et absolument complémentaire à celle du site.
La vedette de ce musée, c'est l'*Aurige* (conducteur de char), statue de bronze datant de 474 av. J.-C. Avec son joli petit minois et ses épaules de déménageur, il est une des rares sculptures en bronze de la période classique à être parvenues jusqu'à nous. Découvert en 1896, il doit sa grande forme au fait qu'il fut conservé sous les décombres laissés par le tremblement de terre de 373 av. J.-C. Un peu de patience, il est situé dans la dernière salle.
Ne pas manquer, en début de visite, les petites figurines mycéniennes et les trépieds de chaudrons en bronze. Remarquables frises du *trésor des Siphniens,* avec les reliefs qui l'ornaient et le *sphinx* ailé de la colonne des Naxiens, gardien de l'Oracle, dont la hauteur totale était de 12,50 m. Reliefs et frises magnifiques également dans les deux salles du *trésor des Athéniens,* dont la métope de la face nord (Héraclès domptant le cerf au pied d'airain et le lion de Némée). Impressionnants frontons du temple d'Apollon.
D'autres statues de première importance méritent une attention particulière : les deux magnifiques *kouroï* en marbre de Paros (VIe s av. J.-C.), Cléobis et Biton, les jumeaux d'Argos (mais il se pourrait qu'ils représentent, en fait, les Dioscures, symboles des jeunes hommes en âge de porter les armes). Ne pas manquer non plus

la salle des offrandes précieuses, avec des objets d'une extrême finesse (fabuleux trésor mis au jour en 1939 par les archéologues français). Ces offrandes en ivoire, argent ou or proviennent des riches cités ioniennes (Milet, Éphèse, Samos). Au fond de la salle, un taureau grandeur nature rappelle que la technique du martelage est antérieure à celle de la fonte (VIe s av. J.-C.), mais qu'elle donne un rendu époustouflant. Enfin, dans la salle qui précède celle de l'Aurige, le groupe des *Thyiades* (des danseuses) et un bel *Antinoüs,* le favori de l'empereur Hadrien, adoré comme un demi-dieu après sa mort accidentelle (par noyade). Et si la pierre sacrée de Delphes que vous voyez, l'*Omphalos* (le nombril), n'est qu'une copie, elle n'en impose pas moins... On pense que l'original trônait tout en haut de la colonne des danseuses.

Le sanctuaire d'Athéna Pronaia : *en contrebas du sanctuaire d'Apollon et du gymnase, sur la route d'Arachova, à droite (ne ratez pas la salle qui lui est consacrée dans le musée). Accès libre.* L'ensemble est très ruiné, notamment l'ancien et le nouveau temple d'Athéna, et les deux trésors, dont celui de Massilia (l'actuelle Marseille). Seule la *tholos,* dont il subsiste les trois colonnes doriques, l'entablement et les métopes à relief, donne une idée des proportions harmonieuses et de l'exécution soignée des détails de l'édifice circulaire, dont la fonction exacte reste mystérieuse. Il fut construit en 380 av. J.-C.

Le gymnase : *juste avt la* tholos, *visible en contrebas de la route. Accès libre par un chemin à droite dans la descente du sanctuaire d'Athéna Pronaia (mais le site est en principe fermé pour réhabilitation).* C'est là que s'entraînaient les athlètes. Des colonnes soutenaient un toit en bois (contre le soleil) sur toute sa longueur. On distingue encore bien la palestre, affectée aux lutteurs, et la piscine ronde. Petit *café* avec terrasse (cher) et splendide panorama pour se remettre des longues heures d'entraînement.

La fontaine Castalie : *sur la route d'Arachova, juste à l'endroit où la route fait un coude avt le gymnase et le sanctuaire d'Athéna Pronaia. Une grille en interdit l'accès (du fait de chutes de pierres) ; contentez-vous des panneaux d'explication.* Selon la légende, Apollon tomba amoureux (encore !) d'une nymphe prénommée Castalie. Pour lui échapper, elle sauta dans la fontaine qui porte aujourd'hui son nom. Ses eaux servaient aux purifications (uniquement des hommes). Il suffisait de se tremper les mains et les cheveux. Les criminels, eux, devaient effectuer l'immersion complète.

Randonnée pédestre

➢ Une balade superbe dans cette mer des oliviers qui s'étend dans la vallée de Delphes. Du bas du village (odos Filellinon), un sentier descend à Chrisso (indications « Ancien Path »). Puis on atteint la route qui descend à Itéa ou qui remonte à Delphes (stop ou bus). Préférable d'aller jusqu'à *Kirra,* un quartier d'Itéa, qui était le port de Delphes dans l'Antiquité. Compter 500 m de dénivelée, et environ 3h de marche sans grande dénivelée. De Kirra, retour en bus vers Delphes (à faire le matin de préférence, il y a plus de possibilités pour le retour).

DANS LES ENVIRONS DE DELPHES

Itéa : à 15 km au sud de Delphes, petite station balnéaire sans grand charme, qui fut dans l'Antiquité le port d'arrivée des pèlerins qui se rendaient à Delphes. Plage de galets ou de petits graviers, avec douches. Petit front de mer pas désagréable, avec quelques troquets, mais pas de quoi y passer ses congés. La plage la plus abritée se trouve tout au bout, face aux mines de bauxite. Pour y aller, continuer le front de mer et laisser l'église à main gauche. Pour rejoindre Itéa, prendre le bus (voir plus haut « Arriver – Quitter »).

GALAXIDI (ΓΑΛΑΞΙΔΙ)

(330 52) 1 400 hab.

Petit port lové au fond d'une anse à 15 km à l'ouest d'Itéa, Galaxidi a toujours entretenu un rapport étroit avec la mer. Vivant tantôt de la piraterie, tantôt la subissant, la ville s'est enrichie à tel point qu'en 1892, alors à son apogée, elle comptait 550 navires et plus de 6 000 âmes. C'était l'un des principaux chantiers de construction navale du pays, on y venait commander son clipper, mais également recruter des capitaines et des marins qualifiés. La marine à vapeur a sonné le glas de cette industrie florissante.
De ce glorieux passé, la ville a gardé les ballasts qui pavent aujourd'hui ses ruelles parsemées d'herbes folles, et ses maisons d'armateurs superbement restaurées.
Lieu de villégiature des Athéniens le week-end, Galaxidi n'est pas spécialement bon marché. Cela dit, c'est une idée de séjour à creuser pour ceux qui veulent découvrir Delphes sans pour autant renoncer au rituel d'un bain de mer en fin de journée.
Trois points de repère : le port de plaisance où sont alignés tous les restos et les bars, le port des pêcheurs (ou vieux port) et la place aux quatre palmiers.

Arriver – Quitter

Station de bus : *sur la pl. des Héros (Manoussakia) du centre, avec ses 4 palmiers. ☎ 22-65-04-20-87. Achat des billets au café proche de la place (tlj 5h-0h30).*

➢ ***De/vers Itéa :*** 4 bus/j.
➢ ***De/vers Naupacte :*** 4 bus/j. (3 le dim).
➢ ***De/vers Athènes :*** 3-4 bus/j. Env 4h de trajet.

Adresses utiles

✉ ***Poste :*** *dans la rue centrale en allant vers le port. Lun-ven 7h30-14h.*

■ ***Distributeur automatique :*** *au niveau de la poste.*

Où dormir ?

De bon marché à prix moyens

Chambres à louer sur la route qui domine le port des pêcheurs, à Hirolakas.

De prix moyens à plus chic

Ganimede Hotel : *20, odos Gourgouri. ☎ 22-65-04-13-28. 📱 69-37-15-45-67. • ganimede.gr • En retrait des 2 ports. Tte l'année. Double env 75 €, petit déj compris. 💻 (sur demande). 📶 Sur présentation de ce guide, 10 % de réduc pour des résas faites par e-mail.* Dans une ancienne maison de capitaine, une poignée de chambres coquettes dont quelques familiales disposant d'une cuisinette. Ne pas se fier à l'entrée, quelconque, à l'intérieur vous découvrirez un élégant patio coiffé d'une tonnelle et baigné de musique jazzy. Excellent petit déj (récemment récompensé comme le meilleur de la région), servi avec pas moins de 30 sortes de confitures ! Une très bonne adresse, animée par sa propriétaire francophone, Chryssoula Papalexi, qui gère le *Miramare,* un autre hôtel du côté du port de plaisance, bien, mais possédant moins de charme. Le soir en été (de 18h à 22h30), cocktail et snack-bar sur place.

Hotel Galaxidi : *11, odos A. Syngrou. ☎ 22-65-04-18-50. • hotelgalaxidi.gr • À 100 m de la mer. Doubles 50-60 €, petit déj compris. CB refusées.* Hôtel d'une grosse vingtaine de chambres, sobres, pas bien grandes et un peu datées (en particulier les salles de bains). Mais l'accueil du patron, derrière ses airs bourrus, et de sa fille, est excellent. Bien pour une étape rapide à Galaxidi.

Où manger ? Où boire un verre ?

Nombreuses tavernes le long du port de plaisance.

Prix moyens

Albatross : *odos K. Satha. ☎ 22-65-04-22-33. 69-46-46-58-94. Entre 2 églises, au-dessus du port, en direction du Musée nautique. Tte l'année, tlj, midi et soir. Compter 10-16 € le repas. CB refusées.* Bonne cuisine (rôti de porc, coq au vin...) à prix serrés et ambiance familiale. Moins touristique que les restos du port. Petite salle style cantine, avec des peintures sur le thème de la mer, et des tables à touche-touche le long du trottoir. On y est très bien accueilli : le patron, ex-marin, œuvre en salle, tandis qu'Elena, sa femme, s'active aux fourneaux !

Art Café Liotrivi *(Ouzomedopolion)* **:** *au bout du port des pêcheurs (quartier Hirolakas), installé dans une magnifique maison en pierre au bord de l'eau. ☎ 22-65-04-17-81. Tlj 10h-minuit (nov-mars, slt ven-dim). Compter env 15 €. CB refusées.* Pêcheur, peintre, bricoleur et cuistot... Si l'on oublie sa sœur qui opère en salle, Giorgos Minas fait tout du sol au plafond ! D'après lui, c'est ici qu'on mange les meilleures feuilles de vigne farcies à cent lieues à la ronde ! Sinon, la plupart du temps, c'est *mezze* et ouzo. On en a même vu qui achetaient ses tableaux...

Plus chic

To Barko tis Maritsas : *sur le port de plaisance. ☎ 22-65-04-10-59. Tte l'année, midi et soir (sf lun-mar nov-fév). Compter min 30-35 € le repas.* Fréquenté essentiellement par des Grecs. Intérieur vaste, style rétro et coloré. Pour un dîner, préférez la terrasse avec vue sur le port et les étraves des voiliers, l'ambiance est plus romantique... Dans l'assiette, une cuisine méditerranéenne, avec spécialité de risottos et pâtes aux fruits de mer. Attention, pour un poisson, ça grimpe vite. Côté vins, carte réduite et pas spécialement donnée.

À voir

Le Musée nautique : *odos Moussiou et odos Nirachou (bien indiqué). ☎ 22-65-04-17-95. Tlj sf lun 8h30-15h30 (8h-15h nov-mars). Entrée : 5 € ; réduc.* Dans un bâtiment de la fin du XIXe s récemment rénové, quelques vestiges de l'époque antique, mais surtout de nombreux témoignages sur la grande époque de Galaxidi, avant l'arrivée des bateaux à vapeur. Gravures, lithos, aquarelles, journaux de bords, anciens instruments de navigation, belles figures de proue, qui étaient les « âmes » des bateaux.

NAUPACTE (NAFPAKTOS ; ΝΑΥΠΑΚΤΟΣ)

(303 00) 13 400 hab.

À 84 km à l'ouest d'Itéa. Ville assez vivante, avec un petit port croquignolet, protégé par des remparts. La grimpette vers la forteresse est de rigueur, entre les pins et les cyprès. D'en haut, joli panorama sur le golfe de Corinthe.

Au large eut lieu, en 1571, l'une des plus grandes batailles navales de l'histoire, la fameuse bataille de Lépante (nom donné à Naupacte par les Vénitiens). Un fait décisif dans l'histoire de la Méditerranée, qui vit la Sainte Ligue (alliance de plusieurs États catholiques réunis par Pie V) envoyer une soixantaine de galères et plus 30 000 Turcs par le fond, stoppant d'un coup l'avancée ottomane en Méditerranée occidentale. Cervantès (le père de *Don Quichotte*) y perdit sa main gauche.
Plage de galets, à droite du port. En nageant, magnifique vue d'ensemble sur les remparts et l'enceinte médiévale.

Arriver – Quitter

Gare routière : *54, odos Asklipiou. ☎ 26-34-02-72-41.*

➢ ***De/vers Delphes :*** via Itéa, 5 bus/j.

➢ ***De/vers Athènes :*** 2 bus/j. Compter 3h30 de trajet.

➢ ***Pour le Péloponnèse :*** rejoindre ***Andirio,*** à 10 km de Naupacte, afin de traverser le détroit de Corinthe via le pont jusqu'à ***Rion.*** Il vous en coûtera autour de 13 €. Possibilité également de repartir vers ***Agios Nikolaos*** et de prendre le ferry pour ***Aigio*** (7 traversées/j. en été 6h30-22h, un peu moins hors saison).

Adresses utiles

✉ ***Poste :*** *31, odos Tzavela.*

■ ***National Bank of Greece :*** *au bout d'odos Tzavela, et avt la pl. centrale du village.* Distributeur automatique de billets.

Où dormir ?

Bon marché

Hotel Diethnès : *3, odos Athanas Nova ; près de la pl. du port. ☎ 26-34-02-73-42. • diethnesnafpaktos.gr • Env 40 € en hte saison (tarif sur présentation de ce guide). Pas de petit déj. CB refusées.* Un hôtel simple, mais les chambres, avec AC (et double vitrage), frigo et TV, sont joliment décorées et ont chacune leur personnalité. Le meilleur accueil (en français) vous sera réservé.

Prix moyens

Ilion Hotel : *7, Daliani. ☎ 26-34-03-80-88. • nafpaktoshotel.gr • Sur les hauteurs, accès sur la droite après le port au niveau d'un buste de militaire grec. Grimpette assez raide, mais on vous aide à transporter vos bagages (accès possible en voiture à des places de stationnement). Doubles 50-80 €, petit déj compris.* 2 bâtiments en pierre, dominant la ville, abritent une dizaine de chambres coquettes, avec balcon donnant sur la mer au loin. Tranquille, à l'écart de la circulation. Bon petit déjeuner.

Hotel Akti : *3, odos Korydaléos, face à la plage de Gribovo. ☎ 26-34-02-84-64/65. • akti.gr • Avt d'arriver dans le centre depuis Galaxidi, prendre à gauche après le petit pont la rue Fotomora, puis à droite sur 100 m le long de la plage. Tte l'année. Réserver en saison. Doubles 60-65 €, petit déj compris.* Bâtiment moderne d'une cinquantaine de chambres avec balcon donnant sur la mer. Chambres très agréables, avec meubles de style neufs et salles de bains récentes très propres ; AC et TV. 4 suites très design, avec terrasse, bien plus chères. Bon accueil. Un des fils du patron parle le français.

Où manger ? Où boire un verre ?

|●| ***Chez Papoulis :*** *tt près du port, dans une rue piétonne. ☎ 26-34-02-15-78. Tte l'année, tlj midi et soir. Repas 12-15 €.* Endroit très agréable. Plats sans

prétention mais bons (grand choix de *mezze,* petite friture). On mange en salle ou sur l'une des 2 mignonnes terrasses en surplomb de la mer.

🍷 ***Bar Aroma :*** *à gauche de la place en regardant le port.* Un lieu enchanteur pour siroter un café frappé en terrasse !

Où manger dans les environs ?

🍽 ***Lappas :*** *à* ***Makynia,*** *au bord de la mer, env 12 km avt Naupacte en venant par l'ouest. Si vous venez du pont Rio-Andirio, prenez sur votre gauche pour y aller.* Taverne de poisson. Excellent rapport qualité-prix.

🍽 ***Restaurant Iliopoulos :*** *à* ***Monastiraki,*** *à 10 km de Naupacte vers Delphes. ☎ 26-34-05-21-11. Devant la plage en contrebas de l'église ; prendre l'escalier qui descend vers la mer et tourner à gauche.* Cuisine traditionnelle, bons *mezze,* poisson frais à choisir en cuisine. Bon petit vin. Grande terrasse en bord de mer. Propre et moins cher que sur le port. Accueil sympa.

LA ROUTE NAUPACTE-MISSOLONGHI-MITIKAS-AMFILOCHIA

Itinéraire bis qui rallonge un peu le trajet mais qui permet de traverser les marais salants de *Missolonghi* (ville martyre pour les Grecs, qui subirent un siège dramatique pendant la guerre d'Indépendance contre les Turcs, et où Lord Byron, combattant pour la Grèce, mourut en 1824), puis de longer une jolie route côtière jusqu'à *Astakos* (petites criques sympas) et de remonter jusqu'au village de *Mitikas,* face à l'îlot de *Kalamos.* Quelques hôtels tout simples et bon marché, ainsi que des tavernes sur le port de Mitikas.

LE NORD

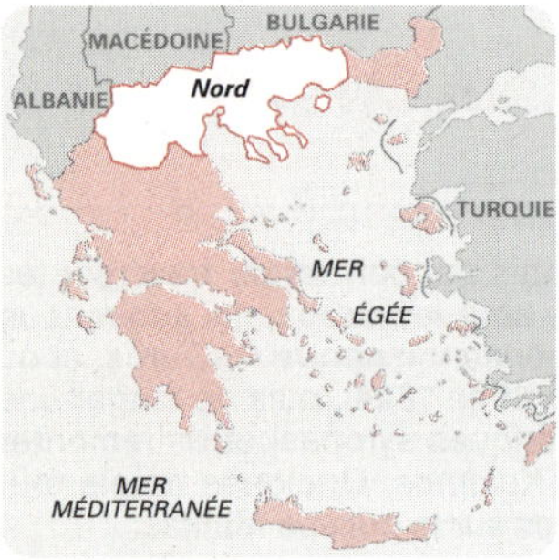

Pendant quelques années, la Grèce du Nord a connu une certaine désaffection de la part des touristes d'Europe du Nord ou de l'Ouest. Pourtant Thessalonique, deuxième ville de Grèce et capitale régionale, se distingue par la richesse de ses monuments byzantins et paléochrétiens, ainsi que par sa ville haute entourée de murailles, qui sont autant d'atouts pour tenir la dragée haute à Athènes (toutes proportions gardées) en termes d'offre culturelle. Quant à la Macédoine, elle compte de nombreux sites archéologiques d'un intérêt majeur, au premier rang desquels Vergina et ses tombeaux des rois de Macédoine. La plupart des cités antiques de la région se font d'ailleurs écho et témoignent de la puissance de ce royaume de Macédoine, dirigé par Philippe II, dont le fils, Alexandre le Grand, s'intéressa rapidement plus aux conquêtes extérieures qu'à ce « petit » royaume qui ne suffisait plus à ses ambitions. De site en site, à l'ouest ou à l'est de Thessalonique, on va ainsi retrouver ces fortes personnalités macédoniennes, tenues par nombre d'Athéniens de l'Antiquité pour des « Barbares », mais qui ont porté la grandeur de l'hellénisme aux frontières du monde connu à l'époque.
Enfin, la Grèce du Nord, c'est aussi des sites naturels de toute beauté (le mont Olympe, le mont Athos), des plages (Chalcidique, île de Thassos) et beaucoup d'autres richesses encore à découvrir. Nous visiterons la région d'ouest en est, en commençant, à tout seigneur tout honneur, par le mont Olympe.

LITOHORO ET LE MONT OLYMPE
(ΛΙΤΟΧΩΡΟ – ΟΛΥΜΠΟΣ ΟΡΟΣ)

10 000 hab.

• Carte Le mont Olympe et la Chalcidique *p. 472-473*

Un petit détour sur la route Athènes-Thessalonique vous mènera dans la région du majestueux mont Olympe, où Zeus jouit désormais d'une paisible retraite. À une vingtaine de kilomètres, au sud de Katérini, le gros bourg de

Litohoro est le point de départ pour une ascension superbe (mais difficile) jusqu'au sommet de l'Olympe.

Arriver – Quitter

En bus

Station KTEL : *face à la pl. de l'office de tourisme. ☎ 23-52-08-12-71.*

➢ ***De/vers Thessalonique :*** 1 bus/h env, certains avec changement, mais plusieurs directs, au départ du centre de Litohoro.

➢ ***De/vers Athènes :*** 3 liaisons/j. Certaines s'effectuent avec un changement à Katérini, d'où vous devrez prendre un bus jusqu'au centre de Litohoro. D'autres bus s'arrêtent au carrefour sur la nationale (à 5 km). Finir en stop ou en taxi *(☎ 23-52-08-23-33).*

En train

Gare ferroviaire : *située pas très loin de la mer, dans le quartier des campings, mais à 8 km du village. ☎ 23-52-02-25-22. Mieux vaut passer par Katérini (ligne Thessalonique-Athènes ; ☎ 23-51-02-37-09).*

➢ ***De/vers Thessalonique ou Athènes :*** 8 liaisons/j. De là, des bus *KTEL* pour Litohoro.

Adresses utiles

Office de tourisme : *odos Agiou Nikolaou (rue principale). ☎ 23-52-08-31-00. Peu après le grand parc en arrivant dans la ville. Juin-sept, tlj 9h-14h30, 16h-21h30.*

Club alpin (EOS) : *petite maison de pierre en contrebas du grand parking derrière l'église (où se garent les bus). ☎ 23-52-08-24-44. 69-71-95-31-36. • eoslitohorou.blogspot.com • Lun-ven 9h-13h.* Ne pas hésiter à bien s'informer avant une ascension dans le massif, le personnel y est très compétent et sympathique.

Dispensaire (Kendro Hygias) **:** *☎ 23-52-35-00-00.* En cas de bobo sur les cimes...

Où dormir ?

Attention, les hôtels sont souvent archi complets en juillet et août. Pourtant, les tarifs sont plus élevés de l'automne à Pâques, montagne oblige.

Prix moyens

Archontiko Aphrodite : *Kendriki Platia. ☎ 23-52-08-14-15. • arhontiko-aphrodite.gr • Au bout de la rue principale, sur la pl. de l'église, continuer tt droit (pas en voiture, la rue est à sens unique !) ; c'est à quelques pas, sur la gauche. Tte l'année. Doubles 55-60 €, triples 65-75 €, petit déj compris.* Bel intérieur chaud, à la déco plutôt stylée et très soignée. Toutes les chambres ont l'AC et une grande salle de bains avec douche. Certaines disposent même d'un balcon avec vue sur la place centrale. Petit déj-buffet servi dans une salle agréable et entrée de l'hôtel très cosy. Accueil charmant.

Villa Panthéon : *odos Agiou Dimitriou. ☎ 23-52-08-39-31. • villapantheon.gr • En haut du village, dans une zone de constructions neuves, au calme (accès fléché). Tte l'année. Résa indispensable. Doubles 50-60 €, quadruples 70-80 €, petit déj compris.* D'allure un peu pompeuse de l'extérieur, cette adresse se révèle très belle avec son intérieur élégant et soigné. Toutes les chambres ont un beau balcon surplombant la verdure, l'AC, une kitchenette et une salle de bains. Le prix varie selon la taille de la chambre... et les plus grandes (des suites) sont vraiment très spacieuses, puisqu'on peut y loger à 4 et disposer d'un petit salon. Accueil adorable.

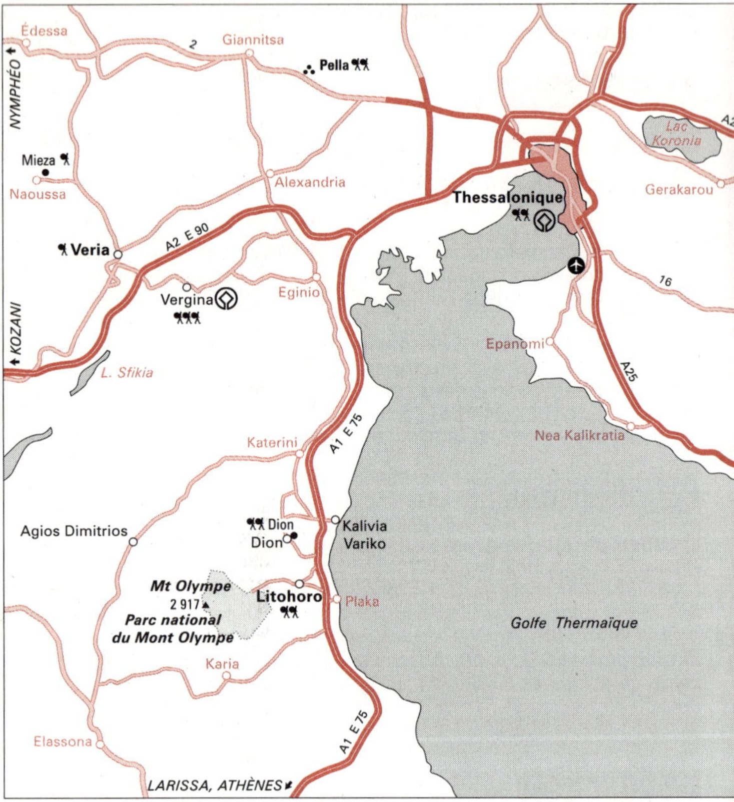

Hotel Mirto : *5, odos Agiou Nikolaou. ☎ 23-52-08-13-98. • hotelmirto.gr • En allant vers le centre, à droite sur la rue principale. Tte l'année. Double env 60 €.* Chambres avec AC, TV et balcon. Hôtel bien tenu, mais la taille des chambres y est très variable (bien exiguë pour certaines), tout comme l'accueil.

Où manger ?

Prix moyens

To Pazari : *odos 28-Oktovriou. ☎ 23-52-08-25-40. Dans le quartier commerçant ; au rond-point de l'église, prendre la rue à gauche et la remonter. Tte l'année. Repas env 15 €.* Petite salle et tables dehors en saison. Spécialités de poisson et de fruits de mer. Portions généreuses.

Taverna Néromylos : *odos Farangi Enippéa. ☎ 23-52-08-41-41. En contrebas de la ville, au bord de la rivière Enippéas (où l'eau ne coule qu'en hiver) ; du grand parking derrière l'église, suivre la direction du Club alpin, c'est peu après, sur l'autre rive. Repas 12-15 €.* Installé dans un ancien moulin à eau restauré, tout en pierres apparentes. Essayer la soupe *trahanas*

LE MONT OLYMPE ET LA CHALCIDIQUE

(lait, yaourt et blé) et l'agneau au four. Bonnes tartes salées maison. Très jolie terrasse bien fleurie.

Plus chic

Gastrodromio En Olymbo : *odos Agiou Nikolaou, en arrivant dans le village. ☎ 23-52-02-13-00. Tte l'année, tlj midi et soir. Repas 15-25 €.* Plats nombreux, originaux et savoureux, basés sur la tradition mais intelligemment revisités. Impressionnante carte des vins. Service soigné. Une adresse de charme et de qualité (un peu chère, mais vos papilles vous en seront reconnaissantes), dont le chef, Andréas Gavris, très connu en Grèce, a reçu plusieurs prix prestigieux.

Où dormir ? Où manger dans les environs ?

Entre Litohoro et Katérini

Bord de mer très touristique sans grand intérêt. Plusieurs campings.

De l'autre côté de l'Olympe

Xénonas Dimatis : *à* ***Agios Dimitrios,*** *à 33 km au sud-ouest* *de Katérini.* ☎ *23-51-08-42-02.* 📱 *69-78-37-01-47 (Panagiota).* • *dimatis.eu* • *Membre du réseau d'hébergement* Guest Inn. • *guestinn.com* • *Tte l'année. Double 70 €, suite 95 €, petit déj compris. Repas 15-20 €.* Dans un village tranquille, bonne petite auberge avec une douzaine de chambres spacieuses (certaines avec cheminée, une avec sauna). Au restaurant, cuisine copieuse avec les produits régionaux à l'honneur, dont le sanglier de la ferme familiale. Excellent accueil des frères Dimatis et de Panagiota, qui parle parfaitement le français.

L'ascension

ATTENTION aux brusques changements de temps dans le massif. Se renseigner localement sur les prévisions météo et se procurer les cartes nécessaires (comme celle au 1/50 000 des éditions *Anavassi*). Faire l'ascension avec un guide n'est pas une mauvaise idée. **Il va de soi que les indications que nous donnons ne sont pas suffisantes pour se lancer à l'assaut du sommet.** Consulter le site du parc national du mont Olympe : • *olympusfd.gr* • Infos sur l'ensemble des refuges notamment. À consulter également, le très complet • *olympus-climbing.gr* •
L'ascension du plus haut sommet de l'Olympe (2 918 m), le ***Mytikas,*** est loin d'être très facile. Elle demande 2 journées et peut se révéler dangereuse dans sa dernière partie pour ceux qui ne seraient pas suffisamment familiarisés avec la montagne.

Deux itinéraires principaux

LE NORD

➢ On peut partir à pied de Litohoro pour gagner, via les gorges de l'Enippéas, magnifiques, le *refuge A* (nommé *Spilios Agapitos,* mais sur place on l'appelle plutôt *Zolotas*) à 2 100 m, d'une capacité de 110 lits *(de mi-mai à fin oct ;* ☎ *23-52-08-18-00 ;* • *mountolympus.gr* • *; loc sur place du matériel pour le couchage).* Compter 8h de marche. On peut aussi se faire conduire en voiture à Prionia, à 1 100 m d'altitude, ce qui fait gagner 4h30. De Prionia au refuge, compter 3 à 4h. Traversée d'une belle forêt de hêtres puis de conifères. Le lendemain, on est tout en haut en 3h.
L'accès conseillé au Mytikas se fait par Skala (2 866 m). Éviter en revanche l'accès par Louki, difficile. L'ascension vers Skala, assez raide, commence 1h après avoir quitté le refuge et dure 1h15. De là, on redescend un peu vers le col pour accéder au Skolio (deuxième sommet du massif, avec ses 2 912 m). Très belle vue sur le Mytikas, qui domine les *Kazania* (les Chaudrons), un gouffre profond de 450 m. Ce qu'on appelle le trône de Zeus est le sommet de Stéphani (2 909 m), reconnaissable à sa forme de fauteuil. Puis 45 mn sont encore nécessaires pour le Mytikas (les derniers 400 m sont dangereux). Un peu d'escalade (passages de degrés I et II). Ensuite, on redescend. Au total, 6 à 7h de marche et d'escalade.

➢ La seconde manière d'entamer l'ascension consiste à se faire déposer en voiture (soit en stop, pas très facile, soit en taxi, mais alors c'est très cher) à 15 km de Litohoro par la piste, plutôt bonne (jusqu'à *Diastravossi,* la route est la même, la piste prend sur la droite). De là, 5h de marche pour atteindre le petit *refuge EOS Kakalos (une vingtaine de lits ; fin mai-fin oct et de déc à mi-avr ;* 📱 *69-37-36-16-89 ;* • *mstyllas@olympus-climbing.gr* •*)* à 2 650 m (Christos Kakalos a été le premier Grec à gravir le mont Olympe en 1913 ; il accompagnait deux Suisses, Fred Boissonas et Daniel Baud-Bovy). D'après les connaisseurs, la partie Diastavrossi-refuge est une des plus belles randonnées à faire dans le massif. Le lendemain, « plus » que 1h-1h30 pour arriver au sommet, dont 30 mn d'escalade par Louki (pas besoin d'équipement, mais le danger vient des risques de chutes de pierres ; déconseillé si l'on n'a jamais pratiqué l'escalade). Vous pourrez dormir, à 2 700 m, au refuge de l'*EOS Giosos Apostolidis* qui peut accueillir une centaine de personnes *(de mi-juin à début oct ; ☎ 23-51-08-28-40 ou, à Thessalonique, 23-10-22-47-10 ; • apostolidis-refuge.gr • ; couchage fourni sur place).*

Randonnée pédestre

➢ Petite balade pour ceux qui ne se sentent pas capables d'aller voir les dieux. Monter en voiture par la route du mont Olympe sur 17 km, puis tourner à gauche pour emprunter la piste (environ 2 km) qui descend jusqu'à l'*ancien monastère d'Agios Dionysos,* détruit par les nazis et peu à peu reconstruit (850 m d'altitude). Du monastère (ouvert d'avril à octobre), on s'engage facilement dans les gorges. En descendant, pendant une petite demi-heure, le sentier ombragé qui les surplombe, on arrive à une grotte qui abrite un ermitage. Fraîcheur garantie. Retour par le monastère. Sinon, ça descend tout droit sur Litohoro (3 à 4h de marche selon l'allure), par un sentier en partie balisé qui suit le torrent de l'Enippéas. Balade très agréable.

DANS LES ENVIRONS DU MONT OLYMPE

Dion (Διον) **:** *☎ 23-51-05-34-84 (site) ou 32-06 (musée). • ancientdion.org • Pour s'y rendre, quitter la nationale (ou l'autoroute) entre Litohoro et Katérini, c'est quelques km plus loin dans les terres (indiqué). Attention, le site est à la limite de la ville et le musée, à 400 m, au cœur de celle-ci. En saison (en principe avr-oct), 8h-20h ; l'hiver, 8h30-15h ; musée 8h-15h (fermé lun été comme hiver). Entrée : 8 € (site et musée) ; réduc.* Site archéologique important, ainsi nommé en l'honneur de Zeus. Il était aux Macédoniens ce qu'Olympie était aux Grecs avant de devenir une ville romaine. Le site, impressionnant par sa superficie, est bien aménagé et peut même constituer un très agréable lieu de promenade. On y voit ce que pouvait être une ville antique, avec ses nombreux lieux de culte. Par exemple, le temple d'Isis (dont le culte avait remplacé celui d'Artémis), en partie « noyé », et la basilique avec son baptistère octogonal. Voir aussi les bains, très étendus (mosaïques), et la villa de Dionysos. Le beau musée complète bien la visite du site, avec deux pièces majeures : une magnifique mosaïque avec la tête de Méduse, provenant de la villa de Dionysos, et quelques éléments d'un instrument de musique, l'*hydraulis,* ancêtre de l'orgue.

À L'OUEST DE THESSALONIQUE (LA MACÉDOINE OCCIDENTALE)

La partie occidentale de la Macédoine grecque, région agricole, alternant plaines cultivées (arbres fruitiers, vignobles, tabac...) et massifs montagneux, de plus en plus imposants à mesure que l'on s'approche de l'Albanie et de la FYROM (Macédoine ex-yougoslave), est relativement peu visitée. Elle permet de connaître une autre Grèce, moins séduisante au premier abord, mais où les habitants, désireux de faire connaître leur culture, sont très chaleureux.

C'est Philippe II de Macédoine qui a donné à la Macédoine le statut de puissance régionale avant que son fils, Alexandre le Grand, ne s'élance depuis cette province à la conquête du monde connu. Pella et Vergina permettent de se faire une idée assez précise du niveau atteint par ce royaume.

PELLA (ΠΕΛΛΑ)

À env 45 km au nord-est de Veria et à une quarantaine de km à l'ouest de Thessalonique. ***Musée archéologique :*** *dans le village (bien indiqué). ☎ 23-82-03-11-60. • pella-museum.gr • Tlj avr-oct : lun 13h-20h, mar-dim 8h-20h (mar-dim 8h-15h hors saison). Entrée : 8 € ; réduc.* ***Site :*** *à 800 m du musée. Se visite avec le même billet, en principe aux mêmes horaires.*

Pella, la plus grande ville de Macédoine à l'époque hellénistique, remplaça l'ancienne Aigai (aujourd'hui Vergina) comme capitale du royaume, probablement vers le IVe s, quand le père de Philippe II de Macédoine estima que sa situation était plus intéressante pour le commerce. Alexandre le Grand y vit le jour et y régna, brièvement, après l'assassinat de son père, avant de partir à la conquête du monde. Passée sous contrôle romain, comme le reste de la Macédoine (et de la Grèce), Pella a décliné au début de l'ère chrétienne pour totalement disparaître des cartes. C'est en 1914 qu'on redécouvrit par hasard son existence, les véritables fouilles ne débutant qu'une quarantaine d'années plus tard.

– Il est indispensable de passer d'abord au ***musée,*** récent et très bien fait, qui présente de manière très complète la cité antique. Conçue selon un plan orthogonal classique, avec des îlots rectangulaires, comme de nombreuses villes de l'Antiquité, la ville est particulièrement « lisible » pour les profanes. Voir en particulier la carte expliquant la transformation du golfe Thermaïque. Située au bord de ce golfe, légèrement en retrait sur un promontoire qui dominait des marais (aujourd'hui asséchés), la ville antique s'est progressivement retrouvée dans les terres : aujourd'hui 23 km la séparent de la mer.

Les choses sérieuses commencent avec la grande salle aux quatre magnifiques mosaïques de galets (celles de la maison dite d'Hélène ne sont que des reproductions photographiques, les originaux se trouvant sur le site). Les deux provenant de la maison dite de Dionysos sont absolument magnifiques : sur la première Dionysos chevauchant une panthère, et sur la seconde une chasse au lion représentant, peut-être, Alexandre le Grand et son compagnon Cratère. On continue ensuite avec les sections consacrées aux cultes, à la vie publique sur l'Agora, aux nécropoles (cimetières classiques et tombes macédoniennes, dont la magnifique tombe dite « des Philosophes » à la décoration très fine). À l'étage, expos temporaires.

Avant de partir, pour vérifier si vous avez tout retenu, petite vidéo récapitulative au sous-sol (7 mn, sous-titres en anglais).

– ***Le site :*** il suit un plan classique de cité antique avec l'agora au centre, entourée de rues parallèles se coupant perpendiculairement et définissant huit îlots d'habitations, de 47 m de large. Les archéologues se sont particulièrement intéressés à deux grandes maisons (2 350 et 3 160 m² !) datant de la fin du IVe s av. J.-C. La maison dite de Dionysos, la plus grande, dont les mosaïques sont visibles au musée, et surtout la maison dite d'Hélène, avec deux mosaïques originales conservées sur le site : celle, immense (8,50 x 2,84 m), de l'enlèvement d'Hélène, fille de Léda, par Thésée, épisode mythologique traité avec originalité, ainsi qu'une scène de chasse au cerf, signée par l'artiste Gnosis (une première à l'époque).

Quant au palais, à l'extérieur de la ville, sur une butte, il demeure assez mal connu : ce n'était pas qu'une résidence royale, l'administration du royaume devait s'y trouver également.

VERIA (ΒΕΡΟΙΑ) (591 00) 48 000 hab.

Cette petite ville agréable, située à une petite soixantaine de kilomètres à l'ouest de Thessalonique, constitue un bon camp de base pour la visite de Vergina qui n'est qu'à 10 km. Située sur les contreforts du mont Vermion, elle domine la plaine de Macédoine (très belle vue depuis la place Elia). L'apôtre Paul vint y prêcher la bonne parole dans la synagogue locale et la ville fut un centre religieux important dans la Grèce byzantine, avec près de 70 églises. Et, comme Thessalonique, elle accueillit des juifs séfarades chassés d'Espagne qui dynamisèrent son économie.

Arriver – Quitter

En bus

Gare routière : *28, odos Iras.* ☎ *23-31-02-29-88. Dans le centre.*

➢ ***De/vers Thessalonique :*** env 15 bus express lun-ven, 8 bus le w-e (le dim, pas d'express, les bus s'arrêtent dans les villages).

➢ ***De/vers Vergina :*** 8 bus/j. en sem, 4-5/j. le w-e.

➢ ***De/vers Athènes :*** 2 bus/j.

Adresse utile

✉ **Poste :** *39, odos Mitropoléos. Lun-ven 7h30-14h.*

Où dormir ?

Prix moyens

Villa Elia : *10, odos Elias.* ☎ *23-31-02-68-00. • hotel-villaelia.gr • En plein centre. Doubles 55-65 €.* Central et fonctionnel, ce petit hôtel, aux chambres très classiques (jusqu'aux petites salles de bains, à la grecque) offre un rapport qualité-prix très acceptable. Bon accueil.

Plus chic

Kokkino Spiti : *10, odos Olganou, dans le quartier de Barbouta.* ☎ *23-31-07-44-40. • kokkinospiti.gr • Selon type de chambre, 68-98 € pour 2, petit déj non compris. Plus cher pour les suites.* La « maison rouge » se distingue aussi bien par son emplacement (à l'écart du passage, dans l'ancien quartier juif, près de la rivière Tripotamos) que par son apparence : cette maison bourgeoise du XIXe s, à la décoration soignée, a conservé ses beaux parquets en chêne et l'ensemble ne manque pas de charme. Elle ne propose que 6 chambres, résa indispensable. Excellent accueil.

Où dormir ? Où manger dans les environs ?

Ktima Kalaitzi : *à* ***Metochi Prodromou,*** *à 3 km à l'est de Vergina.* ☎ *23-31-09-20-92. • ktima-kalaitzi.gr • Au-dessus du village, au bout d'une petite route qui grimpe (bien indiqué). Tte l'année. Doubles 68-120 € ou 100-140 € selon standing, saison et j. de la sem, petit déj compris.* Magnifique demeure de style macédonien, entourée par les vignes et dominant fièrement la plaine. 11 chambres spacieuses, très confortables, dont 2 au rez-de-chaussée, communicantes pour les familles. Le patron, Thomas, est producteur de vin (au sous-sol, grande salle où, l'hiver, des dégustations de vins sont organisées). Piscine. Restaurant d'excellente qualité *(plats 12-16 €).*

Où manger ?

De prix moyens à plus chic

Ap'allou : *5, odos Patriarchou Ioakim. ☎ 23-31-02-01-99. Dans le quartier de Kyriotissa, tt près du centre. Tlj midi et soir. Repas 12-15 €.* Quelques tables dans la rue piétonne ou à l'étage de cette maison traditionnelle du vieux Veria, refaite avec goût. Cuisine de qualité à prix doux : la carte fait la part belle aux viandes (veau, *souvlakia,* poêlées...), mais on peut aussi composer son repas de *mezze* variés ou de salades. Excellent accueil de Giorgios.

Vergiotiko : *2, odos Thomaïdou. ☎ 23-31-07-41-33. À deux pas du Musée byzantin. Tte l'année, midi et soir. Plats 9-15 €.* Le restaurant est collé au flanc sud-ouest des murailles de la ville, ce qui donne un aspect original à la terrasse. Sur la carte, en plus des grands classiques, quelques plats de viande régionaux (et plutôt originaux) se distinguent. Parts copieuses et bon accueil.

À voir

Le Musée byzantin : *26, odos Thomaïdou. ☎ 23-31-02-58-47. Tlj en saison : lun 12h-20h, mar-dim 8h-20h ; oct-mars, mar-dim 8h-15h. Entrée : 4 € ; réduc.* Dans un ancien moulin à eau, typique du passé industriel de la ville et dont les grands volumes ont bien été mis à profit. Belle collection d'icônes (dont certaines double face), mais aussi des mosaïques, les plus anciennes du Ve s, ainsi que des fresques et des objets de culte évoquant le riche passé de la ville byzantine.

Le quartier de Kyriotissa : partir d'odos Mitropoléos, à hauteur de la poste, après avoir jeté un œil à l'église *Agios Christos* (remarquables fresques du XIVe s), au début de Mitropoléos, sur la gauche. On peut s'y engager par l'odos Patriarchou Ioakim. L'ancien quartier chrétien, parcouru par des ruelles, concentre quelques belles demeures de style macédonien. Au passage, on verra des bains jumeaux ottomans (odos Eleftherias). À l'extrémité sud-ouest du quartier, on arrive aux murailles et au Musée byzantin.

Le quartier de Barbouta : traversé par la rivière Tripotamos, ce quartier encaissé a accueilli la communauté juive de la ville. Y ont été joliment restaurées des maisons anciennes de style macédonien, parmi lesquelles l'*archontiko* Béka (y est aujourd'hui installé l'institut d'architecture balkanique traditionnelle).

DANS LES ENVIRONS DE VERIA

VERGINA (*ΒΕΡΓΙΝΑ*)

À 10 km à l'ouest de Veria. ☎ 23-31-09-23-47. • aigai.gr • De mi-avr à fin oct, lun (sf musée) 12h-20h, mar-dim 8h-20h ; de nov à mi-avr, lun 12h-17h, mar-dim 9h-17h. Comme ailleurs, horaires théoriques et susceptibles d'être modifiés chaque année. Entrée : 12 € (sites et musée) ; réduc.
Un des derniers sites majeurs découverts en Grèce. Un archéologue français, Léon Heuzey, découvrit le site en 1861 mais ne l'identifia pas, et les véritables fouilles ne commencèrent que dans le dernier quart du XXe s, sous la direction du grand archéologue Manolis Andronikos. On y a découvert, entre autres, un groupe de 11 tombes dont quatre tombes monumentales du IVe s av. J.-C. La première capitale du royaume de Macédoine, Aigès (ou Aigai selon les transcriptions), se trouvait là, avant d'être transférée à Pella. On continua à y enterrer les rois de Macédoine et les membres de la famille royale.

LE NORD

Les Macédoniens étaient considérés comme des semi-Barbares par beaucoup d'Athéniens qui n'acceptaient pas de se voir déposséder de leur leadership, déjà mis à mal après leur défaite face à Sparte lors de la guerre du Péloponnèse. Le célèbre orateur Démosthène avait mis en garde contre le danger pour la démocratie représenté par Philippe de Macédoine. L'une des tombes retrouvées est justement celle du père d'Alexandre le Grand. Certains avaient mis en doute l'identité des restes, mais des analyses scientifiques réalisées en 2014 semblent confirmer l'identification.
On visite les ruines, assez dispersées, de la ville antique (mais le théâtre et le palais, au sud, sont fermés pour travaux – et quels travaux : on reconstruit carrément le palais, dont le premier niveau sera en principe visible en 2017 et le second en 2020) et, surtout, le magnifique ***musée*** souterrain installé dans le tumulus reconstitué (110 m de diamètre, 12 m de haut) qui abritait les quatre tombes retrouvées. Il s'agit de tombes d'un style particulier, dit macédonien, constituées de deux chambres pour les plus grandes, précédées d'un fronton de temple, l'ensemble étant enfoui sous un tumulus (Vergina compte plus de 300 tumuli de tailles diverses et les archéologues continuent à en découvrir). Parmi elles, la tombe de Philippe, assassiné à Aigai, et celle supposée d'Alexandre IV, fils d'Alexandre le Grand, assassiné lui aussi, à l'âge de 13 ans en même temps que sa mère. On peut y admirer, dans les vitrines, le somptueux trésor qui fait la réputation de Vergina et l'entrée des tombes. Les chambres funéraires inviolées ont livré une riche collection de masques et de bijoux en or d'une beauté unique (couronnes de feuilles de chêne ou de myrte), une vaisselle en argent et de nombreux ustensiles de cuisine ainsi que les armes du roi (armure, épée, cuirasse dont les boutons sont des têtes de lion, pectoral, bouclier...) ou des coffrets, appelés larnax, ornés de l'emblème de la Macédoine, le soleil à 16 rayons. Magnifiques reproductions de peintures murales provenant de la tombe I (dont l'enlèvement de Perséphone par Hadès). La richesse de ce musée justifie le droit d'entrée.
Le soir, une fois les cars repartis, le village est rendu aux tracteurs et redevient agréable. Pensions et petits hôtels, de bon marché à prix moyens. Cela dit, Veria constitue un point de chute plus vivant. Un autre *musée,* très imposant, après la sortie du village, route de Veria, est en construction et doit ouvrir fin 2017. Il est en partie consacré au destin d'Alexandre le Grand et accueillera également des expositions temporaires.

LE NORD

➢ En poursuivant vers le nord puis vers l'ouest, on passe par la ville d'*Édessa* (étonnantes cascades), avant d'arriver dans le département de Florina où, si l'on n'a pas trop de temps, deux principaux sites s'imposent : le village de Nymphéo et les lacs Prespa. Entre les deux, des adresses accueillantes où recharger ses accus.

Mieza : *à une quinzaine de km au nord de Veria et 3 km au sud de Naoussa. De Veria, direction Pella ; dans le centre de Kopanos, tourner à gauche (indication « Aristotle's School ») et suivre la petite route sur 3 km au milieu des pêchers. Se garer sur le parking au niveau du centre culturel de l'École d'Aristote avec la statue du philosophe. GRATUIT.* Site agréable, surplombant une rivière, redécouvert en 1965 et également connu sous le nom de Nymphéon, en raison d'un sanctuaire dédié aux Nymphes. Cela ressemble à une carrière miniature, avec le roc coupé au cordeau et de petites grottes. C'est ici, en 343 et 342 av. J.-C., qu'Aristote, à l'invitation de Philippe de Macédoine, vint enseigner au jeune Alexandre le Grand la morale et la politique (vaste programme !).

NYMPHÉO *(ΝΥΜΦΑΙΟ)*

À une soixantaine de kilomètres à l'ouest de Naoussa, en passant par Édessa. Sur la route Amyndéo-Kastoria, à Aétos, une route sinueuse mène à ce village de peuplement valaque, comme Metsovo, souvent noyé dans le brouillard en dehors de la belle saison (on est à 1 350 m d'altitude). Quasi à l'abandon dans les années 1960, il revit l'été grâce au tourisme. Nymphéo a un peu l'allure d'un village-musée avec ses belles maisons en pierre et ses rues régulièrement pavées.

Où dormir ? Où manger dans les environs ?

🏠 🍽 ***To Agonari :*** *à l'entrée de* ***Sklithro,*** *à 18 km à l'ouest d'Amyndéo.* ☎ *23-86-03-10-80. Membre du réseau d'hébergements de charme Guest Inn, • guestinn.com • Tte l'année. Resto fermé lun. Doubles 50-80 € selon saison. Au resto, prévoir env 15 €.* Magnifique maison en pierre, très chaleureuse, disposant de chambres agréables, joliment décorées, avec balcon, certaines (les plus chères) avec cheminée. En été, petit déjeuner (très riche) servi dans le jardin. Le restaurant *O Thomas,* juste de l'autre côté de la route, est très réputé pour la qualité de sa cuisine (et de sa cave qui décline tout ce qui se fait de bien en Grèce côté vins). Cuisine résolument continentale, à l'image de la première spécialité maison, le *schnitzel* ! Excellent accueil de toute la famille Paspalis.

🏠 🍽 ***Kondossoros :*** *à* ***Xino Néro*** *(env 8 km à l'ouest d'Amyndéo), dans la rue principale, sur la droite en arrivant d'Amyndéo.* ☎ *23-86-08-12-56. Membre du réseau d'hébergements de charme Guest Inn, • guestinn.com • Tte l'année ; resto fermé le midi sf w-e, ainsi que mar soir. Double 65 €, petit déj inclus. Repas 15-20 €.* Nikos Kondossoros est un passionné de cuisine et de vins (et pas seulement ceux de sa région) qui sait faire partager ce qui l'anime. Il a d'ailleurs reçu un « prix de la cuisine grecque ». Sa cuisine, à base des produits de la région (les légumes sont du jardin autant que possible), allie recherche et bon sens. Également 6 vastes chambres, dans le même bâtiment, au mobilier moderne et très bien conçues. Petit déjeuner très copieux.

À voir. À faire

★★ ***Le centre environnemental Arcturos :*** *un peu à l'écart du village de Nymphéo (compter 800 m de marche depuis le parking).* ☎ *23-86-04-15-00. Entrée : 6 € (ticket valable 10 j., donnant droit à la visite du centre d'info à Nymphéo et à celle du refuge des loups, à Agrapidia, à quelques km). Fermé pdt l'hibernation des ours. Tlj 10h-16h30 ; visite guidée ttes les heures.* L'association *Arcturos* s'est d'abord battue contre l'exploitation des ours (il n'y a pas si longtemps encore, les montreurs d'ours parcouraient les villages de Macédoine et d'Épire) et a su faire progresser la cause de ces animaux, qui sont 200 à 300 dans les montagnes du nord de la Grèce. Elle a recueilli 10 ours et ourses (dont certains anciennement montrés comme des animaux de foire), tous et toutes stérilisés (n'ayant pas été élevés par leurs parents, ces animaux ne pourraient à leur tour élever leurs oursons). On vous explique donc d'abord les buts et l'action de l'association. Pas très facile ensuite de voir les ours dans leurs vastes enclos (car ils n'ont pas gardé de bons souvenirs de leurs contacts avec les humains), mais on y arrive quand même...

➢ En reprenant la route vers l'ouest, soit via Florina, soit via Kastoria, on arrive au bout d'une bonne cinquantaine de kilomètres aux confins de la Grèce, de l'Albanie et de la Macédoine ex-yougoslave, les trois pays étant réunis par deux lacs.

LES LACS PRESPA (ΠΡΕΣΠΕΣ)

Il s'agit de deux lacs, un petit et un grand, à une altitude de 853 m, entourés de hautes montagnes et séparés par une bande de terre fertile où l'on cultive les gros haricots blancs (réputés dans toute la Grèce). Écosystème unique, bien connu des ornithologues qui ont contribué à faire connaître la région (devenue parc national en 1974). Elle n'en a pas pour autant évité le dépeuplement, et il ne reste aujourd'hui qu'environ 1 500 habitants dans les 12 villages que compte la microrégion.
La grande attraction des lacs, au printemps (surtout) et en été, ce sont les oiseaux migrateurs. Deux espèces de pélicans viennent s'y reproduire (pour les spécialistes : le pélican dalmate, ou pélican frisé, et le grand pélican blanc), avec la particularité

d'aller manger, quand il fait trop froid, au lac de Kastoria, où les eaux sont moins froides et les poissons plus faciles à capturer. De nombreuses autres espèces cohabitent avec eux (comme le cormoran nain et l'ibis lustré).

Adresses utiles (voire indispensables !)

■ ***Cultural Triangle of Prespa :*** *centre d'info sur la pl. d'****Agios Germanos,*** *la tte petite « capitale » de la région de Prespa.* ☎ *23-85-05-13-32.* ● *ctp.gr* ● *Lun-sam 9h-14h, 16h-19h ; dim 10h-15h.* Une petite équipe de volontaires venus de différents horizons, encadrés par la dynamique Gabriela Scheiner, se bat pour faire connaître la microrégion. Installée depuis plusieurs années à Agios Germanos, elle est très impliquée dans la vie associative et connaît à peu près tout sur sa région d'adoption.

– Autre source d'information, le ***SPP*** *(Society for the Protection of Prespa)* : ☎ *23-85-05-12-11.* ● *spp.gr* ● *Un peu avt la pl. d'****Agios Germanos.***

Où dormir ? Où manger ?

Si l'on souhaite dormir sur place, aucune difficulté : petites pensions pas bien chères à ***Agios Germanos*** et ***Psaradès.*** Pas nécessaire de réserver, sauf en août. Coordonnées des hébergements sur le site ● *ctp.gr* ● Restaurants et tavernes se bousculent dans les mêmes localités.

À voir. À faire

🔭🔭 ***Mikri Prespa*** *(le Petit Lac)* **:** à quelques encablures du rivage, l'îlot d'*Agios Achillios,* accessible par une passerelle moderne. Quelques églises byzantines et les ruines d'une magnifique grande basilique du Xe s. Hôtel-resto sur place, avec de curieuses œuvres d'art.

🔭🔭 ***Psaradès :*** le seul village grec donnant sur *Mégali Prespa (le Grand Lac).* Architecture typique. Dans les tavernes, poisson frais pêché du lac et l'inévitable *fasolada* (soupe de haricots). Arrangez-vous avec les pêcheurs pour aller visiter les ermitages à l'ouest de Psaradès, accessibles en bateau seulement.

➢ ***Randonnées :*** petites boucles à faire, correctement balisées.

– Pour les plus aventureux, l'originalité géographique de Prespa autorise le ***tourisme transfrontalier*** dans les régions frontalières « sœurs » d'Albanie ou de Macédoine. C'est plus facile que ça en a l'air (renseignements au *CTP*).

THESSALONIQUE
(THESSALONIKI ; ΘΕΣΣΑΛΟΝΙΚΗ)

408 000 hab.

● Plan *p. 484-485*

La situation géographique de Thessalonique (pendant la guerre froide, elle se trouvait presque à la frontière du bloc de l'Est) l'a longtemps bridée. Mais dès le début des années 1990, la ville est redevenue une capitale dynamique du nord de la Grèce et la porte des Balkans – c'était, évidemment, avant que la crise grecque n'y fasse ses ravages. Deuxième ville et deuxième port de la Grèce,

LE NORD

comptant près de 1 million d'habitants avec la communauté urbaine, Thessalonique est une cité industrielle et commerçante, mais aussi une ville d'art, connue pour la beauté de ses églises byzantines. Son centre-ville, reconstruit après l'incendie de 1917, ne séduit pas au premier coup d'œil. Son activité et son trafic intense, son architecture très bétonnée auraient même tendance à effrayer... Mais en parcourant la ville, on découvre avec ravissement, au milieu d'immeubles modernes, de superbes églises byzantines disséminées ici et là, de très beaux musées, un grand marché qui nous transporte dans un univers plus oriental. Sur les hauteurs, des quartiers à l'ambiance de village, où ruelles et volées de marches nous hissent vers la ville haute, tranchent singulièrement avec les longues avenues chic du centre. Enfin, pour ouvrir l'horizon, rien de tel qu'une petite promenade au bord du golfe.
La ville est en train de se doter d'un métro, qui épargnera quelques allers-retours sur ses (très) longues avenues et rendra le trafic routier plus fluide. La mise en service de la première ligne (allant de la gare ferroviaire à Mikra, en direction de l'aéroport) n'est pas attendue avant 2018. En attendant, les habitants doivent subir les travaux... qui ont pris beaucoup de retard mais ont permis d'accomplir des progrès notables dans la connaissance de la ville ancienne.

UN PEU D'HISTOIRE

Sait-on que cette ville n'est grecque que depuis... 1912 ? Pourtant, avant cette date, bien qu'appartenant à l'Empire ottoman, elle n'était pas vraiment turque. C'était la plus importante métropole juive de la Méditerranée, depuis que, en 1492, 15 000 à 20 000 séfarades chassés d'Espagne s'y étaient réfugiés, accueillis par le sultan. Les conditions de vie des juifs au sein de l'Empire ottoman étaient alors bien meilleures que dans n'importe quel pays européen. Très présente dans le commerce et l'artisanat (tisserands et teinturiers étaient réputés), la communauté juive était tout autant active dans le domaine des études religieuses. En 1900, elle représentait plus de la moitié des 140 000 habitants de la ville.
Aujourd'hui, il reste assez peu de traces de l'histoire juive de Thessalonique : le grand incendie de 1917 (dans la ville basse, seul le quartier de Ladadika, entre le port et la place Aristotélous, n'a pas été ravagé par les flammes : on y trouvait dépôts et entrepôts, aujourd'hui bars et restos y dominent), l'émigration dans les années 1920 de nombreux séfarades, surtout vers la France, puis l'installation de Grecs chassés d'Asie Mineure, après 1922, et surtout, beaucoup plus tragiquement, la déportation à Auschwitz des 50 000 juifs qui y demeuraient encore en 1943, ont détruit la « nouvelle Séfarad ». Seuls ceux qui avaient un passeport espagnol ou italien, en vertu des origines de leurs ancêtres, ont pu être sauvés par les autorités consulaires de « leur » ancien pays. Les autres (l'écrasante majorité : 96 %) partirent en convoi, docilement, persuadés qu'on les envoyait s'installer à Cracovie, en Pologne... Même le cimetière, couvrant plus de 300 000 m^2 et riche de quelque 300 000 tombes (certaines dataient de 1493), a été totalement détruit en 1942 et recouvert depuis par le campus universitaire. Désormais, la communauté séfarade ne compte plus qu'un petit millier de personnes.
Signalons aussi, odos Langadas, la nécropole Zeitenlick (1919) où reposent 8 089 soldats français et 208 soldats inconnus, morts sur le front d'Orient et dans les Balkans lors de la Première Guerre mondiale.

Arriver – Quitter

En bus

🚌 ***Gare KTEL de Macédoine*** *(KTEL Makedonias ; hors plan par A1) : 244, odos Giannitson. ☎ 23-10-59-54-00. • ktelmacedonia.gr • À 5 km du centre (bien après la gare ferroviaire), tt au bout de l'odos Giannitson. De l'odos Égnatia, bus n° 78. Les billets peuvent s'acheter en agence, au 119, odos*

Égnatia (lun-ven 9h30-17h30 ; fermé en août). La principale gare routière. Parmi les destinations :

➢ ***Ioannina :*** ☎ *23-10-59-54-42.* Env 5 bus/j.

➢ ***Igouménitsa :*** ☎ *23-10-59-54-16.* 1 bus/j.

➢ ***Trikala-Kalambaka (les Météores) :*** ☎ *23-10-59-54-05.* Env 6 bus/j. Changement à Trikala.

➢ ***Volos :*** ☎ *23-10-59-54-24.* Env 8 bus/j.

➢ ***Prévéza-Parga :*** ☎ *23-10-59-54-07.* 1 bus/j.

Gare routière des bus pour la Chalcidique *(hors plan par D3)* **:** *à 9 km du centre, route de Néa Moudania.* ☎ *23-10-31-65-55.* • *ktel-chalkidikis.gr* • *De la gare routière de Macédoine ou de la gare ferroviaire, bus n° 45 ; de l'odos Égnatia, bus n° 31 (puis changement à Voulgari pour le n° 36) ; de l'aéroport, bus n° 79 jusqu'à Ikea, puis n° 36).*

➢ Nombreux départs vers ***Néa Moudania, Polygyros*** ; 3 départs/j. vers ***Néos Marmaras, Kalamitsi*** et ***Sarti.***

➢ Pour les pèlerins du ***mont Athos,*** 5-6 bus/j. de/vers ***Ouranoupolis,*** dont 2 départs tôt le mat, à 5h30 (sf w-e) et 6h, pour arriver au moment où le bateau pour le mont Athos part ; d'autres départs dans la journée, mais il faut alors dormir à Ouranoupolis.

Gare KTEL de Thessalonique *(plan A1)* **:** *départs du 69, odos Monastiriou (en face de la gare ferroviaire).* ☎ *23-10-50-01-11.* • *ktelthes.gr* •

➢ Assure essentiellement les liaisons avec ***Athènes*** et ***Le Pirée*** (arrivée au terminus, odos Mavromatéon et Ioulianou, Pédion Aréos). Une douzaine de bus/j. Ces bus passent également par le *KTEL* de Macédoine avant de quitter la ville.

En train

Gare ferroviaire *(plan A1)* **:** *odos Monastiriou, sur l'une des sorties ouest de la ville.* ☎ *23-10-51-75-17 ou 1110 (n° national).*

– Possibilité d'acheter son billet en centre-ville, au ***guichet de l'OSE*** *(plan B2,* ***1****)* : *18, pl. Aristotélous. Lun-ven 8h-15h.*

➢ ***De/vers Athènes :*** env 8 trains/j., dont 2 *InterCity Express* et 4 *InterCity.* Trajet : 4h-6h30.

➢ ***De/vers Kalambaka (les Météores) :*** avec un train de la ligne Athènes-Thessalonique et changement à Paléofarsalos.

En avion

Aéroport *(hors plan par D3)* **:** *à 16 km au sud-est du centre de Thessalonique.* ☎ *23-10-98-50-00.* • *thessalonikiairport.com* • *Bus n° 78 à partir des gares ferroviaire et routière (remplacé la nuit par le 78N) : compter 2-3 bus/h en été (sinon 1-2h) 5h50-23h. Prévoir env 50 mn de trajet (parfois plus long en cas d'embouteillages autour du marché). Attention : peu d'arrêts en centre-ville (pl. Dimokratias, Vénizélou et tour Blanche). En voiture, du centre-ville, il suffit de remonter la longue rue Égnatia qui devient ensuite léoforos Karamanli.* Liaisons intérieures assurées par *Olympic Air* (☎ *23-10-40-84-11)* et *Aegean Airlines* (☎ *23-10-47-64-70).* Également avec *Astra Airlines* (☎ *23-10-48-93-90)* pour certaines îles. Liaisons avec Paris (*Transavia, Ryanair* et *Aegean Airlines*).

Circuler en ville

2 lignes de bus sont à connaître plus particulièrement : pour monter tout en haut de la ville haute, jusqu'à l'Eptapyrghio, ***bus n° 23*** (il part de la gare ferroviaire en direction du quartier de Sykiès, passe par la pl. Éleftherias, odos Vénizélou et Agiou Dimitriou) et le ***minibus n° 22*** qui, lui, permet de parcourir la partie basse de la ville haute (départ de la pl. Moushounti, sur odos Olympiados, mais on peut le prendre aussi sur l'odos Égnatia, à hauteur de la pl. Aristotélous). Ticket simple 1 €. Tickets 2 trajets (1h10 max) 1,20 € ou 3 trajets (1h30 max) 1,50 €. Achats dans les kiosques (sf billets à 2 € pour l'aéroport et bus culturel), aux guichets de l'OASTH ou aux machines

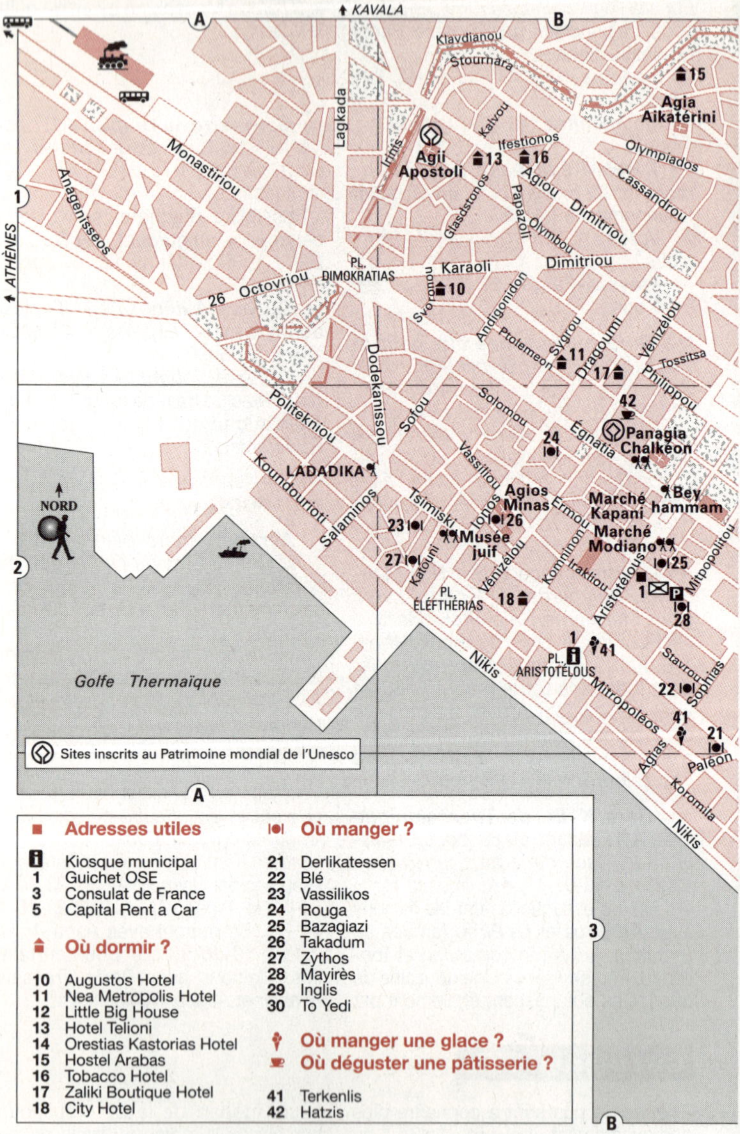

Adresses utiles

- i Kiosque municipal
- 1 Guichet OSE
- 3 Consulat de France
- 5 Capital Rent a Car

Où dormir ?

- 10 Augustos Hotel
- 11 Nea Metropolis Hotel
- 12 Little Big House
- 13 Hotel Telioni
- 14 Orestias Kastorias Hotel
- 15 Hostel Arabas
- 16 Tobacco Hotel
- 17 Zaliki Boutique Hotel
- 18 City Hotel

Où manger ?

- 21 Derlikatessen
- 22 Blé
- 23 Vassilikos
- 24 Rouga
- 25 Bazagiazi
- 26 Takadum
- 27 Zythos
- 28 Mayirès
- 29 Inglis
- 30 To Yedi

Où manger une glace ?

Où déguster une pâtisserie ?

- 41 Terkenlis
- 42 Hatzis

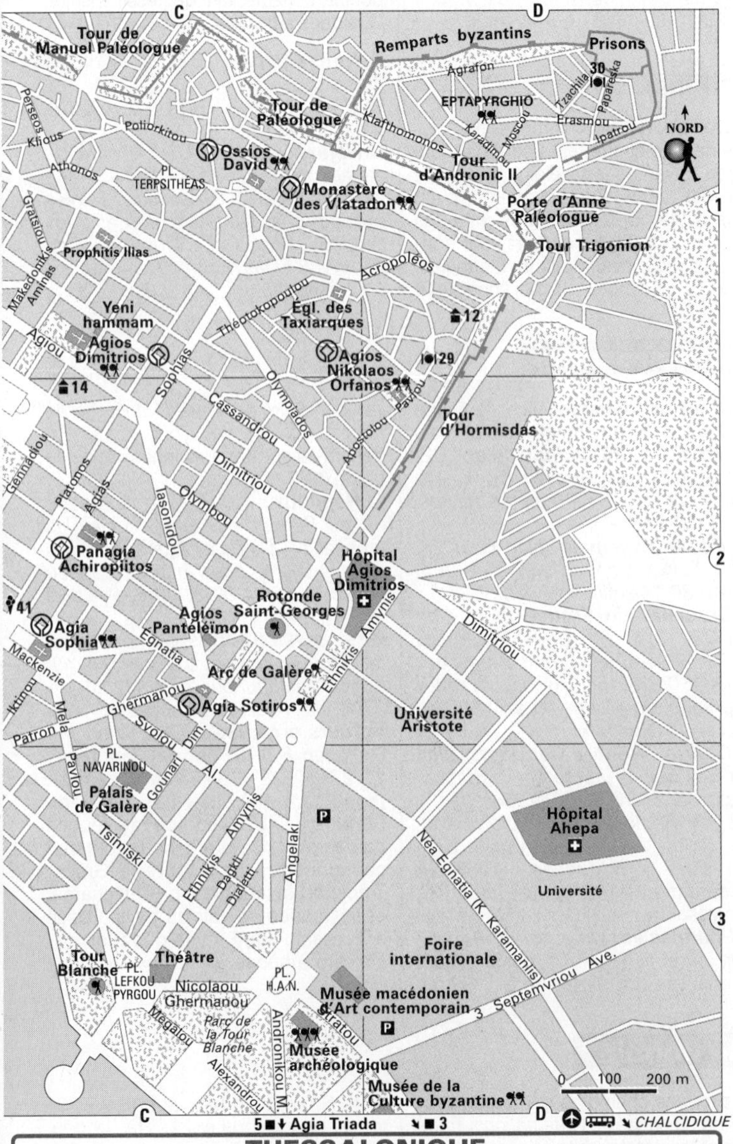

THESSALONIQUE

automatiques dans les bus. *Infos : ☎ 23-10-98-11-00. • oasth.gr •*

Parkings

En voiture, difficile de trouver des places dans le centre, elles sont de toute façon payantes (en s'éloignant vers le sud-est, dans la ville moderne, c'est plus facile), opter pour des parkings ouverts 24h/24. La plupart sont souterrains, sauf celui de la pl. Éleftherias *(plan B2)*. Compter en moyenne 3-4 € pour la 1re heure, tarif dégressif ensuite. Quelques adresses :

Kinissi (plan B2) : *38, odos V. Irakliou.*
P24 (plan B2) : *6, odos Dimosthénous.*
Helexpo (plan C-D3) : *à côté du musée de la Culture byzantine, 2 parkings de la foire internationale. Entrées par léoforos 3-Septemvriou et odos Angélaki. Moins chers que ceux du centre (3 € les 2 premières heures, 1 €/h ensuite).*

Adresses utiles

Office de tourisme : plus d'antenne de l'office de tourisme national mais le **kiosque municipal** (plan B2, **1**) fait très bien affaire : *pl. Aristotélous : tlj 8h-19h (21h en hte saison). ☎ 23-10-22-90-70.*
✉ **Poste principale** (plan B2) : *26, odos V. Irakliou. Lun-ven 7h30-20h, sam 7h30-14h, dim 9h-13h30.*
■ **Consulat de France** (hors plan par D3, **3**) : *27, odos Evzonon. ☎ 23-10-24-40-30. En cas d'urgence : 69-36-88-98-58. • consulfrance-salonique.org • Lun-ven 9h-13h. Sur rdv l'ap-m (13h-16h).*
■ **Capital Rent a Car** (hors plan par C3, **5**) : *48, léoforos Vassilissas Olgas. ☎ 23-10-85-38-56. • natrent@hol.gr • Remonter odos Andronikou, puis odos Vassiléos Georgiou. Lun-sam 8h-21h. Réduc de 5-10 % sur présentation de ce guide.* Tarifs très intéressants.
■ **Pharmacies :** *lun et mer 8h-14h30 ; mar, jeu et ven 8h-14h, 16h30-20h30. 15 mai-30 sept, réouverture à 17h au lieu de 16h30 et 15 juil-15 août, horaires réduits : lun-ven 7h30-15h30.* En dehors de ces horaires, pharmacies de garde *(☎ 1434).*
Hôpitaux : *ils sont à la périphérie ou en dehors du centre. Les plus proches sont l'hôpital* **Agios Dimitrios** *(plan C-D2), 2, odos Éléni Zographou (☎ 23-10-96-91-00) et l'***Ahepa** *(hôpital universitaire ; plan D3), 1, odos Kyriadiki (☎ 23-10-99-31-10). Également l'hôpital* **Ippokratio** *(hors plan par D3), 49, odos Konstantinoupoléos (☎ 23-10-33-12-00). Pour les* **urgences** *: ☎ 166.*
■ **Tours organisés : Greece on the Go** *(plan B2), 3, odos Kalapothaki. ☎ 23-10-22-23-73. • greeceonthego.com • À deux pas de la pl. Éleftherias.* Une équipe de jeunes guides propose d'originaux tours en camionnette, dans toute la Grèce. Transport et logement pris en charge, et assurance de voir du pays. Basée à Thessalonique, mais départs possibles d'Athènes.

Où dormir ?

Le prix des chambres grimpe en septembre, à cause de l'*International Trade Fair,* et les hôtels sont vite complets.

Prix moyens

Little Big House (plan D1, **12**) : *24, odos Andokidos (ano poli). ☎ 23-13-01-43-23. • littlebighouse.gr • Bus n° 23 (de la gare ferroviaire) ou minibus n° 22. Tte l'année. Compter 16-18 €/pers en dortoir 6 lits, 18-20 € en dortoir 4 lits ; 48-52 € pour une double. Petit déj 2 €.* Vicky et Harry, frère et sœur, ont voyagé avant d'ouvrir, inspirés par leurs expériences, leur accueillante maison-AJ dans un quartier non touristique sur les hauteurs. Dortoirs et chambres privées, cuisine équipée à disposition. Belle terrasse sur le toit du petit café. Excellent accueil, et plein de bons conseils pour la visite de la ville.

Hostel Arabas *(plan B1, **15**) : 28, odos Sachtouri. 69-44-46-68-97. • hostelarabas.gr • Minibus n° 22. Dans une rue escarpée à la limite des remparts. Tte l'année. Dortoir à partir de 12 €/pers, chambres doubles env 40-45 €.* À la lisière des remparts nord-ouest, dans un quartier de la ville haute où maisons en ruine côtoient maisons rénovées, et qui se révèle finalement calme. Au fond d'un petit jardin, une maison où l'hébergement standard ne se distingue pas en particulier (chambres communes de 3 à 5 lits, avec petite cuisine, terrasse ou balcon), mais où l'accueil est excellent et l'ambiance vraiment conviviale.

Augustos Hotel *(plan B1, **10**) : 1, odos Ptoléméon et 4, odos Éléni Svoronou. ☎ 23-10-52-25-50. • augustos.gr • Doubles 55-75 €.* Séduits d'abord par la belle façade années 1920, nous n'avons pas été déçus par l'intérieur rétro mais confortable. Longs couloirs parquetés, hauts plafonds et ambiance pension de famille. Chambres fraîches et propres, avec une petite touche contemporaine pour certaines d'entre elles.

Nea Metropolis Hotel *(plan B1, **11**) : 22, odos Sygrou. ☎ 23-10-53-03-63. • neametropolis.gr • Central, à deux pas d'Égnatia. Doubles 42-50 €, petit déj compris.* Chambres agréables, simples, au calme et avec clim. Salles de bains petites et assez basiques mais correctes. Une bonne adresse, bien tenue, même si l'accueil peut manquer de chaleur.

Orestias Kastorias Hotel *(plan C2, **14**) : 14, odos Agnostou Stratiotou. ☎ 23-10-27-65-17. • okhotel.gr • Tte l'année. Doubles 50-60 €.* Dans un quartier vivant du centre-ville, à deux pas de l'Agora. Une quarantaine de chambres classiques (avec AC), à l'image de ce beau bâtiment du début du XXe s rénové en 2011. Pas de petit déjeuner mais cafés et gâteaux sont proposés. Accueil très gentil.

De prix moyens à plus chic

Tobacco Hotel *(plan B1, **16**) : 25, odos Agiou Dimitriou. ☎ 23-10-51-50-02. • davitel.gr • Tte l'année. Doubles 60-80 €, petit déj compris.* L'hôtel (non fumeur !) doit son nom à l'ancienne fonction du bâtiment, un entrepôt de tabac des années 1920 situé sur un des grands axes de la ville, bien plus calme qu'Égnatia. Une soixantaine de chambres confortables, plutôt grandes, hautes de plafond, avec une décoration élégante, jouant sur les accords entre le marbre et le bois. Personnel serviable.

Hotel Telioni *(plan B1, **13**) : 16, odos Agiou Dimitriou. ☎ 23-10-52-78-25. • telioni.gr • Doubles 60-70 €, petit déj compris.* Un hôtel plutôt chic, dont la déco oscille entre l'élégant et le standard confortable. Ambiance feutrée et chambres bien tenues avec balcon. Accueil professionnel et agréable.

Zaliki Boutique Hotel *(plan B1, **17**) : 6, odos G. Zaliki. ☎ 23-10-22-64-00. • zalikihotel.gr • Compter env 65-80 € la double, petit déj compris. Parking à 50 m (payant sf si l'on opte pour l'offre room and free parking).* Avec sa façade bleu clair, cet hôtel discret, à taille humaine, se niche dans une rue pas trop passante proche du centre. Chambres agréables, dotées d'une excellente literie. Bon petit déjeuner et personnel très serviable.

City Hotel *(plan B2, **18**) : 11, odos Komninon. ☎ 23-10-26-94-21. • cityhotel.gr • Tte l'année. Doubles standard 70-105 €, petit déj compris.* Très central, proche de la mer et des restos. L'hôtel, qui s'adresse autant aux touristes qu'à une clientèle d'affaires, a misé sur une déco contemporaine de bon aloi (avec des touches « vertes » lui valant d'afficher une politique « eco-friendly », qui ne fait pas toujours oublier la petitesse de certaines chambres). Les chambres les plus grandes sont au 8e étage, mais les prix montent aussi ! Personnel très serviable et très pro.

Où manger ?

Bon marché

Derlikatessen (enseigne en grec : Ντερλικατέσεν ; plan B2, **21**) : *7, odos Kouskoura (en bas de l'odos Paléon Patron Germanou). ☎ 23-10-22-63-67. Tlj, jusque tard.* Un monde fou à toute heure sur les quelques tables de cette échoppe bien connue des étudiants de la ville : comme eux, faites fourrer vos *pitès* (appelées ici « *sandwichs* ») de *haloumi* (fromage chypriote), de champignons et de différentes sauces maison. Quelques tables pour manger sur place.

Blé (plan B2, **22**) : *à l'angle d'Agias Sophias et de Georgiou Stavrou. ☎ 23-10-23-12-00. Tlj, 24h/24.* Prototype de la boulangerie/fast-food un peu huppée, dans les murs d'un imposant bâtiment néoclassique. Il y en a pour tous les goûts, salés ou sucrés : choix interminable de *pittès* et de pâtisseries en provenance d'un peu toute la Grèce, pains, sandwichs, pizzas, plats préparés à emporter, glaces en pagaille et chocolats... belges. Pas mal de tables sur les rues piétonnes Agias Sophias et Stavrou. Différentes annexes en ville, un peu moins fournies, dont une à l'angle d'Égnatia et Patron Germanou *(plan C2)*, en face de l'église Agia Sotiros.

Mayirès (enseigne en grec : Μάγειρες ; plan B2, **28**) : *42, odos V. Irakliou. ☎ 23-10-27-23-79. À deux pas du marché. Lun-sam 12h-20h. Env 10 €.* Une quinzaine de plats préparés sont quotidiennement proposés (viandes en sauce ou plats végétariens). On passe commande avant d'aller s'installer et on est servi presque aussitôt. C'est propre, fonctionnel, assez bon marché et... plutôt aseptisé.

Prix moyens

Vassilikos (plan B2, **23**) : *3, odos Egiptou. ☎ 23-14-00-94-74. Tlj midi et soir (cuisine à partir de 13h). Plats 7-9 €.* Dans le quartier de Ladadika, devenu par endroits très tape-à-l'œil, un *mézédopoleio* très agréable. Les tables sont dispersées dans la rue piétonne, pavée et riche de quelques belles bâtisses. Pour accompagner votre verre, on vous apporte systématiquement un petit *mezze*... Service impeccable. Possibilité également d'y manger plus classiquement (plats plus élaborés).

Rouga (plan B2, **24**) : *28, odos Karipi. ☎ 23-10-24-17-27. De l'odos Dragoumi, tourner sur Papadopoulou, puis 1re rue à droite. Env 12-15 €.* Dans une ruelle piétonne largement occupée par un établissement voisin, un brin envahissant, cette adresse se distingue par la qualité de sa cuisine et de l'accueil. Belle carte : *bouyourdi* (feta, poivron, tomate au four, plat typique de la Grèce du Nord), moussaka « minute », viandes (plat complet ou à la pièce), etc. Et, pour agrémenter le tout, parfois des musiciens.

Bazagiazi (plan B2, **25**) : *35, V. Irakliou (dans un passage couvert du marché Modiano). ☎ 23-10-27-90-06. Tlj midi et soir. Plats 6-10 €. CB refusées.* Bien qu'ouverte assez récemment, cette adresse située en plein cœur du marché a rapidement trouvé sa place. Produits frais, plats type *mezze* à prix raisonnables, service agréable. Ambiance animée en fin de semaine.

Takadum (plan B2, **26**) : *1, odos Agiou Mina. ☎ 23-10-51-20-79. Tlj midi et soir. Env 10-15 €.* Une déco orientalisante à l'intérieur, comme un bric-à-brac de brocante, des chaises de toutes les couleurs en terrasse, de quoi apporter un peu de gaieté à une rue un peu grise. Dans l'assiette, une simple et bonne cuisine familiale : salades, taboulé, houmous, *bouyourdi*, petits *souvlakia*, *keftédès*, le tout à prix doux. Excellent accueil.

Inglis (plan D1, **29**) : *32, odos Irodotou (ano poli). ☎ 23-13-01-19-67. Tlj midi et soir. Env 12-15 €. CB refusées.* Ambiance animée le soir, jeunes Grecs et clients de l'AJ voisine *(Big House)* remplissant vite les tables de cette taverne de quartier qui donne sur une petite place. Il faut dire qu'elles ne sont pas bien nombreuses dans cette partie tranquille d'Ano Poli. Carte assez courte avec des plats qui trahissent une influence ottomane comme le *bouyourdi*, le *yaourtlou* kebab ou encore le *hounkiar beyedi* (à vos souhaits !).

De prix moyens à plus chic

To Yedi (plan D1, **30**) : *13, odos Papareska (ano poli). ☎ 23-10-24-64-95. Tlj midi et soir. Repas 15-22 €.* Dans la ville haute, une jolie taverne où les arbres ont trouvé leur place sur l'étroite terrasse en bord de route. Carte variée, une cuisine goûteuse et un service attentionné. Ajouter à cela l'impression d'être dans un village (si ce n'était les mobylettes vrombissantes...) et non dans la turbulente Thessalonique, et vous comprendrez pourquoi l'endroit attire autant de monde. Certains soirs, *bouzouki, baglama* et guitare.

Zythos (plan B2, **27**) : *5, odos Katouni. ☎ 23-10-54-02-84. Tlj 11h-1h. Repas 15-22 €.* Genre de grande brasserie un peu chic, offrant une carte variée (avec notamment des plats d'Asie Mineure, spécialités de la maison). Terrasse dans une rue piétonne pavée et branchée, grande salle très haute de plafond avec un cycliste au mur et un piano (au sol, celui-ci !). Service efficace.

Où manger une glace ?
Où déguster une pâtisserie ?

Terkenlis (plan B2, **41**) : *8, odos Agias Sophias et 67, odos Mitropoléos. ☎ 23-10-26-05-70. Tlj 6h-23h, voire minuit.* De très bonnes glaces maison. Également un bon choix de gâteaux, très variés, des sandwichs ou d'autres petits en-cas salés. 2 autres adresses dans le centre : *4, pl. Aristotélous et 30, odos Tsimiski (plan B2, **41**), ainsi que 33, odos Agias Sophias, à l'angle d'Ermou (plan C2, **41**).*

Hatzis (plan B2, **42**) : *angle odos Vénizélou et Klissouras. Tlj jusqu'à 23h. Tables sur odos Klissouras ou à l'intérieur.* Débauche de pâtisseries orientales aux noms plus sucrés les uns que les autres. Il faut dire que la maison a ouvert en 1908 quand Thessalonique appartenait encore à l'Empire ottoman...

Où boire un verre ?

Vous aurez l'embarras du choix pour trouver un café. Le long de la *paralia* (bord de mer), près de la place Aristotélous *(plan B2)*, des **cafés** chic et chers, avec vue sur le golfe Thermaïque. Les terrasses des cafés sont bondées en soirée. Chaque établissement a un style de musique et une déco différents.
Notre préférence va aux nombreux cafés (toujours assez chic et branchés, mais l'ambiance y est plus paisible) des rues Katouni *(plan B2)* et Iktinou *(plan C2)* : sur cette dernière, piétonne, au n° 10, le bar ***Au Trottoir*** est particulièrement sympa. On aime bien aussi le ***Modigliani,*** 12, odos Kydoniatou dans le marché *(plan B2).* Au nord d'Égnatia, l'odos Olymbou concentre quelques adresses intéressantes comme le ***Kafenio Loux*** au n° 83, avec son atmosphère rétro des années 1920-1930 et le ***Frederico Agapi Mou,*** au n° 87, et son design rétro-pop des années 1960.

LE NORD

À voir

Un billet groupé à 15 € (valable 3 jours) donne accès aux Musées archéologique et de la Culture byzantine, à la tour Blanche, à l'ancienne Agora et au musée de l'Agora romaine.

Les églises byzantines : une dizaine (11 pour être précis), dont quelques-unes majeures. Elles constituent la part la plus importante de la quinzaine de monuments inscrits par l'Unesco sur la liste du Patrimoine mondial sous l'appellation « Monuments paléochrétiens et byzantins de Thessalonique ». L'accès en est gratuit mais, on le rappelle, il est souhaitable d'y entrer correctement vêtu. Inconvénient majeur : les horaires sont différents pour chacune d'elles et, pour certaines, fréquemment changés. À noter que pendant près de cinq siècles, la plupart de ces églises chrétiennes ont servi de mosquées. Certaines se trouvent dans la ville basse, d'autres dans la ville haute (Ano Poli).

– ***Agios Dimitrios*** *(plan C1)* **:** *97, odos Agiou Dimitriou. Ouv 8h-22h. Pour la crypte, horaires spéciaux – et changeants.* Cette église, la plus imposante de la ville, est consacrée au saint patron de Thessalonique, supplicié par Galère. Elle a été reconstruite après l'incendie de 1917 qui n'a guère épargné que les mosaïques et la crypte, à droite du chœur.

– ***Agia Sophia*** *(plan C2)* **:** *à l'angle d'odos Agias Sophias et d'odos Karditsou. Tlj 7h-13h, 18h-19h30.* De plan carré, elle fut construite à partir du VIIIe s. Voir en particulier la mosaïque sous la coupole (l'Ascension du Christ : ce dernier assis sur un arc-en-ciel est soutenu par des anges) ; à l'extérieur subsiste la base du minaret construit par les Turcs lors de sa transformation en mosquée.

L'Achiropiitos *(plan C2)* **:** *56, odos Agias Sophias. ☎ 23-10-27-28-20. Tlj 8h-12h, 16h30-18h30.* Grande basilique, profonde (la première église de la ville à avoir été transformée en mosquée dès la prise de Thessalonique en 1430). Voir en particulier la mosaïque à gauche de l'autel et les fresques au niveau des chapiteaux.

La Panagia Chalkéon *(plan B2)* **:** *sur odos Égnatia. Entourée par un jardin sympathique.* Date du XIe s. Magnifique cycle de fresques dont celles représentant l'Ascension du Christ dans le dôme et le Jugement dernier dans le narthex.

La petite Agia Sotiros *(plan C2)* **:** *à l'angle d'odos Égnatia et de P. Germanou. Tlj sf sam 16h30-20h.* Avouons un faible pour sa situation incongrue (qu'elle partage d'ailleurs avec nombre de ses consœurs !), en contrebas d'odos Égnatia, coincée entre les immeubles modernes, presque en face de l'arc de Galère. Les fresques du dôme datent de 1350-1370.

– ***Agios Nikolaos Orfanos*** *(plan D2)* **:** *odos Irodotou (ano poli). Tlj sf lun 8h30-15h.* Derrière ses murs, entourée par un jardin, cette église est tout ce qui reste d'un ancien monastère. Les fresques (1310-1320) sont parmi les mieux conservées de toute la ville.

– ***Le monastère des Vlatadon*** *(plan C1)* **:** *64, odos Eptapyrgiou (ano poli). Tlj 7h30-15h et 17h30-20h. Le katholikon, lui, ferme à 11h et ne rouvre que 17h30-18h. Musée slt dim 11h-14h30.* Havre de paix, avec, dans l'église principale *(katholikon)*, de très belles fresques de la fin du XIVe s. Le seul monastère de l'époque byzantine à être toujours en activité à Thessalonique.

– ***Ossios David*** *(plan C1)* **:** *proche du monastère des Vlatadon mais pas très facile à dénicher (viser odos Epimenidou, et c'est juste au-dessus). Horaires variables (y aller le mat, c'est plus sûr), fermé lun.* C'était le *katholikon* de l'ancien monastère de Latomou. Découverte dans les années 1920, une magnifique mosaïque (5,50 x 2,50 m), dans le chœur, représente un Christ imberbe, presque androgyne, assis sur la courbe d'un arc-en-ciel, entouré par les symboles des quatre évangélistes. Belles fresques également.

Les ruines romaines *(plan C2)* **:** l'arc de Galère *(sur l'odos Égnatia)* et la Rotonde *(100 m plus haut),* tous deux du début du IVe s de notre ère, formaient avec le palais de Galère, un peu plus au sud, un grand complexe. L'arc n'est pas en fait un arc de triomphe mais ce qui reste d'un monument à huit piliers célébrant la victoire de l'empereur romain du même nom sur les Perses. La *Rotonde (tlj 8h-19h en été, 8h-17h en hiver ; entrée : 2 €)* devait être un mausolée, mais Galère est parti mourir ailleurs, en Serbie. Constantin le Grand en fit la première église de la ville, dédiée à saint Georges (Agios Georgios). Belles mosaïques sous la coupole. Le *palais de Galère (en principe mar-dim 8h30-15h, mais en 2016, il est resté fermé la plupart du temps)* se situe dans l'axe, en direction de la mer.

Les monuments turcs : plus très nombreux, mais dans le centre, il reste tout de même quelques témoignages de 500 ans de présence turque. Deux mosquées : la première, *Hamza Bey,* sur Égnatia et Vénizélou, en restauration depuis des années, connue localement sous le nom d'*Alcazar* en raison d'un cinéma qui y fut installé, et la seconde, *Issak Pacha,* près de la rue Kassandrou. Plusieurs hammams sont encore conservés, dont le beau *Bey hammam (plan B2),* sur Égnatia, qui a fonctionné jusqu'en 1968, et le *Yeni hammam,* près de l'église Agiou Dimitriou *(plan C1),* plus connu, lui, sous le nom d'*Aigli,* un autre cinéma qui a été transformé en café (très sympa). Enfin, le *marché Bézesténi (plan B2),* à l'angle de Vénizélou et Solomou, un bâtiment rectangulaire datant du début du XVe s.

Le musée juif de Thessalonique *(plan B2)* **:** *13, odos Agiou Mina. ☎ 23-10-25-04-06. • jmth.gr • Lun-ven 10h-15h, mer 10h-15h et 17h-20h, dim 10h-14h. Fermé sam. Entrée : 3 €.*
Dans un des rares bâtiments classiques à n'avoir pas brûlé lors de l'incendie de 1917. C'était le siège d'un journal de la communauté juive, publié en... français ! La communauté juive, très ancienne (sa présence remonte à la fondation de la ville), a connu un essor sans précédent lorsque 15 000 à 20 000 juifs d'Espagne sont arrivés à Thessalonique. Vers 1680, la composante juive de la ville devint la minorité la plus active. Voir la carte en français (près de l'endroit où s'achètent les billets) où sont bien délimités les anciens quartiers juif, musulman et chrétien. Le grand incendie de 1917 a été le signe avant-coureur du destin qui allait frapper la communauté : c'est le quartier juif qui a payé le plus lourd tribut (plus de 53 000 sans-abri juifs décomptés après le sinistre). L'émigration a alors commencé, souvent vers la France, mais ce sont néanmoins 50 000 juifs qui se sont trouvés pris au piège dans la ville quand les Allemands ont envahi la Grèce.
Au rez-de-chaussée, les deux murs principaux d'une salle sont entièrement remplis par les noms des 48 533 morts en déportation. Est également retracé le destin de membres de la communauté ayant rejoint la Résistance et les maquis, et ayant ainsi échappé aux camps. À l'étage, histoire chronologique de la communauté avec d'intéressants documents (voir les trois photos panoramiques de la ville datant d'avant 1917), et quelques petites salles consacrées à la vie familiale, sociale mais aussi industrielle et intellectuelle.

Le marché Modiano *(plan B2)* **:** *tlj sf dim, entre odos Ermou et odos Égnatia.*
Son nom lui vient de l'architecte qui le fit construire dans les années 1920. Très animé (surtout le samedi), il vaut le détour pour son côté oriental. Poisson, viande, épices... De l'autre côté d'Aristotelous, c'est le marché *Kapani.*

La tour Blanche *(plan C3)* **:** *☎ 23-10-26-78-32. En été, tlj 8h-20h ; en hiver, tlj sf lun 8h30-15h. Entrée : 4 € ; gratuit étudiants de l'UE. Audioguide gratuit (en anglais).* Vestige des fortifications vénitiennes du XVe s, elle abrite le musée de la Ville de Thessalonique et présente, sur sept niveaux, une expo sur la cité et ses habitants. Cette tour, de sinistre mémoire après la répression sanglante d'une révolte de janissaires contre le sultan, avait dû être « blanchie » à la chaux pour faire oublier le sang qui y avait été versé...

Le Musée archéologique *(plan C3)* **:** *6, odos M. Andronikou. ☎ 23-13-31-02-01. • amth.gr • En principe, avr-oct, tlj 8h-20h ; nov-mars, lun 10h-17h, mar-dim 9h-16h. Entrée : 8 € ; réduc ; gratuit moins de 19 ans et étudiants de l'UE. Billet combiné avec le musée de la Culture byzantine : 8 €. Audioguide (en anglais).* Présentant ce que les nombreuses fouilles archéologiques en Macédoine ont mis au jour, ce beau musée est vraiment très pédagogique (du moins si on lit l'anglais !), avec pas mal de panneaux explicatifs sur la vie privée et publique dans l'ancienne Macédoine, le commerce et l'artisanat, les pratiques funéraires et les cultes... Mais le clou de la visite, c'est toute la partie consacrée à « l'or des Macédoniens », avec les somptueuses découvertes issues de nombreuses nécropoles des environs de Thessalonique, et en particulier le magnifique cratère de Derveni (40 kg), décoré par une scène représentant les noces d'Ariane et Dionysos, utilisé comme urne funéraire. On dirait de l'or, pourtant il n'en contient pas un gramme, mais l'alliage de cuivre et d'étain donne le change ! Les bijoux provenant du trésor de Sindos (colliers, bracelets, couronnes, diadèmes...) sont d'une finesse exquise. Également des sections consacrées à la Macédoine depuis la Préhistoire (moulage du crâne de l'homme de Petralona) ainsi qu'à la ville de Thessalonique et son histoire.

Le musée de la Culture byzantine *(plan D3)* **:** *2, léoforos Stratou. ☎ 23-13-30-64-00. • mbp.gr • Avr-oct, tlj 8h-20h ; nov-mars, lun 10h-17h, mar-dim 8h-15h. Entrée : 8 € ; réduc ; gratuit moins de 19 ans et étudiants de l'UE. Billet combiné avec le Musée archéologique : 8 €. Photos sans flash autorisées.* Ce grand musée est constitué de 11 vastes salles d'expositions thématiques, suivant un ordre chronologique et couvrant largement plus de 1 000 ans (et même davantage puisqu'une section s'intitule « Byzance après Byzance ») de culture byzantine, tant sous l'aspect religieux que sous celui de la vie quotidienne. Thessalonique a été un centre artistique important sous Byzance, en particulier au XIIIe s. On commence par les églises dites paléochrétiennes avec des éléments architecturaux (beau *triclinium* d'une salle de réception d'une maison du Ve s). Intéressantes découvertes faites dans les cimetières de la ville (dont de belles peintures murales), une belle collection d'icônes dont de remarquables icônes double face. Café-restaurant.

La ville haute *(ano poli ; plan C-D1)* **:** rien de tel qu'une escapade dans la ville haute. Oublier les deux-roues qui la traversent : cet ancien quartier ottoman aux rues étroites et aux vieilles maisons à encorbellement offre une certaine quiétude et une ambiance de village qui tranche avec celle de la ville basse. Voir en particulier le quartier de l'*Eptapyrghio* (les Sept Tours) qui domine tout Thessalonique. Pour y accéder, profiter des nombreux escaliers (un peu raides pour certains) qui y montent : de jolis bouts de vie s'offrent au détour de ceux-ci, ils sont plus directs que les routes et, surtout, voitures et scooters n'y ont pas accès !

Festivals

- **Festival des Arts de la rue :** *mi-juin. • streetartfestivalthessaloniki.com •*
- **Dimitria :** *fin sept-fin oct. • dimitria.thessaloniki.gr •*
- **Festival du Film :** *1re quinzaine de nov. • filmfestival.gr •*

LA CHALCIDIQUE (ΧΑΛΚΙΔΙΚΗ)

• Carte Le mont Olympe et la Chalcidique *p. 472-473*

À l'est de Thessalonique, cette partie de la Grèce est constituée d'un bel arrière-pays vallonné, peu connu, assez sauvage, complété de trois péninsules : Kassandra, Sithonia et le célèbre mont Athos.

KASSANDRA (ΚΑΣΣΑΝΔΡΑ)

Péninsule la plus à l'ouest, elle est surtout fréquentée par la population de Thessalonique qui l'envahit le week-end, ou lors des vacances. Comparée à

sa voisine, Sithonia, la presqu'île est assez décevante. Ses côtes ne sont pas des plus charmantes, notamment la façade orientale entre *Kallithéa* et *Pefkochori,* dévorée par les villes-villages touristiques. Son centre, en revanche, sauvage, montagneux, boisé et peu accessible, est beaucoup plus séduisant, avec quelques rares villages qui ont gardé un peu de cachet (Kassandrino, par exemple). On découvre de très beaux points de vue sur la jolie route entre *Paliouri,* au sud, et *Agia Paraskévi.* La boucle se fait en poursuivant par Agia Paraskévi, Loutra et le port de Néa Skioni.

Où dormir ?

Zephyros Apartments : *dans la partie sud d'**Afytos,** en surplomb des falaises. ☎ 23-74-09-14-33. • zephyros.gohalkidiki.com • Compter 35-75 € selon taille de l'appart.* Bâtiment moderne dans la partie calme du village, en position dominante, avec un beau jardin et une jolie vue. Les chambres sont standard et sans originalité, mais on profite d'un environnement plus agréable que dans le centre du village, avec la grande bleue devant soi.

Où manger ? Où boire un verre ?

O Sparos : *sur la plage principale d'**Afytos.** ☎ 23-74-09-11-71. Repas 10-15 €, formule 6 mezze 14,50 €.* Terrasse dans les tons actuels (blanc et vert olive) posée à même le sable. Toutes sortes de *mezze* pour se composer un bon repas à prix doux. Et la plage est à deux pas... Bien pour boire un verre aussi.

À voir

Afytos (Αφυτος) **:** seul village de la presqu'île réellement doté de charme, il est aussi le seul à ressembler à un vrai village et non à une juxtaposition hasardeuse de villas, hôtels et bâtisses. On flâne avec plaisir dans ses jolies rues pavées, fleuries, bordées de demeures cossues soignées. Le clou reste sa façade orientale surplombant les plages, au-dessous. Bien sûr, cette belle promenade est assiégée par les restos et les cafés.

SITHONIA (ΣΙΘΩΝΙΑ)

C'est la péninsule du milieu, entre Kassandra et le mont Athos. Restée encore assez sauvage, avec de nombreuses collines boisées de pins, de petites criques de sable, parfois bien cachées, elle est très différente de sa voisine Kassandra : assez touristique elle aussi mais pas trop défigurée, elle est davantage fréquentée par une clientèle étrangère, séduite par ses bien jolies plages. Les campings y sont assez nombreux.

Arriver – Quitter

En bus

Sithonia est relié par bus à Thessalonique. Départs de la gare de Chalcidique.
➢ ***De/vers Agios Nikolaos*** *(au nord-est de la péninsule)* **:** 3-4 bus/j.
➢ ***De/vers Sarti*** **:** 4-5 bus/j.
➢ En été, ***Métamorphossi, Nikiti, Vourvoura, Kalamitsi, Porto Koufos*** et ***Toroni*** sont eux aussi accessibles par bus plusieurs fois/j.

Info pratique

■ ***Distributeurs de billets*** **:** *à Néa Marmaras et à Sarti.*

Où dormir ?

Campings

▲ ***Camping Lacara*** **:** *à* ***Koutloumoussi,*** *8 km au sud-est de Vourvourou. ☎ 23-75-09-14-44. • lacaracamping.gr • Fin avr-fin sept. Compter 16-25 € pour 2 avec tente et voiture.* Un beau camping plutôt bien ombragé et sympathique, avec pas mal d'espace pour les camping-cars. Des bungalows en bois (3 à 6 personnes) à louer également. Bar-restaurant.
▲ ***Camping Melissi*** **:** *à* ***Paralia Sykias,*** *au sud de Sarti. ☎ 23-75-04-16-31. • camping-melissi.gr • Mai-sept. Compter 16-19 € pour 2 avec tente et voiture. CB refusées.* Face à une belle baie, relativement peu fréquentée, avec le mont Athos face à soi, un camping simple, nature et tranquille, sur terrain plat, avec de l'ombre. Bloc sanitaire récent. Minimarket, laverie.
▲ ***Thalatta Camp*** **:** *à* ***Kalamitsi.*** *☎ 23-75-04-14-10. • thalattacamp.gr • Un peu au sud du village. Mai-début oct. Pour 2 avec petite tente et voiture selon type d'emplacement et saison, 12,50-23 € et 15-26 €. Également des loc (mobile homes, bungalows en bois).* Grand camping en bord de plage (et une très belle plage), bien équipé, proposant pas mal d'animations sportives et, à ce titre, très fréquenté.

Prix moyens

▲ ***Haus Theodora*** **:** *à* ***Sarti,*** *face à la mer, en allant vers le nord. ☎ 23-75-09-43-41. • sarti-theodora.gr • Avr-oct. Doubles au rdc 30-65 €, 40-75 € au 1er étage (et plus cher au 2e étage).* Hôtel familial très central. Des chambres, colorées, assez spacieuses, avec AC, kitchenette et un balcon face à la mer. Accueil chaleureux.

Où manger ?

|●| ***Taverna Boukadoura*** **:** *à* ***Élia.*** *69-44-54-72-39. Sur la route principale en allant vers le sud, petite route discrète sur la droite vers Élia Beach ; continuer env 2 km ; jolie maison face au complexe Eléa Village. Mai-sept, tlj ; oct-avr, ven-dim. Repas 15-20 €.* Une adresse de charme, juste au bord de l'eau, que l'on contemple de la magnifique terrasse ou de la non moins belle salle vitrée à l'étage. Carte variée et originale, une cuisine pleine de saveurs, des aliments frais, naturels... Une addition un poil plus élevée que la moyenne, mais vous ne le regretterez pas.
|●| ***Leon*** **:** *à* ***Toroni,*** *au bord de la route principale qui longe la mer, côté nord. Repas 10-15 €.* Taverne proposant d'excellents plats cuisinés ou grillades à des prix très corrects.
|●| ***O Pefkos*** **:** *à* ***Porto Koufo,*** *1re taverne à droite en arrivant sur le port. ☎ 23-75-05-12-06. Repas*

10-15 € (un peu plus si vous vous lâchez sur certains poissons). Spécialités de poisson. Accueil sympathique.

5 Vimata stin ammo (*5 Steps in the sand*) : *à* **Pigadaki Sykias.** *☎ 23-75-04-12-06. Tlj midi et soir avr-oct. Env 12-15 €.* Une taverne de plage, où le service est efficace et attentionné. Cuisine qui ne se prend pas la tête mais propose des produits de la mer sobrement préparés. Agréable terrasse en bois au-dessus de la plage.

Ta Vrakakia (*« Les Rochers », en grec*) : *à* **Sarti,** *le dernier resto à gauche en regardant la mer. ☎ 23-75-09-41-05. Repas 12-15 €.* Directement sur une magnifique plage de sable cernée de gros rochers blancs et ronds. Une cuisine délicieuse et raffinée. L'établissement est réputé, mais l'addition reste très raisonnable.

Où dormir ? Où manger dans les terres ?

Archondiko Virangas : *à* **Vrastama.** *☎ 23-71-07-14-29. 69-73-35-12-93. • viraggas.gr • Membre du réseau d'hébergements de charme* Guest Inn *(• guestinn.com •). À env 10 km à l'est de Polygyros et à 17 km de la côte. Dans la partie basse du village (fléché). Tte l'année. Double 79 €, triple 89 €, petit déj compris.* Magnifique maison d'hôtes surplombant une petite rivière qui coule toute l'année et fait entendre son murmure. 6 chambres, doubles ou triples, à la décoration soignée, où l'ancien se mêle au moderne, dans un bâtiment du XIXᵉ s, typique de la Macédoine, et joliment rénové. Restaurant pour les hôtes où des spécialités régionales sont préparées avec talent. Une belle adresse où l'accueil de Vassilis est à la fois chaleureux et sincère.

Klimataria : *à* **Métangisti.** *☎ 23-75-09-23-65. À une dizaine de km de la côte. Dans le centre du village. Tlj midi et soir.* La taverne de village-type. Le soir, les broches tournent (cochon de lait, agneau, et parfois *kokoretsi*), les portions servies sont généreuses. En fin de semaine, en saison, des musiciens égaient la soirée.

À voir. À faire

Toroni (*Τορωνη*) : *au sud-ouest de la péninsule, à une bonne cinquantaine de km de Nikiti.* Le village de Toroni s'étire le long d'une plage de 3 km. Hôtels, pensions, tavernes d'un côté de la route, la plage de l'autre. Ambiance familiale.

Porto Koufo (*Πορτο Κουφο*) : *à 2 km au sud de Toroni.* Un port naturel bordé de tavernes, abri idéal pour les marins et les routards amateurs de poisson. Nombreuses chambres à louer.

Kalamitsi (*Καλαμιτσι*) : *tt au bout de la péninsule.* Dans un décor sauvage, une ministation balnéaire comptant quand même trois campings et un bon nombre de studios et chambres à louer. Jolie plage protégée où se prélasser.

Sarti (*Σαρτη*) : sur la façade est de la presqu'île, cette petite ville d'un petit millier d'habitants multiplie sa population en été. Sa plage est bordée de cafés et restos. Ils sont nombreux aussi dans le centre piéton, très fleuri et verdoyant.

Vourvourou (*Βουρβουρου*) : *à 25 km au nord de Sarti.* Vourvourou est un petit archipel qui s'étend à 500 m de la côte à peine. *Nissos Diapora* est la plus grande de la dizaine d'îles et d'îlots quasi inhabités qui le compose. On peut louer une barque à moteur et passer sa journée à découvrir les criques, à parcourir les bras de mer qui passent du bleu profond au vert émeraude. Le problème, c'est que sur le continent la petite station du même nom, où l'on est très à l'étroit, est vite prise d'assaut aux beaux jours, la difficulté étant alors de réussir à y accéder...

➢ ***Croisière à la journée le long des côtes du mont Athos*** *(pas d'interdiction pour les femmes !)* ***:*** *départ à Ormos Panagia. Pâques-oct.* Quelques compagnies proposent leurs services, sur des embarcations de taille différente (certains mastodontes – 250 personnes – ne donnant pas vraiment envie de tenter l'aventure).

■ ***Friedrich Travel :*** *près du quai. ☎ 23-75-03-14-80. • friedrich-travel.com •* La « grosse compagnie » qui possède plusieurs bateaux.

LE MONT ATHOS (AGION OROS ; ΑΓΙΟΝ ΟΡΟΣ)

Cette longue presqu'île (c'est le troisième « pis » de la Chalcidique, que les Grecs appellent *Agion Oros,* la « montagne Sainte ») peut concourir sans problème pour le titre de la plus belle région de Grèce : la nature, rien que la nature, pas de promoteurs immobiliers... Au total, pas grand-chose de changé depuis 963, date de l'établissement des premiers moines. Pas de route depuis l'extérieur, on y accède en bateau, comme si on partait sur une île. Tout cela pour dire que même si l'on n'est pas un spécialiste de la religion orthodoxe ou de l'art byzantin, on prendra un vif plaisir à randonner le long des sentiers de la presqu'île.

Monsieur devra laisser femme et enfants au port d'embarquement, Ouranoupolis, puisque, selon l'article n° 186 de la charte du mont Athos, « l'entrée de femelles est interdite » ! Au XIe s, on a en effet interdit la transhumance aux bergers, dont les femmes avaient une regrettable tendance à se glisser dans les lits des moines... et elles sont toujours indésirables aujourd'hui ! Maigre consolation, chèvres, ânesses, juments et vaches le sont aussi. Seules les poules sont tolérées, les œufs entrant dans la composition de la peinture pour les icônes.

L'HABIT FAIT LE MOINE

En 1929, Maryse Choisy, une journaliste française, décida d'enquêter sur le mont Athos, interdit aux femmes. Elle rapporta de ce séjour un livre, Un mois chez les hommes. *Sur place, pour passer le plus inaperçue possible, elle ne se contenta pas de s'affubler de la classique fausse moustache : elle se fit poser une prothèse pénienne... et ça a marché ! Elle raconte ainsi avoir dû prendre ses jambes à son cou pour échapper aux assauts d'un religieux qui la prenait pour un moinillon...*

Comment y aller ?

Les autorités ecclésiastiques limitent strictement l'accès au mont Athos (les non-orthodoxes ne peuvent pas entrer à plus de 10 par jour sur le territoire contre 100 orthodoxes autorisés quotidiennement). L'offre étant toujours identique, les facilités d'accès dépendent de la demande, d'où la nécessité de s'y prendre très longtemps à l'avance (6 mois maximum) si vous souhaitez vous y rendre au printemps, en raison de la Pâque orthodoxe. En revanche, en hiver, les délais sont réduits. En principe, on a droit à 4 journées (donc 3 nuits sur place).

C'est le ***bureau des pèlerins,*** situé au 109, odos Égnatia, 546 22 Thessalonique, à l'arrière de l'Agioritiki Estia *(☎ 23-10-25-25-78 ; fax : 23-10-22-24-24 ; • athosreservation@gmail.com • ; lun-sam 9h-16h),* qui délivre les laissez-passer. Envoyez une photocopie de votre passeport ou carte d'identité (par courrier ou par fax) en précisant la date souhaitée de votre séjour. Coût du laissez-passer : env

30 € (réduc pour les orthodoxes et les étudiants). Infos sur • ouranopoli.com/athos/mount-athos-information.html •
Si tout se passe bien (c'est-à-dire si le quota assez strict du nombre de non-orthodoxes présents sur la presqu'île n'est pas atteint), il faut alors filer sur ***Ouranoupolis*** (littéralement « la ville du ciel ») pour récupérer l'inestimable *diamonitirion* qui donne l'accès aux monastères, au ***Pilgrim's Office,*** sur la droite en arrivant (tourner au niveau de l'agence *Mouzenidis Travel* installée dans une ancienne station-service, c'est à gauche juste après). *Tlj 7h30-13h.* *☎ 23-77-07-14-21.*
Il faut arriver la veille à Ouranopolis, sauf si l'on part aux aurores de Thessalonique (en bus, 3h de route). Bus à 5h30 et à 6h15, départ de la gare des bus de Chalcidique à Piléa *(☎ 23-10-31-65-55 ; voir « Arriver – Quitter » dans le chapitre « Thessalonique » plus haut).*
Il existe 2 compagnies, chacune avec un bateau classique et un rapide (compter env 1h30 en classique, 45 mn en *speedboat*).

■ ***Micro Athos :*** *bureau à côté du bureau des pèlerins. ☎ 23-77-07-14-00. • microathos.gr •* Départ de l'*Agia Anna* (ferry) à 6h30 (lun-ven), 7h (sam) et 10h30 (dim) ; pour le *speedboat, Mikra Agia Anna,* sur résa 1 sem à l'avance, départs à 8h et 11h45 (8h30 et 11h dim).

■ ***Agioritikès Grammès :*** *bureau sur la rue piétonne en bord de mer, au milieu des restos. ☎ 23-77-07-11-49. • agioritikes-grammes.com •* Départs à 8h45 et 10h40 (bateau rapide), 9h45 (classique).

La visite

Une fois qu'on est dans la bergerie, à part quelques interdictions (on ne fume pas dans la rue principale de Karyès, on ne se ramène pas en short dans un monastère, on ne filme pas, on n'utilise pas de trépied pour photographier), c'est la liberté : on va où l'on veut, à son rythme, en s'arrangeant pour arriver à une heure décente dans un monastère (et de toute façon avant 20h ou 21h, à la belle saison, car les portes des monastères sont hermétiquement closes dès le coucher du soleil, au cas où le diable voudrait en profiter pour entrer...).
Impossible de rester 2 nuits de suite dans le même monastère. Les sentiers ne sont pas toujours bien balisés, et en hiver, parfois impraticables. Pensez à vous assurer par téléphone (liste des numéros à Karyès) que les monastères que vous souhaitez visiter peuvent vous accueillir.
Il est bien entendu préférable de se munir d'une bonne carte des sentiers qui relient les 20 monastères, avec une indication des durées de trajet, en heures de marche, entre eux. Il est également possible de prendre des caïques qui relient les monastères qui sont sur la côte, mais ce sera payant.
L'unique autobus ne fait que la liaison entre le port de Dafni, où vous dépose le bateau, et la « capitale », Karyès. Les routes se sont multipliées sur la presqu'île (quelques taxis/minibus conduits par des moines), mais pour le visiteur, la marche reste le moyen de déplacement le plus agréable par beau temps.
En cas de problème, quelques numéros utiles sur place :
– *Administration du mont Athos (à Karyès) : ☎ 23-77-02-32-30.*
– *Police (à Dafni) : ☎ 23-77-02-32-22.*
Quant aux monastères, s'il y en a bien qui sont plus riches que d'autres, aucun ne laisse indifférent. Ceux du sud-ouest sont les plus spectaculaires car ils se dressent au-dessus de la mer (notamment *Simonos Pétra* et *Dionysiou*). À l'est, le monastère d'*Iviron* et, plus loin, le *Megisti Lavra,* le plus ancien et le plus riche. Plus au nord, *Stavronikita* et *Pantokrator* présentent une belle architecture. Plus haut encore, *Vatopédi* mérite une attention toute particulière (mais il a été endommagé par un incendie et reconstruit : une boutique de souvenirs de 200 m² a été ajoutée aux bâtiments monastiques ; le prince Charles y a une chambre et un bureau réservés !). Le plus grand est le monastère russe d'*Agios Pantéléimon,* au nord du

port de Dafni, qui ne ressemble à aucun des autres monastères. C'est une petite ville, construite pour 2 500 moines.
Beaucoup de monastères ont été ou sont en réfection (l'Union européenne finance les travaux pour des millions d'euros), et l'on voit au mont Athos presque plus d'ouvriers des ex-pays de l'Est que de moines ! Certains considèrent d'ailleurs qu'il s'agit davantage de reconstruction que de restauration.
Une fois dans un monastère, il faut vous plier au style de vie. On dîne assez tôt (vers 18h-18h30, voire bien plus tôt en hiver) et, la plupart des monastères étant cénobitiques (c'est-à-dire suivant strictement des règles de vie commune), si vous vous y trouvez pendant le carême, vous ne mangerez peut-être pas assez pour randonner dans la journée (donc prévoyez un minimum de ravitaillement). Vous pouvez aussi envisager de vous lever la nuit pour assister à un office religieux.

À L'EST DE THESSALONIQUE (LA MACÉDOINE ORIENTALE)

• Carte La Macédoine orientale et l'île de Thassos *p. 499*

La partie orientale de la Macédoine grecque, comme la partie occidentale, voit alterner plaines cultivées et massifs montagneux, principalement le mont Pangée que l'autoroute Égnatia laisse sur votre gauche à mesure que vous progressez vers Kavala. Les mines d'or et d'argent du Pangée furent, dans l'Antiquité, à l'origine de plus d'une guerre.
En allant vers Kavala, vous passez tout prêt du site antique d'Amphipolis qui est en quelque sorte la porte d'entrée de la région.

LE NORD

AMPHIPOLIS (ΑΜΦΙΠΟΛΗΣ)

À env 100 km à l'est de Thessalonique et à 60 km à l'ouest de Kavala. Quitter l'autoroute Égnatia pour la route qui part en direction de Drama. ***Musée :*** *dans le village d'Amphipolis. ☎ 23-22-03-24-74. Avr-oct, tlj 8h-20h. Entrée : 6 € ; réduc.*
Un site déroutant, éclaté façon puzzle : Amphipolis fut une vaste cité entourée par 7,5 km de murailles. Dans ce périmètre, un village moderne a vu le jour, des routes le traversent, et pour aller d'un endroit visitable à un autre, il est nécessaire de prendre la voiture (on fait facilement une douzaine de kilomètres !). Pour s'y retrouver, impérativement commencer par la visite du musée.

Un peu d'histoire

Amphipolis, que l'on peut traduire par « la ville qui regarde des deux côtés » (terre et mer, sans oublier la rivière, à l'époque navigable), fut fondée par un général athénien. Elle gagna son indépendance avant de tomber dans le giron macédonien (Alexandre le Grand y rassembla sa flotte pour son expédition d'Orient), puis de passer sous contrôle romain, comme toute la région et de devenir une cité chrétienne. Tombée dans l'oubli, elle fut découverte par hasard par des soldats en 1913 lors de la deuxième guerre balkanique.
En 2014, de nouvelles découvertes ont tenu la Grèce en haleine : sur la colline de Kasta, une tombe d'une grande richesse, plus grande que celle de Philippe II de Macédoine à Vergina, a été découverte, contenant des ossements (550 !) appartenant à cinq squelettes différents. On a alors (un peu trop) vite fantasmé sur la présence des restes d'Alexandre le Grand, mort à Babylone ! Avec 30 m de hauteur, une enceinte en marbre de 500 m de circonférence, cela ne pouvait être

MACÉDOINE ORIENTALE ET ÎLE DE THASSOS

qu'un membre de la famille royale, et pas n'importe lequel, qui y était enterré. La datation de la tombe donnant les années 325 à 300 av. J.-C., c'était envisageable. Aujourd'hui, rien de moins sûr et les scientifiques ne penchent plus pour l'hypothèse Alexandre. Aux dernières nouvelles (octobre 2015), ce serait un de ses compagnons, le général Héphaestion. Évidemment, les fouilles sont toujours en cours et le site de la colline de Kasta ne se visitera pas avant quelques années.

La visite

– Le ***musée*** présente, à l'ancienne, ce qu'était une cité grecque, même si on en sait assez peu sur Amphipolis même (le détail de son urbanisme reste inconnu). Quelques belles pièces : une hydrie utilisée comme urne funéraire, décorée par un combat des Amazones, l'ossuaire en argent du général Brasidas, des bijoux en or, diadèmes, couronnes, la décoration murale d'une maison hellénistique.

– ***Murailles nord :*** impressionnantes par leurs dimensions, mais il n'y a rien d'autre à voir. Plus original, 500 m plus loin, sur la droite, les vestiges (uniques en Grèce) de l'***ancien pont,*** dont on connaît l'existence dans les textes antiques. Il a été dégagé de la terre en 1977 : il s'agit de 101 pieux de chêne, aujourd'hui protégés sous un abri. Depuis l'Antiquité, le cours de la rivière Strymon a changé et ces pieux sont sagement restés sous la terre jusqu'à ce qu'on les dégage.
– ***Acropole*** (en fait, sous ce terme se cache l'Amphipolis paléochrétienne) : du village, un peu après le musée, prendre sur la gauche la route au niveau du panneau « site archéologique » (en grec αρχαιολογικός χώρος). Dispersées parmi les herbes hautes, on distingue les ruines, peu parlantes, de quatre basiliques paléochrétiennes et une rotonde hexagonale. Quelques mosaïques sous un abri également.

PHILIPPI (*ΦΙΛΙΠΠΟΙ*)

*À 15 km au nord de Kavala, par la route de Drama. ☎ 25-10-51-62-51. Tlj avr-oct 8h-20h (horaires susceptibles d'être modifiés). En hiver, tlj 8h-15h. Entrée : 6 € pour le **site** et pour le **musée** ; réduc.*
Philippi a connu le destin habituel d'une cité antique : fondée, comme son nom l'indique, par Philippe de Macédoine qui avait flairé le bon coup en raison de la proximité des mines d'or du mont Pangée, elle passa aux mains des Romains. La cité connut alors une seconde vie : après l'assassinat de Jules César à Rome, les armées des deux camps (républicains et impériaux) se retrouvèrent face à face à Philippi (drôle d'idée pour des Romains de venir en Grèce pour en découdre : l'explication est que les deux camps mobilisèrent des troupes jusqu'en Asie et que leur point de rencontre fut ce coin de Macédoine orientale). Les partisans de la République furent vaincus par Antoine et Octavien – ce dernier allait être sacré empereur sous le nom d'Auguste. En reconnaissance, des colons y furent envoyés par Antoine puis Auguste. L'apôtre Paul y passa lors de son voyage d'évangélisation en Macédoine : il y prononça son tout premier prêche sur le sol européen et y fut... emprisonné. À la suite de son passage, la ville connut une nouvelle période de prospérité et, dans les siècles qui suivirent, les basiliques y poussèrent comme des petits pains, si bien que Philippi est considéré comme un site paléochrétien majeur. À l'époque byzantine, la ville sombra dans l'oubli et fut même abandonnée.
La visite du ***site antique,*** très étendu, débute par le *théâtre grec,* transformé en théâtre romain (on le transforma même en arènes, avec un mur de 1,20 m pour protéger les spectateurs) ; puis c'est la *basilique A* par laquelle on passe pour se rendre dans le musée. Le passage par le ***musée*** *(mar-dim 8h-20h, lun 13h30-20h)* est indispensable pour une meilleure compréhension du site et de son histoire : bonnes explications sur les origines de la ville puis sa renaissance quand elle devint colonie romaine. L'étage est consacré à la cité byzantine et à ses nombreux monuments chrétiens.
De l'autre côté d'une route secondaire qui coupe le site en deux parties, on verra ensuite l'*agora* et d'*autres basiliques,* dont la plus intéressante, d'un point de vue architectural, est l'*octogone* (Ve s) qui conserve une belle mosaïque (sous laquelle se trouve une tombe macédonienne). Dans la partie sud du forum, la basilique B, dont des colonnes ont été remontées, ne se visite pas pour raisons de sécurité. On revient ensuite vers l'entrée, en longeant des vestiges de murailles (3 500 m de fortifications entouraient la ville antique).

KAVALA (ΚΑΒΑΛΑ) (650 00) 70 000 hab.

À 160 km à l'est de Thessalonique, la capitale de Macédoine orientale a gardé un cachet oriental très marqué, particulièrement visible dans le quartier de

LE NORD

Panagia. Le reste de la ville, lui, est très grec et sans charme particulier. Étape logique pour qui veut se rendre à Thassos ou visiter Philippi, Kavala n'offre pas de souvenirs impérissables en matière d'hôtellerie, mais on y mange bien. Pour les plages, mieux vaut ressortir de la ville, en direction de l'ouest pour trouver celles de *Batis* ou de *Tosca,* ou carrément aller jusqu'à Néa Péramos (belle plage d'*Ammolofi* à 18 km de la ville).

UN PEU D'HISTOIRE

Fondée au VIIe s av. J.-C. par des colons venus de l'île de Thassos, juste en face, qui voulaient s'assurer le contrôle des mines d'or et d'argent du mont Pangée, la cité prit vite son indépendance et rejoignit ensuite l'alliance menée par Athènes. À l'époque byzantine, sous le nom de Christoupolis, la cité tira profit de son emplacement proche de la grande *via Égnatia,* reliant Thessalonique à Constantinople, mais c'est une fois passée sous contrôle ottoman que la ville se développa vraiment (le grand aqueduc, que Soliman le Magnifique fit construire, date du XVe s). Convoitée par les Bulgares durant les guerres balkaniques, la ville ne devint grecque qu'en 1913 et connut une nouvelle période de prospérité quand l'industrie du tabac prit son essor. Au début du XXe s, la ville comptait des centaines de manufactures employant des milliers d'ouvriers. La mécanisation du travail du tabac et la désaffection des fumeurs, se tournant vers le tabac américain plutôt que turc, amorcèrent le déclin économique de la ville.

Arriver – Quitter

En bus

Gare routière : *4, odos Mitropolitou Chryssostomou.* ☎ *25-10-22-22-94.* • *ktelkavalas.gr* • Dans le centre, à deux pas du front de mer.

➢ ***De/vers Thessalonique :*** 1 bus/h 6h-20h40.

➢ ***De/vers Philippi :*** lun-sam, 2-3 bus/j.

➢ ***De/vers Keramoti :*** lun-sam, une quinzaine de bus/j., dim 8 bus.

En bateau

Gare maritime : *1, odos Averof.* ☎ *25-10-22-36-91.* • *portkavala.gr* • Sous les murailles de la vieille ville. En voiture, dépasser le premier port et suivre le bord de mer.

➢ ***De/vers les îles de l'Est de la mer Égée*** (Limnos, Lesbos, Chios, Samos, Mykonos, Syros et **Le Pirée**) **:** avec la compagnie *Hellenic Seaways. Rens : agence Seaways Maritime (au port).* ☎ *25-10-02-00-67.*

➢ ***De/vers Thassos*** (port de Prinos) **:** avec les compagnies *Thassos Link (☎ 25-10-21-11-65), Aneth (☎ 25-10-83-44-64), Thassos Ferries (☎ 25-10-83-59-77).* En hte saison, en tout une dizaine d'A/R par j. Compter 5 €/passager, 19 €/voiture. Bon à savoir : les 3 compagnies proposent en moyenne 2 fois plus de rotations au départ de Kéramoti à une quarantaine de km à l'est de Kavala (traversée 2 fois plus courte).

Adresses utiles

Office de tourisme municipal : *pl. Éleftherias, à l'angle d'odos Dragoumi et d'odos Vénizélou.* ☎ *25-10-23-10-11.* • *touristinfo@kavalagreece.com* • *Tlj 8h-21h (20h30 nov-mars).* Bonne documentation sur la ville.

✉ ***Poste :*** *8, odos Mitropolitou Chryssostomou (juste avt la gare routière). Lun-ven 7h30-14h30.*

Où dormir ?

De bon marché à prix moyens

Europa : *20, odos Irinis Athinéas. ☎ 25-10-24-12-27. • hoteleuropa-kavala.gr • De la plage de Rapsani, 1 km à l'ouest du port, tourner au niveau du supermarché* Grand Masoutis *et remonter l'odos Philadelphias. Doubles 35-45 €.* Petit hôtel discret situé derrière une place avec un petit parc. Chambres un peu plus sobres. Hors saison, on peut y loger à la semaine ou au mois, c'est donc souvent plein.

Chic

Airotel Galaxy : *27, odos E. Vénizélou. ☎ 25-10-22-48-12. • hotelgalaxy.gr • Doubles 60-90 € selon situation. Parking (à 5 mn).* Grand hôtel (150 chambres) qui offre le meilleur rapport qualité-prix dans le centre. Chambres de bon confort avec minifrigo. Petit déj-buffet très correct. Restaurant au dernier étage.

Où manger ?

To Araliki : *33, odos Th. Poulidou. 69-84-71-85-21. Env 10-12 €/pers.* Juste en face de l'*Imaret* dont on peut admirer l'architecture extérieure tout en mangeant. Dans l'assiette, kebab *yiaourtlou, soutzoukaki* ou brochettes, cuits au feu de bois. Le nirvana pour les mangeurs de viande, à prix très démocratiques. Très bon accueil.

Michalakis : *1, odos Kassandrou. ☎ 25-10-22-11-85. Tlj midi et soir. Plats 7-9 €.* Sur une petite place du centre, en retrait et assez tranquille, une adresse déjà ancienne qui, au fil des années, a su garder une qualité égale. Bonne variété de plats de viande grillée. Excellent accueil.

LE NORD

À voir

Le quartier de Panagia : c'est le promontoire rocheux entouré de murailles médiévales qui domine le port. On y trouve la plupart des sites intéressants de Kavala, et se promener dans ses ruelles est très agréable (enfin, si l'on aime que ça monte... !). Aller jusqu'à la pointe où la cour de récréation de l'école primaire est entourée de murailles crénelées. De quoi forger le caractère ! On peut s'arrêter en passant au *Café Briki* d'où la vue est sympa.

Imaret : *30, odos Th. Poulidou. ☎ 25-10-62-01-51. • imaret.gr • Visites mer-dim à 10h, 12h et 14h. Entrée : 5 €.* Reconnaissable, entre autres, à ses dômes, cet immense bâtiment (4 200 m^2) occupe une place de choix au-dessus du port. Aujourd'hui reconverti en hôtel de luxe, l'*Imaret* était à l'origine un hospice pour les pauvres, entouré d'écoles. C'est Méhemet Ali qui en ordonna la construction, en 1817, en hommage à la ville qui l'avait vu naître (et les lieux sont d'ailleurs toujours propriété de l'Égypte).

La maison de Méhemet Ali : *pl. Méhemet Ali. ☎ 25-10-62-05-15. • moha.center • Mar-dim 10h-14h. Entrée : 3 €.* Maison typique du style ottoman en Grèce du Nord, la plus grande de la ville à la fin du XVIIIe s. Joliment restaurée, elle abrite quelques souvenirs évoquant le maître des lieux, né à Kavala, qui fut vice-roi d'Égypte et mena sa propre politique, allant même jusqu'à se révolter contre la Sublime Porte avant que les Anglais ne freinent ses ardeurs.

Le kastro : *il coiffe la vieille ville (quartier de Panagia) de ses murailles crénelées. ☎ 25-10-83-86-02. De l'odos Th. Poulidou, prendre l'odos Méhemet Ali, puis à gauche après la mosquée et l'odos Fidiou puis Isidorou. Mai-sept, 8h-21h (20h* *avr et oct) ; en hiver, 8h-16h. Entrée : 2,50 €.* Un peu cher pour ce que c'est (des bâtiments certes bien conservés – tour ronde, dépôt, maison des gardes – mais qui font vraiment coquille vide), mais la vue est belle. Petit théâtre d'été et café sympathique (on peut y consommer sans payer l'entrée).

Le musée du Tabac (Tobacco Museum) : *4, odos K. Paléologou. ☎ 25-10-22-33-44. • tobaccomuseum.gr • Dans une rue qui se prend à gauche de la mairie. Lun-ven 8h-15h, sam 9h-13h. Entrée : 2 € ; réduc.* Kavala était la « mecque du tabac » à l'époque où le tabac oriental, cultivé en Macédoine et en Thrace, dominait le marché et s'exportait depuis le port. Il faisait vivre la ville et sa région. Quand, dans les années 1950, le tabac américain a supplanté l'oriental, l'activité s'est fortement réduite. Évocation du travail depuis la récolte des feuilles de tabac jusqu'à leur transformation dans les usines avec des explications en grec principalement (mais les nombreuses photographies permettent de s'y retrouver).

THASSOS (ΘΑΣΣΟΣ)

13 770 hab.

• Carte La Macédoine orientale et l'île de Thassos *p. 499*

À moins de 10 km du continent, Thassos est une île verte, car bien boisée, dotée de nombreuses plages, faciles d'accès pour la plupart, où beaucoup d'activités sont possibles. Très fréquentée dès le printemps par les touristes en provenance des Balkans, elle bénéficie d'un bon réseau routier qui permet d'en faire le tour complet en 90 km environ et de passer par toutes les stations balnéaires qui s'égrènent le long de la côte. En revanche, impossible de couper par le centre en raison de la chaîne de montagnes qui l'occupe (le mont Ipsario, le plus élevé, culmine à 1 205 m). Quelques villages situés dans les terres ont gardé une physionomie traditionnelle (on n'en dira pas autant des villages du littoral), et sont de bonnes bases pour des randonnées, là aussi plutôt faciles, à faire à pied ou à VTT.

UN PEU D'HISTOIRE

Ce sont des colons de Paros qui ont fait entrer l'île dans le monde grec, vers 680 av. J.-C. Jusqu'alors, seuls des « Barbares » (des Thraces) l'avaient occupée. Passée sous contrôle d'Athènes, l'île s'opposa à cette dernière en 465 av. J.-C., en espérant le soutien de Sparte, mais celle-ci ne viendra jamais à son secours et Thassos sera durement punie en retour, sa flotte et ses remparts étant détruits...

Arriver – Quitter

En bateau

2 ports : le principal, ***Liménas*** (au départ de Kéramoti, à une quarantaine de km à l'est de Kavala) et ***Skala Prinou*** (au départ de Kavala même). Les rotations sont beaucoup plus nombreuses entre Kéramoti et Liménas (au moins 1/h en saison). Les compagnies assurent les traversées sur les 2 lignes. Compter 40-45 mn au départ de Kéramoti et 1h15 au départ de Kavala.

■ ***Thassos Ferries :*** *☎ 25-93-02-40-01. • thassos-ferries.gr •*

■ ***Aneth :*** *☎ 25-93-02-23-18. • anethferries.gr •*

■ ***Thassos Link :*** *☎ 25-93-02-31-02. • thassoslink.gr •*

Circuler dans l'île

En bus

C'est faisable, le réseau étant bien développé depuis Liménas.

➢ ***De Liménas :*** *gare routière en face du débarcadère. ☎ 25-93-02-21-62.* Départs pour tous les villages de l'île, plusieurs fois/j.

➢ ***De Skala Prinos :*** les bus pour Liménas attendent au débarcadère, en connexion avec l'arrivée des ferries. Également des départs directs pour Liménaria et Potos.

Location de voitures

■ ***Potos Car Rental :*** *tt près du débarcadère. ☎ 25-93-05-20-71. • rentacar potos.gr •* La « grosse » compagnie locale, avec 7 succursales tout autour de l'île (Liménas, Prinos, Liménaria, Potos, Astris, Golden Beach et Skala Potamia).

Où dormir ?

Nos adresses sont classées dans l'ordre dans lequel elles se présentent quand on fait le tour de l'île dans le sens des aiguilles d'une montre.

Campings

⛺ ***Camping Golden Beach :*** *à* ***Skala Panagias.*** *☎ 25-93-06-14-72. • camping-goldenbeach.gr • Bien indiqué à l'arrivée de la route qui descend de Panagia. De mai à mi-oct. Compter 16-19 € pour 2 avec tente et voiture.* Camping de bord de mer (le seul sur la côte est), à l'ombre inégale, et vite surpeuplé en juillet-août. Équipements corrects. Son point fort : la plage de *Golden Beach,* à deux pas.

⛺ ***Camping Pefkari :*** *à* ***Pefkari*** *(bien indiqué depuis la route principale). ☎ 25-93-05-11-90. • camping-pefkari.gr • Mai-sept. Compter 16,50-20 € pour 2 avec tente et voiture, moins cher si l'on laisse sa voiture à l'extérieur.* Petit camping plutôt modeste, bien pour les campeurs avec tente. Ombre correcte (préférer les emplacements ombragés par les pins à ceux sous les oliviers). Minimarket, snack, accès à la plage direct. Bien situé entre Potos (5 mn à pied) et Liménaria (10 mn).

De prix moyens à plus chic

🏠 ***Thassos Inn :*** *à* ***Panagia.*** *☎ 25-93-06-16-12. • thassosinn.gr • Doubles 40-60 € selon saison, petit déj en sus.* Au centre du village, à l'écart de la circulation, en montant vers l'église. Un hôtel à l'architecture sympathique, avec sa façade jaune et ses petits balcons. Chambres pas bien grandes, classiques, avec un petit côté désuet pas antipathique. Gestion familiale. Agréable café sur l'arrière qui donne sur la « source des amoureux » où les touristes viennent, comme en pèlerinage, se prendre en photo.

🏠 ***Ariadni Hotel Bungalows :*** *à* ***Skala Potamias.*** *☎ 25-93-06-15-91. • ariadnihotel.gr • À 700 m de la mer : tourner à droite juste après l'hôtel* Korina. *Mai-sept. Compter 40-80 € pour 2, petit déj compris.* Entouré par un vaste jardin planté d'oliviers et de platanes, cet hôtel propose, dans un environnement très calme, avec, à l'arrière-plan, la montagne formant un cirque, de belles chambres, d'un bon niveau de confort. Belle piscine. La plage n'est qu'à 10 mn à pied. Accueil très prévenant d'Emilios, le propriétaire.

🏠 ***Pension Aldebaran :*** *en plein centre de* ***Potos,*** *dans la rue commerçante (piétonne) proche de la mer. ☎ 25-93-05-24-94. • gothassos.com • Doubles 30-60 € selon saison, studios un peu plus chers.* L'adresse vaut principalement pour la personnalité de son propriétaire et animateur, écologiste convaincu (et fan d'ornithologie, entre autres), doué d'un sens certain de l'accueil et qui propose une brochette d'activités de plein air. Chambres classiques, sans fioritures. Agréable cour intérieure, un jardin en fait, où l'on se sent déjà loin de la foule déambulant

LE NORD

dans la rue commerçante qui n'est qu'à quelques mètres. Cuisine commune. Kayak mis à disposition des clients. *Bird watching* proposé en mi-saison.

Hotel Moonbeam : *à* ***Pefkari.*** *☎ 25-93-05-17-01. • feggari.eu • De Pefkari, accès (bien indiqué) par 600 m de piste. Tte l'année. Doubles 40-70 € selon saison.* L'environnement de cet hôtel tranche avec celui de Potos, un peu congestionné. En retrait dans les terres, légèrement en hauteur, on est au calme, au milieu d'une grande oliveraie. Les chambres, sans grande originalité, sont pour une fois vastes, et disposent d'une terrasse. Dimitris, qui ne demande pas mieux que de pratiquer son français appris il y a pas mal d'années, est très serviable et gère avec bonhomie sa petite affaire qui fait davantage penser à une maison d'hôtes qu'à un hôtel. Piscine.

Casa Rossa : *à* ***Mikros Prinos.*** *☎ 25-93-07-17-87. • lacasarossa.gr • En arrivant à Mikros Prinos, tourner à droite en direction du monastère, c'est très vite à gauche. Env 75-85 € selon saison, petit déj compris.* Dommage, la maison n'est pas dans le style traditionnel des villages, mais elle ne dépare pas pour autant. Les chambres sont confortables, spacieuses et on apprécie le grand calme du lieu. Restaurant.

Où manger ?

Prix moyens

Simi : *sur le vieux port de* ***Liménas.*** *☎ 25-93-02-25-17. Mars-oct, tlj midi et soir. Compter 15 € (plus cher pour du poisson).* Une valeur sûre dans l'île. On mange sous les grands platanes, en surplomb du vieux port. Calamars, poulpe, poisson frais ou plus simplement *mezze,* ou viandes, le choix est large. Parfait pour s'acclimater à l'arrivée sur l'île ou pour un dernier bon repas avant de rejoindre le continent.

Kramboussa : *à* ***Skala Potamias,*** *sur le front de mer. ☎ 25-93-06-23-12. Tlj avr-oct midi et soir ; hors saison, le w-e slt. Env 12-15 €.* Parmi les nombreux restaurants qui se succèdent sur le front de mer, celui-ci propose une cuisine régulière, avec des petits plus qui font la différence : salades variées, plats bien tournés comme l'agneau de Thassos, servis avec de bons légumes du jardin. Service attentionné.

Arhondissa : *quand on vient du nord de l'île, juste avt d'arriver à* ***Aliki,*** *sur la droite, en hauteur (monter la rampe et se garer). ☎ 25-93-03-15-52. Tlj en saison, midi et soir. Env 12-15 €.* Adresse familiale, restée à l'ancienne, sans trop de concession au goût du jour. Les plats de poisson ou de viande sont cuits au four traditionnel. Demander le poisson pêché localement. Le plus est évidemment dans la vue magnifique sur la petite péninsule d'Aliki depuis la terrasse.

To Limani : *à* ***Liménaria,*** *tt au bout du port, côté nord. ☎ 25-93-05-27-90. Tlj midi et soir. Env 15-20 €.* Murs couverts de photos en noir et blanc, terrasse et quelques tables au ras des flots. La taverne de poisson typique, tenue par deux frères qui connaissent leur métier (l'un est pêcheur, l'autre s'occupe de la taverne). *Mezze,* poisson grillé, ainsi que quelques plats dans la tradition de l'Asie Mineure. Soirées musicales de temps en temps où l'on joue du bon *rébétiko.*

À voir. À faire

On vient avant tout à Thassos pour ses plages, nombreuses et variées. Mais quelques villages ont su préserver tout leur charme et méritent une pause, voire le détour quand ils ne se situent par sur le littoral. Rappel : nous suivons toujours le sens inverse des aiguilles d'une montre.

Liménas : le port principal de l'île et sa capitale. Le village n'est pas désagréable du tout (ruines antiques dispersées dans le centre et tout autour : agora, théâtre, basilique en forme de croix, sans parler du Musée archéologique, ou tout simplement le charmant vieux port qui vous occuperont en attendant le ferry), mais l'île a mieux à offrir si l'on s'éloigne, direction la côte est.

Panagia : *à 7,5 km de Liménas.* Panagia a des airs de village de montagne (toits en lauzes, fontaines d'où l'eau dévale avec force) et pourtant la grande plage de *Golden Beach* n'est qu'à 3 km ! S'éloigner de la rue principale (intense trafic routier en journée) et ne pas manquer, en montant un peu, les minicascades à hauteur de l'hôtel *Thassos Inn* et, à peine plus loin, l'église de la Dormition de la Vierge *(Kimisséos Théotokou)* avec sa cour-jardin et ses murs bleu clair.

Golden Beach *(Chryssi Ammoudia)* **:** la plage s'étend sur 3 km, inutile de dire que tout le monde la connaît sur l'île ! Au nord, on y accède par une route qui se prend à Panagia, au sud quitter la route principale à Skala Potamias. Au milieu de la baie, un peu moins de monde.

Paradise : *2 km au sud de Kinira.* Deux accès, au nord et au sud, par des pistes. Grande plage de sable, avec quelques établissements assez discrets et il reste suffisamment de place pour jouir des lieux.

Aliki : deux plages pour le prix d'une. On se gare sur la route principale. Sur une petite péninsule, avec au milieu un site antique et sa carrière de marbre. Familial, plusieurs tavernes.

Livadi : *accès par une piste courte mais pierreuse.* Beau site avec ces rochers qui encadrent de part et d'autre la crique.

Giola : *juste avt le village d'Astris. Indiqué par un panneau que l'on voit au dernier moment.* De la route, prendre la piste. Une curiosité puisque l'accès à la mer se fait dans une sorte de piscine naturelle d'eau de mer creusée dans la roche.

Potos, Pefkari et **Liménaria,** très proches, peuvent presque être considérés comme une seule et même entité. Ce spot touristique important s'est développé autour des plages de *San Antonio* (sud de Potos), de celle de l'hôtel *Alexandra Beach* (entre Potos et Pefkari), de celle de *Pefkari,* toutes les trois très fréquentées, ainsi que de *Metallia* (voir ci-après). Une promenade piétonne entre Potos et Pefkari permet d'accéder à de petites criques en contrebas.

Metallia : *entre Pefkari et Liménaria, accès par une piste d'env 600 m.* Décor étonnant que ces installations datant de l'époque où l'on chargeait les métaux extraits des mines situées un peu plus haut. Le sable n'est pas le plus fin de l'île, ça glisse un peu dans l'eau, mais le site a un petit quelque chose de différent. Café qui gère la location des transats et de parasols.

Théologos : *à 10 km de Potos, dans les terres.* Ce village tout en longueur, avec sa demi-douzaine de tavernes aguicheuses qui s'égrènent le long de la rue principale, a longtemps été la capitale de l'île. Au fond du village, de vieilles demeures dont celle de Metaxas Chatzigeorgis, « président » de Thassos de 1813 à 1821. Rando possible pour rejoindre Potamia (12 km).

Mégalos Prinos et Mikros Prinos (appelés aussi *Mégalo Kassaviti* et *Mikro Kassaviti*) **:** à 4 km seulement de Prinos, et déjà une atmosphère de Grèce montagnarde, avec les chemins soigneusement dallés bordés de fougères, les maisons en pierre et les immenses platanes. Les restaurants *O Vassilis* (en arrivant sur la gauche, beau bâtiment ancien) et *Kassaviti,* plus haut sur la place du village, sont réputés dans l'île : excellentes viandes grillées, en particulier l'agneau de Thassos, parts généreuses et bon accueil.

HOMMES, CULTURE, ENVIRONNEMENT

ARCHÉOLOGIE

La mer et le soleil qui constituent généralement les prétextes pour venir découvrir la Grèce ne sont en rien contradictoires avec les vieilles pierres, bien au contraire. D'ailleurs, les Grecs de l'Antiquité seraient sans doute les premiers surpris de l'engouement manifesté par les touristes envers tant de blocs de marbre blanchis sous le soleil... Si nous avions sous les yeux les temples tels qu'ils étaient dans l'Antiquité, c'est-à-dire peints de couleurs criardes, à tout le moins chamarrés, rien ne dit que nous les aimerions !

LES BRITANNIQUES RESTENT DE MARBRE

L'archéologie peut parfois compliquer les relations entre États. Depuis que Mélina Mercouri, alors ministre grecque de la Culture, a officiellement demandé la restitution des marbres du Parthénon, volés par Lord Elgin au début du XXe s et exposés depuis au British Museum de Londres, les Britanniques restent sourds aux appels et pétitions. Il est vrai que si un pays accédait à ce genre de demande, beaucoup de grands musées risqueraient de se vider... et sans doute « notre » Vénus de Milo déménagerait-elle à son tour !

Quand la Grèce devient indépendante, à la fin des années 1820, la France est le premier pays à envoyer sur place une mission chargée de parcourir le Péloponnèse à la recherche des sites antiques. La plupart sont dans un triste état, on a pris l'habitude d'y prélever des matériaux de construction – et ce dès la fin de l'Antiquité. Certains sont même totalement tombés dans l'oubli et recouverts par la végétation. Pendant une quarantaine d'années, les Français conservent le monopole de la recherche archéologique, avec l'École française d'Athènes, créée en 1846. Au début des années 1870, les Allemands créent à leur tour l'Institut allemand d'Athènes.

Les sites sont alors « partagés » : la France se voit octroyer des permis de fouiller à Délos (Cyclades), Delphes, puis Argos, mais abandonne Olympie aux Allemands. Mycènes revient aussi d'une certaine manière à l'Allemagne, avec le génial découvreur Heinrich Schliemann, même s'il joue surtout pour son propre compte. Knossos revient à l'Angleterre et les Américains reçoivent Corinthe et l'Agora d'Athènes. Les Grecs n'ont au début que des miettes, mais ils se rattraperont au XXe s. Au total, une quinzaine de pays ont aujourd'hui une ou plusieurs équipes travaillant en Grèce.

BOISSONS

Même si les Français – tous fins palais, c'est bien connu – font parfois les dégoûtés à leur première gorgée de résiné *(retsina),* n'oubliez pas que cela a longtemps été le ***vin*** de table le plus typiquement grec et incontestablement le meilleur marché. Dans l'Antiquité, on enduisait de résine de pin les amphores afin d'en améliorer l'étanchéité. Le vin en prenait le goût. On a gardé cette habitude, en ajoutant aujourd'hui au moût des morceaux de résine de pin d'Alep. Mais tout Grec bien né vous dira qu'il ne boit plus de *retsina,* car ce vin ne correspond plus aux goûts actuels...

On trouve donc de plus en plus de vins non résinés, et on aurait tort de les mépriser : la Grèce est un « jeune » pays en matière vinicole, mais des progrès constants ont été accomplis ces dernières années, qui ont permis d'obtenir des vins de qualité (vins du Péloponnèse, comme ceux de Némée, en Argolide, ou ceux d'Élide, ou les vins macédoniens de Naoussa).
On trouve aussi, dans un tout autre registre, des vins doux très renommés, comme le *samos* (meilleur sur place que celui qu'on trouve en France, souvent coupé d'eau) ou le *mavrodaphni.* Selon les régions, enfin, des vins locaux typiques : le *robola* à Céphalonie ; des vins secs et doux produits sur des terres volcaniques à Santorin, en partie obtenus par passerillage (le raisin est laissé à sécher au soleil 2 semaines avant d'être pressé) ; un vin de Lesbos, le *méthymnéos,* également produit sur des terres volcaniques ; le *zitsa,* blanc sec et pétillant d'Épire. ATTENTION, le vin (même le blanc) est souvent servi à température ambiante !
Et l'***ouzo,*** là-dedans ? C'est le pastis local, pour aller vite. On l'obtient à partir de marc aromatisé à l'anis. On le sert au verre ou en petite bouteille *(karafaki),* accompagné de *mézédès.* Ne pas confondre avec le *tsipouro,* qui s'apparente au *raki* crétois ou à la *grappa* italienne, c'est-à-dire une eau-de-vie de raisin non anisée. Le meilleur ouzo viendrait de Plomari, à Lesbos. À Corfou, vous goûterez au *koum-kouat,* liqueur de petites oranges amères.

LE BON USAGE

L'ouzo, sans lequel on n'imagine pas la Grèce, n'est pas une boisson bien ancienne, puisqu'on l'a « inventé » à la fin du XIXe s seulement. Le mot qui le désigne n'est pas d'origine grecque, mais italienne : à l'époque, sur les caisses de produits destinés à l'exportation, on écrivait « Uso... » (à l'usage de...) suivi du nom de la ville d'expédition. Le nouveau breuvage aurait été ainsi baptisé.

Remarques en vrac

- ***Café*** = café turc (avec le marc). Attention, si vous désirez du café bien de chez nous, le mot utilisé là-bas est *nescafé.* Mais ça ne vaudra jamais un café turc. Évitez surtout de dire café « turc », vous risqueriez d'être mal vu. On demande un café « grec » *(éna helliniko, parakalo !)* ; ou, si vous préférez un café filtre, *éna kafé filtrou* ou *éna kafé galliko.* Goûtez aussi au café glacé, bien rafraîchissant, que l'on appelle *frappé.* C'est excellent. Comme le café grec, on le commande très sucré *(glyko),* moyennement sucré *(métrio),* sec *(skéto)* ou avec du lait *(mé gala).* Le *freddoccino* ou le *frapuccino,* ces dernières années, concurrencent fortement le *frappé.* Le café devrait toujours être servi avec un verre d'eau (pratique qui tend malheureusement à disparaître ou qui, parfois, est facturée à part).
- ATTENTION, lorsque vous commandez un ***jus d'orange,*** précisez un *chimo portokaliou* (oranges pressées) ; sinon, on vous apportera une boisson gazeuse à l'orange *(portokalada).* Si vous avez des doutes, précisez encore que vous le voulez *fresko.* On peut juste regretter que ce soit devenu une boisson très chère dans un pays qui produit autant d'oranges !
- Dans les cafés, on peut rester autant de temps qu'on le désire après avoir pris une consommation. C'est ce qui expliquerait que le café frappé frappe aussi fort au portefeuille...

CUISINE

Les restaurants

Les Grecs, dans leur majorité, ne vont pas au resto dans un but gastronomique, mais pour s'y sentir bien et passer un moment avec des amis. Le standing est donc une notion qui ne s'applique pas vraiment aux restos grecs : nappes en papier la plupart du temps et aucun souci de service ou de présentation... Et, bien souvent, on vous apporte les plats tous en même temps ou dans un ordre qui semble défier toute logique... On vous conseille de vous convertir aux us locaux, en commandant plusieurs plats à partager. Ce qui compte, c'est qu'on mange bien, varié, assez bon marché et plutôt copieusement dans la plupart des tavernes. Évitez les endroits où le racolage règne en maître, ceux où l'on vous annonce un menu complet (c'est rare en Grèce, sauf dans les endroits très touristiques). On choisit à la carte, et, s'il n'y en a pas ou si elle n'est pas traduite en anglais, on vous invite à aller dans la cuisine montrer du doigt les plats désirés. Faites-vous évidemment préciser les prix, s'ils ne sont pas affichés, pour éviter toute mauvaise surprise.

En théorie, il y a une différence entre la taverne et le restaurant ***(estiatorio).*** La première est plus conviviale que le second. Dans la pratique, l'appellation restaurant « fait mieux » aux yeux de certains, mais ce n'est pas forcément aussi net. Une troisième appellation vient parfois recouvrir les deux précédentes : ***psistaria*** (= grill), à ne pas confondre avec *pitsaria,* la pizzeria locale. Enfin, la ***psarotaverna*** (taverne de poisson) est théoriquement un endroit où l'on ne mange que du poisson ; mais, bien souvent, comme le poisson est cher, on y trouve aussi quelques plats de viande. Certains établissements traditionnels portent souvent le nom d'***ouzéria*** (pluriel d'*ouzéri*) ou ***mézédopolia.*** Les *mézédès* (appelés *pikiliès,* lorsqu'ils sont plus consistants) qui accompagnent l'ouzo peuvent y constituer un vrai repas. Pour le dessert, pensez aux ***zakharoplastia,*** les pâtisseries.

Une coutume sympa en Grèce : au resto, si vous sentez que le courant passe avec les gens d'une autre table, appelez le patron et faites-leur servir une bouteille. Rapprochement garanti, et vous perdrez un peu l'étiquette de touriste.

Depuis 2010, une loi antitabac bannit totalement le tabac des lieux publics. Que les fumeurs se rassurent cependant : la plupart du temps, on mange en terrasse, où fumer ne pose aucun souci...

Quelques plats grecs

Les Grecs n'ont pas été sous domination turque pour rien : c'est dans la cuisine que l'influence orientale se fait le plus sentir... Que d'huile ! À noter que la plupart des tavernes ne servent pas de dessert, sauf, dans le meilleur des cas, du *karpouzi* (pastèque), du *peponi* (melon), du *yaourti mé méli* (yaourt au miel), du halva ou toute autre pâtisserie, qui sont alors offerts à la fin du repas (pas de carte des desserts). Sur les menus, on croise deux mots essentiels : *ντοπιος (dopios),* qui veut dire « de pays » ; et *κατεψυγμενος (katépsigménos),* qui signifie « congelé », souvent abrégé *κατ.*

Ci-après, quelques entrées et plats typiques... parmi des dizaines d'autres, et ce sans compter les spécialités locales ! Quand on vous dit que c'est varié...

Entrées

– *Salade grecque* (*khoriatiki,* littéralement « salade paysanne ») *:* tomates, concombre, poivron vert, oignon, olives et feta, avec plus ou moins d'huile d'olive. L'entrée presque incontournable, bon marché et dans laquelle on pioche à plusieurs (inutile d'en commander une par personne). On trouve de plus en plus d'autres salades (crétoise, *mermizéli* – cette dernière originaire de Kalymnos –, etc.) avec d'autres fromages, ou avec de la roquette, des câpres...
– *Mélitzanosalata :* salade d'aubergines (un léger goût de brûlé indique qu'elle n'est pas industrielle).
– *Tzatziki :* yaourt, concombre et ail pilé avec de l'huile d'olive et de la menthe.
– Beaucoup d'autres petites entrées comme la *skordalia* (ail-pommes de terre), la *tyrokaftéri* (avec du fromage pimenté), la *khtypiti* (variante du *tzatziki,* avec du poivron grillé), ou encore la *fava* (purée de gesses, des sortes de lentilles).

– *Feta :* le célèbre fromage grec (le mot signifie « tranche »), qu'on fabriquait un peu partout en Europe sous ce nom, ne peut plus l'être désormais qu'en Grèce, suite à un arrêté de la Cour européenne de justice en octobre 2005. Encore heureux ! La feta ne se mange pas qu'en salade, mais peut aussi se déguster frite *(feta saganaki),* enrobée de graines de sésame et servie avec du miel. Il existe beaucoup d'autres fromages *(tyria),* comme la *mizithra,* le *kéfalotyri,* ou le *mastelo* de Chios (qui se mange grillé comme le *haloumi* d'origine libanaise ou chypriote).
– *Poulpe* (*khtapodhi* en grec, *octopus* en anglais) *:* se mange sous diverses formes, par exemple en amuse-gueule *(mézédès)* au début du repas, comme les moules *(mydhia).* Dans les ports, on voit souvent les poulpes en train de sécher au soleil (ou de décongeler !). Le poulpe est un délice, soit froid et vinaigré *(xydato),* soit chaud, cuit sur le gril *(psito).* On trouve parfois des boulettes où le poulpe remplace la viande *(khtapodokeftédès).*
– *Calamars (kalamaria) :* frits (le plus souvent) ou grillés, les portions en sont généralement plus copieuses que celles du poulpe et moins chères. Les calamars frais *(freska)* sont désormais assez rares. Il arrive que la carte propose le *thrapsalo,* gros calamar entier, parfois farci (appelé également *kalamari yémisto*).

Plats cuisinés

– La célèbre *moussaka* : viande hachée disposée en couche avec des aubergines, le tout recouvert d'une béchamel ! Cuit au four comme un hachis parmentier. Les pommes de terre ne sont pas nécessaires. Parfois servie dans une terrine.
– *Pastitsio :* on remplace les aubergines par des macaronis, et le tour est joué. Assez bourratif quand même.
– *Mélitzanès papoutsakia :* aubergines farcies à la viande et gratinées.
– *Kolokithia tiganita :* courgettes coupées en petites tranches et frites.
– *Domatés* ou *pipériés (yémista) :* tomate et/ou poivron farcis au riz. Le plus souvent, on sert un poivron et une tomate.
– *Dolmadès :* feuilles de vigne farcies. Elles ne sont fraîches qu'en saison (début de l'été) ; sinon, on en trouve facilement en conserve, c'est alors une entrée froide. Beaucoup plus rarement, on tombe sur des feuilles de vigne plus grosses, chaudes, farcies à la viande hachée et recouvertes d'une sauce citronnée aux œufs *(avgholémono).*
– *Chorta* (prononcer « horta », presque « rhorta ») et autres *vlita :* herbes cuites de la montagne. On propose aussi dans certaines régions (Pélion, Sporades, Macédoine) les *tsitsiravla,* autre bonne verdure (herbes cuites relevées d'ail et de vinaigre).

Viande

Il peut être utile de connaître les termes indiquant comment la viande est préparée : *vrasto* (bouilli), *psito* (rôti), *sti skara* (sur le gril), *sti souvla* (à la broche), *sta karvouna* (barbecue au charbon de bois), *tiganito* (frit). Voici les principales viandes qui vous seront proposées.
– Le *souvlaki,* dont la réputation n'est plus à faire : le plus souvent sous la forme d'une grande brochette de porc ou de bœuf (dans les restaurants, les petits *souvlakia,* bien meilleur marché, sont assez rarement proposés).
– *Brizola :* côte de porc ou de bœuf.
– *Païdakia :* côtelettes d'agneau (parfois au kilo).
– *Bifteki* (faux ami) *:* c'est bien de la viande, mais pas du bifteck. Haché et assaisonné, ça ressemble plutôt au hamburger, en meilleur, car le plus souvent parfumé avec des herbes.
– *Keftédès :* parfumées à la menthe et à l'origan, elles sont aussi à base de viande hachée, mais sous forme de boulettes. Le mode de cuisson est différent : les *keftédès* cuisent au four ou dans une casserole, le *bifteki* est un plat *tis oras* (à la minute) qui est préparé sur le gril.
– *Soutzoukakia :* des cousines des *keftédès,* en principe en forme allongée de saucisses. Plat originaire d'Asie Mineure, les *soutzoukakia smyrnéïka* (de Smyrne) se doivent d'être parfumées au cumin.

– *Kokoretsi :* du foie et parfois des abats cuits à la broche, spécialité de la Grèce continentale. Hmm !
– *Spetsofaï :* saucisses de pays (épicées) en morceaux et aux poivrons. Plat régional, spécialité du Pélion.
– *Stifado :* ragoût de viande (lapin ou veau) aux oignons. Le terme est aussi utilisé pour des ragoûts de poisson ou de fruits de mer.
– *Sofrito :* viande de bœuf ou de veau préparée dans une sauce à l'ail. Spécialité de Corfou.
– *Bekri mezze :* le *mezze* du buveur ! Des morceaux de porc dans une sauce au vin.

Poisson

Le poisson, à l'exception du *gavros,* des *gopès* et autres *atherina,* de petits poissons mangés en friture, n'est pas du tout bon marché. Ou alors, il faut l'acheter sur le port au petit matin et le cuisiner soi-même. Voici quelques poissons avec leur nom en anglais, qui figure souvent sur la carte.
– *Glossa :* sole.
– *Barbounia (red mullet) :* rouget ou mulet barbu.
– *Tsipourès (mullet/gilthead) :* sorte de daurade.
– *Xifias (sword fish) :* espadon, excellent en steak ou en brochettes.
– *Lavraki (bass) :* bar.
– *Garidès (shrimp) :* crevettes.
– *Sardella :* sardine.
– *Lithrinia (mullet) :* mulet.
Malheureusement, le « vrai » poisson se fait rare : des poissons d'élevage, notamment les daurades grises *(tsipourès),* risquent de vous être proposés – et ce n'est qu'au goût que vous vous en rendrez compte ! Quant aux crevettes, calamars et poulpes, il doit être spécifié sur le menu s'ils sont congelés ou frais.

Plats végétariens

– *Briam :* sorte de ratatouille (pommes de terre, courgettes, poivrons et tomates).
– *Imam baïldi :* un plat d'origine turque, comme tant d'autres (aubergine farcie d'oignons, de tomates et d'herbes).
– *Yémista (orphana) :* lorsque la tomate et le poivron sont farcis mais sans viande (avec du riz), on les appelle avec humour *orphana* (les orphelins).

Pâtisseries

Les pâtisseries qu'on appelle « orientales » par chez nous sont omniprésentes en Grèce, héritage turc oblige *(baklava, kadaifi...).* Pour le reste, vous croiserez surtout *rizogalo* (riz au lait saupoudré de cannelle), *halva* (crème de sésame), *galaktobouréko* (feuilleté fourré d'une sorte de semoule), *revani* (ou *ravani* ; un gâteau de semoule bien spongieux), et *bougatsa,* que l'on coupe en petits morceaux saupoudrés de cannelle. Pas mauvais non plus, l'*amigdaloto* (pâte d'amandes et de sucre), spécialité de plusieurs îles.

On mange sur le pouce pour pas cher

On trouve partout le (petit) *souvlaki* que l'on mange avec un morceau de pain, ou, plus nourrissant, le *gyros* (prononcer *yiros*) *me pita* (viande de porc, parfois de poulet, cuite à la broche et découpée, avec de l'oignon et d'autres choses, dans une sorte de galette). Le *kebab* se trouve également de plus en plus. N'oubliez pas non plus la *tiropita,* feuilleté au fromage, ou encore la *spanakopita,* où des épinards remplacent la feta. On les trouve dans les boulangeries ou pâtisseries.
Pour le reste, on trouve de plus en plus de produits européens dans les magasins, et particulièrement dans les *AB, Spar, Marinopoulos* (les laitages restent chers).

On trouve évidemment tous les fruits méditerranéens. Le fruit du pauvre, qu'on vend par camions entiers dans les villes : le *karpouzi* (pastèque), pas toujours facile à trimbaler dans le sac à dos. Le *péponi,* le melon grec à l'intérieur vert, est déjà beaucoup plus facile à caser. Pas de figues pour les pauvres juilletistes...

CURIEUX, NON ?

– La Grèce est l'un des rares pays à célébrer deux fêtes nationales : le 25 mars commémore la révolution de 1821 et le 28 octobre le « non » à l'ultimatum italien de 1940.
– Les Grecs ont une manière bien à eux de dire « oui » ou « non » : un hochement de tête vers le haut pour le non, une inclinaison de la tête vers le bas et de côté pour le oui.
– Sur les routes nationales, les Grecs qui roulent à moins de 90 km/h ont l'habitude de se déporter à droite et donc de circuler sur la bande d'arrêt d'urgence.
– Rares sont les conducteurs de deux-roues à porter un casque. En revanche, on voit souvent la passagère d'une moto ou d'un scooter le gobelet de café à la main : ce serait plus difficile avec un casque sur la tête...
– Les hommes grecs d'un certain âge ont souvent dans la main un chapelet, le *komboloï,* dont ils égrènent inlassablement et machinalement les « perles » (en bois ou en ambre). À défaut, même un trousseau de clés peut faire l'affaire !
– Au retour de la messe de Pâques, les œufs de Pâques peints en rouge sont « choqués » l'un contre l'autre : celui qui conserve son œuf intact aura, dit-on, de la chance toute l'année !
– Dans les villages, même dans ceux disposant d'un magasin de fruits et légumes, passent quotidiennement des vendeurs ambulants au volant d'une camionnette, qui énumèrent par haut-parleur, sur le même ton monocorde, la liste de leurs marchandises à vendre.
– Sur un grand nombre de murs dans le pays, vous verrez, tracés à la bombe de peinture, les chiffres 13 ou 7. Symboles de la rivalité entre les deux principaux clubs de football, le Panathinaïkos d'Athènes (13) et l'Olympiakos du Pirée (7), ces chiffres font référence aux tribunes fétiches des plus fervents des supporters.

ÉCONOMIE

Depuis quelques années, nous écrivions pudiquement que l'économie grecque était une sorte de « mystère ». Officiellement, la Grèce avait réussi, à la fin des années 1990, à satisfaire aux fameux critères de convergence du traité de Maastricht, ce qui lui avait permis d'adopter l'euro début 2002. Mais en septembre 2004, les statisticiens d'*Eurostat* ont révélé que la Grèce transgressait les règles du fameux pacte de stabilité... Déficit record (7,9 % du PIB l'année des J.O.) et dette au-delà des 100 % du PIB. Des chiffres erronés avaient été communiqués par le gouvernement précédent... Pourtant, même avec un taux de chômage déjà relativement élevé, les Grecs ne semblaient pas vivre si mal après tout... La Grèce, il est vrai, se plaçait, avec l'Irlande, parmi les tout premiers pays bénéficiant des subsides de Bruxelles (45 milliards d'euros accordés pour la période 2000-2006). Sauf que, derrière cette façade, se cachait une tout autre réalité...

Une économie poussive... et grise

Depuis des années, on savait que les fondamentaux de l'économie grecque n'étaient pas brillants. Seuls deux secteurs s'en sortaient bien. Le tourisme, comptant pour 24 % du PIB, et la marine marchande (la première du monde avec 17 % de la flotte mondiale auxquels il faut ajouter deux fois plus de navires immatriculés sous pavillon de complaisance). Le reste de l'économie grecque n'est guère connu pour ses performances. Principal handicap, un secteur public pléthorique et jugé peu efficace. Les Grecs ont ainsi massivement recours au secteur privé dans les domaines de l'éducation et de la santé, par exemple. Près de 800 000 fonctionnaires ont été recensés en 2010, résultat d'un clientélisme traditionnel (« tu fais embaucher mon gendre, je vote pour toi »). Quant aux dépenses militaires, gonflées par un voisinage tendu avec la Turquie, elles comptent parmi les plus élevées d'Europe et ne sont pas pour rien dans le déficit budgétaire et l'endettement du pays.

UNE ÉGLISE FORTUNÉE

Aucun armateur grec ne dispose de la fortune de l'Église orthodoxe. On l'estime à 15 milliards d'euros, exonérée d'impôts. Elle est le plus grand propriétaire foncier du pays : terrains, forêts, immeubles... y compris des milliers d'hectares en Israël, sans compter la propriété de la Knesset et du palais de la présidence israélienne. De plus, les popes étant fonctionnaires, leur salaire est réglé par l'État.

Faute de leviers pour agir (pas de dévaluation possible depuis l'adoption de l'euro), le pays n'a cessé, ces dernières années, de perdre de sa compétitivité. La faiblesse des exportations et un PIB représentant seulement 3 % du PIB de la zone euro ne lui permettent pas de jouer à armes égales avec les « grands ».

Un des principaux problèmes de l'État grec est aussi la difficulté à faire rentrer les recettes. La fraude fiscale, présentée comme un « sport national », est pratiquée au plus haut niveau, et l'évasion fiscale n'est pas en reste. Mais si l'on quitte les hautes sphères pour les campagnes grecques, on y croisera plus d'habitants vivant de leur potager que d'évasion fiscale... On parle également beaucoup de corruption au quotidien. On donne une « enveloppe » au médecin pour qu'il s'intéresse à votre cas prioritairement, au fonctionnaire du fisc pour qu'il vous laisse tranquille... et parfois même à quelqu'un placé devant vous dans une salle d'attente, pour passer devant lui ! Beaucoup d'argent circule en Grèce, mais pas en direction des services de l'État.

Des causes historiques expliquent cette défiance envers l'État. Lorsque le pays est devenu indépendant vers 1830, il s'est vu imposer des têtes couronnées de dynasties européennes étrangères qui ne se sont jamais vraiment acclimatées, puis des gouvernements sans grand pouvoir qui ont toujours préféré le clientélisme à l'établissement d'un État-providence. Bref, la Grèce n'a guère connu, à l'exception de Vénizélos, de chefs de gouvernement ayant une vision du pays. Un seul exemple en dit long : la constitution d'un cadastre n'a commencé qu'en 1995 et elle n'est toujours pas achevée...

UN CADASTRE SANS CADRE

La Grèce est pratiquement le seul pays européen à n'avoir pas réussi à se doter d'un cadastre vraiment efficace. Les conséquences sont terribles : impôts fonciers ridicules, constructions sans permis, contestation des actes de propriété, absence de plans d'urbanisme...

Le feuilleton de la crise

Fin 2009, les « vrais » chiffres de l'économie sortent : la dette publique atteint environ 120 % de la richesse nationale et le déficit du PIB est de 12,7 %. Début 2010, Papandréou annonce un premier plan de rigueur. Des doutes apparaissent déjà sur la capacité de la Grèce à se financer. Des fonds spéculatifs parient sur une explosion du prix des contrats d'assurance censés prémunir les acheteurs d'emprunts d'État contre le défaut de paiement de ce dernier. L'Allemagne rechigne à approuver un plan européen d'aide à la Grèce, car l'opinion publique outre-Rhin est remontée contre ces « cigales » d'Européens du Sud qui mettent en péril le travail des « fourmis »... La valse-hésitation dure deux bons mois. Même si les finances du pays sont largement dans le rouge, c'est par le jeu des marchés, des agences de notations et des spéculateurs que les taux d'intérêt explosent et placent le pays, qui ne peut plus emprunter, au bord de la faillite.

En avril 2010, Papandréou est contraint de faire officiellement appel à l'aide de l'Europe. Le « plan de sauvetage » de la Grèce prend la forme d'un prêt de 110 milliards d'euros sur 3 ans. En échange, on demande à la Grèce de réduire ses dépenses de 30 milliards d'euros sur la période 2011-2013... après 4,8 milliards pour la seule année 2010. Les membres de la « troïka » UE-FMI-BCE viendront régulièrement ausculter le malade et déterminer si la potion amère est suffisante ou s'il faut encore alourdir le traitement.

EMPRUNTER AUX DIEUX

Pour financer ses guerres, Périclès eut l'idée de récupérer les pièces et objets précieux offerts aux dieux, notamment à Athéna. Une fois la paix revenue et les caisses de l'État renflouées, les prêts étaient remboursés aux temples, rubis sur l'ongle.

Pour les Grecs, le choc est immense. Un double sentiment de colère et d'humiliation est partagé par une grande partie de la population – qui se demande comment le pays a pu en arriver là, tout en sachant confusément pourquoi. S'en mêle un sentiment de culpabilité collective et de fatalisme. Pendant des années, les Grecs ont pu profiter des taux très bas des banques qui leur prêtaient à tout-va, l'endettement privé venant s'ajouter à l'endettement public.

Pour réduire le déficit à marche forcée, tout l'arsenal des mesures classiques s'applique : réforme des retraites, baisse des salaires, hausse de la fiscalité, suppression des 13e et 14e mois chez les fonctionnaires – qui étaient des compensations à la faiblesse des salaires. Le coût social est énorme et injustement réparti : ceux qui voient leurs revenus amputés d'un pourcentage non négligeable ne sont pas les plus riches du pays, loin de là. La réduction, voire la suppression des fameuses « primes », combinée avec la hausse de la TVA touche directement le pouvoir d'achat des classes populaires et moyennes, entraînant la récession.

Tire-t-on sur une ambulance ?

Si certains des particularismes de l'économie grecque sont indéfendables, accabler la Grèce de tous les maux est injuste et cruel. L'économie du pays est aussi victime des dérives du libéralisme, des failles de la construction européenne et d'une politique monétaire faite par et pour l'Allemagne. Ce pays a été le premier à condamner les Grecs, vus comme des fainéants corrompus et fraudeurs par essence. Mais faut-il rappeler qu'un des plus gros scandales politico-économiques de ces dernières années en Grèce (2007) a été l'affaire Siemens ? Le groupe allemand versait d'énormes pots-de-vin à des hommes politiques grecs... Quand il y a des corrompus, il y a aussi des corrupteurs... Et certains des pays qui ont fait la morale à la Grèce au sujet de ses dépenses militaires inconsidérées la poussaient en même temps à leur acheter des frégates ou des avions de combat...

FAKELAKI

Le mot signifie « petite enveloppe », celle que l'on offre en douce, en guise de corruption. Tous les secteurs sont touchés : santé, éducation, justice, police, urbanisme... Ici, le fisc est le moteur de la fraude car « en Grèce, payer ses impôts, c'est être un con », dit-on. Résultat, l'État est pauvre.

Austérité encore...

Dès le printemps 2011, le scénario le plus pessimiste prend corps : le déficit budgétaire s'est encore creusé. Tergiversations des Européens, rumeurs sur une sortie de la Grèce de la zone euro... Un nouveau plan d'aide, d'un montant similaire au premier, s'avère nécessaire. Et, avec lui, de nouvelles mesures d'austérité. Mais, entre-temps, l'opinion publique grecque a eu le temps de réaliser les ravages causés par les mesures précédentes. La perspective de voir brader le pays par des privatisations nombreuses à hauteur de 50 milliards d'euros provoque une défiance profonde à l'égard du personnel politique, tous partis confondus, ce qui nourrit le mouvement des Indignés qui, en mai 2011, occupent la place du Parlement. N'empêche, fin juin, les députés, presque barricadés dans l'hémicycle, votent un nouveau plan d'économies de 28,4 milliards pour 2012-2015. L'illusion démocratique est maintenue et les mesures d'austérité renforcées : abaissement du seuil d'imposition, augmentation des taxes, nouvelles réductions des salaires et des retraites du secteur public... Le « défaut » de paiement – autrement dit, la faillite du pays – est évité pour un temps. En revanche, le divorce entre la société et la classe politique est total.

Une fois l'automne arrivé, sans surprise, le gouvernement grec annonce de mauvais chiffres : déficit budgétaire à nouveau supérieur à celui estimé, récession également plus importante, production industrielle en chute libre. La troïka menace de ne pas verser la tranche suivante de l'aide financière. On découvre alors que la stratégie adoptée ne mène qu'à l'appauvrissement durable du pays et qu'il faut donc envisager ce qui, jusqu'alors, était rejeté : un défaut de paiement partiel, dont il reste à fixer la hauteur ; ce sera 50 % de décote de la dette souscrite auprès d'investisseurs privés (en clair, le tiers de la dette totale du pays sera effacé, les prêteurs, banques et fonds d'assurance perdant la moitié de leurs créances, soit 100 milliards). Autre problème : cette faillite « contrôlée » qui ne dit pas son nom, arrivant après des mesures ayant rendu le pays exsangue, annonce des lendemains qui ne chantent pas.

... et toujours

Et, comme attendu, 2012 confirme les craintes : économie toujours plus sinistrée (taux de chômage de 25 %), récession accrue (- 7 %), réformes structurelles exigées restant à venir... Le nouveau gouvernement formé en juin 2012 se retrouve sommé, dès l'été, de mettre en œuvre un énième plan d'économies de 11,6 milliards d'euros, qui va se traduire, une fois de plus, par de nouvelles coupes dans les salaires et les retraites... Refrain connu, jusqu'à l'absurde... En 5 ans, l'économie grecque s'est contractée d'un tiers et la baisse des salaires de 2009 à fin 2012 a été de 30 %. Enfin, fin octobre, l'étau est (un peu) desserré, la Grèce obtenant 2 ans supplémentaires pour satisfaire aux exigences de ses créanciers.

Pourtant, malgré les propos rassurants (« le plus dur est derrière nous... »), le vote par le Parlement, en avril 2013, d'une nouvelle baisse du salaire minimum pour les jeunes (490 €, contre 586 € pour les adultes) en dit plus que les propos officiels. Le chômage, lui, grimpe à 28 % (26 % en 2016). Chez les moins de 25 ans, il atteint

DETTE EN L'AIR

L'Allemagne, aujourd'hui si dure avec la Grèce, n'a jamais remboursé un prêt forcé de 476 millions de reichsmarks contracté auprès de la Grèce en 1941 au titre de l'occupation... Cet emprunt avait été en effet « oublié » par l'accord de Londres en 1948, car on souhaitait éviter de répéter l'humiliation subie par l'Allemagne après la Première Guerre mondiale en chargeant trop la barque. Sans compter les intérêts, cette somme correspond à 14 milliards de dollars...

même le sommet effrayant de 60 % (50 % en 2016). Quelques chiffres encore : entre 2010 et 2014, 240 000 des 780 000 PME grecques ont mis la clé sous la porte, et 200 000 postes de fonctionnaires ont disparu. Quant au système de santé, après 4,5 milliards d'euros de coupes, il se retrouve sinistré. Conséquence directe, parmi d'autres, le doublement du nombre de personnes contaminées par le VIH.

Le changement dans la continuité

Début 2015, Syriza conquiert le pouvoir sur un programme de refus de l'austérité. Les négociations se tendent avec les créanciers, le gouvernement appelle les électeurs à trancher par référendum... pour, finalement, entériner un troisième « plan d'aide » encore plus brutal que celui contre lequel les urnes s'étaient prononcées 1 semaine plus tôt ! On ne parle plus de troïka, mais ce sont bien les mêmes créanciers qui délivrent un nouveau prêt de 86 milliards sur 3 ans, en échange de nouvelles mesures d'austérité et de libéralisation de l'économie, et de la création d'un fonds de privatisation de 50 milliards d'euros. C'est à peine si le paquet de 35 mesures, votées en août, alors que beaucoup de Grecs étaient en vacances, a eu le temps d'être débattu à l'Assemblée... La potion est la même que les précédentes. Évidemment, en 2016, la dette est toujours abyssale (185 % du PIB) et les créanciers reviennent à la charge dès le mois de mai, exigeant de nouvelles mesures d'économie avant de verser la prochaine tranche du « plan d'aide ». Au programme, une nouvelle augmentation des taxes (deuxième hausse de la TVA en 2 ans), une accélération des privatisations, et une énième réforme des retraites, avec hausse des cotisations et baisse des pensions, la 11e depuis 2010 ! Enfin, puisqu'il faut aller toujours plus loin, le Parlement adopte même un mécanisme de correction automatique en cas de (probable) « dérapage » budgétaire. Plus besoin d'en débattre, les prochaines mesures d'austérité s'appliqueront automatiquement. Quant à la réduction du montant de la dette, toujours plus insoutenable, elle est reportée à 2018.

ENVIRONNEMENT

Les écologistes, en Grèce, n'ont jamais vraiment décollé aux élections. Une prise de conscience dans ce domaine ne serait pourtant pas superflue...

Au début des années 2000, la Grèce comptait quelque 3 000 décharges plus ou moins sauvages. Récemment, il n'en restait officiellement plus que 417, mais l'affaire de Kératéa, en Attique, a montré que le sujet était très sensible : la population s'est soulevée contre le projet d'ouverture d'une immense décharge où devraient être enfouis les déchets d'une grande partie des habitants de l'Attique... À plusieurs reprises, la Grèce a d'ailleurs été condamnée par l'Union européenne à payer de lourdes amendes pour manquement « à l'obligation d'éliminer les déchets sans mettre en danger la santé de l'homme »...

La politique grecque vis-à-vis des espèces animales protégées est également souvent montrée du doigt : les tortues *Caretta caretta* sont censées être protégées depuis la création d'un parc national marin à Zante, mais elles ont la mauvaise idée de fréquenter les plages couvertes de transats et de parasols... La crise économique, qui a eu pour effet, entre autres, de diminuer les crédits affectés aux ONG environnementales, n'a pas vraiment aidé et la protection des tortues est, chaque année, remise en cause. Dans de telles conditions, on ne s'étonnera pas que les associations grecques de défense de l'environnement ne se sentent pas vraiment soutenues...

PROSTASIA

C'est le nom officiel du ministère de l'Environnement. Même étymologie que... prostate : qui se tient en avant, et aussi qui a un but de protection.

■ ***Hellenic Society for the Protection of Nature :*** • *eepf.gr* •

■ ***WWF Hellas :*** • *wwf.gr* •

■ ***Elliniki Ornithologiki Etairia :*** • *ornithologiki.gr* • L'équivalent de notre Ligue pour la protection des oiseaux.

■ ***Archelon :*** • *archelon.gr* • Se consacre à la protection des tortues marines. Centre de soins pour tortues à Glyfada, et actions en de nombreux endroits, notamment à Zante (Zakynthos), en Crète et dans le sud du Péloponnèse (près de Kyparissia).

■ ***MOm*** *(société pour l'étude et la protection du phoque méditerranéen)* **:** • *mom.gr* • La Grèce est le pays qui compte la plus grande colonie de phoques moines de Méditerranée *(Monachus monachus)*, mais cette espèce est en danger, sa population ne dépassant pas 200 à 250 individus. L'activité du MOm est essentiellement centrée sur le parc national marin des Sporades du Nord, basé à Alonissos, mais il intervient aussi sur d'autres îles où ont été recensés des phoques (Kimolos, Fourni, Karpathos, ainsi que dans les îles Ioniennes).

■ ***Arcturos :*** • *arcturos.gr* • S'occupe de la protection de l'*Ursus arctos*, autrement dit l'ours brun (région de Florina), et également des loups.

GÉOGRAPHIE

Le territoire grec est avant tout marqué par la montagne : elle occupe plus des deux tiers du pays. Les géographes font ensuite la distinction entre reliefs montagneux (45 %) et semi-montagneux (23 %). Les massifs grecs appartiennent aux Alpes dinariques, qui s'étirent depuis la Slovénie, en parcourant toute l'ex-Yougoslavie et l'Albanie dans un axe nord-ouest/sud-est, pour s'achever en Crète, via l'Épire et le Péloponnèse. Une autre chaîne, subdivision orientale de la précédente, couvre la Macédoine et s'incline vers le sud (massifs de l'Olympe et du Pélion). Pas de sommet de plus de 3 000 m (l'Olympe ne fait « que » 2 917 m), mais 120 sommets dépassent tout de même les 2 000 m.

Tout cela ne laisse pas beaucoup de place aux plaines : environ 30 % du territoire national, le plus souvent à l'intérieur du pays (Thessalie, Macédoine centrale). Les plaines littorales, comme l'Achaïe et l'Élide dans le Péloponnèse, sont plus rares. La mer n'est jamais très loin : aucun point du pays n'est à plus de 100 km à vol d'oiseau des côtes.

Les ressources hydrographiques sont globalement suffisantes en Grèce, grâce aux nombreuses montagnes, mais leur répartition est très inégale. Athènes, mégalopole concentrant avec sa banlieue autour de 35 % de la population du pays, souffre particulièrement d'un manque d'eau. C'est aussi le cas de nombreuses îles qui doivent être ravitaillées par bateaux-citernes.

HABITAT

Les Grecs ont depuis toujours vécu sous la menace des pirates ou des envahisseurs, ce qui explique la position dominante des villages traditionnels. Les champs s'étendent aux portes des bourgs – souvent en terrasses –, parfois plus loin, en particulier sur les îles les plus accidentées. D'une région à l'autre, les maisons se font tantôt cubiques, avec terrasse, tantôt coiffées d'un toit de tuiles rouges.

PAUVRES PROPRIÉTAIRES

Plus des trois quarts des Grecs sont propriétaires, et souvent de plusieurs biens : il faut bien ça, quand on sait que traditionnellement, la dot de chaque fille se compose au moins d'une maison. On comprend l'affolement quand l'impôt foncier a été « inventé » en Grèce... en 2013 ! Certains ont dû revendre faute de pouvoir payer leurs impôts...

La vie se concentre sur la place, près de l'église, à l'ombre des platanes ; de là grimpent les ruelles empierrées, étroites, assombries par les balcons et les auvents. Dans les îles, l'habitat est encore plus ramassé.

L'architecture néoclassique

À la suite de l'indépendance, la Grèce voulut effacer le témoignage de quatre siècles de domination ottomane. Le style néoclassique a été importé en Grèce par des architectes étrangers venus avec le roi Othon Ier. Il est vrai que, depuis un demi-siècle, les Européens cultivaient le goût de l'Antique. Plusieurs spécialistes furent chargés d'élever à Athènes les édifices de prestige qui devaient incarner le nouvel État. Les éléments architecturaux caractéristiques de ce nouveau style se composaient de colonnes ou de pilastres surmontés du classique fronton triangulaire, coiffé d'acrotères. La nouvelle esthétique fut vite adoptée par les architectes des bâtiments privés de la capitale et en province.
Les spéculations immobilières des années 1960 ont malheureusement détruit cette belle harmonie architecturale. À Athènes, le palais royal sur Syndagma, l'université rue Panépistimiou, le Musée byzantin et quelques autres demeures, notamment dans le quartier de Plaka, témoignent encore de cette période. Toutefois, les autorités ont pris conscience de la nécessité de sauvegarder les derniers bâtiments. Et des milliers d'immeubles ont ainsi été ravalés pour les Jeux olympiques de 2004. En dehors de la capitale, il ne subsiste guère, dans ce style, que le charmant village de Galaxidi, près de Delphes.
La Grèce du Nord, en particulier la Macédoine, compte encore dans plusieurs villes de beaux quartiers anciens rappelant la période ottomane.

HISTOIRE

Une vocation universelle

Pour mieux cerner l'Antiquité grecque, du moins jusqu'au règne de Philippe II de Macédoine, il faut savoir que les Grecs ne furent jamais unis politiquement ou territorialement. Les anciens Hellènes partageaient surtout le sentiment d'appartenir à une même communauté ethnique, linguistique et religieuse, distincte des « barbares » (tous ceux qui ne parlaient pas le grec...). Ce sont les Romains qui les nommèrent « Grecs » *(Graeci),* du nom d'une obscure tribu.

Les âges reculés

Les premières traces de présence humaine sur le sol grec remontent à 40 000 ans. Le Néolithique (6000-3000 av. J.-C.) voit se développer les premiers villages agricoles, à l'origine des premiers foyers de civilisation, sous l'influence des Indo-Européens venus d'Asie Mineure. Dès le début de l'âge du bronze (3000-1200 av. J.-C.) se développe dans les îles une civilisation dite « cycladique », tandis qu'en Crète une civilisation encore plus brillante s'épanouit. Vers 2000 av. J.-C. arrivent des « barbares » venus du Nord qu'on appellera les *Achéens.* Les nouveaux venus s'installent dans toute la péninsule et assimilent les populations locales.

La civilisation mycénienne

La mayonnaise prend tellement bien que la civilisation dite « mycénienne » (1700-1100 av. J.-C.) s'impose, atteignant son apogée du XIVe au XIIIe s av. J.-C., en succédant à l'Empire crétois. L'influence de la culture crétoise est d'ailleurs certaine : l'écriture syllabique, dite « linéaire B », qui succède à une écriture hiéroglyphique, le « linéaire A », vient de Crète et se répand en Grèce continentale. Mais l'Empire crétois s'effondre et les cités comme Mycènes, Tirynthe et Pylos deviennent autant de puissances régionales qui se distinguent par leur richesse (tombes royales, palais somptueux). Les Mycéniens ne font pas que se battre (la guerre de Troie est légendaire), ils nouent des rapports avec l'Orient, diffusent leur culture, poussant l'exploration jusqu'aux limites du monde connu.

L'*Iliade* et l'*Odyssée*

On considère généralement l'*Iliade* et l'*Odyssée* comme l'œuvre d'un seul poète, Homère, même si certains savants modernes en doutent. La première œuvre raconte le déroulement de la guerre de Troie, et la seconde le difficile retour d'Ulysse (*Odysséus* en grec) après la victoire des Grecs sur les Troyens. Nul ne sait où et quand Homère vécut (sans doute vers 750 av. J.-C.). Son œuvre fut donc composée un demi-millénaire après les événements qu'elle raconte. Mais derrière les poèmes homériques s'étendent des siècles de traditions orales transmises par des bardes professionnels, les aèdes. Ils sont le seul regard « vivant » que nous ayons sur le somptueux âge du bronze mycénien qui s'écroula tout au long du XIIe s av. J.-C.

Les âges sombres qui suivirent sont des siècles de désordre. C'est durant cette période que *Zeus* s'imposa davantage encore comme le dieu de la Souveraineté. De nouvelles divinités originaires d'Asie s'introduisent dans le panthéon : *Aphrodite* – empruntée à Chypre – ainsi qu'*Apollon.* Mais peu à peu, vers l'an 800 av. J.-C., se reconstituent des collectivités organisées, et le monde hellénique connaît alors un second apogée... qui commence avec la période dite « archaïque ».

Cette époque s'achève par un progrès déterminant : l'écriture syllabique est remplacée par un véritable alphabet, emprunté aux Phéniciens. Cette nouvelle langue écrite est accessible à tous. Elle favorise le développement des cités-États, dont Athènes et Sparte, qui évoluent dans deux directions différentes. Sparte se caractérise par son organisation militaire alors qu'Athènes, après une période marquée par la tyrannie, évolue vers la démocratie qu'il fallait inventer.

L'expansionnisme grec

De 775 à 550 av. J.-C., des colons quittent la Grèce continentale pour s'installer sur tout le pourtour méditerranéen, de l'Espagne à la mer Noire, avec une forte concentration en Sicile et en Italie du Sud (la « Grande-Grèce »). Il s'agit souvent d'émigrants que les cités ne pouvaient plus nourrir : ils vont faire rayonner l'hellénisme bien au-delà de la péninsule grecque. Ainsi Thalès, originaire d'Asie Mineure, une sorte d'ingénieur et de marchand bourlingueur, fit progresser les connaissances en astronomie et en géométrie. Il savait calculer la hauteur d'une pyramide d'après la longueur de son ombre : la science était en marche. Dans la foulée, Pythagore (569-506 av. J.-C.), originaire de Samos, nous légua son fameux théorème : « Dans un triangle rectangle, le carré de l'hypoténuse est égal à la somme des carrés des deux autres côtés. » Interro écrite demain !

La démocratie athénienne

C'est en Attique, la région d'Athènes, que naît la démocratie, littéralement pouvoir *(kratos)* du peuple *(démos).* Les réformes de Solon (594-593 av. J.-C.) amènent la création de quatre classes censitaires, fondées sur les revenus. Les réformes de Clisthène, presque un siècle plus tard, mettent en place le cadre juridique de la future démocratie : l'Attique est découpée en dèmes et en 10 tribus, chaque tribu fournissant par tirage au sort 50 citoyens siégeant à la *boulê,* assemblée dotée de larges pouvoirs législatifs, exécutifs et judiciaires. Mais c'est l'assemblée du peuple *(ecclésia),* où tous les citoyens du dème pouvaient siéger, qui discutait des projets qui lui étaient soumis par la *boulê.* Autre institution importante, l'Héliée, tribunal populaire de 6 000 membres qui a supplanté, petit à petit, l'Aréopage, organe judiciaire remontant à la royauté. La magistrature la plus haute (la *Stratégie*) était élective (on votait à main levée) : chaque année, 10 stratèges étaient ainsi désignés pour diriger la démocratie. À la fin de leur charge, les élus devaient rendre des comptes. Mais cette démocratie directe avait ses limites : ni les femmes, ni les métèques, ni les esclaves n'étaient des citoyens. On estime donc qu'ils n'étaient, à l'époque classique, guère plus de 30 000 ou 40 000, soit moins de 10 % sans doute de la population athénienne, à posséder la citoyenneté, sans que les exclus du système politique se sentent pour autant rejetés de la vie athénienne (les esclaves, par exemple, n'étaient pas tous « esclaves » au sens que le mot a pris). Athènes n'était qu'une cité parmi 700 autres, sans aucun doute la plus brillante en raison de l'importance qu'y a prise la culture (le théâtre ne s'est guère développé qu'en Attique), et la démocratie n'a concerné que quelques rares cités, les autres connaissant souvent la tyrannie. Et la démocratie athénienne a même été combattue par les partisans de l'oligarchie (littéralement : le commandement de quelques-uns), cette dernière s'imposant, certes pour de courtes périodes, lors de révolutions antidémocratiques en 411-410 et 404-403 av. J.-C. Pour Aristote, la démocratie n'était pas respectueuse de la liberté de chacun ! C'était une sorte de dictature exercée par la masse...

DES DÉLATEURS PROFESSIONNELS

Honnie par nos démocraties, la délation était très organisée sous l'Antiquité grecque. Les sycophantes (terme désignant ceux qui ont montré les figues dérobées par un voleur), ou délateurs professionnels, dénonçaient les abus des puissants. Ils touchaient une part des amendes, mais étaient lourdement condamnés s'ils n'obtenaient pas un cinquième des voix des juges. Enfin, la dénonciation n'était jamais anonyme.

Les citoyens se réunissaient donc en assemblée sur la colline de la Pnyx pour voter. Mais les abstentions devinrent de plus en plus nombreuses. Vint un temps où l'on dut user d'un procédé qui s'apparente à la « rafle » pour réunir 5 000 assistants, quorum légal pour certaines séances. Les Athéniens inventèrent aussi l'ostracisme, gardien de la démocratie. Un citoyen menaçant le pouvoir du peuple par ses ambitions et ses actes était banni pour 10 ans par l'Assemblée, à condition tout de même que 6 000 votants se prononcent contre lui, en écrivant son nom sur un tesson *(ostrakon).* Cette mesure ne punissait pas obligatoirement un acte commis, mais visait à prévenir toute ambition dictatoriale. L'ostracisé avait 10 jours pour préparer son départ...

Le siècle de Périclès (V^e^ s av. J.-C.)

Les attaques des grands rois de Perse, facilitées par la rivalité chronique entre les cités grecques, vont menacer Athènes. Après ces guerres dites « médiques », les cités grecques insulaires ou d'Asie Mineure créent la ligue de Délos, sous l'égide d'Athènes. Cette dernière touche une large partie du tribut versé par ces cités en échange de l'assurance d'être défendues si les Perses les attaquaient à nouveau. Mais Athènes, d'hégémonique, devient impérialiste : c'est du moins ce qu'on lui reproche. Les membres de la ligue qui tentent de s'affranchir de sa tutelle (par exemple Samos ou Milos) sont sévèrement réprimés, sans la moindre pitié. L'argent pris aux cités finance directement la vie démocratique athénienne (indemnités versées aux citoyens qui participent à la vie politique) comme la vie culturelle

LA MAÎTRESSE DE PÉRICLÈS

L'homme le plus puissant et le plus célèbre d'Athènes tomba amoureux d'Aspasie, prostituée de haut vol. Très cultivée, elle tenait un bordel fréquenté par l'élite, comme Sophocle et Socrate. Périclès divorça pour elle.

(la construction de l'Acropole a coûté cher). Le siècle de Périclès (Ve s av. J.-C.), véritable apogée de la civilisation grecque, se termine pourtant mal. Athènes indispose jusqu'à ses alliés. La guerre du Péloponnèse (431-404 av. J.-C.), opposant Sparte, Athènes et leurs alliés respectifs, affaiblit les deux cités. La déconfiture est terrible pour Athènes, qui doit toujours trouver plus d'argent pour ses dépenses militaires et décide de conquérir la riche Sicile en 415 : l'expédition est un désastre et le régime démocratique athénien vacille. Après cette défaite, rien ne sera plus comme avant à Athènes.

Alexandre le Grand

Plus aucune cité ne parvient à imposer son hégémonie : Sparte profite peu de temps de l'affaiblissement d'Athènes, puis c'est au tour de Thèbes de dominer ses rivales avant d'être vaincue. Au milieu du IVe s, une nouvelle puissance régionale fait son apparition : la Macédoine avec Philippe II (382-336 av. J.-C.).
Avec son fils, Alexandre, le monde hellénique va connaître une expansion sans précédent. Fils de Philippe, Alexandre naît à Pella en 356 av. J.-C. Il grandit entre une mère étrange, aux pouvoirs visionnaires, et les idées de gloire qui animent la cour, avec Aristote pour précepteur, s'il vous plaît ! Personnage haut en couleur, à la destinée exceptionnelle, il bouleverse le monde connu d'alors, poussant ses conquêtes jusqu'à l'Inde.
Beau, courageux, puissant, il fut aussi le premier des conquérants possédés par la folie des grandeurs. Sa volonté de faire la synthèse de la civilisation hellénique et des cultures de l'Orient en a fasciné plus d'un, mais n'oublions pas que, avec son comportement de despote, il a aussi enterré la démocratie à la grecque !

Sous l'Empire romain

À la mort d'Alexandre, ses successeurs ont de belles parts de gâteau à se partager. Mais un tel empire, même morcelé, est difficile à maintenir, d'autant que les Romains commencent à s'intéresser à la Grèce. Ainsi, 150 ans après la mort d'Alexandre, la Grèce tombe définitivement entre les mains des Romains. Reste que, culturellement, l'Empire romain fut partiellement bâti sur les acquis du monde hellénique, dont ils diffusèrent la culture à travers leurs propres conquêtes.

Byzance

Au IVe s de notre ère, on décide de déplacer le centre de gravité de l'empire vers l'est. Le pouvoir s'installe à Byzance, où l'empereur Constantin crée une nouvelle Rome : Constantinople. Le nouvel empire est fortement hellénisé, mais aussi fortement orientalisé. En 395, l'empire est officiellement partagé en deux États distincts. Bonne pioche pour qui reçoit celui d'Orient, car celui d'Occident ne résiste pas longtemps sous les coups de boutoir des Vandales et autres Ostrogoths. Pendant plus de 1 000 ans va se maintenir un État immense, qui connaîtra des hauts et des bas. Des hauts, quand Justinien (527-565) réussit à reconquérir une partie de l'Occident ; des bas, quand l'empire se réduit en raison de l'expansion arabe, perdant ses possessions africaines et proche-orientales. L'empire peut alors se concentrer sur lui-même, développer les arts (l'art religieux en particulier). On date le début de son déclin au milieu du XIe s : Byzance perd l'Italie du Sud et la menace ottomane, remplaçant celle des Arabes, devient préoccupante.
Il y a aussi la crise religieuse avec l'Occident, qui se déclare avec le schisme de 1054, séparant définitivement les Églises chrétiennes d'Orient et d'Occident. Un premier coup très dur est porté en 1204 avec la prise (et le pillage) de Constantinople par les croisés : partis libérer les Lieux saints, les Occidentaux s'égarent et oublient leur objectif initial. Cet épisode est vécu par les Byzantins comme une véritable trahison (et est toujours, 800 ans plus tard, considéré comme un souvenir douloureux chez les Grecs). L'empire est démembré : la Grèce est découpée

en petits morceaux (le royaume de Thessalonique, le duché d'Athènes, le despotat de Morée, c'est-à-dire le Péloponnèse, qui passent aux Francs, les îles qui reviennent aux Italiens, Vénitiens ou Génois...). Un empereur valeureux, Michel VIII Paléologue, entreprend la reconquête sur les Francs et parvient à reprendre Constantinople (1261), mais bientôt, l'Empire byzantin se réduit à sa capitale, assiégée par les Ottomans. L'Occident tergiverse et ne se mobilise pas. Et parmi les Byzantins, un fort courant estimait qu'il était préférable de voir régner le turban turc plutôt que la tiare latine, et ce sont d'ailleurs des Génois, venus au secours de Constantinople assiégée, qui trahiront et hâteront la prise de la ville en 1453.

SUPERSTITION

Konstantin Karamanlis, à la chute des Colonels (1974), devait s'envoler pour Athènes (où l'attendait le poste de Premier ministre) un mardi. Or, un Grec n'entreprend pas quelque chose d'important un mardi, jour qui porte malheur depuis la chute de Constantinople (le mardi 29 mai 1453). Il retarda donc son retour au pays de 24h...

Sous la férule turque

La Grèce entre alors dans ce qu'on appelle la « Turcocratie », pendant près de quatre siècles. Les classes dominantes se sont plutôt bien accommodées de la domination turque puisque le clergé a gardé ses privilèges, certains gros propriétaires ont prospéré et une petite aristocratie grecque, à Constantinople, a pu accéder à de hauts postes de l'Empire ottoman. En revanche, le petit peuple a vu sa situation se détériorer au cours des siècles, jusqu'à l'exaspération.
Plusieurs facteurs expliquent le soulèvement de 1821, qui conduisit à l'indépendance nationale : l'essor commercial dû à la diaspora grecque établie en Europe, l'intérêt naissant (et pas désintéressé) des puissances européennes pour la Grèce et une renaissance de la conscience nationale ou hellénisme, sentiment qui est resté chevillé au corps des Grecs.
À cette époque naît en Europe de l'Ouest le philhellénisme, qui se traduit par l'engagement d'un certain nombre de figures de la communauté intellectuelle européenne. Delacroix, Hugo expriment dans leurs œuvres le courant de sympathie existant pour la cause grecque. Un grand nom du romantisme, l'Anglais Lord Byron (1788-1824), s'engage personnellement et y laisse même la vie : il meurt à Missolonghi, de la malaria.

La Grèce, de l'indépendance à la Communauté européenne

Après le soulèvement contre les Turcs de 1821, la Grèce peine à devenir un véritable État. Premier problème : c'est grâce au bon vouloir des grandes puissances européennes qu'elle s'est débarrassée des Turcs, et celles-ci entendent bien asseoir leur influence sur le nouveau pouvoir. C'est d'abord Capodistria, l'homme des Russes, qui est désigné gouverneur de 1827 à 1831, année de son assassinat ; puis, en 1833, une sorte de fantoche parachuté, Othon Ier de Bavière. Lui et sa cour se mettent vite à dos les anciens combattants de la révolution de 1821. Au bout de 11 ans, on lui impose une Constitution *(syndagma)* qui ne suffit pas à donner l'impression que le pays est véritablement indépendant. Alors on le renvoie en 1862 pour confier le sort du pays à un nouveau roi qui arrive tout droit du... Danemark et qui est le candidat des Anglais : ce sera Georges Ier.
Petit à petit, le pays se dote, sous la conduite de Premiers ministres énergiques, Trikoupis puis Vénizélos, des outils nécessaires pour devenir un État moderne, notamment une nouvelle Constitution promulguée en 1911. Le pays s'agrandit, plusieurs provinces étant restituées à l'État hellénique. Mais le spectre de la guerre

se profile à l'horizon. Guerres balkaniques (déjà !) de 1912-1913, Première Guerre mondiale avec un roi, Constantin Ier, germanophile et un Premier ministre, Vénizélos, favorable à l'Entente : le premier abdique en 1917 et la Grèce entre finalement en guerre du côté des futurs vainqueurs, ce qui lui permet de prétendre à une extension territoriale vers l'est.

Ensuite, la situation se gâte : des politiciens aux courtes vues croient réalisable « la Grande Idée » qui consiste à réunir les Grecs dans un seul et même État, même ceux (et ils sont nombreux) qui vivent en Asie Mineure. L'expédition militaire de 1921-1922 tourne à la catastrophe : l'armée grecque est mise en déroute par celle de Kemal Ataturk, 1,5 million de Grecs d'Asie Mineure sont brutalement chassés de ce qu'ils considéraient comme leur pays, et 2 500 ans de présence hellénique de l'autre côté de la mer Égée sont annulés. Après un tel traumatisme, rien d'étonnant à ce que la situation politique, devenue instable, le reste jusqu'à la Seconde Guerre mondiale. Métaxas, un dictateur inspiré par Mussolini, prend le pouvoir en 1936, mais refuse en 1940 le diktat de l'Italie fasciste. Voilà la Grèce dans la tourmente : les Italiens, vite chassés, sont remplacés par les nazis, jusqu'en octobre 1944. À l'heure de la Libération, pourtant, tout recommence : une guerre civile particulièrement cruelle va opposer, jusqu'en 1949, résistants communistes et forces royalistes appuyées par Churchill. Les communistes sont finalement défaits.

TERRIBLE MORSURE

En 1920, le jeune roi Alexandre Ier fut mordu par un singe. Septicémie et décès. La succession fut tellement confuse que son père (!) lui succéda sur le trône. Cette vacance du pouvoir fut terrible pour l'issue de la guerre avec la Turquie, dès 1921. Au total, 1,5 million de Grecs furent chassés de Smyrne et d'Asie Mineure, sans compter les milliers de morts.

On ne sort pas de près de 10 ans de conflits sans conséquences : la Grèce est devenue une sorte de protectorat des États-Unis et quand un gouvernement de centre gauche remporte les élections, il est vite condamné : Georges Papandréou doit démissionner en 1965. Soutenus par les États-Unis, les sinistres colonels prennent le pouvoir en 1967 : torture, déportations et procès politiques sont alors monnaie courante. C'est un nouveau drame pour l'hellénisme qui cause leur chute : l'armée turque s'empare du nord de Chypre en 1974, et les colonels laissent la place à la démocratie, incarnée par le conservateur Constantin Karamanlis, plusieurs fois Premier ministre dans les années 1950. Le processus d'intégration de la Grèce dans la Communauté européenne commence alors (c'est Valéry Giscard d'Estaing qui force la main à ses partenaires européens pour l'ancrer définitivement au navire européen). Une nouvelle page s'ouvre en 1981 avec l'arrivée au pouvoir d'Andréas Papandréou, fils de Georges, figure charismatique de la gauche, fortement antiaméricain et populiste : le PASOK (parti socialiste grec) va régner sans partage sauf pendant de courtes périodes d'alternance. Sociologiquement parlant, la Grèce est un pays qui a le cœur à gauche. Toutefois, la droite, menée par Kostas Karamanlis, gagne les élections de 2004.

LA CROISIÈRE DES ROIS

En 1954, la reine Frederika de Grèce organisa une croisière qui réunit 110 héritiers de 25 familles royales : Oldenburg, Bourbon, Hohenzollern, Wurtenberg, Hanovre, Habsbourg... et même Marie Bonaparte, épouse du prince Georges de Grèce. Tous les grands sites furent visités. La presse internationale évoqua cet événement unique. Le tourisme en Grèce était lancé.

Parenthèse à droite

De juin à fin août 2007, la Grèce subit trois vagues d'incendies (mont Parnès en Attique, Péloponnèse, Épire). Bilan : 65 morts et de nombreux blessés, 350 000 ha de surfaces brûlées et 4 millions d'oliviers réduits en cendres.
Fin 2008, la mort d'un jeune, tué par un policier dans le quartier d'Exarchia, près de la place Omonia, enflamme le pays. Des émeutes touchent les centres des grandes villes : attaques de banques, de magasins, incendies de voitures, autant de manifestations d'un dégoût et d'un rejet de la jeunesse grecque (la « génération des 600 euros ») vis-à-vis des institutions. Fin août 2009, de nouveaux incendies portent le coup de grâce au gouvernement Karamanlis. Les législatives anticipées, en octobre, se terminent sur un résultat sans ambiguïté : la Nouvelle Démocratie paie sa mauvaise gestion des crises à répétition des trois dernières années.

De crise en crise...

Georges Papandréou (fils d'Andréas et petit-fils de... Georges) devient Premier ministre. Élu sur un programme de relance dite « verte », Papandréou forme un gouvernement composé pour l'essentiel de technocrates plutôt jeunes. Assez rapidement, il apparaît que la situation du pays est grave (voir la rubrique « Économie »). Et c'est le PASOK qui se retrouve contraint d'appliquer un plan d'austérité sous la pression des milieux d'affaires et de Bruxelles...

LES MORTS COÛTENT CHER

On savait que les Grecs vivaient vieux, mais l'administration s'est aperçue que 9 000 fonctionnaires décédés continuaient à percevoir leur retraite ! Cette bagatelle n'aurait coûté pas moins de 16 millions d'euros par an à l'État grec !

Manifestations et grèves générales ont beau se succéder à un rythme rapide, les réformes passent aisément à l'Assemblée nationale. Le remodelage du territoire administratif réduit le nombre de municipalités d'environ 1 000 à 350, les préfectures passant dans le même temps de 57 à 13 et les régions de 13 à 7. Les élections locales de l'automne 2010 confirment le rejet de la classe politique traditionnelle. L'abstention atteint 60 %, un niveau record (en Grèce, le vote est théoriquement obligatoire).
En 2011, avec l'aggravation de la crise économique, le désaveu vis-à-vis de la classe politique monte encore d'un cran. Le mouvement des Indignés espagnols trouve vite son équivalent grec en mai-juin. La place du Parlement se transforme en une agora où s'imagine un autre monde. Fin juin, Athènes essuie plusieurs jours d'émeutes.
Fin octobre 2011, Papandréou annonce l'organisation d'un référendum sur le plan de « sortie de crise ». Mais les dirigeants européens lui tordent alors le bras pour qu'il revienne sur sa décision : il démissionne, et des élections législatives anticipées sont annoncées. Vénizélos, héraut de la vieille garde du PASOK, prend la tête du parti. Aux législatives de mai 2012, le PASOK ne recueille plus que 13 % des voix, derrière la Nouvelle Démocratie (18,8 %) et Syriza (16,8 %), parti de la gauche radicale mené par le jeune Alexis Tsipras, qui refuse les plans d'austérité. Aube dorée, une formation d'extrême droite fascisante, voire néonazie, fait son entrée à l'Assemblée. Les négociations pour former une coalition échouant, il faut retourner aux urnes à la mi-juin. La Nouvelle Démocratie agite les peurs : si Syriza gagne 10 % de suffrages par rapport à mai, la Nouvelle Démocratie, elle, en gagne près de 11. Le PASOK, avec un petit parti de gauche modérée, n'hésite pas à passer un accord avec Samaras, le leader de la Nouvelle Démocratie, pour former un gouvernement dirigé par ce dernier. Fin du psychodrame, du moins provisoirement.
À l'automne, à la suite de l'assassinat d'un rappeur antifasciste par un des membres d'Aube dorée – qui bénéficiait jusqu'alors d'une quasi-impunité lorsqu'il

s'attaquait aux immigrants –, plusieurs de ses dirigeants, dont son leader, sont interpellés et le parti est accusé d'être une « organisation criminelle ». La levée de l'immunité parlementaire de 6 des 18 députés est votée fin 2013. Cela n'empêche pas Aube dorée de poursuivre sa progression en 2014.

Nouvelle donne ?

Mais c'est Syriza qui arrive en tête aux européennes de mai 2014, puis aux législatives anticipées de 2015. Alexis Tsipras devient Premier ministre, seul chef de gouvernement vraiment à gauche de l'Union européenne. Toutefois, avec 149 députés, Syriza doit s'allier avec un parti de droite souverainiste pour disposer de la majorité absolue.

Commencent alors des négociations entre le nouveau gouvernement et les bailleurs de fonds, qui piétinent et même s'enlisent. Arrive l'échéance de fin juin, date à laquelle, pour rembourser le FMI (1,6 milliard d'euros), la Grèce doit recevoir de l'argent frais. Le pays n'effectue pas son remboursement et est déclaré en « défaut ». Les négociations sont alors apparemment rompues et les Grecs sont consultés par référendum : 61,31 % des votants disent non à la proposition faite le 25 juin par les créanciers.

Mais Tsipras n'exploite pas ce résultat qui pourtant valide sa politique : il ne souhaite pas la sortie de la Grèce de la zone euro, contrairement à la frange la plus à gauche de son parti, et revient à la table des discussions. Du coup, son ministre des Finances, qui est sur une ligne politique différente, démissionne. Cette volte-face semble incompréhensible, surtout si l'on considère que l'accord finalement signé est plus mauvais pour les Grecs que celui de fin juin (voir plus haut « Économie ») ; mais Tsipras est un politique, pas un économiste... Il craint que la rupture avec l'Union européenne n'entraîne la Grèce dans un chaos non maîtrisable, et il se résout à la signature d'un accord auquel il dit ne pas croire...

Sur fond de désaccord sur la dette entre les créanciers (le FMI demandant sa restructuration à laquelle plusieurs pays européens s'opposent), le Parlement grec adopte en août le nouveau plan d'aide, grâce aux voix de l'opposition. Syriza s'est en effet divisé et la défection d'une trentaine de députés hostiles à l'accord rend inévitable la tenue de nouvelles élections législatives en septembre, une fois la démission de Tsipras annoncée en août. Et Syriza, sans sa fraction la plus à gauche qui se présente sous sa propre bannière aux législatives, l'emporte assez nettement, avec plus de 35 % des voix. Tsipras renouvelle son alliance avec l'ANEL, le parti de droite souverainiste, et retrouve son poste de Premier ministre. Avant d'entériner, au printemps 2016, comme ses prédécesseurs, un nouveau plan drastique d'austérité imposé par les créanciers, tandis que, dans les rues d'Athènes, la grève des opposants bat son plein. L'alternative Syriza a vécu.

Principales dates historiques

Avant Jésus-Christ

- ***2200-1450 :*** civilisation minoenne (Crète).
- ***1700-1100 :*** période mycénienne.
- ***XIe-VIIIe s :*** colonisation des Cyclades et de l'Asie Mineure. Développement des cités-États (Athènes, Sparte, Corinthe...).
- ***VIIIe-VIe s :*** colonisation du pourtour de la Méditerranée et de la mer Noire. En 776, les Jeux olympiques sont institués.
- ***490-479 :*** les guerres médiques. Les Perses envahissent la Grèce mais sont vaincus à Marathon (490), Salamine (480) et Platées (479).
- ***495-429 :*** « siècle de Périclès ». C'est l'époque de Phidias (l'Acropole), d'Hérodote et de Sophocle. Apogée économique d'Athènes.
- ***431-404 :*** guerre du Péloponnèse (victoire de Sparte sur Athènes).

– ***338 :*** Philippe II de Macédoine bat, à Chéronée, Athéniens et Thébains. La Grèce passe sous domination macédonienne.
– ***336-323 :*** Alexandre le Grand conquiert l'Orient. Il meurt à 33 ans.
– ***IIIe-Ier s :*** conquête romaine (annexion de la Macédoine et de la Grèce continentale en 146, prise et sac d'Athènes en 86).

Après Jésus-Christ

– ***395 :*** la Grèce est rattachée à l'Empire byzantin ; elle subira de nombreuses agressions : Huns, Slaves, Bulgares, Normands et croisés.
– ***1204 :*** prise de Constantinople par les croisés. Les Francs se partagent la Grèce.
– ***1453 :*** Constantinople tombe aux mains des Turcs, qui vont déferler sur la Grèce. Vénitiens et Génois défendent leurs possessions dans le Péloponnèse et dans les îles.
– ***XVe-XVIIIe s :*** la Grèce passe sous domination turque.
– ***XVIIIe-début XIXe s :*** renaissance de la conscience nationale, lorsque les Turcs achèvent la conquête de la Grèce avec la prise du Péloponnèse (1715).
– ***25 mars 1821 :*** début de la « révolution ». Soulèvement contre les Turcs.
– ***1821-1830 :*** lutte pour l'indépendance. Fort sentiment pro-grec en Europe.
– ***1830 :*** la Grèce (c'est-à-dire le Péloponnèse, l'Attique, la Béotie et c'est tout !) est indépendante. Elle devient une monarchie avec pour roi Othon de Bavière (1833).
– ***1862 :*** révoltes contre Othon. Le prince Georges de Danemark devient roi de Grèce sous le nom de Georges Ier (encore un parachuté !). Rattachement des îles Ioniennes.
– ***1912-1913 :*** guerres balkaniques. Les Turcs sont délestés de la Macédoine et du reste de l'Épire. La Crète, autonome depuis 1898, est rattachée à la Grèce.
– ***1922 :*** guerre gréco-turque. C'est la « catastrophe de l'Asie Mineure ». La Grèce perd Smyrne et la Thrace orientale. 1,5 million de Grecs de Turquie émigrent en Grèce.
– ***1924 :*** la république est proclamée. Succession de coups d'État militaires (à l'exception du gouvernement Vénizélos : 1928-1932).
– ***1935 :*** rétablissement de la monarchie à la suite d'un plébiscite arrangé.
– ***1936 :*** coup d'État de Métaxas, qui instaure une dictature.
– ***28 octobre 1940 :*** agression italienne (guerre d'Albanie). Les Italiens sont assez vite repoussés malgré leur supériorité numérique, mais l'offensive allemande qui suit contraint les Grecs à capituler (avril 1941). De nombreux juifs, notamment ceux de Thessalonique, sont déportés dans les camps d'extermination en 1943. Occupation du pays jusqu'en octobre 1944.
– ***1946-1949 :*** guerre civile entre les forces de gauche (issues de la résistance communiste) et les forces royalistes gouvernementales soutenues par les Britanniques (à Yalta, la Grèce a été « donnée » à Churchill). Les « rebelles » sont écrasés et les survivants doivent s'enfuir dans les pays de l'Est.
– ***1963 :*** mort de Grigorios Lambrakis à la fin d'un meeting électoral (événement à la base du film *Z*, de Costa-Gavras).
– ***21 avril 1967 :*** coup d'État militaire et dictature sous l'autorité de Papadopoulos (puis de Pattakos). C'est le gouvernement dit « des colonels », soutenus par la CIA, avec son lot de torture, déportations, etc.
– ***1972-1973 :*** nombreuses manifestations durement réprimées, dont, en novembre 1973, l'occupation de l'École polytechnique par les étudiants.
– ***1974 :*** chute des colonels. Karamanlis est rappelé d'exil. La république est restaurée.
– ***1981 :*** admission dans la Communauté économique européenne (CEE), victoire du parti socialiste et de son leader, Andréas Papandréou.
– ***1988 :*** le plan d'austérité mis en place par le gouvernement Papandréou provoque une vague de grèves dans tous les secteurs de l'économie. Visite historique du Premier ministre turc à Athènes.
– ***1993 :*** battue en 1989 et 1990, la gauche revient finalement au pouvoir. Andréas Papandréou est de nouveau Premier ministre, jusqu'à sa démission en janvier 1996.

- *Juin 1996 :* mort de Papandréou.
- *Août-septembre 1999 :* réchauffement des relations gréco-turques à la suite de l'aide apportée par la Grèce après le tremblement de terre à Izmit.
- *Juillet-août 2002 :* démantèlement du groupe terroriste *17-Novembre,* actif depuis 1975.
- *Printemps 2004 :* élections législatives, victoire de la Nouvelle Démocratie (droite), Kostas Karamanlis est Premier ministre.
- *Août 2004 :* Jeux olympiques d'Athènes.
- *Décembre 2008 :* violentes émeutes à Athènes suite à la mort d'un adolescent, abattu par les forces de police.
- *Octobre 2009 :* élections législatives anticipées, victoire du PASOK. Georgios Papandréou nommé Premier ministre.
- *2010-2014 :* une crise économique sans précédent rend nécessaire l'intervention de l'Union européenne et du FMI. Le pays s'enfonce dans la récession.
- *2015 :* le premier semestre voit se dérouler un interminable feuilleton de négociations opposant le nouveau gouvernement et ses créanciers, jusqu'à un accord autour d'un troisième plan d'aide mi-juillet.
- *2016 :* nouvelles mesures d'austérité, et premières grandes grèves contre le gouvernement Syriza.

UNE JOURNÉE À LA GRECQUE

Le rythme de la journée d'un Grec est celui de tout bon Méditerranéen qui se respecte. Ça commence très tôt, à la fraîche, vers 7h, avec une longue matinée qui se termine par le *messiméri* (midi), notion assez vague (13h-15h) qui sert à prendre un repas assez léger ; puis c'est la sieste (facilement jusqu'à 17h-17h30 ; silence dans les rangs !), qui précède l'après-midi *(apoghevma),* période où l'activité reprend (en gros jusqu'à 20h). Le « petit soir » *(vradaki)* est consacré à la *volta,* la promenade sur le port ou sur la place ; c'est l'heure des civilités, et surtout pas l'heure de manger. Ensuite, la soirée peut commencer, le repas ne débutant pas avant 22h le plus souvent. C'est pratique, car dans les lieux touristiques, c'est souvent à cette heure que les vacanciers non grecs quittent les restos...

MÉDIAS

Votre TV en français : TV5MONDE, la première chaîne culturelle francophone mondiale

Avec ses 11 chaînes et ses 14 langues de sous-titrage, TV5MONDE est distribuée dans plus de 190 pays du monde par câble, satellite et sur IPTV. Vous y retrouverez de l'information, du cinéma, du divertissement, du sport, du documentaire...
Grace aux services pratiques de son site voyage *(• voyage.tv5monde.com •),* vous pouvez préparer votre séjour et, une fois sur place, rester connecté, avec les applications et le site • *tv5monde.com* • Demandez à votre hôtel le canal de diffusion de TV5MONDE et contactez • *tv5monde.com/contact* • pour toute remarque.

Euronews

Chaîne d'information la plus regardée en Europe, Euronews traite l'actualité mondiale en continu. Grâce à ses 400 journalistes de plus de 30 nationalités, la chaîne est accessible 24h/24 en 13 langues.
Véritable hub média multiculturel indépendant, Euronews porte un regard unique sur les événements et en propose une analyse factuelle. Créée en 1993, à Lyon, la chaîne s'adresse à 400 millions de foyers dans 155 pays et est disponible partout à travers le globe via ses déclinaisons digitales (Internet, applications mobile, TV connectée, Web radio...).

Presse

La presse écrite grecque se fait facilement remarquer : les kiosquiers ont l'habitude de suspendre les journaux à un fil à linge, et chacun vient lire les gros titres de la une. Les quotidiens nationaux sont bien plus nombreux qu'en France, ce qui ne signifie pas qu'ils soient forcément beaucoup lus. La plupart des journaux grecs accordent l'essentiel de leur attention à la politique intérieure, affichant le plus souvent des opinions très partisanes, qui s'expriment par des titres incendiaires. L'actualité internationale n'y occupe qu'une très petite place. Ils paraissent même le dimanche, avec un numéro spécial aux suppléments particulièrement épais.

Télévision

Le paysage audiovisuel grec n'a pas grand-chose d'original : les chaînes privées sont celles qui font le plus d'audience. Mais, pendant l'été 2016, le gouvernement a organisé une mise aux enchères afin de réglementer ces chaînes privées. Il a au passage empoché 246 millions d'euros. Il ne reste donc plus que quatre chaînes privées nationales (contre six avant), l'idée étant de mettre fin aux collusions existant entre politiques, banques et médias. Les chaînes *Skaï* et *Antenna (ANT1)* ont gardé leur place, et deux autres nouveaux opérateurs sont arrivés. Les chaînes qui ont perdu ces enchères pourront continuer leur activité sur Internet ou en région. Quant à *Mega,* naguère la 1re par l'audience, elle n'a pas été retenue pour le processus de sélection des enchères. Mais en octobre, le Conseil constitutionnel a invalidé toute la procédure... Tout est donc à refaire...
Beaucoup de séries étrangères (qui livrent une rude concurrence aux séries grecques) et des films le plus souvent sous-titrés. Quant aux chaînes privées régionales ou thématiques, elles sont nombreuses.
Si vous voulez vous informer sur l'actualité, sachez que le journal du soir est diffusé assez tôt, pour la Grèce du moins (20h), et durent longtemps (1h), bien souvent pour pas grand-chose. On délaie beaucoup...

Radio

Si vous voulez écouter des infos en français, rendez-vous sur *Radio internationale* (104.4 FM) de 17h à 17h40 (au total, des programmes en 12 langues).

MUSIQUE, DANSE

Les principales villes grecques, et tout particulièrement Athènes, disposent d'une infrastructure importante et très complète pour ce qui est de la vie nocturne.
– Les *discothèques* connaissent les ambiances les plus cool qui soient. Les orchestres de danse traditionnelle font vivre intensément les tavernes jusqu'à l'aube. Dans les discothèques, les consommations sont servies à des tarifs moins élevés que chez nous. Parfois, on interdit l'entrée des boîtes de nuit aux garçons « non accompagnés » afin d'éviter un déséquilibre trop flagrant entre le nombre de filles et de garçons, à la suite de l'intérêt un peu trop vif montré par les *teenagers* grecs envers les midinettes suédoises ou françaises en goguette.
– Certains établissements, les *bouzoukia,* sont des lieux où l'on danse, chante, boit, et casse des assiettes (« coutume » grecque qui, malheureusement, coûte de plus en plus cher ; ah ! tout fout le camp...). Mais dites-vous bien que la plupart n'ont plus grand-chose d'authentique. L'idéal est, bien sûr, de vous faire accompagner par un ami grec qui vous mènera dans les vieilles tavernes fréquentées par les Grecs.

– Le *rébétiko* est le blues grec (voir plus bas). Ces chansons de mauvais garçons des faubourgs, à la voix rauque, sont devenues à la mode dans les années 1950-1960. Théodorakis et Hadjidakis sont ainsi devenus des classiques populaires. Pour le premier, préférez les disques de sa grande période militante, années 1960-1970, chantés par Pétros Pandis et Maria Farandouri, ou l'oratorio *Axion Esti* sur des poèmes d'Odysséas Elytis.
– La plus belle voix masculine aujourd'hui est sans aucun doute celle de Yorghos Dalaras, dont le répertoire va de la chanson sucrée à la chanson d'auteur. Chez les chanteuses, Haris Alexiou, Alkistis Protopsalti, Elefteria Arvanitaki, Dimitra Galani, Rita Sakellariou, Glykéria, sans oublier « notre » Angélique Ionatos, installée en France. Quelques autres noms : Dionysios Savvopoulos, grand chanteur satirique ; Vassilis Papakonstantinou, rockeur grec toujours vert...

Le *rébétiko*

L'historique

Né en Asie Mineure, le *rébétiko* est arrivé en Grèce avec les réfugiés de Smyrne, après 1922, même s'il en existait déjà aussi au Pirée.
Les premières chansons étaient souvent une manière satirique de relater les histoires tristes tirées de la vie des chanteurs, évoquant souvent la drogue et l'univers carcéral.
Le *rébétiko* populaire est assez différent de celui issu de Smyrne, qui prévalait au début des années 1900. Il introduit l'instrument et le chanteur solo, alors que celui de Smyrne était plus un travail de groupe. Le chanteur (le *rébétis*) est un homme à la voix rude.
Les années héroïques du *rébétiko* sont la période 1920-1940. Le genre évolue en se débarrassant progressivement de ses éléments les plus orientalisants. En 1936, sous la dictature, certains *rébétès* sont pourchassés, et leurs chansons interdites. Après guerre, Vassilis Tsitsanis et Markos Vamvakaris réussirent à sortir le *rébétiko* de son association avec la prison et la drogue, le popularisant et créant un genre musical grec moderne. Cette popularisation signera également sa fin...
Son déclin commença, en effet, dans les années 1960, quand il devient à la mode dans les milieux bourgeois et qu'émerge une nouvelle musique grecque, créée par des compositeurs tels que Manos Hadjidakis, Mikis Théodorakis et Stavros Xarhakos. Pourtant, tous ont incorporé le *rébétiko* dans leurs œuvres et, de ce fait, ont contribué à le faire connaître plus largement.
Pour en savoir plus, on ne peut que conseiller le site d'Éléni Cohen : • rebetikobiblio.blogspot.com • (Éléni Cohen est, par ailleurs, l'auteur de *Rébétiko, un chant grec,* paru en 2008 aux éditions Pirot Christian).

Les instruments

Le *bouzouki* appartient à la famille des luths. Il a le plus souvent huit cordes métalliques montées par paires. Des instruments de forme similaire se retrouvent dans les civilisations antiques (hellénique, égyptienne, assyrienne, chinoise et indienne). Le *baglamas* est un petit bouzouki, pas plus grand que 35 ou 40 cm. Il était l'instrument préféré des prisonniers, qui pouvaient le cacher. Dans le *rébétiko* originel, on utilise d'autres instruments tels que le violon, l'*outi* (luth à manche court, correspondant à l'oud), le *sandouri* (instrument à cordes en forme de trapèze isocèle, instrument fétiche de Zorba le Grec !) et le *toumbeliki* (tambour).

Les danses

On en compte trois principales.
Le *zeibékiko* est dansé par un homme seul, qui exécute des figures acrobatiques circulaires qui se compliquent au fur et à mesure.

Le *hassapikos,* dont le nom d'origine turque signifie « boucher ». Les bouchers de Constantinople étaient souvent grecs et exécutaient cette danse lors des festivités de leur corporation. Il est habituellement dansé par trois hommes, qui se tiennent par l'épaule.
Le *tsiftétéli* : dansé par une femme, il ressemble à la danse du ventre.

LE SIRTAKI, DANSE TRADITIONNELLE ?

Pas du tout, il fut créé en 1964 pour le film Zorba le Grec. *Son incroyable succès fit beaucoup pour la renommée de la Grèce. Et pourtant, le film fut produit par Hollywood, et Anthony Quinn, qui incarnait Zorba le Grec, était d'origine... mexicaine.*

MYTHOLOGIE

La mythologie expliquée aux routards

La mythologie n'était pas pour les Grecs quelque chose de figé : elle expliquait le monde, à la fois ses origines (la ***cosmogonie***) et son déroulement quotidien, les dieux intervenant quasi constamment dans la vie des humains, selon les Grecs. La place des dieux a pu aussi évoluer selon les époques en fonction de l'importance du culte qu'on leur vouait.
Au commencement était ***Chaos,*** une sorte de vide, opaque, inorganisé, suivi de près par son contraire ***Gaïa,*** la Terre (et mère) universelle. Gaïa, toute seule comme une grande, donna naissance au flot marin, ***Pontos,*** et à ***Ouranos,*** le Ciel. Mais ce dernier, fils ingrat, n'arrêtait pas d'embêter sa mère : d'abord, il vivait vautré sur elle (et, étant de même dimension, ça ne laissait aucun espace de liberté pour Gaïa) ; ensuite, il la couvrait dans le second sens du terme, son unique activité étant le coït... Petit problème : les enfants qu'il n'arrêtait pas de lui faire n'avaient pas la place de voir le jour ! Gaïa inspira donc à son petit dernier, ***Cronos,*** une idée décisive... et incisive : avec une serpe fabriquée par maman, il tranche les parties génitales de papa. Sous le coup de la douleur, Ouranos « décolle » et va se fixer tout là-haut, en lançant des imprécations sur sa descendance. Le membre tranché, lui, va finir sa course dans la mer où il donnera naissance à Aphrodite. Ce coup de force donne un coup d'accélérateur : le Temps, jusqu'alors bloqué par Cronos, est mis en marche et l'histoire peut commencer.
Mais Cronos n'est pas des plus sympathique. Il a mis au pas ses frères et sœurs, Titans et Titanes, et s'il s'accouple avec Rhéa (sa sœur !), ce n'est pas pour le plaisir de fonder une famille : il dévore, en effet, chacun de leurs enfants par peur d'être détrôné un jour... Rhéa parvient à en sauver un en mettant une pierre dans les langes de l'enfant, que Cronos avale !
Quand il se rend compte de la supercherie, le petit ***Zeus*** est bien à l'abri, en Crète. Va alors commencer la lutte, forcément titanesque, entre Zeus et Cronos. D'un côté les Olympiens, de l'autre les Titans. Grâce à des ralliements (dont Prométhée et les Cyclopes), le camp emmené par Zeus s'imposera au terme d'une longue lutte. Les forces du passé sont réduites à l'immobilité, renvoyées au fond du Tartare.
Avec le règne de Zeus et de sa petite famille, un nouveau monde, pacifié au moins pour un temps, voit le jour. Aux commandes, la première génération des

ATTENTION À LA CONFUSION

Les dieux grecs se nourrissaient exclusivement d'ambroisie, ce nectar sacré bien plus doux que le miel et euphorisant (on rajoutait un peu de champignons hallucinogènes quand les dieux avaient été gentils). Donc rien à voir avec cette mauvaise herbe qui envahit nos campagnes et qui provoque des allergies graves.

Olympiens. Zeus et ses frères et sœurs : ***Poséidon,*** maître des Mers, ***Hadès,*** qui, depuis les Enfers, règne sur les morts ; ***Héra,*** sœur et épouse de Zeus, la jalousie incarnée (et elle en avait des raisons d'être jalouse !), ***Hestia,*** déesse (mineure) du Foyer, ***Aphrodite,*** déesse de l'Amour et de la Sexualité, et ***Déméter,*** déesse de la Fertilité, dont ***Perséphone,*** la fille qu'elle avait eue de Zeus, son frère, a été enlevée par... tonton Hadès qui en a fait sa femme ! Vous suivez toujours ?

Pour compléter la tribu, d'autres dieux, nés d'unions illégitimes de Zeus, grand cavaleur devant l'Éternel ! ***Apollon,*** fils de Zeus et de Léto, qui naquit, selon la tradition, à Délos. Il tua le serpent Python et s'appropria l'oracle de Delphes. Bourreau des cœurs, mais aussi amateur de sang, il présidait à la fondation des villes. ***Artémis,*** sa sœur jumelle, elle aussi habile du carquois, était surtout vénérée comme déesse de la Chasse (mais pas de la Pêche ni des Traditions). Prompte à la colère, c'est elle qui demanda le sacrifice d'Iphigénie, la fille d'Agamemnon, afin d'obtenir des vents favorables pour la flotte grecque en partance vers Troie. ***Athéna,*** fille de Zeus et de Métis (la ruse), naquit tout armée de la tête de son père. Elle était vénérée comme la déesse de la Pensée, des Arts et de l'Industrie. Son portefeuille contenait aussi la Guerre (pour la ruse) et la Sagesse, comme quoi...

Dionysos est carrément né de la cuisse de Zeus, lui ! Dieu du Vin et de l'Ivresse... Figure d'abord secondaire, il devint l'un des dieux les plus populaires. On lui rendait un culte volontiers orgiaque, les Bacchanales, qui étaient à l'origine une occasion de célébrer la nature au printemps. ***Hermès,*** fils de Zeus et de Maïa, possédait des attributions très diverses et était notamment le dieu du Commerce et des Voleurs (aucun rapport, bien entendu), de l'Éloquence, le messager des dieux, le protecteur des voyageurs, donc des routards...

Ajoutons quelques autres figures, comme ***Arès,*** dieu de la Guerre, et ***Héphaïstos,*** le dieu boiteux, maître du feu, marié à Aphrodite qui le trompa avec Arès, justement !

Leur interaction avec les humains a donné naissance à de grands cycles, dont celui d'***Héraclès,*** celui de la guerre de Troie, celui de ***Thésée*** et celui d'***Œdipe,*** pour ne citer que les plus connus.

> **PANIQUE À BORD !**
>
> *Dans l'Antiquité, Pan était la divinité qui ressemblait à un bouc. Sa violence et son agressivité étaient légendaires, notamment quand il tombait amoureux de nymphes ou de jeunes bergers. La terreur qui en résultait est à l'origine du mot « panique ».*

Les récits mythologiques, au-delà de leur apparent simplisme, sont d'une grande complexité et une source inépuisable de réflexion.

– Pour en savoir plus, on ne peut que conseiller de lire le livre de Jean-Pierre Vernant, ***L'Univers, les dieux, les hommes*** (Le Seuil, 1999, coll. « Points »), qui décrypte les significations cachées des mythes des origines, ou encore celui de Jacques Lacarrière, ***Au cœur des mythologies, en suivant les dieux*** (Gallimard, coll. « Folio », 2002).

Pourquoi la mythologie grecque a-t-elle fait un tel tabac ?

Des mots issus des grands mythes grecs (labyrinthe, titan, méduse...) sont passés dans notre vocabulaire courant, de même que des expressions comme « le fil d'Ariane ». À priori, rien d'étonnant, vu l'importance de la culture grecque. Il faut d'abord souligner le caractère merveilleux des dieux grecs... Ce sont des héros doués de pouvoirs extraordinaires. Ils font rêver. Hermès vole grâce à ses sandales ailées. Aphrodite, avec sa superbe plastique, n'a rien à envier aux divas de Hollywood. Zeus commande au tonnerre. La mer obéit à Poséidon.

Et pourtant, tous ces dieux sont particulièrement humains. Comme nous, ils sont capables de mensonges, de cruauté ou de tromperie. Ils s'affrontent puis se réconcilient. Tout ce beau monde est, comme celui d'ici-bas, agité par la passion et les intérêts. Leurs faiblesses et leurs défauts les rendent attachants et proches des hommes. À y regarder de près, ces dieux avaient un côté libertaire, donc subversif. Ils ne pensaient qu'aux choses de l'amour. Bref, ils ne connaissaient pas la morale, au sens judéo-chrétien (normal, elle n'avait pas encore été inventée !). Ils étaient complexes, multiples, paradoxaux.

Ces dieux, pour les Grecs, intervenaient dans le monde profane : on essayait d'influer sur eux par une prière (une demande précise), un sacrifice ou en consultant un oracle. Pendant quelques siècles, ces cultes païens rendus aux dieux grecs ont tant bien que mal cohabité avec la religion chrétienne. Mais la concurrence était trop dure pour « la » religion. Il a donc fallu interdire tous ces dieux pour le Dieu unique. C'est ce que fit un édit de l'empereur Justinien Ier, au VIe s. L'empire était devenu chrétien.

Pourtant, lorsque quelqu'un est mourant, les Grecs disent toujours couramment : *charopalévi* (littéralement, « il lutte contre Charon », le passeur qui faisait traverser aux esprits le fleuve des morts). Une eau minérale se nomme *Ivi,* transcription d'Hébé, déesse de la Jeunesse. Et l'on pourrait multiplier les exemples...

PERSONNAGES

– ***Aristote*** *(384-322 av. J.-C.)* **:** né en Macédoine, disciple de Platon (mais lui, pas le moins du monde idéaliste) et précepteur d'Alexandre le Grand, il est considéré comme le père de la logique. C'est l'encyclopédiste de l'Antiquité, avec à son actif la bagatelle de 150 ouvrages (6 000 pages !) couvrant tous les domaines de connaissance de son époque. Son œuvre, même si une partie a été perdue, a eu une influence importante, jusqu'au Moyen Âge notamment. Il fonda à Athènes une école appelée... *Lycée* !

– ***Socrate*** *(469-399 av. J.-C.)* **:** un sacré numéro. Fils de sage-femme, il inventa la maïeutique, l'art d'accoucher les esprits en pratiquant un questionnement serré de son interlocuteur, ainsi que la dialectique. Il n'a pas écrit une ligne (c'est Platon qui s'y est collé), mais son influence a été immense. Il s'attaquait aux préjugés, sapait les certitudes toutes faites, du moins est-ce ce qui lui a été reproché. Pas étonnant que, dans une Athènes en crise, on l'ait accusé d'être impie et de corrompre la jeunesse. Condamné à mort, il dut boire la ciguë.

– ***Platon*** *(429-347 av. J.-C.)* **:** élève de Socrate, il consacra une partie de son œuvre à transcrire pour la postérité ses conversations avec son maître. Il décrivit sa conception de l'État idéal dans le plus connu de ses écrits : *La République.*

– ***Théo Angelopoulos*** *(1935-2012)* **:** le plus représentatif des réalisateurs grecs. Il cherche dans la mémoire collective de son peuple un message politique et social. On lui doit, entre autres, *Paysage dans le brouillard* (1988), voyage initiatique et poétique de deux enfants, *Le Pas suspendu de la cigogne* (1991), avec Jeanne Moreau et Marcello Mastroianni et *L'Éternité et un jour,* Palme d'or du Festival de Cannes en 1998. Il est mort pendant un tournage, renversé par une moto.

– ***Maria Callas*** *(1923-1977)* **:** exceptionnelle diva, généreuse, Maria Callas a immortalisé les rôles de *Norma* et de *Tosca* et révolutionné l'art lyrique. Sa vie même eut un parfum de scandale quand elle quitta son Pygmalion et mari, Carlo Meneghini, pour le ténébreux (et sulfureux) Onassis. Évincée par la belle Jackie, la voix prématurément brisée, elle mourut à Paris en héroïne tragique et devint un mythe.

– ***Costa-Gavras*** *(né en 1933)* **:** cinéaste d'origine grecque, naturalisé français. Il connaît un triomphe avec *Z* (1969), qui dénonce la dictature militaire au pouvoir à l'époque. Puis, c'est *L'Aveu* (1970) qui s'attaque aux purges du régime communiste en Tchécoslovaquie. Avec *Missing* (1982), violente critique de la politique américaine en Amérique latine, il remporte la Palme d'or. En 2002, *Amen,* avec Mathieu Kassovitz, s'attaque au silence du Vatican face à la Shoah. En 2009, *Éden* *à l'ouest* dénonce la condition des sans-papiers... Son œuvre est le fidèle reflet de son combat politique.

– ***Épicure*** *(341-270 av. J.-C.)* **:** il enseignait que chaque homme avait droit au bonheur ; mais associer la pensée d'Épicure à la satisfaction effrénée des plaisirs serait une erreur. Pour lui, le bonheur réside dans la maîtrise des désirs qui culmine dans l'absence de trouble et de passion (ataraxie). Pour lui le plus grand plaisir est... l'absence de douleur !

– ***Nikos Kazantzakis*** *(1885-1957)* **:** né dans une Crète qui faisait encore partie de l'Empire ottoman, il a connu, tout enfant, les insurrections crétoises (infructueuses) de 1889 et de 1897-1899. Après des études à Athènes, il part à l'étranger, en Allemagne et à Paris. Cet intellectuel a cru dans l'action, en s'enthousiasmant pour la révolution russe (il visitera d'ailleurs l'URSS et en reviendra déçu), et ce n'est qu'une fois revenu de pas mal d'illusions qu'il se lancera dans l'écriture romanesque, à 70 ans passés. Une demi-douzaine de romans vont le rendre célèbre (*Alexis Zorba,* bien entendu, *Les Frères ennemis, Le Christ recrucifié, La Liberté ou la Mort,* mais aussi *La Dernière Tentation*). Sa dernière œuvre, *Lettre au Greco,* sera une sorte d'autobiographie spirituelle, un beau témoignage sur la vie intellectuelle d'un des grands esprits du XXe s.

– ***Mélina Mercouri*** *(1920-1994)* **:** une des figures majeures de la culture et de la démocratie grecques contemporaines. Actrice et égérie du réalisateur américain, aussi son mari, Jules Dassin, elle reçoit le prix d'interprétation à Cannes pour son rôle dans *Jamais le dimanche* (1960). Elle milite activement au sein de la gauche et subit de nombreuses pressions en s'opposant à la dictature qui s'installe en 1967. En 1981, elle devient ministre de la Culture après la victoire électorale du PASOK. Elle le restera jusqu'à sa mort, ravivant la campagne pour le retour des marbres du Parthénon, exposés au British Museum à Londres.

– ***Nana Mouskouri*** *(née en 1937)* **:** l'une des rares chanteuses grecques à connaître une carrière internationale... et à oser chanter en japonais. À son palmarès, un mandat de député européen et la reprise du combat de Mélina Mercouri pour la restitution des marbres du Parthénon.

– ***Aristotelis Onassis*** *(1906-1975)* **:** cet armateur milliardaire, originaire de Smyrne (Izmir en Turquie) et fondateur de la compagnie aérienne *Olympic Airways,* connut la notoriété par ses conquêtes féminines. Marié à une fille d'armateur, il a une liaison tumultueuse avec Maria Callas, qu'il abandonne cavalièrement pour épouser Jacqueline, la jeune et jolie veuve de J.-F.K. Son yacht était aussi célèbre que sa résidence d'été, l'île privée de Skorpios près de Leucade.

LA FORTUNE D'ONASSIS

Comme beaucoup de Grecs de Smyrne, Onassis fut chassé par les Turcs en 1922, et très vite il émigra en Argentine. Là, il se lança dans une manufacture de tabac. Il fut repéré par Carlos Gardel, l'inventeur du tango, qui appréciait particulièrement le tabac turc qu'Onassis faisait venir. Au bout de 5 années en Amérique du Sud, il gagnait 1 million de dollars par an...

– ***Andréas G. Papandréou*** *(1919-1996)* **:** Premier ministre de 1981 à 1989 et de 1993 à 1996. Il a connu un parcours politique original : citoyen américain (professeur dans une université américaine), il entre en politique quand son père devient... Premier ministre dans les années 1960. Il s'exile aux États-Unis dès le coup d'État des colonels en 1967. Après la chute de la dictature, il crée le PASOK (mouvement panhellénique socialiste). Il devient Premier ministre en 1981. Populiste et nationaliste, il voit sa position s'affaiblir à la suite de scandales politico-financiers. Il a aussi défrayé la chronique en raison d'une vie sentimentale agitée (remariage, à 70 ans, avec une jeune ex-hôtesse de l'air dont la presse montrait régulièrement des photos dénudées). Son fils, Georges, a été Premier ministre de 2009 à 2011.

– ***Georges Séféris*** *(1900-1971)* **:** Prix Nobel de littérature 1963. Diplomate de carrière, né à Smyrne (Izmir en Turquie) et resté attaché à son Asie Mineure, « perdue » après 1922. Ses poèmes, d'une grande richesse, mêlent l'héritage culturel de la Grèce et les préoccupations contemporaines. Ses obsèques ont été l'occasion de défiler silencieusement contre la junte des colonels.

– ***Mikis Théodorakis*** *(né en 1925)* **:** il entre dans la résistance à 17 ans et sera poursuivi pour son engagement à gauche (il sera déporté sur l'île de Makronissos). Il s'inscrit ensuite au Conservatoire national de musique de Paris et acquiert rapidement une réputation mondiale. À nouveau arrêté, déporté après le coup d'État des colonels, il est libéré en 1970 et devient le symbole vivant de la résistance à la dictature. Élu au Parlement grec, il s'éloigne progressivement du parti communiste pour finir par siéger sur les bancs de la droite ! Il abandonne alors son mandat pour se consacrer à la musique. Aujourd'hui, il semble avoir retrouvé sa famille politique, soutenant Syriza. Parallèlement à ses œuvres classiques, il écrit pour le cinéma, notamment pour *Zorba le Grec* (1964) et *Z* (1969), et contribue au renouveau de la musique populaire grecque.

PLONGÉE SOUS-MARINE

Jetez-vous à l'eau...

Pourquoi ne pas profiter de ces régions où la mer est souvent calme, chaude, accueillante, et les fonds riches, pour vous initier à la plongée sous-marine ? Faites le saut, plongez ! La plongée est plus un loisir grand public qu'un sport, et c'est une activité fantastique. Entrez dans un autre élément, où vous pouvez voler au-dessus d'un nid de poissons-clowns, dialoguer longuement avec des mérous curieux et attentifs, jouer sur un nuage inquiet d'anthias vaporisés sur une « patate » de corail, planer et rêver sur une épave, vous balancer avec les gorgones en éventail, découvrir un poisson-picasso... Les poissons sont les animaux les plus chatoyants de notre planète ! Certes, un type de corail brûle, quelques poissons piquent, on parle (trop) des requins... Mais la crainte des non-plongeurs est disproportionnée par rapport aux dangers de ce milieu. Des règles de sécurité, que l'on vous expliquera au fur et à mesure, sont bien sûr à respecter, comme pour tout sport ou loisir.

Si, c'est facile !

Pour réussir vos premières bulles, pas besoin d'être sportif, ni bon nageur. Il suffit d'avoir plus de 6 ans et d'être en bonne santé. Sauf pour un baptême, un certificat médical vous sera demandé, et c'est dans votre intérêt. Les enfants peuvent être initiés à tout âge à condition d'avoir un encadrement qualifié dans un environnement adapté (eau chaude, sans courant, matériel adapté). Non, la plongée ne fait pas mal aux oreilles, il suffit de souffler en se bouchant le nez. Non, il ne faut pas forcer pour inspirer dans cet étrange « détendeur » qu'on met dans la bouche, au contraire. Et le fait d'avoir une expiration active est décontractant, puisque c'est la base de toute relaxation. Être dans l'eau modifie l'état de conscience car les paramètres du temps et de l'espace sont changés, on se sent (à juste titre) « ailleurs ». En vacances, c'est le moment ou jamais de vous jeter à l'eau.

Les centres de plongée

Tous les clubs sont affiliés selon leur zone d'influence à un organisme international, dont voici les trois plus importants : *CMAS,* Confédération mondiale des activités subaquatiques (d'origine française), *PADI,* Professional Association of Diving Instructors (d'origine américaine), *NAUI,* National Association of Underwater Instructors (américaine). Chacun délivre ses formations et ses diplômes, valables dans

le monde entier, mais n'accepte pas forcément des équivalences avec les autres organismes. Dans les régions influencées, des clubs plongent à l'américaine ; la durée et la profondeur des plongées sont alors très calibrées. La progression du plongeur amateur se fait en quatre échelons. Si le club ne reconnaît pas votre brevet, il vous demandera une « plongée test » pour vérifier votre niveau. En cas de demande d'un certificat médical, le club pourra vous conseiller un médecin dans le coin. Tous les clubs délivrent un « carnet de plongée » qui, d'une part, retracera votre expérience et, d'autre part, réveillera vos bons souvenirs. Gardez-le et pensez toujours à emporter ce « passeport » en voyage.
Un bon centre de plongée respecte toutes les règles de sécurité, sans négliger le plaisir. Méfiez-vous d'un club qui vous embarque sans aucune question préalable sur votre niveau ; il n'est pas « sympa », mais dangereux. Regardez si le centre est apparemment bien entretenu (rouille, propreté, etc.), si le matériel de sécurité (oxygène, trousse de secours, radio, etc.) est à bord, si le bateau est équipé d'une protection contre le soleil, si vous n'avez pas trop à transporter l'équipement, s'il n'y a pas trop de plongeurs par palanquée (six maximum, est-ce un rêve ?)... N'hésitez pas à vous renseigner, car vous payez pour plonger : en échange, vous devez obtenir les meilleures prestations. Enfin, à vous de voir si vous préférez un club genre « usine bien huilée » ou une petite structure souple.
– Attention, pensez à respecter un intervalle de 12 à 24h avant de prendre l'avion ou d'aller en altitude, afin de ne pas modifier le déroulement de la désaturation.

C'est la première fois ?

Alors l'histoire commence par un baptême (une petite demi-heure généralement). Le moniteur devrait se consacrer à vous seul. Il s'occupe de tout, vous tient par la main. Laissez-vous aller au plaisir. Cela peut même se faire tranquillement en piscine. Même si vous vous sentez harnaché comme un sapin de Noël déraciné hors saison, tout cet équipement s'oublie complètement une fois dans l'eau. Vous ne devriez pas descendre au-delà de 5 m. Pour votre confort, sachez que la combinaison doit être le plus ajustée possible afin d'éviter les poches d'eau qui vous refroidissent. Puis l'expérience commence par un apprentissage progressif (de 3 à 5 jours) jusqu'au premier niveau, qui permet de descendre à 20 m. Éblouissez-vous, plongez !

Plonger en Grèce

Jusqu'à il y a peu de temps, la plongée avec bouteilles était officiellement interdite en Grèce, du moins pour ceux qui auraient voulu se passer de l'encadrement d'un club de plongée. On craignait que des plongeurs ne découvrent des trésors archéologiques sous-marins qui seraient passés sous le nez des autorités grecques. Une liste de sites autorisés, assez importante, était publiée par le ministère de la Culture, correspondant aux sites déjà connus et bien fouillés. La loi a changé : c'est maintenant l'inverse, les sites antiques sont interdits et tous les autres sont autorisés. Il est de toute façon conseillé de passer par un centre de plongée, qui vous donnera les renseignements les plus précis sur la zone où vous vous trouvez. Un site à consulter : ● *chez.com/fani* ●

POLITIQUE

C'est entendu, les Grecs sont des bêtes politiques : normal pour les inventeurs de la démocratie. Pourtant, la politique ne leur a pas fait que du bien : la guerre civile de 1944-1949, opposant les combattants communistes, issus de la résistance au nazisme, aux forces royalistes soutenues par les Britanniques, a été à l'origine d'importants traumatismes dans la société grecque. Un million de personnes ont alors été « déplacées » dans le nord du pays, 46 000 morts ont été dénombrés dans les deux camps. Battue, la gauche a été plus ou moins bannie de la vie politique, et ce n'est qu'après 1981 qu'ont été autorisés à rentrer des pays de l'Est ceux qui avaient combattu du « mauvais côté ». La sombre période des colonels, de 1967 à 1974, a été aussi officiellement justifiée par une « menace communiste » pesant sur le pays. On sait aujourd'hui que les Américains n'étaient pas étrangers au coup d'État qui a plongé la Grèce sous la chape de plomb de la dictature, ce qui explique sans doute la vague antiaméricaine des années 1980-1990.

GRANDEUR ET DÉCADENCE DES DÉMAGOGUES

En grec, le démagogue est celui qui « conduit le peuple ». À l'époque, ce terme n'avait donc rien de péjoratif, à la différence des politiciens qui ne s'adressaient qu'à l'élite. On a fait un amalgame abusif avec « populiste ».

La crise économique, mais aussi morale, que connaît la Grèce depuis 2009 n'est pas sans conséquence dans ce pays longtemps marqué par le bipartisme : ni le parti socialiste (PASOK) ni la Nouvelle Démocratie ne semblent plus capables de susciter l'adhésion. Les slogans des Indignés de 2011 (« Oust », « Qu'ils s'en aillent ») furent d'ailleurs sans ambiguïté. Quant à l'alternative Syriza, elle a rapidement déçu une bonne partie de ses électeurs, en endossant l'austérité qu'elle prétendait combattre. Révélateur de ce désarroi politique, un parti qualifié par beaucoup de néonazi s'est depuis 2012 installé au Parlement, totalisant à chaque élection autour de 7 % des suffrages exprimés.

POPULATION

Les Grecs d'aujourd'hui sont très fiers de descendre en droite ligne des Grecs de l'Antiquité. En fait, « en droite ligne » est quelque peu exagéré. La Grèce a vu se succéder au cours des siècles une foule d'envahisseurs, mais aussi de nombreux groupes d'immigrants pacifiques, qui se sont presque tous fondus dans le creuset grec. L'*hellénisme* reste pour autant la valeur sûre d'un pays qui ne doute guère dans ce domaine.

AKI EST CE NOM ?

En Grèce, chaque région se caractérise par un suffixe sur les patronymes. Dans le Péloponnèse, -poulos *(le fils de) marque la filialité,* -akos *singularise le Magne,* -ellis *et* -atos *les îles de Lesvos et Céphalonie, etc. Moins sympa, pour rabaisser les Crétois, les envahisseurs turcs les obligèrent à affubler leurs noms du suffixe* -aki *ou* -akis *(qui signifie « petit »). C'était petit de leur part !*

Les Grecs sont attachés à l'orthodoxie, qui leur sert de rempart contre les influences extérieures : le catholicisme à l'ouest, l'islam à l'est, avec le puissant voisin turc qui cherche, pensent les Grecs, à les contourner par le flanc nord-ouest, à savoir par l'Albanie majoritairement musulmane. Viscéralement attachés à leur langue vieille de 3 000 ans, les Grecs se sentent un peu à part dans l'Union européenne. Avec 10 869 200 habitants (recensement 2014), il est difficile de peser lourd dans la communauté internationale, et ça ne va pas s'arranger : l'indicateur de fécondité est particulièrement faible (1,3 enfant par femme). Aux Grecs « nationaux » s'ajoute une diaspora de 5 ou 6 millions de personnes. Parmi eux, quelques célébrités.

La ***communauté juive*** a joué un rôle très important pendant des siècles. À la fin du XIXe s, la ville de Thessalonique était majoritairement peuplée de juifs séfa-[illegible]es, installés là depuis le milieu du XVIe s, suite à l'expulsion de la commu-[illegible]té juive d'Espagne en 1492. Les juifs de Thessalonique parlaient le *djidio*, ou judéo-espagnol. D'autres îles comptaient également une communauté juive, comme Corfou, où naquit le grand écrivain de langue française Albert Cohen. Aujourd'hui, cette communauté ne dépasse pas les 6 000 membres. À la veille de la Seconde Guerre mondiale, elle en comptait environ 80 000.

De l'émigration à l'immigration

Pays d'émigration, la Grèce, postée à la frontière orientale de l'Union européenne, se retrouve désormais pays d'immigration : c'est même, avec l'Italie, la principale porte d'entrée des migrants en Europe. Ainsi, en 2015, 850 000 réfugiés sont entrés en Grèce depuis la Turquie, suivis de 155 000 autres pour les seuls quatre premiers mois de 2016. Et celle qui ne devait être qu'un pays de transit se transforme alors en cul-de-sac, les pays au nord et à l'est de la Grèce fermant un à un leurs frontières. Exsangue, matraquée par ses créanciers, la Grèce n'a évidemment pas les moyens d'accueillir cette population qui, de toute façon, ne demande qu'à continuer sa route. Qu'importe, l'Europe occidentale ne veut pas de réfugiés, et menace même un temps la Grèce d'une exclusion de l'espace Schengen, avant de finalement s'en remettre à une Turquie en pleine dérive autoritaire. En échange de quelques milliards d'euros, la Turquie s'engage à accepter sur son sol les réfugiés bloqués en Grèce. Les centres d'accueil grecs se transforment en camps d'enfermement avant expulsion vers le voisin turc, avec impossibilité de déposer une demande d'asile pour qui est arrivé en Grèce après mars 2016. La route grecque vers l'Europe se ferme, les migrants sont contraints à de plus longues et dangereuses traversées depuis les côtes d'Afrique. Entre 2014 et mai 2016, ce sont plus de 10 000 personnes qui ont péri noyées en Méditerranée.

RELATIONS GRÉCO-TURQUES

Ce n'est une découverte pour personne, Grecs et Turcs ne sont pas les meilleurs amis du monde. Un lourd contentieux historique existe entre les deux pays depuis 1453 avec la prise de Constantinople, un souvenir douloureux comme si c'était hier. Pour un Grec, Istanbul, c'est encore et toujours Konstantinoupolis ! Plus près de nous, la malheureuse « catastrophe d'Asie Mineure » en 1922 (voir plus haut la rubrique « Histoire »). Et encore plus près, Chypre, en partie envahie en 1974 par les Turcs sans qu'aucune solution n'ait été trouvée jusqu'à aujourd'hui.

LA CULTURE DE LA FRAUDE

La domination ottomane régna 400 ans. Les abominations étaient nombreuses. On enlevait les enfants pour en faire des soldats (les janissaires) aux ordres du sultan. Le grec était enseigné en secret. Le peuple croulait sous les impôts. La fraude devint obligatoire pour survivre.

Pendant longtemps a prévalu une situation de guerre froide entre ces deux pays membres de l'OTAN. Les États-Unis avaient besoin de la Turquie, frontalière de l'URSS, ainsi que de la Grèce, frontalière d'autres pays du bloc communiste. Petit à petit, les choses ont évolué, certains intellectuels accomplissant au cours des années 1980 des gestes symboliques (Théodorakis est ainsi allé chanter en Turquie). En 1999, un double événement imprévu a permis de briser la glace : peu après le terrible tremblement de terre qui ravagea l'ouest de la Turquie, la Grèce proposa son aide, et, quelques semaines plus tard, quand un séisme (moins meurtrier) frappa Athènes et sa région, la Turquie fit de même. On a alors parlé de dégel des relations.
Aujourd'hui, le rapprochement a clairement montré ses limites. À part des réalisations citoyennes ou symboliques (jumelages entre villages grecs et villages turcs, invitation du Premier ministre grec au mariage de l'un des enfants de son homologue turc...), le blocage persiste sur les sujets importants.

RELIGIONS ET CROYANCES

La Grèce est officiellement un pays quasi homogène sur le plan religieux : le pays est ***orthodoxe*** à 98 %. Les 50 000 ***catholiques*** sont disséminés dans les Cyclades, principalement à Tinos et à Syros, ainsi que dans les îles Ioniennes, et sont bien souvent des descendants d'Italiens (Venise a eu pendant longtemps la mainmise sur de nombreuses îles). Les ***protestants*** sont encore moins nombreux (20 000). Quant aux 100 000 à 150 000 ***musulmans*** habitant dans le nord du pays, en Thrace, ils ont l'impression d'être considérés comme des citoyens de seconde zone, en butte à l'hostilité de l'administration et de l'Église orthodoxe. Ce sont des Turcs qui n'ont pas participé aux échanges de population dans le premier quart du XXe s et qui sont aujourd'hui citoyens grecs. On dénombre aussi 35 000 ***Pomaks,*** des Slaves islamisés, qui vivent à la frontière avec la Bulgarie.

TOUT ÇA POUR ÇA !

Les orthodoxes utilisent du pain levé pour dire la messe. Les catholiques utilisent de la farine sans levain pour les hosties. Cette différence fut l'une des grandes bagarres à l'origine du schisme entre orthodoxes et catholiques... Que des bêtises.

Il est facile de s'en rendre compte : en Grèce, la religion orthodoxe est partout. Vous croisez un pope *(pappas)* en train de faire ses courses ou attablé à la terrasse d'un café, vous tombez, dans un petit village, sur une église flambant neuve (alors qu'à quelques mètres l'école publique fait pitié...), vous voyez les passagers d'un car se signer devant une chapelle. Autant de signes de l'omniprésence de la religion, dans les faits comme dans les mentalités.

L'idée d'une séparation de l'Église et de l'État est proprement impensable en Grèce : la Constitution de 1975, révisée en 1986, a réaffirmé avec force la place de l'Église au sein de l'État. Les popes sont donc fonctionnaires : ils sont près de 10 000, et coûtent annuellement 220 millions d'euros à l'État. Le mariage civil, institué en 1983, n'a pas eu grand succès, et quand le gouvernement, en 2000, a décidé, sous la pression de l'Union européenne, de supprimer la mention de la religion sur les cartes d'identité, la levée de boucliers a été immédiate. Le clergé a mobilisé ses troupes, mais le gouvernement a tenu bon.

Le sentiment d'appartenance à une communauté orthodoxe qui dépasse les frontières a joué un rôle particulièrement fort lors de la crise yougoslave. On a été ouvertement proserbe en Grèce, au nom d'une solidarité orthodoxe. L'orthodoxie, parfois très agressive, nourrit d'ailleurs ses propres extrémismes et les minorités religieuses nationales – catholiques, protestants et musulmans – en font les frais.

Mais au fait, savez-vous seulement pourquoi, depuis 1054, l'Église d'Occident (catholique) et l'Église d'Orient (orthodoxe) sont en bisbille (ce qui s'appelle officiellement un schisme) ? Il y a, bien entendu, le rôle du pape (sa primauté et son infaillibilité ne sont pas reconnues par les orthodoxes). Quant à la notion de purgatoire, les orthodoxes n'en veulent pas. Ils considèrent, évidemment, que ce sont les catholiques qui se sont écartés du dogme. Mais il existe aussi une kyrielle de sujets de discorde, exposés très solennellement à Jean-Paul II quand celui-ci est venu en Grèce en mai 2001. Le pillage de Constantinople (souvenez-vous, c'était en 1204...), l'insensibilité de Rome face aux tragédies

VADE RETRO, SATANAS !

L'Église orthodoxe met une énorme pression à propos des cartes d'identité informatisées. Elle exige que nulle part n'apparaisse le chiffre 666, l'autre dénomination du diable, de l'Antéchrist. La sorcellerie n'est pas loin, Harry Potter non plus.

grecques (1453 toujours...) et bien d'autres faits encore ont été reprochés au pape, qui a demandé solennellement pardon pour les torts du catholicisme romain.
Cela dit, si vous avez l'occasion d'aller visiter la mecque des orthodoxes, autrement dit le mont Athos, véritable musée vivant de l'orthodoxie, ne la manquez pas. À cela près que la visite est réservée aux seuls hommes...

SAVOIR-VIVRE ET COUTUMES

Les codes culturels en Grèce, ceux du moins auxquels vous aurez affaire en tant que touriste, ne sont pas très nombreux. Pour toute visite de lieux religieux (monastères, églises), il est évidemment recommandé de se vêtir décemment. Cela semble aller de soi... mais combien de monastères sont situés à proximité de la plage ? Tentant d'y aller en petite tenue ! Eh bien non, un peu de respect, que diable ! Rassurez-vous tout de même, à l'entrée de la plupart des monastères se trouvent à disposition des vêtements permettant de couvrir les parties de votre corps dont l'exposition pourrait déplaire. On a déjà vu, aussi, des touristes se faire chapitrer parce qu'ils étaient torse nu dans un bus.

Vous l'avez compris, des siècles de christianisme orthodoxe sont passés par là. Aujourd'hui, l'homosexualité est plus ou moins taboue dans une bonne partie de la société grecque. Dans l'Antiquité, au contraire, l'homosexualité occupait une grande place dans la vie privée et sociale. L'amour entre un adulte *(éraste)* et un jeune garçon de 12 à 18 ans *(éromène)* était loin d'être anormal, et une telle relation était socialement reconnue et même valorisée, comme il y avait des lois qui protégeaient les jeunes gens de tout abus ou de viol. En résumé, la femme était là pour la reproduction et les garçons pour le plaisir. Et les femmes, sauf à Sparte où elles étaient particulièrement libres et où une sorte d'adultère légal était toléré, restaient à l'écart de la vie publique masculine.

LA MORT

Pour les Grecs, elle fait partie de la vie quotidienne et n'est donc pas effrayante. Partout, sur les murs, on aperçoit des affiches bordées de noir pour annoncer des funérailles ou pour rappeler une date anniversaire de décès.

L'*éraste* devait donner l'exemple moral, transmettre les valeurs humaines à l'*éromène,* et la forme la plus élevée de cet amour restait chaste (ou platonique : Platon, dans *Le Banquet,* fait longuement discourir Socrate, entre autres, à ce sujet). Les liens amoureux entre soldats étaient considérés comme une garantie de bravoure au combat. Éros patronnait plus particulièrement les relations entre un homme et un garçon, Aphrodite se réservant les relations hétérosexuelles. L'« amour passion » était considéré comme une maladie, une chose terrible qu'on ne souhaitait pas à son pire ennemi.

SITES INSCRITS AU PATRIMOINE MONDIAL DE L'UNESCO

Organisation des Nations Unies pour l'éducation, la science et la culture

En coopération avec le centre du patrimoine mondial de l'UNESCO

Pour figurer sur la liste du Patrimoine mondial, les sites doivent avoir une valeur universelle exceptionnelle et satisfaire à au moins un des 10 critères de sélection. La protection, la gestion, l'authenticité et l'intégrité des biens sont également des considérations importantes.
Le patrimoine est l'héritage du passé dont nous profitons aujourd'hui et que nous transmettons aux générations à venir. Nos patrimoines culturel et naturel sont deux sources irremplaçables de vie et d'inspiration. Ces sites appartiennent à tous les

peuples du monde, sans tenir compte du territoire sur lequel ils sont situés. Pour plus d'informations : ● *whc.unesco.org* ●
En Grèce continentale et dans les îles traitées dans ce guide, les sites inscrits sont les suivants : le ***temple d'Apollon Épikourios*** à Bassae (Vassès), les ***monastères d'Ossios Loukas et de Dafni,*** le ***site archéologique de Delphes,*** l'***Acropole d'Athènes,*** le ***mont Athos,*** les ***Météores,*** les ***monuments paléochrétiens et byzantins de Thessalonique,*** le ***site archéologique d'Épidaure,*** le ***site archéologique d'Olympie,*** la ***ville médiévale de Mystra,*** le ***site archéologique de Vergina,*** les ***sites archéologiques de Mycènes et Tirynthe*** et la ***ville de Corfou.***

THÉÂTRE ANTIQUE

Si l'on a un peu trop tendance à dire qu'on n'a rien inventé depuis les Grecs, c'est en tout cas certainement vrai pour le théâtre. Les tragédies reprenaient les récits de la mythologie. On les jouait dans d'immenses théâtres en plein air, capables d'accueillir jusqu'à 14 000 spectateurs. Parmi les grands auteurs, le premier, fondateur de la tragédie, est Eschyle, dont il ne reste que sept pièces. Ses héros se débattent dans un monde violent, aux prises avec la justice divine, implacable. Sophocle replace l'homme au centre et montre des personnages en lutte avec leur destin, ainsi que les conséquences de leurs choix. Ici, la grandeur tragique trouve toute son expression. Euripide, dont 18 tragédies sont conservées, renouvela le genre et s'attacha à l'analyse psychologique des personnages, au rajeunissement des mythes grecs et à la contestation de la tradition, allant même jusqu'à l'irrespect envers les dieux !

TRAGIQUE DESTIN DES TRAGÉDIES GRECQUES

Le terme vient de tragos (bouc) et d'oidé (chant). Loin de notre vision moderne, la tragédie grecque n'avait rien de « tragique » et pouvait même avoir son happy end. *Elle mettait en scène des personnages face à leur destin, qui dépend moins d'eux-mêmes que des dieux. On sait que des milliers de tragédies se jouaient dans la Grèce antique. Seules 32 d'entre elles nous sont parvenues... Bilan tragiquement faible !*

les ROUTARDS sur la FRANCE 2017-2018

(dates de parution sur • *routard.com* •)

Découpage de la FRANCE par le ROUTARD

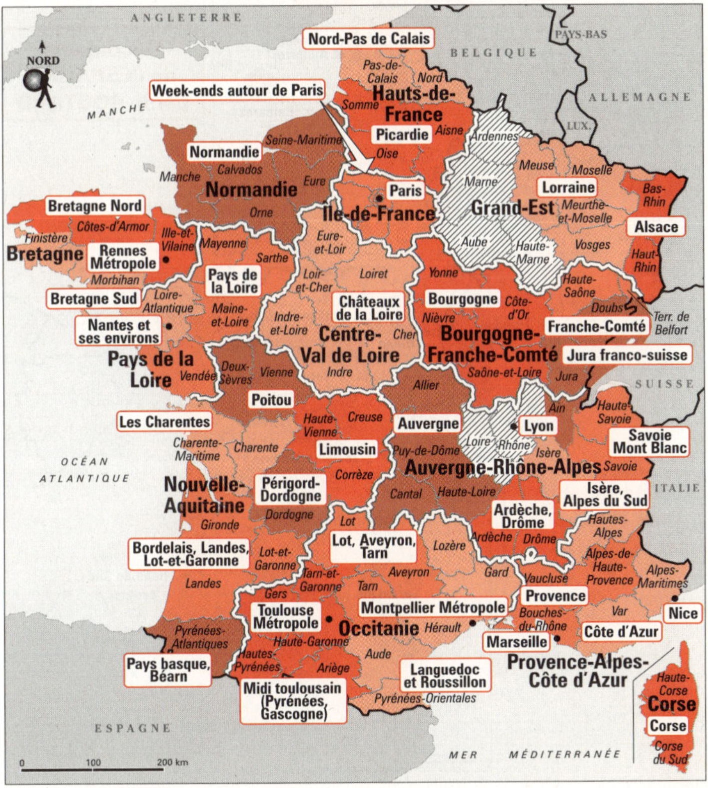

Autres guides nationaux

- Hébergements insolites en France (mars 2017)
- La Loire à Vélo
- La Vélodyssée (Roscoff-Hendaye)
- Nos meilleurs campings en France
- Nos meilleures chambres d'hôtes en France
- Nos meilleurs restos en France
- Les visites d'entreprises

Autres guides sur Paris

- Paris
- Paris balades
- Restos et bistrots de Paris
- Le Routard des amoureux à Paris
- Week-ends autour de Paris

les ROUTARDS sur l'ÉTRANGER 2017-2018

(dates de parution sur • routard.com •)

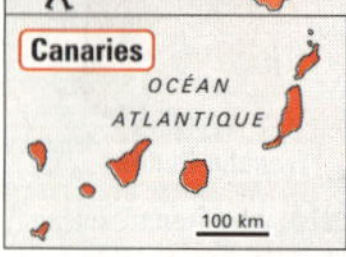

Découpage de l'ESPAGNE par le ROUTARD

Découpage de l'ITALIE par le ROUTARD

Autres pays européens

- Allemagne
- Angleterre, Pays de Galles
- Autriche
- Belgique
- Budapest, Hongrie
- Capitales baltes (avril 2017)
- Crète
- Croatie
- Danemark, Suède
- Écosse
- Finlande
- Grèce continentale
- Îles grecques et Athènes
- Irlande
- Islande
- Madère
- Malte
- Norvège
- Pologne
- Portugal
- République tchèque, Slovaquie
- Roumanie, Bulgarie
- Suisse

Villes européennes

- Amsterdam et ses environs
- Berlin
- Bruxelles
- Copenhague
- Dublin
- Lisbonne
- Londres
- Moscou
- Prague
- Saint-Pétersbourg
- Stockholm
- Vienne

les ROUTARDS sur l'ÉTRANGER 2017-2018

(dates de parution sur • routard.com •)

Découpage des ÉTATS-UNIS par le ROUTARD

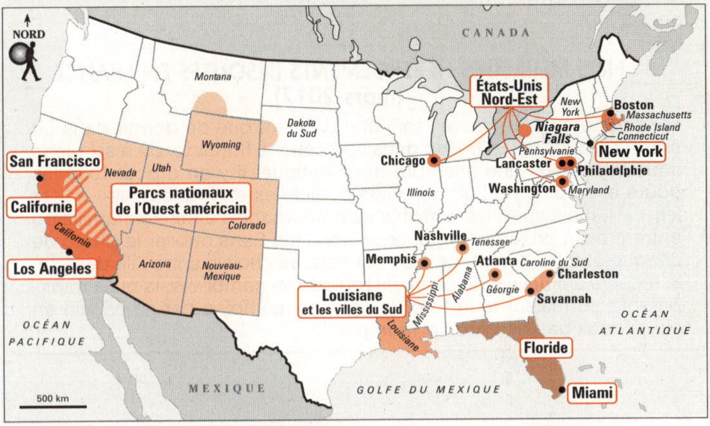

Autres pays d'Amérique

- Argentine
- Brésil
- Canada Ouest
- Chili et île de Pâques
- Costa Rica (nouveauté)
- Équateur et les îles Galápagos
- Guatemala, Yucatán et Chiapas
- Mexique
- Montréal
- Pérou, Bolivie
- Québec, Ontario et Provinces maritimes

Asie et Océanie

- Australie côte est + Red Centre
- Bali, Lombok
- Bangkok
- Birmanie (Myanmar)
- Cambodge, Laos
- Chine
- Hong-Kong, Macao, Canton
- Inde du Nord
- Inde du Sud
- Israël et Palestine
- Istanbul
- Jordanie
- Malaisie, Singapour
- Népal
- Shanghai
- Sri Lanka (Ceylan)
- Thaïlande
- Tokyo, Kyoto et environs
- Turquie
- Vietnam

Afrique

- Afrique du Sud
- Égypte
- Kenya, Tanzanie et Zanzibar
- Maroc
- Marrakech
- Sénégal
- Tunisie

Îles Caraïbes et océan Indien

- Cuba
- Guadeloupe, Saint-Martin, Saint-Barth
- Île Maurice, Rodrigues
- Madagascar
- Martinique
- République dominicaine (Saint-Domingue)
- Réunion

Guides de conversation

- Allemand
- Anglais
- Arabe du Maghreb
- Arabe du Proche-Orient
- Chinois
- Croate
- Espagnol
- Grec
- Italien
- Japonais
- Portugais
- Russe
- G'palémo (conversation par l'image)

Les Routards Express

Amsterdam, Barcelone, Berlin, Bruxelles, Budapest, Dublin, Florence, Istanbul, Lisbonne, Londres, Madrid, Marrakech, New York, Prague, Rome, Venise.

Nos coups de cœur

- Les 50 voyages à faire dans sa vie (nouveauté)
- Nos 52 week-ends dans les plus belles villes d'Europe
- France
- Monde

NOS NOUVEAUTÉS

NOS MEILLEURS HÉBERGEMENTS INSOLITES EN FRANCE (mars 2017)

Rien de tel pour retrouver son âme d'enfant que de dormir dans un arbre, ou au milieu d'un lac dans une cabane flottante, ou à six pieds sous terre dans une chambre troglodytique. Il y en a pour tous les goûts avec plus de 200 adresses dénichées en France, les « + » et les « - », mais aussi les activités incontournables à faire en famille ou entre amis à proximité de chaque adresse. Sans oublier la photo de chaque établissement. Le plus dur sera de choisir, entre l'île déserte, la réserve animalière, le phare, la roulotte, le combi VW, la bulle transparente au milieu de la forêt ou le vieux camping-car américain en alu, à deux pas de l'Arc de Triomphe !

CAPITALES BALTES (avril 2017)

Tallinn, Riga, Vilnius, trois capitales si proches et pourtant si surprenantes. Elles mêlent leurs racines entre des mondes disparates : scandinave, slave et germanique. Estonie, Lettonie, Lituanie, on les mélange souvent, mais très vite, on distingue leurs particularismes. Tallinn, secrète et magique, a gardé le charme d'une cité médiévale. La vieille ville, et son lacis de rues dominées par ses clochers, est classée au Patrimoine mondial de l'Unesco. Même reconnaissance pour le centre historique de Riga, où se mêlent un superbe noyau médiéval à un centre-ville Art nouveau. Après les musées, savourez sa vie nocturne, la plus folle des trois pays. À Vilnius, la baroque au coeur de collines boisées, découvrez le labyrinthe de ruelles étroites et la végétation lui donnant des airs de village. Malgré les 50 ans de présence soviétique, vous serez surpris par la modernité et le dynamisme qui anime leurs habitants.

NOS NOUVEAUTÉS

COSTA RICA
(paru)

Costa Rica, littéralement la Côte riche. Ce pays est le royaume de la biodiversité planétaire. Un grand bain de nature, voilà la promesse de cette bande de terre qui s'étend entre la mer des Caraïbes et l'océan Pacifique. Un quart du territoire est classé en parcs nationaux ou zones protégées. Alors ouvrez grand vos yeux pour ne pas en perdre une miette ! De la paisible côte caraïbe aux rouleaux agités du Pacifique, le Costa Rica égrène ses richesses. Plantations de cafés, champs de bananiers, cordillères piquées de volcans, lacs et forêts impénétrables, sans oublier ses plages splendides, Mère Nature dévoile ici toutes ses merveilles. Paresseux, iguanes, oiseaux, tortues ou singes, le pays offre de belles rencontres. Et n'oubliez pas que depuis 1948, le Costa Rica abolit son armée pour investir dans l'éducation et la santé. On adopte vite la maxime locale : *pura vida !*

MADRID
(paru)

Madrid me mata ! Toujours tuante, Madrid, comme le proclamait l'époque Movida ? Oui, de plaisir, et plus que jamais. Madrid se joue des extrêmes. La capitale de l'Espagne aligne des musées stupéfiants et propose aussi des ambiances de village dans chaque quartier, aux identités bien marquées. On plonge dans l'univers de Picasso au Museo Reina Sofia *(Guernica !)* ou une journée d'éblouissement au Prado (Goya, Velázquez, et l'incroyable Jérôme Bosch) ou au Museo Thyssen-Bornemysza, les bars à tapas, traditionnels ou osés. Et la nuit se prolonge souvent : entre deux placettes autour de la plaza Mayor, au long du barrio de Las Letras, en dévalant La Latina et les ruelles cosmopolites de Lavapiés, de Malasaña la rebelle ou du gay-friendly Chueca… Autant de mondes à savourer ! Plus que jamais capitale et dynamique, la ville prend le tournant durable en développant un vaste réseau de pistes cyclables et en aménageant ses rives de bouffées d'espaces verts. À découvrir entre potes, en famille ou en couple, définitivement.

Espace offert par l'annonceur – Avec le soutien de l'agence ★ EURO RSCG C&O
RÉPARER LES VIES
HANDICAP INTERNATIONAL

Nous tenons à remercier tout particulièrement Loup-Maëlle Besançon, Thierry Bessou, Gérard Bouchu, François Chauvin, Grégory Dalex, Fabrice Doumergue, Cédric Fischer, Carole Fouque, Michelle Georget, David Giason, Claude Hervé-Bazin, Emmanuel Juste, Dimitri Lefèvre, Fabrice de Lestang, Romain Meynier, Éric Milet, Pierre Mitrano, Jean-Sébastien Petitdemange et Thomas Rivallain pour leur collaboration régulière.

Emmanuelle Bauquis
Jean-Jacques Bordier-Chêne
Michèle Boucher
Sophie Cachard
Lucie Colombo
Agnès Debiage
Émilie Debur
Jérôme Denoix
Flora Descamps
Louise Desmoulins
Tovi et Ahmet Diler
Clélie Dudon
Sophie Duval
Alain Fisch
Roman Fossurier
Bérénice Glanger
Adrien et Clément Gloaguen
Marie Gustot
Bernard Hilaire
Sébastien Jauffret
Jacques Lemoine
Amélie Mikaelian
Caroline Ollion
Martine Partrat
Odile Paugam et Didier Jehanno
Émilie Pujol
Prakit Saiporn
Jean-Luc et Antigone Schilling
Caroline Vallano

Direction : Nathalie Bloch-Pujo
Contrôle de gestion : Jérôme Boulingre et Adeline Cazabat Barrere
Secrétariat : Catherine Maîtrepierre
Direction éditoriale : Catherine Julhe
Édition : Matthieu Devaux, Olga Krokhina, Gia-Quy Tran, Julie Dupré, Emmanuelle Michon, Sarah Favaron, Ludmilla Guillet, Coralie Piron, Flora Sallot, Elvire Tandjaoui, Quentin Tenneson, Clémence Toublanc et Sandra Vavdin
Préparation-lecture : Estelle Gaudin
Cartographie : Frédéric Clémençon et Aurélie Huot
Fabrication : Nathalie Lautout et Audrey Detournay
Relations presse France : COM'PROD, Fred Papet. ☎ 01-70-69-04-69. • *info@comprod.fr* •
Direction marketing : Adrien de Bizemont, Clémence de Boisfleury et Charlotte Brou
Contacts partenariats : André Magniez (EMD). • *andremagniez@gmail.com* •
Édition des partenariats : Élise Ernest
Informatique éditoriale : Lionel Barth
Couverture : Clément Gloaguen et Seenk
Maquette intérieure : le-bureau-des-affaires-graphiques.com, Thibault Reumaux et npeg.fr
Relations presse : Martine Levens (Belgique) et Maureen Browne (Suisse)
Régie publicitaire : Florence Brunel-Jars

INDEX GÉNÉRAL

Remarque importante aux hôteliers et restaurateurs

Les enquêteurs du *Routard* travaillent dans le plus strict anonymat. Aucune réduction, aucun avantage quelconque, aucune rétribution n'est jamais demandé en contrepartie. Face aux aigrefins, la loi autorise les hôteliers et restaurateurs à porter plainte.

Avis aux lecteurs

Le Routard, ce n'est pas comme le bon vin, il vieillit mal. On ne veut pas pousser à la consommation, mais évitez de partir avec une édition ancienne. Les modifications sont souvent importantes.

Les réductions accordées à nos lecteurs ne sont jamais demandées par nos rédacteurs afin de préserver leur indépendance. Les hôteliers et restaurateurs sont sollicités par une société de mailing, totalement indépendante de la rédaction, qui reste donc libre de ses choix. De même pour les autocollants et plaques émaillées.

Avec routard.com, choisissez, organisez, réservez et partagez vos voyages !

✓ Rejoignez la plus grande communauté francophone de voyageurs : plus de **2 millions** de visiteurs !

✓ Échangez avec les routarnautes : forums, photos, avis d'hôtels.

✓ Retrouvez aussi toutes les informations actualisées pour choisir et préparer vos voyages : plus de 200 fiches pays, une centaine de dossiers pratiques et un magazine en ligne pour découvrir tous les secrets de votre destination.

✓ Enfin, comparez les offres pour organiser et réserver votre voyage au meilleur prix.

Les Routards *parlent aux* Routards

Faites-nous part de vos expériences, de vos découvertes, de vos tuyaux. Indiquez-nous les renseignements périmés. Aidez-nous à remettre l'ouvrage à jour. Faites profiter les autres de vos adresses nouvelles, combines géniales... On adresse un exemplaire gratuit de la prochaine édition à ceux qui nous envoient les lettres les meilleures, pour la qualité et la pertinence des informations. Quelques conseils cependant :

– Envoyez-nous votre courrier le plus tôt possible afin que l'on puisse insérer vos tuyaux sur la prochaine édition.

– N'oubliez pas de préciser l'ouvrage que vous désirez recevoir, ainsi que votre adresse postale.

– Vérifiez que vos remarques concernent l'édition en cours et notez les pages du guide concernées par vos observations.

– Quand vous indiquez des hôtels ou des restaurants, pensez à signaler leur adresse précise et, pour les grandes villes, les moyens de transport pour y aller. Si vous le pouvez, joignez la carte de visite de l'hôtel ou du resto décrit.

– N'écrivez si possible que d'un côté de la lettre (et non recto verso).

– Bien sûr, on s'arrache moins les yeux sur les lettres dactylographiées ou correctement écrites !

En tout état de cause, merci pour vos nombreuses lettres.

122, rue du Moulin-des-Prés, 75013 Paris

• *guide@routard.com* • *routard.com* •

Routard Assurance *2017*

Née du partenariat entre *AVI International* et le *Routard*, *Routard Assurance* est une assurance voyage complète qui offre toutes les prestations d'assistance indispensables à l'étranger : dépenses médicales, pharmacie, frais d'hôpital, rapatriement médical, caution et défense pénale, responsabilité civile vie privée et bagages. Présent dans le monde entier, le plateau d'assistance d'*AVI International* donne accès à un vaste réseau de médecins et d'hôpitaux. Pas besoin d'avancer les frais d'hospitalisation ou de rapatriement. Numéro d'appel gratuit, disponible 24h/24. *AVI International* dispose par ailleurs d'une filiale aux États-Unis qui permet d'intervenir plus rapidement auprès des hôpitaux locaux. À noter, *Routard Assurance Famille* couvre jusqu'à 7 personnes, et *Routard Assurance Longue Durée Marco Polo* couvre les voyages de plus de 2 mois dans le monde entier. *AVI International* est une équipe d'experts qui répondra à toutes vos questions par téléphone : ☎ 01-44-63-51-00 ou par mail • *routard@avi-international.com* • Conditions et souscription sur • *avi-international.com* •

Édité par Hachette Livre (58, rue Jean-Bleuzen, CS 70007, 92178 Vanves Cedex, France)
Photocomposé par Jouve (45770 Saran, France)
Imprimé par Jouve 2 (Quai n° 2, 733, rue Saint-Léonard, BP 3, 53101 Mayenne Cedex, France)
Achevé d'imprimer le 16 janvier 2017
Collection n° 13 - Édition n° 01
84/5867/8
I.S.B.N. 978-2-01-279902-8
Dépôt légal : janvier 2017

PAPIER À BASE DE FIBRES CERTIFIÉES

LISTE DES CARTES ET PLANS